V&R

Arbeiten zur Kirchlichen Zeitgeschichte

Herausgegeben im Auftrag der Evangelischen Arbeitsgemeinschaft
für Kirchliche Zeitgeschichte von
Siegfried Hermle und Harry Oelke

Reihe B: Darstellungen
Band 82

Vandenhoeck & Ruprecht

Christopher Spehr / Harry Oelke (Hg.)

Das Eisenacher ‚Entjudungsinstitut'

Kirche und Antisemitismus in der NS-Zeit

Vandenhoeck & Ruprecht

Bibliografische Information der Deutschen Bibliothek:
Die Deutsche Nationalbibliothek verzeichnet diese Publikation in der Deutschen Nationalbibliografie; detaillierte bibliografische Daten sind im Internet über https://dnb.de abrufbar.

Satz: 3w+p, Rimpar
Druck und Bindung: Hubert & Co. BuchPartner, Göttingen
Printed in the EU

Vandenhoeck & Ruprecht Verlage | www.vandenhoeck-ruprecht-verlage.com

ISSN 2198-140X
ISBN 978-3-525-55797-6

Inhalt

Vorwort

Die hier versammelten Beiträge gehen auf die gleichnamige Tagung „Das Eisenacher ‚Entjudungsinstitut'. Kirche und Antisemitismus in der NS-Zeit" zurück, die vom 18. bis 20. September 2019 im Hotel auf der Wartburg und im Festsaal der Wartburg in Eisenach stattfand. Durch die wissenschaftliche Tagung wurde das Eisenacher „Institut zur Erforschung und Beseitigung des jüdischen Einflusses auf das deutsche kirchliche Leben" 80 Jahre nach seiner Gründung erstmals umfänglich interdisziplinär thematisiert, zeitgeschichtlich kontextualisiert, quellengesättigt analysiert und wirkungsgeschichtlich interpretiert. Es gelang, neueste Forschungsergebnisse zum ‚Entjudungsinstitut' und dessen Umfeld zu präsentieren, mit den zahlreichen Teilnehmerinnen und Teilnehmern aus Wissenschaft, Gesellschaft, Religionsgemeinschaften und Medien zu diskutieren sowie künftige Forschungsfragen zu evaluieren. Ziel der Tagung war es, die unterschiedlichen Horizonte und Interessensphären am Thema zusammenzuführen und die wissenschaftliche Auseinandersetzung mit dem Eisenacher Institut zu intensivieren.

Die Initiative zu dieser Veranstaltung ging 2017 vom Kuratorium der Stiftung Lutherhaus Eisenach unter der damaligen Vorsitzenden, Landesbischöfin Ilse Junkermann, aus und bildete einen zentralen Bestandteil verschiedener Aktivitäten zur kritisch-memorialen, öffentlichen-musealen und wissenschaftlichen Aufarbeitung des Eisenacher Instituts. Aufgrund ihrer unrühmlichen Vergangenheit und historischen Verquickung mit der pseudowissenschaftlichen Einrichtung übernahm die Friedrich-Schiller-Universität Jena die genauere Planung der Tagung. Als Mitorganisatoren konnten neben der Stiftung Lutherhaus Eisenach und dessen Wissenschaftlichem Ausstellungsbeirat mit den Professoren Jörg Ganzenmüller, Karl-Wilhelm Niebuhr, Christian Wiese, Harry Oelke und Christopher Spehr, die Wartburg-Stiftung Eisenach und die Evangelische Arbeitsgemeinschaft für Kirchliche Zeitgeschichte gewonnen werden. Als Kooperationspartner wirkten an der Tagung mit die Martin-Buber-Professur für Jüdische Religionsphilosophie an der Goethe-Universität Frankfurt, der LOEWE-Forschungsschwerpunkt „Religiöse Positionierung. Modalitäten und Konstellationen in jüdischen, christlichen und islamischen Kontexten" an der Goethe-Universität Frankfurt und der Justus-Liebig-Universität Gießen, der Beirat für christlich-jüdischen Dialog der Evangelischen Kirche in Mitteldeutschland sowie die Gesellschaft für Thüringische Kirchengeschichte e.V. Dank der hervorragenden Zusammenarbeit mit Andreas Volkert von der Wartburg-Stiftung Eisenach gelang es, die Tagung am historischen „Gründungsort“ im Hotel auf der Wartburg durchzuführen.

Am 18. September fand außerdem im Festsaal der Wartburg der öffentliche Abendvortrag durch Prof. Dr. Christian Wiese (Frankfurt am Main) statt, dem Grußworte von Kirche, Land und Jüdischer Landesgemeinde vorangingen. Das Grußwort der Evangelischen Kirche in Deutschland hielt die Präses der Synode der EKD Dr. Irmgard Schwaetzer (Berlin), das Grußwort des Freistaates Thüringen der Minister für Kultur-, Bundes- und Europangelegenheiten Prof. Dr. Benjamin-Immanuel Hoff (Erfurt) und das Grußwort der Jüdischen Landesgemeinde Thüringen der Vorstandsvorsitzende Prof. Dr. Reinhard Schramm (Erfurt). Sie alle betonten die Notwendigkeit der wissenschaftlichen Aufarbeitung jener dunklen Institutsgeschichte nicht zuletzt vor dem Hintergrund des heutigen Wiedererstarkens von Rassismus und Antisemitismus in Deutschland.

Bestandteil des Programms war am Abend des 19. Septembers die feierliche Eröffnung der Sonderausstellung „Erforschung und Beseitigung. Das Kirchliche ‚Entjudungsinstitut‘ 1939–1945“ im Lutherhaus Eisenach sowie das erstmals in Eisenach stattfindende Eröffnungskonzert der Thüringer ACHAVA-Festspiele in der Georgenkirche unter dem Motto „Avi Avital meets Thüringer Bach Collegium“. Dank des engagierten Zusammenwirkens von Dr. Jochen Birkenmeier, Wissenschaftlicher Leiter und Kurator der Stiftung Lutherhaus Eisenach, und seines Teams wurde die projektierte Verknüpfung von musealer, künstlerischer und wissenschaftlicher Vermittlung erfolgreich realisiert.

Zudem ist weiteren Akteuren für Ihre Mitwirkung an der Tagung zu danken: Prof. Dr. Claudia Lepp (München), Prof. Dr. Jörg Ganzenmüller (Jena), Prof. Dr. Karl-Wilhelm Niebuhr (Jena) und PD Dr. Gisa Bauer (Leipzig) für die Moderation der insgesamt vier Tagungssektionen. Andreas Volkert (Eisenach), Maximilian Rosin (Jena), Karl-Christoph Goldammer (Jena), Maria Poppitz (Jena), Daniel Meyer (Jena) und Gesa Lienhop (Jena) für ihre Tätigkeiten im Tagungsbüro und in der Tagungsassistenz. Petra Richter (Jena) und Cornelia Breitsprecher (Eisenach) für die administrative Unterstützung. Sowie dem Hotel auf der Wartburg für die angenehme Konferenzatmosphäre trotz des herausfordernden Themas. Ermöglicht wurde die Tagung durch die finanzielle Unterstützung durch die Beauftragte der Bundesregierung für Kultur und Medien (BKM), die Ernst-Abbe-Stiftung Jena, die Union Evangelischer Kirchen (UEK) und das LOEWE-Forschungsprojekt.

Für die Publikation stellten in vorbildlicher Weise alle 17 Referentinnen und Referenten ihre Beiträge zur Verfügung. Den Autorinnen und Autoren sei herzlich gedankt. Unser Dank gilt außerdem allen Mitarbeiterinnen und Mitarbeitern in der Redaktion: Maximilian Rosin (Jena), Maja Menzel (Jena), Sanna Jokinen (München), Carlotta Israel (München), Florian Weber (München) sowie Krister G. E. Johnson (Magdeburg), der die Übersetzung der

Abstracts anfertigte. Wertvolle Zuarbeiten leisteten Christina Neuss und Johannes Röder vom Landeskirchenarchiv Eisenach, Dr. Frank Boblenz vom Landesarchiv Thüringen – Hauptstaatsarchiv Weimar sowie PD Dr. Stefan Gerber vom Universitätsarchiv Jena. Ebenfalls ist PD Dr. Izaak de Hulster vom Verlag Vandenhoeck & Ruprecht und dessen Mitarbeiterinnen und Mitarbeitern für die bewährte Betreuung und Herstellung zu danken. Den Herausgebern der Reihe „Arbeiten zur Kirchlichen Zeitgeschichte" sei für die freundliche Aufnahme des Bandes Danke gesagt. Ohne die großzügige Förderung der Bundesbeauftragten für Kultur und Medien, der Ernst-Abbe-Stiftung sowie der Evangelischen Arbeitsgemeinschaft für Kirchliche Zeitgeschichte der EKD wäre es nicht möglich gewesen, diesen Band herstellen und zu einem erschwinglichen Preis anbieten zu können.

Jena und München, im März 2021 Christopher Spehr und Harry Oelke

Harry Oelke / Christopher Spehr

Das Eisenacher ‚Entjudungsinstitut'

Eine Einführung*

Am 6. Mai 1939 wurde von evangelischen Theologen, Kirchenleitern und elf Landeskirchen im Hotel auf der Wartburg in Eisenach das „Institut zur Erforschung und Beseitigung des jüdischen Einflusses auf das deutsche kirchliche Leben" (kurz ‚Entjudungsinstitut') gegründet. Mit seiner antisemitischen und völkisch ausgerichteten Ideologie war es bemüht, Ideen ähnlich disponierter (pseudo-)wissenschaftlicher Institute erstmals im kirchlichen Bereich umzusetzen. Insofern steht dieses in kirchlicher Trägerschaft verortete Institut in besonders exponierter Weise für einen deutschchristlich verantworteten wissenschaftlichen Antisemitismus in der NS-Zeit.

Die von einzelnen Wissenschaftlern und Teilen der Bekennenden Kirche kritisierte deutschchristliche Einrichtung nahm unter der wissenschaftlichen Leitung von Professoren der Universität Jena ihre Tätigkeit in Eisenach auf und sammelte in Tagungen und Arbeitskreisen europaweit einen Unterstützerkreis. Allerdings kam durch den Kriegsverlauf die Arbeit zunehmend zum Erliegen und endete 1945. Nach Kriegsende fanden die Mitarbeiter des Instituts neue Tätigkeiten in Wissenschaft und Kirche, so dass die Thematik bis heute Konfliktstoff birgt und über die bereits geleisteten Forschungen hinaus der weiteren soliden wissenschaftlichen Aufarbeitung bedarf.

In mindestens vier Horizonten spielen das ‚Entjudungsinstitut' und seine Mitarbeiter noch heute eine gewisse Rolle[1]. Weil diese Horizonte auf unterschiedlichen Ebenen liegen und differenten Erfahrungen geschuldet sind, erfordern sie unterschiedliche Zugänge zum Thema.

---

* Die Abkürzungen in dem gesamten Band richten sich nach SCHWERTNER, Siegfried M.: IATG³ – Internationales Abkürzungsverzeichnis für Theologie und Grenzgebiete, 3. überarbeitete u. erweiterte Aufl. Berlin / Boston 2014.

1 Die Einleitung verzichtet der Übersichtlichkeit halber auf umfangreiche Literaturhinweise und beschränkt Einzelnachweise auf grundlegende Literatur zu den größeren Problemzusammenhängen. Im Detail sind die angesprochenen Aspekte in den Beiträgen des Bandes erschlossen. Dort finden sich auch die weiterführenden Literaturangaben. – Grundlegend, mit umfangreichen bibliographischen Angaben: ARNHOLD, Entjudung (2010); BIRKENMEIER / WEISE, Erforschung; HESCHEL, Jesus; BRECHENMACHER / OELKE, Kirchen.

1. Horizonte des Themas

1.1 Der lokale Horizont

Beim *Eisenacher* ‚Entjudungsinstitut' scheint zuerst der lokale Horizont auf. Die Einrichtung wurde in Eisenach gegründet und hatte in der Wartburgstadt, genauer in der Bornstraße 11, seine aus zwei bis drei Zimmern bestehende erste Geschäftsstelle. In der Stadt Luthers und Bachs war es weniger die Wartburg und die Erinnerung an den Reformator, die für die Ortswahl entscheidend war, sondern es waren die administrativen Voraussetzungen: Die Anbindung an das Landeskirchenamt mit Bischofssitz der deutschchristlich geleiteten Thüringer evangelischen Kirche (auf dem Pflugensberg)[2] und mehr noch an den Sitz der Reichsgemeindeleitung der „Nationalkirchlichen Einung Deutsche Christen" (Reuterweg 2a)[3].

Neben der Ortswahl waren und sind es vor allem die am Institut beteiligten Personen, die bis heute in Eisenach und darüber hinaus für kontroverse Diskussionen sorgen, zumal sie nach 1945 als Pfarrer und Theologen an exponierter Stelle in der Wartburgstadt tätig wurden.

Walter Grundmann, 1945 aus dem Amt des Universitätsprofessors für Neues Testament und Völkische Theologie in Jena entlassen, wirkte seit 1954 als Rektor des Eisenacher Katechetenseminars und engagierte sich u. a. in der Ausbildung der Studierenden der Kirchenmusikschule Eisenach. Er war, wie Zeitzeugen bis heute betonen, eine der intellektuellen Kapazitäten der Wartburgstadt und glaubensprägende Persönlichkeit, die in Predigten, Vorträgen oder persönlichen Gesprächen theologisches Niveau vermittelte. Der „Herr Professor" – so ließ sich Grundmann nach wie vor anreden – predigte häufig auf der Wartburg und wurde von den Eisenachern Christinnen und Christen geschätzt.

Auch andere Mitarbeiter des Instituts sollten in Eisenach ein neues Tätigkeitsfeld finden und ebendort zu prägenden Gestalten avancieren. So wirkte z. B. der 1945 aus dem Universitätsdienst entlassene Jenaer Professor für Systematische Theologie, Heinz-Erich Eisenhuth, von 1952 bis 1967 als Superintendent des Kirchenkreises Eisenach. Auch Herbert von Hintzenstern, Doktorand Grundmanns und seit 1962 Kirchenrat, ist hier zu erwähnen, der von 1968 bis 1986 nebenamtlich das Lutherhaus in Eisenach leitete. Die Bewertung ihres Wirkens zwischen persönlicher Wertschätzung und ideologischer Täterschaft sowie die auch nach 1945 ventilierte theologische Einstellung, die latent oder offen antisemitisch blieb, bewegt noch immer die

2 Vgl. Hübner / Schmidt, Pflugensberg.

3 Vgl. hierzu Arnhold, Entjudung (2020), 525 f.

Gemüter der Zeitzeugen und Nachgeborenen in Eisenach und darüber hinaus[4].

Zu den ortskirchlichen und persönlichen Interessen tritt im lokalen Horizont auch das öffentliche Interesse. Schülerinnen und Schüler des Eisenacher Martin-Luther-Gymnasiums erarbeiteten 2006 eine Tafelausstellung unter dem Titel „Gratwanderungen – Das sog. ‚Entjudungsinstitut‘ 1939–1945“, die als Wanderausstellung an verschiedenen Orten gezeigt, 2013 grundlegend überarbeitet im Lutherhaus Eisenach präsentiert und durch eine Begleitbroschüre vertiefte wurde[5].

Mit dem am 6. Mai 2019 enthüllten freistehenden Mahnmal an der Ecke Bornstraße / Johann-Sebastian-Bach-Straße, welches die Aussage aus dem Darmstädter Wort trägt „Wir sind in die Irre gegangen …“, wird seit kurzem dieser Einrichtung in der Stadt Eisenach öffentlich sichtbar erinnert[6]. Beide Beispiele dokumentieren, wie eine mit dem Ereignisort verbundene Erinnerungskultur im öffentlichen Raum über den lokalen Horizont hinausweisen und eine übergeordnete Bedeutung gewinnen kann.

1.2 Der landeskirchliche Horizont

Ein mit dem lokalen Horizont verknüpfter, aber doch eigenständiger Horizont bildet die Ebene der Landeskirche – oder besser der Landeskirchen. Führende Mitarbeiter des ‚Entjudungsinstituts‘ übernahmen seit den 1950er Jahren wichtige Funktionen in der Evangelisch-Lutherischen Kirche in Thüringen, welche durch den Landesbischof Moritz Mitzenheim von 1945 bis 1970 maßgeblich geprägt wurde. Welche Rolle ehemalige Mitglieder des Instituts beim Weg der Thüringer Landeskirche in der DDR einnahmen, ist noch immer eine vieldiskutierte Frage. Grundmann unterrichtete nicht nur in Eisenach, sondern hielt auch im theologischen Oberseminar Naumburg Vorlesungen. Nach 1970 dozierte er zudem im Theologischen Seminar der Vereinigten Evangelisch-Lutherischen Kirche in der DDR in Leipzig. Mit seinen Lehrtätigkeiten und neutestamentlichen Publikationen prägte er Generationen von Theologiestudenten und kirchlichen Mitarbeitern – nicht nur in der DDR. 1974 ernannte ihn die Thüringer Kirche aufgrund seiner Verdienste zum Kirchenrat. Superintendent Eisenhuth leitete für einige Jahre die Evangelische Akademie Thüringen und gehörte der Landessynode an. Hintzenstern wurde 1952 zum Landesjugendpfarrer der Thüringer Kirche berufen, führte seit 1956 die Evangelische Akademie Thüringen und leitete die Pressestelle der Kirche. Gleichzeitig wirkte er von 1956 bis 1981 als Chefredakteur

4 Vgl. z. B. die Diskussion in der Kirchenzeitung „Glaube und Heimat“ sowie deren Beiträge wie etwa: Der Mantel des Schweigens, in: Glaube und Heimat Nr. 41 vom 13. 10. 2019, 3.

5 Vgl. Gratwanderungen.

6 Vgl. Birkenmeier / Weise, Erforschung, 110 f.

der Kirchenzeitung „Glaube und Heimat". Aber auch in anderen Landeskirchen übernahmen nach dem Zweiten Weltkrieg ehemalige Mitarbeiter des ‚Entjudungsinstituts' Leitungsaufgaben in Lehre und Theologie, so dass die Aufarbeitung nicht allein eine Aufgabe der Thüringer Kirche (bzw. ihrer Nachfolgekirche, der Evangelischen Kirche in Mitteldeutschland) ist, sondern auch andere Landeskirchen und Universitäten betrifft.

Dass das Thema nach 1990 im Thüringer Predigerseminar, welches in der Bornstraße 11 seinen Sitz hatte, zu intensiven Debatten führte und eine kritische Auseinandersetzung der jungen Generation hervorrief, belegen die im Eisenacher Predigerseminar durchgeführten Studientage. 1994 lud dessen Rektor Günter Reese zum Studientag „Wir sind in die Irre gegangen" ein. 1997 wurden die Studientage zum christlich-jüdischen Dialog durch den neuen Rektor Michael Dorsch fortgesetzt[7]. Auch die Veranstaltungen der Evangelischen Akademie Thüringen wie beispielsweise die Tagung „Lothar Kreyssig und Walter Grundmann. Zwei kirchenpolitische Protagonisten des 20. Jahrhunderts in Mitteldeutschland" 2012 in Neudietendorf unterstreichen das kirchliche Interesse am Thema[8]. Dass sich bei der Finanzierung des Mahnmals 2019 alle acht Landeskirchen engagierten, die in Folge der am ‚Entjudungsinstitut' einst beteiligten Landeskirchen stehen, veranschaulicht zudem die über eine einzelne Landeskirche hinausgehende Verantwortung.

1.3 Der wissenschaftliche Horizont

Das Eisenacher Institut ist über die genannten Bereiche hinaus vor allem in wissenschaftlicher Hinsicht von großem Interesse. Das in deutschchristlicher Regie unter der wissenschaftlichen Ägide des neutestamentlichen Jenaer Professors Walter Grundmann geführte ‚Entjudungsinstitut' mit seinen weit mehr als 150 Mitarbeitenden – darunter immerhin 20 mit Professorentitel – ist eines der dunkelsten Kapitel, das auf kirchliche Initiative die deutsche evangelisch verantwortete theologische Wissenschaft in der NS-Zeit geschrieben hat. Ungeachtet seiner noch im Detail auszulotenden faktischen Effizienz stellte das Institut bereits im Ansatz ein perfides kirchliches Andienen an die nationalsozialistische Rassenpolitik im pseudowissenschaftlichen Gewand dar. Unter historiographischen Gesichtspunkten ist das ein idealtypischer Gegenstand der Kirchlichen Zeitgeschichtsforschung.

Im Einzelnen sprechen für diese Forschungsrelevanz mindestens drei Gründe: Zunächst einmal stellt die Auseinandersetzung zwischen den Deutschen Christen und der Bekennenden Kirche einen vorrangigen Untersuchungsgegenstand der klassischen Kirchenkampfforschung dar. Aus heutiger Perspektive markiert das Thema aber einen grundlegenden Gegenstand der

7 Vgl. Dorsch, Notwendigkeit.

8 Vgl. Döring / Haspel, Kreyssig.

Kirchlichen Zeitgeschichtsforschung[9]. Die jüdischgläubigen Deutschen im Allgemeinen sind von der Kirchlichen Zeitgeschichtsforschung lange unberücksichtigt geblieben und haben erst im Kontext der Forschungen zur Antijudaismus-Problematik allmählich eine Rolle gespielt. Zweitens sind zumindest Christen jüdischer Herkunft ein Thema des sogenannten Kirchenkampfes, das vergleichsweise rege beforscht wurde[10]. Drittens reicht die Vielzahl von kirchlichen und akademischen Mitarbeitern des Eisenacher Instituts in die Geschichte der Landeskirchen hinein und berührt eine Vielzahl theologischer Fakultäten[11] und deren Geschichte in der NS-Zeit und darüber hinaus.

Es gäbe noch weitere Gründe, die nahelegen, dass die kirchengeschichtliche Wissenschaft das ‚Entjudungsinstitut' hätte früh entdecken und beforschen können. Aber so eindeutig, wie man das vor diesem forschungsbezogenen Hintergrund erwarten könnte, ist der Befund nicht. Er lässt sich bildlich in jenem anschaulichen Bild vom Glas ausdrücken, das perspektivgebunden entweder halbvoll bzw. halbleer ist.

Halbleer ist das Glas, wenn man sich vor Augen führt, dass die sogenannte Kirchenkampfforschung evangelischer Provenienz sich nach Kriegsende über drei Jahrzehnte unter weitgehender Absehung von der sogenannten Judenfrage mit einer möglichst sachgerechten Rekonstruktion der innerprotestantisch theologischen und kirchenpolitischen Auseinandersetzungen der NS-Zeit befasst hat. Das führte fraglos zu veritablen Forschungsergebnissen, doch war die darin erkennbar werdende Haltung weitgehend apologetisch. Der Blick blieb insgesamt auf das vergleichsweise enge theologische und kirchenpolitische Handlungsfeld der Kirchenkämpfer beschränkt.

Dabei hätte die auf rassetheoretischer Grundlage operierende Forschungspraxis der Eisenacher Einrichtung doch einen wichtigen Gegenstandsbereich der modernen Antisemitismusforschung berührt. Faktisch aber war das nicht der Fall, lange Zeit blieb das ‚Entjudungsinstitut' für die Kirchliche Zeitgeschichte ein Desiderat. Die kirchenhistorische Forschung zeigte sich über weite Strecken nicht geneigt, die ideologischen, d. h. in diesem Fall die rassentheoretischen Grundlagen des NS-Staats vollumfänglich als Forschungsparadigma zunächst in die Kirchenkampfforschung zu integrieren.

Der sozialwissenschaftliche Turn in der Geschichtsforschung der 1970er Jahre brachte einen umfassenden Neuansatz: andere Fragestellungen, innovative Methoden und bisher unerschlossene Gegenstandsbereiche[12]. Gleichwohl hielt man sich in der Forschungspraxis weiter vom Institut fern: Von Kurt Meiers grundlegender Kirchenkampfdarstellung bis zu einschlägigen,

9 Vgl. dazu [demnächst] Brechenmacher u. a., Zeitgeschichte.

10 Vgl. exemplarisch Fix, Glaubensgenossen; Schmidt / Daume, Getauft.

11 Einschlägig Siegele-Wenschkewitz / Nicolaisen, Fakultäten.

12 Vgl. Brechenmacher u. a., Zeitgeschichte.

verdienstvollen Darstellungen wie Christoph Strohms „Die Kirchen und das Dritte Reich“[13] kommt das Eisenacher Institut in der grundlegenden Literatur zur Kirchlichen Zeitgeschichte lange Zeit so gut wie gar nicht vor[14].

Mit der biografischen Aufarbeitung des spiritus rector des Instituts, Walter Grundmann, verbinden sich Namen vor allem von neutestamentlichen Kollegen (darunter Peter von der Osten-Sacken und Karl-Wilhelm Niebuhr), weniger kirchliche Zeitgeschichtlerinnen und Zeitgeschichtler[15]. Die Evangelische Arbeitsgemeinschaft bildet mit ihrer repräsentativen AKIZ-Reihe keine Ausnahme, denn bis zu dem hier vorliegenden Band findet sich darin kein Titel, der sich explizit mit dem Institut befassen würde. Ist das Thema gar nicht angekommen in der Kirchlichen Zeitgeschichtsforschung?

Sprechen wir also vom *halbvollen* Glas: Daran trägt einen ganz wesentlichen Anteil Oliver Arnholds gleichermaßen profunde wie umsichtige Untersuchung „‚Entjudung‘ – Kirche im Abgrund“, die er 2010 vorgelegt hat[16]. Die quellengestützte Untersuchung, welche die Genese des Instituts mit dem Fokus auf die radikale deutschchristliche Thüringer Kirchenbewegung entfaltet, ist fraglos eine beachtliche wissenschaftliche Leistung; die zweibändige Studie kompensiert quasi das, was vorher in der einschlägigen Forschung versäumt worden ist. Diese Arbeit scheint weniger einer stringenten Forschungsdynamik in der Kirchlichen Zeitgeschichte als vielmehr der bemerkenswerten Forschungsleistung eines versierten und wissbegierigen Kirchengeschichtlers geschuldet zu sein.

Gleichwohl steht Arnholds Arbeit nicht kontextlos im Forschungszusammenhang. Im weitesten Sinne ist es die Antisemitismusforschung, die wichtige Akzente setzte und das bis heute tut. Als starke Impulsgeberin fungierte Susannah Heschel, die in Hanover / New Hampshire einen Lehrstuhl für Jüdische Studien innehat. Erstmals machte sie 1994 auf die Machenschaften des Instituts mit Blick auf Walter Grundmann aufmerksam. Nach etlichen weiteren Publikationen zu diesem Thema legte sie mit ihrem Buch „Aryan Jesus“ von 2008 mit Nachdruck die bibelwissenschaftlichen Verirrungen deutschchristlicher Theologen in ihrer Breite offen[17]. Das Eisenacher Institut gewann durch die Arbeiten Heschels zunehmend das Interesse der Forschung.

Die Rezeption von Arnholds Studie unterstreicht, wie interdisziplinär die

13 Meier, Kirchenkampf, ungeachtet der verdienstvollen starken Fokussierung der DC inkl. einer Berücksichtigung des Wirkens von Walter Grundmann, bes. in Bd. 3, bleibt das Eisenacher Institut selbst ohne eine eingehende Analyse; Strohm, Kirchen.

14 Das gilt weithin für beide großen Kirchen, vgl. dazu den Annäherungsversuch an die Praxis beider Großkirchen in Bezug auf die Staatsverbrechen der NS-Zeit in: Brechenmacher / Oelke, Kirchen [Lit.].

15 Vgl. beispielsweise Osten-Sacken, Grundmann; Deines / Leppin / Niebuhr, Grundmann; für den ‚späten‘ Grundmann Bormann, Grundmann; von kirchenhistorischer Seite verdienstvoll die Arbeiten von Leonore Siegele-Wenschkewitz, z. B. dies., Antijudaismus.

16 Arnhold, Entjudung (2010); neuerdings komprimiert in: Ders., Entjudung (2020).

17 Heschel, Theologen; dies., Jesus.

Forschungen zum Institut heute angelegt sind. Dirk Schuster, Mitarbeiter am Institut für Jüdische Studien und Religionswissenschaft in Potsdam, hat zuletzt (2017) die am Eisenacher Institut vertretene „Lehre vom ‚arischen' Christentum" in das Zentrum gerückt[18]. Er zeigt mit weitem Rückgriff auf das 19. Jahrhundert, dass die rassentheoretisch untermauerte Eisenacher Lehre als ein Gegenstand der religionswissenschaftlichen Fachgeschichte zu sehen ist.

Dieser interdisziplinäre Zugang zum Thema unserer Tagung ist insgesamt bereichernd und ein Gewinn. Die Zusammensetzung der Wissenschaftlerinnen und Wissenschaftler, die als Autorinnen und Autoren für diesen Band gewonnen werden konnten, folgt ganz bewusst einer interdisziplinären Forschungskonstellation.

1.4 Der religionsbezogene Horizont

Schließlich ist der religionsbezogene Horizont zu bedenken, der auf verschiedenen Ebenen zu einem neuen Miteinander von Christen und Juden führte. Evangelische Kirche und Theologie betonen seit den 1980er Jahren das Miteinander von Christen und Juden und fördern einen Lernprozess, der die Problematik des innerkirchlichen Antijudaismus und Antisemitismus benennt und Wege aufzeigt, die jahrhundertealte Frontstellung zu überwinden. Verschiedene Arbeitskreise und Synodenbeschlüsse belegen diese Entwicklung.

Spätestens seit den 1980er Jahren gab es auch in Eisenach ein lokales, interreligiöses Engagement, das zu DDR-Zeiten in der *Arbeitsgemeinschaft Kirche und Judentum der Thüringer Kirche* ihren Ausdruck fand und an die einstige jüdische Gemeinde in Eisenach erinnerte. Am 12. Dezember 1986 besuchte auf Einladung des Landeskirchenrates der jüdische Religionsgelehrte Schalom Ben-Chorin Eisenach, woraus sich ein lebenslanger Kontakt entwickelte. Die Erinnerung an das jüdische Leben in Eisenach und die nationalsozialistischen Pogrome fanden seitdem vielfältige Ausdrucksformen[19]. Ben-Chorins aus Eisenach stammende, 1936 vor den Nationalsozialisten geflohene Frau Avital erhielt 2012 die Ehrenbürgerschaft der Stadt Eisenach, wodurch ihre beeindruckende Versöhnungsarbeit gewürdigt wurde. 2019 gelang es erstmals, die Thüringer ACHAVA-Festspiele nach Eisenach zu holen.

Dass die jüdische Landesgemeinde Thüringens ebenfalls ein vitales Interesse an der kritischen Aufarbeitung und einem gelingenden Miteinander hat, wurde durch die aktive Teilnahme des Vorsitzenden der Jüdischen Landes-

---

18 Schuster, Lehre.

19 Zum jüdischen Leben in Eisenach vgl. Brunner, Judengasse. Zum Umgang mit dem jüdischen Schicksal nach dem Zweiten Weltkrieg in Eisenach vgl. ebd., 215–219.

gemeinde, Herrn Prof. Dr. Reinhard Schramm, an der Tagung 2019 zum Ausdruck gebracht.

2. Forschungsfelder

Der Tagungsband knüpft in interdisziplinärer Weise an die bisherigen Forschungen zum ‚Entjudungsinstitut' an, kontextualisiert die Ideologie und Theologie der Einrichtung, vergleicht sie mit ähnlichen (pseudo-)wissenschaftlichen ‚Instituten' und fragt nach dessen Wirkung und Auswirkung in Ost- und Westdeutschland. Die gleichnamige Tagung wurde 2019 flankiert durch die Eröffnung der Sonderausstellung „Erforschung und Beseitigung. Das kirchliche ‚Entjudungsinstitut' 1939–1945"[20] im Lutherhaus Eisenach sowie den christlich-jüdischen Begegnungstagen ACHAVA in Eisenach.

Vor dem skizzierten Hintergrund des aktuellen Interesses und der bereits geleisteten Forschungsbemühungen zum Eisenacher Institut stellt sich die Frage nach den noch offenen Forschungsfeldern. Welche Aspekte und Fragestellungen sind auf der Basis der bereits geleisteten Forschungsarbeit neu hinzugekommen? Die vier Abteilungen des Buches wollen diese Impulse aufnehmen und möglichst neue Fragestellungen entwerfen.

2.1 Kontextualisierung

Die moderne Antisemitismusforschung hat in den zurückliegenden Jahren die Genese des rassischen Antisemitismus im 19. Jahrhundert substantiell herausgearbeitet. Die große sich v. a. mit Charles Darwin verbindende naturwissenschaftliche Wende im 19. Jahrhundert, die diversen Forschungsbeiträge zur biologischen Kategorie der Rasse (Arthur de Gobineau u. a.) und dessen Umformung zu einem modernen Antisemitismus (Paul de Lagarde u. a.) ist zumindest in Grundzügen offengelegt bzw. erhärtet worden[21]. In der ersten Abteilung wird dieser Impuls aufgenommen und die „Vorgeschichte und Kontexte" der das Institut tragenden ideologischen Grundlagen thematisiert. Die Beiträge setzen sich mit der Frage auseinander, welche Linien sich von den Anfängen des rassischen Antisemitismus im 19. Jahrhundert zur vermeintlich wissenschaftlichen Grundlage des Eisenacher ‚Entjudungsinstituts' ziehen lassen. *Uwe Puschner (Berlin)* fokussiert die bewegten Jahre der Jahrhundertwende und arbeitet die völkische Weltanschauung als tragende Ideologie der sich damit verbindenden Religiosität und ihrer Akteure und Vergemeinschaftungen heraus. *Wolfgang Benz (Berlin)* zeigt auf dieser Folie unter besonderer Berücksichtigung Houston Stewart Chamberlains die Ge-

20 Birkenmeier / Weise, Erforschung.
21 Vgl. pointiert Geulen, Geschichte; Lorenz / Buselmeier, Rasse; Thieme, Rassetheorien.

nese einer architektonischen Struktur des ‚modernen Antisemitismus'. Diesen Impuls greift *Thomas Martin Schneider (Koblenz)* auf, indem er mit den Deutschen Christen die maßgebliche evangelische Trägergruppe des Instituts ‚rassentheologisch' analysiert. Gefragt wird dabei, welche Rolle gerade den Theologen in den weltanschaulich-hypostatischen Verirrungen der Eisenacher Einrichtung zufiel. *Dirk Rupnow (Innsbruck)* weitet schließlich die Perspektive und untersucht die ‚Judenforschung' als eine Musterwissenschaft im Nationalsozialismus. Es geht um die Zusammenhänge, in denen das Eisenacher Institut zu ganz ähnlichen säkularen Einrichtungen stand und inwiefern sich Netzwerke der sogenannten Judenforschung in der NS-Zeit erkennen lassen.

2.2 Das ‚Entjudungsinstitut'

Auch wenn bereits erste einschlägige Studien zum Institut selbst vorliegen, muss noch spezifischer in historischer, theologiegeschichtlicher und religionswissenschaftlicher Perspektive nach dessen Ideologie, Theologie und Wirkung zwischen 1939 und 1945 gefragt werden. Dies geschieht in der zweiten Abteilung, die sich explizit dem ‚Entjudungsinstitut' widmet. *Christian Wiese (Frankfurt am Main)* geht den Spuren des jüdischen geistigen Widerstands gegen die theologisch-völkische Religionswissenschaft des Eisenacher ‚Entjudungsinstituts' nach und ermöglicht hierdurch erstmals überhaupt Einblicke in die zeitgenössische Auseinandersetzung mit der Ideologie des Instituts aus jüdischer Perspektive. Der Frage, wie die Ideologie des Instituts bzw. seiner Akteure genauer aussah, untersucht *Oliver Arnhold (Detmold)* in seinem Beitrag über den „Kampf" für die „Entjudung" des religiösen Lebens.

Welche Formen von christlichem Antisemitismus Grundmann in seiner Theologie vertrat und inwiefern er sich von anderen antisemitischen Vorstellungen abgrenzte, analysiert *Matthias Morgenstern (Tübingen).* Am Beispiel Walter Grundmanns und Gerhard Kittels werden die Variationen des ‚christlichen Antisemitismus' aufgezeigt und differenzierte Betrachtungen ermöglicht.

Der ebenfalls bisher nicht näher nachgegangenen Frage nach der Wahrnehmung des ‚Entjudungsinstituts' durch die Bekennende Kirche widmet sich *Siegfried Hermle (Köln),* indem er sich auf die Suche nach zeitgenössischen Stimmen und Aussagen zum Institut aus den Reihen der kirchlichen Opposition und den sogenannten intakten Landeskirchen wie beispielsweise Württemberg begibt.

2.3 Fallstudien

Es war im Vorbereitungskreis eine willkommene Idee, dass die Tagung und das daraus hervorgehende Buch ganz bewusst auch die Forschungen jüngerer Wissenschaftlerinnen und Wissenschaftler berücksichtigen sollten. Damit werden eine Öffnung des Themas zu neuen Fragestellungen und eine Vernetzung mit verwandten Themenfeldern angestrebt. Inhaltlich fragen die Beiträge dieser Abteilung, inwiefern sich das Eisenacher ‚Entjudungsinstitut' vertieft und innovativ beforschen lässt. *Mirjam Loos (Rapperswil / Schweiz)* analysiert in diesem Zusammenhang die rhetorische Figur einer ‚jüdisch bolschewistischen Weltgefahr' und kann zeigen, welche Mechanismen in der protestantischen Community griffen bzw. nicht griffen, so dass am Ende eine Einrichtung wie das ‚Entjudungsinstitut' weitgehend ohne öffentlichen Protest realisiert werden konnte.

In welcher Weise verstärkte das ‚Entjudungsinstitut' seinen wissenschaftlichen Anspruch und funktionalisierte jenseits der Theologie andere wissenschaftliche Fächer? *Dirk Schuster (Potsdam)* legt offen, inwiefern durch den Rekurs auf ein interessengeleitetes Verständnis von ‚Religionswissenschaft' der wissenschaftliche Zuschnitt der ideologisch bestimmten Forschungsarbeit scheinbar untermauert wurde.

Elisabeth Lorenz (München) richtet den Blick in exemplarischer Weise auf ein grundlegendes Segment der Institutsarbeit, indem sie die unter dem Titel „Botschaft Gottes" firmierende Bibelübersetzung nach dem darin geformten Jesusbild befragt. Ihre Ergebnisse stehen pars pro toto und erlauben einen Blick auf die weltanschaulichen Strategien, die sich mit den Veröffentlichungen des Instituts verbanden.

Rebecca Scherf (München) geht in ihrer Studie mit Blick auf die Konzentrationslager der Frage nach, wie weit das protestantische Arrangement im Extremfall gehen konnte.

2.4 Wirkungen und Aufarbeitung

Obwohl das Institut 1945 geschlossen wurde und direkt nach Kriegsende in Thüringen wieder das Thüringer Gesangbuch, die Lutherbibel und Luthers Kleiner Katechismus als biblische, liturgische und katechetische Grundlage in Kraft gesetzt wurden, blieb die Wirkung des Instituts different. Nicht zuletzt angesichts des Holocausts sind die Rezeptionsstränge von latentem oder offenem Antisemitismus in Theologie und Kirche von großer Relevanz, so dass diese in der vierten Abteilung „Wirkungen und Aufarbeitung" thematisiert werden müssen.

So gilt es einerseits nach den unmittelbaren und mittelbaren Wirkungen des Instituts zu fragen. Wie gingen die einstigen Akteure mit ihrer Mitarbeit um? Welche Strategien der Rechtfertigung oder Schuldeingeständnisse formulierten sie? Lassen sich Unterschiede in West- und Ostdeutschland bei der Thematik feststellen? *Michael Weise (Eisenach)* fragt nach den Stellungnahmen und Rechtfertigungsversuchen ehemaliger Mitarbeiter in der SBZ, welche die „Entjudung" als Rettung von Christentum und Kirche verstanden wissen wollten. *Jochen Birkenmeier (Eisenach)* rückt Herbert von Hintzenstern als Akteur in den Mittelpunkt, untersucht dessen Umgang mit dem ‚Entjudungsinstitut' und fragt nach den „Dichterinnen", welche die Bibelübertragung die „Botschaft Gottes" Gestalteten. Im Spannungsfeld von Verweigerung und Dialog akzentuiert *Stephan Linck (Hamburg)* den Umgang der lutherischen Kirchen Norddeutschlands mit der NS-Vergangenheit und dem Antisemitismus, wodurch die westdeutsche Perspektive fokussiert wird.

Grundlegend ist die Frage nach einer kritischen Aufarbeitung des Instituts und seiner Geschichte. *Susannah Heschel (Hanover NA / USA)*, die selber zu den Pionierinnen der wissenschaftlichen Aufklärung zählt und auf diesem Gebiet größte Verdienste erworben hat, pointiert teilweise aus eigener Forschungserfahrung die Historiographie des Instituts.

Zum Ende des Bandes soll schließlich das größere Thema des christlich-jüdischen Dialog in den Mittelpunkt gerückt und vergleichend gefragt werden, wie sich das Verhältnis von Christentum und Judentum in der DDR und der Bundesrepublik Deutschland gestaltete. Dieser Frage geht *Veronika Albrecht-Birkner (Siegen)* nach und rundet mit ihrem als „Annäherung" bezeichneten Ausblick den Band ab.

3. Forschungsperspektiven

Die hier vorliegende Publikation nimmt die bisherigen Ergebnisse der Forschung zum ‚Entjudungsinstitut' auf und möchte die verschiedenen Problemstellungen durch ein dezidiert interdisziplinäres Zusammenwirken vertiefen, den fachwissenschaftlichen Umgang mit ihnen methodisch erweitern und ansatzweise neue Deutungsräume erschließen helfen. Erfreulich wäre, wenn das Buch mit seinen Ergebnissen auf diese Weise die weitere Beschäftigung mit der Thematik stimulieren könnte.

An welchen Stellen regen die Ergebnisse perspektivisch zu einem Weiterdenken an? Wo besteht weiterer Forschungsbedarf? Zunächst einmal geben die Beiträge an vielen Stellen deutlich zu erkennen, dass für den fortzusetzenden Diskurs über das ‚Entjudungsinstitut' im Besonderen ebenso wie im Allgemeinen über die ‚rassetheologische' Belastung des Verhältnisses vom evangelischen Christentum zum Judentum weiterführende Begriffs- und Detailstudien dringend erforderlich sind.

Neben der (kirchen-)historischen Erforschung der einzelnen Arbeitskreise und Publikationen des Instituts sind wissenschaftsgeschichtlich der Begriff der Modernität und die Frage der „Nützlichkeit" von Wissenschaft zukünftig weiter zu thematisieren. Nachdem die kirchenhistorische Forschung der zurückliegenden Jahrzehnte die politischen Valenzen der DC-Theologie und deren theologische Anschlussfähigkeit an die NS-Ideologie herausgearbeitet hat, lassen es die Beiträge des Buches als verheißungsvoll erscheinen, das Zusammenspiel von Antibolschewismus, Antifeminismus und Antisemitismus innerhalb der DC-Theologie weiter systematisch zu reflektieren.

Als ein markantes Desiderat geben insbesondere die Ergebnisse der vierten Abteilung des Buches zu erkennen, die empirisch greifbare Wirkung des Instituts noch näher zu untersuchen. Es mangelt an Forschungen über den tatsächlichen Einfluss des Instituts auf die gelebte Frömmigkeit der Kirchengemeinden vor Ort. Ebenso fehlen noch Einsichten in die Rückwirkungen des Engagements der im Kontext des Instituts tätigen wissenschaftlichen Kollaborateure in die deutschsprachige akademische Theologie inklusive der evangelischen Verlagswelt. Auch die Vernetzung mit politischen Einrichtungen des NS-Staats, die ideologisch ganz ähnlich aufgestellt waren wie das Eisenacher Institut, bedarf einer weiteren Untersuchung, inklusive der Kontakte des Instituts nach Siebenbürgen[22] und Norwegen sowie der Mitwirkung katholischer Protagonisten. Völlig unbedacht ist bisher die Mitwirkung von Frauen an der Institutsarbeit.

Schließlich legen erste Ergebnisse nahe, dass die Rolle von Kirche und Politik in Ost- und Westdeutschland bei der Fortsetzung von Karrieren der Protagonisten des Instituts nach 1945 und deren Einflüsse und Kontinuitäten in Kirche, Theologie und Gesellschaft weiter untersucht werden sollte.

Es steht zu hoffen, dass durch diese und weitere Fragen die Aufarbeitung von Antisemitismus und Völkischer Theologie, Kirche und Theologie, Religion und Gesellschaft in der NS-Zeit weiter vorangetrieben und ihre Wirkungsgeschichte im Einzelnen aufgezeigt werden kann.

Quellen- und Literaturverzeichnis

Arnhold, Oliver: „Entjudung" – Kirche im Abgrund. Bd. 1: Die Thüringer Kirchenbewegung Deutsche Christen 1928–1939. Bd. 2: Das „Institut zur Erforschung und Beseitigung des jüdischen Einflusses auf das deutsche kirchliche Leben" 1939–1945 (SKI 25/1–2). Berlin 2010.

–: „Entjudung" von Theologie und Kirche. Das Eisenacher „Institut zur Erforschung und Beseitigung des jüdischen Einflusses auf das deutsche kirchliche Leben" 1939–1945 (CuZ 6). Leipzig 2020.

Birkenmeier, Jochen / Weise, Michael: Erforschung und Beseitigung. Das Kirchliche „Entjudungsinstitut" 1939–1945 (Veröffentlichungen der Stiftung Lutherhaus Eisenach 4). Eisenach ²2020.

22 Vgl. Wien, Entjudung.

–: Study and eradication the church's „De Judaization Institute“, 1939–1945 (Veröffentlichungen der Stiftung Lutherhaus Eisenach 5). Eisenach 2020.

Bormann, Lukas: Walter Grundmann und das Ministerium für Staatssicherheit. Chronik einer Zusammenarbeit aus Überzeugung (1956–1969). In: KZG 22 (2009), 595–632.

Brechenmacher, Thomas / Oelke, Harry (Hg.): Die Kirchen und die Verbrechen im nationalsozialistischen Staat. Göttingen 2011.

– u. a. (Hg.): Kirchliche Zeitgeschichte. Bilanz – Fragen – Perspektiven (AKIZ B 83). Göttingen 2021.

Brunner, Reinhold: Von der Judengasse zur Karlstraße. Jüdisches Leben in Eisenach (Schriften des Eisenacher Geschichtsverein). Weimar 2003.

Deines, Roland / Leppin, Volker / Niebuhr, Karl-Wilhelm (Hg.): Walter Grundmann. Ein Neutestamentler im Dritten Reich (AKThG 21). Leipzig 2007.

Döring, Hans-Joachim / Haspel, Michael (Hg.): Lothar Kreyssig und Walter Grundmann. Zwei kirchenpolitische Protagonisten des 20. Jahrhunderts in Mitteldeutschland. Weimar 2014.

Dorsch, Michael: Von der Notwendigkeit, Verantwortung zu übernehmen. Die Studientage des Thüringer Predigerseminars 1994–2006. Bearbeitet von Susanne Böhm. In: HerChr 42/43 (2018/2019), (im Druck).

Fix, Karl-Heinz (Bearb.): Die Evangelisch-Lutherische Kirche in Bayern und die Hilfe für aus rassischen Gründen verfolgte Protestanten. Eine Dokumentation. Gütersloh 2011.

Geulen, Christian: Geschichte des Rassismus, München 2007.

Gratwanderungen. Das „Entjudungsinstitut“ in Eisenach. Eine Dokumentation zur Ausstellung des Martin-Luther-Gymnasiums Eisenach. Weimar 2013.

Heschel, Susannah: Theologen für Hitler. In: Leonore Siegele-Wenschkewitz, Christlicher Antijudaismus und Antisemitismus. Theologische und kirchliche Programme deutscher Christen (ArTe 85). Frankfurt a. M. 1994, 125–170.

–: The Aryan Jesus. Christian Theologians and the Bible in Nazi Germany. Princeton / Oxford 2008.

Hübner, Hans-Peter / Schmidt, Gabriele (Hg.): Landhaus und Landeskirche auf dem Eisenacher Pflugensberg. Beiträge zur Geschichte der Evangelisch-Lutherischen Kirche in Thüringen und ihrer Kirchenleitung in Eisenach. Weimar 2006.

Lorenz, Stefan / Buselmaier, Werner: Art. Rasse. In: Historisches Wörterbuch der Philosophie. Bd. 8. (1992), 25–29.

Meier, Kurt: Der evangelische Kirchenkampf. Gesamtdarstellung in drei Bänden. Göttingen [2]1984 (Bde. 1 u. 2), 1984 (Bd. 3).

Osten-Sacken, Peter von der: Walter Grundmann. Nationalsozialist, Kirchenmann und Theologe. In: Ders. (Hg.): Das missbrauchte Evangelium. Studien zu Theologie und Praxis der Thüringer Deutschen Christen (SKI 20). Berlin 2002, 280–312.

Schmidt, Hartmut / Daume, Hans (Hg.): Getauft, ausgestoßen – und vergessen? Zum Umgang der evangelischen Kirchen in Hessen mit den Christen jüdischer Herkunft im Nationalsozialismus. Hanau 2013.

SCHUSTER, Dirk: Die Lehre vom „arischen" Christentum. Das wissenschaftliche Selbstverständnis im Eisenacher „Entjudungsinstitut" (KKR 70). Göttingen 2017.

SIEGELE-WENSCHKEWITZ, Leonore (Hg.): Christlicher Antijudaismus und Antisemitismus. Theologische und kirchliche Programme deutscher Christen (ArTe 85). Frankfurt a. M. 1994.

SIEGELE-WENSCHKEWITZ, Leonore / NICOLAISEN, Carsten (Hg.): Theologische Fakultäten im Nationalsozialismus (AKIZ B 18). Göttingen 1993.

STROHM, Christoph: Die Kirchen und das Dritte Reich. München 2011.

THIEME, Frank: Rassentheorien zwischen Mythos und Tabu. Der Beitrag der Sozialwissenschaften zur Entstehung und Wirkung der Rassenideologie in Deutschland. Frankfurt a. M. 1988.

WIEN, Ulrich A.: „Entjudung" und Nationalsozialismus als Ziel des Religionsunterrichts. Der Lehrplan für den Religionsunterricht an deutschen Schulen 1942. In: Ders.: Resonanz und Widerspruch. Von der siebenbürgischen Diaspora-Volkskirche zur Diaspora in Rumänien. Erlangen 2014, 395–438.

Abstracts

Uwe Puschner: Völkische Bewegung, Weltanschauung, Religionskonzepte und Religionsgemeinschaften in der langen Jahrhundertwende

The völkisch movement is one of the distinctive signatures of the long fin de siècle. It is a collective movement consisting of several submovements with different priorities. The overall movement's heterogeneous structure corresponded to its equally diverse Weltanschauung, the foundation of which – a common core of beliefs – is culturalistically and biologistically based racial ideology along with anti-Semitism. Another cornerstone is its religious ideologeme. It is tangible in the religiosity expressed in ideological language, rituals and mindset and especially in the völkisch-religious submovement taking visible shape around 1910.

Like the overall movement, a multitude of organizations characterize it too. Two competing main currents, German Christian and neo-pagan, are distinguishable. Both pursued the same goal: the creation and establishment of a so-called racially inherent religion, i. e. racially compatible and congruous with the ideological agenda. Whereas the neo-pagan fraction vehemently spurned the imposed alien religion of Christianity on particularly anti-Semitic and anti-Catholic grounds and based its divergent religious schemes on the construct of a pre-Christian Germanic religion, the overwhelming majority of Protestant so-called German Christians, likewise largely guided by anti-Semitism, were concerned with dejudaizing and bringing Christianity into conformance with the völkisch canon of values. The German Christian movement leads directly to the "'German Christian' Religious Movement" for which it established the ideological foundations, just as it did for the "Institute for the Study and Eradication of Jewish Influence on German Church Life".

Wolfgang Benz: Wege zur NS-Ideologie. Houston Stewart Chamberlain und andere Architekten des modernen Antisemitismus

Modern anti-Semitism, an ideology of hostility toward Jews intended to supplant anti-Judaism's religious hatred of Jews, which had been practiced for centuries, by "scientifically based" ostracism, arose in the last third of the 19th century. Anti-Semitism was proclaimed a racial doctrine by völkisch demagogues and justified in countless tracts and pamphlets. Basing itself on the French pioneer of racism Arthur Gobineau and incorporating the doctrines of Social Darwinism, debate on the "Jewish question" would exclude this minority from civil rights. Although the new doctrine of anti-Semitism explicitly employed racist rather than religious arguments, religiously antipathetic figures of thought remained effective and penetrated Protestant theology. The ultimate outcome was the Eisenach "Dejudaization Institute".

Proponents of the new anti-Semitism were Wilhelm Marr, who employed the term for the first time in 1879, as well as Theodor Fritsch, Hermann Ahlwardt, Ernst Henrici, Eugen Dühring, Otto Böckel and Houston Stewart Chamberlain – all of them outsiders, extremists and fanatics. Influential men who had weight as professors, such as historian Heinrich von Treitschke and orientalist Paul de Lagarde, or enjoyed public esteem, such as Richard Wagner and court chaplain Adolf Stoecker, sympathized with them nonetheless. The architects of modern anti-Semitism propagated their doctrine at the end of the 19th century. It began having a political impact after World War I through the demagogue Adolf Hitler, who led Nazism to success with it.

Thomas Martin Schneider: Die „Deutschen Christen" und ihre ‚Rassentheologie'

The "German Christians" (DC) considered themselves a Nazi church party and won a landslide victory in the government-ordered Protestant church elections in July 1933. In and of itself, the movement was as heterogeneous as Nazi religious and church policy and had fragmented by the end of 1933. A more churchly wing set on Christianizing the nationalist movement vied with a radical wing intent on Germanicizing Christianity, which ultimately proved to be the significantly more dynamic fraction. Theologically, the DC were a hybrid phenomenon: They sought to conform to the then-modern zeitgeist on the grounds of missionizing the Volk and, taking up liberal doctrinal criticism in part here, showed themselves indifferent to confessional tradition, which was supplanted at that time by prevailing and ostensibly scientifically based politico-ideological racist convictions. The doctrine of the Volk nomos, which tied in with both traditional creation-theological and nationalist Protestant positions as well as Nazi scientific racism, was a unifying factor. It holds that every Volk possesses a racially specific law revealed by God, which is personified and proclaimed by the charismatic Führer of the Volk.

Dirk Rupnow: ‚Judenforschung' im ‚Dritten Reich' – Institutionen, Konzepte und Dynamiken einer NS-Musterwissenschaft

The human, cultural and social science studies pursued by Gentile scholars during Nazi rule and dealing with the history of Judaism and the so-called "Jewish question" from an explicitly anti-Semitic perspective are designated "scholarship on the Jewish question" or "Judenforschung" as opposed to scientifically grounded racial science or anthropology. "Judenforschung" in the "Third Reich" strove to align and establish itself, unrestricted by the bounds of traditional disciplines, with a number of institutes, publishing outlets, events and, ultimately, its distinct designation as an independent field of study. In its practice, it presumably constituted the most overt intersection of scholarship and anti-Semitic propaganda as well as Nazi ideology and anti-Jewish policy, from ostracism to expulsion down to mass murder, outside of racial science.

This essay endeavors to furnish a survey of the research field of Nazi "Judenforschung", particularly focusing on the institutions, concepts and specific dynamics of this model Nazi science.

Christian Wiese: Das Evangelium als „Urkunde der jüdischen Glaubensgeschichte". Spuren des zeitgenössischen jüdischen geistigen Widerstands gegen die theologisch-völkische Religionswissenschaft des Eisenacher ‚Entjudungsinstituts'

This paper undertakes to make the voice of Jewish scholars, whose own historical and theological interpretations of the relationship between Judaism and Christianity were diametrically opposed to the anti-Semitic program of an "Aryanization" or a "dejudaization" of Christianity and who were silenced during the Nazi era, audible through their reflection in Walter Grundmann's völkisch-theological "Judenforschung". Contemporaneous studies by Jewish historians, theologians and philosophers invoking Christianity's indissoluble Jewish essence in the 1930s and 1940s can be seen as intellectual resistance to the Eisenach institute's völkisch theology, even without referencing it directly. After decades of repeatedly beseeching the Protestant theology of his day to acknowledge Christianity's rootedness in Judaism based on the life and message of the Pharisaical Jew Jesus, Leo Baeck's thought took on an unexpected political dimension during the "Third Reich". The more pointedly he saw the crux of the Christian Gospel narrative as a "document of Jewish religious history" and the more explicitly he thus appealed to contemporaneous German Christians' responsibility for the persecuted Jewish minority, the more fiercely he opposed Nazi ideology. Much the same holds true for an unpublished manuscript by Jewish historian Raphael Straus entitled "Apocatastasis: A Peaceful Examination of Judaism and Christianity". This text expresses an almost desperate hope that, rather than denying them, Christians might consciously and proudly acknowledge their Jewish roots, particularly at the time the Nazis were taking anti-Jewish actions, for the sake of their own integrity and to be enabled by historically and theologically grounded solidarity with Judaism to counter the Nazi will to extermination with something.

Oliver Arnhold: „Im Kampf für die Entjudung des religiösen Lebens". Zur Ideologie des kirchlichen ‚Entjudungsinstituts'

The history and ideology of the Eisenach "Institute for the Study and Eradication of Jewish Influence on German Church Life" is interwoven with the history and Weltanschauung of the German Christian church movement founded in Thuringia in 1928, the representatives of which aspired ideologically to synthesize Christian faith and Nazi ideology. Since essential substantive and organizational groundwork for the institute's work had been laid in the milieu of this ecclesio-political movement prior to 1939, the institute's ideology conformed to the Nazi Weltanschauung: Christianity, theology and church had to conform to the zeitgeist, as the protagonists in charge at the institute saw it. Steadily radicalizing anti-Semitism, the cornerstone of Nazi ideology, was the engine behind the numerous "scholarly" studies completed in the institute's working and research groups in the period of 1939–1945. The institute staff members' various efforts to "dejudaize" theology and the church were met with diminishing acceptance among leading officials in the Nazi power structure, however, since they did not envision any future for the church in Nazi Germany. Institute staff members cleverly exploited the ensuing conflicts to expedite their own "denazification" after 1945.

Matthias Morgenstern: Walter Grundmann als Schüler Gerhard Kittels. Variationen des „christlichen Antisemitismus" zwischen Tübingen und Eisenach

Walter Grundmann, director of the Eisenach "Dejudaization Institute" from 1939 onward, had formative experiences at the University of Tübingen where he attended Adolf Schlatter's courses and earned his doctorate under Gerhard Kittel in 1931. His later career stayed on the path taken in Tübingen by radicalizing what he had learned there with anti-Semitism. His distinct profile becomes discernible when he is contextualized in the network of relationships of Kittel's adherents and opponents. His "Christian anti-Judaism" notwithstanding, Kittel initially had Jewish colleagues, such as Talmud translator Chaim Horowitz, and engaged in debates with Martin Buber. Grundmann has no Jewish interlocutors whatsoever. Verbally, Grundmann and Kittel are united in their rejection of the "even more radical" Tübingen religion scholar Jakob Wilhelm Hauer. Their "resistance" to Hauer's neo-pagan "German Religious Movement" in their autobiographical postwar texts is intended to legitimize their own anti-Semitic excesses. Yet Hauer's relationship with Buber, who maintained contact with his colleague in Tübingen after 1945, proves the popular notion of anti-Jewish radicalization in the Nazi spectrum ("the more anticlerical, the more anti-Jewish") to be an apologetic construct. Apart from Karl Georg Kuhn, Grundmann rather than Hauer was the most radical anti-Semitic theologian in Kittel's milieu in Tübingen.

Siegfried Hermle: Das ‚Entjudungsinstitut' in der Wahrnehmung der Bekennenden Kirche

The question of how non-German Christian regional churches saw the Eisenach institute is explored by analyzing relevant articles in the magazine "Junge Kirche" and statements from the leadership of four regional churches belonging to the Lutheran wing of the Confessing Church: Baden, Bavaria, Hannover and Württemberg. The Confessing Church's "radical" wing's responses could not be presented for want of accessible sources.

The Eisenach institute experienced a clear repudiation by the "Junge Kirche". For instance, a programmatic article denounced the "Volkstestament" as incompatible with the traditions of the church. The regional churches refused to relay information from the institute and were not willing to support it financially, either. The finance departments in Hannover and Karlsruhe nevertheless gave the institute funds without authorization. Rejection of the "Volkstestament" and the German Christian hymnal was unanimous, though. The regional churches primarily criticized the institute out of ecclesio-political considerations, however, and because they saw liberal theology accused of indifferentism at work among its protagonists. Given the virulent anti-Judaism everywhere, its substantive work was considered perfectly acceptable, if not necessary even. Since there was criticism of the institute even in German Christian circles, the hitherto postulated widespread impact of the institute must be critically reassessed.

Mirjam Loos: Die Figur einer „jüdisch bolschewistischen Weltgefahr". Funktionen und Leerstellen im deutschsprachigen Protestantismus

With the help of exemplary cases, this paper asks to what extent the motif of a "global Jewish Bolshevik peril" was employed in German-speaking Protestantism. Taking examples of Nazi propaganda that primitively combined anti-Jewish and anti-Bolshevik antipathies and vilification as its point of departure, it tracks down the use of this device among Protestant authors. Notably, this rhetorical device functioned as a means of warning and was employed as a way to keep basic fears alive, paint horror scenarios, and underpin particular lines of argument. Lacunae are also examined, i. e., contributions by authors that analyzed Communism and Bolshevism with a critical eye to dismissive detachment and whose writings were widely received in German-speaking Protestantism but did not combine anti-Jewish and anti-Bolshevik motifs. Possible reasons for not employing this figure of thought are enumerated.

Dirk Schuster: Die Instrumentalisierung von Religionswissenschaft in den Arbeiten des Eisenacher ‚Entjudungsinstituts'

The Eisenach "Dejudaization Institute" has to be seen as part of so-called *Judenforschung* in the "Third Reich". The protagonists used methods of religious studies to present scholarly evidence that Christianity was not of Jewish origin. As opposed to a purely theological line of argument, religious studies was intended to guarantee as "objective" a presentation of evidence as possible based on source narratives and systematic comparison. The aim of this scholarly "presentation of evidence" was to reveal the "Aryan" origin of Jesus and thus of all of Christianity, which in turn was portrayed as a positive foil to Judaism. Religious studies thus played a key role in personal anti-Semitism allegedly substantiated by scholarship.

Elisabeth Lorenz: Zum Jesusbild der „Botschaft Gottes" – Bibelrezeption und Bibelredaktion im Neuen Testament des Eisenacher ‚Entjudungsinstituts' von 1940

The "Botschaft Gottes", a Nazi, anti-Semitic abridged New Testament, was published by the Eisenach "Dejudaization Institute" in 1940 under the auspices of Walter Grundmann, Professor of New Testament at the University of Jena. It consists of heavily edited and partly rearranged New Testament texts. This paper provides insight into the authors' way of working, especially focusing on the image of the "new" Jesus that the editors strove to create.

Rebecca Scherf: Auf der Suche nach Erich B. – Spuren eines Geistlichen in der Geschichte der evangelischen Kirche und Konzentrationslager zwischen 1933 und 1945

Erich Brieger turns up early in research on the Protestant church's relationship to the concentration camp system with a fantastic tale about his internment: The German clergyman was lured from Brazil to Nazi Germany in 1933, drugged, and hauled off to several concentration camps. He was liberated from one of the later so-called death marches in 1945, as he recounts his story himself. He reappears shortly afterward when he requests employment in the Church of Bavaria. The responsible dean finds the matter odd. He investigates but makes no headway.

The author takes up clues uncovered during her research to trace Erich Brieger's further footsteps between 1933 and 1945. What aim was the pastor pursuing with his account of his experiences? Was it truthful or did he lie? Was he even a pastor? Much evidence indicates that he told the truth about his internment, at least in part. The question ultimately remains, though: Did Brieger use his internment in concentration camps as his ticket to the church?

Michael Weise: „Entjudung" zur Rettung von Christentum und Kirche. Stellungnahmen und Rechtfertigungsversuche ehemaliger Mitarbeiter des ‚Entjudungsinstituts' in der SBZ

Until now, former staff members' self-accounts of the "Dejudaization Institute" have constituted an absolute desideratum for the period of the Soviet Occupation Zone. Based on hitherto unexamined primary sources, this paper examines the self-justification advanced by five members of the institute's staff in the course of (church) denazification proceedings. While focusing on theologians Hans Ermisch, Heinz Dungs, Arthur von Ungern-Sternberg and Heinz-Erich Eisenhuth, four members of the Protestant Church of Thuringia, this study also includes a representative of the Evangelical Lutheran Church of Saxony as well as one of the "'Dejudaization Institute's' bureaucrats", financial expert Willy Kretzschmar.

Textual criticism elucidates the ways the parties justified their work at the "Dejudaization Institute" and the aims they were purportedly pursuing by doing so. In the process, the narrative and argumentative structure of the "rhetoric of justification" is analyzed and the apologetic exculpation strategy is identified in each case. Finally, conspicuous similarities are examined and related to relevant ego-documents by Siegfried Leffler and Walter Grundmann.

Jochen Birkenmeier: Zwischen Aufklärung und Verschleierung. Herbert von Hintzenstern, die Rechtfertigung des ‚Entjudungsinstituts' und die Dichterinnen der „Botschaft Gottes"

Dr. Herbert von Hintzenstern was one of the youngest members of the "Dejudaization Institute's" staff, a doctoral student under Walter Grundmann, and an ardent representative of an anti-Semitic theology. Despite his Nazi entanglements, he managed to hold influential positions in the Protestant Church of Thuringia in the GDR. He was willingly available to scholars as an eyewitness between 1988 and 1995.

Based on new archival finds, this paper examines Hintzenstern's interpretation of his own biography and the means with which he attempted to manipulate the reception of the "Dejudaization Institute" and his own involvement in conversation and correspondence. It additionally shows how Hintzenstern began justifying the institute's work, even substantively, more and more openly from 1994 onward. It becomes clear that anti-Jewish and anti-Semitic thought patterns continued to hold sway over Hintzenstern up until the end of his life.

This paper provides insight into the retrospective reflections and justification strategies of a former member of the institute's staff in the late 1980s and early 1990s. At the same time, it documents the ways Hintzenstern relativized his culpability and attempted to manipulate scholarship on the "Dejudaization Institute".

Stephan Linck: Verweigerung und Dialog. Wie die lutherischen Kirchen Norddeutschlands mit NS-Vergangenheit und Antisemitismus umgingen

The four Lutheran regional churches studied differed in their treatment of their Nazi past as well as their confrontation of anti-Semitism. Whereas confessional theologians succeeded the leadership in the churches of Hamburg, Lübeck and Schleswig-Holstein after 1945, Wilhelm Kieckbusch remained in his office in the small Church of Eutin, which he had held since 1930. The absence of confrontation of Nazi theology made it possible to appoint German Christian theologians there, who had become undesirable elsewhere. The other two regional churches concentrated their confrontation of their Nazi past on the dismissal of German Christian theologians, most of whom were reinstated after a few years. The Church of Lübeck was the only regional church that undertook an actual reorganization entailing concrete questions about blameworthy theologians' beliefs. The common nationalist

Protestant consensus was nevertheless determinative in all four of the regional churches in the early postwar decades.

In the relationship to Judaism, this primarily had an impact on the absence of openness to dialogue in the Church of Schleswig-Holstein. Jewish communities and thus a discursive "counterpart" existed in Lübeck and especially in Hamburg again after 1945. This and the presence of formerly persecuted Christians of Jewish descent in the Church of Hamburg led to a change long before any opening of the Church of Schleswig-Holstein.

Susannah Heschel: Die Historiographie des Instituts zur Erforschung und Beseitigung des jüdischen Einflusses auf das deutsche kirchliche Leben

The first information about the Institute, its members and activities was published in 1946 by Max Weinreich in his book *Hitler's Professors* based on a small set of archives from the Ministry of Propaganda that were brought to the YIVO Institute at the end of the war. Yet from the 1950s to the 1980s, most scholarship on Protestant responses to the Third Reich focused on the Confessing Church. One exception was Kurt Meier's study of the *Deutsche Christen*, published in 1964, which contained a brief reference to the Institute. In the 1980s and 1990s, Robert Ericksen's book *Theologians under Hitler* and Doris Bergen's book *Twisted Cross*, both studies of Protestant support for Nazism, spurred new attention in the Deutsche Christen.

Once the Landeskirchenarchiv in Eisenach gradually became available to historians, several books and articles began to appear. Material about the Institute was uncovered in additional archives around Germany, including those of universities, states, and regional churches. As a result of those findings, scholarship on the Institute is flourishing and offers a range of interpretations.

Susannah Heschel asks how Institute publications and activities ought to be contextualized. For some scholars, the Institute represents a continuation of Christian theological anti-Judaism, while others view it as an excessive nationalism or an attempt to protect the church against Nazi hostility. More recent scholarship places the Institute in the context of Nazi anti-Semitic propaganda. The effort to eradicate Judaism from Christianity is an effort to create a synthesis of Christianity and Nazi racial ideology.

Veronika Albrecht-Birkner: Zum Verhältnis von Christentum und Judentum in DDR und BRD – eine Annäherung

This paper provides an approach to viewing the relationship between Christianity and Judaism in the GDR and the FRG between 1945 and 1990, which encompasses all the different lead institutions, key texts and key figures of Christian-Jewish activities. Taking the various narratives available as its point of departure, it presents methodological options for opening up an East-West German narrative of this relationship. Then, these options are selectively tested on the regional churches' confessionalism and openness for dialogue with Jews and the relevance of prevailing political conditions and political implications as well as anti-Semitic views and acts by way of illustration. Both church leadership initiatives and grassroots initiatives are examined. Specific developments in Thuringia, which can also be construed as long-term impacts of former "Dejudaization Institute" staff members' continued influence, are briefly addressed as well. Ultimately, the extent to which a theological paradigm shift in Christian-Jewish relations has in fact occurred on a wide scale is a question that arises in general.

I. Vorgeschichte und Kontexte

Uwe Puschner

Völkische Bewegung, Weltanschauung, Religionskonzepte und Religionsgemeinschaften in der langen Jahrhundertwende

Zwei Jahre nach dem Ersten Weltkrieg fand in Weimar vom 1. bis 3. Oktober 1920 mit dem *Deutschen Tag* eine erste völkische Großveranstaltung auf Initiative des im Jahr zuvor gegründeten *Deutschvölkischen Schutz- und Trutzbundes* und mehrerer, in der *Gemeinschaft deutschvölkischer Bünde* zusammengeschlossener Organisationen statt[1], die alle, wie es in der Abschlussresolution heißt, „auf dem Boden des Blutsbekenntnisses stehen"[2]. In Weimar wie mit den fortan jährlich stattfindenden *Deutschen Tagen* wollten die Völkischen „Macht" und insbesondere „Geschlossenheit" demonstrieren[3]. Das gelang vor dem Hintergrund der Zeit ihres Bestehens über die lange Jahrhundertwende hinweg charakteristischen heterogenen Struktur der Bewegung ebenso wenig wie aufgrund der daraus resultierenden ideologischen Differenzen und nicht zuletzt infolge permanenter Querelen unter den sich als Solitäre gerierenden Meinungsführern.

Die Institution *Deutscher Tag* reicht in die Vorkriegszeit zurück. Bereits 1913 hatten sich völkische – unter ihnen auch völkischreligiöse – Aktivisten, die gleichfalls für ihre Teilnahme ein Blutsbekenntnis ablegen mussten[4], zu einem ersten überregionalen *Deutschen Tag* in Eisenach versammelt, um mit Hilfe einer kriegsbedingt kurzlebigen Dachorganisation die seit den 1890er Jahren entstandenen verschiedenen völkischen Vereinigungen und deren Bestrebungen zu koordinieren[5].

Dass die ersten beiden *Deutschen Tage* in Eisenach und Weimar (und dort wiederum 1921 und 1923) stattfanden, kommt nicht von ungefähr. Die Versammlung in Weimar, wo 1919 die Reichsverfassung verabschiedet worden war, sollte eine Demonstration gegen die verhasste und bekämpfte Republik sein. In der Residenzstadt hatten sich zudem schon vor dem Ersten Weltkrieg prominente Völkische angesiedelt, unter ihnen mit dem Literaten und Literaturgeschichtsschreiber Adolf Bartels und dem Journalisten, Schriftsteller und Gründer des *Harzer Bergtheaters* Ernst Wachler zwei einflussreiche Vordenker der in zwei Hauptströmungen aufgespaltenen völkischreligiösen –

1 Vgl. Lohalm, Radikalismus, 128 f.

2 Zusammenschluss, 13.

3 Lohalm, Radikalismus, 128.

4 Vgl. ebd., 340 Anm. 15.

5 Puschner, Bewegung, 269; Lohalm, Radikalismus, 31. Vgl. auch Der „Deutsche Tag"; Der Erste Deutsche Tag; Mahnruf; Sorge, Religion, 88.

deutschchristlichen (Bartels) und neuheidnischen (Wachler) – Bewegung. Weimar galt den Völkischen in genuin völkischer Interpretation des kulturnationalen Narrativs als eine „weihevolle alte Pflegestätte deutschen Geisteslebens und deutschen Wesens“[6]. Aus Weimar erhofften sich die Völkischen „den Aufstieg unseres Volkes zu neuer Machtfülle“[7]. Von Weimar aus sollte dieser Überzeugung zufolge die vielbeschworene deutsche Wiedergeburt und mit ihr die nicht nur kulturelle Regeneration Deutschlands ihren Ausgang nehmen[8]. Weimar und der thüringische Raum entwickelten sich dementsprechend seit der vorletzten Jahrhundertwende zu einem dynamischen Zentrum der Völkischen, von dem Bewegung und Weltanschauung vielfältige Impulse erfuhren[9]. Dazu gehörten die dort veranstalteten *Deutschen Tage*, zu denen in den 1920er Jahren Tausende Gesinnungsgenossen und -genossinnen aus allen Teilen des Deutschen Reiches anreisten. Die Choreographie der *Deutschen Tage* umfasste öffentliche Aufmärsche und Fahnenweihen, Kundgebungen und Reden, „Entschließungen und Schwüre“, Theateraufführungen und Rezitationsabende und – wie etwa auch bei Zusammenkünften des Deutschbundes, einer 1894 gegründeten Vernetzungsagentur der völkischen Bewegung – Gottesdienste[10].

Den Gottesdienst am 3. Oktober 1920 leitete mit dem Flensburger Hauptpastor Friedrich Andersen ein in der langen Jahrhundertwende omnipräsenter Vertreter des deutschchristlichen Flügels der völkischreligiösen Bewegung, der bei den *Deutscher Tagen* als „Obmann für ‚Deutsche Religion‘“ fungierte[11]. Andersen hatte für die Schriftlesung Mt. 7,15–20 ausgewählt, um vor den falschen Propheten und – seiner antisemitischen Auslegung zufolge – vor der „jüdischen Gefahr“ zu warnen, „die […] unserm Volkstum, vor allem dem geistigen Wesen desselben droht.“ Die Predigt stand unter der Überschrift „Heil!“, der traditionellen Grußformel der Völkischen. Ihr zugrunde lag Apg. 4,12 nach der Luther-Bibel von 1912: „Es ist in keinem andern Heil, ist auch kein andrer Name unter dem Himmel den Menschen gegeben, darinnen wir sollen selig werden.“ Andersen hatte zwei Botschaften: Wie alle völkischen Ideologen war er der Überzeugung, mit der er seine Predigt einleitete: „Ein Volk, das keine Religion hat, löscht sich selber aus.“ Deshalb mahnte Andersen bei den „liebe[n] deutsche[n] Volksgenossen“ und den anwesenden „werten Vertreter[n] deutsch-völkischer Verbände“ die „religiöse Erneuerung“ auf deutschchristlichem, d. h. auf evangelischem, neutestamentlichem und insbesondere entjudaisiertem Fundament an. Und er forderte, „wieder ein

6 Zusammenschluss, 13.

7 Rahmen, 5.

8 Vgl. Ulbricht, Renaissance, 191–208; Rietsch, Traum, 275–285.

9 Vgl. Ulbricht, Kulturrevolution, 29–48.

10 Lohalm, Radikalismus, 128.

11 Roth, Kampfzeit, 39; Lohalm, Radikalismus, 172 f. Zu Andersen vgl. Siems, Hauptpastor, 13–34; Wattenberg, Andersen; Wolfes, Antisemitismus, 34–36; Bergmann, Andersen, 20–23; Buss, Andersen, 179–191.

frommes Volk [zu] werden“ und ein „starkes deutsches Christentum“ zu errichten, damit „auch für unser Volk das Heil wieder kommen wird“ und „wir Deutsche in Zukunft mehr sein [werden] als bloßer Kulturdünger für die anderen Völker“[12].

Die Ausführungen zum ersten *Deutschen Tag* in Weimar vermitteln einen Einblick in den völkischen Weltanschauungskosmos und in das völkische Denkkollektiv mit seinem genuinen Denkstil auf manifest rassenideologischem und -religiösem Fundament. Nach einem knappen Überblick über die Struktur der völkischen Bewegung werden die völkische Weltanschauung mit der ihr eingeschriebenen Religiosität konturiert und im Anschluss die Religionskonzepte vorgestellt.

1. Struktur der völkischen Bewegung

Die völkische Bewegung ist Teil der ersten Moderne und zugleich der „anderen Moderne“[13]. Wie die für die Epoche charakteristischen zahlreichen anderen Bewegungen entstand sie in den „gärenden Übergangszeiten“ vom 19. zum 20. Jahrhundert, die von vielen Zeitgenossen als „totale Umschichtung aller Daseinsform“ erfahren wurden[14]. Im Deutschen Reich setzte sich die Industrialisierung mit ihren folgenreichen gesellschaftlichen, sozialen und ökologischen Begleiterscheinungen durch. Industrie- und Massengesellschaft etablierten sich. Unter der Flagge „‚Weltpolitik‘ als ‚deutsche Sendung‘“ breitete sich ein ebenso „expansionslustiger“ wie sich zunehmend radikalisierender Nationalismus aus[15]. Die Völkischen repräsentieren in der langen Jahrhundertwende, dem Halbjahrhundert zwischen 1880 und 1930, einen nach innen wie nach außen aggressiv auftretenden hybriden Nationalismus. Maßgebliche Impulse erfuhren Weltanschauung und Bewegung vom organisierten Antisemitismus, von der alldeutschen Bewegung des habsburgischen Vielvölkerreiches und von den zeitgenössischen Reformbewegungen, insbesondere von der Lebensreformbewegung[16]. Daraus resultieren unterschiedlich enge personelle, organisatorische und ideelle Verflechtungen mit diesen Bewegungen sowie mit verschiedenen gesellschaftlichen Teilmilieus und mit einzelnen akademischen, überwiegend jungen Disziplinen[17]. Es sind meist

12 ANDERSEN, Heil, 5, 10 f.

13 Vgl. ROHKRÄMER, Moderne; BECK, Risikogesellschaft.

14 Vgl. DAMASCHKE, Leben, 244; SOMBART, Sozialismus, 11.

15 WEHLER, Nationalismus, 79.

16 Vgl. BREUER, Deutschland, 25–46, 98–111; HARTUNG, Ideologie, 24–28. Zum Hintergrund WLADIKA, Vätergeneration; PUSCHNER, Lebensreform, 175–178; WEDEMEYER-KOLWE, Aufbruch.

17 Vgl. BREUER, Deutschland, 98–111; auch zum Folgenden: PUSCHNER, Strukturmerkmale, 445–468.

völkische Individualakteure, die diese Beziehungen repräsentieren und über die der wechselseitige Ideen- und Ideologietransfer erfolgte[18]. Im Verbund mit einer massiven, in erster Linie publizistischen Agitation begünstigte diese multiplen Verflechtungen die Verbreitung der völkischen Weltanschauung und ihrer Ideologeme in der deutschen Gesellschaft.

Die völkische Bewegung war Zeit ihres Bestehens eine fragmentierte Sammelbewegung. Es bildeten sich mehrere arbeitsteilig interagierende Teilbewegungen heraus, deren Schwerpunkte auf Antisemitismus, Kultur und Erziehung, Gesellschafts- und Lebensreform, Rassenanthropologie und Rassenhygiene und Religion lagen. Die Bewegung bestand aus zahllosen, unterschiedlich organisierten und häufig kurzlebigen Zusammenschlüssen. Die jeweiligen Mitgliederzahlen waren meist überschaubar. Eine dauerhafte Dachorganisation kam trotz wiederholter Appelle und Anläufe nie zustande, abgesehen von temporären lokalen, regionalen und immer nur Teile des völkischen Netzwerkes integrierenden Bündnissen. Beispielhaft hierfür ist der von 1919 bis 1923 bestehende *Deutschvölkische Schutz- und Trutzbund*[19].

Ihre Anhängerschaft fand die völkische Bewegung vorwiegend in den protestantischen Milieus des Deutschen Reichs, nach dem Ersten Weltkrieg vermehrt auch in den katholischen Regionen, und vornehmlich in den Städten. Die völkische Klientel rekrutierte sich vornehmlich aus der von massiven Existenz- und Abstiegsängsten erschütterten „gebildeten, hyperideologischen Mittelschicht“[20]. Journalisten, Publizisten, Schriftsteller, Lehrer, Professoren, Beamte, Offiziere, Pfarrer, Ärzte und Rechtsanwälte standen als „Systembauer“, Ideologieproduzenten und Multiplikatoren der Weltanschauung an vorderster völkischer Front[21]. Die Bewegung weist insofern ein deutlich (bildungs-)bürgerliches und von altem und neuem Mittelstand geprägtes sowie dominant männliches Sozialprofil auf. Der Frauenanteil der Bewegung lag im mittleren einstelligen Prozentbereich. Das war nicht zuletzt eine Folge des in den verschiedenen völkischen Organisationen unterschiedlich ausgeprägten Antifeminismus[22].

Unmittelbar vor dem Ersten Weltkrieg bildeten einem völkischen Meinungsführer zufolge rund 8.000 bis 10.000 „Mann“ den harten Kern der völkischen Bewegung[23]. Von einer Massen- oder gar „Volksbewegung“, wie völkische Akteure suggerierten, kann auch in den Jahren der Weimarer Republik nicht die Rede sein[24]. Dagegen sprechen die Wahlergebnisse der völkischen

18 Vgl. hierzu beispielhaft Puschner, Vollkornbrot, 77–93.

19 Vgl. grundlegend Lohalm, Radikalismus; Lohalm / Ulmer, Roth, 21–35.

20 Wotansdiener.

21 Vgl. Mohler / Weissmann, Revolution, 399; Puschner, Générations, 51–68.

22 Vgl. Puschner, Diskurse, 45–75; Breuer, Deutschland, 222–235; Gross, Gottesmutterschaft, 85–107.

23 Adolf Bartels zitiert nach Verhandlungsbericht, 71.

24 Meyer, Mensch, 9; vgl. pars pro toto hierfür Weyland, Sünde, 3.

Splitterparteien[25], mit denen die Völkischen angetreten waren, die Parlamente als „Mittel zum Zweck" für ihren Kampf gegen Demokratie und Republik und für ihre Weltanschauungsagenda zu instrumentalisieren[26]. Mit ihren provokanten, skandalisierenden Redebeiträgen im Reichstag und in den Länderparlamenten erreichten die Völkischen ebenso die deutsche Öffentlichkeit wie mit ihren öffentlichen Auftritten in Gestalt von Vortragsveranstaltungen, Kundgebungen und *Deutschen Tagen*, vor allem jedoch durch ihre Medienpräsenz. Vom Kaiserreich bis zur nationalsozialistischen Machtübernahme brachten mehr als tausend Verlage unablässig neue Zeitungen, Zeitschriften, Broschüren, Bücher und Flugblätter auf den Markt und suchten, die Gesellschaft zu indoktrinieren[27].

2. Elemente der völkischen Weltanschauung

Die divergente Struktur der Bewegung spiegelt die Weltanschauung wider. Appelle und Mahnungen waren an der Tagesordnung, „daß [...] darüber, was ‚völkisch' [...] ist, völlige, unbedingte Klarheit geschaffen würde, so daß es keine Einwendung, keine Verdunkelung und Umfälschung, kein Mißverstehen, kein Ausweichen und Abbiegen mehr gäbe."[28] Dies blieb Wunschdenken. Parteigänger beklagten vielmehr unablässig, dass

> „[j]eder [...] die Situation anders [sieht]: [...] Der eine in der Propagierung des monarchischen Gedankens, der andere in der Bekämpfung desselben. [...] Der eine in der Anlehnung des Religionsgedankens an altgermanische Formen, der andere unter warmem Eintreten für die christliche Kirche in noch weitere Vertiefung und so könnte man seitenlang fortfahren."[29]

Darüber hinaus wurde ‚völkisch' nach dem Ersten Weltkrieg zum „neuen Lieblingswort der Zeit" und, von den völkischen Sachwaltern beargwöhnt, zum „programmatische[n] Schlagwort zahlloser politischer Kräfte"[30]. In deren ideologischen Agenda waren Volk, Volkstum, Volksgemeinschaft und mithin auch das Adjektiv völkisch gleichfalls Schlüsselbegriffe[31]. Zeitgenossen fragten sich insofern, „ob man den Begriff des ‚Völkischen' in der Verengung

---

25 Vgl. Breuer, Rechte, 256–265; Schrader, Partner, 55–69.

26 Vgl. Koerner, Kultur, 3. Zum parlamentarischen Agieren vgl. Schrader, Reichstag; ders., Weltanschauung, 43–56; Wein, Antisemitismus.

27 Vgl. Ulbricht, Verlagswesen, 277–301; ders., Agenturen, 235–244; Lokatis, Weltanschauungsverlage, bes. 124–135; Köck, Publizistik, 149–171.

28 Gerstenhauer, Gedanke, 1.

29 Weyland, Sünde, 3.

30 Goldstein, Volks-Idee, 7; Broszat, Ideologie, 56.

31 Vgl. Retterath, Gemeinschaftskonzepte; fokussiert auf völkisch: Ders., Volk, 1182–1189. Vgl. in diesem Kontext jetzt die akteurszentrierten Beiträge in Denken.

belassen soll, die er [...] durch die Verbindung mit einer in erster Linie rassentheoretisch gerichteten Politik und Weltanschauung erlangt hat?“[32] Die Mehrzahl der intellektuellen Repräsentanten der Weimarer Rechten bewahrte Distanz, wenn es um das rassische und mithin rassistische Fundament von ‚völkisch‘ ging, wie es der völkischen Überzeugung eignete. Rechte unterschiedlicher Couleur und Völkische einte ihr antidemokratisches und autoritäres Ordnungsdenken, sie trennte jedoch die Auffassung, wie sie ein Liberaler treffend zum Ausdruck bringt, dass es die Rasse ist, mit der die Völkischen „die politische Welt aus den Angeln heben“ wollen[33].

Das „zwischen biologistischen und spiritualistischen Auffassungen schwanken[de]“ Rassekonzept der Völkischen bildet die Grundlage des Weltanschauungsgebäudes[34]. Mit ihrem Rassendogma vermeinten die Völkischen, Vergangenheit und Gegenwart erklären wie die Zukunft gestalten zu können[35]. Sämtliche Ideologeme der Weltanschauung standen auf diesem Fundament. Die Blut- und Boden-Ideologie behauptete die Einheit von Rasse und Raum und eine von der „Natur“ vorgegebene körperliche, insbesondere geistige, seelische und mentale Prägung von Rasseindividuum und -kollektiv. Die Germanenideologie, die auf überkommene nationale Denkfiguren des 19. Jahrhunderts zurückgriff und eine vorgeblich historisch-anthropologische, zudem biologische Abstammungsgemeinschaft von (Indo-)Germanen und Deutschen postulierte, begründete das völkische Superioritäts- und Prädestinationsparadigma und legitimierte damit imperiale Herrschaftsansprüche und die Eroberung neuen Lebensraums. Rasse, Raum, Abstammung, unterfüttert von sozialdarwinistischen und rassenhygienischen Theoremen, waren Richtschnur sowohl für das Inklusionsdenken als auch für die massiven (vor allem gegen Juden gerichteten) Exklusionsforderungen[36]. Sie gaben im völkischen Denken zudem die Strukturen, Normen und Werte für Staat, Gesellschaft, Geschlechterordnung, Wirtschaft, Recht, Erziehung, Kultur bis hin zur Religion vor, einer sogenannten arteigenen, in der Rasse angelegten Religion. Auf diesen Grundlagen imaginierten die „Bauleute germanischer Neuordnung“ eine (berufs-)ständisch verfasste Volksgemeinschaft und ein (alldeutsch bzw. z. T. auch pangermanisch dimensioniertes Groß-)Reich mit einem – von einem neuen (Rasse-)Adel unterstützten bzw. kontrollierten – Führer an der Spitze[37].

Dem völkischen Denkstil gemäß ist die dualistische völkische Weltanschauung, die als „Lehr- und Glaubenssystem [... mit] absoluten Geltungs-

32 Boehm, Volk, 320 f.
33 Martin, Demokratie, 215.
34 Breuer, Deutschland, 46.
35 Zu den völkischen Geschichtsnarrativen vgl. Köck, Geschichte.
36 Vgl. Wiwjorra, Germanenmythos; Puschner, Germanenideologie, 103–129; Breuer, Bewegung; Breuer, Deutschland, 112–126; Puschner, Sozialdarwinismus, 99–121.
37 Lehmann, Menschen, 171; zu den zeitgenössischen Neuadels- und den völkischen Rasseadels-Konzepten vgl. Gerstner, Adel; ders., Rassenadel; Wiwjorra, Konzepte, 298–318.

anspruch" scharf „das Eigene und das Fremde" schied, von Bedrohungen und Feinbildern geprägt[38]. Sie kommen in apokalyptischen Sprachbildern (wie dem der „Arierdämmerung") ebenso zum Ausdruck wie in einer aggressiven Hasssprache und in Verschwörungstheorien[39]. Industrialisierung, Urbanismus, Massengesellschaft, Demokratie, Parlamentarismus, Liberalismus, Individualismus, Kapitalismus, Materialismus, Sozialismus, Kommunismus, Pazifismus, Kosmopolitismus etc. wie alles Internationale (von der Frauen- und Friedensbewegung bis zum Völkerbund) galten als Phänomene für gefährliche, in bizarren Bedrohungs- bis hin zu Untergangsszenarien grell ausgemalten vermeintlichen Fehlentwicklungen der Gegenwart. Dafür wurden andere, der völkischen Rassenhierarchie zufolge niedriger stehende und deswegen umso gefährlichere vermeintliche Rassen als Urheber, von 1918 an nicht zuletzt für die Kriegsniederlage und deren Folgen, verantwortlich gemacht – neben Romanen und Slawen in erster Linie die als Gegenrasse apostrophierten Juden.

Antiromanismus, Antislawismus und Antisemitismus sind konstitutive Elemente in der völkischen Weltanschauung. Sie strebte „eine grundsätzliche Überwindung der Aufklärung, des Rationalismus" ebenso an wie die – von den ideologischen Autoritäten des Völkischen, von Paul de Lagarde und von Houston Stewart Chamberlain formulierte – „Überwindung des Humanismus"[40]. Wenn Lagarde und Chamberlain Dehumanisierung und Intoleranz zum handlungsleitenden Prinzip erklären, dann war dies vornehmlich antisemitisch begründet[41].

Vor dem Hintergrund der „zentrifugale[n] und heterogenisierende[n]" Dynamiken in der völkischen Bewegung ist der Antisemitismus das integrierende Ideologem[42]. Der Antisemitismus ist insofern auch grundlegend für die völkischen Religionskonzepte. Das Bekenntnis zum Antisemitismus war obligat, verschieden war das antisemitische, mit dem Ersten Weltkrieg anschwellende Aggressionspotential in der Bewegung. Einigkeit bestand bei den Völkischen in ihrer mit dem Weltkriegsende verschwörungstheoretisch eskalierten Paranoia einer existentiellen jüdischen Gefahr und den daraus resultierenden Forderungen nach Entrechtung, Segregation, Auswanderung und Ausweisung[43].

38 Grabner-Haider, Ideologien, 41; Sontheimer, Denken, 132.

39 Vgl. Berblinger-Ammon, Ammon, 9.

40 Hofer, Weltanschauungen, 5.

41 Vgl. Lagarde, Programm, hier 423; Chamberlain, Grundlagen, 324. Zur völkischen Rezeption beider vgl. Paul, de Lagarde (1996), 74–89; Paul, de Lagardes (2018), 102–111; Paul, de Lagarde (2020), 9–29; Lobenstein-Reichmann, Chamberlain, 43–57, 505–512, 632–638.

42 Breuer, Grundpositionen, 89; vgl. Puschner, Antisemitismus, 267–283.

43 Hierzu und zum Verschwörungsparadigma vgl. Puschner, Antisemiten, 223–238.

3. Völkische Religionskonzepte und -gemeinschaften

Religion ist ein Eckstein des Weltanschauungsgebäudes[44]. Die Zahl der einschlägigen Bücher, Zeitschriftenbeiträge, Theaterstücke und Gedichte geht in die Tausende[45]. Religion, das „inbrünstige Suchen nach neuen religiösen Grundlagen", beherrschte über die gesamte lange Jahrhundertwende hinweg den völkischen Denkstil, der von Houston Stewarts Chamberlains Diktum befeuert wurde, demzufolge im „Mangel einer wahrhaftigen, unserer eigenen Art entsprossenen und entsprechenden Religion [...] die größte Gefahr für die Zukunft des Germanen [liege]; das ist seine Achillesferse; wer ihn dort trifft, wird ihn fällen."[46]

Der völkische Religionsdiskurs ist analog zum gesamten Weltanschauungsdiskurs in der zeitgenössischen Kulturkritik mit ihren gleichermaßen pessimistischen Gegenwartsdiagnosen wie optimistischen Zukunftsvisionen zu verorten. Mit der „Relevanzkrise der Religion" einher ging eine „Renaissance religiöser Orientierungen und Konflikte"[47]. „Das Verlangen nach Religion", wie immer wieder bekundet wurde, war konstitutiv für die von den Zeitgenossen als Krisen- und Umbruchzeit erlebte Epoche, die von einer „transzendentalen Obdachlosigkeit" (Georg Lukács) verunsichert wurden, in Religion gleichwohl eine „integrierende Deutungsmacht" sahen und in den Worten einer Zeitgenossin „nach dem Neuen, einem neuen Gott, einem neuen Glauben, einer neuen Weltanschauung, einer neuen Religion" suchten. Dabei bewegt sich, wie Ernst Troeltsch 1903 beobachtet, „[d]ie große moderne religiöse Bewegung, das wiedererwachte Religionsbedürfnis, [...] außerhalb der Kirchen und zumeist auch außerhalb der Theologie."[48] Eine „beeindruckende Fülle alternativer Sinnstiftungsangebote" charakterisiert den (neu-)religiösen Markt[49]. In diesem Feld religiöser Neuorientierung, worauf Troeltsch und Theologen beider Konfessionen zeitgenössisch besorgt hinweisen, bewegen sich auch die Völkischen, deren Religionsparadigma von dem vor allem seit der Reichsgründung im protestantisch-bürgerlichen Umfeld beobachtbaren „‚Sakraltransfer' (Marc Bloch) [...] religiöser Begriffe und Heilserwartungen auf die Nation" beeinflusst ist[50].

Mit Lagarde waren die Völkischen der Überzeugung, dass zum einen

44 Vgl. demgegenüber Breuer, Deutschland, 10 f.

45 Vgl. die unvollständige, neuheidnisch ausgerichtete Bibliographie von Hubricht, Buchweiser.

46 Völkische Bücherkunde, 256; Chamberlain, Grundlagen, Bd. 2, 750.

47 Blaschke / Kuhlmann, Religion, 8 f.

48 Eschen, Bewegung, 376; Ulbricht, Religiosität, 495; Troeltsch, Lage, 21. Zu Lukács vgl. Lukács, Theorie, 35; zum Kontext vgl. Graf, Geist, bes. 133–136; Ulbricht, Obdachlosigkeit, 47–67; Ulbricht, Gruppierungen, 499–511. Zur Forschungsgeschichte und zum Forschungsstand der völkischreligiösen Bewegung vgl. Puschner / Vollnhals, Bewegung, 13–18.

49 Lehmann, Christentum, 63.

50 Graf, Nation, 305.

„Nationen nur durch Religion leben“ und dass zum anderen die „Aufgabe“ der „germanischen Völker“ darin bestehe, „die Religion mit ihrer Nationalität in Beziehung zu setzen“[51]. Dem folgend war das völkische Denken dem Grundsatz verpflichtet, dass Religion „als tiefste seelische Äußerung eines Volkes das schlechthin wertvollste Kulturgut“ und bei „Ariern und Germanen [...] Grundzug ihres Wesens“ sei[52]. Religion war insofern nicht nur handlungsleitende Voraussetzung für die Verwirklichung des völkischen Projekts der „geistig-sittliche[n] Erneuerung und Wiedergeburt des deutschen Volkes“[53]. Sie bildete den transzendentalen Überbau der rassistischen Weltanschauung mit ihren Prädestinations- und Superioritäts-Dogmen. Daraus bezogen die Völkischen die Gewissheit, dass erstens der deutschvölkische Mensch „zum Göttlichen bestimmt“ sei, dass zweitens „aus deutschem Blute das Heil der Welt“ komme und dass drittens das deutsche Volk aufgrund seiner „eingebore[n] gottheitliche[n] Bestimmung, durch seine arteigene Emporentwicklung, Vervollkommnung und Vollendung zum Führer der Menschheit“ auserkoren sei[54]. „Deutsch sein - Gott sein! - Gott sein - deutsch sein!“, heißt es in einem deutschgläubigen Taufgedicht[55].

Die völkische Weltanschauung ist von einer omnipräsenten, in Semantik, Ritualen und Symbolen zum Ausdruck kommenden Religiosität durchdrungen. Sie birgt insofern Elemente der seit den 1920er Jahren formulierten Theorien der politischen Religion bzw. Theologie in sich[56]. Im Gegensatz zu ihrem geistigen Wegbereiter Lagarde, der postulierte, „[j]ede Weltanschauung ist religiös“, war Religion im Verständnis der Völkischen „mehr als Weltanschauung und Ethik“, sie schließe diese vielmehr ein und füge ihnen eine „besondere ‚religiöse Kraft‘ zu[57]. Gefordert wurde daher die „wirkliche Religion, nicht bloß die Weltanschauung mit religiösen Elementen.“[58]

Die seit der vorletzten Jahrhundertwende formulierten Konzepte völkischer Religion ließen sich, darin bestand Einigkeit, mit dem tradierten Christentum nicht verwirklichen. Dieses erfüllte weder das im völkischen Denken zentrale Rassenparadigma noch die Diesseitsausrichtung als Grundpfeiler völkischen Religionsverständnisses. Rasse begründete demnach die sogenannte arteigene, dem Rassesubjekt innewohnende und ihm insofern intuitiv erfahrbare Religion. Völkische Religion ist immer Rassereligion[59].

51 LAGARDE, Internationale, 361; DERS., Religion, 270.

52 SIMONS, Weltanschauung, 15; NIEDLICH, Heimatschutz, 150.

53 GERSTENHAUER, Deutsch-Christentum, 4.

54 WACHLER, Deutscher, 49; HUNKEL, Orden, 20; MAHR, Richtsätze, 435.

55 Ellegaard Ellerbek [i. e. Gustav Leisner] zitiert in HUNKEL, Taufe, 13.

56 Zur kontroversen Debatte insbesondere in Hinblick auf den Nationalsozialismus vgl. VONDUNG, Religion, 29–41; PUSCHNER / VOLLNHALS, Bewegung, 17 f.; MAIER, Reich, 18–21.

57 LAGARDE, Internationale, 363; GERSTENHAUER, Deutsch-Christentum, 4.

58 BARTELS, Verfall, 37.

59 Vgl. PUSCHNER, Rasse, 145–156.

Eine universale Religion konnte es diesem Denken zufolge nicht geben; es sei vielmehr

> „von einem deutschen Gott, einem englischen Gott, einem jüdischen Gott zu sprechen; ‚der' Deutsche, [...] ‚der' Engländer, ‚der' Jude usf. kann gar nicht anders, als von Gott diejenigen Vorstellungen auszubilden, die seiner Rasse gemäß sind. Jahveh und Allah sind tatsächlich andere Götter als unser Gott."[60]

Fundamentale Gegensätze bestanden unter den Völkischen hinsichtlich der Gestalt der arteigenen Religion. Die völkischen Religionskonzepte reichen von unterschiedlichen Vorstellungen, das Christentum zu germanisieren, bis hin zu dessen entschiedenen Ablehnung und der Konstituierung neugermanischer Religion(en). Zugleich gab es Bestrebungen, christliche Religionsüberzeugungen in der germanischen Glaubenswelt ausmachen und das Christentum mit – konstruierten – germanischen Religionsvorstellungen in Einklang bringen zu können, indem etwa Jesus Christus mit Balder oder Odin identifiziert und die Parole ausgegeben wurde: „Den Arier Jesus können wir [...] getrost mit dem germanischen Baldur vereinigen und ihn auch Baldur heißen."[61]

Seit der vorletzten Jahrhundertwende entstanden meist kurzlebige völkischreligiöse Gemeinschaften mit einer überwiegend überschaubaren Anhängerschaft, die zwei Hauptströmungen zugeordneten werden können: der zeitgenössisch deutschgläubig bezeichneten neuheidnischen und der deutschchristlichen. Während Neuheiden schon in der Vorkriegszeit begannen, katechetische Manifeste und rituelle Handreichungen zu publizieren und Öffentlichkeit und Kirchen zu beunruhigen, sind die deutschchristlichen Parteigänger bis um die Mitte der 1920er Jahre weitgehend nur als männerdominierte „Laiengemeinschaft" mit einer überschaubaren Zahl theologisch ausgebildeter Akteure wahrnehmbar, die sich darauf beschränken, ihre religiös-weltanschaulichen Vorstellungen auszuhandeln, zu formulieren und zu propagieren[62].

Das neuheidnische Spektrum mit geschätzten 5.000 Anhängern Mitte der 1920er Jahre begann sich seit um 1910 in derzeit rund siebzig bekannten Gemeinschaften zu organisieren[63]. Die beiden bedeutendsten und langlebigsten – sie forderten den Nachweis des Kirchenaustritts und das sogenannte Blutsbekenntnis – wurden 1911 und 1912/13 mit *Deutschgläubiger Gemeinschaft* und *Germanischer Glaubens-Gemeinschaft* ins Leben gerufen[64]. Beide waren 1933 an der von dem Tübinger Indologen Jakob Wilhelm Hauer initi-

---

60 Betrachtungen, 68.

61 Beseitigung, 14; vgl. hierzu ferner und beispielhaft Andersen, Heiland, 36, 138, 167.

62 Vgl. Bartels, Deutschchristentum, 270. Zu den Neuheiden vgl. Puschner, Neuheidnische Religion, 287–324; ders., Wildgeworden, 109–126.

63 Zu den genannten Zahlenangaben vgl. Bartels, Nationalsozialismus, 30; Ulbricht, Gruppierungen, 501. Zu den Organisationen vgl. Nanko, Spektrum, 208–226.

64 Zu beiden Gemeinschaften vgl. Meyers, Reformvorstellungen, 217–246.

ierten *(Arbeitsgemeinschaft) Deutsche Glaubensbewegung* beteiligt[65]. Für die völkische Mehrheit galt hingegen der Grundsatz „Krist darf nicht fehlen", weswegen in deutschchristlicher Überzeugung „alle religiöse Erneuerung [...] von Christus ausgehen und zu Christus zurückführen [muß]"[66]. Die deutschchristliche Strömung begann sich sichtbar erst nach dem Ersten Weltkrieg im 1921 gegründeten *Bund für deutsche Kirche* zu organisieren, der seit 1925 in einigen preußischen und in der thüringischen Provinzialsynode vertreten war[67]. Mit Artur Dinters 1927 ins Leben gerufener *Geistchristlicher Religionsgemeinschaft – Kampfbund für Vollendung der Reformation* steht der *Bund für deutsche Kirche* (seit 1934 *Deutsche Volkskirche*) im Vorfeld der *Glaubensbewegung „Deutsche Christen"*[68].

Neuheiden wie Ernst Wachler, der 1900 mit seiner Programmschrift „Über die Zukunft des deutschen Glaubens" den Prototyp aller späteren neuheidnischen Manifeste vorlegte und dessen *Harzer Bergtheater* wiederholt als dafür konzipierte (Feuer-)Kultstätte genutzt wurde, lehnten unter Bezugnahme auf die völkische Rassen- und Germanenideologie das Christentum aufgrund seiner jüdischen Wurzeln als „widervölkisch[e]", von Rom und Papst oktroyierte und zudem Weltreligion, und die Institution Kirche als „eine undeutsche Einrichtung" ab und riefen dazu auf, die „Religion der Germanen" wiederzubeleben[69]. Unter Rückgriff auf den kulturnationalen Fundus des 19. Jahrhunderts, vornehmlich auf Märchen, Sagen und Mythen, auf die isländischen Edda-Dichtungen („die nordische Bibel"), auf volkskulturelles Brauchtum, auf ideologiekonform interpretierte archäologische Befunde und nicht zuletzt mittels der ariosophischen Technik des Erberinnerns, der Wiederbelebung des im rassischen Unterbewusstsein, in der Rassenseele, schlummernden Wissens aus vorchristlicher Zeit, wurden verschiedene deutsch- und germanengläubige Religionskonzepte formuliert, die dominant „monistisch und pantheistisch" beeinflusst und grundsätzlich, wie auch das Deutschchristentum, diesseits orientiert waren[70]. Die Neuheiden wollten die „Glaubensvorstellungen und Kultformen" der „germanische Urreligion" nicht einfach wiederbeleben, es ging ihnen vielmehr um die „art-" und „zeitgemäß[e]" Erneuerung von deren „bestimmende[m] Gedanken- und Weltanschauungsfruchtkern"[71]. Die eddischen Götter sind demzufolge nicht real,

65 Vgl. Nanko, Glaubensbewegung; Junginger, Glaubensbewegung, 65–102; Meyers, Reformvorstellungen, 278–305.

66 Wilhelm Schwaner zitiert nach Groh, Geschichte, 153; Wilhelm Kotzde[-Kottenrodt] zitiert nach Andersen, Strömungen, 40.

67 Vgl. Meyers, Reformvorstellungen, 109–123; Zum Eindringen in die Kirchenparlamente vgl. Gerstner / Hufenreuter / Puschner, Protestantismus, 409–435.

68 Vgl. Meyers, Reformvorstellungen, 161–180.

69 Holle, Biologie, 276; Wachler, Ringbüchlein, 3, 10; Bekenntnis, 33. Zu Wachler vgl. Meyers, Reformvorstellungen, 207–213; Neufert, Theater, 37–97.

70 Wachler, Ringbüchlein, 20; Meyers, Reformvorstellungen, 188. Zum Erberinnern vgl. Wiwjorra, Erwartung, 411 f.

71 Müller, Religionsbildungen, 51; Adolf Harpf zitiert nach Schlund, Heidentum, 30.

sondern werden als Ideen, Prinzipien, Werte gedacht, die der völkischen Weltanschauung korrespondieren[72].

Wie für Neuheiden waren auch für Deutschchristen Religion und Deutschtum nicht zu trennen, da „Rassen nicht nur verschiedene Körper-, sondern auch Seelenformen eigen sind", weswegen der „deutsche Gott" folglich „der Gott in der Gestaltung [ist], wie sie gerade nur uns Deutschen erfassbar und zugänglich ist [...]. Darum [...] fort mit der Religionsurkunde des jüdischen Volkes [...] als ‚Heilige Schrift' der Arier."[73] Die antisemitischen Triebkräfte der deutschchristlichen Ideologen sind unübersehbar[74]. Einige von ihnen wie Adolf Bartels waren bereits an der *Take-off-Phase* des organisierten Antisemitismus in den 1880er Jahren beteiligt. Bartels gab 1913 die Forderung „Immer mehr Deutschchristentum, immer weniger Judenchristentum" aus, formulierte und publizierte anlässlich des Reformationsjubiläums 1917 zusammen mit Friedrich Andersen, Ernst Katzer und Hans Paul Frhr. von Wolzogen in „95 Leitsätze[n]" ein *Deutschchristentum auf reinevangelischer Grundlage* und zählte vier Jahre später zu den Mitgründern des *Bundes für deutsche Kirche*[75]. Neben dem fundamentalen Antisemitismus ist dem deutschchristlichen Religionskonzept ein antikatholisches, vornehmlich antiultramontanes Element eingelagert, wie es in der ins Deutsche Reich exportierten Parole der österreichischen Alldeutschen zum Ausdruck kommt: „Ohne Juda, ohne Rom wird erbaut Germaniens Dom"[76].

Die seit der vorletzten Jahrhundertwende geforderte „Deutschkirche" sollte auf evangelisch-lutherischem Fundament errichtet werden[77]. Ausgehend von Luther, dem „erste[n] deutschvölkischen Mann", und der Reformation – einer „Tat der germanischen Rasse", der „Befreiung von einer fremden Glaubensherrschaft" und „Läuterung zu einer selbständigen Glaubenshaltung" – wurde „in der evangelischen Kirche [...] eine Durchgangsstufe zu einem deutschvölkischen Glaubenstume" gesehen und eine „zweite deutsche Reformation" gefordert, mit der, wie bereits von Lagarde formuliert, die konfessionelle Spaltung überwunden und das Christentum mit „deutsche[m], arisch-germanische[m] Wesen" in Einklang gebracht werden sollten[78].

Für diese „Synthese von Deutschtum und Christentum" war dem

---

72 Vgl. Reuter, Christus, 33. Hierzu beispielhaft Kroll, Edda-Mythos; vgl. für den Kontext Dusse, Eddarezeption, 520–532.

73 Die Deutschkirche [das Organ des Bundes für deutsche Kirche] zitiert nach Stillich, Religion, 26 (AfZ-Archiv München, ED 156/1). Eine Edition von Stillichs Manuskript ist in Vorbereitung. Zu ihm und dem Manuskript vgl. Puschner, Völkische Religion, 395–413.

74 Vgl. hierzu beispielhaft Andersen, Strömungen, passim.

75 Bartels, Verfall, 38.

76 Zitiert nach Whiteside, von Schönerer, 226.

77 Zum in der völkischen Zeitschrift Heimdall erstmals 1900 verwendeten Terminus vgl. die Artikelserie Beiträge; List, Kirche, 18 f.

78 Dinter, Ursprung, 5; Kuhlenbeck, Evangelium, 48; Scheffer, Hitler, 2; Reinecke, Glaubenstume, 5; List, Reformation, 2 f.; Gerstenhauer, Deutsch-Christentum, 33. Zu de Lagarde vgl. Lagarde, Verhältnis, hier 90.

deutschchristlichen Denken zufolge die „Reinigung unserer Religion und Kirche von dem wesensfremden jüdisch-römischen Gift“ unabdingbare Voraussetzung[79]. „Wir können in der Bibel fortan bloß das anerkennen, was sich mit dem arischen und germanischen Wesen einigermaßen verträgt“[80], lautete der deutschchristliche Grundsatz. Für die deutschchristliche Mehrheit war mit Friedrich Andersen die „völlige Ausscheidung des Alten Testaments“ als „der hauptsächlichste Niederschlag und zugleich Quellort der jüdischen Ideen” zwingend, andere beschränkten sich auf die „Ausscheidung des Jüdischen“ aus dem Alten, aber auch aus dem Neuen Testament[81]. Hierfür wurde u. a. mit Hilfe der völkischen Germanenideologie und v. a. mit deren Wanderungsnarrativ argumentiert, dem zufolge eine „große indogermanische Völkerwanderung“ seit dem dritten vorchristlichen Jahrtausend aus dem europäischen Norden [...] bis nach Indien“ und entlang der nordafrikanischen Küste bis nach Ägypten erfolgt sei, weswegen „im A.T. nordische Einflüsse“ nicht unwahrscheinlich seien[82]. Nicht vereinbar mit den deutschchristlichen Überzeugungen waren für einzelne deutschchristliche Ideologen Paulus und dessen Theologie, da sie zum einen im Widerspruch zu den diesseitsorientierten, heroisch-bellizistischen sowie zum anderen – in Bezug auf die Person des Apostels – rassistisch-antisemitischen und rassenhygienischen völkischen Religions- und Weltanschauungsparadigmen standen[83].

Dreh- und Angelpunkt des Deutschchristentums ist die Christuslehre. In einem ersten Schritt wurde mit Hilfe von kruden etymologischen, germanen- und rassenideologischen Beweisführungen Jesus Christus in der Überzeugung arisiert, dass der „Heiland [...] seinem Geiste, seiner Seele und seiner Lehre nach nie und nimmer ein Rassejude gewesen sein“ könne, sondern seine „Persönlichkeit und Lehre [...] nordischen Geist“ atmeten[84]. In deutschchristlicher Logik konnte das Christentum insofern als „arische Religion“ behauptet werden[85].

Deutschchristen sahen ihre Aufgabe nun darin, die „arischen Bestandteile der Jesus-Lehre“ mit den völkischen Normen und Werten zu harmonisieren[86]. Die Leidensgeschichte Jesu wurde dementsprechend umgedeutet: „Bei Jesus hat [...] das Leid niemals eine Hauptrolle gespielt“, erläutert ein deutschchristlicher Pfarrer das deutschchristliche Verständnis:

---

79 GERSTENHAUER, Deutsch-Christentum, 31; NIEDLICH, Heimatschutz, 159.

80 HEIL, Glauben, 479.

81 ANDERSEN, Heiland, 123 f.; GERSTENHAUER, Deutsch-Christentum, 26.

82 NIEDLICH, Jahwe, 15.

83 Vgl. MICHEL, Christus, 188–295 und passim, bes. 294 f.; MICHEL, Christentum; vgl. demgegenüber LEUTZSCH, Paulus, 65–99.

84 DINTER, Thesen, 31; NIEDLICH, Jahwe, 56; vgl. für diese Narration auch ANDERSEN, Geschichte; und für die neuheidnische Gegenargumentation HUNKEL, Auferstehung, 31 f. Zum ‚arischen Christus‘ vgl. FENSKE, Jesus; LEUTZSCH, Karrieren, 195–217; HESCHEL, Jesus, bes. 26–66; LORENZ, Jesusbild.

85 BARTELS, Deutschchristentum, 269.

86 REINECKE, Glaubenstume, 5.

> „Er stellt keine Betrachtungen darüber an. Er klagt nicht und klagt nicht an. Er kennt keine Angst davor. Bei ihm ist alles nur Kampfbereitschaft und Siegeswille wie bei unsern Vätern. Für ihn heißt es, entweder; hier und ganz oder: nirgend und nie und halb. Entweder: Lebenskraft und Lebensfülle aus dem Leben nehmen, sie sich zuströmen und wieder ausströmen lassen, oder: verzichten, sich auf andere vertrösten, das Leben verprassen und verpassen. Es ist eine starke deutsche Seele, die in Jesus lebt. [...] Wer mit ihm in die Reihen der Kämpfer sich stellen will, der [...,] muß Held sein [...]. Stählerner Wille ließ den Verklagten [...] schweigen. Mannhaftes Vertrauen ließ ihn auch in der tiefsten Tiefe des Leides [...] noch rufen: Mein Gott, mein Gott! So sehen Helden aus: sie sind die Menschen, die Schweres tragen müssen und trotzdem Großes wagen und denen nicht trotzdem, sondern deshalb Gewaltiges gelingt. Ein Ideal zieht sie an mit göttlich verpflichtender Kraft. [...] Sie haben unwiderstehliche Gewalt auf Willen und Gemüt. Sie sind die Erlöser, die Heilande."[87]

Dieser sogenannte deutsche Christus ist ein diesseitiger „Christus des Lebens", ein Christus der Tat, ein todesmutiger, opferbereiter, heroischer Kämpfer und Führer[88]. Er ist mithin Abbild der völkischen „Art-Ethik", deren „Wesenseigenschaften [...] der heldische, idealistische Sinn, der Charakter des echten deutschen Menschen als Kämpfer für das Gute und Edle, der deutsche Gedanke des Dienens und sich Opferns für die Gesamtheit, für außer unserer Person liegende Ideale" sind[89].

Wenn das Deutschchristentum zur „germanische[n] Pflicht- und Tatreligion" erklärt wird und Neuheiden bekennen, dass „deutschgläubig mehr als Religion", nämlich „gelebte, blutsbedingte Gesinnung" ist, wird die Schlüsselstellung arteigener Religion in der völkischen Weltanschauung ebenso offenbar wie deren legitimatorische und handlungsleitende Funktion für die Bewegungsakteure[90]. Völkische Religion ist insofern, wie der Berliner Soziologe Oskar Stillich um 1933 treffend analysiert,

> „[t]heoretisch nichts anderes als die Projektion der völkischen Gedankenwelt auf das metaphysische Gebiet, die Verbindung völkischer Wünsche und Forderungen mit dem göttlichen Willen, ihre überweltliche Begründung, die Schaffung von Ewigkeitswerten durch Vermählung des Deutschen Gedankens mit dem Göttlichen, die Heiligsprechung des Deutschtums. Praktisch wird damit eine Potenzierung völkischer Werte geschaffen, wie sie nur durch das Heilige möglich ist, gleichzeitig aber auch ein Kampfmittel, dessen Bedeutung für die Verfolgung und Durchsetzung völkischer Ziele eine nicht zu unterschätzende Bedeutung hat."[91]

87 Bode, Wodan, 42–44.
88 Reimer, Grundzüge, 89.
89 Bode, Wodan, 43; Gerstenhauer, Deutsch-Christentum, 24 f.
90 Gerstenhauer, Deutsch-Christentum, 24 f.; Deutschgläubig[es Motto], 33.
91 Stillich, Religion, 2 f. (Archiv des Instituts für Zeitgeschichte München, ED 156/1).

Deutschchristen und Neuheiden haben über die lange Jahrhundertwende hinweg die ideologischen Fundamente gegossen, auf denen im Zuge der Machtübertragung die *Glaubensbewegung „Deutsche Christen"* und die *Deutsche Glaubensbewegung* ihr religiöses Weltanschauungsgebäude zu errichten und sich im NS-Staat zu etablieren suchten und womit beide völkischreligiösen Richtungen einen lebhaften Religionsdiskurs entfachten, wie die heftigen Reaktionen der Kirchen, vor allem die Kontroversen und Konflikte in der evangelischen Kirche, und der nationalsozialistischen Machtzentren belegen[92]. Dementsprechend selbstbewusst traten sie wie alle Völkischen 1933 in dem Selbstverständnis auf, Wegbereiter der „völkischen Revolution" zu sein, und verlangten „beim Aufbau des 3. Reichs mit zugezogen [zu] werden, damit es auch etwas wirklich Gutes wird!"[93] Das schloss prominent die Religion ein, die Bestandteil des an die nationalsozialistischen Machthaber adressierten völkischen Forderungskatalogs war und deren „Erneuerung [...] unter Zugrundelegung der Altertums- und wissenschaftlichen Forschung, nach denen die heutigen Religionslehren judaisiert sind", angemahnt wurde[94]. In diesem Sinn hatte zwanzig Jahre zuvor bereits Friedrich Andersen interveniert, wenn er an seine Gesinnungsgenossen appellierte, es möge

> „eine Zeit kommen, wo unsere jungen Theologen, anstatt ihre Zeit mit der Eroberung des uns gänzlich gleichgültigen Hebräisch zu vergeuden, dieselbe nützlich verwenden zur Kenntnis der eigenen Heimat mit den Erinnerungen der eigenen Väter und Vorfahren [... und] wo unsere Professoren, anstatt über die Quellenschriften der jüdischen Bücher nachzugrübeln, lieber hinabsteigen zu den Quellen unseres eigenen Volkstums und dasselbe in Sprache und Sitte der Gegenwart, in Erinnerung und Sage der Vergangenheit zu erfassen suchen."[95]

Diese Zeit brach im Gegensatz zu prähistorischer Archäologie, Volkskunde oder Altgermanistik, aus deren Reihen schon vor und vor allem nach dem Ersten Weltkrieg zur Verwissenschaftlichung der völkischen Weltanschauung beigetragen wurde, in Religionswissenschaft und evangelischer Theologie erst, aber dynamisch im Zuge der – maßgeblich von der jüngeren, akademischen völkischen Generation vorangetriebenen – Etablierung der völkischen Wissenschaften seit 1933 an[96]. Völkische im Allgemeinen, Völkischreligiöse

92 Vgl. hierzu mit umfangreichen Literaturhinweisen Gailus, Volk, 247–268; Vollnhals, Traditionen, 53–58; Puschner / Vollnhals, Bewegung, 18–27.

93 Gerstenhauer, Wende, 1; Max Robert Gerstenhauer an Adolf Bartels (1. 8. 1933) zitiert nach Esche, Weg, 53; vgl. in diesem Kontext auch Gerstenhauer, Glaube.

94 Ball, Revolution, 59 und – zu den sogenannten Grundforderungen – 58 f.

95 Andersen, Deutschtum, 23.

96 Vgl. Puschner, Verwissenschaftlichung, 9–18; Junginger, Religionswissenschaft, 1207–1217; Gailus / Vollnhals, Christentum. Zur akademisch gebildeten ‚zweiten' völkischen Generation vgl. Puschner, Générations, bes. 66. In diesem Zusammenhang vgl. beispielhaft Lönnecker, Grundrauschen; Zirlewagen, Platz.

im Grundsätzlichen und Deutschchristen im Speziellen hatten dafür über vier Jahrzehnte den weltanschaulichen Boden bereitet. Auf ihm wurde 1939 in Eisenach das *Institut zur Erforschung und Beseitigung des jüdischen Einflusses auf das deutsche kirchliche Leben* errichtet.

Quellen- und Literaturverzeichnis

I. Unveröffentlichte Quellen und Darstellungen

Institut für Zeitgeschichte München (IfZ-Archiv)

Bestand ED 156/1
STILLICH, Oskar: Die völkische Religion [~1933/1945].

II. Veröffentlichte Quellen und Darstellungen

ANDERSEN, Friedrich: Deutschtum und Christentum. Vortrag gehalten am 14. November 1913 im Curiohaus zu Hamburg. Hamburg-Altona 1914.
–: Deutsch-religiöse Strömungen. Uebersicht über die gegenwärtigen Versuche, das Judentum aus dem deutschen Christentum auszuscheiden. Lunden 1918.
–: Der deutsche Heiland (Neuauflage des „Anticlericus" [1907]). München 1921.
–: Heil! Predigt am Sonntage, den 3. Oktober 1920 auf dem ersten ‚Deutschen Tag' in Weimar. In: Ders.: Heil, Freiheit und Wahrheit. Drei deutschvölkische Predigten gehalten in Weimar, Elberfeld und Hannover. Duisburg 1921, 5–11.
–: Wie es wohl wirklich war. Geschichte des Meisters von Nazareth ohne Legenden und theologische Zusätze. Berlin / Leipzig 1938.
BALL, Kurt Herwarth: Die Revolution beginnt. In: Hammer. Blätter für deutschen Sinn 32 (1933), Nr. 737/738, 55–60.
BARTELS, Adolf: Der deutsche Verfall. Zeitz ^{3}1919.
–: Deutschchristentum (Der neue Lessing). In: Ders.: Rasse und Volkstum. Weimar 1920, 249–270.
–: Der Nationalsozialismus. Deutschlands Rettung. Leipzig ^{3}1924.
BECK, Ulrich: Risikogesellschaft. Auf dem Weg in eine andere Moderne (edition suhrkamp, N. F. 365). Frankfurt a. M. ^{22}2015.
BEITRÄGE ZUR DEUTSCHKIRCHE. In: Heimdall. Zeitschrift für reines Deutschtum und All-Deutschtum 5 (1900), 24 f., 31–33, 39–41 u. 156 f.
BEKENNTNIS DER GERMANISCHEN GLAUBENS-GEMEINSCHAFT. In: Germanische Glaubens-Gemeinschaft (Hg.): Das Deutsche Buch. 3., verm. u. verb. Aufl. Leipzig 1923, 31–35.
BERBLINGER-AMMON, Berta: Otto Ammon. Das Lebensbild eines Rasseforschers. Halle (Saale) o. J. [1925].

BERGMANN, Werner: Friedrich Andersen. In: Wolfgang Benz (Hg.): Handbuch des Antisemitismus, Bd. 2/1. Berlin 2009, 20–23.

ZUR BESEITIGUNG DER HEBRÄISCHEN BESTANDTEILE AUS DEM CHRISTENTUME: In: Heimdall. Zeitschrift für reines Deutschtum und All-Deutschtum 1 (1896), 14.

BETRACHTUNGEN ÜBER FAMILIE, SCHULE UND KIRCHE. In: Deutschbundspiegel. Schwelm i. W. 1923, 62–82.

BLASCHKE, Olaf / KUHLMANN, Frank-Michael: Religion in Geschichte und Gesellschaft. Sozialhistorische Perspektiven für die vergleichende Erforschung religiöser Mentalitäten und Milieus. In: Dies. (Hg.): Religion im Kaiserreich. Milieus – Mentalitäten – Krisen (RKM 2). Gütersloh 1996, 7–56.

BODE, Julius: Wodan und Jesus. Ein Büchlein von christlichem Deutschtum. Sontra 1920.

BOEHM, Max Hildebert: Das eigenständige Volk. Volkstheoretische Grundlagen der Ethnopolitik und Geisteswissenschaften. Göttingen 1932.

BREUER, Stefan: Grundpositionen der deutschen Rechten 1871–1945 (Historische Einführungen 2). Tübingen 1999.

–: Die Völkischen in Deutschland. Kaiserreich und Weimarer Republik. Darmstadt 2008.

–: Die Nordische Bewegung in der Weimarer Republik (Kultur- und sozialwissenschaftliche Studien / Studies in Cultural and Social Sciences 18). Wiesbaden 2018.

BROSZAT, Martin: Die völkische Ideologie und der Nationalsozialismus. In: Deutsche Rundschau 84 (1958), 53–68.

BUSS, Hansjörg: Friedrich Andersen und der „Bund für Deutsche Kirche" in der schleswig-holsteinischen Landeskirche. In: Schmidt / Sturm / Livi: Wegbereiter, 179–191.

CHAMBERLAIN, Houston Stewart: Die Grundlagen des 19. Jahrhunderts. Bd. 1–2. München ^{5}1904.

CONN, Alfred: Was wir von einer völkischen Regierung erwarten. In: Widar. Deutschgläubiges Kampfblatt 23 (1933), Folge 15. Lenz 1933, 4.

DAMASCHKE, Adolf: Aus meinem Leben. Leipzig / Zürich 1924.

DAS ALTE DENKEN DER NEUEN RECHTEN. Die langen Linien der antiliberalen Revolte. Hg. v. Zentrum Liberale Moderne. Berlin 2019.

DER „DEUTSCHE TAG" ZU EISENACH. In: Deutschbund-Blätter 18 (1913), Nr. 9, 72.

DER ERSTE DEUTSCHE TAG IN EISENACH. In: Deutschbund-Blätter 18 (1913), Nr. 10, 78.

DEUTSCHGLÄUBIG[ES MOTTO]. In: Widar. Deutschgläubiges Kampfblatt 26 (1935), Folge 7, 33.

DINTER, Artur: Ursprung, Ziel und Weg der deutschvölkischen Freiheitsbewegung. Das völkisch-soziale Programm. Weimar 1924.

–: 197 Thesen zur Vollendung der Reformation. Die Wiederherstellung der reinen Heilandslehre. Leipzig 1926.

DUSSE, Debora: Religiöse Eddarezeption. In: Julia Zernack / Katja Schulz (Hg.): Gylfis Täuschung. Rezeptionsgeschichtliches Lexikon der nordischen Mythologie und Heldensage. Heidelberg 2019, 520–532.

Esche, Alexandra: „[D]amit es auch wirklich etwas Gutes wird!". Max Robert Gerstenhausers Weg in die NSDAP. In: Schmidt / Sturm / Livi: Wegbereiter, 37–53.

Eschen, M. von [i. e. Mathilde H.A.L. von Eschstruth]: Die religiöse Bewegung der Gegenwart. In: Deutsche Welt. Wochenschrift der Deutschen Zeitung 16 (1914), Nr. 32 v. 10. 5. 1914, 373–378.

Fahlbusch, Michael / Haar, Ingo / Pinwinkler, Alexander (Hg.): Handbuch der völkischen Wissenschaften. Bd. 2. Zweite, grundlegend erw. u. überarb. Aufl. Berlin / Boston 2017.

Fenske, Wolfgang: Wie Jesus zum ‚Arier' wurde. Auswirkungen der Entjudaisierung Christi im 19. und zu Beginn des 20. Jahrhunderts. Darmstadt 2005.

Gailus, Manfred: „Ein Volk – ein Reich – ein Glaube"? Religiöse Pluralisierung in der NS-Weltanschauungsdiktatur. In: Friedrich Wilhelm Graf / Klaus Große Kracht (Hg.): Religion und Gesellschaft. Europa im 20. Jahrhundert (Industrielle Welt 73). Köln u. a. 2007, 247–268.

– / Vollnhals, Clemens (Hg.): Für ein artgemäßes Christentum der Tat. Völkische Theologen im „Dritten Reich" (Berichte und Studien 71). Göttingen 2016.

Gerstenhauer, Max Robert: Was ist Deutsch-Christentum? Berlin-Schlachtensee ^{2}1930.

–: Eine weltgeschichtliche Wende. In: Deutschbund-Blätter 38 (1933), 1.

–: Der völkische Gedanke in Vergangenheit und Zukunft. Aus der Geschichte der völkischen Bewegung. Leipzig 1933.

–: Deutscher Glaube im Dritten Reich. Leipzig 1934.

Gerstner, Alexandra: Rassenadel und Sozialaristokratie. Adelsvorstellungen in der völkischen Bewegung (1890–1914). Berlin ^{2}2006.

–: Neuer Adel. Aristokratische Elitekonzeptionen zwischen Jahrhundertwende und Nationalsozialismus. Darmstadt 2008.

– / Hufenreuter, Gregor / Puschner, Uwe: Völkischer Protestantismus. Die Deutschkirche und der Bund für deutsche Kirche. In: Michel Grunewald / Uwe Puschner (Hg.): Le milieu intellectuel protestant en Allemagne, sa presse et ses réseaux (1871–1963) / Das evangelische Intellektuellenmilieu in Deutschland, seine Presse und seine Netzwerke (1871–1963) (Convergences 47). Bern u. a. 2008, 409–435.

Goldstein, Julius: Deutsche Volks-Idee und Deutsch-Völkische Idee. Eine soziologische Erörterung der Völkischen Denkart. Berlin ^{2}1928.

Grabner-Haider, Anton: Die großen Ideologien. In: Ders. / Klaus S. Davidowicz / Karl Prenner (Hg.): Kulturgeschichte des 19. Jahrhunderts. Göttingen 2015, 41–64.

Graf, Friedrich Wilhelm: Die Nation – von Gott „erfunden"? In: Gerd Krumeich / Hartmut Lehmann (Hg.): „Gott mit uns". Nation, Religion und Gewalt im 19. und frühen 20. Jahrhundert (VMPIG 162). Göttingen 2000, 285–317.

–: Alter Geist und neuer Mensch. In: Ders.: Die Wiederkehr der Götter. Religion in der modernen Kultur. München 2004, 133–178.

Groh, Georg: Geschichte der germanischen Gottgläubigkeit. In: Rig. Blätter für germanisches Weistum 3 (1928), 122–129, 146–156; 4 (1929), 54–62.

Gross, Sandra: Von Gottesmutterschaft und „Entweibung der Weiber". Völkische Frauenbilder im Deutschen Kaiserreich und der Weimarer Republik. In: Dirk Schuster / Martin Bamert (Hg.): Religiöse Devianz in Leipzig. Monisten, Völkische, Freimaurer und gesellschaftliche Debatten. Das Wirken religiöse devianter Gruppierungen im Leipzig des 20. Jahrhunderts. Stuttgart 2012, 85–107.

Hartung, Günter: Völkische Ideologie. In: Puschner / Schmitz / Ulbricht: Handbuch, 22–41.

Heil, Alfred: Vom neuen Glauben. In: Hammer. Blätter für deutschen Sinn 10 (1911), Nr. 222, 477–479.

Heschel, Susannah: The Aryan Jesus. Christian Theologians and the Bible in Nazi Germany. Princeton / Oxford 2008.

Hofer, Hans: Die Weltanschauungen der Neuzeit. Volksausgabe. Elberfeld 1934.

Holle, Hermann Gustav: Allgemeine Biologie als Grundlage für Weltanschauung, Lebensführung und Politik. München 1919.

Hubricht, Emil: Buchweiser für das völkisch-religiöse Schrifttum und dessen Grenzgebiete. Freiberg i. Sachsen ^{2}1934. Nachdr. (Toppenstedter Reihe 5) Toppenstedt 1983.

Hunkel, Ernst: Vom Deutschen Orden. In: Heimdall. Zeitschrift für reines Deutschtum und All-Deutschtum 19 (1914), 20.

–: Von der Auferstehung deutscher Volksreligion (Viertes der vier Bücher des Deutschen Kulturbundes). Oranienburg o. J. [1914].

–: Deutsche Taufe (Aus dem Jungborn. Flugschriften für wahrhaftiges deutsches Leben, Folge 5). Sontra o. J. [1919].

Junginger, Horst: Die Deutsche Glaubensbewegung als ideologisches Zentrum der völkisch-Religiösen Bewegung. In: Puschner / Vollnhals: Bewegung, 65–102.

–: Völkische Religionswissenschaft. In: Fahlbusch / Haar / Pinwinkler: Handbuch, 1207–1217.

Kerbs, Diethart / Reulecke, Jürgen (Hg.): Handbuch der deutschen Reformbewegungen 1880–1933. Wuppertal 1998.

Köck, Julian: „Die Geschichte hat immer recht". Die Völkische Bewegung im Spiegel ihrer Geschichtsbilder (Campus Historische Studien 73). Frankfurt a. M. 2015.

–: Völkische Publizistik als Lebensmodell. Zum sozialen Typus des völkischen Publizisten. In: Archiv für Geschichte des Buchwesens 72 (2017), 149–171.

Koerner, Bernhard: Altgermanische Kultur. Vortrag des preußischen Landtags-Abgeordneten Bernhard Koerner auf der Tagung des Gaues Rheinland der Deutsch-völkischen Freiheits-Bewegung zu Essen a. d. Ruhr am 2. Mai 1926 (Hammer-Schriften 41). Leipzig 1926.

Kroll, Adolf: Der Edda-Mythos. Das Gleichnisgewand, die tragischen, philosophischen und ethischen Grundlinien der nordischen Göttersage. Versuch einer neuzeitigen Umwertung. Beuern 1932.

Kuhlenbeck, Ludwig: Das Evangelium der Rasse (Deutsches Wollen! 2). Prenzlau 1905.

Lagarde, Paul de: Schriften für das deutsche Volk. Bd. 1. Hg. v. Karl August Fischer. München ^{2}1934.

–: Über das Verhältnis des deutschen Staates zu Theologie, Kirche und Religion. Ein Versuch, Nicht-Theologen zu orientieren. In: Ders.: Schriften, 45–90.

–: Die Religion der Zukunft. In: Ders.: Schriften, 251–286.

–: Die graue Internationale. In: Ders.: Schriften, 358–371.

–: Programm für die konservative Partei Preußens. In: Ders.: Schriften, 372–429.

Lehmann, Hartmut: Das Christentum im 20. Jahrhundert. Fragen, Probleme, Perspektiven (KGE IV/9). Leipzig 2012.

Leutzsch, Martin: Karrieren des arischen Christus zwischen 1918 und 1945. In: Puschner / Vollnhals: Bewegung, 195–217.

–: Der arische Paulus. Ein Seitenstück des Mythos vom arischen Christus. In: Redaktion Texte & Kontexte (Hg.): Mit Paulus in der Welt. Festschrift für Hermann Jankowski zum 80. Geburtstag. Dortmund 2017, 65–99.

List, Guido: Die Deutsche Kirche. In: Heimdall. Zeitschrift für reines Deutschtum und All-Deutschtum 4 (1899), 18 f.

–: Die zweite Deutsche Reformation. In: Odin. Ein Kampfblatt für die alldeutsche Bewegung 1 (1899), Nr. 1, 5–7, u. Nr. 2, 2 f.

Lobenstein-Reichmann, Anja: Houston Stewart Chamberlain. Zur textlichen Konstruktion einer Weltanschauung. Eine sprach-, diskurs- und ideologiegeschichtliche Analyse (Studia Linguistica Germanica 95). Berlin / New York 2008.

Lönnecker, Harald: Das „Grundrauschen der völkisch-antisemitischen Publizistik" – Personen, Schriften und die Hochschule für nationale Politik in der Weimarer Republik. Koblenz 2006, http://www.burschenschaftsgeschichte.de/pdf/loennecker_grundrauschen.pdf [24. 2. 2020].

Lohalm, Uwe: Völkischer Radikalismus. Die Geschichte des Deutschvölkischen Schutz- und Trutz-Bundes 1919–1923 (Hamburger Beiträge zur Zeitgeschichte 6). Hamburg 1970.

– / Ulmer, Martin: Alfred Roth und der Deutschvölkische Schutz- und Trutz-Bund. „Schrittmacher für das Dritte Reich". In: Schmidt / Sturm / Livi: Wegbereiter, 21–35.

Lokatis, Siegfried: Weltanschauungsverlage. In: Ernst Fischer / Stephan Füssel (Hg.): Geschichte des deutschen Buchhandels im 19. und 20. Jahrhundert. Bd. 2: Die Weimarer Republik 1918–1933. Teil 2. Berlin / Boston 2012, 111–138.

Lorenz, Elisabeth: Ein Jesusbild im Horizont des Nationalsozialismus. Studien zum Neuen Testament des ‚Instituts zur Erforschung und Beseitigung des jüdischen Einflusses auf das deutsche kirchliche Leben' (WUNT 2, 440). Tübingen 2017.

Lukács, Georg: Die Theorie des Romans. Ein geschichtsphilosophischer Roman über die Formen der großen Epik. Neuwied [2]1963.

Mahnruf an das deutsche Volk in Verfolg des ersten „Deutschen Tages" in Eisenach. In: Deutschbund-Blätter 18 (1913), Nr. 11, 82.

Mahr, Willo: Religiöse Richtsätze für völkische Deutsche. In: Die Sonne. Monatsschrift für Nordische Weltanschauung und Lebensgestaltung 10 (1933), 435.

Maier, Hans: Das „Dritte Reich" im Visier seiner Gegner. Profane und religiöse Wahrnehmungen. In: Daniel E.D. Müller / Christoph Studt (Hg.): „… und dadurch steht er vor Freisler, als Christ und sonst gar nichts anderes …". Christlicher

Glaube als Fundament und Handlungsorientierung des Widerstands gegen das „Dritte Reich" (Schriftenreihe der Forschungsgemeinschaft 20. Juli 1944 e.V. 25). Augsburg 2019, 18–21.

Martin, Hermann: Demokratie oder Diktatur? Berlin 1926.

Meyer, Hermann: Der deutsche Mensch. Völkische Weltanschauung und Deutsche Volksgemeinschaft. Bd. 1. München 1925.

Meyers, Jörn: Religiöse Reformvorstellungen als Krisensymptom? Ideologen, Gemeinschaften und Entwürfe „arteigener Religion" (1871–1945). Frankfurt a. M. 2012.

Michel, Oskar: Vorwärts zu Christus! Fort mit Paulus! Deutsche Religion! Berlin [4]1906.

–: Fort mit dem negativen Christentum! Ein Weckruf [Der jüdische Falschapostel Schaul genannt Saulus-Paulus]. Berlin 1936.

Mohler, Armin / Weissmann, Karlheinz: Die Konservative Revolution in Deutschland 1918–1932. Ein Handbuch. 6., völlig überarb. u. erw. Aufl. Graz 2005.

Müller, Alfred: Die neugermanischen Religionsbildungen der Gegenwart. Ihr Werden und ihr Wesen (Untersuchungen zur allgemeinen Religionsgeschichte 6). Bonn [2]1934.

Nanko, Ulrich: Die Deutsche Glaubensbewegung. Eine historische und soziologische Untersuchung (RWR 4). Marburg 1993.

–: Das Spektrum völkisch-religiöser Organisationen von der Jahrhundertwende bis ins „Dritte Reich". In: Stefanie von Schnurbein / Justus H. Ulbricht (Hg.): Völkische Religion und Krisen der Moderne. Entwürfe „arteigener" Glaubenssysteme seit der Jahrhundertwende. Würzburg 2001, 208–226.

Neue Menschen. In: Hammer. Blätter für deutschen Sinn 13 (1914), Nr. 283, 169–172.

Neufert, Sven: Theater als Tempel. Völkische Ursprungssuche in Drama, Theater und Festkultur 1890–1930 (Film – Medium Diskurs 88). Würzburg 2018.

Niedlich, Joachim Kurd: Deutscher Heimatschutz als Erziehung zu deutscher Kultur! Die Seele deutscher Wiedergeburt. Hg. v. Friesenbund. Leipzig 1920.

–: Jahwe oder Jesus? Die Quelle unserer Entartung. Leipzig [2]1925.

Paul, Ina Ulrike: Paul Anton de Lagarde. In: Puschner / Schmitz / Ulbricht: Handbuch, 45–93.

–: Paul Anton de Lagardes Rassismus. In: Dies. / Sylvia Schraut (Hg.): Rassismus in Geschichte und Gegenwart. Eine interdisziplinäre Analyse (Zivilisationen & Geschichte 55). Berlin u. a. 2018, 81–111.

–: Paul Anton de Lagarde und „die Juden". In: Heike Behlmer / Thomas L. Gertzen / Orell Witthuhn (Hg.): Der Nachlass Paul de Lagarde. Orientalische Netzwerke und antisemitische Verflechtungen (Europäische-jüdische Studien 46). Berlin / Boston 2020, 9–29.

Puschner, Uwe: Die völkische Bewegung im wilhelminischen Kaiserreich. Sprache – Rasse – Religion. Darmstadt 2001.

–: Lebensreform und völkische Weltanschauung. In: Kai Buchholz u. a. (Hg.): Die Lebensreform. Entwürfe zur Neugestaltung von Leben und Kunst in der Moderne. Bd. 1. Darmstadt 2001, 175–178.

–: Strukturmerkmale der völkischen Bewegung (1900–1945). In: Michel Grunewald / Uwe Puschner (Hg.): Le milieu intellectuel conservateur en Allemagne, sa presse et ses réseaux (1890–1960) / Das konservative Intellektuellenmilieu in Deutschland, seine Presse und seine Netzwerke (1890–1960) (Convergences 27). Bern u. a. 2003, 445–468.

–: Germanenideologie und völkische Weltanschauung. In: Heinrich Beck u. a. (Hg.): Zur Geschichte der Gleichung ‚germanisch – deutsch'. Sprache und Namen, Geschichte und Institutionen (RGA.E 34). Berlin / New York 2004, 103–129.

–: Völkische Diskurse zum Ideologem „Frau". In: Schmitz / Vollnhals: Bewegung, 45–75.

–: „Wildgeworden" und „gefährlich"! Die öffentliche Auseinandersetzung mit den Völkischen in ihrer Zeit. In: Patrick Merziger u. a. (Hg.): Geschichte, Öffentlichkeit, Kommunikation. Festschrift für Bernd Sösemann zum 65. Geburtstag. Stuttgart 2010, 109–126.

–: Sozialdarwinismus als wissenschaftliches Konzept und politisches Programm. In: Gangolf Hübinger (Hg.): Europäische Wissenschaftskulturen und politische Ordnungen in der Moderne (1890–1970) (Schriften des Historischen Kollegs 77). München 2014, 99–121.

–: Rasse und Religion. Die Ideologie arteigener Religionsentwürfe. In: Wolfgang Braungart (Hg.): Stefan George und die Religion (Untersuchungen zur deutschen Literaturgeschichte 147). Berlin / Boston 2015, 145–156.

–: Völkischer Antisemitismus. In: Ernst Baltrusch / Uwe Puschner (Hg.): Jüdische Lebenswelten. Von der Antike bis zur Gegenwart (Zivilisationen & Geschichte 40). Frankfurt a. M. u. a. 2016, 267–283.

–: Neuheidnische Religion, Riten und religiöse Praxis. In: August H. Leugers-Scherzberg / Lucia Scherzberg (Hg.): Diskurse über „Form", „Gestalt" und „Stil" in den 20er und 30er Jahren des 20. Jahrhunderts (t.g. 9). Saarbrücken 2017, 287–324.

–: Mit Vollkornbrot und Nacktheit. Arbeit am völkischen Körper. Gustav Simons und Richard Ungewitter. Lebensreformer und völkische Weltanschauungsagenten. In: Karl Braun / Felix Linzner / John Khairi-Taraki (Hg.): Avantgarden der Biopolitik. Jugendbewegung, Lebensreform und Strategien biologischer „Aufrüstung" (Jugendbewegung und Jugendkulturen 13/2017). Göttingen 2017, 77–93.

–: Verwissenschaftlichung der Weltanschauung. Völkische Aspirationen, Strategien und Rezeptionen in der langen Jahrhundertwende. In: Fahlbusch / Haar / Pinwinkler: Handbuch, 9–18.

–: Antisemiten, Alldeutsche, Völkische und der Zionismus. Radikale Diskurse in der langen Jahrhundertwende. In: Sara Han / Anja Middelbeck-Varwick / Markus Thurau (Hg.): Bibel – Israel – Kirche. Studien zur jüdisch-christlichen Begegnung. Festschrift für Rainer Kampling. Münster 2018.

–: Deux générations *völkisch*. In: Catherine Mazellier-Lajarrige / Ina Ulrike Paul / Christina Stange-Fayos (Hg.): Geschichte ordnen – L'Histoire mise en ordre. Interdisziplinäre Fallstudien zum Begriff „Generation“ – Études de cas interdisciplinaires sur la notion de „génération“ (Zivilisationen & Geschichte 59). Berlin u. a. 2019, 51–68.

–: Völkische Religion im Nationalsozialismus. Ideologische, personelle und organisatorische Analysen von Oskar Stillich. In: Olaf Blaschke / Thomas Großbölting (Hg.): Was glaubten die Deutschen zwischen 1933 und 1945? Religion und Politik im Nationalsozialismus (Schriftenreihe „Religion und Moderne“ 18). Frankfurt a. M. / New York 2020, 395–413.

– / Schmitz, Walter / Ulbricht, Justus H. (Hg.): Handbuch zur „völkischen Bewegung“ 1871–1918. München u. a. 1996.

– / Vollnhals, Clemens: Die völkisch-religiöse Bewegung im Nationalsozialismus. Eine Beziehungs- und Konfliktgeschichte (Schriften des Hannah-Arendt-Instituts 47). Göttingen 2012.

– / Vollnhals, Clemens: Die völkisch-religiöse Bewegung im Nationalsozialismus. Forschungs- und problemgeschichtliche Perspektiven. In: Dies.: Bewegung, 13–28.

Der Rahmen des Weimarer Bundestages [des Deutschbundes]. In: Deutschbund-Blätter 27 (1922), H. 1–3, 5.

Reimer, Josef Ludwig: Grundzüge deutscher Wiedergeburt. Ein auf wissenschaftlicher Basis ruhendes neudeutsches Lebensprogramm für die Gebiete der Rassenpflege, Staats- und Sozialpolitik, Religion und Kultur. 2., erw. Aufl. Leipzig 1906.

Reinecke, Adolf: Vom deutschen Glaubenstume. In: Heimdall. Zeitschrift für reines Deutschtum und All-Deutschtum 19 (1914), 4–6, 17–29, 41–44.

Retterath, Jörn: „Was ist das Volk?“. Volks- und Gemeinschaftskonzepte der politischen Mitte in Deutschland 1917–1924. München 2016.

–: Volk. In: Fahlbusch / Haar / Pinwinkler: Handbuch, 1182–1189.

[Reuter, Otto Sigfrid]: Sigfrid oder Christus?! Kampfruf an die germanischen Völker zur Jahrtausendwende. Von einem Deutschen. Leipzig 1910. Nachdr. Quellentexte zum wissenschaftlichen Studium der Zeit- und Geistesgeschichte. Deutschgläubige Bewegung, Quelle I, Toppenstedt 1976.

Rietsch, Jörn: Der Traum vom „dritten Weimar“. In: Zeitschrift für Germanistik 4 (1994), 275–285.

Rohkrämer, Thomas: Eine andere Moderne? Zivilisationskritik, Natur und Technik in Deutschland 1880–1933. München 1999.

Roth, Alfred: Aus der Kampfzeit des Deutschvölkischen Schutz- und Trutzbundes. Eine Erinnerungsschrift. Hamburg 1939.

Scheffer, Theodor: Adolf Hitler, der Deutsche, zum 20. April 1944. In: Deutschbund-Blätter 49 (1944), 1–3.

Schlund, Erhard: Neugermanisches Heidentum im heutigen Deutschland. München 1923. Nachdr. der 2. Aufl. 1924 als H. 4 der Reihe „Irmin-Edition“, München 1976.

Schmidt, Daniel / Sturm, Michael / Livi, Massimiliano (Hg.): Wegbereiter des Nationalsozialismus. Personen, Organisationen und Netzwerke der extremen

Rechten zwischen 1918 und 1933 (Schriftenreihe des Instituts für Stadtgeschichte 19). Essen 2015.

Schmitz, Walter / Vollnhals, Clemens (Hg.): Völkische Bewegung – Konservative Revolution – Nationalsozialismus. Aspekte einer politisierten Kultur (Kulturstudien 2, u. Kultur und antidemokratische Politik 1). Dresden 2005.

Schrader, Stefanie: Die Völkischen im Reichstag. Eine Untersuchung zur parteipolitischen und parlamentarischen Partizipation der Völkischen in der Weimarer Republik am Beispiel der Deutschvölkischen Freiheitspartei / Deutschvölkischen Freiheitsbewegung. Magisterarbeit. Freie Universität Berlin 2010.

–: Völkische Weltanschauung on the Back Benches. The Deutschvölkische Freiheitspartei and the Reichstag of the Weimarer Republic. In: Nicola Kristin Karcher / Anders G. Kjøstvedt (Hg.): Movements and Ideas of the Extreme Right in Europa. Positions and Continuities (Zivilisationen & Geschichte 21). Frankfurt a. M. 2012, 43–56.

–: Vom Partner zum Widerpart. Die Deutschvölkische Freiheitspartei und ihr Wahlbündnis mit der NSDAP. In: Schmidt / Sturm / Livi: Wegbereiter, 55–69.

Siems, Gisela: Hauptpastor Friedrich Andersen. Bund für deutsche Kirche. Ein Wegbereiter des Nationalsozialismus in der Stadt Flensburg. In: Klauspeter Reumann (Hg.): Kirche und Nationalsozialismus. Beiträge zur Geschichte des Kirchenkampfes in den evangelischen Landeskirchen Schleswig-Holsteins. Neumünster 1988, 13–34.

Simons, Gustav: Die natürliche Weltanschauung. Ein Leitfaden durch des Lebens Labyrint. Stettin 1908.

Sombart, Werner: Sozialismus und soziale Bewegung im 19. Jahrhundert. Jena 1896.

Sontheimer, Kurt: Antidemokratisches Denken in der Weimarer Republik. Die politischen Ideen des deutschen Nationalismus zwischen 1918 und 1933. München 1978.

Sorge, Maximilian: Deutsche Religion. In: Deutschbund-Blätter 18 (1913), Nr. 12, 88.

Troeltsch, Ernst: Die theologische und religiöse Lage der Gegenwart. In: Ders.: Gesammelte Schriften. Bd. 2: Zur religiösen Lage, Religionsphilosophie und Ethik. Nachdr. Darmstadt 2016, 1–21.

Ulbricht, Justus H.: Kulturrevolution von rechts. Das völkische Netzwerk 1900–1930. In: Detlev Heiden / Gunther Mai (Hg.): Nationalsozialismus in Thüringen. Weimar u. a. 1995, 29–48.

–: „Deutsche Renaissance“. Weimar und die Hoffnung auf die kulturelle Regeneration Deutschlands zwischen 1900 und 1933. In: Jürgen John / Volker Wahl (Hg.): Zwischen Konvention und Avantgarde. Doppelstadt Jena-Weimar. Weimar u. a. 1995, 191–208.

–: Das völkische Verlagswesen im deutschen Kaiserreich. In: Puschner / Schmitz / Ulbricht: Handbuch, 277–301.

–: „Transzendentale Obdachlosigkeit“. Ästhetik, Religion und „neue soziale Bewegung“ um 1900‘. In: Wolfgang Braungart / Gotthard Fuchs / Manfred Koch (Hg.):

Ästhetische und religiöse Erfahrungen der Jahrhundertwende. Paderborn u. a. 1998, 47–67.

–: Religiosität und Spiritualität. In: Kerbs / Reulecke: Handbuch, 495 f.

–: Deutschchristliche und deutschgläubige Gruppierungen. In: Kerbs / Reulecke: Handbuch, 499–511.

–: Agenturen der ‚deutschen Wiedergeburt'. Prolegomena zu einer Geschichte völkischer Verlagsarbeit in der Weimarer Republik. In: Schmitz / Vollnhals: Bewegung, 235–244.

Verhandlungsbericht des Bundestages des Deutschbundes im Saale der „Kaiserin Augusta" zu Weimar am 7. Juni 1914. In: Deutschbund-Blätter 19 (1914), Nr. 7, 70–73.

Völkische Bücherkunde. Das Ergebnis unseres Preisausschreibens und was wir aus ihm lernen können. In: Hammer 1931, Nr. 703/704, 255–258, u. Nr. 705/706, 291–294.

Vollnhals, Clemens: Nationalprotestantische Traditionen und das euphorische Aufbruchserlebnis der Kirchen 1933. In: Manfred Gailus / Clemens Vollnhals (Hg.): Christlicher Antisemitismus im 20. Jahrhundert. Der Tübinger Theologe und „Judenforscher" Gerhard Kittel (Berichte und Studien 79). Göttingen 2020, 43–61.

Vondung, Klaus: Von der völkischen Religion zur politischen Religion des Nationalsozialismus: Kontinuitäten oder neue Qualität? In: Puschner / Vollnhals: Bewegung, 29–41.

Wachler, Ernst: Über die Zukunft des deutschen Glaubens. Ein philosophischer Versuch. o. O. u. J. [1900]. Neudr. (Irminsul. Schriftenreihe für Junggermanische [eddische] Religion und Weltanschauung 44). Freiberg i. Sachsen 1930.

–: Ringbüchlein. Abriß deutscher Weltsicht. Weimar 1904.

–: Was ist ein Deutscher? In: Politisch-Anthropologische Monatsschrift für praktische Politik, für politische Bildung und Erziehung auf biologischer Grundlage 5 (1916), 48 f.

Wattenberg, Hauke: Friedrich Andersen. Ein deutscher Prediger des Antisemitismus. Mit einem Epilog von Stephan Link (Kleine Reihe der Gesellschaft für Flensburger Stadtgeschichte 34). Flensburg 2004.

Wedemeyer-Kolwe, Bernd: Aufbruch. Die Lebensreform in Deutschland. Darmstadt 2017.

Wehler, Hans-Ulrich: Nationalismus. Geschichte, Formen, Folgen. München 2001.

Wein, Susanne: Antisemitismus im Reichstag. Judenfeindliche Sprache in Politik und Gesellschaft der Weimarer Republik (Zivilisationen & Geschichte 30). Frankfurt a. M. u. a. 2014.

Weyland, Paul: Die Sünde wider den gesunden Menschenverstand. Eine Auseinandersetzung mit Artur Dinter. Berlin 1921.

Whiteside, Andrew G.: Georg Ritter von Schönerer. Alldeutschland und sein Prophet. Graz u. a. 1981.

Wiwjorra, Ingo: Der Germanenmythos. Konstruktion einer Weltanschauung in der Altertumsforschung des 19. Jahrhunderts. Darmstadt 2006.

–: In Erwartung der „Heiligen Wende“. Herman Wirth im Kontext der völkisch-religiösen Bewegung. In: Puschner / Vollnhals: Bewegung, 399–416.

–: Völkische Konzepte des Aristokratischen. In: Eckart Conze u. a. (Hg.): Aristokratismus und Moderne. Adel als politisches und kulturelles Konzept (1890–1945) (Adelswelten 1). Köln u. a. 2013, 298–318.

Wladika, Michael: Hitlers Vätergeneration. Die Ursprünge des Nationalsozialismus in der k.u.k. Monarchie. Wien u. a. 2005.

Wolfes, Matthias: Theologischer Antisemitismus als Wegbereiter des Dritten Reiches. Der Flensburger Hauptpastor Friedrich Andersen. In: Nordelbische Stimmen 2004, 34–36.

Wotansdiener. Ueberspannte Deutschtümelei. In: Berliner Allgemeine Zeitung v. 8. 2. 1914.

Zirlewagen, Marc: „Unser Platz ist bei der großen völkischen Bewegung“. Der Kyffhäuser-Verband der Vereine Deutscher Studenten und der völkische Gedanke. Norderstedt 2014.

Zusammenschluss der deutschvölkischen Verbände. In: Deutschbund-Blätter. Monatliche vertrauliche Mitteilungen für Br[üde]r 25 (1920), Nr. 9/12, 13.

Wolfgang Benz

Wege zur NS-Ideologie

Houston Stewart Chamberlain und andere Architekten des modernen Antisemitismus

Die Vorgeschichte des Eisenacher ‚Entjudungsinstituts' hat einen säkularen Zweig in Gestalt des „wissenschaftlich" verbrämten „modernen Antisemitismus". Er sollte den religiös argumentierenden traditionellen Antijudaismus ersetzen und gewann jedenfalls erheblichen Einfluss auf die judenfeindliche Theologie. Als Produzenten einer ausgedehnten Traktatliteratur traten im letzten Drittel des 19. Jahrhunderts Autoren in Erscheinung, die das neue Rassenkonstrukt vom Juden als genetisch determinierten Feind propagierten. Es waren zum Teil verkrachte Existenzen, in der Regel Wirrköpfe, immer Dilettanten und Eiferer. Trotzdem fehlte es auch nicht an akademischem Renommee, das Männer wie der Historiker Heinrich von Treitschke und der Orientalist Paul de Lagarde als Lehrstuhlinhaber in den judenfeindlichen Diskurs einbrachten oder Richard Wagner, dessen Emotionen als Antisemit durch seinen Ruhm als Komponist Bedeutung erhielten. Die Wirkung der Traktate und Pamphlete, mit denen sie das Feindbild Jude mit Ressentiments und Hirngespinsten konstruierten war überwältigend und nachhaltig über den Holocaust hinaus bis in unsere Gegenwart. Damals haben diese Autoren aus völkischem, rassistischem und chauvinistischem Antrieb den entscheidenden Beitrag zur Modernisierung der Judenfeindschaft geleistet. Der „moderne Antisemitismus" erreichte am Ende der 1870er Jahre den Zenit und hielt sich in den folgenden Jahrzehnten auf hohem Niveau. 1878 erschienen Paul de Lagardes „Deutsche Schriften", im gleichen Jahr gründete Adolf Stoecker seine Christlich-Soziale Arbeiterpartei. Das waren die nationalistischen und religiösen Zuflüsse, die sich mit den rassistischen und völkischen Strömungen verbanden, die 1879 Wilhelm Marr und Heinrich von Treitschke beisteuerten. Marr prägte auch den Begriff „Antisemitismus", der anzeigen sollte, dass der Hass auf die seit Jahrhunderten mit theologischen Motiven ausgegrenzte Minderheit nun eine neue naturwissenschaftliche Begründung und Bezeichnung habe. Aus dem semantischen Missgriff, der den philologischen Terminus der semitischen Sprachfamilie als Rasse verstand, hat sich die heute universal verwendete Bezeichnung für Judenfeindschaft in allen ihren Formen und Spielarten ergeben.

Judenfeindschaft erhielt im 19. Jahrhundert eine neue Dimension[1]. Dem seit Jahrhunderten etablierten religiösen Antijudaismus trat in Gestalt des

1 Vgl. Ferrari Zumbini, Wurzeln.

rassistisch und sozialdarwinistisch argumentierenden „modernen Antisemitismus“ eine neue Form hinzu, die sich als Resultat angeblicher wissenschaftlicher Erkenntnis produzierte. Zu den Vätern gehörten Joseph Arthur Graf Gobineau mit seinem voluminösen Essay „Die Ungleichheit der Menschenrassen“ (erschienen 1853 und 1855 in vier Bänden), der zwar nicht gegen die Juden gerichtet war, aber instrumentalisiert wurde als Eckpfeiler einer Rassentheorie, die den modernen Antisemitismus scheinbar wissenschaftlich begründete, jedenfalls unterfütterte.

Gobineau, französischer Diplomat, Erzkonservativer, Dilettant in Wissenschaft und Künsten, befreundet mit Richard Wagner, war in seiner Heimat wenig geschätzt. Sein Werk über die „Rassen“ machte nur in Deutschland Furore. Gobineaus Geschichtsphilosophie mit der Theorie über starke und schwache „Rassen“, über den Wert des Authentischen und das Problem der Dekadenz, über den Einfluss von Rassenmischungen und die Verachtung des Mittelmäßigen hat indirekt, nicht zuletzt über Houston Stewart Chamberlain und den Bayreuther Kreis, befruchtend auf eine Rassenlehre gewirkt, deren Tendenz zur Glorifizierung deutschen Herrenmenschentums unübersehbar war.

Die Übereinstimmung der antisemitischen Demagogen bestand darin, dass jede „Rasseneigenschaft“ der Juden von ihnen negativ definiert war. Den Unterschied zur älteren Judenfeindschaft bildete die neue Gewissheit, dass „rassische Eigenschaften“ anders als religiöse Bekenntnisse unveränderbar waren. Die Taufe konnte nach antisemitischer Doktrin den Makel des Judeseins nicht mehr aufheben. In der Diskussion über die „Judenfrage“ spielte die Schmarotzer/Parasiten-Metaphorik eine zunehmende Rolle, ungeachtet der Tatsache, dass die anti-emanzipatorische Judenfeindschaft auch und vor allem eine Bewegung gegen die Modernisierung der Gesellschaft und gegen den politischen Liberalismus war. Der Übergang vom religiösen Hass zur rassistischen Ablehnung war indessen nicht abrupt, die Traditionen des religiösen Antijudaismus blieben wirkungsmächtig und verstärkten die neuen pseudorationalen Argumente des Rassenantisemitismus.

Zum Glauben, es gebe minderwertige und höherwertige „Rassen“, es existiere eine ethnische Hierarchie der Menschheit, gekrönt vom modernen germanischen Helden, gehörte die Vorstellung des Kampfes Minderwertiger gegen Höherwertige. Sozialdarwinismus wurde ein wichtiges Schlagwort im ausgehenden 19. Jahrhundert[2]. Gemeint war die Übertragung der von Charles Darwin beobachteten Entwicklungsgesetze des tierischen und pflanzlichen Lebens auf die menschliche Gesellschaft. In Deutschland wurden die Mode gewordenen Rassetheorien fast ausschließlich als Auseinandersetzung mit der jüdischen Minderheit begriffen und agiert. Dabei spielten soziale und wirtschaftliche Motive eine beträchtliche Rolle. „Überfremdung“ und „Verjudung“ sind Stichworte der Auseinandersetzung in diesem Zusammenhang.

2 Vgl. ZMARZLIK, Sozialdarwinismus.

Intellektueller Höhepunkt der Auseinandersetzung war der Berliner Antisemitismusstreit[3], ausgelöst durch einen Artikel Heinrich von Treitschkes in den „Preußischen Jahrbüchern" im November 1879. Der angesehene Historiker hatte sich gegen die von ihm befürchtete Masseneinwanderung osteuropäischer Juden ausgesprochen; den deutschen Juden warf er mangelnden Assimilationswillen vor. Der nationalsozialistischen Propaganda verhalf er Jahrzehnte später zur wirkungssicheren Parole.

Treitschke hatte mit seinem Aufsatz nicht nur eine heftige kulturpolitische Debatte erregt, er prägte darin auch das Schlagwort, das noch Jahrzehnte nach seinem Tod Judenfeindschaft in eine Formel brachte: „Bis in die Kreise der höchsten Bildung hinauf, unter Männern, die jeden Gedanken kirchlicher Unduldsamkeit oder nationalen Hochmuths mit Abscheu von sich weisen würden, ertönt es heute wie aus einem Munde: die Juden sind unser Unglück!"[4]

In der Debatte verhärteten sich naturgemäß die Fronten um Treitschke, der für sich in Anspruch nahm, ursprünglich nur die restlose Assimilation der Juden gefordert zu haben. Der Historiker konstatierte am Ende des Streits, „daß das Judentum in Deutschland sein Stammesbewußtsein so herausfordernd zur Schau trägt wie in keinem anderen großen Staate", und er kam zu dem Schluss, der für Judenfeinde allezeit am nächstliegenden ist, dass nämlich die Juden an den Ressentiments gegen die Minderheit selbst die Schuld trügen.

Pressekampagnen in der konservativen „Kreuzzeitung", aber auch in katholischen Blättern – gemeinsamer Feind war der politische Liberalismus – vertieften seit 1874/75, zur Zeit des Gründerkrachs, die judenfeindlichen Ressentiments. Im Februar 1879 war Wilhelm Marrs politisches Pamphlet „Der Sieg des Judenthums über das Germanenthum" erschienen, im Herbst 1879 wurde es schon in der 12. Auflage verkauft. Das Publikum lechzte offenbar nach antisemitischer Literatur.

Mit der Metapher der goldenen Ratten und roten Mäuse verunglimpfte Marr in einem Pamphlet die Arbeiterbewegung im gleichen Atemzug wie die Juden. Sein Fazit:

> „Von zwei Seiten wird also die Zerstörung der Gesellschaft betrieben: von Seiten der goldenen und rothen Internationale. Dort vom Standpunkt des krassesten Individualismus aus, hier vom mehr oder weniger bewußten kommunistischen Standpunkt. Das Judenthum hat die Führerschaft der goldenen Internationale übernommen und zwar mit solcher Virtuosität, daß auch der nicht jüdische Großkapitalismus von Jahr zu Jahr mehr vom jüdischen aufgesogen wird."[5]

Die Verbindung von „Kommunismus" und Judentum erwies sich als ebenso langlebig wie die Ratten-Assoziation. Man findet beides im nationalsozialis-

---

3 Vgl. dazu Zentrum für Antisemitismusforschung, Kontroverse.
4 Treitschke, Aussichten, 1 f.
5 Marr, Ratten, 29.

tischen Vokabular und die Ungeziefer-Metaphorik schließlich aufs äußerste strapaziert im antisemitischen Propagandafilm „Der ewige Jude“, der im November 1940 Premiere hatte, um das Publikum auf die mörderische „Endlösung“ der „Judenfrage“ einzustimmen.

Den Weg zur rassistischen Judenfeindschaft bereiteten Autoren wie Otto Glagau[6], der im auflagenstarken Wochenblatt „Die Gartenlaube“ die Juden als Verursacher der Wirtschaftskrise nach dem Gründerkrach von 1873 denunzierte („90 % der Gründer und Makler sind Juden“ behauptete er) und in polemischen Artikeln die Juden zu Sündenböcken für jedes aktuelle Ungemach stempelte. In der Attitüde des zu Unrecht Angegriffenen rechnete Glagau mit den Juden ab, in denen er den Liberalismus ebenso wie das Judentum zu Hauptfeinden des deutschen Volkes diffamierte: „Nicht länger dürfen falsche Toleranz und Sentimentalität, leidige Schwäche und Furcht uns Christen abhalten, gegen die Auswüchse, Ausschreitungen und Anmaßungen der Judenschaft vorzugehen.“[7]

Der Verfasser der Schmähschrift vom Sieg des Judentums über das Germanentum, Wilhelm Marr, bei dem sich der Begriff „Antisemitismus“ 1879 zum ersten Mal findet, war als Propagandist der neuen Lehre von der Judenfeindschaft eine zeittypische Erscheinung[8]. Mehr von Karrieretrieb und Geltungsdrang als von Überzeugungen geleitet, hatte der gelernte Kaufmann mehrere ideologische Wandlungen durchgemacht, vom liberal-demokratischen Publizisten, der öffentliche Missstände anprangerte tendierte er zum Kommunismus, betätigte sich als Anarchist in der Schweiz, gab in Hamburg ein satirisches Blatt heraus, agitierte erst als revolutionärer Republikaner, ab 1849 aber für Preußens Hegemonie. Nach Misserfolgen als Kaufmann in Costa Rica war er seit den 1860er Jahren wieder publizistisch und politisch in Deutschland aktiv, als Berufsagitator gründete er 1879 eine „Antisemiten-Liga“, deren Organ die „Deutsche Wacht“ er redigierte. Die Hetzschrift war freilich nicht von den erhofften persönlichen Erfolgen begleitet, 1890 zog Marr sich enttäuscht ins Privatleben zurück.

Die Wirkung der Schrift Wilhelm Marrs „Der Sieg des Judenthums über das Germanenthum“ beruhte einerseits auf dem Anspruch, kulturkritischer Essay zu sein, andererseits auf dem Gestus wissenschaftlicher Beweisführung, vor allem aber in der Attitüde, als „Bülletin einer verlorenen Schlacht den Sieg des Feindes ohne irgendwelche Beschönigung der geschlagenen Armee zu verkünden.“[9] Als Grundelement judenfeindlicher Propaganda ist – neben der charakteristischen Mischung von Aggression und Larmoyanz – die Technik von Unterstellung und Zurückweisung bei Marr zu finden, die bis zum heutigen Tag im antisemitischen Diskurs Anwendung findet. Zur Feststellung,

---

6 Vgl. WEILAND, Glagau.
7 GLAGAU, Gründungs-Schwindel, XXX.
8 Vgl. ZIMMERMANN, Marr; BERGMANN, Fatum.
9 MARR, Sieg, Vorwort.

Judenfeindschaft habe rationale Ursachen, sie sei Reflex auf Eigenschaften und Verhaltensweisen „der Juden“ (Marr bringt es auf die Formel „Scheu der Juden vor wirklicher Arbeit“ und ihre „gesetzlich vorgeschriebene Feindschaft gegen alle Nichtjuden“[10]) kommt die „Beweisführung“, dass Juden Machtpositionen in Politik, Kultur, Wirtschaft und Gesellschaft erobert hätten, um Einfluss geltend zu machen. Das Ziel der Juden „die Zersetzung des germanischen Staates zu Gunsten der jüdischen Interessen“ werde überall konsequent verfolgt[11]. Mit der Emanzipation sei „das Judentum“ in wesentliche Bereiche des öffentlichen Lebens – Vereine, Presse, Theater, Kunst – wie eine Sturmflut hineingeströmt und diktiere die öffentliche Meinung.

Besonderen Rang unter den Begründern der neuen Judenfeindschaft im letzten Drittel des 19. Jahrhunderts hatte der Orientalist Paul Anton de Lagarde. Er war zwar kein Rassist, hatte aber im Gegensatz zu den Privatgelehrten, gescheiterten Existenzen und Demagogen, die den Ton des fanatischen Judenhasses angaben, einen Lehrstuhl an der Universität Göttingen. Obwohl er sich gern als Außenseiter, als einsamen Propheten stilisierte, hatte er in der Wissenschaft wie in der Gesellschaft Einfluss. Streitbar und öffentlich präsent erregte er mit seinen „Deutschen Schriften“ Aufsehen. In dieser Aufsatzsammlung propagierte er eine nationale deutsche Religion, die alle sozialen und politischen Probleme der Zeit lösen sollte. Außenpolitisch empfahl Lagarde einen Krieg mit Russland und nahm damit das nationalsozialistische Lebensraum-Konzept vorweg. Lagarde polemisierte gleichermaßen gegen Katholiken, Liberale und Protestanten, am heftigsten aber gegen die Juden[12].

Er behauptete, sie bildeten einen „Staat im Staate“ und er spielte mit der Idee, sie zu vertreiben und am entlegenen Ort anzusiedeln – aus gegensätzlichen Motiven waren Palästina und Madagaskar im öffentlichen Gespräch der Zeit. Auch mit der Schmarotzermetaphorik, einem Kerngedanken der rassistischen Judenfeinde, wenngleich abweichend von ihnen aus religiösem Antrieb, bewegte sich Lagarde auf gängigen Wegen: „Jeder fremde Körper in einem lebendigen andern erzeugt Unbehagen, Krankheit, oft sogar Eiterung und den Tod [...] Die Juden sind als Juden in jedem europäischen Staate Fremde, und als Fremde nichts anderes als Träger der Verwesung.“[13]

Paul de Lagarde stand im Kontakt mit den Protagonisten des neuen Rassenantisemitismus. Theodor Fritsch und Houston Stewart Chamberlain beriefen sich auf den Göttinger Gelehrten. Auch mit dem katholischen Judenfeind August Rohling tauschte sich Lagarde aus. Die Aura des Universitätsprofessors stärkte die rassistische Bewegung, auch wenn er sich selbst vom Rassismus distanzierte. Lagarde lud den grassierenden Nationalismus theo-

10 Ebd, 6.
11 Ebd, 25.
12 Vgl. Paul, de Lagarde; Sieg, Prophet; Stern, Kulturpessimismus.
13 Lagarde, Religionsgesellschaften, 278, zitiert nach Sieg, Sakralisierung, 115.

logisch auf, verwies auf die philosophischen Traditionen des deutschen Idealismus und half mit seinem Judenhass der neuen Observanz des Antisemitismus zu Beachtung und Wirkung. In Österreich sympathisierte die Alldeutsche Bewegung Georg von Schönerers mit Lagardes Ideen. Nach seinem Tod reüssierte Lagarde zum Idol der Jugendbewegung, Lebensreformer erhoben den Zeit- und Kulturkritiker zum Vorkämpfer und nach dem Ersten Weltkrieg nahm ihn Alfred Rosenberg als Wegbereiter des Nationalsozialismus in Anspruch.

Mit der Behauptung, sich verteidigen zu müssen, wurde in Schriften wie dem anonymen Traktat „Der Mauscheljude" Antisemitismus popularisiert. Mit der Versicherung, es gehe nicht gegen die Juden generell, sondern lediglich gegen eine besondere Spezies, vor der die christlich-deutsche Bevölkerung geschützt werden müsse, werden angebliche Rasse-Eigenarten wie Wucher oder Abneigung gegen körperliche Arbeit angeprangert und mit Zitaten deutscher Geistesgrößen belegt. Zur Technik der Agitation gehört freilich die Gleichsetzung des „Mauscheljuden" mit dem „Durchschnittsjuden", Intention ist die Ausgrenzung der Juden durch Verweigerung der Emanzipation unter Schuldzuweisung an die Minderheit. Im allgemeinen Volksbewusstsein, so wird argumentiert, sei

> „sonnenklar, daß überhaupt alle in Deutschland lebenden Semiten dennoch keine Deutsche, sondern eben nur Semiten resp. Juden sind. Sollten sie Deutsche sein, wie wir deutschen Christen Deutsche sind, so müßten sie zuvor in dem deutschen Volksstamme aufgehen. Das wollen sie aber nicht, dagegen wehren sie sich von jeher mit Händen und Füßen. Daß sie zum neuen deutschen Reiche gehören, macht sie eben so wenig zu Deutschen, wie etwa die Polen dadurch Deutsche geworden sind, daß sie an die deutsche Reichskasse steuern."[14]

Der Berliner Hofprediger Adolf Stoecker, der sich seit 1878 als Gründer der „Christlich-Sozialen Arbeiterpartei" um die Heranführung von Arbeitern und Handwerkern an die bestehende Staatsordnung bemühte und hoffte, sie der Sozialdemokratie zu entfremden, instrumentalisierte „die Judenfrage" und hielt unter dem Druck seiner mittelständischen Anhänger am 19. September 1879 die erste von mehreren judenfeindlichen Reden, in denen er die antisemitischen Erwartungen seiner Zuhörer bediente, die ökonomischen und sozialen Wünsche und Ängste der von existentiellen Sorgen geplagten Kleinbürger aufgriff und mit Schuldzuweisungen an „die Juden" scheinbare Erklärungen und simple Lösungen für aktuelle Probleme anbot.

Der Theologe Stoecker[15] vermischte in seinen Reden und Predigten völkische, soziale und religiöse Argumente gegen die Juden. Im September 1879 hielt er einen Vortrag unter dem Motto „Unsere Forderungen an das moderne Judentum":

---

14 Mauscheljude, 5.

15 Vgl. Brakelmann / Greschat / Jochmann, Protestantismus; Koch, Stoecker.

„Fährt das moderne Judentum wie bisher fort, die Kapitalskraft wie die Macht der Presse zum Ruin der Nation zu verwenden, so ist eine Katastrophe zuletzt unausbleiblich. Israel muß den Anspruch aufgeben, der Herr Deutschlands werden zu wollen ... Die sozialen Uebelstände, welche das Judentum mit sich bringt, müssen auf dem Wege einer weisen Gesetzgebung geheilt werden."

Stoecker forderte für dieses Ziel u. a. die Wiedereinführung der konfessionellen Statistik, um Juden entsprechend ihrem Bevölkerungsanteil auszugrenzen, die Einschränkung der Zahl jüdischer Richter, die Entfernung der jüdischen Lehrer aus den Volksschulen und „zu dem allen Kräftigung des christlich-germanischen Geistes" als Mittel, „um dem Ueberwuchern des Judentums im germanischen Leben" entgegenzutreten[16]. In der konservativen Kreuzzeitung fasste Stoecker seine Abneigung zusammen: „Spätere Geschlechter, welche die jüdische Fremdherrschaft abgeschüttelt haben, werden sich die berechtigte Frage vorlegen, wie es zugehen konnte, daß ein großes Volk in großer Zeit unter einer starken Regierung so willig dies schmachvolle Joch auf seinem Nacken duldete."[17]

Die populistische Stoecker-Partei hatte, trotz des volkstribunenhaften Prestiges des Hofpredigers, wenig unmittelbaren Erfolg. Das Konzept, die Arbeitermassen mit Thron und Altar durch klerikal-judenfeindliche Agitation zu versöhnen, erwies sich als nicht tragfähig, wohl aber hinterließ die Politisierung des Christentums mit antisemitischen Parolen durch Stoecker deutliche Spuren in der evangelischen Kirche bis weit in das 20. Jahrhundert hinein[18].

Im Gefolge des Berliner Antisemitismusstreits erschienen auf bescheidenerem intellektuellen Niveau Schriften wie 1887 „Die Judenfrage als Frage der Racenschädlichkeit für Existenz, Sitte und Cultur der Völker" aus der Feder des Privatgelehrten Karl Eugen Dühring, der als Nationalökonom und Philosoph vor allem durch die Zurückweisung bekannt wurde, die er durch Friedrich Engels erfuhr. Dühring war, wie andere führende Judenfeinde, ein paranoider Einzelgänger, dessen Abneigungen gegen Sozialdemokratie, Juden und Liberale zu Wahnideen gesteigert waren. Als Theoretiker des modernen Antisemitismus erlangte er überragende Bedeutung, er propagierte die verschwörungstheoretische Vorstellung einer jüdischen Weltmacht und plädierte für die rigorose Ausgrenzung der Juden durch Nichtzulassung zum öffentlichen Dienst, für ihre Entfernung aus Justiz, Presse und öffentlichem Leben, und er wollte „Mischehen" verbieten – Maßnahmen, die fünf Jahrzehnte später von den Nationalsozialisten durchgeführt wurden[19].

Auch Dühring erklärte „die Judenfrage" zur sozialen Frage, und als Problem „von erster Ordnung, denn sie ist nicht blos eine Lebensfrage des auf-

16 Stoecker, Reden, 368 f.
17 Ebd, 483.
18 Vgl. Jochmann, Antisemitismus, 44 f.
19 Vgl. Jakubowski, Dühring; Schwarz, Paradigmen.

strebenden Arbeiterthums, sondern eine Existenzfrage der modernen Völker."[20] Glagau hatte schon vor ihm behauptet „die soziale Frage ist einfach die Judenfrage."[21] Stoecker hinter sich lassend, formulierte Dühring radikale Vorschläge zur „Lösung der Judenfrage" nach dem Motto, die „Verjudung der Völker und aller Verhältnisse ist die Tatsache, Entjudung die Aufgabe." Die Idee der Toleranz tat Dühring als banalen und kurzsichtigen Einwand ab, wenn er unter Verweis auf die angeblich nicht änderbare Nomadennatur der Juden erklärte, es gebe „gegen sie auch nur eine einzige Politik, nämlich die der äußerlichen Einschränkung, Einpferchung und Abschließung."[22] Sein Hass steigerte sich schließlich zur Tirade, die zur Tötung und Ausrottung der Juden aufrief.

Theodor Fritsch, Ingenieur und Inhaber eines mühlentechnischen Büros mit einem angeschlossenen Fachverlag, war ein anderer Vorkämpfer des modernen rassistisch und pseudowissenschaftlich argumentierenden Antisemitismus[23]. 1887 veröffentlichte er unter dem Pseudonym Thomas Frey einen „Catechismus für Antisemiten", der später unter seinem richtigen Namen mit dem Titel „Handbuch der Judenfrage" erschien und 1944 die 49. Auflage erreichte. Fritschs Antisemiten-Katechismus fasste als handliches Kompendium die landläufigen Vorurteile, Stereotypen und Klischees zusammen, mit denen Stimmung gegen Juden gemacht wurde. In der „Zusammenstellung des wichtigsten Materials zum Verständnis der Judenfrage", die durch die gedruckte Form scheinbare Beweiskraft erhielt, ist das „jüdische Sünden-Register" in Kurzform zur Wirkung gebracht:

> „Die Juden bilden unter dem Deckmantel der ‚Religion' in Wahrheit eine politische, sociale und geschäftliche Genossenschaft, die, im heimlichen Einverständnis unter sich, auf die Ausbeutung und Unterjochung der nichtjüdischen Völker hinarbeitet. [...] Die Juden aller Länder und aller Sprachen sind in diesem Ziele einig und arbeiten einander zu diesem Zwecke in die Hände. Deshalb ist es dem Juden auch unmöglich, in dem Lande, wo er sich zufällig aufhält, irgend einen ehrlichen Antheil an dem Schicksal seiner nichtjüdischen Landes-Genossen zu nehmen. Kurz: er kann niemals ehrlichen Patriotismus hegen; er fühlt sich immer und überall nur als Mitglied der ‚auserwählten' Nation Juda, und wenn er den Deutschen, Franzosen oder Engländer zu spielen sucht, so ist das meist nur wolberechnete Heuchelei. In seiner Sonder-Gemeinschaft sieht das Judenthum alle Nichtjuden als seine Feinde an, die es mit List und Verrath zu bekämpfen hat. Durch seine besonderen Sitten-Gesetze (Talmud und Schulchan aruch) betrachtet sich der Jude als außerhalb aller übrigen Gesetzes-Vorschriften stehend und hält

20 Dühring, Judenfrage, 153.
21 Glagau, Culturkampf, 282.
22 Ebd, 113 f.
23 Vgl. Albanis, Anleitung; Volland, Fritsch.

sich berechtigt, alle Landesgesetze zu übertreten – aber immer auf eine solche Art, daß ihm dieser Mißbrauch nicht nachgewiesen werden kann."[24]

Die Andeutungen über jüdisches Selbstverständnis, das angeblich auf religiöse Forderungen gestützt den Juden Feindschaft gegen Nichtjuden vorschreibt (wobei die Religion lediglich als Ausdruck „rassischen" Andersseins gewertet wird), sind so zählebig wie wirkungsvoll über den Kulminationspunkt im NS-Staat hinaus.

In seinem Mühlenverlag publizierte Theodor Fritsch neben Fachzeitschriften („Der deutsche Müller") antisemitische Pamphlete und Flugblätter in riesiger Zahl. Unter seinem Pseudonym Thomas Frey erschien etwa um 1892 „Das ABC der sozialen Frage", in dem die „Judenfrage" leicht fasslich erklärt wurde:

> „Die Juden sind nicht bloß durch ihre Religion von uns verschieden, sondern sie bilden zugleich eine besondere Nationalität und eine besondere Rasse. Sie stehen durch diese drei Eigenschaften (Religion, Nationalität und Rasse) in einem Gegensatze zu allen Völkern der Welt; sie nehmen diesen gegenüber eine Sonderstellung ein. Dieser Sonderstellung sind sich die Juden recht wohl bewußt, denn sie findet in ihren Gesetzbüchern (Mosaisches Gesetz und Talmud) ihren klaren Ausdruck, indem die Juden als das ‚auserwählte Volk' bezeichnet werden und sich dadurch eine Stellung über allen andern Völkern anmaßen. Die Juden beanspruchen deshalb allen anderen Völkern gegenüber Vorrechte. Sie halten sich für berechtigt, andere Völker zu beherrschen, sich deren Besitz anzueignen, sie zu unterjochen und sich dienstbar zu machen. Es heißt deshalb in den jüdischen Schriften: ‚Dir sollen alle Völker dienen' und ‚Du wirst alle Völker aufzehren, die ich in deine Hand geben werde'."[25]

Ab 1902 veröffentlichte Fritsch die „Hammerblätter für deutschen Sinn" als Organ des „wissenschaftlichen" Antisemitismus und als Zentrum der judenfeindlichen rechtsradikalen Sekte „Deutscher Hammerbund", die nach dem Ersten Weltkrieg in die Deutschvölkische Freiheitspartei und über diese in die NSDAP mündete. Theodor Fritsch war damit einer der wirkungsmächtigsten Protagonisten des modernen Antisemitismus, Ideengeber Hitlers und einer der Gründungsväter nationalsozialistischer Ideologie[26].

Houston Stewart Chamberlain, ein schriftstellernder Privatgelehrter mit umfassenden naturwissenschaftlichen Interessen, gebürtiger Engländer und naturalisierter Deutscher, durch psychosoziale Auffälligkeiten an einer akademischen oder militärischen Karriere gehindert, wurde durch seine 1899 veröffentlichte kulturhistorische Schrift „Die Grundlagen des 19. Jahrhunderts" berühmt. Das Buch, ein umfangreiches Konvolut rassistischer germanozentrischer Ideen, wurde von der Wissenschaft abgelehnt, faszinierte aber

---

24 Frey, Antisemiten-Katechismus, 14.

25 Frey, ABC, 9 f.

26 Vgl. Herzog, Zeitschrift.

das konservative Bürgertum und machte auf Kaiser Wilhelm II. großen Eindruck (ebenso auf Adolf Hitler)[27].

Chamberlains Buch wurde in Gymnasien gelesen, galt als philosophisch bedeutend. Im folgenden Beispiel kommt die Rassenphilosophie Chamberlains mit ihren Konsequenzen zum Ausdruck:

> „Als ob die gesamte Geschichte nicht da wäre, um uns zu zeigen, wie Persönlichkeit und Rasse auf das Engste zusammenhängen, wie die Art der Persönlichkeit durch die Art ihrer Rasse bestimmt wird und die Macht der Persönlichkeit an gewisse Bedingungen ihres Blutes geknüpft ist! Und als ob die wissenschaftliche Tier- und Pflanzenzüchtung uns nicht ein ungeheuer reiches und zuverlässiges Material böte, an dem wir sowohl die Bedingungen wie auch die Bedeutung von ‚Rasse' kennenlernen! Entstehen die sogenannten (und mit Recht so genannten), edlen' Tierrassen, die Zugpferde vom Limousin, die amerikanischen Traber, die irischen Renner, die unbedingt zuverlässigen Jagdhunde durch Zufall und Promiskuität (geschlechtliches Durcheinander)? Entstehen sie, indem man den Tieren Rechtsgleichheit gewährt, ihnen das selbe Futter vorwirft und über sie die nämliche Rute schwingt? Nein, sie entstehen durch geschlechtliche Zuchtwahl und durch strenge Reinhaltung der Rasse. Und zwar bieten uns die Pferde, namentlich aber die Hunde jede Gelegenheit zu der Beobachtung, daß die geistigen Gaben Hand in Hand mit den physischen gehen; im besonderen gilt dies von den moralischen Anlagen: ein Bastardhund ist nicht selten sehr klug, jedoch niemals zuverlässig, sittlich ist er stets ein Lump. Andauernde Promiskuität unter zwei hervorragenden Tierrassen führt ausnahmslos zur Vernichtung der hervorragenden Merkmale von beiden! Warum sollte die Menschheit eine Ausnahme bilden? [...] In Wahrheit sind die Menschenrassen, trotz des breiten, gemeinsamen Untergrundes, von einander in Bezug auf Charakter, auf Anlagen und vor Allem in Bezug auf den Grad der einzelnen Befähigungen so verschieden wie Windhund, Bulldogge, Pudel und Neufundländer."[28]

Die Autoren solcher Texte waren wie Chamberlain ohne Zweifel Schwarmgeister, Besessene, Fantasten. Vom Publikum wurden sie aber ernst genommen. In neurotischer Fixierung auf den Gegensatz zwischen der vermeintlichen „jüdischen" und der „arischen" Rasse arbeitete Chamberlain mit griffigen und gern aufgenommenen Stereotypen, wenn er z. B. den Juden verinnerlichte Religiosität absprach und einen übergroßen Einfluss der Juden in der modernen Welt phantasierte. Nicht weniger verhängnisvoll war der Einfluss seines von ihm verehrten und bewunderten Schwiegervaters Richard Wagner, der mit dem Renommee als Komponist, Musikdramatiker und Schriftsteller seine antisemitischen Überzeugungen transportierte, wie sie in Wagners ebenso wirkungsvollem wie irrationalem Aufsatz „Das Judentum in der Musik" (1850) zum Ausdruck gekommen waren. In der mitleidhei-

27 Vgl. Lobenstein-Reichmann, Geschichts-„philosophie".

28 Chamberlain, Grundlagen, 287 f.

schenden Haltung des von Juden Verfolgten hatte Wagner in seiner Schrift, die er knapp zwei Jahrzehnte später noch einmal in erweiterter Form als selbständiges Traktat mit noch größerem Erfolg publizierte, krude emotionale Judenfeindschaft artikuliert.

Die Emanzipationsdebatte sah Wagner als liberale Verirrung:

> „Bei allem Reden und Schreiben für Judenemanzipation fühlten wir uns bei wirklicher, tätiger Berührung mit Juden von diesen stets unwillkürlich abgestoßen. Hier treffen wir denn auf den Punkt, der unsrem Vorhaben uns näherbringt: wir haben uns das unwillkürlich Abstoßende, welches die Persönlichkeit und das Wesen der Juden für uns hat, zu erklären, um diese instinktmäßige Abneigung zu rechtfertigen, von welcher wir doch deutlich erkennen, daß sie stärker und überwiegender ist, als unser bewußter Eifer, dieser Abneigung uns zu entledigen. Noch jetzt belügen wir uns in dieser Beziehung nur absichtlich, wenn wir es für verpönt und unsittlich halten zu müssen glauben, unsren natürlichen Widerwillen gegen jüdisches Wesen öffentlich kundzugeben."[29]

Richard Wagners Schrift war argumentativ von äußerster Schlichtheit, sie ermunterte umso wirkungsvoller zur emotionalen Ablehnung alles Jüdischen, wozu die gängigen Stereotypen eingesetzt wurden. Wagners Pamphlet diente in erster Linie der Diffamierung jüdischer Konkurrenten des Bayreuther Meisters, es transportierte aber eine Grundüberzeugung des Antisemitismus, dass die Juden dominierenden Einfluss auf bestimmten Gebieten ausübten:

> „Der Jude, der an sich unfähig ist, weder durch seine äußere Erscheinung, noch durch seine Sprache, am allerwenigsten aber durch seinen Gesang, sich uns künstlerisch kundzugeben, hat nichtsdestoweniger es vermocht, in der verbreitetsten der modernen Kunstarten, der Musik, zur Beherrschung des öffentlichen Geschmackes zu gelangen."[30]

Die Faszination des Antisemiten Wagner und seines Bayreuther Kreises beschränkte sich nicht auf die gebildeten Zeitgenossen, sondern reichte, wie wiederum das Beispiel Hitlers zeigt, der Wagners Musik im Dritten Reich zu kultischen Ehren erhob, weit ins 20. Jahrhundert.

Dr. Ernst Henrici (1854–1915), von Beruf Lehrer, kam aus dem linksliberalen Lager. Er vertrat eine sozialreformerische Richtung des Antisemitismus und fand als Agitator Beifall bei öffentlichen Reden, die als Traktate gedruckt wurden, in denen er „die Judenfrage" thematisierte, um Ausnahmegesetze zu fordern. In einer Rede am 13. Januar 1880 sagte er: „Die Juden stehen in der Kultur so tief unter uns, daß wir unsere eigene Kultur vernichteten, wenn wir ihnen gleiche politische Rechte zugeständen." Der Angriff gegen das Judentum müsse auf drei Gebieten erfolgen: Die Juden müssten 1. gesellschaftlich kaltgestellt werden, 2. gelte es, die Macht des Großkapitals zu brechen und

29 WAGNER, Judentum, 10. Vgl. auch FISCHER, Wagners.
30 WAGNER, Judentum, 11.

3. dürften „die Juden nicht den geringsten Antheil an öffentlichen Aemtern haben, vom Parlament und der Armee müssten sie ausgeschlossen werden".[31]

Die Judenfeinde organisierten sich politisch am Ende des 19. Jahrhunderts. In Dresden existierte seit 1881 die „Deutsche Reformpartei". In Kassel wurde 1886 die „Deutsche Antisemitische Vereinigung" ins Leben gerufen, Protagonist war der Bibliothekar Otto Böckel. Er hatte Jura und Nationalökonomie studiert, sich mit Philologie beschäftigt und trieb vor allem volkskundliche Studien, sammelte Volkslieder und Beschreibungen bäuerlichen Lebens. Von 1887 bis 1903 saß Böckel für die „Deutsche Reformpartei" im Reichstag, er war Herausgeber der völkischen Zeitschriften „Reichsherold", „Volksrecht", „Volkskämpfer", und betätigte sich maßgeblich im „Deutschen Volks-Bund", der ab 1900 versuchte, „national gesinnte Männer" gegen die „erdrückende Übermacht" des Judentums zusammen zu schließen[32]. In seinen „Ansprachen an das deutsche Volk", die im Druck hohe Auflagen erreichten, suchte Böckel mit reichlich gebotenem Zitatenschatz die internationale Macht des Judentums, die „Unterwerfung der nichtjüdischen Wirtsvölker" zu beweisen:

> „Die Emancipation war eine Täuschung. Die irre geführten Völker nahmen als selbstverständlich an, daß das dankbare Israel nicht nur die Rechte, sondern auch die neuen Pflichten getreu erfüllen werde. Das Letztere ist nicht geschehen. Die Juden haben sich nicht auf alle Berufe verteilt, sondern sind nach wie vor den Geschäften treu geblieben, die sie vor der Emancipation betrieben. Sie meiden die Arbeit, suchen dafür desto eifriger leichten und reichen Gewinn."[33]

Der Nachweis der starken Vermehrung der Juden und die Steigerung ihrer Macht und ihres Einflusses lag Böckel besonders am Herzen:

> „Die Juden haben sich besonders stark auch durch Einwanderung vermehrt. Bekanntlich sitzen sie in großer Zahl in Polen, Litauen, Weiß- und Rotrußland, in Podolien und der Ukraine. Dort wohnt beinahe die Hälfte aller europäischen Juden. Hier befindet sich die große *vagina judaeorum,* aus welcher die übrigen Juden Europas Auffrischung und neuen Zuwachs erhalten. Stets in Bewegung, strömen diese polnischen Juden nach Rumänien, Oesterreich und Deutschland ein."

Das erinnert an aktuelle Kampagnen von Islamfeinden.
Böckels Fazit seiner Überfremdungsängste lautete:

> „So rückt die dunkle Masse der in Fanatismus und Schmutz verkommenen polnischen Juden unaufhaltsam von Osten nach Westen vor, eine Gefahr für unsere deutsche Kultur [...] Mit der steigenden Volkszahl und der Zunahme des Reich-

31 Henrici, Juden-Frage, 13.
32 Pfahl-Traughber, Antisemitismus.
33 Böckel, Juden, 1.

> tums wuchs der Drang der Juden nach der Herrschaft über die nichtjüdischen Wirtsvölker."[34]

Im Parlament erregte der Demagoge Hermann Ahlwardt das größte Aufsehen. Er saß als Parteiloser im Reichstag und tat sich als Radau-Antisemit besonders hervor. Durch hemmungslosen Populismus war Ahlwardt, den man auch „den stärksten Demagogen vor Hitler in Deutschland" genannt hatte, vorübergehend erfolgreich. Wegen Verleumdung und Erpressung gerichtsnotorisch und vielfach bestraft, als Volksschulrektor nach Unterschlagungen entlassen, verbreitete Ahlwardt als Verfasser zahlreicher Pamphlete rastlos und wirkungsvoll antisemitische Propaganda. 1892 in den Reichstag gewählt, hielt der fraktionslose Abgeordnete am 6. März 1895 eine Rede im Parlament, in der er (keineswegs ernst genommen, das Protokoll verzeichnet häufig „Heiterkeit, Zurufe, Unruhe, stürmische Heiterkeit") vergeblich für die Annahme eines Gesetzentwurfs plädierte, der den Zuzug von Juden nach Deutschland unterbinden sollte.

Ahlwardts Rede enthält alle zeitgenössischen ausgrenzenden Vorurteile gegen Juden:

> „Aber wenn man nun an unzähligen Beispielen bestimmte Rasseneigenthümlichkeiten feststellen kann und diese derart sind, daß ein gemeinsames Zusammenleben nicht möglich ist, nun, dann glaube ich, da wir hier doch eingeboren sind, den Boden urbar gemacht und gegen alle Feinde vertheidigt haben, daß es unsere Pflicht ist, gegen die Juden, die eben ganz anderer Natur sind, Stellung zu nehmen. Meine Herren, wir Germanen stehen auf dem Kulturboden der Arbeit; jeder von uns will schaffen für Andere und verlangt dafür, daß Andere für ihn schaffen [...] Die Juden stehen nicht auf dem Kulturboden der Arbeit, sie wollen nicht selbst Werthe schaffen, sondern sich ohne Arbeit die Werthe aneignen, die Andere geschaffen haben; das ist der Kardinalunterschied, der uns leitet bei allen unseren Erwägungen [...] Die Juden sind 700, 800 Jahre bei uns – sind die etwa auch Deutsche geworden? Haben die sich auf den Kulturboden der Arbeit gestellt? Sie haben nicht daran gedacht, sondern, wenn sie kamen, fingen sie an, zu schwindeln, und haben geschwindelt, solange sie in Deutschland waren [...] (H)ier liegt eben der nationale Unterschied: der Deutsche ist vertrauensselig von Hause aus, in seinem Herzen wohnt Treue und Vertrauen. Der Jude erwirbt sich dieses Vertrauen, und dann übt er im gegebenen Moment Verrath, dann wird der Deutsche ruiniert und arm gemacht."[35]

Die Popularität antisemitischer Argumentation kam exemplarisch im Borkum-Lied zum Ausdruck, das seit den 1890er Jahren Kurgästen auf der Nordsee-Insel im Hass auf die Juden stärkte. Vom lokalen Agitator, dem Pastor Ludwig Münchmeyer angefeuert, intonierte die Kurkapelle das Lied, das mit der Forderung endete: „Und wer dir naht mit platten Füßen/Mit Nasen krumm

34 Ebd, 5 f.
35 Stenographische Berichte über die Verhandlungen des Reichstags.

und Haaren kraus/Der soll nicht deinen Strand genießen/Der muss hinaus, der muss hinaus!"[36] Der Indolenz der kaiserlichen Behörden, die nichts gegen diese Hetze unternahmen folgten nach dem Ersten Weltkrieg neue rabiate Strophen. Verbotsversuche blieben weitgehend erfolglos. Pastor Münchmeyer, seines geistlichen Amtes schließlich enthoben, machte nach 1933 Karriere als Propagandaredner der NSDAP.

Der organisierte Antisemitismus war nach den Erfolgen in den 80er und 90er Jahren des 19. Jahrhunderts in Stagnation und Krise geraten. Im Kaiserreich hatte er zwar keinen politischen Einfluss erringen können, zum kulturellen Klima der Zeit hatte die neue Form der Judenfeindschaft aber einen kaum zu unterschätzenden Beitrag geleistet, und seine Agitation und Publizistik, die in die öffentliche Diskussion eingeführten Schlagworte und Postulate bildeten Keime, die schlummernd in der Erde lagen und nur auf günstige Bedingungen zu ihrer Entfaltung warteten.

Der moderne Antisemitismus war die völkische und chauvinistische Antwort auf die „Judenfrage", um die Emanzipation der Minderheit zu verhindern bzw. wieder rückgängig zu machen. Die Amalgamierung des neuen Antisemitismus als Rassendogma mit dem tradierten religiösen Antijudaismus bereitete nach dem Machterhalt der Nationalsozialisten den Weg zur Ausgrenzung auch in der evangelischen Kirche, der dann mit dem Eisenacher ‚Entjudungsinstitut' beschritten wurde.

Das Eisenacher ‚Entjudungsinstitut' war nicht die einzige Gründung einer Einrichtung, die dem Judenhass wissenschaftliches Flair und gesellschaftliche Relevanz attestieren sollte. 1934 war in Berlin das „Institut zum Studium der Judenfrage" als außeruniversitäre „Forschungseinrichtung" gegründet worden. Finanziert vom Reichpropagandaministerium, aber als unabhängig von staatlichen und politischen Interessen deklariert, arbeitete das Institut zunächst unter Leitung des Historikers und Theologen Wilhelm Ziegler, einem einflussreichen Beamten des Goebbels-Ministeriums. Die angeblich wissenschaftliche „Judenforschung" bestand in der Produktion von antijüdischen Schriften und einer Zeitschrift mit dem Titel „Mitteilungen über die Judenfrage". Zu Walter Franks „Reichsinstitut für Geschichte des neuen Deutschlands" gehörte seit 1936 eine „Forschungsabteilung Judenfrage", die als reich ausgestattete Dependance des Berliner Instituts in München residierte. Ihr konkurrierte in Frankfurt am Main seit 1941 unter dem Dach der „Hohen Schule der NSDAP" und dem Patronat des Chefideologen Alfred Rosenberg ein „Institut zur Erforschung der Judenfrage"[37].

Juden waren in Europa jahrhundertelang ausgegrenzt. Die religiöse Begründung ihrer Nichtteilhabe am Leben der Gesellschaft war längst mit ökonomischen und sozialen Motiven unterfüttert, als die „wissenschaftlich" auftretende Rassenideologie mit neuen und scheinbar definitiven Argumen-

36 Bajohr, Bäder-Antisemitismus.

37 Vgl. Heiber, Reichsinstitut; Rupnow, Judenforschung; Steinweis, Jew.

ten auf den Plan trat. Im Moment der Emanzipation, der 1871 in Deutschland spät erreichten und schon bald wieder verlorenen rechtlichen und politischen Gleichstellung der Juden im Deutschen Reich, hatte auch die neue Ausgrenzung schon wieder begonnen. Zwei Generationen lang, von 1871 bis 1933, waren die deutschen Juden vollberechtigte Bürger ihres Vaterlandes gewesen. Aber der Diskurs über die Lösung der Judenfrage war noch nicht zu Ende, als die Debatte über die „Endlösung der Judenfrage“ begann. Sie führte in die größte Katastrophe der deutschen Geschichte, zum Judenmord. Das Eisenacher Institut der evangelischen Kirchen hatte daran Anteil.

Quellen- und Literaturverzeichnis

ALBANIS, Elisabeth: Anleitung zum Hass. Theodor Fritschs antisemitisches Geschichtsbild. Vorbilder, Zusammensetzung und Verbreitung. In: Bergmann / Sieg, Geschichtsbilder, 167–192.

BAJOHR, Frank: „Unser Hotel ist judenfrei“. Bäder-Antisemitismus im 19. und 20. Jahrhundert. Frankfurt a. M. [3]2003.

BERGMANN, Werner: Ein „weltgeschichtliches ‚Fatum‘“. Wilhelm Marrs antisemitisches Geschichtsbild in seiner Schrift: „Der Sieg des Judenthums über das Germanenthum“. In: Ders. / Sieg, Geschichtsbilder, 61–82.

– / SIEG, Ulrich (Hg.): Antisemitische Geschichtsbilder. Essen 2009.

BÖCKEL, Otto: Nochmals: Die Juden – die Könige unserer Zeit. Eine neue Ansprache an das deutsche Volk. Berlin 1901.

BRAKELMANN, Günter / GRESCHAT, Martin / JOCHMANN, Werner: Protestantismus und Politik. Werk und Wirkung Adolf Stoeckers. Hamburg 1982.

CHAMBERLAIN, Houston Stewart: Die Grundlagen des 19. Jahrhunderts. München [14]1922.

DÜHRING, Eugen: Die Judenfrage als Racen-, Sitten- und Culturfrage. Mit einer weltgeschichtlichen Antwort. Karlsruhe / Leipzig [2]1881.

FERRARI ZUMBINI, Massimo: Die Wurzeln des Bösen. Gründerjahre des Antisemitismus: Von der Bismarckzeit zu Hitler. Frankfurt a. M. 2003.

FISCHER, Jens Malte: Richard Wagners „Das Judentum in der Musik“. Entstehung – Kontext – Wirkung. In: Dieter Borchmeyer / Ami Maayani / Susanne Vil (Hg.): Richard Wagner und die Juden. Stuttgart / Weimar 2000, 5–54.

FREY, Thomas [d. i. Theodor Fritsch]: Antisemiten-Katechismus. Eine Zusammenstellung des wichtigsten Materials zum Verständniß der Judenfrage. Zweite, vermehrte und verbesserte Aufl. Leipzig 1887.

–: Das ABC der Sozialen Frage. Leipzig 1892.

GLAGAU, Otto: Der Börsen- und Gründungs-Schwindel in Berlin. Gesammelte und stark vermehrte Artikel der „Gartenlaube“. Leipzig 1876.

–: Des Reiches Noth und der neue Culturkampf. Osnabrück 1879.

Heiber, Helmut: Walter Frank und sein Reichsinstitut für Geschichte des neuen Deutschlands. Stuttgart 1966.

Henrici, Ernst: Was ist der Kern der Juden-Frage? Vortrag, gehalten am 13. Januar 1880. Berlin 1881.

Herzog, Andreas: Theodor Fritschs Zeitschrift „Hammer" und der Aufbau des „Reichs-Hammerbundes" als Instrumente der antisemitischen völkischen Reformbewegung (1902–1914). In: Mark Lehmstedt / Andreas Herzog (Hg.): Das bewegte Buch. Buchwesen und soziale, nationale und kulturelle Bewegungen um 1900. Wiesbaden 1999, 153–182.

Jakubowski, Jeanette: Eugen Dühring. Antisemit, Antifeminist und Rassist. In: Barbara Danckwortt (Hg.): Historische Rassismusforschung. Ideologien, Täter, Opfer. Hamburg 1995, 70–90.

Jochmann, Werner: Antisemitismus im Deutschen Kaiserreich 1871–1914. In: Ders. (Hg.): Gesellschaftskrise und Judenfeindschaft in Deutschland 1870–1945. Hamburg 1988.

Koch, Grit: Adolf Stoecker 1835–1909. Ein Leben zwischen Politik und Kirche. Erlangen / Jena 1993.

Lagarde, Paul de: Die Stellung der Religionsgesellschaften im Staate. Deutsche Schriften. Göttingen 1920.

Lobenstein-Reichmann, Anja: Houston Stewart Chamberlains rassentheoretische Geschichts-„philosophie". In: Bergmann / Sieg, Geschichtsbilder, 139–166.

Marr, Wilhelm: Der Sieg des Judenthums über das Germanenthum. Vom nicht confessionellen Standpunkt aus betrachtet. Bern [3]1879.

–: Goldene Ratten und rothe Mäuse (Antisemitische Hefte 2). Chemnitz 1880.

Der Mauscheljude. Von einem deutschen Advokaten. Ein Volksbüchlein für deutsche Christen aller Bekenntnisse [anonym]. Paderborn 1879.

Paul, Ina Ulrike: Paul Anton de Lagarde. In: Uwe Puschner / Walter Schmitz / Justus Ulbricht (Hg.): Handbuch zur „Völkischen Bewegung". München 1996, 45–93.

Pfahl-Traughber, Armin: Antisemitismus, Populismus und Sozialprotest. Eine Fallstudie zur Agitation von Otto Böckel, dem ersten Antisemiten im Deutschen Reichstag. In: Aschkenas – Zeitschrift für Geschichte und Kultur der Juden 10 (2000), 389–415.

Rupnow, Dirk: Judenforschung im Dritten Reich. Wissenschaft zwischen Politik, Propaganda und Ideologie. Baden-Baden 2011.

Schwarz, Egon: Paradigmen eines „grenzenlosen" Antisemitismus. Dühring und Drumont im Vergleich. In: Renate Heuer / Ralph-Rainer Wuthenow (Hg.): Antisemitismus. Zionismus. Antizionismus 1850–1940. Frankfurt a. M. / New York 1997, 129–149.

Sieg, Ulrich: Deutschlands Prophet. Paul de Lagarde und die Ursprünge des modernen Antisemitismus. München 2007.

–: Die Sakralisierung der Nation: Paul de Lagardes „Deutsche Schriften". In: Bergmann / Sieg, Geschichtsbilder, 103–137.

Steinweis, Alan: Studying the Jew. Scholarly Antisemitism in Nazi Germany. Cambridge (Mass.) / London 2006.

Stenographische Berichte über die Verhandlungen des Reichstags. IX. Legislaturperiode, III. Session 1894/1895, Bd. 2, 53. Sitzung vom 6. 3. 1895, 1297 f. (http://www.reichstagsprotokolle.de/Blatt3_k9_bsb00018724_00437.html) [8. 3. 2021].

Stern, Fritz: Kulturpessimismus als politische Gefahr. Eine Analyse nationaler Ideologie in Deutschland. Stuttgart 2005 [Erstveröffentlichung 1961].

Stoecker, Adolf: Christlich-sozial. Reden und Aufsätze. Berlin ^{2}1890.

Treitschke, Heinrich von: Unsere Aussichten. In: Preußische Jahrbücher (November 1879).

–: Deutsche Kämpfe. Neue Folge. Schriften zur Tagespolitik. Leipzig 1896.

Volland, Alexander: Theodor Fritsch und „Der Hammer". Mainz 1994.

Wagner, Richard: Das Judentum in der Musik (1869). Hg. von Philipp Stauff. Weimar 1914.

Weiland, Daniela: Otto Glagau und „Der Kulturkämpfer". Zur Entstehung des modernen Antisemitismus im frühen Kaiserreich. Berlin 2004.

Zentrum für Antisemitismusforschung (Hg.): Der „Berliner Antisemitismusstreit". Die Kontroverse um die Zugehörigkeit der deutschen Juden zur Nation 1879–1881. Bearb. von Karsten Krieger. München 2003.

Zimmermann, Moshe: Wilhelm Marr. The Patriarch of Anti-Semitism. New York / Oxford 1986.

Zmarzlik, Hans-Günter: Der Sozialdarwinismus in Deutschland als geschichtliches Problem. In: Vierteljahrshefte für Zeitgeschichte 11 (1963), 246–273.

Thomas Martin Schneider

Die „Deutschen Christen“ und ihre ‚Rassentheologie‘

1. Zur Organisationsgeschichte: Der kometenhafte Aufstieg und Niedergang der „Deutschen Christen“ (DC) – zwischen Homogenität und Heterogenität

Die Entstehung und die Geschichte der deutsch-christlichen Bewegung sind untrennbar mit dem Nationalsozialismus verbunden[1]. DC-Mitglieder und -Anhänger waren zugleich mindestens NSDAP-Anhänger und -Wähler, wenn nicht gar NSDAP-Mitglieder oder Mitglieder einer der nationalsozialistischen Organisationen wie der SA. Die Gründer und führenden Persönlichkeiten der „Deutschen Christen“ waren durchweg Parteigenossen. Die DC verstanden sich als nationalsozialistische Kirchenpartei in der evangelischen Kirche, als die „SA Jesu Christi“, und wollten – und sollten – die evangelische Kirche mit dem zunächst ersehnten und dann verwirklichten nationalsozialistischen Staat gleichschalten, genauso, wie sich in vielen anderen gesellschaftlichen Segmenten nationalsozialistisch orientierte Gruppierungen formierten, die für ihren Bereich eine solche Gleichschaltung anstrebten. Deswegen wollte man der deutsch-christlichen Bewegung ursprünglich auch den Namen „Evangelische Nationalsozialisten“ geben. Das wurde allerdings von der Parteileitung, dem „Braunen Haus“ in München, verboten, weil man befürchtete, dass die NSDAP als eine dezidiert protestantische Partei wahrgenommen werden könnte, die für Katholiken nicht wählbar sei. Denn wegen ihrer völlig anderen, hierarchischen Kirchenstruktur schied die Möglichkeit, auch eine Kirchenpartei mit dem Namen „Katholische Nationalsozialisten“ zu gründen, von vornherein aus, zumal die deutschen katholischen Bischöfe vor 1933 vor den Nationalsozialisten ausdrücklich gewarnt hatten. Hinzu kam, dass die deutschen Katholiken mit der Zentrumspartei über eine dezidiert katholische politische Partei verfügten. Nach deren Auflösung verpflichteten sich die Katholiken im Reichskonkordat vom Juli 1933 zu (partei-)politischer Abstinenz, was einerseits künftig jegliches politisches Engagement im Grunde unmöglich machte, andererseits zumindest katholische Amtsträger davor bewahrte, NSDAP-Mitglieder zu werden. Die „Deutschen Christen“ waren insofern eine *homogene* Bewegung, als es sich dabei um evangelische Lan-

1 Zur Organisationsgeschichte der DC vgl. Meier, Christen; Faulenbach, Christen.

deskirchenmitglieder handelte, die zugleich politisch nationalsozialistisch gesinnt waren, Adolf Hitler als Führer verehrten und die Kirche gleichschalten wollten.

Nun gehört allerdings ein hohes Maß an Pluriformität geradezu zu den Wesensmerkmalen des Protestantismus. Deshalb kann es nicht verwundern, dass es sich bei näherer Betrachtung auch bei den „Deutschen Christen" durchaus zugleich um eine in sich *heterogene* Bewegung handelte. Selbst der Nationalsozialismus war ja keineswegs so homogen, wie er uns heute meistens erscheint[2]. Dies gilt insbesondere für die nationalsozialistische Religions- und Kirchenpolitik. Es gab durchaus eine Reihe prominenter Nationalsozialisten, die ihre kirchliche Bindung zumindest beibehielten, wie z. B. der Protestant Hermann Göring. Der Katholik Hitler warb zumindest anfänglich um die Gunst beider Kirchen und präsentierte sich als Hüter des christlichen Abendlandes, wenn auch vor allem aus taktischen und machtpolitischen Motiven, – Klaus Scholder prägte hierfür den Begriff „Vertrauensfeldzug"[3]. Demgegenüber intendierten die sogenannten weltanschaulichen Distanzierungskräfte um Alfred Rosenberg letztlich eine Ersetzung des Christentums durch eine germanische Blut- und Bodenreligion, verbunden mit Versatzstücken der mittelalterlichen christlichen Mystik Meister Eckharts[4]. Rosenberg war immerhin ab 1934 im Range eines Reichsministers für die gesamte weltanschauliche Erziehung und Schulung der Nationalsozialisten zuständig, gewissermaßen also deren „Chefideologe". Er hatte auch das nach Hitlers „Mein Kampf"[5] zweitwichtigste Buch der Nationalsozialisten verfasst: „Der Mythus des 20. Jahrhunderts"[6], in dessen Einleitung er allerdings vermerken musste, dass es sich um „*persönliche* Bekenntnisse, nicht Programmpunkte" der nationalsozialistischen Bewegung handele[7]. Die Ambivalenz der nationalsozialistischen Kirchenpolitik zeigte sich deutlich im Artikel 24 des NSDAP-Parteiprogramms von 1920 und dessen wechselhafter Rezeption[8]. Der Artikel lautete:

> „Wir fordern die Freiheit aller religiösen Bekenntnisse im Staat, soweit sie nicht dessen Bestand gefährden oder gegen das Sittlichkeits- und Moralgefühl der germanischen Rasse verstoßen. Die Partei als solche vertritt den Standpunkt eines positiven Christentums, ohne sich konfessionell an ein bestimmtes Bekenntnis zu binden. Sie bekämpft den jüdisch-materialistischen Geist in und außer uns und ist

2 Erwähnt sei hier der sogenannte „linke Flügel" der NSDAP um die Brüder Gregor und Otto Strasser, der bis zum sogenannten „Röhm-Putsch" im Sommer 1934 existierte und in der Partei zeitweilig durchaus einflussreich war.
3 Scholder, Kirchen, Bd. 1, 284.
4 Vgl. Baumgärtner, Weltanschauungskampf.
5 Hitler, Kampf.
6 Rosenberg, Mythus.
7 Ebd., 2 [Hervorhebung im Original].
8 Zum Folgenden vgl. Schneider, Barmen, 16–20.

> überzeugt, daß eine dauernde Genesung unseres Volkes nur erfolgen kann von innen heraus auf der Grundlage: Gemeinnutz vor Eigennutz."[9]

Vermutlich war dieser Artikel bewusst mehrdeutig formuliert worden. Man gab sich einerseits betont christlich („Standpunkt eines positiven Christentums"), andererseits neutral, indifferent, überkonfessionell („Freiheit aller religiösen Bekenntnisse"; „ohne sich konfessionell an ein bestimmtes Bekenntnis zu binden"). Schließlich machte man unmissverständlich klar, dass auch die Religion sich der nationalsozialistischen Weltanschauung, genauer der nationalsozialistischen Staatsräson und dem Rassengedanken bzw. dem „Sittlichkeits- und Moralgefühl der germanischen Rasse", unterzuordnen hatte und dass zumindest die jüdische Religion nicht nur gar nicht geduldet, sondern sogar aktiv „bekämpft" werden sollte. Viel Rätselraten verursachte der Begriff des „positiven Christentums". Wenn man etwa Rosenbergs „Mythus" liest, so war damit jedenfalls nicht die „negative" biblische Botschaft gemeint, dass der Sohn Gottes in der Bergpredigt Rechtsverzicht statt Rache predigte und sich schließlich ohne Gegenwehr am Kreuz für die Sünden der Menschen opfern ließ. Bezeichnend für Hitlers taktische Hinwendung zu den Kirchen im Rahmen seines „Vertrauensfeldzuges" war eine nicht unerhebliche Änderung des parteiamtlichen Kommentars zu Artikel 24 des Parteiprogramms. Hatte es in der Auflage von 1929 noch geheißen, man gehe davon aus, dass sich die Religion des deutschen Volkes langfristig in einer Weise weiterentwickeln werde, „wie es sein nordischer Blutsteil verlangt", und war dort in diesem Zusammenhang von der „Dreieinigkeit des Blutes, des Glaubens und des Staates" die Rede gewesen, so wandte man sich in der Auflage von 1931 ausdrücklich gegen alle Spekulationen über eine mögliche zukünftige Transformation der christlichen Religion und verbat es sich, „mit Wotanskultbestrebungen identifiziert zu werden"[10].

Die Ambivalenz der Nationalsozialisten in religions- und kirchenpolitischen Fragen spiegelte sich auch in der deutsch-christlichen Bewegung[11], die im Wesentlichen zwei recht unterschiedliche Wurzeln hatte, zum einen den radikaleren „Bund für Deutsche Kirche", auch „Deutschkirchler" genannt, denen es um eine Germanisierung des Christentums ging, zum anderen die gemäßigtere und auch kirchlichere „Christlich-Deutsche Bewegung", deren Ziel eine Christianisierung der nationalistischen Bewegungen war. Der Name „Deutsche Christen" tauchte zum ersten Mal in Thüringen auf. Hier traten bei den Kirchenwahlen Ende 1931 zwei junge Pfarrer, Siegfried Leffler und Julius Leutheuser, beide glühende NSDAP-Mitglieder, mit einer eigenen Liste mit dem Namen „Kirchenbewegung Deutsche Christen" an. Die Thüringer „Deutschen Christen" bildeten auch später noch sozusagen den harten – besonders radikalen – Kern der deutsch-christlichen Bewegung. Die Gründung

9 Zitiert nach: Hermle / Thierfelder, Dokumente, 31 f.
10 Zitiert nach: Meier, Kirche, 48.
11 Zum Folgenden vgl. Schneider, Barmen, 21–25.

der „Glaubensbewegung Deutsche Christen“ auf Reichsebene erfolgte erst im Jahre 1932, und zwar zunächst recht holprig. Sie geschah im Hinterzimmer des Berliner Lokals „Bettermann“. Der erste Reichsleiter, Hanno Konopath, musste wegen sittlicher Verfehlungen, die zu einem Parteiverfahren führten, nach kurzer Zeit wieder zurücktreten. Reichsleiter wurde schließlich der erst 33-jährige Berliner Pfarrer und ehemalige Front- und Freikorpskämpfer Joachim Hossenfelder. Schon 1929 war er der NSDAP beigetreten und hatte eine Aktionsgruppe nationalsozialistischer Pfarrer gegründet. Bei den preußischen Kirchenwahlen im November 1932 erlangten die „Deutschen Christen“, die mit dem „Evangelium im Dritten Reich“ über ein wöchentlich erscheinendes Publikationsorgan verfügten, gleichsam aus dem Stand heraus etwa ein Drittel der Sitze in den Gemeindekirchenräten. Hossenfelders Führungsposition war indes nicht unumstritten. In Gestalt des Königsberger Wehrkreispfarrers Ludwig Müller – Gründungsmitglied der „Deutschen Christen“ auf Reichsebene, Mitglied der Reichsleitung und ostpreußischer Provinzialleiter – erwuchs ihm schon bald ein hartnäckiger Konkurrent. Der als Heranwachsender noch von der ostwestfälischen Erweckungsbewegung geprägte und deren fromme Sprache beherrschende, 16 Jahre ältere Müller gab sich zu Anfang sehr viel moderater als der „Heißsporn“ Hossenfelder. Vor allem konnte Müller, ebenfalls ein glühender Parteigenosse, der erfolgreich unter den Offizieren der Reichswehr für die Nationalsozialisten geworben hatte, freilich durch seine persönliche Bekanntschaft mit Hitler punkten. Ausdruck des Konkurrenzkampfes zwischen Hossenfelder und Müller war, dass Hossenfelder nach der nationalsozialistischen Machtübernahme zwar Reichsleiter blieb, es aber hinnehmen musste, dass die Richtlinien der DC neu gefasst wurden und Müller im Mai 1933 zum „Schirmherrn“ der „Deutschen Christen“ ernannt und im September dann als DC-Reichsbischofskandidat an die Spitze der neu gegründeten Deutschen Evangelischen Kirche gewählt wurde. Dies wurde letztlich möglich durch den erdrutschartigen Sieg der „Deutschen Christen“ bei den allgemeinen Kirchenwahlen im Juli 1933, bei denen die DC durchschnittlich gut zwei Drittel der Sitze in den verschiedenen kirchlichen Gremien erlangten und in den allermeisten Landeskirchen die Macht übernehmen konnten. Zwar waren die Wahlen staatlich angeordnet worden und sicher nicht ganz frei – die Nationalsozialisten hatten die DC massiv unterstützt und konkurrierende Gruppierungen ebenso massiv behindert –, jedoch kann kein Zweifel daran bestehen, dass die DC damals über einen großen Rückhalt in der protestantischen Bevölkerung verfügten. Sie schwammen oben auf der Welle des vorherrschenden politischen Zeitgeistes. Dabei ist auch zu beachten, dass die Wahlerfolge der Nationalsozialisten im staatlichen Bereich vor und zu Beginn der NS-Herrschaft in protestantischen Bevölkerungskreisen überdurchschnittlich groß waren.

Angesichts ihres grandiosen Aufstiegs und durchschlagenden Erfolgs überrascht zunächst der rasante Niedergang und Zerfall der DC. Als Wendepunkt wird zu Recht allgemein die Sportpalastkundgebung des DC-Gaus

Groß-Berlin mit der Rede des Gauobmanns Reinhold Krause bezeichnet. Dessen radikale Forderungen und eine entsprechende – mit nur einer Gegenstimme angenommene – Entschließung der anwesenden ca. 20.000 DC-Mitglieder führten zu massenhaften Austritten aus der Glaubensbewegung „Deutsche Christen“ und zur Formierung der bekenntniskirchlichen Opposition. Reichsbischof Müller sah sich genötigt, sich von der DC-Kundgebung zu distanzieren und die DC-Schirmherrschaft niederzulegen. Damit verlor er allerdings auch seine kirchenpolitische Machtbasis, wobei hinzukam, dass die Nationalsozialisten sich jetzt offiziell auf einen religions- und kirchenpolitischen Neutralitätskurs zurückzogen und ihre offene Unterstützung für die DC und den Reichsbischof aufgaben. Rosenberg wiederum nahm Müllers Distanzierung von Krause zum Anlass, um aus der evangelischen Kirche auszutreten[12]. Auch Hossenfelder musste Ende 1933 als DC-Reichsleiter zurücktreten[13]. In der Folgezeit zersplitterte die DC-Bewegung in verschiedene kleinere Gruppierungen und erlangte nie wieder die Größe und Bedeutung, die sie im Sommer 1933 gehabt hatte. Das Schaubild zeigt diese Zersplitterung, auf die hier nicht im Einzelnen eingegangen werden kann.

Die Aufsplitterung entsprach im Großen und Ganzen den beiden unterschiedlichen Wurzeln der DC-Bewegung. Die radikaleren, von den „Deutschkirchlern“ beeinflussten und den Thüringer DC nahestehenden Gruppierungen erwiesen sich dabei als der deutlich dynamischere Teil, während der gemäßigtere Teil schon bald in der Bedeutungslosigkeit versank.

2. Zur Theologie

2.1 Das Desinteresse an Theologie und Bekenntnis und der Primat der Politik

Fragt man nach der Theologie der „Deutschen Christen“, so muss man zunächst eine weitgehende Indifferenz bzw. ein Desinteresse konstatieren. In der bereits 1933 veröffentlichten „Geschichte der Glaubensbewegung ‚Deutsche Christen‘“ von Arnold Dannenmann wird Friedrich Peter, der spätere DC-Bischof der Kirchenprovinz Sachsen, als einer der Vordenker der deutschchristlichen Bewegung vorgestellt und wie folgt zitiert:

> „Wir haben uns niemals Gedanken darüber gemacht, ob wir theologisch übereinstimmten. Wir haben uns niemals theologisch gegenseitig seziert. Das eine, das uns untrennbar verband, war das Ziel, auf das wir hinstrebten. Es gab uns eine machtvolle Verbindung zur Tat. Jede uferlose theologische Durchsiebung war uns

12 Vgl. SCHNEIDER, Reichsbischof, 166.
13 Vgl. EBD., 170.

Zur Organisationsgeschichte der „Deutschen Christen" (DC)

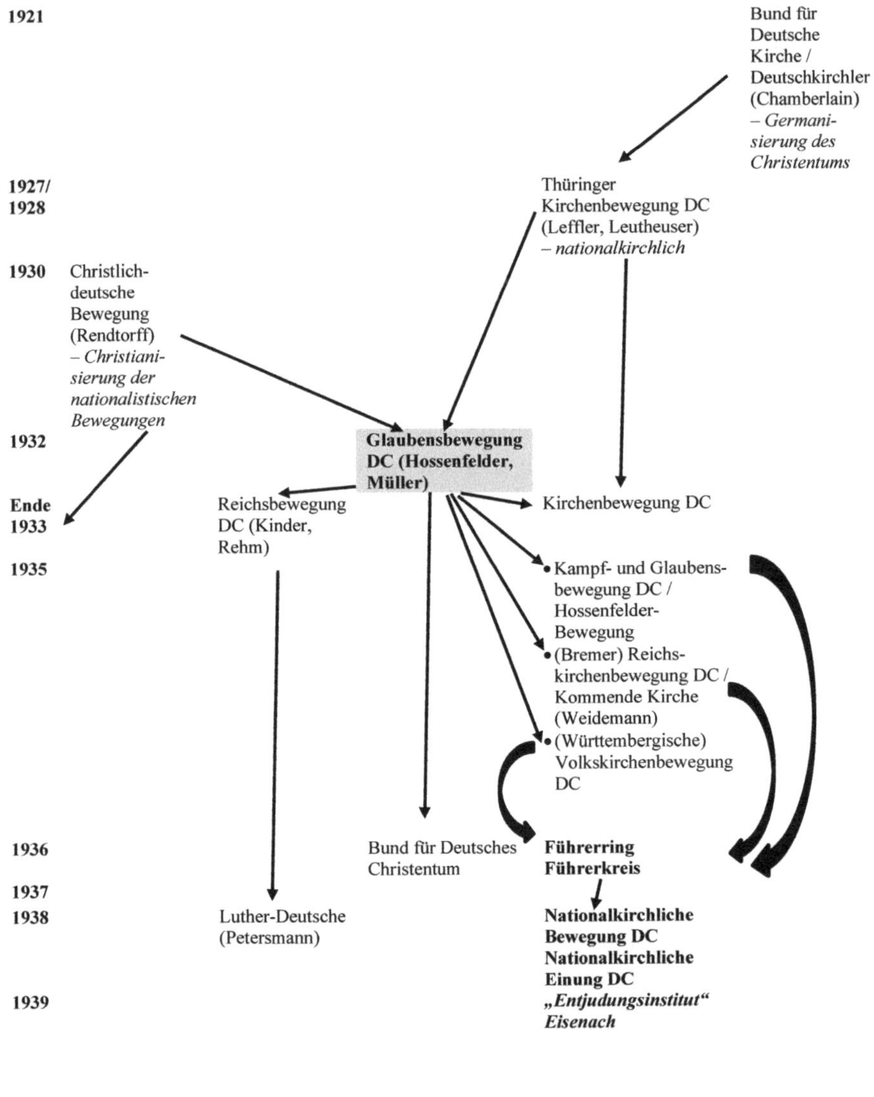

ein Verbrechen an der gleichgefühlten Aufgabe. Es war ein Gerufensein zum gleichen Tun. Es war eine Einheit im Geist."[14]

Das untrennbar Verbindende und das Ziel bzw. die Aufgabe waren aber nun für Peter nichts anderes als die gemeinsame *politische* nationalsozialistische Überzeugung und die Förderung des Nationalsozialismus. Dementsprechend wird auch betont, dass Peter „längst schon Nationalsozialist" gewesen sei, bevor er sich in der Glaubensbewegung „Deutsche Christen" engagiert habe[15]. Dementsprechend wird weiterhin hervorgehoben, dass die Zugehörigkeit oder Nicht-Zugehörigkeit zu einer der traditionellen theologischen Strömungen, die sich seit dem 19. Jahrhundert herausgebildet hatten – nämlich „liberal", „positiv" bzw. „konservativ" und „Mittelpartei" bzw. Vermittlungstheologie – eine „sekundäre Frage" gewesen sei, die „überhaupt nicht zur Debatte" gestanden habe[16]. Und dementsprechend wird schließlich mit Nachdruck – und auch drucktechnisch besonders hervorgehoben – „auf das schärfste darauf hingewiesen [...], daß *niemals ein Antasten des Bekenntnisses der Kirche und der Gesamtheit des Evangeliums für die Deutschen Christen in Frage komme.* Mochte solch ein Ansuchen auch kommen[,] von woher es immer wollte."[17]

Gerade diesen letzten Punkt haben bekenntniskirchliche Theologen aufgegriffen und sehr klarsichtig kommentiert. Hans Asmussen, einer der Väter der Barmer Theologischen Erklärung von 1934, schrieb schon im Jahre 1933 in ausdrücklichem Gegensatz zu den DC, in einer lebendigen Kirche könne es kein „unangetastetes" Bekenntnis geben, vielmehr müsse das Bekenntnis ständig „akut" sein[18]. Ganz ähnlich argumentierte später auch Georg Merz als einflussreicher Theologe des lutherischen Flügels der Bekennenden Kirche. Auf dem Lutherischen Tag in Hannover 1935 führte er aus: Auch wenn die „Deutschen Christen" beteuerten, dass sie die Bekenntnisse „unangetastet" ließen, so seien die DC dennoch zu verwerfen, da sie sich in ihrem „kirchlichen Handeln von anderen Rücksichten und außerkirchlichen Einflüssen bestimmen" ließen[19]. Merz erläuterte: „Nicht ‚unangetastet' sollen wir das Bekenntnis lassen, wir sollen das Bekenntnis vielmehr angreifen, damit wir von ihm ergriffen werden."[20] Nicht von ungefähr formierten sich die den DC gegenüber oppositionellen Kräfte in der evangelischen Kirche als „Bekenntnisfront", „Bekennende Kirche" bzw. „Bekenntniskirche".

Dass das traditionelle christliche Bekenntnis längerfristig im Grunde bedeutungslos für viele „Deutsche Christen" wurde, zeigte sich etwa bei

14 Dannenmann, Geschichte, 26 f.
15 Ebd., 25.
16 Ebd., 27.
17 Ebd., 30 [Hervorhebung im Original].
18 Asmussen, Bekenntnis, 23; zitiert nach Reese, Bekenntnis, 158 f.
19 Zitiert nach Stoll, Tag, 47.
20 Zitiert nach ebd., 45. Vgl. auch Schneider, Zeitgeist, 114.

Reichsbischof Müller, der sich spätestens seit seiner faktischen Entmachtung Ende 1934 / Anfang 1935 immer stärker radikalisierte. Hatte er 1933 und Anfang 1934 noch stets beteuert, dass er „darüber wachen“ werde, „daß die Bekenntnisse [...] unangetastet bleiben“[21], und etwa die radikalen Forderungen Krauses auf der Berliner DC-Sportpalastkundgebung als einen „unerträgliche[n] Angriff auf das Bekenntnis der Kirche“ gebrandmarkt[22], so schrieb er 1938 in seinem Buch „Was heißt positives Christentum?“, in dem er das Schlagwort aus dem NSDAP-Parteiprogramm aufgriff und mit Inhalt zu füllen versuchte:

> „Was heißt überhaupt: ‚Bekenntnis‘? Ist das ein Bekenntnis, wenn ich mit den Lippen die Worte des Apostolikums ausspreche? Ist das ein Bekenntnis, wenn ich von den kirchlichen Dogmen und Lehren sage, daß ich sie ‚für wahr‘ halte? ‚Christus bekennen‘ heißt doch nicht über Christus etwas aussagen; sondern es kann doch nur bedeuten: das tun, was Christus verlangt hat. Ein ‚positives Christentum‘ bekennen, kann niemals bedeuten, formulierte Worte ersinnen und aussprechen; es gibt nur ein einziges wirkliches Gott- und Christusbekenntnis, das unser Volk, in seiner einfachen Art zu denken und zu sprechen, etwa so zum Ausdruck bringt: ‚Ein anständiges und ordentliches Leben führen, gern und fröhlich treue Arbeit leisten, seine Pflicht tun für Volk und Vaterland und im kindlichen Gottvertrauen mit der *Tat* Christ sein.‘ Das ist deutsche Frömmigkeit.
>
> Ob die neue deutsche Kirche ein neues Glaubensbekenntnis haben muß, ob neue Dogmen und Lehrsätze formuliert und zum Fundament der Kirche gemacht werden müssen, können wir getrost der weiteren Entwicklung überlassen. Was heißt schließlich ‚Dogma‘? Ist nicht das Parteiprogramm auch eine Art Dogma und sind seine einzelnen Punkte nicht auch gewissermaßen Lehrsätze?“[23]

Es war nur konsequent, wenn Müller wenige Jahre später entschlossen war, aus der Kirche, an deren Spitze er noch formell stehe, auszutreten, weil er „die Lehre dieser Kirche nicht mehr vertreten“ könne – so in einem handschriftlichen Brief an Hitler vom Juli 1941; Hitler ließ Müller dann freilich mitteilen, er solle diesen Schritt nicht vollziehen[24].

Bereits 1935 plädierte Leffler, dessen radikale Thüringer DC, wie schon bemerkt, sich zur eigentlichen dynamischen Kraft der deutsch-christlichen Bewegung entwickelten, in einem Buch mit dem Titel „Christus im Dritten Reich der Deutschen“ im Grunde für eine konsequente Historisierung von Bibel und Bekenntnissen. Das Wort des „heilige[n] Geist[es]“, des „Gott[es] des ewigen Lebens“, so Leffler, habe „einst [sic!] in Bibel und Bekenntnissen einen formalen Niederschlag von normativem Charakter“ gefunden. Dieses

21 Zitiert nach SCHNEIDER, Reichsbischof, 153 f.

22 Zitiert nach EBD., 165.

23 MÜLLER, Christentum, 95 f.

24 Vgl. SCHNEIDER, Reichsbischof, 240 f. (Dort findet sich auch ein Faksimile des Schreibens Müllers.)

Wort müsse „aber auch heute bekannt werden“ und da gebe es „keine fertigen Abschlüsse. Da geht die Kirchengeschichte weiter.“[25] Die Kirche müsse sich „als Gesamtheit mit der Frage beschäftigen: Was hat uns das neue Deutschland zu sagen [...]?“[26] Weil die „‚Weltanschauung der Bibel‘ [...] in der modernen Welt ihre Anerkennung“ verloren und „durch die Wissenschaft Risse und Lücken bekommen“ habe, erreiche die Kirche allenfalls noch Alte und Frauen, nicht aber mehr etwa „die dreißig- und vierzigjährigen Männer“, die er ganz offensichtlich als die eigentlichen und zukunftsgestaltenden Leistungsträger der Kirche und der Gesellschaft bzw. der Volksgemeinschaft ansah, wenn er sie in engem Zusammenhang mit den „tapferen“ und „heroischen Naturen“ vergangener Epochen der Kirchengeschichte erwähnte. Bemerkenswert ist nun, was nach Lefflers Analyse für die für die Volksgemeinschaft so unentbehrlichen ‚Männer in den besten Jahren‘[27] an die Stelle der veralteten „Weltanschauung der Bibel“ trat: „Die Religion der Männer war und wurde die Politik“[28]. Beide, Müller wie Leffler, konnten dem Bekenntnis übrigens durchaus noch – aber eben auch nur noch – einen gewissermaßen musealen Wert zuerkennen, da es den Vorfahren wertvoll und heilig gewesen sei[29].

Der 2018 verstorbene Wuppertaler Historiker Günther van Norden meinte, weite Teile der DC und der Bekennenden Kirche hätten sich bekenntnismäßig und theologisch eigentlich kaum voneinander unterschieden[30]. Das mag in gewisser Weise formal durchaus zutreffen, aber es fragt sich, welche Relevanz Theologie und Bekenntnis bei den „Deutschen Christen“ überhaupt noch hatten. Der Kirchenhistoriker Hans-Joachim Sonne stellte bereits 1982 als generelles Merkmal deutsch-christlichen Denkens heraus, dass es sich auszeichne durch „sprachliche Maßlosigkeit, begriffliche Verschwommenheit sowie doppelbödige Argumentation und theologische Unbekümmertheit“, „Mangel an logischer Durchdringung“, Eklektizismus, „unoriginelle[...] Zusammenstückung von Äußerungen und deren problematische[...] Inanspruchnahme für eigene Überzeugungen“: „Aus dem Gut vermeintlicher

25 Leffler, Christus, 103.

26 Ebd., 107.

27 Dass die DC eine ganz überwiegend männliche Organisation waren, wie etwa Manfred Gailus es herausstellte (Gailus, Täter, 20), traf sicher zu, jedoch galt das wohl auch für die Bekennende Kirche. Unter den 139 Synodalen der Barmer Reichsbekenntnissynode 1934 war etwa nur eine einzige Frau. Andererseits hörten dem faktisch entmachteten DC-Reichsbischof bei seinen Vortragsrundreisen nach zeitgenössischen Berichten überwiegend Frauen zu (vgl. Schneider, Reichsbischof, 249).

28 Leffler, Christus, 109.

29 So schrieb etwa Müller: „Wiederum ist es nicht recht und nicht richtig, das Glaubensbekenntnis zu belächeln und mit überheblicher Geste abzutun. Ich für meine Person könnte das schon deshalb nicht, weil ich nur daran zu denken brauche, daß meinen Voreltern und ganz besonders meiner Mutter dieses Glaubensbekenntnis etwas Heiliges war“ (Müller, Christentum, 94). Ganz ähnlich auch Leffler, Christus, 103.

30 Vgl. Norden, Wort, 243.

Gewährspersonen werden Ideensplitter unreflektiert herausgesucht, passend gemacht und in die eigenen Ausführungen eingestreut."[31] Kennzeichnend für die Thüringer DC war nach Sonne u. a. deren „Toleranzfanatismus": Eine nahezu grenzenlose Beliebigkeit in religiösen Fragen – bis hin etwa zur Akzeptanz nicht-trinitarisch vollzogener Taufen – kontrastierte danach mit äußerster Intoleranz auf politischem Gebiet[32].

2.2 Die DC als moderne Bewegung mit konservativen Zügen

Man wird die DC-Bewegung nicht verstehen, wenn man sie – wie aus heutiger Perspektive verständlich – nur als eine rückwärtsgewandte, restaurative Strömung wahrnimmt. Zumindest nach ihrem Selbstverständnis handelte es sich im Gegenteil um eine fortschrittliche, moderne Strömung und sie wurde auch von außenstehenden Zeitgenossen, insbesondere auch von den Vertretern der Bekennenden Kirche, so gesehen. Dabei ist zu berücksichtigen, dass dem Nationalsozialismus insgesamt zweifellos Modernitätsimpulse zu eigen waren – was man genau darunter versteht, ist natürlich dem Wechsel der jeweils vorherrschenden Mode unterworfen. Der Historiker Hans-Ulrich Thamer etwa sprach sogar von einem „außerordentlichen Modernisierungsschub", den das NS-Regime – neben dem gleichzeitigen Rückgriff „auf traditionelle Muster" – gebracht habe[33].

Die Modernitätsimpulse der DC verbanden sich mit ihrem volksmissionarischen Anliegen. Sie erkannten – und litten darunter –, dass der christliche Glaube in der Bevölkerung an Zustimmung verlor und die Kirchlichkeit insbesondere im deutschen Protestantismus massiv zurückging. Gegen diesen Trend wollten sie die evangelische Kirche erneuern und gegenwarts- und zukunftstauglich machen. Selbst der württembergische Landesbischof und erste EKD-Ratsvorsitzende nach 1945, Theophil Wurm, ein führender Mann der Bekennenden Kirche, unterstützte 1933 zunächst den DC-Reichsbischofskandidaten Ludwig Müller, weil er nach eigener Aussage der Überzeugung war, „daß die evangelische Kirche nicht wieder wie in den neunziger Jahren [des 19. Jahrhunderts] eine starke Volksbewegung [damals die Arbeiterbewegung, nun die nationalsozialistische Bewegung] zurückstoßen sollte"[34].

Die dezidiert gegen die DC gerichtete Barmer Theologische Erklärung wurde von der Reichsbekenntnissynode ausdrücklich „im Zusammenhang mit dem Vortrag von Pastor Hans Asmussen" angenommen[35]. In diesem

31 Sonne, Theologie, 10.
32 Ebd., 64–70.
33 Thamer, Verführung, 374.
34 Wurm, Erinnerungen, 88.
35 Zitiert nach: KJ 1933–1944², 70.

Vortrag hatte Asmussen betont, dass man Protest erhebe „gegen dieselbe Erscheinung, die seit mehr als 200 Jahren die Verwüstung der Kirche schon langsam vorbereitet hat"[36] – und damit stellte er zweifellos die „Deutschen Christen" in eine Reihe mit der Aufklärungstheologie, dem Rationalismus und der liberalen Theologie. Ganz dem entsprechend, hatte Karl Barth bereits im Juni 1933 die „fatale [...] Theologie des 19. Jahrhunderts" für den „theologische[n] Modernismus [sic!] bei den ‚Deutschen Christen'" verantwortlich gemacht[37]. Der Bonner Systematiker Martin Honecker hat die Barmer Erklärung dementsprechend zu Recht „als antimodernistische Absage" an „den sogenannten Kultur- und Neuprotestantismus, die Theologie seit der Aufklärung" bezeichnet[38].

In seiner schon erwähnten Sportpalastrede vom November 1933 hielt der Berliner DC-Obmann Krause ein leidenschaftliches Plädoyer für eine völlige Anpassung der christlichen Lehre an die nationalsozialistische Ideologie[39]. Gewissermaßen um Platz für diese Ideologie zu schaffen, forderte er zunächst eine gründliche Reinigung von Gottesdienst, Bekenntnis und Bibel. Das Neue Testament etwa müsse von allen „offenbar entstellten und abergläubischen Berichten" befreit, das Alte Testament sogar gänzlich abgeschafft bzw. durch deutsche Mythen und Märchen ersetzt werden. Es gelte, sich wieder zurückzubesinnen auf die „reine Jesuslehre" bzw. „das Wesentliche der Jesuslehre". In der im Anschluss an die Rede angenommen „Entschließung" war von der „Verkündigung der von aller orientalischen Entstellung gereinigten schlichten Frohbotschaft" die Rede sowie von einem Christentum, in dem sich der Mensch „als Gotteskind dem Göttlichen in sich [...] verpflichtet fühlt". Der „einzige wirkliche Gottesdienst" sei, so hieß es abschließend, „der Dienst" an den Mitmenschen, den „Volksgenossen"[40].

Es ist kaum zweifelhaft, dass solche Thesen bei zahlreichen Zeitgenossen Reminiszenzen an liberale und kulturprotestantische Forderungen und Schlagworte hervorriefen. Erinnert sei in diesem Zusammenhang etwa nur an den durch Friedrich Delitzsch ausgelösten „Babel-Bibel-Streit" und Delitzschs späteres Plädoyer für ein Ausscheiden des Alten Testaments aus dem kirchlichen Gebrauch[41] oder auch an Adolf von Harnacks Unterscheidung von „Kern und Schale" bei der Suche nach dem „Wesen" bzw. „Wesentlichen" des

36 Zitiert nach: NICOLAISEN, Weg, 123.

37 BARTH, Existenz, 33.

38 HONECKER, Erklärung, 15. Dagegen hat van Norden die These vertreten, in der Barmer Theologischen Erklärung sei ein „Modernisierungsimpuls [...] angelegt" (NORDEN, Wort, 267). Allerdings räumt auch van Norden ein, dass „viele Bekenntnischristen in den nationalsozialistischen Deutschen Christen die Erben der liberalen kulturprotestantischen Häresie" gesehen hätten (EBD., 87).

39 Zu diesem und den folgenden Abschnitten vgl. SCHNEIDER, Umbrüche, 22–24.

40 Zu Krauses Rede vgl. u. a. SCHOLDER, Kirchen, Bd. 1, 704 f. Danach auch die Zitate.

41 Vgl. LEHMANN, Delitzsch.

Christentums[42], das er nicht in der Christologie, sondern in der schlichten Botschaft des Mannes aus Nazareth zu erkennen meinte, die er wiederum mit den Gedanken „Gott und die Seele, [...] die Seele und ihr[...] Gott“[43], des „inwendig“ in uns vorhandenen „Gottesreich[es]“[44] sowie der „Gotteskindschaft“[45] zusammenfasste. Jesus habe, so Harnack, „in der Übung der Nächstenliebe [...] die eigentliche Bethätigung der Religion erkannt“[46].

In seinen 1967/68 verfassten Memoiren, in denen er sich immer noch nahezu distanzlos zu seinen Positionen und Entscheidungen in der NS-Zeit bekannte, äußerte sich Krause noch einmal zu seinen Motiven: Es sei ihm um „die geistige Befreiung aus der engen Dogmatik mittelalterlicher Prägung“ gegangen, um „die Freiheit, die Türen zu einer wirklichen deutschen Volkskirche – uneingeschränkt durch erstarrte Dogmen – jedem Gläubigen weit zu öffnen.“ Das Dogma könne er „nicht als Richtschnur“ rechten Glaubens ansehen. Von „der herrschenden Orthodoxie“ seien solche Auffassungen stets „fanatisch bekämpft“ worden[47]. Mit solchen Formulierungen stellte sich auch Krause selbst in die aufklärerisch-liberale Traditionslinie, die ja auch eine dialektische Angelegenheit ist[48].

Um es deutlich zu sagen: Es wäre natürlich viel zu undifferenziert zu behaupten, Delitzsch oder Harnack oder die liberale Theologie als ganze seien schlicht Wegbereiter der „Deutschen Christen“ gewesen. Es gab unter denen, die frühzeitig vor den Nationalsozialisten warnten, durchaus eine Reihe von liberalen Theologen, wie z. B. den Kieler Praktischen Theologen Otto Baumgarten[49]. Aber es spricht manches dafür, dass die liberalen Anliegen von den „deutsch-christlichen“ nicht nur absorbiert und zerstört, sondern zumindest teilweise auch positiv aufgenommen und aufbewahrt wurden, dass sie also – in der dreifachen Bedeutung des Wortes – „aufgehoben“ wurden. Es ist symptomatisch, dass die beiden aus Bayern stammenden Begründer der radikalen Thüringer DC, Leffler und Leutheuser, 1927 als Pfarramtskandidaten mit ihrer konservativ-lutherischen Heimatkirche in Konflikt geraten und in die als liberal geltende thüringische Landeskirche gewechselt waren[50].

Wenn es überhaupt einen zentralen theologischen Leitgedanken bei den „Deutschen Christen“ gab, dann war es die sogenannte „Volksnomoslehre“[51]. Danach eignet jedem Volk ein artspezifisches Gesetz, das als die zentrale

42 Harnack, Wesen, 60.
43 Ebd., 91.
44 Ebd., 94.
45 Ebd., 96.
46 Ebd., 105.
47 Die Lebenserinnerungen Krauses sind auszugsweise abgedruckt in Kühl-Freudenstein, Religionspädagogik, 215–223, Zitate 222 f.
48 Vgl. Adorno / Horkheimer, Dialektik.
49 Vgl. Baumgarten, Kreuz.
50 Vgl. Arnhold, Entjudung, Bd. 1, 49–54.
51 Vgl. hierzu Tilgner, Volksnomostheologie; Schneider, Volksnomostheologie.

Gottesoffenbarung qualifiziert und durch den charismatischen Führer des Volkes gleichsam personifiziert und proklamiert wird. Die Volksnomoslehre wies manche Berührungspunkte mit herkömmlichen theologischen Vorstellungen von den Schöpfungsordnungen Gottes auf, wie sie etwa die lutherischen Erlanger Theologen Werner Elert und Paul Althaus vertraten, die, obgleich keine „Deutschen Christen“, zeitweilig mit den Nationalsozialisten sympathisierten[52]. Als eine solche Schöpfungsordnung Gottes wurde vor allem das Vorhandensein verschiedener Völker und Rassen angesehen; eine Vermischung der Völker wurde als ein Verstoß gegen Gottes gute Ordnung verurteilt. Da man das Judentum in erster Linie als eine ethnische Größe begriff, forderten die DC konsequenterweise die Einführung und strenge Durchführung des sogenannten Arierparagraphen auch im Bereich der Kirche, also die Entlassung von als „nicht-arisch“ geltenden Amtsträgern, später auch den Ausschluss von „nicht-arischen“ Christinnen und Christen aus der Kirche. Barth hat zweifellos etwas Richtiges gesehen, wenn er bei seiner theologischen Kritik der DC bei der Schöpfungsordnungstheologie ansetzte. Es ist freilich umstritten, ob durch die Volksnomoslehre die gesamte jahrhundertealte Tradition der natürlichen Theologie bzw. der revelatio generalis, die sich keineswegs nur im Luthertum, sondern auch im Katholizismus und im Reformiertentum findet, desavouiert war. Der zum Kreisauer Kreis und zum Widerstand des 20. Juli 1944 gehörende Theologe Eugen Gerstenmaier etwa hat die natürliche Theologie vehement gegen Barth verteidigt[53]. Und der Erlanger Kirchenhistoriker Hanns Christof Brennecke hat 2017 herausgestellt, dass Althaus und Elert sich weniger an traditionellen lutherischen Dogmen und Theologumena orientierten, als vielmehr an damals modernen Anschauungen[54], also wohl etwa an der zeitgenössischen biologischen Vererbungslehre und der Völker- und Rassenkunde.

Einer der theologisch gebildetsten und zugleich charakterlich fragwürdigsten Köpfe der DC war zweifellos der Göttinger Kirchenhistoriker und später zudem Systematiker Emanuel Hirsch, der auch theologischer Berater des Reichsbischofs Müller war[55]. In seiner Müller gewidmeten Schrift „Das kirchliche Wollen der Deutschen Christen“ von 1933 veröffentlichte er ein neu formuliertes „Bekenntnis“, freilich mit dem Zusatz, es handele sich um einen „rein persönliche[n] Versuch“[56]. Dieses im Wesentlichen sprachlich modernisierte, im Übrigen eng am Apostolikum orientierte Credo bringt eigentlich nur an einer Stelle, nämlich im ersten Artikel, wirklich Neues, wenn auch mit

52 Vgl. Althaus, Theologie; Elert, Confessio; sowie den von Althaus und Elert mit verantworteten, gegen die Barmer Theologische Erklärung gerichteten „Ansbacher Ratschlag“ von 1934 (abgedruckt u. a. in: Hermle / Thierfelder, Dokumente, 209–211).

53 Vgl. die akademischen Qualifikationsschriften: Gerstenmaier, Schöpfung; ders., Kirche. Vgl. ferner u. a. Meier, Gerstenmaier; Brauer, Freiheit.

54 Brennecke, Fakultät, 171–173.

55 Vgl. u. a. Herms, Hirsch.

56 Hirsch, Wollen, 20.

den bekannten Worten des ersten Schöpfungsberichtes der Bibel: „Wir glauben an […] Gott, […] der die Völker und Menschen ins Leben ruft, daß sie ihm dienen, ein jegliches nach seiner Art“[57]. Bei dem traditionellen Bekenntnis zu Gott dem Schöpfer fand Hirsch – und mit ihm viele andere „Deutsche Christen“ – den Anknüpfungspunkt für die damals moderne und sich auf neueste wissenschaftliche Erkenntnisse berufende Rassenideologie der Nationalsozialisten.

Deutsch-christliches Denken gedieh zweifellos in weiten Teilen auf überkommenem nationalprotestantischem Nährboden vom Ende des 19. und Anfang des 20. Jahrhunderts, aber es war nicht einfach nur eine Repristination des alten Nationalprotestantismus, sondern auch die begierige Aufnahme eines mächtigen aktuellen – damals modernen – politisch-ideologischen Zeitgeistes, der traditionelle theologische Vorstellungen und kirchliche Formen weitgehend verdrängte und sich auf angeblich neue wissenschaftliche Erkenntnisse berief.

Quellen und Literaturverzeichnis

Adorno, Theodor W. / Horkheimer, Max: Dialektik der Aufklärung. Philosophische Fragmente (Gesammelte Schriften 5). Frankfurt a. M. 1987.

Althaus, Paul: Theologie der Ordnungen. Gütersloh 1934.

Arnhold, Oliver: „Entjudung“ – Kirche im Abgrund. Bd. 1: Die Thüringer Kirchenbewegung Deutsche Christen 1928–1939 (SKI 25/1). Berlin 2010.

Asmussen, Hans: Neues Bekenntnis? Ein Beitrag zum Neubau der Kirche. Berlin 1933.

Barth, Karl: Theologische Existenz heute! (ZZ. Beiheft 2). München 1933. Neu hg. und eingeleitet von Hinrich Stoevesandt (TEH. NF 219). München 1984.

Baumgärtner, Raimund: Weltanschauungskampf im Dritten Reich. Die Auseinandersetzung der Kirchen mit Alfred Rosenberg (Veröffentlichungen der Kommission für Zeitgeschichte B 22). Mainz 1977.

Baumgarten, Otto: Kreuz und Hakenkreuz. Gotha 1926.

Brauer, Karl: Für die Freiheit und Unabhängigkeit der Kirche. Eugen Gerstenmaiers religiöse und theologische Entwicklung im Spannungs- und Handlungsfeld von Kirche und Staat bis 1945 (AKIZ B 76). Göttingen 2020.

Brennecke, Hanns Christof: Die evangelisch-theologische Fakultät der Universität Erlangen im Nationalsozialismus. In: Friedrich Wilhelm Graf / Hans Günter Hockerts (Hg.): Distanz und Nähe zugleich? Die christlichen Kirchen im „Dritten Reich“ (Schriftenreihe des NS-Dokumentationszentrums München). München 2017, 167–197.

57 Ebd.

DANNENMANN, Arnold: Die Geschichte der Glaubensbewegung „Deutsche Christen“ (Kirche im Dritten Reich). Dresden o. J. [1933].

ELERT, Werner: Confessio Barmensis. In: AELKZ 67, 1934, 602–606.

FAULENBACH, Heiner: Deutsche Christen (DC). In: RGG[4] II (1999), 698–702.

GAILUS, Manfred (Hg.): Täter und Komplizen in Theologie und Kirche 1933–1945. Göttingen 2015.

GERSTENMAIER, Eugen: Schöpfung und Offenbarung. Systematische Untersuchung zu einer Theologie des ersten Artikels. Leipzig 1937.

–: Die Kirche und die Schöpfung. Eine theologische Besinnung zu dem Dienst der Kirche an der Welt. Berlin 1938.

HARNACK, Adolf von: Das Wesen des Christentums. Hg. und kommentiert von Trutz Rendtorff. Gütersloh 1999.

HERMLE, Siegfried / THIERFELDER, Jörg (Hg.): Herausgefordert. Dokumente zur Geschichte der Evangelischen Kirche in der Zeit des Nationalsozialismus. Stuttgart 2008.

HERMS, Eilert: Emanuel Hirsch. In: Wolf-Dieter Hauschild (Hg.): Profile des Luthertums. Biographien zum 20. Jahrhundert (LKGG 20). Gütersloh 1998, 301–320.

HIRSCH, Emanuel: Das kirchliche Wollen der Deutschen Christen. Berlin [2]1933.

HITLER, Adolf: Mein Kampf. München: Bd. 1, 1925; Bd. 2, 1926 [zahlreiche Auflagen]; wissenschaftlich kommentierte Neuausgabe mit dem Untertitel „Eine kritische Edition“ im Auftrag des Instituts für Zeitgeschichte München - Berlin. Hg. von Christian Hartmann u. a. München 2016 ([7]2017).

HONECKER, Martin: Die Barmer Theologische Erklärung und ihre Wirkungsgeschichte (Nordrhein-Westfälische Akademie der Wissenschaften. Vorträge G 330). Opladen 1995.

KIRCHLICHES JAHRBUCH FÜR DIE EVANGELISCHE KIRCHE IN DEUTSCHLAND (KJ). Bd. 60–71 (1933–1944). Hg. von Joachim Beckmann. Gütersloh [2]1976.

KÜHL-FREUDENSTEIN, Olaf: Evangelische Religionspädagogik und völkische Ideologie. Studien zum „Bund für deutsche Kirche“ und der „Glaubensbewegung Deutsche Christen“ (Forum zur Pädagogik und Didaktik der Religion. Neue Folge 1). Würzburg 2003.

LEFFLER, Siegfried: Christus im Dritten Reich der Deutschen. Weimar 1935 ([2]1936).

LEHMANN, Reinhard G.: Friedrich Delitzsch und der Babel-Bibel-Streit (OBO 133). Fribourg / Göttingen 1989.

MEIER, Andreas: Eugen Gerstenmaier. In: Wolf-Dieter Hauschild (Hg.): Profile des Luthertums. Biographien zum 20. Jahrhundert (LKGG 20). Gütersloh 1998, 185–201.

MEIER, Kurt: Die Deutschen Christen. Das Bild einer Bewegung im Dritten Reich (AGK.E 3). Göttingen [3]1967.

–: Evangelische Kirche in Gesellschaft, Staat und Politik 1918–1945. Berlin 1987.

MÜLLER, Ludwig: Was ist positives Christentum? Berlin 1938 [Stuttgart 1939].

NICOLAISEN, Carsten: Der Weg nach Barmen. Die Entstehungsgeschichte der Theologischen Erklärung von 1934. Neukirchen-Vluyn 1985.

NORDEN, Günther van: Gottes Wort ist Zuspruch und Anspruch. Aufsätze zur kirchlichen Zeitgeschichte. Hg. von Volkmar Wittmütz. Leipzig 2018.

REESE, Hans-Jörg: Bekenntnis und Bekennen. Vom 19. Jahrhundert zum Kirchenkampf der nationalsozialistischen Zeit (AGK 28). Göttingen 1974.

ROSENBERG, Alfred: Der Mythus des 20. Jahrhunderts. Eine Wertung der seelisch-geistigen Gestaltungskämpfe unserer Zeit. München 1930 [zahlreiche Auflagen].

SCHNEIDER, Thomas Martin: Reichsbischof Ludwig Müller. Eine Untersuchung zu Leben, Werk und Persönlichkeit (AKIZ B 19). Göttingen 1993.

–: Gegen den Zeitgeist. Der Weg zur VELKD als lutherischer Bekenntniskirche (AKIZ B 49). Göttingen 2008.

–: Die Umbrüche 1933 und 1945 und die Religionspädagogik. In: Michael Wermke (Hg.): Transformation und religiöse Erziehung. Kontinuitäten und Brüche der Religionspädagogik 1933 und 1945 (Arbeiten zur Historischen Religionspädagogik 9). Jena 2011, 15–34.

–: Wem gehört Barmen? Das Gründungsdokument der Bekennenden Kirche und seine Wirkungsgeschichte (CuZ 1). Leipzig 2017.

–: Volksnomostheologie. In: Michael Fahlbusch / Ingo Haar / Alexander Pinwinkler (Hg.): Handbuch der völkischen Wissenschaften. Akteure, Netzwerke, Forschungsprogramme. 2., grundlegend erweiterte Aufl. München 2017, 1288–1296.

SCHOLDER, Klaus: Die Kirchen und das Dritte Reich. Bd. 1: Vorgeschichte und Zeit der Illusionen: 1918–1934. Frankfurt a. M. / Berlin ^{3}2000.

SONNE, Hans-Joachim: Die politische Theologie der Deutschen Christen. Einheit und Vielfalt deutsch-christlichen Denkens, dargestellt anhand des Bundes für deutsche Kirche, der Thüringer Kirchenbewegung „Deutsche Christen" und der Christlich-deutschen Bewegung (Göttinger Theologische Arbeiten 21). Göttingen 1982.

STOLL, Christian: Der Deutsche Lutherische Tag von Hannover (2.–5. Juli 1935). Mit einem Geleitwort von Landesbischof D. Meiser (BeKi. 31–32, Ergänzungsheft I). München 1935.

THAMER, Hans-Ulrich: Verführung und Gewalt. Deutschland 1933–1945 (Die Deutschen und ihre Nation 5). Berlin 1986.

TILGNER, Wolfgang: Volksnomostheologie und Schöpfungsglaube. Ein Beitrag zur Geschichte des Kirchenkampfes (AGK 16). Göttingen 1966.

WURM, Theophil: Erinnerungen aus meinem Leben. Stuttgart 1953.

Dirk Rupnow

‚Judenforschung' im ‚Dritten Reich' – Institutionen, Konzepte und Dynamiken einer NS-Musterwissenschaft

Als „Erforschung der Judenfrage" oder „Judenforschung" werden die geistes-, kultur- und sozialwissenschaftlichen Arbeiten bezeichnet, die während der nationalsozialistischen Herrschaft von nichtjüdischen Wissenschaftlern betrieben wurden und sich aus explizit antisemitischer Perspektive mit der Geschichte des Judentums und der sogenannten „Judenfrage" beschäftigten. Die Bezeichnung als „Erforschung der Judenfrage" war zwar üblicher, doch avancierte die Kurzform „Judenforschung" bereits im NS-Staat zum Schlagwort und auch zum Begriff für die Benennung entsprechender Institutionen[1].

„Judenforschung" versuchte sich im „Dritten Reich" mit einer Reihe von Instituten, Veröffentlichungsorganen und Veranstaltungen sowie nicht zuletzt der distinkten Bezeichnung als eigenständiges Forschungsfeld über die traditionellen Fachgrenzen hinweg zu formieren und zu etablieren. „Judenforschung" ist insofern keineswegs mit naturwissenschaftlich grundierter Rassenkunde oder Anthropologie identisch, wenn auch rassekundliche oder anthropologische Arbeiten zum Judentum in ihrem Rahmen stattfanden und enge Verbindungen zu Rasseanthropologie und -biologie bestanden. Vielmehr arbeiteten unter dieser Überschrift Historiker, Theologen, Philosophen, Literaturwissenschaftler und Juristen neben- und fallweise auch miteinander an Fragestellungen der Politik-, Sozial- und Rechtsgeschichte, der Religions-, Literatur- und Geistesgeschichte. Jenseits der Rassenkunde stellt sie vermutlich den markantesten Schnittpunkt von Wissenschaft und antisemitischer Propaganda sowie nationalsozialistischer Ideologie und antijüdischer Politik in ihrer Praxis von der Ausgrenzung über die Vertreibung bis zum Massenmord dar. In der NS-Judenforschung wurde der Antisemitismus zum erkenntnisleitenden Prinzip erhoben, die jeweils bereits antisemitisch konstruierte „Judenfrage" zum Ausgangspunkt des wissenschaftlichen Interesses

1 Vgl. die Schlagzeile „Zum erstenmal in der Geschichte: Judenforschung ohne Juden", in: Illustrierter Beobachter, unter der über die Gründung des Frankfurter „Instituts zur Erforschung der Judenfrage" berichtet wurde. Zur NS-Judenforschung zusammenfassend vgl. die klassische Studie von Weinreich, Professors; sowie Steinweis, Jew; Gailus / Vollnhals, Christentum; einen Überblick bietet auch Rupnow, Judenforschung (2004). Vgl. dazu auch Rupnow, Judenforschung (2011). Zur komplexen Geschichte der Auseinandersetzung mit der NS-Judenforschung nach 1945 sowie aktuellen Forschungsperspektiven vgl. Rupnow, Wissenschaft. Dort findet sich auch ein Schwerpunkt (hg. v. Nicolas Berg und Dirk Rupnow), in dem verschiedene Aspekte antijüdischer Wissenschaft beleuchtet werden.

und Fokus der Forschungstätigkeit. Entgegen der Tradition der deutschen Geschichtswissenschaft, vor wie nach dem Zweiten Weltkrieg – Themen (deutsch-)jüdischer Geschichte auszublenden, wurden diese damit während der NS-Zeit durchaus für erforschungswürdig gehalten[2].

Parallel zur Vertreibung und Ermordung des europäischen Judentums fand so eine Auseinandersetzung mit jüdischer Geschichte aus nationalsozialistisch-antisemitischer Perspektive statt – wobei diese Auseinandersetzung, obwohl auf die antisemitische „Judenfrage" fokussiert, offensichtlich über die Erfordernisse der Propaganda zur Rechtfertigung der antijüdischen Politik auf der einen und der Politik zu ihrer Implementierung auf der anderen Seite hinausging. Mit der NS-Judenforschung beginnt zwar nicht die wissenschaftliche Beschäftigung mit jüdischer Geschichte in Deutschland, doch gerade sie stellt ihre erste deutliche Verankerung in der akademischen Landschaft dar. Die Zwangsintegration jüdischer Geschichte in die deutsche Geschichte wurde von denen durchgeführt, die gleichzeitig eine antijüdische Politik legitimierten und betrieben. Die Institutionalisierung der Erforschung jüdischer Geschichte findet in Deutschland geradezu komplementär zur Vertreibung und Ermordung des deutschen und europäischen Judentums statt[3].

1. Institutionen

Innerhalb kurzer Zeit kam es im „Dritten Reich" zu einer regelrechten Gründungswelle von Einrichtungen zur „Judenforschung". Verschiedene Ämter und Akteure versuchten, kooperierend und konkurrierend, diese als historisch fundierten, transdisziplinär ausgerichteten geistes-, kultur- und sozialwissenschaftlichen Forschungszusammenhang über die traditionellen Fachgrenzen hinweg zu konstituieren und auf diesem Feld präsent zu sein.

Bereits 1935 wurde in Berlin das „Institut zum Studium der Judenfrage" gegründet, das ab 1939 als „Antisemitische Aktion" und ab 1942 als „Antijüdische Aktion" fungierte. Tatsächlich handelte es sich dabei um eine Abteilung des Reichspropagandaministeriums, wobei diese Verbindung aber zur Wahrung des Anscheins eines unabhängigen wissenschaftlichen Forschungsinstituts in der Öffentlichkeit verdeckt gehalten wurde. Trotz des nach außen getragenen Anspruchs galt das Institut intern als „Propagandainstitut, das sich bemüht, die Judenfrage auf möglichst sachlich-konkreter Basis zu erfassen und propagandistisch in Deutschland und im Ausland auszuwerten."[4] Für die wissenschaftliche „Judenforschung" im „Dritten Reich" hatte es

2 Zur Entwicklung jüdischer Geschichtswissenschaft in Deutschland vgl. HOFFMANN, Wissenschaft; SCHOCHOW, Geschichtswissenschaft.

3 Vgl. RUPNOW, Spuren; DERS., Arisierung.

4 Wolf Heinrichsdorff (1907), Denkschrift: Das Institut zum Studium der Judenfrage, o. D.

dementsprechend nur geringe Bedeutung. Das Veröffentlichungsorgan des Instituts, die „Mitteilungen über die Judenfrage", berichtete über die angebliche Wirksamkeit des Judentums im nationalen und internationalen wirtschaftlichen, politischen und geistigen Leben, den wachsenden Antisemitismus in der Welt und über die antijüdische Politik im Deutschen Reich sowie später in den besetzten und verbündeten Ländern.

1936 wurde dann in München mit der „Forschungsabteilung Judenfrage" des „Reichsinstituts für Geschichte des neuen Deutschlands" eine der bedeutendsten und produktivsten Einrichtungen der NS-Judenforschung gegründet[5]. Das in Berlin beheimatete Reichsinstitut sollte die „Historische Reichskommission" ersetzen und war neben dem „Reichsinstitut für ältere deutsche Geschichte" für die Geschichtsforschung über die Neuzeit, vor allem seit der Französischen Revolution, zuständig. Nach dem Willen seines Präsidenten, des Historikers Walter Frank, sollte es zum Zentrum einer neu gestalteten, nationalsozialistisch-antisemitischen Geschichtswissenschaft werden. Die Forschungsabteilung wurde formell von dem Münchner Ordinarius für deutsche Geschichte, Karl Alexander von Müller, geleitet, tatsächlich führte die Geschäfte aber sein Schüler, der Historiker Wilhelm Grau, der sich mit einer bereits im Februar 1933 fertiggestellten Dissertation über das Ende der Regensburger jüdischen Gemeinde 1519 profiliert hatte und als Vorreiter einer nicht-jüdischen deutschen und antisemitisch grundierten „Judenforschung" präsentiert und wahrgenommen wurde[6]. Nach dem Ausschluss Graus aus dem Reichsinstitut auf Grund von Spannungen zwischen ihm und Walter Frank, die nicht zuletzt deshalb entstanden, weil die „Judenforschung" im Reichsinstitut dessen andere Arbeitsbereiche in der Öffentlichkeit zunehmend in den Hintergrund drängte, wurde die Abteilung 1938 organisatorisch zurückgestuft. Mit ihren Jahrestagungen und Publikationen („Forschungen zur Judenfrage", „Schriften des Reichsinstituts für Geschichte des neuen Deutschlands") blieb sie aber auch darüber hinaus ein wesentlicher Kristallisationspunkt des gesamten Feldes.

In Konkurrenz zu den Aktivitäten an Franks Reichsinstitut wurde im März 1941 in Frankfurt a. M. das „Institut zur Erforschung der Judenfrage" eröffnet, das bereits 1939 formell gegründet worden war[7]. Die Leitung übernahm auch hier nach seiner Trennung von Walter Frank und dem Reichsinstitut zunächst wieder Wilhelm Grau. Ihm folgte Klaus Schickert nach, der 1937 mit einer Arbeit über die „Judenfrage" in Ungarn in München promoviert worden war.

Das Institut war die erste realisierte Außenstelle von Rosenbergs für die Zeit

---

(Heinrichsdorff an Ahnenerbe/Kaiser, 15. 9. 1939) (BArch Berlin, Ahnenerbe); Vgl. auch Zur Einführung; BArch Berlin, R55/371, Bl. 10 f., RMPV/Abt. II, Ref. II/2 und II/4 an RMPV/Abt. I, 27. 3. 1934.

5 Vgl. Heiber, Frank; Papen, Schützenhilfe; Lammers, Judenwissenschaft.

6 Vgl. Grau, Antisemitismus. Zur Biographie Graus vgl. Papen, Katholiken.

7 Vgl. Schiefelbein, Institut; ders., Vorgeschichte; Papen-Bodek, Research.

nach dem Krieg geplanter nationalsozialistischer Alternativuniversität, der „Hohen Schule", und baute auf der Hebraica-Sammlung der Frankfurter Stadtbibliothek auf. Bei seiner Gründung verbanden sich Alfred Rosenbergs Interessen mit denen des Frankfurter Oberbürgermeisters. Rosenbergs Dienststelle verfügte weder über ein Referat für Rassenkunde noch für die „Judenfrage", obwohl er sich selbst immer wieder mit diesen Themen beschäftigt hatte. Zudem war Walter Frank, der ursprünglich von Rosenberg gefördert worden war, zu diesem inzwischen auf Distanz gegangen. Die Stadt Frankfurt wollte sich währenddessen ein nationalsozialistisches Profil geben und ihre Vergangenheit als „Stadt der Juden und Demokraten" kompensieren. Trotz seiner späten Gründung gelang es dem Institut noch, eine entscheidende Bedeutung zu gewinnen, vor allem auch durch seine Verbindung zum „Einsatzstab Reichsleiter Rosenberg", die es zu einem Nutznießer der europaweiten Raubpolitik des „Dritten Reichs" werden ließ. Zum Zeitpunkt einer inzwischen weit fortgeschrittenen, radikalisierten antijüdischen Politik, die kurz vor dem Überfall auf die Sowjetunion unmittelbar vor dem Beginn des systematischen Massenmords am europäischen Judentum stand, gab es der „Judenforschung" einen neuen Anstoß und provozierte unter gänzlich veränderten politischen Rahmenbedingungen, als sie zur Einweihung der Forschungsabteilung des Reichsinstituts bestanden, noch einmal grundsätzliche und konzeptionelle Überlegungen[8]. Das Publikationsorgan des Frankfurter Instituts, „Weltkampf", veröffentlichte neben Aufsätzen unter dem Titel „Politisches Tagebuch" auch Nachrichten über die in Deutschland und den besetzten Gebieten ergriffenen antijüdischen Maßnahmen.

In Eisenach wurde 1939 unter der Leitung des protestantischen Theologen Walter Grundmann das „Institut zur Erforschung und Beseitigung des jüdischen Einflusses auf das deutsche kirchliche Leben" gegründet, dessen Aufgabe darin bestand, Christentum und nationalsozialistische Rassenlehre in Übereinstimmung miteinander zu bringen und das Neue Testament von jeder Bezugnahme auf das Alte Testament zu befreien[9].

Im Zweiten Weltkrieg wurde mit der deutschen Expansion nicht nur die antijüdische Politik exportiert und in den besetzten und verbündeten Ländern implementiert, sondern auch die „Judenforschung" und ihre Institutionen. Am „Institut für Deutsche Ostarbeit", das 1940 in Krakau als Zentralstelle für die deutsche wissenschaftliche Arbeit im Generalgouvernement gegründet wurde, richtete man innerhalb der „Sektion Rassen- und Volkstumsforschung" ein allerdings weisungsfreies „Referat Judenforschung" ein, dessen Leitung der Osteuropahistoriker Josef Sommerfeldt übernahm, der 1942 in Berlin mit einer Arbeit über die „Judenfrage als Verwaltungsproblem in

---

8 Vgl. die Vorträge zur feierlichen Eröffnung des Instituts am 26. 3. 1941 sowie auf der anschließenden ersten Arbeitstagung in: WELTKAMPF (1941), H. 1/2.

9 Vgl. HESCHEL, Theologen; DIES., Theology; DIES., Jesus; SCHUSTER, Lehre; ARNHOLD, Entjudung; DERS., Grundmann.

Südpreußen" promoviert worden war. Es sollte auch für das Frankfurter Institut die Forschungen auf dem Gebiet des Generalgouvernements abwickeln[10].

In Paris wurde 1941 das „Institut d'Études des Questions Juives" gegründet, an dem französische Wissenschaftler unter Leitung von René Gérard, dann Paul Sézille und später des Anthropologen Georges Montandon (dann als „Institut d'Études des Questions Juives et Ethno-Raciales") arbeiteten. Das Institut stand unter dem Einfluss von Theodor Dannecker, dem Leiter der Pariser Außenstelle von Eichmanns Reichssicherheitshauptamt (RSHA) Referat IV B 4, und hatte vor allem die Förderung antijüdischer Propaganda im besetzten Frankreich zum Zweck. Weitere Institutionen der „Judenforschung" wurden 1942/1943 in Mailand, Florenz, Triest und Bologna und 1943 in Budapest eingerichtet[11].

Auch im Zusammenhang mit sicherheitspolizeilicher Tätigkeit wurde mit wissenschaftlichem Anspruch über rassische und weltanschauliche Gegner und damit unter anderem über Juden geforscht („Gegnerforschung")[12]. Das Amt VII des Reichssicherheitshauptamts ging aus Planungen von Franz Alfred Six hervor und war für „Weltanschauliche Forschung und Auswertung" zuständig. Es baute unter anderem auf die Tätigkeit des Referats II 112 des SD-Hauptamts auf und stellte damit eine institutionelle Verknüpfung von Vernichtungsapparat und Wissenschaft dar. 1941/1942 wurde die Arbeit des als VII B 1 b für das Judentum zuständigen Referats als die eines „wissenschaftlichen Nachrichtendienstes" gekennzeichnet, „der unmittelbar in der Gegenwart steht, aber in gewissen Fällen auch auf historische Erkenntnisse zurückgreift."[13] Auch polizeiliche Praxis und Exekution eines eindeutigen Freund-Feind-Schemas bedurften im „Dritten Reich", zumindest dem Anschein nach, der wissenschaftlichen Vertiefung und der Absicherung durch historische Erkenntnisse.

Trotz ihrer vornehmlich außeruniversitären Verankerung stellte die NS-Judenforschung keinesfalls einen isolierten Forschungszweig dar, sondern war institutionell, personell und inhaltlich vollständig in die akademische Wissenschaftslandschaft ihrer Zeit eingebettet. So gelang es ihr auch beispielsweise 1936–1938 und 1940–1943 durch die Forschungsabteilung des Reichsinstituts mit einer ständigen Rubrik in der renommierten „Historischen Zeitschrift" und damit im zentralen Organ der deutschen Geschichtswissenschaft präsent zu sein („Zur Geschichte der Judenfrage").

An Universitäten selbst wurden in verschiedenen Fachbereichen einschlä-

10 Zu den Aufgaben des Referats vgl. SOMMERFELDT, Aufgaben.

11 Zur „Judenforschung" in besetzten und verbündeten Ländern vgl. BILLIG, L'Institut; KUFEKE, Rassenhygiene; PAPEN-BODEK, Institute; VOLKMER, Forschung.

12 Vgl. MATTHÄUS, Konzept; sowie MATTHÄUS u. a., Judenmord; MATTHÄUS, Forschung; LERCHENMÜLLER, Geschichtswissenschaft.

13 Arbeitsplan VII B 1 b – Judentum, o. D. [Ende 1941/Anfang 1942] (BArch BERLIN, R58/7400, Bl. 90–96). Zur Biographie Six' vgl. HACHMEISTER, Gegnerforscher.

gige Dissertationen verfasst. In einer zeitgenössischen Übersicht werden für die Jahre 1939 bis 1942 reichsweit insgesamt 32 „deutsche“ und somit im nationalsozialistischen Verständnis wie auch dem der „Judenforschung“ von nicht-jüdischen Studenten verfasste Dissertationen aufgeführt, die das Thema bereits im Titel tragen[14]. Darunter finden sich Untersuchungen zur „Judenfrage“ in verschiedenen Ländern (z.B. Hans Schuster über Rumänien, Diss. jur. Leipzig 1939), zur „Entwicklung der Rechtseinheit des Ghettos im Rahmen des Judenrechts des deutschen Mittelalters“ (Kurt Hoenig, Diss. jur. Münster 1942), zu „Judengestalten auf der deutschen Bühne“ (Elisabeth Frenzel, Diss. phil. Berlin 1942), zur „Judenpolitik der fränkisch-deutschen König und Kaiser“ (Diss. phil. Jena 1941) oder zu „judengegnerischen Strömungen im deutschen Katholizismus“ (Fritz Schmidt-Clausing, Diss. theol. Jena 1942).

An einigen Universitäten wurde über die Vergabe von entsprechenden Lehraufträgen hinaus die Einrichtung von Lehrstühlen versucht: so in Tübingen (Versuch der „Errichtung einer außerordentlichen Professur zur Erforschung des Judentums“ in der Philosophischen Fakultät für den Orientalisten Karl Georg Kuhn, 1940–1943), Wien (Versuch der Errichtung eines „Extraordinariats für die Kunde des Judentums“ bzw. „die Erforschung der geistigen Grundlagen des Judentums“ als Teil des orientalischen Instituts für Gerhard Kittel, 1940–1942), Berlin (Versuch der Einrichtung einer „Professur für Erforschung der Judenfrage“ in der Philosophischen Fakultät für K. G. Kuhn, 1939) und Frankfurt (Genehmigung der Errichtung eines „Lehrstuhls für Judenkunde“ für K. G. Kuhn, 1944)[15].

Vor allem an der außeruniversitär institutionalisierten „Judenforschung“ lassen sich Formen und Richtungen der Radikalisierung beobachten: Wurde zunächst, ganz im Sinne der Nürnberger Gesetze, eine „reinliche Scheidung“ und somit eine konsequente Diskriminierung und Ausgrenzung der Juden durch historische Vorbilder gerechtfertigt und propagiert (z. B. bei der Gründung der Münchner Forschungsabteilung des Reichsinstituts 1936), verschob sich der Fokus mit der Zeit auf Vertreibungslösungen (bei der Eröffnung des Frankfurter Instituts 1941), durch deren beständige rhetorische Verschärfung letztlich der vom Regime realisierte systematische Massenmord nahegelegt wurde, ohne dass dieser explizit in den Texten angesprochen worden wäre. Daneben fällt eine wesentlich deutlichere und gewalttätigere Sprache bei den „Judenforschern“ auf, die in unmittelbarer Nähe zu den Orten

---

14 Vgl. PRAESENT, Bibliographie; DERS., Doktorarbeiten. Die damit vorgelegten Listen können allerdings bei weitem nicht als vollständig gelten. Eine weitere zeitgenössische Zusammenstellung einschlägiger Texte bietet: AMT SCHRIFTTUMSPFLEGE DER NSDAP, Schrifttum. Als beispielhafte Untersuchung der einschlägigen Arbeiten an einer Universität vgl. RUPNOW, Musterdisziplin.

15 UHB BERLIN, Phil. Fak. 1453; UAW WIEN, Rektorat 1473–1939/40 und Phil. Fak. 1734–1941/42; UAT TÜBINGEN, 126a/284; Koeppen an Schickert, 31. 10. 1944 (BArch BERLIN, NS 8/266).

des systematischen Massenmordens gearbeitet haben, namentlich bei Josef Sommerfeldt am IDO in Krakau[16].

Die institutionalisierte „Judenforschung" nahm über die propagandistische Begleitung und wissenschaftliche Legitimation hinaus auch unmittelbar an den Massenverbrechen des NS-Regimes Anteil: Sie profitierte maßgeblich von der europaweiten Beschlagnahmung jüdischer und sonstiger „deutlichfeindlicher" Bibliotheken und Archive, die auch unter Beteiligung von „Judenforschern" wie Johannes Pohl und Wilhelm Grau durchgeführt wurde. Die einschlägige Literatur wurde dabei den verschiedenen Instituten für ihre Arbeit zugeführt. Als es im Zuge der Umsetzung der antijüdischen Politik in den besetzten und verbündeten Ländern zu Unklarheiten über den Status von bestimmten Personengruppen als im Sinne der nationalsozialistischen Ideologie „jüdisch" oder „nichtjüdisch" kam, wurde die Expertise verschiedener „Judenforscher" eingeholt. Die Sepharden in Frankreich behaupteten, sie seien – im Gegensatz zu aschkenasischen Juden – „rassisch" keine Juden, sondern „Ario-Lateiner mosaischen Glauben"[17]. Wilhelm Grau argumentierte in diesem Fall gegen eine Ausnahmestellung[18]. Auch in den Niederlanden war der Status der „portugiesischen Juden" unklar[19]. In Frankreich wurde zudem versucht, für „Iraner mosaischen Bekenntnisses" einen Ausnahmestatus zu erreichen, weil sie „blutmäßig nicht Juden, sondern nicht-jüdischer iranischer Abstammung" seien. Die gleiche Frage stellte sich für „mosaische Georgier und Afghanen"[20]. Die Einschätzungen der antijüdischen Fachleute gingen dabei weit auseinander und reichten von einer Zustimmung zur Einbindung in die antijüdische Politik bis hin zur Rechtfertigung von Ausnahmen[21]. Durch

---

16 Vgl. Sommerfeldt, Abwehrkampf, 8–13, bes. 12.

17 Vgl., Deutsche Botschaft Paris an Auswärtiges Amt, Betrifft: Behandlung der Sefarden, 23. 1. 1942 (NARA Washington, T120 4661, frame 45064); Association Culturelle Sepharadite de Paris, 13. 1. 1941 (NARA Washington, frame 45065 f).

18 Die Hohe Schule in Vorbereitung, Außenstelle Frankfurt a. M./Grau an AA, 7. 2. 1942 (NARA Washington, T120 4661, frame 45083 ff.).

19 Vgl. Reichsinstitute für Geschichte des neuen Deutschlands/Euler: Zur Frage der genealogischen Einordnung der sogenannten portugiesischen Juden in den Niederlanden, München 12. 1. 1943 (NARA Washington, T120 4666, frame 47661–47666.

20 Vgl. Reichsminister des Innern/Feldscher an AA, Betrifft: Iranische Juden, Berlin 2. 10. 1942 (NARA Washington, T120 4668, frame 46189).

21 Vgl. Reichsinstitut für Geschichte des neuen Deutschlands/Euler: Die Abstammung der persischen und afghanischen Angehörigen des mosaischen Bekenntnisses, München 23. 10. 1942 (NARA Washington, T120 4668, frame 46194 f.); Reichsinstitut für Geschichte des neuen Deutschlands/Euler: Die Abstammung der kaukasischen und georgischen Angehörigen des mosaischen Bekenntnisses, München 23. 10. 1942 (ebd., frame 46196 f.); Institut zur Erforschung der Judenfrage/Paul an AA, Betrifft: Einwohner mosaischen Bekenntnisses in kaukasischen und arischen Ländern, Frankfurt a. M. 27. 10. 1942 (ebd., frame 46200 f.); Chef der Sipo und des SD/Eichmann, IV B 4 b – 2032/42, an AA/Klingenfuss, Betrifft: Juden iranischer Staatsangehörigkeit, Berlin 8. 12. 1942 (ebd., frame 46203 ff.); NSDAP/Partei-Kanzlei/Der Leiter des Rassenpolitischen Amtes der NSDAP/Gross an AA, Berlin 7. 1. 1943 (ebd., frame 46212 f.); NSDAP/Partei-Kanzlei/Der Leiter des Rassenpolitischen Amtes der NSDAP/Gross an AA/Rademacher, Betrifft: Iranisch-afghanische Juden, sowie die Bergjuden im Kaukasus (ebd.,

die Mitwirkung bei der Definition nahmen die „Judenforscher" jedoch in jedem Falle unmittelbar am Diskriminierungs-, Deportations- und Vernichtungsprozess im besetzten Ausland teil.

Trotz umfangreicher Aktivitäten in den zwölf Jahren des „Dritten Reichs", der Einrichtung mehrerer eigenständiger Forschungsinstitute, deren Forschungstätigkeiten und Veranstaltungen, der an den Universitäten entstandenen Arbeiten und der zahlreichen Publikationen kam die NS-Judenforschung über die Aufbauphase nicht hinaus. Bereits kurze Zeit nach der nationalsozialistischen Machtübernahme wurde versucht, ein neues Forschungsfeld zu formieren, womit ein Prozess in Gang gesetzt wurde, der auf Grund des für das NS-System typischen Konkurrenzdrucks tatsächlich eine beachtliche Dynamik entwickelte, aber eben deshalb auch bis 1945 keine festen Strukturen oder Umrisse herausbilden konnte. Auch hier lässt sich der im NS-Staat allgegenwärtige Zentralisierungsdrang beobachten, der sich immer nur als Anspruch artikulierte, in der Praxis aber nie realisiert werden konnte. Das Frankfurter Institut versuchte sich zwar den Status einer „Zentralstelle des Reiches" als „Reichsinstitut zur Erforschung der Judenfrage" zu sichern, gleichzeitig hielt Walter Frank aber auch nach der Entlassung Graus und der Rückstufung der Forschungsabteilung an der vermeintlich zentralen, amtlichen Funktion der „Judenforschung" seines Reichsinstituts fest[22]. Konsequenterweise forderte Wilhelm Grau nicht nur eine „Zentralstelle" für die Juden*forschung*, sondern auch für die Juden*politik*. Ende März 1938 schlug er Hitler in einem Memorandum die Einrichtung eines „Sonderreferats Judenfrage" vor, das direkt dem „Führer" unterstellt sein sollte[23].

2. Konzepte

Der Unabgeschlossenheit ihrer Etablierung entsprechend, stellt „Judenforschung" im „Dritten Reich" keineswegs ein homogenes oder uniformes Feld dar. Vielmehr verfolgten die unterschiedlichen Akteure durchaus unterschiedliche Fragestellungen, brachten unterschiedliche Methoden zur An-

frame 46225); Institut für Grenz- und Auslandsstudien/Teich an Rassenpolitisches Amt/Wetzel, Betrifft: Rassische Einordnung der Bergjuden, Berlin 27. 1. 1943 (EBD., frame 46227 f.); Gerhard Kittel: Über die persischen, afghanischen und kaukasischen Juden, Wien 16. 2. 1943 (EBD., frame 46239–46242).

22 Vgl. OB Krebs an Heß, Betr. Einrichtung eines Reichsinstituts zur Erforschung des Judentums und der Judenfrage in Frankfurt a. M., 9. 11. 1938 (BArch BERLIN, NS8/180, Bl. 82 f.); OB Krebs an Frick, Betr. Errichtung einer wissenschaftlichen und politischen Zentralstelle zur Erforschung der Judenfrage in Frankfurt a. M., o. D. (ISG FRANKFURT A. M., MA 8.614, Bl. 16 ff.); FRANK, Erforschung.

23 Grau, Aufgaben der deutschen Judenpolitik im Ausland. Gedanken und Vorschläge, 27. 3. 1938 (BArch BERLIN, R 4901/14.105, Bl. 31–37).

wendung und verfolgten unterschiedliche Interessen. Zusammengehalten wurden sie freilich von einer gemeinsamen antijüdischen Intention. Von historischen Studien bis zu sozialwissenschaftlichen Datensammlungen entstanden in ihrem Rahmen Arbeiten verschiedenster Art mit verschiedenartigen Hintergründen und Bezügen. Das Feld selbst hatte keine festen Grenzen, sondern war allein schon auf Grund seiner transdisziplinären Ausrichtung durch Übergänge und Überschneidungen bestimmt. Die außeruniversitären Institute können höchstens als fester Kern betrachtet werden, jenseits dessen das Feld ausfranst. Dennoch lassen sich bestimmte Charakteristika herauskristallisieren, die einen gemeinsamen Denkstil der NS-Judenforschung ausmachen, das Denkkollektiv der „Judenforscher" miteinander verbinden.

Ganz ausdrücklich hatte die nationalsozialistische „Judenforschung" zum Ziel, das vor allem von jüdischen Wissenschaftlern bearbeitete Forschungsgebiet jüdischer Geschichte zu „entjuden"[24].Gegen die ältere Tradition der von jüdischen Wissenschaftlern betriebenen „Wissenschaft vom Judentum", der eine Einbindung in den akademischen Betrieb weitgehend versagt blieb, grenzte man sich explizit ab, während man durchaus deren Forschungsergebnisse für die eigenen Zwecke zu nutzen wusste. Insgesamt ist die NS-Judenforschung in dieser Perspektive als eine An-/Enteignung – durchaus auch in materieller Hinsicht – von Themen und Inhalten, Quellen und Wissensbeständen, Ressourcen und Material. Juden sollten nur noch als Objekte eine Rolle spielen, nicht mehr als forschende Subjekte. Die angeblich jüdisch-dominierte Sicht auf die deutsch-jüdische Geschichte sollte durch eine nicht-jüdische deutsche Perspektive ersetzt werden. Juden wurden allerdings, verborgen vor der Öffentlichkeit, auch in diesem Bereich als Zwangsarbeiter eingesetzt, wie etwa beim Raub und Aufbau der Bibliotheken oder auch für wissenschaftliche Arbeiten[25].

Die NS-Judenforscher selbst waren sich der Paradoxie, die es innerhalb ihres Weltbildes bedeuten musste, die Geschichte eines als minderwertig denunzierten Feindes zu erforschen und zu überliefern, sehr wohl bewusst. Ganz offensichtlich bestand dabei die Gefahr, die als wertvoll und höherrangig definierte eigene Geschichte zu vernachlässigen. Um die ideologisch vorgegebenen Hierarchisierungen nicht zu gefährden, wurde „Judenforschung" als „Geschichte der Judenfrage" definiert und gegen eine „Judenkunde" abgegrenzt, die sich mit jüdischer Geschichte und Gegenwart, mit jüdischen Sitten und Gebräuchen auseinandersetzt. Innerjüdische Themen empfand man als unnötigen Ballast, vielmehr wurde die „Schnittfläche des deutschen [nichtjüdischen] und jüdischen Lebenskreises" in den Mittelpunkt gerückt. Die

24 Zur Begriffsgeschichte vgl. Schmidt / Schuster, Entjudung.

25 In der Bibliothek des RSHA arbeitete zudem eine Gruppe von in sogenannter „Mischehe" lebenden jüdischen Wissenschaftlern. Auch Rosenbergs Einsatzstab zwangsverpflichtete im Rahmen seiner Raubzüge in Europa jüdische Fachleute. In diesen Zusammenhang gehört auch Leo Baecks wissenschaftliche Arbeit im Auftrag des RSHA, vgl. Simon, Quellen; Backhaus / Liepach, Manuskript.

„Judenfrage" wurde dabei eher als ein Teil der deutschen denn der jüdischen Geschichte verstanden[26]. Dementsprechend war die NS-Judenforschung nicht nur eine besondere Strategie zur Definition und Repräsentation eines „Anderen", sondern spielte in jeder Hinsicht auch eine wichtige Rolle für das Selbstbild und die Konstruktion einer eigenen deutschen Identität und Geschichte.

Die Geschichte wurde zur Leitwissenschaft innerhalb der transdisziplinären „Judenforschung", weil mit der „Endlösung", die von den Nationalsozialisten auf die Tagesordnung gesetzt worden war, eine Historisierung der „Judenfrage" möglich und nötig wurde. Die Untersuchung historischer Lösungsversuche der „Judenfrage" und der Geschichte des Antisemitismus diente der Legitimierung der eigenen antijüdischen Politik durch die Rekonstruktion einer Tradition und Vorgeschichte. Zum einen ging es dabei um die Suche nach Anknüpfungspunkten, wobei in Rechnung gestellt wurde, dass frühere Zeiten den vermeintlichen Rassengegensatz noch nicht klar erkennen, wohl aber schon instinktiv spüren konnten. Dabei kamen auch volkshistorische Konzepte zum Tragen. Weniger die Folgen des Antisemitismus für die Juden waren von Interesse als die Motive der Antisemiten, die verständnisvoll gerechtfertigt wurden. Legitimiert wurde dies durch die Behauptung, dass ein Historiker, der es mit der Wahrheit halten wolle, nicht einseitig das jüdische Leid schildern könne[27]. Zum anderen konnte die Analyse historischer Lösungsversuche der „Judenfrage", auch und gerade in ihrem Scheitern, den neuartigen nationalsozialistischen Ansatz entwickeln und begründen helfen[28].

Auch die aktuelle antijüdische Politik war für die „Judenforscher" bereits ein Forschungsgegenstand. In Frankfurt sammelte man nicht nur Pläne und Informationen über alte, sondern auch über neu errichtete Ghettos als Grundlage für eine Gesamtgeschichte der jüdischen Ghettos in Europa. In Dissertationen beschäftigte man sich mit den Problemen der jüdischen Auswanderung aus dem Reich (Walter Hirche, Diss. phil. Leipzig 1940), den Abläufen der „Arisierung" in der Wirtschaft (Hans Wagner, Diss. soc. oec. Heidelberg 1941) und den Reaktionen auf die deutsche antijüdische Politik im Ausland (Sonja Weber, Diss. phil. Leipzig 1938). In der vierten und fünften überarbeiteten Auflage von Wilhelm Graus Lehrbuch „Die Judenfrage in der deutschen Geschichte" (1942) endet der Überblick über die Geschichte der „Judenfrage" in der Gegenwart, mit der Errichtung des Frankfurter Instituts. Als jüngste historische Dokumente waren im Anhang die Nürnberger Gesetze von 1935 wiedergegeben[29].

---

26 Vgl. dazu beispielhaft Grau, Judenfrage (1936), (zuerst veröffentlicht als: Die Judenfrage als Aufgabe geschichtlicher Forschung, in: Deutsches Volkstum, 17 [1935]), 667–676); ders., Judenfrage (1942); Frank, Erforschung.

27 Vgl. Grau, Anteil.

28 Vgl. beispielhaft Grau, Lösungsversuche. Zum weltanschaulichen Hintergrund vgl. etwa Puschner, Sozialdarwinismus; Ders., Verwissenschaftlichung.

29 Vgl. Grau, Geschichte; ders., Judenfrage (1936).

Antisemitismus und antijüdische Politik der Nationalsozialisten bedurften aus der Perspektive der NS-Judenforscher keiner weiteren Rechtfertigung. Mit „Judenforschung" wurde dementsprechend weniger eine Verwissenschaftlichung des Antisemitismus als Wissenschaft aus konsequent antisemitischer Perspektive betrieben[30]. Die Wissenschaftler selbst betonten daher auch den Primat der Politik und die dienende Funktion der Wissenschaft[31]. In der Öffentlichkeit versuchte „Judenforschung" sich allerdings immer wieder auch von der Politik abzugrenzen, um ihren Status als Wissenschaft nicht zu gefährden[32]. Desgleichen stellte der Gegensatz zwischen Propaganda und Wissenschaft für die zeitgenössischen Akteure bereits ein wichtiges Unterscheidungskriterium dar. In den Texten werden regelmäßig die „streng wissenschaftlichen" Methoden betont, während in internen Auseinandersetzungen der Vorwurf der Unwissenschaftlichkeit zur Denunzierung der Konkurrenten gebraucht wurde[33].

Tatsächlich waren in der NS-Judenforschung von Anfang an Propaganda, Politik und Wissenschaft kaum unterscheidbar ineinander verwoben. Aus dem Einblick in den Relativismus historischer Erkenntnis wurde von den „Judenforschern" wie auch von den Volkshistorikern nicht ein Modell der Toleranz und Pluralität abgeleitet, sondern vielmehr eine radikale Entscheidung für die Bindung an eine Weltanschauung und das eigene Volk getroffen. Diese Bindung wurde nicht etwa zu leugnen versucht, sondern zum Ausgangspunkt des wissenschaftlichen Selbstverständnisses erklärt. Objektivität wurde ergänzt durch Engagement, Erfahrung und Erleben, wodurch die Grenzen gegenüber Propaganda und Politik erneut verwischt wurden. Die offensichtliche Spannung des Nebeneinanders von wissenschaftlicher Forschung und propagandistischer wie politischer Praxis wurde parallel zu den Abgrenzungsdiskursen mit dem Selbstverständnis als „kämpfende Wissenschaft" offensiv zu überbrücken versucht. Der Begriff, der in verschiedenen Kontexten benutzt, jedoch offensichtlich von Walter Frank für die Arbeit an seinem Reichsinstitut eingeführt wurde, sollte die gegensätzlichen Momente dieses Wissenschaftsverständnisses vereinen und ihren neuen Charakter bezeichnen[34]. Das Gegenbild bot die als vermeintlich apostrophierte Voraus-

30 Zum spezifischen Antisemitismus der antijüdischen Wissenschaft im „Dritten Reich" vgl. Rupnow, Rasse.

31 Vgl. beispielsweise Frank, Wissenschaft; Verschuer, Historiker.

32 Vgl. beispielhaft Schickert, Judenforschung. Exemplarisch sei hierzu auch auf die Untersuchung des Wissenschaftsbegriffes Walter Grundmanns verwiesen, vgl. Schüfer, Programm.

33 Vgl. beispielhaft Grau, Institut; Wissenschaft und Reklame. In: Mitteilungen zur weltanschaulichen Lage, 12. 9. 1941 (Abschrift in: BArch Berlin, BDC/OPG-Z Grau, Bl. 154–157).

34 Der Begriff der „kämpfenden Wissenschaft" wurde schon vor dem Krieg und dem „Kriegseinsatz der deutschen Geisteswissenschaften" (unter der Leitung des Kieler Rektors Paul Ritterbusch) von Walter Frank geprägt. Er hatte das Konzept in Auseinandersetzung mit Maurice Barrès und Charles Maurras entwickelt, vgl. Frank, Nationalismus. Im Weiteren griff Frank dann vor allem auf Heinrich von Treitschke als deutsches Vorbild und einen spezifisch deutschen Bildungsbegriff zurück, vgl. Frank, Wissenschaft.

setzungslosigkeit und Objektivität der Wissenschaften im liberalen Zeitalter, die ihrerseits als „pseudo-wissenschaftlich“ denunziert und als „politisch-moralischer Terror“ dargestellt wurden.

3. Eine NS-Musterwissenschaft?

Insgesamt kann die „Judenforschung“ im Hinblick auf den von Michael Grüttner erarbeiteten Katalog von Kennzeichen eines spezifisch nationalsozialistischen Wissenschaftsverständnisses geradezu als Musterwissenschaft des „Dritten Reichs“ angesehen werden[35]. Die Ablehnung der Voraussetzungslosigkeit von Wissenschaft, die Aufhebung der Trennung von Wissenschaft und Leben mit der Forderung nach Nützlichkeit, die zentrale Bedeutung des Rassebegriffs, der Anspruch einer ganzheitlichen Betrachtung gegen eine disziplinäre Spezialisierung und Abgrenzung, die Frontstellung gegen Internationalität sowie die Einführung des Volks als Forschungsgegenstand bzw. Bezugspunkt finden sich als konstitutive Momente ihres Selbstverständnisses und werden in ihren grundlegenden und programmatischen Schriften ständig diskutiert.

Quellen- und Literaturverzeichnis

I. Unveröffentlichte Quellen und Darstellungen

Bundesarchiv, Berlin (BArch)

Bestand: Ahnenerbe: Wolf Heinrichsdorff (1907), Denkschrift: Das Institut zum Studium der Judenfrage, o. D. (Heinrichsdorff an Ahnenerbe/Kaiser, 15. 9. 1939).

Bestand: R55/371, Bl. 10 f., RMPV/Abt. II, Ref. II/2 und II/4 an RMPV/Abt. I, 27. 3. 1934.

Bestand: R58/7400, Bl. 90–96, Arbeitsplan VII B 1 b – Judentum, o. D. (Ende 1941/ Anfang 1942).

Bestand: NS8/180, Bl. 82 f., OB Krebs an Heß, Betr. Einrichtung eines Reichsinstituts zur Bestand: Erforschung des Judentums und der Judenfrage in Frankfurt a. M., 9. 11. 1938.

Bestand: R 4901/14.105, Bl. 31–37, Grau, Aufgaben der deutschen Judenpolitik im Ausland. Gedanken und Vorschläge, 27. 3. 1938.

Bestand: BDC/OPG-Z Grau, Bl. 154–157.

35 Vgl. Grüttner, Wissenschaftspolitik.

Institut für Stadtgeschichte, Frankfurt a. M. (ISG)

Bestand: MA 8.614, Bl. 16 ff., OB Krebs an Frick, Betr. Errichtung einer wissenschaftlichen und politischen Zentralstelle zur Erforschung der Judenfrage in Frankfurt a. M., o. D.

National Archives and Records Administration, Washington (NARA)

Bestand: T120 4661 (AA, Inland II A/B: Juden in Frankreich, Bd. IV), frame 45064, Deutsche Botschaft Paris an Auswärtiges Amt, Betrifft: Behandlung der Sefarden, 23. 1. 1942.

Bestand: frame 45065 f., Association Culturelle Sepharadite de Paris, 13. 1. 1941.

Bestand: T120 4661 (AA, Inland II A/B: Juden in Frankreich, Bd. IV), frame 45083 ff., Die Hohe Schule in Vorbereitung, Außenstelle Frankfurt a. M./Grau an AA, 7. 2. 1942.

Bestand: T120 4666 (AA, Inland II A/B: Juden in Portugal), frame 47661–47666, Reichsinstitute für Geschichte des neuen Deutschlands / Euler: Zur Frage der genealogischen Einordnung der sogenannten portugiesischen Juden in den Niederlanden, München 12. 1. 1943.

Bestand: T120 4668 (AA, Inland II A/B: Juden im Iran), frame 46189, Reichsminister des Innern/Feldscher an AA, Betrifft: Iranische Juden, Berlin 2. 10. 1942.

Bestand: T120 4668 (AA, Inland II A/B: Juden im Iran), frame 46194 f., Reichsinstitut für Geschichte des neuen Deutschlands/Euler: Die Abstammung der persischen und afghanischen Angehörigen des mosaischen Bekenntnisses, München 23. 10. 1942.

Bestand: T120 4668, frame 46196 f., Reichsinstitut für Geschichte des neuen Deutschlands/Euler: Die Abstammung der kaukasischen und georgischen Angehörigen des mosaischen Bekenntnisses, München 23. 10. 1942.

Bestand: T120 4668, frame 46200 f., Institut zur Erforschung der Judenfrage/Paul an AA, Betrifft: Einwohner mosaischen Bekenntnisses in kaukasischen und arischen Ländern, Frankfurt a. M. 27. 10. 1942.

Bestand: T120 4668, frame 46203 ff., Chef der Sipo und des SD/Eichmann, IV B 4 b – 2032/42, an AA/Klingenfuss, Betrifft: Juden iranischer Staatsangehörigkeit, Berlin 8. 12. 1942.

Bestand: T120 4668., frame 46212 f., NSDAP/Partei-Kanzlei/Der Leiter des Rassenpolitischen Amtes der NSDAP/Gross an AA, Berlin 7. 1. 1943.

Bestand: T120 4668, frame 46225, NSDAP/Partei-Kanzlei/Der Leiter des Rassenpolitischen Amtes der NSDAP/Gross an AA/Rademacher, Betrifft: Iranisch-afghanische Juden, sowie die Bergjuden im Kaukasus.

Bestand: T120 4668, frame 46227 f., Institut für Grenz- und Auslandsstudien/Teich an Rassenpolitisches Amt/Wetzel, Betrifft: Rassische Einordnung der Bergjuden, Berlin 27. 1. 1943.

Bestand: T120 4668, frame 46239–46242, Gerhard Kittel: Über die persischen, afghanischen und kaukasischen Juden, Wien 16. 2. 1943.

Universitätsarchiv der Humboldt-Universität, Berlin (UHB)

Bestand: Phil. Fak. 1453.

Universitätsarchiv der Universität, Wien (UAW)

Bestand: Rektorat 1473–1939/40 und Phil. Fak. 734–1941/42.

Universitätsarchiv der Universität, Tübingen (UAT)

Bestand: 126a/284; BAB, NS 8/266, Koeppen an Schickert, 31. 10. 1944.

II. Veröffentlichte Quellen und Darstellungen

Amt Schrifttumspflege der NSDAP (Hg.): Schrifttum zur Judenfrage. Eine Auswahl (Schrifttumsbeiträge zur weltanschaulichen Schulungsarbeit 4). München o. J.

Arnhold, Oliver: „Entjudung" - Kirche im Abgrund. Bd. 1: Die Thüringer Kirchenbewegung Deutsche Christen 1928–1939. Bd. 2: Das „Institut zur Erforschung und Beseitigung des jüdischen Einflusses auf das deutsche kirchliche Leben" 1939–1945 (SKI 25/1–2). Berlin 2010.

–: Walter Grundmann und das „Institut zur Erforschung und Beseitigung des jüdischen Einflusses auf das deutsche kirchliche Leben". In: Gailus / Vollnhals: Christentum, 203–217.

Backhaus, Fritz / Liepach, Martin: Leo Baecks Manuskript über die „Rechtsstellung der Juden in Europa". Neue Funde und ungeklärte Fragen. In: Zeitschrift für Geschichtswissenschaft 50 (2002), H. 1, 55–71.

Billig, Joseph: L'Institut d'Etude des Questions Juives, officine française des autorités nazies en France (Les Inventaires des Archives du Centre de Documentation Juive Contemporaine 3). Paris 1974.

Frank, Walter: Nationalismus und Demokratie im Frankreich der dritten Republik (1871 bis 1918). Hamburg 1933.

–: Kämpfende Wissenschaft. Mit einer Vor-Rede des Reichsjugendführers Baldur von Schirach. Hamburg 1934.

–: Deutsche Wissenschaft und Judenfrage. In: Forschungen zur Judenfrage 1 (1937), 17–32.

–: Die Erforschung der Judenfrage. Rückblick und Ausblick. In: Forschungen zur Judenfrage 5 (1941), 7–21.

Fritz Bauer-Institut (Hg.): „Beseitigung des jüdischen Einflusses…". Antisemitische Forschung, Eliten und Karrieren im Nationalsozialismus (Jahrbuch 1998/99 zur Geschichte und Wirkung des Holocaust). Frankfurt a. M. / New York 1999.

Gailus, Manfred / Vollnhals, Clemens (Hg.): Für ein artgemäßes Christentum der Tat. Völkische Theologen im „Dritten Reich" (Berichte und Studien Nr. 71). Göttingen 2016.

Grau, Wilhelm: Die Judenfrage in der deutschen Geschichte. In: Vergangenheit und Gegenwart 26 (1936), 193–209 u. 249–259.

–: Um den jüdischen Anteil am Bolschewismus. In: Historische Zeitschrift 153 (1936), 336–343.

–: Antisemitismus im späten Mittelalter. Das Ende der Regensburger Judengemeinde 1450–1519. Mit einem Geleitwort von Karl Alexander von Müller. München / Leipzig 1934. [2. erw. Aufl. Berlin 1939].

–: Das Institut zur Erforschung der Judenfrage. In: Weltkampf 1941, H. 1/2, 16–21.

–: Die geschichtlichen Lösungsversuche der Judenfrage. In: Weltkampf 1941, H. 1/2, 7–15.

–: Die Judenfrage in der deutschen Geschichte. Leipzig / Berlin $^{4/5}$1942.

Grüttner, Michael: Wissenschaftspolitik im Nationalsozialismus. In: Doris Kaufmann (Hg.): Geschichte der Kaiser-Wilhelm-Gesellschaft im Nationalsozialismus. Bestandsaufnahme und Perspektiven der Forschung (Geschichte der Kaiser-Wilhelm-Gesellschaft im Nationalsozialismus 1/2). Göttingen 2000, 557–585.

Hachmeister, Lutz: Der Gegnerforscher. Die Karriere des SS-Führers Franz Alfred Six. München 1998.

Heiber, Helmut: Walter Frank und sein Reichsinstitut für Geschichte des neuen Deutschlands (Quellen und Darstellungen zur Zeitgeschichte 13). Stuttgart 1966.

Heschel, Susannah: Nazifying Christian Theology. Walter Grundmann and the Institute for the Study and Eradication of Jewish Influence on German Church Life. In: Church History 63 (1994), 587–695.

–: Deutsche Theologen für Hitler. Walter Grundmann und das Eisenacher „Institut zur Erforschung und Beseitigung des jüdischen Einflusses auf das deutsche kirchliche Leben". In: Fritz Bauer-Institut, Beseitigung, 147–167.

–: The Aryan Jesus. Christian Theologians and the Bible in Nazi Germany. Princeton / Oxford 2008.

Hoffmann, Christhard: Wissenschaft des Judentums in der Weimarer Republik und im „Dritten Reich". In: Michael Brenner / Stefan Rohrbacher (Hg.): Wissenschaft vom Judentum. Annäherungen nach dem Holocaust. Göttingen 2000, 25–41.

Illustrierter Beobachter, 30. 4. 1942.

Kufeke, Kay: Rassenhygiene und Rassenpolitik in Italien. Der Anthropologe Guido Landra als Leiter des „Amtes zum Studium des Rassenproblems". In: Jahrbuch für Antisemitismusforschung 10 (2001), 265–286.

Lammers, Karl Christian: Die „Judenwissenschaft" im nationalsozialistischen Dritten Reich. Überlegungen zur „Forschungsabteilung Judenfrage" in Walter

Franks „Reichsinstitut für Geschichte des neuen Deutschlands“ und zu den Untersuchungen Tübinger Professoren zur „Judenfrage“. In: Freddy Raphael (Hg.): „…das Flüstern eines leisen Wehens…“. Beiträge zu Kultur und Lebenswelt europäischer Juden. Festschrift für Utz Jeggle. Konstanz 2001, 369–391.

Lerchenmüller, Joachim: Die Geschichtswissenschaft in den Planungen des Sicherheitsdienstes der SS. Der SD-Historiker Hermann Löffler und seine Gedenkschrift „Entwicklung und Aufgaben der Geschichtswissenschaft in Deutschland“. Bonn 2001.

Matthäus, Jürgen: „Weltanschauliche Forschung und Auswertung“. Aus den Akten des Amtes VII im Reichssicherheitshauptamt. In: Jahrbuch für Antisemitismusforschung 5 (1996), 287–330.

–: Konzept als Kalkül. Das Judenbild des SD 1934–1939. In: Michael Wildt (Hg.): Nachrichtendienst, politische Elite und Mordeinheit. Der Sicherheitsdienst des Reichsführers SS. Hamburg 2003, 118–143.

– u. a.: Ausbildungsziel Judenmord? „Weltanschauliche Erziehung“ von SS, Polizei und Waffen-SS im Rahmen der „Endlösung“. Frankfurt a. M. 2003.

Papen, Patricia von: Schützenhilfe nationalsozialistischer Judenpolitik. Die „Judenforschung“ des „Reichsinstituts für Geschichte des neuen Deutschlands“ 1935–1945. In: Fritz Bauer-Institut, Beseitigung, 17–42.

–: Vom engagierten Katholiken zum Rassenantisemiten. Die Karriere des Historikers der „Judenfrage“ Wilhelm Grau 1935–1945. In: Georg Denzler / Leonore Siegele-Wenschkewitz (Hg.): Theologische Wissenschaft im „Dritten Reich“. Ein ökumenisches Projekt. Frankfurt a. M. 2000, 68–113.

Papen-Bodek, Patricia von: Anti-Jewish Research of the „Institut zur Erforschung der Judenfrage“ in Frankfurt am Main between 1939 and 1945. In: Jeffry M. Diefendorf (Hg.): Lessons and Legacies. Vol. IV: New Currents in Holocaust Research. Evanston 2004, 155–189.

–: The Hungarian Institute for Research into the Jewish Question and Its Participation in the Expropriation and Expulsion of Hungarian Jewry. In: Pieter M. Judson / Marsh L. Rozenblit (Hg.): Constructing Nationalities in East Central Europe. New York / Oxford 2005, 223–242.

Praesent, Hans: Neuere deutsche Doktorarbeiten über das Judentum. In: Die Judenfrage in Politik, Recht, Kultur und Wirtschaft 7 (1943), 351–353.

–: Bibliographie deutscher Dissertationen über die Judenfrage 1939–1942. In: Weltkampf 1944, H. 2, 103–105.

Puschner, Uwe: Sozialdarwinismus als wissenschaftliches Konzept und politisches Programm. In: Gangolf Hübinger (Hg.): Europäische Wissenschaftskulturen und politische Ordnungen in der Moderne (1890–1970) (Schriften des Historischen Kollegs 77). München 2014, 99–121.

–: Verwissenschaftlichung der Weltanschauung. Völkische Aspirationen, Strategien und Rezeptionen in der langen Jahrhundertwende. In: Michael Fahlbusch / Ingo Haar / Alexander Pinwinkler (Hg.): Handbuch der völkischen Wissenschaften. Bd. 1. Zweite, grundlegend erw. u. überarb. Aufl. Berlin / Boston 2017, 9–18.

RUPNOW, Dirk: 'Arisierung' jüdischer Geschichte. Zur nationalsozialistischen 'Judenforschung'. In: Leipziger Beiträge zur jüdischen Geschichte und Kultur 2 (2004), 349–367.

–: „Judenforschung“ im „Dritten Reich“. Wissenschaft zwischen Ideologie, Propaganda und Politik. In: Matthias Middell / Ulrike Sommer (Hg.): Historische West- und Ostforschung in Zentraleuropa zwischen dem Ersten und dem Zweiten Weltkrieg – Verflechtung und Vergleich (Geschichtswissenschaft und Geschichtskultur im 20. Jahrhundert 5). Leipzig 2004, 107–132.

–: Vernichten und Erinnern. Spuren nationalsozialistischer Gedächtnispolitik. Göttingen 2005.

–: Eine neue nationalsozialistische Musterdisziplin? „Judenforschung“ an der Universität Leipzig. In: Stephan Wendehorst (Hg.): Jüdische Kapitel der Leipziger Universitätsgeschichte. Leipzig 2006.

–: Antijüdische Wissenschaft im „Dritten Reich“. Wege, Probleme und Perspektiven der Forschung. In: Simon Dubnow-Institut Jahrbuch/Yearbook 5 (2006).

–: Rasse und Geist. Antisemitismus, antijüdische Wissenschaft und Definitionen des „Jüdischen“ im „Dritten Reich“. In: Zeitgeschichte 34 (2007) H. 1, 4–24.

–: Judenforschung im Dritten Reich. Wissenschaft zwischen Politik, Propaganda und Ideologie (Historische Grundlagen der Moderne – Autoritäre Regime und Diktaturen 4). Baden-Baden 2011.

SCHICKERT, Klaus: Die Judenforschung in der Wissenschaft. In: Stuttgarter NS-Kurier vom 25. 6. 1944.

SCHIEFELBEIN, Dieter: Das „Institut zur Erforschung der Judenfrage Frankfurt am Main“. Antisemitismus als Karrieresprungbrett im NS-Staat. In: Fritz Bauer-Institut, Beseitigung, 43–71.

–: Das „Institut zur Erforschung der Judenfrage Frankfurt am Main“. Vorgeschichte und Gründung 1935–1939 (Arbeitsstelle zur Vorbereitung und Gründung des Frankfurter Lern- und Dokumentationszentrum des Holocaust / Fritz Bauer-Institut in Gründung, Materialien 9). Frankfurt a. M. o. J.

SCHMIDT, Daniela / SCHUSTER, Dirk: „Entjudung“ – Wort, Phänomen, Programm. Zur Verwendungsgeschichte eines Begriffes. In: PaRDeS. Zeitschrift der Vereinigung für Jüdische Studien 22 (2016), 167–191.

SCHOCHOW, Werner: Deutsch-jüdische Geschichtswissenschaft. Eine Geschichte ihrer Organisationsformen unter besonderer Berücksichtigung der Fachbibliographie (Diss. phil.). Berlin 1966. Nachdruck 1998.

SCHUSTER, Dirk: Die Lehre vom „arischen“ Christentum. Das wissenschaftliche Selbstverständnis im Eisenacher „Entjudungsinstitut“. Göttingen 2017.

SCHÜFER, Tobias: Walter Grundmanns Programm einer erneuerten Wissenschaft: Die „Völkische Theologie“ von 1937 und ihre Ausgestaltung in der „Jenaer Studienreform“. In: Roland Deines / Volker Leppin / Karl-Wilhelm Niebuhr (Hg.): Walter Grundmann. Ein Neutestamentler im Dritten Reich (AKThG 21). Leipzig 2007, 219–237.

SIMON, Hermann: Bislang unbekannte Quellen zur Entstehungsgeschichte des Werkes „Die Entwicklung der Rechtsstellung der Juden in Europa, vornehmlich in

Deutschland". In: Georg Heuberger / Fritz Backhaus (Hg.): Leo Baeck 1873–1956. Aus dem Stamme von Rabbinern. Frankfurt a. M. 2001, 103–110.

Sommerfeldt, Josef: Die Aufgaben des Referats Judenforschung. In: Deutsche Forschung im Osten 1 (1941), 29–35.

–: 200 Jahre deutscher Abwehrkampf gegen das Ostjudentum. In: Deutsche Post aus dem Osten 15 (1943), 8–13.

Steinweis, Alan E.: Studying the Jew. Scholarly Antisemitism in Nazi Germany. Cambridge (Mass.) 2006.

Verschuer, Otmar Frhr. von: Was kann der Historiker, der Genealoge und der Statistiker zur Erforschung des biologischen Problems der Judenfrage beitragen. In: Forschungen zur Judenfrage 2 (1937), 216–222.

Volkmer, Gerhard F.: Die deutsche Forschung zu Osteuropa und zum osteuropäischen Judentum in den Jahren 1933–1945. In: Forschungen zur osteuropäischen Geschichte 42 (1989), 109–214.

Weinreich, Max: Hitler's Professors. The Part of Scholarship in Germany's Crimes against the Jewish People. With a new introduction by Martin Gilbert. New Haven / London 1999 [Erstveröffentlichung 1946].

Zur Einführung. In: Mitteilungen über die Judenfrage 1 (1937), 1, 1. 2. 1937.

II. Das ‚Entjudungsinstitut'

Christian Wiese

Das Evangelium als „Urkunde der jüdischen Glaubensgeschichte"

Spuren des zeitgenössischen jüdischen geistigen Widerstands gegen die theologisch-völkische Religionswissenschaft des Eisenacher ‚Entjudungsinstituts'[1]

1. „Instinktive Verdeutschung des Christlichen": Ein Festakt auf der Wartburg

Am 6. Mai 1939 fand auf der Wartburg, auf der – achtzig Jahre später – Expertinnen und Experten aus Theologie und Geschichtswissenschaften im Rahmen einer wissenschaftlichen Konferenz an eines der dunkelsten Kapitel des Protestantismus in Deutschland erinnerten, eine Veranstaltung statt, deren überlieferte Zeugnisse nur als beklemmend zu beschreiben sind[2]. Den Auftakt der feierlichen Eröffnung des „Instituts zur Erforschung und Beseitigung des jüdischen Einflusses auf das deutsche kirchliche Leben" bildeten Grußworte des Präsidenten des Evangelischen Oberkirchenrates, Friedrich Werner, und des thüringischen Landesbischofs Martin Sasse, in Gegenwart eines Vertreters des Reichskirchenministeriums und der Repräsentanten mehrerer deutscher theologischer Fakultäten, gefolgt von einer Eröffnungsrede Siegfried Lefflers, der Führungsfigur der Thüringer Kirchenbewegung Deutsche Christen, all das umrahmt von Mozart, Schubert und Liedern, die die neue Zeit und die tatkräftige Treue zu Volk und Reich besangen. Im Mittelpunkt stand sodann ein Eröffnungsvortrag des wissenschaftlichen Leiters des Instituts, Walter Grundmann, der seit 1933 mit einer Vielzahl antisemitischer Publikationen hervorgetreten und 1938 zum ordentlichen Professor für Neues Testament und „Völkische Theologie" an der Universität Jena ernannt worden war[3].

Seit der Pogromnacht im November 1938 hatte Grundmann gezielt auf die Gründung eines völkisch orientierten Forschungsinstituts hingearbeitet[4], und

---

1 Der vorliegende Essay entstand im Kontext des vom Hessischen Ministerium für Wissenschaft und Kunst geförderten LOEWE-Forschungsschwerpunkts „Religiöse Positionierung: Modalitäten und Konstellationen in jüdischen, christlichen und islamischen Kontexten" an der Goethe-Universität Frankfurt am Main und der Justus-Liebig-Universität Gießen.

2 Vgl. ARNHOLD, Entjudung, 476–489.

3 Zu den unterschiedlichen Facetten von Grundmanns Biographie und theologisch-politischer Ideologie vgl. u. a. HESCHEL, Theologen; OSTEN-SACKEN, Grundmann; DEINES / LEPPIN / NIEBUHR, Grundmann; ARNHOLD, Grundmann, 203–217.

4 Zur Vorgeschichte vgl. HESCHEL, Jesus (2008), 67–94; ARNHOLD, Entjudung, 458–476; SCHUSTER, Lehre, 45–68.

sein Vortrag mit dem Titel „Die Entjudung des religiösen Lebens als Aufgabe deutscher Theologie und Kirche“ formulierte in wesentlichen Zügen jene Aspekte, die ihm mit Blick auf das Selbstverständnis der protestantischen Kirche im nationalsozialistischen Staat zwingend erforderlich erschienen. Die Zeit des historischen Umbruchs in Deutschland „auf der Grundlage eines seiner Rasse und Art bewußten Volkes“[5], so Grundmann, erinnere an die Epoche der Reformation Martin Luthers, dessen Radikalität es im Gefolge der Erweckung der „völkischen Wahrheit“ – von Johann Gottlieb Fichte bis in die Gegenwart – fortzuführen gelte[6]. Vor allem die protestantische Kirche müsse eine entschiedene Rolle im Kampf des deutschen Volkes gegen das Judentum einnehmen, gegen die „Nutznießer der Ideen der Französischen Revolution“, jener Ideen der Emanzipation, die das Ghetto der Juden geöffnet und ihren „die Welt erobernden, das Völkische auslöschenden und die Weltherrschaft des Judentums herbeiführenden Ausdruck“ letztlich im Bolschewismus gefunden hätten[7]. Der damit verbundenen grundlegenden „Schicksalsfrage“ nach dem Einfluss des jüdischen Geistes auf das deutsche religiöse Leben und der „Ausschaltung dieses Einflusses“ könne sich die Kirche gerade aufgrund der Geschichte des Christentums nicht entziehen. Da es sich nicht leugnen lasse, dass Altes wie Neues Testament „in weiten Teilen jüdischen Geist atmen, ebenso wie sie leidenschaftlichen Kampf gegen ihn erkennen lassen“[8], stehe die Kirche angesichts der politischen Zeichen der Zeit vor dem Dilemma, dass völkisches Empfinden vielen Menschen den Zugang zur Bibel versperre, weil sie „mit voller Wucht“ von der historischen Erkenntnis des Jüdischen im Alten Testament und auch in bestimmten Partien des Neuen Testaments getroffen würden[9]. Es sei daher die fortdauernde reformatorische Aufgabe des Protestantismus, der geschichtlichen Stunde gerecht zu werden und das Christentum auf dem Wege wissenschaftlicher Forschung vom Ballast seiner jüdischen Ursprünge zu befreien.

Grundlegend für diese Fortschreibung der Reformation war Grundmann zufolge die Überwindung der traditionellen Konstruktion eines „heilsgeschichtlichen Zusammenhangs von Abraham auf Christus“, an dem Luther zeitbedingt zumindest teilweise festgehalten habe, und der Ausgrenzung anderer Quellen der „sich bezeugenden Wirklichkeit Gottes“, von Zarathustra, Sokrates und Platon bis hin zur Vorgeschichte germanischer Ideen[10]. Dazu kämen auf das Institut fundamentale Aufgaben praktischer Art zu: die Schaffung einer Ausgabe der vier Evangelien, die spätere Umformungen, die mit dem Ziel erfolgt seien, den Zusammenhang mit dem „Alten Testament“ zu

---

5 Grundmann, Entjudung, 5.
6 Ebd., 9.
7 Ebd.
8 Ebd., 10.
9 Ebd.
10 Ebd., 13 f.

begründen, rückgängig zu machen geeignet sei[11]; die kritische Sichtung von Liturgie und Liedgut der christlichen Kirche, um zu „einer Gottesdienstordnung der Deutschen zu kommen und ein Feierliedbuch der Deutschen zu schaffen“[12]; eine Untersuchung des Kirchenrechts auf jüdische Einflüsse; und vor allem die Aufklärung der deutschen Öffentlichkeit mit Blick auf die in der Öffentlichkeit verbreitete verfehlte These, „Christentum sei Fortsetzung und Vollendung des Judentums“ – eine These, welche die Gefahr einer völkischen Wendung gegen den christlichen Glauben in sich berge[13].

Die Hauptaufgabe des Instituts, so Grundmann, sei jedoch eine solide wissenschaftliche Grundlagenarbeit, mit deren Hilfe allein sich die Frage nach dem jüdischen Einfluss und seiner Beseitigung klären lasse. Mehrere zentrale Aspekte führte Grundmann seinem Publikum vor Augen, von denen hier lediglich vier erwähnt seien. Vordringlich war aus seiner Sicht erstens die Klarstellung „der Rolle, die das Judentum für die Geschichte Jesu und des Urchristentums“ spiele[14], da deren bisheriges Verständnis durch neue Erkenntnisse grundsätzlich in Frage gestellt sei – hier deutet sich die Problematik des „arischen Jesus“ an, die für die völkische Theologie des Eisenachers Institut entscheidend wurde. Notwendig sei zweitens die Klärung der „bevölkerungsgeschichtlichen und religionsgeschichtlichen Fragen Palästinas zur Zeit Jesu“[15] – d. h. die Anwendung der Kategorien der rassischen Weltanschauung und ihrer Implikationen bei der historischen Interpretation der Religionsgeschichte Palästinas und des Vorderen Orients zur Zeit der Entstehung des frühen Christentums. Drittens müsse sich der Protestantismus mit dem „inneren Problem der deutschen Reformation“ auseinandersetzen, die „unter dem fundamentalen Einfluss der paulinisch geprägten Form des Christentums im Neuen Testament“ zustande gekommen sei und im Licht der Gegenwart neu verstanden werden müsse, und zwar in Richtung auf eine „instinktive Verdeutschung des Christlichen“[16]. Nicht zuletzt forderte Grundmann viertens eine historische Klärung des wechselseitigen Verhältnisses von Judentum und Christentum sowie der Haltung des Judentums gegenüber dem Christentum“, d. h. zum einen die Darlegung der Haltung wichtiger christlicher Persönlichkeiten gegenüber dem Judentum, zum anderen die kritische Untersuchung des Wendepunkts, den Aufklärung und Emanzipation für die christlich-jüdischen Beziehungen bedeuteten – einer Zäsur, die aus seiner Sicht eine für das moderne Christentum verhängnisvolle Entwicklung markierte:

11 Ebd., 17 f.
12 Ebd., 18.
13 Ebd., 19.
14 Ebd.
15 Ebd., 20.
16 Ebd., 21.

> „Vor dieser Zeit liegende jüdische Schriften über Jesus sind in einem ihn beschimpfenden Tone gehalten und betonen das Trennende zwischen ihm und dem Judentum. Das wird im 19. Jahrhundert anders. Seit dieser Zeit wird Jesus in immer stärkerem Maße vom Judentum für sich selbst mit Beschlag belegt. In gleichem Maße vollzieht sich die grundsätzliche Aufgabe der Gegnerschaft der christlichen Kirchen gegenüber dem Judentum und eine Annäherung zwischen beiden, die deutlich unter der Idee moderner Humanität steht.“[17]

Für Grundmann spielte dieser letzte Aspekt, die zeitgenössische jüdische Deutung Jesu und des Christentums eine bedeutsame Rolle, und es wird noch zu zeigen sein, mit welcher Obsession er in den folgenden Jahren immer wieder darauf zurückkam.

Im Folgenden werden am Beispiel einer zentralen Publikation Walter Grundmanns, die er 1942 unter dem Titel „Die geistige und religiöse Art des Judentums“ publizierte, die wesentlichen Grundlinien der Ideologie des sogenannten ‚Entjudungsinstituts‘ aufgezeigt. Dabei kommen zumindest kurz auch einige Erwägungen zum Kontext und zur Bedeutung dieser Art völkisch-theologischer „Judenforschung“ zur Sprache, zu ihrem Verhältnis zum Rassendenken der Zeit und zu ihrer Rolle im Zusammenhang dessen, was kirchliche Erklärungen seit den 1980er Jahren als Nötigung zur Erkenntnis der Mitverantwortung und Schuld der Christenheit in Deutschland an der Shoah gekennzeichnet haben. Der Fokus dieses Essays liegt jedoch darauf, im Spiegel der Ideologie Grundmanns die damals zum Schweigen gebrachte Stimme jüdischer Forscher hörbar zu machen, deren eigene historische und theologische Deutungen in einem diametralen Gegensatz zu den antisemitischen Konstruktionen der Mitglieder des Eisenacher Instituts standen. Während sich in den 1930er und frühen 1940er Jahren zahlreiche Texte und Initiativen – meist aus dem Exil – finden lassen, die es unternahmen, insbesondere die Arbeit der historischen Institute als antisemitische Propaganda zu entlarven und dem dort entworfenen verzerrten Bild von Juden und Judentum entgegenzutreten[18], finden sich explizite Bezüge auf das Eisenacher Institut offenbar erst 1946 bei Max Weinreich, dem Gründer des Jiddischen Wissenschaftlichen Instituts in New York. In seinem Buch „Hitler's Professors: The Part of Scholarship in Germany's Crimes against the Jewish People“ widmete er dem Eisenacher Institut zumindest einige Seiten[19]. Obwohl es weniger glamourös gewesen sei als die anderen fünf Institute, die sich der „Judenforschung“ verschrieben hätten – das „Institut zum Studium der Judenfrage“ in Berlin, das Berliner „Reichsinstitut für Geschichte des neuen Deutschland“

17 Ebd.

18 Zur Geschichte und Ideologie dieser Institute vgl. insbesondere Rupnow, Judenforschung; Steinweis, Jew, 10–22; zur vereinzelten Kritik jüdischer Forscher wie des Rabbiners Adolf Kober und des Historikers Eugen Täubler an dieser Form der „Judenforschung“ vgl. Rupnow, Judenforschung, 239–245; Natterman, Geschichtsschreibung, 37–49.

19 Vgl. Weinreich, Professors, 62–67.

und seine „Forschungsabteilung Judenfrage“ in München sowie das von Alfred Rosenberg gegründete „Institut zur Erforschung der Judenfrage“ in Frankfurt am Main – habe es dennoch keine unbedeutende Rolle gespielt: „In exertion of energy, for one thing, it was second to none“[20]. Dass keine unmittelbare jüdische Rezeption der Arbeiten des Instituts noch während der NS-Zeit greifbar zu sein scheint, bedeutet jedoch keineswegs, dass jüdische Forscher nicht deutlichen Widerspruch gegen das Programm der „Arisierung“ oder „Entjudung“ des Christentums eingelegt hätten. Die zeitgenössischen Arbeiten jüdischer Historiker, Theologen und Philosophen, die in den 1930er und 1940er Jahren an den von der Tradition der Wissenschaft des Judentums im 19. und frühen 20. Jahrhundert entwickelten Perspektiven zur unaufhebbaren jüdischen Essenz des Christentums festhielten, können – auch ohne direkten Bezug auf das Institut – als unüberhörbarer geistiger Widerstand gegen dessen völkische Theologie verstanden werden.

2. „Kriegseinsatz der deutschen Religionswissenschaft“: Grundzüge der Ideologie des Eisenacher Instituts im Spiegel der völkischen Theologie Walter Grundmanns

Die Beiträge des vorliegenden Bandes versammeln zahlreiche Details, Deutungen und Forschungsperspektiven hinsichtlich der ideologischen Grundlagen des Eisenacher ‚Entjudungsinstituts‘ sowie dessen Geschichte und Wirksamkeit von seiner Gründung 1939 bis zum Ende des Zweiten Weltkriegs. Wichtig ist einmal die schon von Max Weinreich betonte und von der Forschung seither auf dramatische Weise bestätigte Tatsache, dass es sich bei der völkisch motivierten Theologie und Religionsforschung des Instituts nicht etwa um eine marginale, skurrile Erscheinung des deutschen Protestantismus handelte[21], sondern dass sich zahllose Geistliche und Universitätstheologen mit größtem Elan daran beteiligten, darunter namhafte Professoren wie Walter Grundmann und Johannes Leipoldt[22], beide Schüler des Tübinger Neutestamentlers Gerhard Kittel, der durch seine regelmäßigen Beiträge für die „Forschungen zur Judenfrage“ des „Reichsinstituts für Geschichte des neuen Deutschlands“ maßgeblich zur Pervertierung theologischer Wissenschaft beitrug[23], oder der Religionswissenschaftler und spätere anerkannte Qumranforscher Karl Georg Kuhn, der mit seiner antisemitischen Talmud-

20 Ebd., 62.

21 Vgl. Heschel, Jesus (2008), 6.

22 Zum Denken des Leipziger Neutestamentlers vgl. Schuster, Jesu; zu seiner Interpretation Jesu vgl. Leipoldt, Jesus; ders., Judentum; ders., Verhältnis.

23 Vgl. u. a. Siegele-Wenschkewitz, Wissenschaft; Ericksen, Theologen, 47–114; Steinweis, Jew, 66–76; Gailus / Vollnhals, Antisemitismus.

exegese das Bild des Judentums als einer allem Nichtjüdischen feindlich gesonnenen Religion bestärkte[24]. Übereinstimmung besteht auch darüber, dass das Institut in vielerlei Hinsicht erfolgreich war, eine breite nationale wie internationale Ausstrahlung besaß, zahlreiche Publikationen hervorbrachte und vor allem auch eine Breitenwirkung innerhalb der deutsch-christlich orientierten kirchlichen Bevölkerung entfaltete[25]. Letzteres verdankte es insbesondere dem praktisch orientierten Projekt einer völkischen Revision von Bibel, Liturgie, Gesangbuch und Katechismus[26]. Am berüchtigtsten war „Die Botschaft Gottes", von der Ende 1941 200.000 Kopien verkauft worden waren: eine Bibel ohne „Altes Testament" und in Gestalt eines grundlegend verzerrten Neuen Testaments, das ein angeblich „authentisches" Evangelium konstruierte, in dem alle Bezüge Jesu zur Hebräischen Bibel fehlten und in dem Paulus nur in solchen Auszügen aus seinen Briefen begegnete, in denen Jüdisches keine Rolle spielte[27]. Gut erforscht sind darüber hinaus die Verortung des Instituts innerhalb der zeitgenössischen antisemitischen „Judenforschung" und seine Affinitäten und Differenzen zu anderen völkischen Bewegungen[28], ebenso die Bedeutung einer interdisziplinären Rassenforschung für das zentrale Projekt, das Christentum als im Kern antijüdische Religion zu erweisen, deren Gründer, Jesus, kein Jude war, sondern leidenschaftlich für die Zerstörung des Judentums kämpfte und diesem Kampf zum Opfer fiel. Wichtig erscheint in diesem Zusammenhang die Beobachtung Susannah Heschels, dass die „arische" Rasse für die Vertreter dieser völkischen Theologie nicht bloß eine biologistische Kategorie darstellte, sondern zugleich als ein geistiges Element verstanden wurde, das – trotz seiner kulturellen Kraft – des Schutzes vor der gefährlichen Gegenmacht des „jüdischen Geistes" bedürftig sei[29].

Die Lektüre der pseudowissenschaftlichen Schriften, die das Eisenacher Institut während des Krieges und zeitgleich mit der Deportation und Ermordung der deutschen und europäischen Juden veröffentlichte, bleibt für die Forschung zur Kirchlichen Zeitgeschichte und zur Geschichte des Antisemitismus in Deutschland ein äußerst beklemmendes Unterfangen, konfrontiert sie doch unmittelbar mit der schuldhaften ideologischen Verstrickung von Teilen des deutschen Protestantismus in den Völkermord. Die folgende kursorische Darstellung von Grundelementen der Ideologie des Instituts beruht auf der Analyse der wichtigsten Quellen dieser antisemitisch vergifteten theologisch-völkischen Religionswissenschaft, namentlich des 1942 von dem Gießener Alttestamentler Karl Friedrich Euler gemeinsam mit Walter Grundmann verfassten Bandes „Das religiöse Gesicht des Judentums. Entstehung und Art". Der umfangreiche Beitrag Grundmanns darin, der unter

24 Kuhn, Ursprung; vgl. Steinweis, Jew, 76–91; Junginger, Verwissenschaftlichung, 255–275.
25 Vgl. Heschel, Jesus (2008), 6.
26 Vgl. Arnhold, Entjudung, 644–725; Heschel, Jesus (2008), 106–128.
27 Vgl. Arnhold, Entjudung, 649–682; Lorenz, Jesusbild.
28 Vgl. Puschner / Vollnhals, Bewegung; Schuster, Lehre, 125–127.
29 Heschel, Jesus (2008), 1.

dem Titel „Die geistige und religiöse Art des Judentums" ausdrücklich bejahend auf die Arbeiten der anderen Institutionen der sogenannten „Judenforschung" Bezug nimmt, bietet eine Zusammenschau seiner seit 1933 entwickelten kruden antisemitischen Thesen zum Verhältnis von Religion und Rasse, zu Jesu Gegensatz zum Judentum und zur angeblichen nachträglichen jüdischen Verfälschung seiner ursprünglichen Botschaft, zur zerstörerischen, „zersetzenden" Rolle des Judentums im christlichen Europa bis in die Gegenwart und zur providenziellen Aufgabe des deutschen Protestantismus mit Blick auf die „Entjudung" des Christentums[30]. Ziel dieser Schrift war, so der Schlussakkord, eine wissenschaftliche Darlegung „jüdischer Wesensart" und die Wiedergewinnung des „arisch-nordischen Gedankens" als des einzigen Weges zur Selbstbefreiung der Deutschen von der jahrhundertealten jüdischen Strategie, die Völker des Abendlands religiös und kulturell zu unterjochen[31].

Mit seinem Aufsatz beanspruchte Grundmann, eine wissenschaftlich-objektive Erhellung der „in den Mittelpunkt des ganzen Weltgeschehens gerückte(n) Judenfrage" zu leisten[32]. Am Anfang steht die Diagnose, letztere sei die Folge eines zutiefst zwiespältigen, verfehlten Geschichtsbilds des christlichen Abendlandes und der Tatsache, dass das Christentum in einem „eigentümlichen Doppelverhältnis zum Judentum" stehe: Einerseits betone es die Tötung Jesu durch die Juden und den unüberwindlichen Hass des Judentums gegenüber dem Christentum, andererseits halte es völlig widersinnig am „Alten Testament" als Grundlage der christlichen Gottesoffenbarung fest, deren „Verheißungen von Jesus Christus erfüllt seien und deren Gott der Vater Jesu Christi und damit auch der Gott der Christenheit sei"[33]. Die traditionelle christliche Feindschaft gegen die „Mörder Christi", das Verständnis der Kirche als des „wahren Israel", die Überzeugung von Gottes Zorn über das ungehorsame Volk Israel und vom infolgedessen verstockten, erstarrten Talmudjudentum, d. h. das Arsenal des traditionellen christlichen Antisemitismus, habe bis in die Moderne hinein immerhin dazu beigetragen, das Judentum ins Ghetto zu verbannen. Auf Grund seiner Bindung des eigenen Selbstverständnisses an das Judentum und des verfehlten Festhaltens an der eschatologischen Hoffnung auf die letztendliche Bekehrung der Juden sei dem Christentum jedoch der Weg zu einer „rassenbiologischen und rassenpsychologischen Erörterung und Erkenntnis der Judenfrage" verschlossen geblieben[34]. So gewiss der christliche Antisemitismus – „als geschlossene Geschichtsdeutung von hohem geistigen Range" – über anderthalb Jahrtausende hinweg einen „Schutzwall" gegen das Einbrechen des Jüdischen in die Kultur

30 Zur allmählichen Entwicklung und Radikalisierung seiner Thesen seit 1933 vgl. Deines, Jesus; Leppin, Gott.

31 Grundmann, Art, 162.

32 Ebd., 53.

33 Ebd., 54.

34 Ebd., 55.

des Abendlandes geboten habe, so sei doch das Christentum gleichwohl, eben da es den wahren Kern der „Judenfrage" verkannt habe, mitschuldig daran, dass „der – jüdisch ausgenutzte und zersetzte – Menschheitsgedanke der Aufklärung" die Mauern des Ghettos habe sprengen können[35]. Auf Grundlage dieser Prämisse entwickelt der Jenaer Theologe sodann seine pseudowissenschaftlichen religionsgeschichtlichen Thesen und seine obsessiven Angriffe gegen das Judentum von der Antike bis in die Moderne.

Grundmanns Bild der Entstehung und des Charakters des Judentums verdankte sich, wie er selbst explizit betonte, den rassenbiologischen Prämissen des modernen Antisemitismus[36]. Auf der Grundlage der 1930 von Hans F. K. Günther publizierten „Rassenkunde des jüdischen Volkes" beschrieb er Grundzüge einer rassischen Entwicklung des jüdischen Volkes, das seine Rasseneigenschaften in einem längeren, komplexen Prozess der Mischung ausgeprägt habe: Zu den Merkmalen der orientalischen Rasse, darunter „zähe Willenskraft, berechnende List, kalte Mitleidslosigkeit und ausschweifende Rachsucht"[37], sei in Palästina ein „vorderasiatische(s) Rassenelement" hinzugetreten, das sich – abgesehen von einem ausgeprägten „Handelsgeist" und „Herrschaftswillen" – vor allem durch den „Eifer zur Einfühlung in fremdes Seelenleben, zur Berechnung der Menschen und Zustände und eine Fähigkeit zur Auslegung und Umdeutung fremder Geistesgüter" auszeichnete[38]. Die wenigen „nordischen" Elemente, die in der frühen Geschichte Israels eine Rolle gespielt hätten, seien im Zuge der Entstehung des „Alten Testaments" „sehr rasch und gründlich ausgemerzt" worden, bis sich in der Zeit nach dem babylonischen Exil das Judentum als „rassenbiologische Größe" durchgesetzt und die ihm eigentümliche geistig-religiöse Prägung entwickelt habe: die Vorstellung eines dem jüdischen Volk exklusiv offenbarten Gesetzes, ein hasserfülltes Erwählungsbewusstsein und die glühende Erwartung „einer glorreichen Weltherrschaft, die die eigene Erhöhung und die Vernichtung der Völker" bringe[39]. Der „alte israelitische Nationalgott Jahve" sei in der nachexilischen Zeit zum Weltengott erhoben worden[40], und wo immer Juden es vermocht hätten, hätten sie andere Gruppen unter das Gesetz dieses Gottes unterworfen[41], so etwa auch die zwangsjudaisierte Bevölkerung Galiläas. Geistig sei das in dieser Zeit entstehende Judentum vor allem durch Gesetzlichkeit, zeremoniellen Ritualismus und einen „händlerischen starren Ver-

35 Ebd., 56.

36 Grundmanns Betonung der Bedeutung rassekundlicher Erkenntnisse für die Religionsgeschichte lässt sich bereits 1933 nachweisen; vgl. Grundmann, Religion.

37 Grundmann, Art, 57 f.

38 Ebd., 58. Grundmann zitiert hier Günther, Rassenkunde, 28 u. 34.

39 Grundmann, Art, 60 f.

40 Ebd., 67.

41 Vgl. ebd., 63.

geltungsgedanken" bestimmt gewesen, der jegliche lebendige Gottesbeziehung und Religion zerstört habe[42].

Ein weiteres zentrales Merkmal des Judentums seit der Zeit des Exils und in der gesamten Diasporageschichte war Grundmann zufolge sodann dessen grundsätzlich unschöpferischer Charakter, aus dem sich ein Grundzug der Geschichte seiner Beziehungen zur nichtjüdischen Umwelt entwickelt habe:

> „die Aneignung fremder Geschichte und Kultur und Lebensweise, eine Aneignung, die freilich auf die lebensvolle Einheit des Nichtjüdischen zersetzend wirkt und aus der der Versuch wächst, das Angeeignete und aus der eigenen Art Zersetzte nunmehr den anderen Völkern unterzuschieben und damit die Herrschaft des Judentums über und in den anderen Völkern zu begründen."[43]

Dieser Prozess habe bereits dort begonnen, wo sich die Juden das Schrifttum der israelitischen Stämme angeeignet und so das „Alte Testament" zu ihrer göttlich inspirierten Schrift gemacht hätten: Die religionsgeschichtliche Forschung stehe daher vor der schwierigen Aufgabe, „unter rassisch-völkischen Gesichtspunkten" zu prüfen, wo der Ursprung der alttestamentlichen und jüdischen Überlieferungen liege und wo sich möglicherweise noch vorjüdische Spuren der altisraelitischen Religion finden ließen[44]. Auch Elemente der – arisch geprägten – persischen Religion, vor allem deren Eschatologie sowie die Idee des Reiches Gottes, und die griechische Sprache und Gedankenwelt habe das Judentum sich angeeignet und umgewandelt, bis sich diese Methode schließlich paradoxerweise gegen die Juden selbst wandte: Die Judenchristen in den Reihen des jungen Christentums in Palästina, das im Grunde „vom Ursprung an unjüdisch" war und „von den Juden verfolgt und bekämpft" wurde[45], eigneten sich das „Alte Testament" an, machten es zum heiligen Buch der Christenheit, deuteten Christus als messianischen Erfüller der alttestamentlichen Verheißungen und schoben auf diese Weise dem Christentum eine – „zersetzend" wirkende – jüdische Geschichte unter.

Die ausführliche religionsgeschichtliche Begründung für diese Behauptung findet sich in früheren Arbeiten Grundmanns, vor allem in seinen beiden 1940

42 Vgl. EBD., 73.

43 EBD.

44 EBD., 76.

45 EBD., 82. Die These von der judenchristlichen und paulinischen „Unterschiebung" des „Alten Testaments" (EBD., 160) findet sich an anderer Stelle auch in der verschärften Variante der kategorischen Trennung eines in der Substanz verschiedenen alttestamentlichen und neutestamentlichen Gottesbegriffes; vgl. GRUNDMANN, Messiasproblem, 412: „Der alttestamentliche Gott ist immer Nationalgott und aller anderen völkischen Wirklichkeit feindlich, weil sie andere Götter aufweist; der alttestamentliche Gott ist immer eifersüchtiger Gesetzesgott, der in sich den Vergeltungsgedanken als Substanz trägt; der alttestamentliche Gott bereitet wohl ein zeitliches, aber kein ewiges Heil, denn wo im AT der Ewigkeitsgedanke auftaucht, ist er von anderen religiösen Größen übernommen. Der alttestamentliche Gott konnte seine Bedeutung nur dadurch gewinnen, daß er christlich verstanden wurde, wodurch das eigentlich christliche Gottesverständnis wieder gefährdet wurde."

erschienenen Schriften „Jesus der Galiläer und das Judentum" sowie „Wer ist Jesus von Nazareth?". Darin führte er, summarisch gesprochen, den tödlichen Gegensatz zwischen Jesus und dem Judentum seiner Zeit auf seine Herkunft in Galiläa zurück, dessen Bevölkerung zwar zwangsmissioniert worden, aber in rassischer Hinsicht nichtjüdisch gewesen sei. Als „Sohn galiläischer Eltern" müsse er, wenn auch eine klare „arische" Herkunft nicht nachweisbar sei, doch als „nichtjüdisch" gelten[46], wie auch sein ablehnendes Verhältnis zu allem Jüdischen beweise:

> „Das in ihm [Jesus] aus verschiedenen Wurzeln Gewachsene trat in einen grundsätzlichen Gegensatz zu den jüdischen Positionen auf der ganzen Linie des religiösen und menschlichen Lebens. Aus der unserer Zeit geschenkten Erkenntnis der Einheit seelischer Haltung und blutsmäßigen Erbes ergibt sich mit Notwendigkeit, daß aller Wahrscheinlichkeit nach Jesus, da er auf Grund seiner seelischen Artung kein Jude gewesen sein kann, es auch blutsmäßig nicht war"[47].

In seinem Essay über die „religiöse und geistige Art des Judentums" formulierte Grundmann die Konsequenzen seiner Thesen zum galiläischen Jesus für das aus seiner Sicht angemessene Verständnis der neutestamentlichen Zeitgeschichte und des protestantischen Christentums der Gegenwart. Jesu Auftreten und Botschaft bedeuteten demnach – trotz vereinzelter Anknüpfungen an alttestamentliche Elemente – keinen Rückgriff auf das alte Israel und seine Propheten, sondern eine völlige „Neuschöpfung", die es verwehre, ihn als „Reformator des Judentums oder als Erfüller alter Verheißungen" zu verstehen[48]. Jesus stehe gerade nicht in der Linie der Botschaft des prophetischen Messianismus, sondern habe „mit seiner Idee vom Reiche Gottes den großen indoarischen Reichs-Gottes- und Erlösergedanken schöpferisch weiter[geführt] und [...] alle spezifisch jüdische Zersetzung dieser Gedanken in der jüdischen Aneignung" überwunden[49]. Der fundamentale Gegensatz Jesu zum Judentum sei jedoch nicht nur durch jüdische Verfälschung, sondern gerade auch deshalb verdunkelt worden, weil sich das frühe Christentum, namentlich in Gestalt des judenchristlichen Matthäusevangeliums, als aus dem Judentum herauswachsende Bewegung verstanden und somit an die jüdische Geschichte gebunden habe. Selbst Paulus, der in seiner Theologie trotz der „logizistischen Starrheit seines jüdischen Denkens", die das ursprünglich Jesuanische zu

46 Grundmann, Jesus (1940a), 199 f.

47 Ebd., 205. Zum Jesusbild Grundmanns vgl. Heschel, Jesus (2008), 152–161; zur Vorgeschichte der Konzeption des „arischen Jesus" vgl. ebd., 26–66.

48 Grundmann, Art, 121.

49 Ebd., 162; vgl. auch die scharfe Abgrenzung Jesu vom jüdischen Messiasgedanken in Grundmann, Messiasproblem, 383 u. 411 f.; auch die in die Richtung völkischer Theologie zielende Behauptung, die Vorgeschichte des deutschen Christentums liege „nicht im Orient, nicht im Alten Testament", sondern „in der eigenen nordisch-germanischen Vergangenheit mit ihren sittlich-religiösen Werten", begegnet in den Schriften der 1940er Jahre immer wieder; vgl. Grundmann, Geschichtsbild, 114.

verdecken drohte, z. T. „völlig unjüdische Gedanken“ vorgetragen und den jüdischen Gesetzesglauben radikal verworfen habe[50], sei letztlich im Judentum befangen geblieben, insofern dieses für ihn das erwählte, von Gott nicht endgültig verworfene Gottesvolk geblieben sei. Damit aber habe er „das von Jesus verkündete und eingeleitete Reichsgottesgeschehen zur israelitischen Heilsgeschichte verengt“[51]. Diese Bindung an das Jüdische sei von Luthers Reformation nur ansatzweise dort durchbrochen worden, wo die Affinität des Christentums zum „germanischen Geist“ erkennbar geworden sei, doch habe das „Erbe der zersetzenden Vergangenheit“ dem Protestantismus enge Grenzen gesetzt, die erst das „historisch-biologische Denken“ der Gegenwart aufzuheben verspreche[52].

Vor diesem Hintergrund zielte Grundmann jedoch noch auf etwas Anderes: auf die Widerlegung dessen, was er als anmaßende jüdische Aneignung Jesu im Gefolge der Aufklärung und der Emanzipation beklagte. Eingebettet ist die Argumentation in immer neue Warnungen vor der Gefährdung Europas durch die Faktoren, die er als zersetzende Merkmale des „jüdischen Geistes“ bekämpft sehen wollte, von Spinoza über Moses Mendelssohn und Heinrich Heine bis zu Karl Marx, und zu denen Jesus „in einem totalen und unüberbrückbaren Gegensatz“ stehe[53]: unschöpferische Gesetzlichkeit, formalistisch-mechanistisches Denken, rationalistisch-materialistischer Vergeltungsgedanke und jüdisches Weltherrschaftsstreben[54]. Die Polemik gegen den „holländischen Bankjuden und Propagandisten“ Spinoza[55] und die Deutung des Marxismus als gefährliche Steigerung eines weltlich-materiellen Messianismus, der allein auf die Errichtung einer „jüdischen Weltherrschaft“ ziele[56], gehörten zu den gängigen Waffen im Arsenal des modernen Antisemitismus. Grundmanns obsessive Attacken gegen Mendelssohn sind hingegen deshalb besonders interessant, weil sie zeigen, als wie herausfordernd er die Traditionen der Deutung Jesu und des Verhältnisses von Judentum und Christentum empfand, die sich, wie unten zu zeigen sein wird, seit der Aufklärung im deutsch-jüdischen Diskurs entwickelt hatten.

Grundmanns Deutung Mendelssohns als des Symbols für die „zersetzende“ Aneignung der deutschen Kultur und Bildung durch das moderne Judentum begegnet in dem 1943 veröffentlichten Artikel „Mendelssohn und Hamann. Zur religiösen und geistigen Eigenart des Judentums“ in noch einmal zugespitzter und ausführlicherer Form. Mendelssohn, ein „buckliger und stotternder Jude, Talmudschüler, der nur Hebräisch und Jiddisch spricht“ und als solcher in Berlin zu den höchsten Kreisen der aufgeklärten Bildung Zugang

50 Ebd., 121 f.
51 Grundmann, Art, 123; ähnlich argumentiert Bertram, Paulus.
52 Grundmann, Art, 125.
53 Ebd., 117.
54 Ebd., 90.
55 Ebd., 76.
56 Ebd., 137.

findet[57], verkörpert in diesem Pamphlet die Wesensart einer eklektizistischen jüdischen Intellektualität, die sich, getarnt durch den „Philosophenmantel“, der Kultur ihrer Umwelt bediene, um die Propaganda des Judentums zu verbreiten[58]. Mittel dieser Infiltration, mit welcher der Aufklärer letztlich „die tiefen Wurzeln der Religion und Kunst rationalistisch zersetzt habe“[59], sei seine gegen die abendländische Religion und Gottgläubigkeit gerichtete Vernunftreligion gewesen, als deren höchste Erscheinungsform er das Judentum angepriesen habe. Das „zersetzende Taschenspielerkunststück dieses Rabbinenschülers“[60] habe im Verschweigen der Tatsache bestanden, dass dieses Judentum gleichwohl das einem auserwählten Volk exklusiv vorbehaltene „Gesetz“ bleibe: „Der aus der Vernunft zu erschließende Gott entpuppt sich also zunächst einmal als Liebhaber der Juden“[61]. Mendelssohns Eintreten für die Emanzipation der Juden und für einen religiös neutralen Staat habe nicht der tatsächlichen kulturellen Teilhabe, sondern allein dem Ziel der „Aufrichtung einer geistigen jüdischen Herrschaft“ kraft Untergrabung der inneren Kräfte der Gesellschaft gedient[62]. Die perfideste Strategie, mit der Mendelssohn die geistige Unterjochung Europas herbeiführen wollte, bestand aus Grundmanns Sicht in seiner Deutung Jesu als des Propheten einer universalen jüdischen Menschheitsidee, die das Christentum nicht ohne Verlust seiner ureigenen Substanz preisgeben könne. Indem Jesus in Mendelssohns Werk „Jerusalem oder über religiöse Macht und Judentum“ (1783) als Jude in Anspruch genommen und der christliche Glaube an das Judentum gebunden werde[63], werde das moderne, undogmatische Christentum „zu einer Form der jüdischen Propaganda, die das Judentum selbst nicht verpflichtet“[64]. Men-

57 Grundmann, Mendelssohn, 10.

58 Ebd., 12.

59 Ebd., 17.

60 Grundmann, Art, 115.

61 Grundmann, Mendelssohn, 22.

62 Ebd., 25.

63 Grundmann, der sich ansonsten nirgends auf jüdische Schriften bezieht und an keiner Stelle Kenntnis der zeitgenössischen jüdischen Theologie und Philosophie verrät, zitiert in diesem Zusammenhang aus „Jerusalem“ die Formulierung Mendelssohns, die ihn offenbar am stärksten herausforderte: „Nun ist das Christentum, wie Sie wissen, auf dem Judentum gebauet und muß notwendig, wenn dieses fällt, über einen Haufen stürzen“ (Ebd., 26); der Zusammenhang der Formulierung in Mendelssohns „Jerusalem“ ist dessen Zurückweisung der Diagnose christlicher Kritiker, seine rationale Deutung des Judentums untergrabe die Fundamente der jüdischen Religion und müsse zwangsläufig zur Konversion zum Christentum führen; vgl. Mendelssohn, Jerusalem, 87: „Wenn es wahr ist, daß die Ecksteine meines Hauses austreten, und das Gebäude einzustürzen drohet, ist es wohlgetan, wenn ich meine Habseligkeit aus dem untersten Stockwerke in das oberste rette? Bin ich da sicherer? Nun ist das Christentum, wie Sie wissen, auf dem Judentum gebauet, und muß notwendig, wenn dieses fällt, mit ihm über *einen* Haufen stürzen. Sie sagen, meine Schlußfolge untergrabe den Grund des Judentums, und bieten mir die Sicherheit Ihres obersten Stockwerlks an; muß ich nicht glauben, daß Sie meiner spotten?“; zur Haltung Mendelssohns gegenüber dem Christentum vgl. u. a. Schulte, Moses.

64 Grundmann, Art, 129.

delssohn Verhältnisbestimmung von Judentum und Christentum war Grundmanns paranoider Gegenwartsdeutung zufolge Symbol des Willens des Judentums, „seine Weltherrschaft auf ein geistig-kulturelles Proselytentum der anderen Völker zu gründen“[65]. Entsprechend porträtierte er den jüdischen Aufklärer als paradigmatische Verkörperung einer Haltung, die, von Christentumsfeindschaft motiviert, die „Zersetzung der abendländischen Geistigkeit“ und die „Zerstörung der Grundlagen des deutschen Gottesglaubens“ im Sinne habe:

> „Hinter dem Antlitz des Philosophen blitzt mitunter der Gettohaß gegen das Christentum auf. In Wirklichkeit ist der Philosoph Mendelssohn Politiker, der das Ziel verfolgt, das Judentum in die europäische Gesellschaft einzuführen und es dabei rein und schlagkräftig zu erhalten. Die Aufnahme seiner Gedanken in Europa mußte die Folge haben, die europäischen Völker auf den Weg eines jüdischen Proselytentums zu führen und durch schrittweise Besserung der jüdischen Einflußlage der Herrschaft des Judentums den Weg zu bahnen. Das jüdische Wesensgesetz ist in Mendelssohn darin wirksam, daß er die abendländische Kultur sich aneignet, sie zersetzt und dem Abendland das Judentum als seine Geschichte unterschiebt, um schließlich die Selbstentscheidung des Judentums für den zerstörenden händlerischen Geist zu vollziehen.“[66]

Die Tatsache, dass sich die „völkisch entwurzelte(n) Europäer“ der „jüdischen Menschheitsidee“ ausgeliefert hätten[67], verpflichte die deutsche protestantische Theologie, sich der nationalsozialistischen „Revolution“, welche die „Herrschaft des Judentums in Europa“ zerbrochen habe, anzuschließen und ihren Beitrag dazu zu leisten: Es gelte, auf dem Wege der Wissenschaft den geistigen und religiösen Charakter des Judentums zu entlarven und die politischen Folgen daraus ziehen: „Der Jude muß als feindlicher und schädlicher Fremder betrachtet werden und von jeder Einflußnahme ausgeschaltet werden.“[68]

Kaum weniger erschütternd als diese Übernahme nationalsozialistischer Rhetorik ist, was in anderen Publikationen des Instituts während des Krieges und des Völkermords zu lesen war, insbesondere in den aus Arbeitstagungen hervorgegangenen Bänden „Christentum und Judentum. Studien zur Erforschung ihres gegenseitigen Verhältnisses“ (1940) und „Germanentum, Christentum und Judentum“ (1942 und 1943). Im Vorwort zur Dokumentation der Arbeitsberichte einer Tagung im Frühjahr 1941 in Eisenach wird betont, die Erforschung der „jüdischen Überfremdung“ im deutschen religiösen Leben könne nur dann erfolgreich sein, wenn sie „in der Besinnung auf das Wesen sowohl des Christlichen als auch der germanisch-deutschen Art“

65 Ebd., 161.
66 Grundmann, Mendelssohn, 33.
67 Grundmann, Art, 159.
68 Ebd., 161.

bestehe – ein klarer Hinweis auf die immer stärkere Neigung zur Germanisierung des Christentums, die sich im Laufe der Jahre herauskristallisierte. Auffällig ist zudem zu dieser Zeit die erbarmungslos radikalisierte, gewaltförmige Rhetorik Walter Grundmanns und anderer während des Krieges und zeitgleich zum Beginn der Deportationen, wenn es im auf den 1. Oktober 1941 datierten Vorwort heißt:

> „Im großdeutschen Schicksalskampf, der ein Kampf gegen das Weltjudentum und gegen alle zersetzenden und nihilistischen Kräfte ist, gibt die Arbeit des Instituts an ihrem Platze das Rüstzeug zur Überwindung aller religiösen Überfremdung im Innern des Reiches an die Hand und dient dem Glauben des Reiches. So stellt sie ein Stück des Kriegseinsatzes der deutschen Religionswissenschaft dar.“[69]

3. „Ein jüdisches Buch inmitten der jüdischen Bücher“: Leo Baecks Deutung des Neuen Testaments im Kontext seines geistigen Widerstands gegen den Nationalsozialismus

Dass die Suche nach expliziten zeitgenössischen Reaktionen jüdischer Gelehrter auf die von dem Eisenacher Institut vertretene theologisch-völkische Religionswissenschaft weitgehend erfolglos bleiben muss, ist, wie bereits angedeutet, aufgrund der Ausgrenzung der Wissenschaft des Judentums aus dem akademischen Diskurs im nationalsozialistischen Deutschland, angesichts der begrenzten Möglichkeiten des wissenschaftlichen Widerspruchs und – seit 1938 immer dramatischer – in Folge der Vertreibung oder erzwungenen Emigration jüdischer Forscher wenig überraschend. Dabei waren die intellektuellen Grundlagen für eine fundierte jüdische Gegengeschichte gegen das Unterfangen der „Entjudung“ des Christentums seit langem gelegt. Seitdem der von Walter Grundmann so heftig attackierte Moses Mendelssohn seine Perspektiven zum Verhältnis von Judentum und Christentum formuliert hatte, mit denen er das Existenzrecht der jüdischen Tradition im modernen Europa verteidigte, hatte die Reflexion über das religiöse wie historische Verhältnis von Judentum und Christentum für das Selbstverständnis jüdischer Gelehrter in Deutschland eine grundlegende Rolle gespielt. Spätestens seit Mitte des 19. Jahrhunderts hatten sich liberale jüdische Historiker, Theologen und Religionsphilosophen, darunter Samuel Hirsch, Abraham Geiger, Hermann Cohen, Leo Baeck, Joseph Klausner oder Martin Buber, in Auseinandersetzung mit der protestantischen Universitätstheologie dem Projekt verschrieben, christliche Judentumsbilder zu widerlegen und die Zukunfts-

69 Grundmann, Vorwort. Ähnliche Aussagen wiederholen sich an verschiedenen Stellen auch in unmittelbarer zeitlicher Nähe zu den Deportationen der Thüringer Juden im Mai 1942; vgl. Heschel, Jesus (2008), 141.

bedeutung einer eigenständigen, selbstbewussten jüdischen Kultur in einer pluralen Gesellschaft zu begründen. Im Zentrum der Argumentation dieser Gelehrten standen die Akzentuierung des religiös-kulturellen Wertes der Hebräischen Bibel auch für das Christentum und die von protestantischen Theologen vielfach als unerträgliche Zumutung empfundene Deutung Jesu im Kontext des pharisäischen Judentums[70]. Schon 1933, aber erst recht 1939, als sich das Eisenacher Institut eine völkische Theologie auf die Fahnen schrieb, waren die Stimmen derjenigen, die das Christentum eindringlich an seine jüdischen Ursprünge erinnerten und daran zu messen wagten, mit der Zerstörung der Grundlagen jüdischer Existenz in Deutschland durch das NS-Regime zum Schweigen gebracht. Jüdische Forscher waren vielfach vertrieben, jüdische Wissenschaftsinstitutionen zerstört. 1942 wurde die Lehranstalt für die Wissenschaft des Judentums in Berlin, die nach dem Novemberpogrom 1938 ihre Arbeit hatte stark einschränken müssen, als letzte Stätte jüdischer Gelehrsamkeit endgültig geschlossen[71]. Die jüdische Bibelforschung in Deutschland war im wahrsten Sinne längst ein existentiell einsames Unterfangen und die Wissenschaft des Judentums von einer ohnehin traditionell von den Universitäten ausgeschlossenen Disziplin zur ghettoisierten und jeglicher Wirkungsmöglichkeit beraubten Stimme einer tödlich gefährdeten jüdischen Minderheit geworden. Zahlreiche der wichtigsten biblischen Schriften Martin Bubers, etwa „Moses“ (1948) oder „Der Glaube der Propheten“ (1950), entstanden nach seiner Emigration 1938 in Jerusalem[72]. Der Exeget Benno Jacob vollendete seinen Exodus-Kommentar im Londoner Exil, zu dem er sich nach dem Novemberpogrom 1938 entschlossen hatte, und sein 1934 erschienener bahnbrechender Kommentar zum Buch Genesis wurde 1939 von der Gestapo eingestampft[73]. Das gleiche Schicksal erfuhr die dem Neuen Testament gewidmete Schrift Leo Baecks mit dem Titel „Das Evangelium als Urkunde der jüdischen Glaubensgeschichte“, die 1938 im Schocken-Verlag erschienen war und sich wie ein beschwörender historisch-theologischer Protest gegen die Ideologie liest, die das Eisenacher Institut bestimmte[74].

Leo Baeck war während der Zeit des Nationalsozialismus der offizielle Repräsentant der jüdischen Gemeinschaft in Deutschland gegenüber dem NS-Regime – eine Position, die er seiner intellektuellen Bedeutung als namhafter Vertreter der Wissenschaft des Judentums, als Verfasser des maßgeblichen zeitgenössischen religionsphilosophischen Werkes zur jüdischen Identität in der Moderne und als einzige Integrationsfigur verdankte, die imstande schien, der jüdischen Gemeinschaft in der Stunde der Bedrängnis über trennende

70 Vgl. Wiese, Wissenschaft; Heschel, Jesus (2001); zur vielgestaltigen „Heimholung Jesu“ im modernen Judentum vgl. Homolka, Jesus; ders., Jewish Jesus.

71 Vgl. Strauss, Jahre.

72 Vgl. Buber, Schriften, 137–538.

73 Vgl. Jacob, Genesis; zu Jacob vgl. Jacob, Jacob.

74 Vgl. Baeck, Evangelium.

religiöse und politische Gräben hinwegzuhelfen[75]. Seine äußerst heikle und exponierte Rolle verstand Baeck als Verpflichtung zum spirituellen Widerstand gegen die herrschende Ideologie. Seine wissenschaftlichen Essays, in denen er die religiöse und sittliche Würde des Judentums zu verteidigen suchte, übten kaum verdeckte Kritik an der Inhumanität der nationalsozialistischen Politik und stellten den deutschen Juden in ihrer Erfahrung der Ohnmacht angesichts von sozialer Ächtung und gewaltsamer Verfolgung eine Sprache für ihren Protest und intellektuellen Widerspruch zur Verfügung. Dabei griff er vor allem auch auf seine Überlegungen zum historischen und theologischen Verhältnis von Judentum und Christentum zurück, die seit der Zeit vor dem Ersten Weltkrieg sein Werk wesentlich geprägt hatten.

Seit Jahrzehnten hatte Baeck in Auseinandersetzung mit zeitgenössischen protestantischen Deutungen des Neuen Testaments, der neutestamentlichen Zeitgeschichte und der rabbinischen Tradition immer wieder nachdrücklich auf die jüdische Essenz des Christentums hingewiesen, die in Leben und Botschaft des pharisäischen Juden Jesus begründet sei. Im Kontext der Kontroversen der Wissenschaft des Judentums mit dem liberalen Protestantismus im Gefolge des Erscheinens von Adolf von Harnacks berühmtem Buch „Das Wesen des Christentums" (1900) hatte er vehement eine gerechte Darstellung jüdischer Religion, Geschichte und Kultur in Vergangenheit und Gegenwart gefordert sowie dem Recht und Anspruch der jüdischen Gelehrten Ausdruck verliehen, auf dem Gebiet der historisch-kritischen wie religionsgeschichtlichen Erforschung der Hebräischen Bibel und des Neuen Testaments gleichberechtigt mitzuwirken[76]. Selbstbewusst hatte er geltend gemacht, das Judentum sei nicht bloß ein gleichberechtigter, wertvoller Bestandteil westlicher Kultur, sondern zugleich unerlässlich für das Selbstverständnis des Christentums. In seinem 1905 veröffentlichten, 1922 grundlegend überarbeiteten Buch „Das Wesen des Judentums" legte er eine fulminante Apologie der jüdischen Religion vor und begegnete Herabwürdigungen aus christlicher Perspektive mit dem Postulat der religiösen und ethischen Ebenbürtigkeit, wenn nicht Überlegenheit einer ebenso vernunftgemäßen wie humanen jüdischen Tradition[77]. Das „Wesen" des Judentums, begründet im „ethischen Monotheismus" der biblischen Propheten, erscheint, anders als aus christlicher Sicht, nicht als partikulare „Gesetzesreligion", sondern als zukunftsweisender, zutiefst universaler Glaube, in dem Religion und menschliches Ethos unauflöslich miteinander verbunden sind[78]. Zentrale Aspekte des Baeck'schen Verständnisses des jüdisch-christlichen Verhältnisses, die 1922 – in seinem glänzenden polemischen Aufsatz „Romantische Religion" – in der

75 Vgl. Friedlander, Baeck; Hayoun, Baeck; zu Baecks Rolle während der NS-Zeit vgl. Baker, Hirt; Barkai, Schatten; ders., Berlin.

76 Zur Debatte über das „Wesen" des Judentums vgl. Tal, Debatte; Wiese, Wissenschaft, 131–293.

77 Vgl. Wiese, Gesprächsangebot.

78 Baeck, Wesen, bes. 1–58.

Unterscheidung zwischen dem Judentum als einer dogmenlosen „klassischen“ Religion der ethischen Hingabe an den einen Gott und der sittlich-messianischen Weltverantwortung sowie dem Christentum als der „romantischen“, durch die Einflüsse der griechischen Philosophie verdunkelten Religion des trinitarisch-christologischen Dogmas gipfelte[79], sind hier erstmals systematisch entfaltet. Auf meisterhafte Weise beschrieb Baeck das Judentum als Schöpfer und wichtigsten Träger der prophetischen Botschaft und erhob es zum Maßstab für die Treue der christlichen Religion gegenüber der Lehre ihres Stifters, des Juden Jesus von Nazareth.

1925 veröffentlichte Baeck sodann einen fulminanten Essay mit dem Titel „Das Judentum in der Kirche“. Darin erhob er das Jüdische im Christentum zum eigentlichen Maßstab seiner religiös-sittlichen Relevanz in der Gegenwart und lieferte zugleich eine herausfordernde historische Darstellung des spannungsreichen Verhältnisses von Nähe und Distanz der christlichen Tradition zum Judentum. Einen besonderen Akzent legte er auf die Geschichte des jahrhundertelangen Widerstreits zwischen der Orientierung des Christentums an seinen jüdischen Ursprüngen und der seit der Frühzeit der Kirche bestehenden Neigung nach, sich davon loszulösen. Am Anfang dieser spannungsreichen Geschichte steht Baeck zufolge Paulus, der noch hin- und hergerissen gewesen sei zwischen der Bindung an die jüdische Bibel und seiner christologisch begründeten Wendung gegen das „Gesetz“. Dem Gnostizismus und dem Dualismus Marcions mit seiner Feindseligkeit gegen den Schöpfergott des „Alten Testaments“ und seinem Programm der Selbstbefreiung des Christentums von allem Jüdischen sei die Alte Kirche vor allem deshalb entgegengetreten, weil sie nicht „alles Leben in der Welt und alle Verbindung mit der Kultur“ preisgeben wollte[80]. In der weiteren Geschichte des Christentums sei dieser Zwiespalt zwischen jüdischem Erbe und einem „reinen Paulinismus“ immer wieder aufgetreten, insbesondere bei Martin Luther, der zwar am „Alten Testament“ festgehalten, sich aber insgesamt in seiner Rechtfertigungslehre vom prophetisch-sittlichen Erbe des Judentums abgewandt habe, zum Schaden des reformatorischen Christentums. Der Calvinismus hingegen habe – vor allem aufgrund seiner Akzentuierung der Kontinuität zwischen Hebräischer Bibel und Neuem Testament – an wesentlichen Aspekten des Jüdischen festgehalten und verkörpere somit das Fortwirken des Judentums in der Kirche bis in die Gegenwart. Am Ende seines Essays äußerte Baeck die Hoffnung auf eine zunehmende Rückkehr des zeitgenössischen Protestantismus zu den jüdischen Ursprüngen des Christentums. Insbesondere im Kulturprotestantismus sei ein „Zug zum Judentum“ zu erkennen, etwa in der Distanzierung vom kirchlichen Dogma und in der starken Orientierung an Themen der religiösen Sittlichkeit, die das Christentum in die Nähe der

79 Baeck, Religion; als kritische Analyse seiner Auseinandersetzung mit dem Christentum vgl. u. a. Friedlander, Baeck, 107–142.

80 Baeck, Judentum (2000), 137.

prophetischen jüdischen Botschaft bringe[81]. Zugleich sah er sich jedoch genötigt, vor gegenläufigen Tendenzen seiner Zeit zu warnen, die er als fatalen Rückfall in die immer wieder aufkeimende marcionitische Versuchung der Kirche und als Gefährdung nicht allein der jüdisch-christlichen Beziehungen, sondern vor allem auch der Substanz des Christentums selbst wahrnahm:

> „Glaube soll nun [im Kulturprotestantismus] ein sittlicher Glaube sein, und das meint doch schließlich jüdischen Glauben. Die meisten Gestaltungen im modernen Protestantismus weisen einen Weg auf, der von dem alten kirchlichen Gebiete fort und zu dem geistigen, religiösem Bereiche des Judentums hingeht. Allerdings sind im deutschen Protestantismus, meist auch von einem judenfeindlichen Empfinden her, Gedanken rege geworden, ähnlich denen des Marcion, die alles Jüdische aus dem Christentum entfernt haben wollen. Die Geschichte der Kirche hat gezeigt, was vom Christentum übrig bleibt, wenn es von allem Jüdischen gesäubert und gereinigt werden soll."[82]

Zahlreiche Aspekte der Deutung Baecks in dem Essay über „Das Judentum in der Kirche" erscheinen als prononcierter Widerspruch gegen die zeitgenössischen Neigungen zur „Entjudung" des Christentums, die in Grundmanns Schriften gipfelten, wobei ironischerweise in der Diagnose, Paulus habe an wesentlichen Elementen seines Judentums festgehalten, trotz diametral entgegengesetzter Bewertung eine eigentümliche Übereinstimmung bestand. Es gibt kein Zeugnis dafür, dass Grundmann sich mit Baecks Positionen auseinandergesetzt hätte, aber es ist unübersehbar, dass letztere das genaue Gegenmodell zu seiner völkischen Theologie darstellte. Im Kontext der Weimarer Zeit waren Baecks Thesen einerseits Ausdruck seines Unterfangens, mittels einer polemischen Gegengeschichte die bleibende Überlegenheit des Judentums als der ursprünglichen, reinen „messianischen Weltreligion" zu erweisen[83]. Sie waren jedoch zugleich, wie sein Biograph Albert H. Friedlander urteilte, Zeichen seiner dialogischen Beziehung zum Christentum. „Es war

81 Ebd., 146 f.

82 Ebd., 147. Baecks Warnung vor den Gefahren eines Neo-Marcionismus war eine Antwort auf die Herausforderung, der sich Vertreter der Wissenschaft des Judentums in Deutschland bereits seit den Anfängen des 20. Jahrhunderts im Zusammenhang ihrer Debatten mit der protestantischen Universitätstheologie hatten stellen müssen, weil die zunehmenden Angriffe auf die religiöse und kulturelle Bedeutung der biblisch-jüdischen Tradition im Kontext des sich verschärfenden Antisemitismus der Zeit auch die gesellschaftliche Stellung der jüdischen Minderheit auf radikale Weise in Frage stellten. Die jüdischen Gelehrten machten die Erfahrung, dass in dem Maße, in dem zeitgenössische völkisch-antisemitische Stimmen immer entschiedener nicht nur das Judentum, sondern auch den ethischen und kulturellen Wert der Hebräischen Bibel als des gemeinsamen Erbes von Judentum und Christentum bestritten und das biblische Gottesverständnis als Ausdruck des zu bekämpfenden, von einer minderwertigen Rasse bestimmten „jüdischen Geistes" herabwürdigten, selbst jene protestantischen Theologen, die am „Alten Testament" als Teil des christlichen Kanons festhalten wollten, alles unternahmen, um sich vom „Jüdischen" darin zu distanzieren; vgl. Wiese, Gegengift; zu protestantischen Debatten über das „Alte Testament" vgl. Nicolaisen, Auseinandersetzungen.

83 Vgl. Heschel, Revolt; Wiese, Counterhistory.

Baecks Liebe zu den jüdischen Elementen im Christentum, die ihn zu seiner schärfsten Polemik gegen die seiner Ansicht nach verderblichen Elemente im Christentum führte."[84] Die Wahrnehmung der jüdischen Elemente des Christentums und die Forderung nach einer Rückbesinnung darauf implizierte beides: den Anspruch, christliche Theologen müssten sich stärker auf eine Deutung Jesu einlassen, die nicht vom Gegensatz zum Judentum lebte, und die Hoffnung auf eine Gesprächssituation, die wechselseitige Lernprozesse und einen angemessenen Umgang mit religiöser Differenz gestattete. Nicht zuletzt ist darin eine versöhnliche Neigung zur achtungsvollen Würdigung des Christentums sichtbar, das in Jesus Anteil an der religiös-kulturellen Sendung des Judentums in der Geschichte und so selbst eine welthistorische Sendung, Legitimität und Wahrheit erhält. Hätte Grundmann dies zur Kenntnis genommen, so hätte er darin allerdings lediglich die Bestätigung seines Vorwurfs gesehen, das Judentum nach Mendelssohn wolle das christliche Europa der Macht eines geistig-kulturellen jüdischen Proselytentums unterwerfen.

Zur Zeit des „Dritten Reichs" musste Baecks Beanspruchung Jesu für das Judentum und seine frühe Warnung vor einer „Entjudung" des Christentums eine ungeahnte politische Dimension gewinnen. Je pointierter er den Kern der Überlieferung des christlichen Evangeliums als „Urkunde der jüdischen Glaubensgeschichte" verstand und je deutlicher er damit das zeitgenössische Christentum in Deutschland auf seine Verantwortung gegenüber der verfolgten jüdischen Minderheit ansprach, desto schärfer und explizierter stellte er sich gegen die nationalsozialistische Ideologie. Die Einstampfung seiner Schrift aus dem Jahre 1938 war daher nur folgerichtig. Baecks Widerspruch gegen die zeitgenössischen völkischen Theologien lässt sich am besten mit der folgenden Passage zusammenfassen:

> „In dem alten Evangelium, das sich derart auftut, steht mit edlen Zügen ein Mann vor uns, der während erregter, gespannter Tage im Lande der Juden lebte und half und wirkte, duldete und starb, ein Mann aus dem jüdischen Volke, auf jüdischen Wegen, im jüdischen Glauben und Hoffen, dessen Geist in der Heiligen Schrift wohnte, der in ihr dichtete und sann, und der das Wort Gottes kündete und lehrte, weil ihm Gott gegeben hatte, zu hören und zu predigen. Vor uns steht ein Mann, der in seinem Volke seine Jünger gewonnen hat, die den Messias, den Sohn Davids, den Verheißenen suchten und in ihm fanden und festhielten, die an ihn glaubten, bis daß er an sich zu glauben begann, so daß er nun in die Sendung und das Geschick seiner Tage, zu der Geschichte der Menschheit hin, eintrat. Diese Jünger hat er hier besessen, die über seinen Tod hinaus an ihn glaubten, so daß er ihnen die Gewißheit ihres Daseins wurde, daß er, wie der Prophet gesprochen, ‚am dritten Tage von den Toten auferstanden sei.' Einen Mann sehen wir in dieser alten Überlieferung vor uns, der in allen den Linien und Zeichen seines Wesens das

84 FRIEDLANDER, Baeck, 124.

jüdische Gepräge aufzeigt, in ihnen so eigen und so klar das Reine und Gute des Judentums offenbart, einen Mann, der als der, welcher er war, nur aus dem Boden des Judentums hervorwachsen konnte und nur aus diesem Boden hervor seine Schüler und Anhänger, so wie sie waren, erwerben konnte, einen Mann, der hier allein, in diesem jüdischen Bereiche, in der jüdischen Zuversicht und Sehnsucht, durch sein Leben und in seinen Tod gehen konnte – ein Jude unter Juden. Die jüdische Geschichte, das jüdische Nachdenken darf an ihm nicht vorüberschreiten noch an ihm vorbeisehen. Seit er gewesen, gibt es keine Zeiten, die ohne ihn gewesen sind, an die nicht die Epoche herankommt, die von ihm den Ausgang nehmen will.

Wenn so diese alte Tradition vor den Blick tritt, dann wird das Evangelium, dieses jüdische, welches es ursprünglich war, zu einem Buche, einem nicht geringen, im jüdischen Schrifttum. Es wird dazu nicht oder nicht nur, weil in ihm Sätze stehen, wie sie uns gleich oder ähnlich in den jüdischen Überlieferungen jener Zeit begegnen. Es wird dazu auch nicht, und noch viel weniger, weil aus der griechischen Übersetzung in Wortgebilden und Satzformen immer wieder das Hebräische oder Aramäische hervordingt. Es ist ein jüdisches Buch vielmehr deshalb, durchaus und ganz deshalb, weil die reine Luft, die es erfüllt, und in der es atmet, die der Heiligen Schrift ist, weil jüdischer Geist, und nur er, in ihm waltet, weil jüdischer Glaube und jüdische Hoffnung, jüdisches Leid und jüdische Not, jüdisches Wissen und jüdische Erwartung, sie allein, es durchklingen – ein jüdisches Buch inmitten der jüdischen Bücher. Das Judentum darf an ihm nicht vorübergehen, es nicht verkennen, noch hier verzichten wollen. Auch hier soll das Judentum sein Eigenes begreifen, um sein Eigenes wissen.“[85]

Es gilt diese Zeilen zu hören, um die ganze Tiefe des Gegensatzes der theologischen Stimme Baecks, der 1943 nach Theresienstadt deportiert wurde, zur Theologie des Eisenacher Instituts zu erahnen. Hätten dessen Vertreter die zitierte Passage zur Kenntnis genommen, so hätten sie diese wohl nicht allein als ungeheuren Frontalangriff auf ihre Überzeugungen wahrgenommen, sondern auch als Beweis für die Dringlichkeit ihres Rassenkampfes gegen die Juden Europas und ihres Beitrags zur Reinigung des Christentums von allen jüdischen Einflüssen verstanden.

4. „Die christliche Tradition ist nicht christlich, sondern jüdisch“: Raphael Straus’ Widerspruch aus dem Exil gegen die „Arisierung“ des Christentums

Als weiteres Zeugnis für einen dezidierten Widerspruch gegen die völkisch-theologischen Neigungen zur „Entjudung“ des Christentums lässt sich ein

85 Baeck, Evangelium, 446 f.

offenbar Ende der 1930er oder Anfang der 1940er Jahre entstandenes Manuskript des deutsch-jüdischen Historikers Raphael Straus anführen, das in den *Central Archives of the Jewish People* (CAHJP) in Jerusalem aufbewahrt wird. Auch wenn in dem bisher unveröffentlichten Dokument keine unmittelbaren Bezüge auf die Schriften des Eisenacher Instituts aufzufinden sind, ist es dennoch die vielleicht ausführlichste jüdische Gegenschrift der NS-Zeit gegen jegliche zeitgenössische christliche Neigungen, sich – aus unterschiedlichen Motiven – von den jüdischen Ursprüngen des Christentums loszusagen. Das etwa 800-seitige Typoskript trägt den Titel „Apokatastasis. Eine friedvolle Betrachtung über Judentum und Christentum“ und spiegelt – aus dem Exil in Palästina, angesichts der Geschehnisse in Europa – die Auseinandersetzung eines jüdischen Historikers mit der Geschichte jüdisch-christlicher Beziehungen bis in seine Gegenwart wider[86].

Straus, der aus einer orthodoxen Familie in Karlsruhe stammte, war 1932 mit seinem Buch „Die Judengemeinde Regensburg im ausgehenden Mittelalter“ hervorgetreten, das den Gründen der Vertreibung der Juden aus Regensburg im Jahre 1519 nachging und die damaligen christlich-jüdischen Beziehungen unter dem Aspekt der allgemeinen politischen, sozialen und wirtschaftlichen Bedingungen gegen Ende der mittelalterlichen Epoche analysierte. In den biographischen Erfahrungen des Gelehrten nach der „Machtergreifung“ der Nationalsozialisten spiegelt sich insgesamt das Schicksal der deutsch-jüdischen Geschichtsschreibung, ihr jäher Abbruch und ihre Ersetzung durch eine antisemitische „Erforschung der Judenfrage“ wider. 1933 verließ Straus mit seiner Frau und seinen vier Kindern Deutschland, um sich eine neue Existenz in Jerusalem aufzubauen. Während er sich vergeblich um eine Position an der Hebräischen Universität bemühte und sich als Privatgelehrter durch Stipendien und Tätigkeiten in der Erwachsenenbildung über Wasser hielt, fiel eines seiner Hauptwerke, die „Urkunden und Aktenstücke zur Geschichte der Juden in Regensburg im ausgehenden Mittelalter“, der nationalsozialistischen Wissenschaftspolitik zum Opfer. Wilhelm Grau, der spätere Leiter des „Instituts zur Erforschung der Judenfrage im Reichsinstitut für Geschichte des neuen Deutschlands“[87], hatte Straus im „Völkischen Beobachter“ die Unterdrückung von Quellen vorgeworfen, welche die Juden belasteten. Die „Zeitschrift für die Geschichte der Juden in Deutschland“ druckte zwar 1936 noch eine Gegendarstellung von Straus ab[88], wurde jedoch gezwungen, eine infame Erwiderung Graus zu veröffentlichen,

86 Eine kommentierte Edition dieses zeitgeschichtlich spannenden und menschlich bewegenden Dokuments der Bemühung um religiöse Verständigung inmitten einer Zeit der Verfolgung, des Mordens und der Vernichtung wird gegenwärtig vorbereitet. Die Zitate aus dem Manuskript werden im Folgenden gemäß der ursprünglichen Paginierung des Typoskripts nachgewiesen. Vgl. dazu Wiese, Zwiespalt.

87 Zu Grau vgl. Papen-Bodek, Katholiken; zur nationalsozialistischen Forschung zur „Judenfrage“ vgl. Brenner, Geschichte; Papen-Bodek, Schützenhilfe.

88 Vgl. Straus, Antisemitismus.

in der dieser die Leitlinien der neuen, mit „deutscher Wissenschaftlichkeit und deutscher Gründlichkeit“ vorgenommenen Erforschung jüdischer Geschichte vorgab:

> „Die jüdische Geschichtswissenschaft hat sich mit der Tatsache abzufinden, daß in Zukunft auch deutsche Gelehrte das Judenproblem systematisch erforschen und darstellen, und zwar im Rahmen der deutschen Nationalgeschichte. In jüdischen Kreisen wird man sich vor allem klar machen müssen, daß wir Deutsche nicht die Geschichte der Juden oder des Judentums schreiben wollen, sondern die Geschichte der Judenfrage.“[89]

In der Verbrennung von Straus' „Urkunden und Aktenstücke“ durch die Gestapo im Jahre 1938 kamen die vernichtenden Implikationen dieser Aussage symbolisch zum Ausdruck. Erst 1960 wurde das Buch posthum auf der Grundlage einiger geretteter Kopien in Deutschland veröffentlicht[90].

Im Gegensatz zur Tradition jüdischer Schriften des kontroverstheologischen Genres aus den Jahrzehnten vor der Shoah zielte Straus' weitgehend irenische Schrift – aus der Perspektive des Historikers – auf eine möglichst leidenschaftslose geschichtliche Rekonstruktion der Begegnung der beiden Religionen von der Antike bis ins 20. Jahrhundert. Wie viele Gelehrte vor ihm unterzog auch er die herrschenden Stereotypen der protestantischen Theologie der Kritik, vor allem die gängigen Zerrbilder des rabbinischen Judentums und des jüdischen Toraverständnisses, die Herabsetzung der jüdischen Ethik und die Darstellung des Judentums als einer angeblich „gesetzlichen“, partikularistischen, national verengten und von Angst vor Gottes Vergeltung geprägten Religion im Gegensatz zum universalen, auf Evangelium, Liebe und Gottvertrauen beruhenden Christentum. Insbesondere beklagte er die eklatante Unkenntnis christlicher Theologen, die meinten, Jesus im Kontext der Zeit des Neuen Testament verstehen und das Judentum jener Zeit objektiv darstellen zu können, ohne selbständige Kenntnisse jüdischer Quellen, etwa der Mischna und des Talmud zu besitzen.

Ähnlich wie Leo Baeck und die jüdisch-liberale Forschung – und gegen die völkisch-theologischen Konstruktionen – ging Straus davon aus, dass Jesus und der Glaube an ihn als den Messias ursprünglich lebendige Erscheinungen jüdischen Glaubens waren. Erst in einem komplexen Trennungsprozess hätten sich Judentum und Christentum seit der Mitte des 2. Jahrhunderts nach Christus allmählich auseinanderentwickelt. Das Urchristentum sei zu einer missionarischen Religion geworden, die immer wirksamer die heidnische Bevölkerung des Römischen Reiches angesprochen habe und von der hellenistischen Kultur jener Zeit tief beeinflusst worden sei. Um seine Botschaft in dieser Kultur vermitteln zu können, habe sich das frühe Christentum der Sprach- und Gedankenwelt der hellenistischen Philosophien und Mythen

89 Grau, Antisemitismus, 198.
90 Vgl. Straus, Urkunden.

bedient und auf dieser Grundlage sein christologisches Dogma formuliert, das fortan zum wesentlichen Unterscheidungsmerkmal beider nunmehr selbständigen Religionen geworden sei.

Dabei akzentuierte Straus, anders als die meisten Vertreter der Wissenschaft des Judentums, die – vielfach in Übereinstimmung mit protestantischen Konstruktionen der neutestamentlichen Zeitgeschichte – betonten, es sei Paulus gewesen, der das Christentum aus dem Judentum herausgeführt, als von seinen jüdischen Ursprüngen entfremdete Religion in einen scharfen Gegensatz zur ursprünglichen biblisch-prophetischen „Glaubensweise“ gebracht und die Entwicklung zu einer heidnisch-synkretistisch inspirierten, dogmatischen Religion initiiert habe[91]. Für Straus stand vielmehr die bleibende Affinität jüdischer und christlicher Lehren auch im paulinischen wie nachpaulinischen Christentum im Vordergrund. „Fast bis zur Identität“ seien Judentum und Christentum in der Antike einander ähnlich geblieben, und letzteres sei mit ersterem trotz seiner christologischen Dogmen auf alle Zeit „dadurch eigentümlich verbunden, dass sein Gott einmal ein jüdischer Fischer gewesen war, seine ‚Mutter Gottes‘ eine jüdische Zimmermannsfrau, seine Propheten jüdische Männer von hier und dort, seine heilige Schrift und Lehre jüdischen Ursprungs, seiner und der Gesamtmenschheit Glück und Zukunft gebunden an das Glück und die Zukunft der Juden.“[92] Selbst die Trinitätslehre trägt Straus zufolge „noch immer ein wundersam jüdisches Antlitz: Gott Vater ist der Judengott, sein Sohn ein zum Gott sublimierter jüdischer Volksmann und der Heilige Geist eine von den Propheten erspähte, von den Rabbinern hochgehaltene Spekulation.“[93] Das jüdische monotheistische Gottesverständnis sei in der Lehre von der Dreieinigkeit Gottes grundsätzlich bewahrt geblieben und verbinde beide Religionen ebenso wie zentrale religiöse, ethische, religionsphilosophische und liturgische Traditionen so eng miteinander, dass unzweifelhaft festzuhalten bleibe: „Die christliche Tradition ist nicht christlich, sondern jüdisch.“[94] Mindestens in den ersten Jahrhunderten, so sein Fazit, habe das Christentum eindeutig in einem Tochterverhältnis zum biblischen Judentum und in einem Geschwisterverhältnis zum rabbinischen Judentum gestanden.

Unter der Überschrift „Entwicklungsprobleme“ interpretierte Straus sodann in großen Zügen die Entwicklung antijüdischer christlicher Denkmuster, insbesondere der Lehre vom jüdischen „Gottesmord“ und der göttlichen Verwerfung des jüdischen Volkes, als Folge einer tiefgreifenden Identitätsproblematik des Christentums, das sich seit seinen Anfängen durch die Fortexistenz des Judentums und das unumgängliche Fortwirken seiner eige-

91 Vgl. Wiefel, Paulus; Meissner, Heimholung. Ironischerweise spiegelt dieses Argument die Tendenz der protestantischen Theologie des 19. und frühen 20. Jahrhunderts, Paulus als Überwinder des Judentums darzustellen; vgl. Stegemann, Jude.

92 Straus, Apokatastasis, 45 (CAHJP Jerusalem, Sammlung Raphael Straus [P 14]).

93 Ebd., 73.

94 Ebd., 36.

nen jüdischen Elemente herausgefordert gesehen habe. Der Mediävist verschwieg auch nicht die christlichen Verfolgungen, die Kreuzzüge und Pogrome oder Luthers judenfeindliche Schriften mit ihren politisch-sozialen Konsequenzen, verwies jedoch zugleich auf die soziale, wirtschaftliche und kulturelle Koexistenz von Juden und Christen im Mittelalter und betonte, die Kirche habe, auf Grund der Erinnerung an die gemeinsame Herkunft, nie „mit beiden Händen vernichtend auf das Judentum eingeschlagen", sondern sich eine gewisse Zurückhaltung auferlegt[95].

Insgesamt fällt auf, dass bei Straus das Verbindende gegenüber dem Trennenden vielfach in den Vordergrund tritt. Ein großer Abschnitt widmet sich der Thematik der „Wiederkehr der Begegnungen" zwischen Judentum und Christentum in der Geschichte und richtet den Blick vor allem auf wechselseitige Berührungen und Einflüsse, etwa im Bereich der mittelalterlichen Religionsphilosophie oder der mystischen Traditionen beider Religionen. Stelle man sich das Trennende zwischen Judentum und Christentum als Strom vor, so müsse man sich zwar dessen bewusst sein, dass keine dauerhafte Brücke darüber führe, doch auch dies verhindere nicht, „dass die Ufer, die durch den langen geschichtlichen Weg einander parallel laufen, durch Fähren und Furten in großer Zahl miteinander verbunden sind."[96] Vom Mittelalter über die Renaissance, den Humanismus und die Reformation bis zur Aufklärung zieht sich Straus zufolge eine Linie intensiver Begegnungen, die sich nicht einfach in religiösen Gegensätzen oder Konflikten erschöpften.

Auffällig häufig kehrt Straus zum Motiv der Nähe zwischen Judentum und Christentum zurück und vertritt die These, es gelte Polemik, Kontroversen und selbst Zeiten der Verfolgung stets differenziert auf die jeweils konkreten historischen Ursachen hin zu befragen. Als Leitmotiv seiner Deutung diente ihm das Bild der „Nachbarschaft", das er von dem britischen Theologen James Parkes übernahm, namentlich aus dessen beiden Büchern „The Jew and his Neighbour: A Study in the Causes of Anti-Semitism" (1930) und „The Conflict of the Church and Synagogue: A Study in the Origins of Anti-Semitism" (1934)[97]. Nicht die unüberwindliche Differenz, so Straus' Grundthese, vielmehr die unwiderlegbare religiöse Nähe zueinander, der insbesondere das Christentum immer wieder zu entkommen versuche, begründe Zwistigkeiten, Abgrenzungszwänge und nachbarschaftliche Aversionen, die in Krisenzeiten mit besonderer Schärfe aufbrächen. Ein Beispiel dafür sei etwa das unverkennbare theologische Dilemma des zeitgenössischen Kulturprotestantismus, das ihn in den Kontroversen mit jüdischen Gelehrten seit dem späten 19. Jahrhundert zu einem zunehmend antijüdischen Affekt genötigt habe, um nicht die tiefe historische Verwandtschaft mit dem Judentum und die Nähe zu

95 Ebd., 160.

96 Ebd., 232.

97 Zu Parkes' positiver Verhältnisbestimmung von Judentum und Christentum vgl. Everett, Christianity; Richmond, Campaigner.

reformjüdischen theologischen wie ethischen Konzepten eingestehen zu müssen: Die einzige wirkliche nicht übertriebene Unterscheidung zwischen Judentum und Christentum, die Christologie, drohe dem liberalen Protestantismus zu entgleiten, weil er dank seiner historischen Dogmenkritik Jesus nicht mehr als Gottes Sohn verstehe, damit aber mit dem jüdischen Menschen Jesus konfrontiert sei und ihn nur noch durch zwanghafte Abgrenzung von der jüdischen Umwelt seiner Zeit in seiner Einzigartigkeit verstehen könne.

Straus kommt zu dem Schluss, es seien keineswegs fundamentale religiöse Gegensätze und wechselseitige Fremdheit gewesen, die – vor allem seit dem Aufkommen des modernen Antisemitismus – zu einer zwanghaften Abgrenzung des Christentums von seinen jüdischen Wurzeln und zu beständiger Angst vor dem Vorwurf des „Judaisierens“ geführt hätten. Die Geschichte des Christentums sei gerade aufgrund der unbestreitbaren religiös-kulturellen Nachbarschaft zum Judentum von einem inneren Zwang zur Bestreitung seiner jüdischen Ursprünge, des „jüdischen Kleiderzipfels“ geprägt[98], das ihm unwiderruflich eingewebt sei. Christliche Judenfeindschaft liege demnach nicht etwa in einer vom Judentum ausgehenden Gefahr begründet, sondern in einer tiefgreifenden Ambivalenz des christlichen Glaubens gegenüber dem eigenen jüdischen Erbe, in der herausfordernden Erinnerung an seine ursprüngliche Gestalt vor der Ausprägung des christologischen Dogmas: „Die heidnische Seele im Christentum muß ihre Rolle vor der jüdischen Seele innerhalb desselben Christentums ständig als berechtigt erweisen“[99] – daher die Obsession, das Christentum möglichst klar vom Judentum abzugrenzen, bis hin zur Leugnung jeglicher legitimen religiösen Verbindung mit ihm:

> „Die Angst des Christentums, in das Judentum zurückzufallen, ist riesengroß, nicht deshalb, weil das Judentum mit seinem Ernst von Geboten und Verboten zu einer wirklichen Gefahr werden könnte – wer würde nach fast 2000-jähriger Gültigkeit paulinischer Theologie solches befürchten wollen? –, sondern weil das Christentum das Wachstum seines eigenen jüdischen Kernes und die Überwältigung all dessen zu befürchten hat, was es seit seiner heidnischen Jugendliebe gezeugt, ersonnen und bestritten hat.“[100]

Letztlich sei dies aber ein tragisches Unterfangen, vergleichbar nur dem Mythos von Sisyphos:

> „Wie muss man sich in qualvoller Unermüdlichkeit immer weiter bemühen, die Brücken von einem Ufer zum anderen immer wieder abzubrechen, die doch gar nicht abgebrochen werden können, weil die Glaubensgemeinschaft über Nacht wieder aufbaut, was die Theologie am Tage zerstört.“[101]

98 Straus, Apokatastasis, 53 (CAHJP Jerusalem, Sammlung Raphael Straus [P 14]).
99 Ebd., 60.
100 Ebd., 138 f.
101 Ebd., 708.

Was aus der Perspektive des liberalen Protestantismus eine Zumutung und für völkische Theologien eine massive Bedrohung der deutschen Kultur und Gesellschaft darstellte[102], erschien Straus jedoch gerade als eine historische Chance zur Annäherung, die er mit seinen historischen Reflexionen zu stärken trachtete: Dass in der modernen Forschung „Jesus wieder – nach urchristlicher Weise – aus dem Himmel geholt und zu einem jüdischen Propheten gemacht [werde], wenn auch zu deren ‚letztem und größten'"[103], während jüdische Religionsphilosophen wie Martin Buber in der Weimarer Zeit Jesus wieder als ein „würdiges Glied der jüdischen Gemeinschaft" verstehen lernten[104], bestärkte Straus' Hoffnung auf das, was er im Titel seines Buches mit dem griechischen Begriff der *Apokatastasis* bezeichnete: die „Wiederherstellung" der urchristlichen Situation, mitsamt der Befreiung von dem Zwang, sich stets auf Kosten des Anderen der eigenen Identität zu vergewissern, der Freiheit dazu, endlich die positive Seite der Nachbarschaft zur Wirkung kommen zu lassen, die Freude am Nachbarn, das christliche Bewusstsein der Verwurzelung im Judentum oder die jüdische Anerkennung der Leistung des Christentums. Darin liege die einzige Chance zu einem gerade in der jetzigen politischen Situation dringend notwendigen Dialog.

Bei näherem Hinsehen erweist sich Straus' Darstellung der Geschichte jüdisch-christlicher Beziehungen als beschwörender Appell zur Verständigung, als Ausdruck der Hoffnung, Christen möchten ihre jüdischen Wurzeln gerade in der Zeit der antijüdischen Maßnahmen der Nationalsozialisten nicht leugnen, sondern bewusst und stolz anerkennen, um ihrer eigenen Integrität willen, aber auch, um dem nationalsozialistischen Vernichtungswillen durch eine geschichtlich und theologisch fundierte Solidarität mit dem Judentum etwas entgegensetzen zu können. Dabei verfolgte Straus von Jerusalem aus selbstverständlich die theologisch-politischen Debatten in Deutschland, etwa über das Verhältnis des Christentums zum „Alten Testament". Die völkisch-antisemitische Selbstvergiftung von Teilen der protestantischen Theologie erschien ihm als fatale Gefährdung nicht allein des Judentums, sondern auch des Christentums, das auf diese Weise einen radikalen Wesensverlust erleiden würde: „Man springt nicht leicht mit Glück aus einem fahrenden Zug, man löst

102 Vgl. etwa die Klage des Theologen Hans Pohlmann, der in seinem Essay über „Das Jesusbild des Liberalismus" festhielt, Jesus werde im liberalen Protestantismus fälschlicherweise als Jude verstanden, und eine Überwindung dieser Prämisse forderte; vgl. POHLMANN, Jesusbild, 362: „Es ist kein Wunder, daß dieses liberalistisch-jüdische Jesusbild dem Ansturm des Nationalsozialismus erliegen muß. Denn die Totalität des Kampfes gegen das Judentum kann natürlich auf dem Gebiet des Heiligsten, der Religion, nicht ein Ghetto dulden! Der Nationalsozialismus muß mit der ihm eigenen Dynamik dieses Jesusbild ablehnen. Da aber die in der Kirche herrschende Theologie kein anderes Jesusbild kennt als das liberalistisch-jüdische, ist es natürlich, daß die Ablehnung dieses Jesusbildes durch den Nationalsozialismus weithin das Christentum und seinen ‚Stifter' überhaupt trifft. Damit setzt die Krisis ein, in der wir uns befinden"; vgl. auch POHLMANN, Gottesgedanke.

103 STRAUS, Apokatastasis, 12 (CAHJP JERUSALEM, Sammlung Raphael Straus [P 14]).

104 EBD., 13.

nicht ohne größte eigene Gefahr die lange, erlebnisreiche, ins Herz eingedrungene Reisegemeinschaft der beiden Testamente, ohne die Wurzelkraft dessen zu schwächen, was aus ihnen emporgewachsen."[105] Christlicher Glaube könne sich selbst nur dann angemessen verstehen, wenn er begreife, dass „ein Raunen vom Alten zum Neuen Testament" gehe[106], dass die Hebräische Bibel unabänderlich „jüdisch-christlicher Gemeinschaftsbesitz" sei, nicht allein als Stiftungsurkunde, sondern zugleich „im Sinne eines fortwirkenden Energiezentrums"[107], von dem die fundamentalen religiösen Vorstellungen, der Gottesdienst und die Ethik beider Religionen lebten.

Nicht ohne Verzweiflung – das taucht immer wieder als Motiv im Manuskript auf – nahm Straus die Neigung zur Emanzipation vom „Druck jüdischen Geistes" wahr[108], die sich spätestens seit 1933 in fast allen Strömungen des Protestantismus, einschließlich der Bekennenden Kirche, durchgesetzt hatte. Erschüttert war er jedoch vor allem von dem Programm, die protestantische Kirche von allen jüdischen Spuren zu reinigen. Seine Betonung der historischen „Nachbarschaft" und „Schicksalsgemeinschaft"[109] von Judentum und Christentum angesichts der Zerstörung jeglicher Ethik und Humanität in seiner Zeit liest sich rückblickend als subversiver Widerspruch gegen eine Konstruktion jüdischer Geschichte und der Geschichte jüdisch-christlicher Beziehungen, die der Legitimation von Ausgrenzung, Verfolgung und Mord theologisch nichts entgegenzusetzen hatte, sondern, wie Susannah Heschel es formuliert hat, der nationalsozialistischen Judenpolitik „religiöse und moralische Authentizität verlieh"[110]. „Es bleibt […] so", betonte er gegen Ende seines Werks,

> „dass, wo immer sich das jüdisch-christliche Lebensverhältnis verschlechtert, auch die kulturelle Gesamtlage an Dignität einbüßt, und man braucht heute nur auf den Brennpunkt des gegenwärtigen politischen Geschehens (1940) zu blicken, um mit Sicherheit das Entsprechende zu bemerken: dass wo sich die kulturelle Dignität verflüchtigt, auch die jüdisch-christliche Symbiose zerstört wird. So wenig jene alten theologischen Erwägungen nur im Bezirk der Religion gedacht und wirksam waren, so wenig sind diese neuen politischen Geschehnisse nur politisch zu verstehen. So wie das jüdisch-christliche Lebensverhältnis die kulturelle Gestalt der Menschheit geformt hat, so muß es sie auch, wo kulturfeindliche Hände walten, wieder deformieren, und die bloße Tyrannis als kulturschöpferische Kraft etablieren, die eine ‚neue Ordnung' der Dinge, eine Neuschöpfung der Welt Gottes, mit angesetzt hat."[111]

105 Ebd., 246.
106 Ebd., 743.
107 Ebd., 253.
108 Ebd., 9.
109 Ebd., 508.
110 Heschel, Jesus (2008), 16.
111 Straus, Apokatastasis, 708 (CAHJP Jerusalem, Sammlung Raphael Straus [P 14]).

5. Jüdisch-christliche Schicksalsgemeinschaft: Epilog

„Was ist der Wert der Religion, insbesondere des Christentums, wenn sie keinen Schutz vor Brutalität gewährleistet und sogar eine willige Teilnehmerin am Völkermord werden kann?“[112] Diese Frage, mit der die Historikerin Doris L. Bergen in der Einleitung zu ihrem Buch „The Twisted Cross“ ihre Leser konfrontiert, stellt sich bei der Lektüre der literarischen Erzeugnisse des Eisenacher Instituts unausweichlich. Eindringlich charakterisiert Susannah Heschel die Theologen des Instituts als Schreibtischtäter, die zwar nicht unmittelbar in die politischen Entscheidungen des NS-Regimes verstrickt waren, die kein Zyklon B in Gaskammern strömen ließen, die aber gleichwohl der Vernichtungspolitik der Nationalsozialisten durch ihre Forschungen religiös-moralische Autorität verliehen, das Gewissen der Bevölkerung angesichts der Verbrechen erleichterten und den Nationalsozialismus als Erfüllung der christlichen Botschaft legitimierten[113]. Mit Recht betont sie zudem, Behauptungen von Theologen wie Walter Grundmann nach 1945, es habe sich bei dem Institut um ein reines Forschungsinstitut gehandelt, dessen Ziel vor allem darin bestanden habe, rassenantisemitisch motivierten Angriffen gegen das aus der Sicht völkischer Ideologen „verjudete“ Christentum durch den Nachweis der grundlegend antijüdischen Essenz der Botschaft Jesu entgegenzutreten, seien reine Ausflüchte gewesen: Dass die NS-Behörden – trotz grundsätzlicher Zustimmung zur deutsch-christlichen Diagnose der jüdischen Verunreinigung des Christentums – die Strategien seiner „Entjudung“ eher als illusorisch betrachtet und dem Institut eine stärkere Unterstützung versagt hätten, bedeute nicht, dass sich dessen Mitglieder nicht voll, und zwar aufgrund genuiner rassenantisemitischer Überzeugungen in Verbindung mit tief verwurzelten theologischen Stereotypen, in den Dienst des nationalsozialistischen Projekts der Bekämpfung des Judentums gestellt hätten[114].

Die historische Würdigung des geistigen Widerstandes jüdischer Gelehrter gegen die Ideologie der „Entjudung“ des Christentums erinnert an die fortdauernde Notwendigkeit der kritischen Auseinandersetzung mit der verhängnisvollen Wirkungsgeschichte christlicher Judenfeindschaft, ihrem Zusammenspiel mit dem völkischen Antisemitismus und der Rolle von Theologie und Kirche bei der Diskriminierung, Entrechtung, Verfolgung, Preisgabe und Ermordung eines Großteils der europäischen Juden. Das Bewusstsein der beschämenden Kontinuität vieler mit dem ‚Entjudungsinstitut‘ verbundener Denkmuster weit über 1945 hinaus und das Wissen darum, dass nicht wenige Protagonisten weitgehend ungehindert ihre Karrieren fortsetzen

112 Bergen, Cross, XII.

113 Vgl. Heschel, Jesus (2008), 16 f.

114 Ebd., 14 f.

und antisemitische Haltungen fortschreiben konnten[115], macht die historische Auseinandersetzung mit seiner Geschichte nicht leichter. Es vergingen Jahrzehnte, bis protestantische Theologie und Kirche ernsthafte Schritte der Neuorientierung und der Konfrontation mit den Unheilspuren des Inhumanen in der eigenen Tradition unternahmen und sich der Einsicht zu stellen begannen, dass die Verstrickung in eine verbrecherische Ideologie, die das Institut verkörpert, eine „Wunde im Herzen christlicher Theologie“ hinterlassen hatte[116]. Dabei mangelte es nicht an Gesprächsangeboten jüdischer Gelehrter, die Zeugen und Opfer dieser Unmenschlichkeit geworden waren und – unmittelbar nach Krieg und Völkermord – daran erinnerten, was etwa Franz Rosenzweig schon vor der NS-Zeit formulierte hatte, am dezidiertesten in seinem theologischen Testament, das er 1929, im Jahre seines Todes, unter dem Titel „Die weltgeschichtliche Bedeutung der Bibel“ formulierte: Die „immer wieder versuchte Flucht aus der Enge und Fremdheit des AT in philosophische Weite oder in völkische Nähe“ wäre, so seine beschwörende Warnung an die zeitgenössische christliche Theologie, „das Ende des Christentums“ und damit zugleich „das Ende des weltgeschichtlichen Wegs der Bibel, auch der jüdischen“[117]. Beide Religionen, das Christentum mit dem ihm unwiderruflich eingeschriebenen Jüdischen und das Judentum in seiner Be-

115 Vgl. EBD., 242–278; SCHUSTER, Lehre, 253–278.

116 HESCHEL, Jesus (2008), 287.

117 ROSENZWEIG, Bedeutung, 839. Zu Franz Rosenzweigs Widerspruch gegen marcionitische Neigungen innerhalb der protestantischen Theologie seiner Zeit vgl. WIESE, Rosenzweigs. 1947 reflektierte Martin Buber, der seine gemeinsam mit Rosenzweig begonnene Arbeit an der „Verdeutschung der Schrift“ nach dem Zweiten Weltkrieg in Israel vollendete, in seinem Essay „Der Geist Israels und die Welt von heute“ über die immer neu zum Hass verführende Rebellion des Christentums gegen seine jüdischen Ursprünge und hob hervor, das Echo dieser Rebellion sei nicht bloß in den völkischen und deutsch-christlichen Theologien, sondern selbst bei Repräsentanten eines emanzipatorischen Liberalismus zu finden gewesen, die – wie Adolf von Harnack – die Schriften der Hebräischen Bibel, mit Ausnahme von Propheten und Psalmen, für ein für das Christentum schädliches Element gehalten hätten. Die Warnung vor künftigen Manifestationen solcher Tendenzen und ihrer zerstörerischen politischen Wirkung ist unüberhörbar: „Harnack starb 1930; drei Jahre danach war sein Gedanke, der Gedanke Marcions, in Handlung umgesetzt, nicht mit Mitteln des Geistes, sondern mit denen der Gewalt und des Terrors. Der Staat, dessen Bürger Harnack gewesen war, stellte die Kirchen vor die Wahl, entweder den Geist Israels gänzlich auszuschalten und damit allem Einfluß auf die Geschäfte dieser Welt, die des Staates und der Gesellschaft, zu entsagen oder mitsamt dem Judentum liquidiert zu werden. Marcions Gabe an Hadrian war in andere Hände übergegangen. Inzwischen sind diese Hände abgehauen worden. Aber wir wissen nicht, in wessen Händen sich Marcions Gabe wiederfinden wird, wissen heute nicht, wann die Kirchen wieder vor die Wahl zwischen dem Verzicht, welcher der innere Tod ist, und dem äußeren Untergang, welche die Aussicht auf Wiedergeburt aus dem Dunkel der Katakomben bedeutet, gestellt werden. Dies jedoch wissen wir, daß es die Entfernung der göttlichen Forderung und des konkreten Messianismus bedeutet“ (BUBER, Geist, 149). Zu Bubers Deutung Jesu während der NS-Zeit vgl. seine 1934 im Kontext des Freien Jüdischen Lehrhauses in Frankfurt gehaltenen Vorlesungen über Judentum und Christentum, deren Grundgedanken später in sein Buch „Zwei Glaubensweisen“ (1950) einflossen; vgl. BUBER, Vorlesungen; vgl. KUSCHEL, Buber, bes. 81–103 u. 233–278.

ziehung zur christlichen Tradition, waren nicht nur aus Rosenzweigs Sicht, sondern auch und gerade aus einer jüdischen Perspektive nach der Shoah, eine Schicksalsgemeinschaft, deren Preisgabe unabsehbare Folgen für die Kultur der gesamten Menschheit hätte. Leo Baeck hat in einem Vortrag, den er 1949 unter dem Titel „Das Judentum auf alten und neuen Wegen" hielt, diese fundamentale Voraussetzung für ein dialogisches Miteinander zwischen Judentum und Christentum angesichts der Schrecken der jüngsten Vergangenheit und der Erfahrung präzedenzloser Inhumanität mit großer Klarheit ausgesprochen:

> „Was die Bibel vermögen wird, wird auch in Europa und in Amerika ein Entscheidendes sein; jüdisches Leben in dem, was es gibt, und in dem, was es erfährt, wird hierdurch schließlich bestimmt werden. Und ebenso doch auch, wenn auch das gesagt werden darf, christliches Leben; es gibt hier eine Gemeinschaft des Geschickes. Juden und Judentum leben, in Europa seit anderthalb Jahrtausenden und in Amerika dann von Anbeginn an, inmitten einer christlichen Welt. Judentum und Christentum werden immer wieder und immer neu durch den Willen oder die Fügung in Beziehung zueinander gesetzt. Und diese Beziehung darf schließlich keine äußere bloß bleiben, zumal, wenn Judentum und Christentum in Wahrheit, und nicht nur dem Namen nach, Judentum, Christentum sein wollen. Auf die Dauer sollte hier nicht nur ein Nebeneinander sein – jedes bloße Nebeneinander kann hier nur zu leicht zu einem Gegeneinander werden. Beide sollten das begreifen, um einander willen, aber auch um ihrer selbst willen.
>
> Das Judentum sollte nie vergessen, daß aus seiner Mitte das Christentum hervorgegangen ist und daß seine Bibel Besitztum auch des Christentums ist; gemeinsame Provinzen sind in beider Welt. Gemeinsames ist in beider Gebot, Gewißheit und Gebet. Das Judentum sollte dessen bewußt bleiben, worauf seine großen Denker des Mittelalters hinwiesen, daß ein Weg göttlicher Vorsehung, göttlichen Planes sich hier offenbare. Je mehr das Judentum sich selber versteht, um so mehr wird es das Christentum, das Große in ihm begreifen. Und die christliche Kirche sollte nie vergessen, daß es für sie keine Bibel ohne die jüdische Bibel geben kann. Seit den Tagen Markions, gegen den die alte Kirche hatte kämpfen müssen, hat es sich so manchesmal gezeigt, welchen Weg das Christentum geführt wird, wenn das Verständnis hierfür verloren geht oder zurückgedrängt wird; wer es noch nicht gewußt hatte, dem haben die Jahre des Entsetzens, die hinter uns liegen, es kund getan, was vom Christentum übrig bleiben mag, wenn es der jüdischen Bibel ledig werden will."[118]

118 Baeck, Judentum (2002), 46 f.; vgl. auch ders., Questions.

Quellen- und Literaturverzeichnis

I. Unveröffentlichte Quellen und Darstellungen

Central Archives for the History of the Jewish People Jerusalem (CAHJP)

Bestand: Sammlung Raphael Straus (P 14)

STRAUS, Raphael: Apokatastasis. Eine friedvolle Betrachtung über Judentum und Christentum (unveröffentlichtes Typoskript, undatiert, ca. 1939–1941).

II. Veröffentlichte Quellen und Darstellungen

ARNHOLD, Oliver: „Entjudung“ – Kirche im Abgrund. Bd. 1: Die Thüringer Kirchenbewegung Deutsche Christen 1928–1939. Bd. 2: Das „Institut zur Erforschung und Beseitigung des jüdischen Einflusses auf das deutsche kirchliche Leben“ 1939–1945 (SKI 25/1–2). Berlin 2010.

–: Walter Grundmann und das „Institut zur Erforschung und Beseitigung des jüdischen Einflusses auf das deutsche kirchliche Leben“. In: Gailus / Vollnhals: Christentum, 203–217.

BAECK, Leo: Das Wesen des Judentums. Berlin 1905 [neubearb. 1922].

–: Werke Bd. 4: Aus drei Jahrtausenden. Das Evangelium als Urkunde der jüdischen Glaubensgeschichte. Hg. von Albert H. Friedlander / Bertold Klappert / Werner Licharz. Gütersloh 2000.

–: Das Evangelium als Urkunde der jüdischen Glaubensgeschichte (1938). In: Ders.: Werke Bd. 4, 403–473.

–: Judentum in der Kirche (1925). In: Ders.: Werke Bd. 4, 130–147.

–: Romantische Religion (1922). In: Ders.: Werke Bd. 4, 59–129.

–: Werke Bd. 5: Nach der Schoa – Warum sind Juden in der Welt? Schriften aus der Nachkriegszeit. Hg. von Albert H. Friedlander / Bertold Klappert. Gütersloh 2002.

–: Some Questions to the Christian Church from the Jewish Point of View. In: Ders.: Werke Bd. 5, 447–462.

–: Das Judentum auf alten und neuen Wegen. In: Ders.: Werke Bd. 5, 35–48.

BAKER, Leonard: Hirt der Verfolgten. Leo Baeck im Dritten Reich. Stuttgart 1982.

BARKAI, Avraham: Von Berlin nach Theresienstadt. Zur politischen Biografie Leo Baecks 1933–1945. In: Ders.: Hoffnung und Untergang. Studien zur deutsch-jüdischen Geschichte des 19. und 20. Jahrhunderts. Hamburg 1998, 144–166.

–: Im Schatten der Verfolgung und Vernichtung. Leo Baeck in den Jahren des NS-Regimes. In: Heuberger / Backhaus: Baeck, 77–102.

BERGEN, Doris L.: Twisted Cross. The German Christian Movement in the Third Reich. Chapel Hill 1996.

BERTRAM, Georg: Paulus, Judensendling und Christusapostel. In: Walter Grundmann (Hg.): Germanentum, Christentum und Judentum. Studien zur Erforschung ihres gegenseitigen Verhältnisses, Bd. 3 (Sitzungsberichte der dritten Arbeitstagung des Instituts zur Erforschung des jüdischen Einflusses auf das deutsche kirchliche Leben vom 9. bis 11. Juni 1942 in Nürnberg). Leipzig 1943, 83–136.

Brenner, Michael: Jüdische Geschichte an deutschen Universitäten - Bilanz und Perspektiven. In: HZ 266 (1998), 1–21.

Buber, Martin: Der Geist Israels und die Welt von heute. In: Ders.: Der Jude und sein Judentum. Gesammelte Aufsätze und Reden. Darmstadt 1993, 142–150.

–: Vorlesungen über Judentum und Christentum. Hg., eingel. und komm. von Orr Scharf (Martin Buber Werkausgabe 5). Gütersloh 2017.

–: Schriften zur biblischen Religion. Hg. von Christian Wiese unter Mitarbeit von Heike Breitenbach (Martin Buber Werkausgabe 13, 2 Teilbde.). Gütersloh 2019.

Deines, Roland / Leppin, Volker / Niebuhr, Karl-Wilhelm (Hg.): Walter Grundmann. Ein Neutestamentler im Dritten Reich (AKThG 21). Leipzig 2007.

Ericksen, Robert P.: Theologen unter Hitler. Das Bündnis zwischen evangelischer Dogmatik und Nationalsozialismus. München 1986.

Euler, Karl Friedrich / Grundmann, Walter: Das religiöse Gesicht des Judentums. Entstehung und Art (Beiheft zu Germanentum, Christentum und Judentum. Studien zur Erforschung ihres gegenseitigen Verhältnisses). Leipzig 1942.

Everett, Robert A.: Christianity without Antisemitism: James Parkes and the Jewish-Christian Encounter. Oxford 1993.

Fenske, Wolfgang: Wie Jesus zum „Arier“ wurde. Auswirkungen der Entjudaisierung Christi im 19. und zum Beginn des 20. Jahrhunderts. Darmstadt 2005.

Friedlander, Albert H.: Leo Baeck. Leben und Lehre. München 1990.

Gailus, Manfred / Vollnhals, Clemens (Hg.): Christlicher Antisemitismus im 20. Jahrhundert. Der Tübinger Theologe und „Judenforscher“ Gerhard Kittel. Göttingen 2019.

Gailus, Manfred / Vollnhals, Clemens (Hg.): Für ein artgemäßes Christentum der Tat. Völkische Theologie im „Dritten Reich“ (Hannah-Arendt-Institut. Berichte und Studien 71). Göttingen 2016.

Grau, Wilhelm: ‚Antisemitismus im Mittelalter‘. Ein Wort contra Raphael Straus. In: Zeitschrift für die Geschichte der Juden in Deutschland 6 (1936), 186–198.

Grundmann, Walter: Religion und Rasse. Ein Beitrag zur Frage „nationaler Aufbruch“ und „lebendiger Christusglaube“. Werdau 1933.

–: Die Entjudung des religiösen Lebens als Aufgabe deutscher Theologie und Kirche. Weimar 1939.

– (Hg.): Germanentum, Christentum und Judentum. Studien zur Erforschung ihres gegenseitigen Verhältnisses, Bd. 1 (Sitzungsberichte der ersten Arbeitstagung des Institutes zur Erforschung des jüdischen Einflusses auf das deutsche kirchliche Leben vom 1. bis 3. März 1940 in Wittenberg). Leipzig 1940.

–: Jesus der Galiläer und das Judentum (Veröffentlichungen des Instituts zur Erforschung des jüdischen Einflusses auf das deutsche kirchliche Leben). Leipzig 1940.

–: Wer ist Jesus von Nazareth? Weimar 1940.

–: Die geistige und religiöse Art des Judentums. In: Ders. / Karl Friedrich Euler (Hg.): Das religiöse Gesicht des Judentums. Entstehung und Art (Beiheft zu Germanentum, Christentum und Judentum. Studien zur Erforschung ihres gegenseitigen Verhältnisses). Leipzig 1942, 53–162.
– (Hg.): Germanentum, Christentum und Judentum. Studien zur Erforschung ihres gegenseitigen Verhältnisses, Bd. 2 (Sitzungsberichte der zweiten Arbeitstagung des Institits zur Erforschung des jüdischen Einflusses auf das deutsche kirchliche Leben vom 3. bis 5. März 1941 in Eisenach). Leipzig 1942.
–: Das apokalyptische Geschichtsbild und das deutsche Geschichtsdenken. In: Ders.: Germanentum Bd. 2, 8–115.
–: Das Messiasproblem. In: Ders.: Germanentum Bd. 2, 379–412.
–: Vorwort. In: Ders.: Germanentum Bd. 2, I–II.
– (Hg.): Germanentum, Christentum und Judentum. Studien zur Erforschung ihres gegenseitigen Verhältnisses, Bd. 3 (Sitzungsberichte der dritten Arbeitstagung des Instituts zur Erforschung des jüdischen Einflusses auf das deutsche kirchliche Leben vom 9. bis 11. Juni 1942 in Nürnberg). Leipzig 1943.
–: Mendelssohn und Hamann. In: Ders.: Germanentum Bd. 3, 1–48.
Günther, Hans F. K.: Rassenkunde des jüdischen Volkes. München 1930.
Hayoun, Maurice Ruben: Leo Baeck. Repräsentant des liberalen Judentums. Darmstadt 2011.
Heschel, Susannah: Theologen für Hitler. Walter Grundmann und das Institut zur Erforschung und Beseitigung des jüdischen Einflusses auf das deutsche kirchliche Leben. In: Leonore Siegele-Wenschkewitz (Hg.): Christlicher Antijudaismus und Antisemitismus. Theologische und kirchliche Programme Deutscher Christen (ArTe 85). Frankfurt a. M. 1994, 125–170.
–: Revolt of the Colonized. Abraham Geiger's Wissenschaft des Judentums as a Challenge to Christian Hegemony in the Academy. In: New German Critique 77 (1999), 61–85.
–: Der jüdische Jesus und das Christentum. Abraham Geigers Herausforderung an die christliche Theologie. Berlin 2001.
–: The Aryan Jesus. Christian Theologians and the Bible in Nazi Germany. Princeton / Oxford 2008.
Heuberger, Georg / Backhaus, Fritz (Hg.): Leo Baeck 1873–1956. ‚Mi gesa rabbanim' – Aus dem Stamme von Rabbinern. Frankfurt a. M. 2001.
Homolka, Walter: Jesus von Nazareth im Spiegel jüdischer Forschung (Jüdische Miniaturen 85). Berlin 2009.
–: Jewish Jesus Research and its Challenges for Christology. Leiden 2017.
Jacob, Benno: Das Buch Genesis. Das erste Buch der Tora, übersetzt und erklärt. Berlin 1934.
Jacob, Walter: Benno Jacob. Kämpfer und Gelehrter (Jüdische Miniaturen 115). Berlin 2011.
Junginger, Horst: Die Verwissenschaftlichung der „Judenfrage“ im Nationalsozialismus. Darmstadt 2011.

Kittel, Gerhard: Die Entstehung des Judentums und die Entstehung der Judenfrage. In: Forschungen zur Judenfrage, Bd. 1 (Sitzungsberichte der Ersten Arbeitstagung der Forschungsabteilung Judenfrage des Reichsinstituts für Geschichte des neuen Deutschlands vom 19. bis 21. November 1936). Hamburg 1937, 43–63.

Kuhn, Karl-Georg: Ursprung und Wesen der talmudischen Einstellung zu Nichtjuden. In: Forschungen zur Judenfrage 2 (1938), 199–234.

Kuschel, Karl-Josef: Martin Buber – seine Herausforderung an das Christentum. Gütersloh 2015.

Leipoldt, Johannes: War Jesus Jude? Leipzig 1923.

–: Jesus und das Judentum. In: Grundmann: Germanentum Bd. 1, 31–52.

–: Jesu Verhältnis zu Griechen und Juden. Leipzig 1941.

Leppin, Volker: Gott und Nation. Wandlungen der Verhältnisbestimmung bei Grundmanns Weg vom Oberkirchenrat in Sachsen zum Lehrbeauftragten für Völkische Theologie in Jena. In: Deines / Leppin / Niebuhr: Grundmann, 191–218.

Leutzsch, Martin: Karrieren des arischen Jesus zwischen 1918 und 1945. In: Puschner / Vollnhals: Bewegung, 195–217.

Lorenz, Elisabeth: Ein Jesusbild im Horizont des Nationalsozialismus. Studien zum Neuen Testament des ‚Instituts zur Erforschung und Beseitigung des jüdischen Einflusses auf das deutsche kirchliche Leben' (WUNT 2, 440). Tübingen 2017.

Meissner, Stefan: Die Heimholung des Ketzers. Studien zur jüdischen Auseinandersetzung mit Paulus. Tübingen 1996.

Mendelssohn, Moses: Jerusalem oder über religiöse Macht und Judentum. Mit dem Vorwort zu Manasse ben Israels „Rettung der Juden" und dem Entwurf zu „Jerusalem" sowie einer Einleitung, Anmerkungen und Register. Hg. von Michael Albrecht (PhB 565). Hamburg 2010.

Nattermann, Ruth: Deutsch-jüdische Geschichtsschreibung nach der Shoah. Die Gründungs- und Frühgeschichte des Leo Baeck Institute. Essen 2004.

Nicolaisen, Carsten: Die Auseinandersetzungen um das Alte Testament im Kirchenkampf 1933–1945. Diss. Theol. Hamburg 1966.

Osten-Sacken, Peter von der: Walter Grundmann – Nationalsozialist, Kirchenmann und Theologe. Mit einem Ausblick auf die Zeit nach 1945. In: Ders. (Hg.): Das mißbrauchte Evangelium. Studien zu Theologie und Praxis der Thüringer Deutschen Christen (SKI 20). Berlin 2002, 280–312.

Papen-Bodek, Patricia von: Schützenhilfe nationalsozialistischer Judenpolitik. Die ‚Judenforschung' des ‚Reichsinstituts für Geschichte des neuen Deutschland' 1935–1945. In: Andreas Hoffmann / Irmtraud Wojak (Hg.): „Beseitigung des jüdischen Einflusses …": Antisemitische Forschung, Eliten und Karrieren im Nationalsozialismus. Frankfurt a. M. 1999, 17–42.

–: Vom engagierten Katholiken zum Rassenantisemiten. Die Karriere des Historikers zur ‚Judenfrage', Wilhelm Grau, 1935–1945. In: Georg Denzler / Leonore Siegele-Wenschkewitz (Hg.): Theologische Wissenschaft im „Dritten Reich". Ein ökumenisches Projekt, Frankfurt a. M. 2000, 68–113.

Pohlmann, Hans: Der Gottesgedanke Jesu als Gegensatz gegen den israelitisch-jüdischen Gottesgedanken. Weimar 1939.

–: Das Jesusbild des Liberalismus. In: Grundmann: Germanentum Bd. 2, 355–378.

Puschner, Uwe / Vollnhals, Clemens (Hg.): Die völkisch-religiöse Bewegung im Nationalsozialismus. Eine Beziehungs- und Konfliktgeschichte (Schriften des Hannah-Arendt-Instituts 47). Göttingen 2012.

Richmond, Colin: Campaigner against Antisemitism. The Reverend James Parkes 1896–1981. London 2005.

Rosenzweig, Franz: Weltgeschichtliche Bedeutung der Bibel. In: Ders.: Der Mensch und sein Werk. Gesammelte Schriften, Teil III: Zweistromland. Kleinere Schriften zu Glauben und Denken. Hg. von Reinhold Mayer / Annemarie Mayer. Dordrecht 1984, 837–840.

Rupnow, Dirk: Judenforschung im Dritten Reich. Wissenschaft zwischen Politik, Propaganda und Ideologie. Baden-Baden 2011.

Schulte, Christoph: Moses war nicht Nathan. Moses Mendelssohns Kritik am Christentum. In: Mendelssohn-Studien. Beiträge zur neueren deutschen Kulturgeschichte, Bd. 18. Hannover 2015, 11–26.

Schuster, Dirk: „Jesu ist von jüdischer Art weit entfernt.“ Die Konstruktion eines nichtjüdischen Jesus bei Johannes Leipoldt. In: Gailus / Vollnhals: Christentum, 189–201.

–: Die Lehre vom „arischen“ Christentum. Das wissenschaftliche Selbstverständnis im Eisenacher „Entjudungsinstitut“. Göttingen 2017.

Siegele-Wenschkewitz, Leonore: Neutestamentliche Wissenschaft vor der Judenfrage. Gerhard Kittels theologische Arbeit im Wandel deutscher Geschichte (TEH 208). München 1980.

Stegemann, Ekkehard W.: Der Jude Paulus und seine antijüdische Auslegung. In: Rolf Rendtorff / Ekkehard W. Stegemann (Hg.): Auschwitz – Krise der christlichen Theologie. München 1980, 117–139.

Steinweis, Alan: Studying the Jew. Scholarly Antisemitism in Nazi Germany. Cambridge Mass. / London 2006.

Straus, Raphael: Antisemitismus im Mittelalter. Ein Wort pro domo. In: Zeitschrift für die Geschichte der Juden in Deutschland 6 (1936), 17–24.

–: Urkunden und Aktenstücke zur Geschichte der Juden in Regensburg im ausgehenden Mittelalter. München 1960.

Strauss, Herbert A.: Die letzten Jahre der Hochschule (Lehranstalt) für die Wissenschaft des Judentums, Berlin: 1936–1942. In: Julius Carlebach (Hg.): Chochmat Jisrael – Wissenschaft des Judentums. Anfänge der Judaistik in Deutschland. Darmstadt 1992, 36–58.

Tal, Uriel: Theologische Debatte um das „Wesen“ des Judentums. In: Werner E. Mosse / Arnold Paucker (Hg.): Juden im Wilhelminischen Deutschland 1890–1914. Tübingen 1976, 599–632.

Weinreich, Max: Hitler’s Professors. The Part of Scholarship in Germany’s Crimes Against the Jewish People. 2. Aufl. mit neuem Vorwort. New Haven / London 1999.

Wiefel, Wolfgang: Paulus in jüdischer Sicht. In: Judaica 31 (1975), 109–115 u. 151–172.

Wiese, Christian: Wissenschaft des Judentums und Protestantische Theologie im wilhelminischen Deutschland. Ein Schrei ins Leere? (Schriftenreihe des Leo Baeck Instituts 61). Tübingen 1999.

–: Counterhistory, the „Religion of the Future" and the Emancipation of Jewish Studies. The Conflict between *Wissenschaft des Judentums* and Liberal Protestantism 1900 to 1933. In: JSQ 7 (2000), 367–398.

–: Ein unerhörtes Gesprächsangebot. Leo Baeck, die Wissenschaft des Judentums und das Judentumsbild des liberalen Protestantismus. In: Heuberger / Backhaus: Baeck, 147–171.

–: ‚Das beste Gegengift gegen den Judenhaß'? Judentum, Bibelkritik und Antisemitismus vor der Shoah. In: Peter Schäfer / Irina Wandrey (Hg.): Gelehrte, Denker, Ideologen und Spinner (Pforzheimer Reuchlin-Schriften 11). Stuttgart 2005, 251–284.

–: Zwiespalt und Verantwortung der Nähe. Raphael Straus' „Friedvolle Betrachtung über Judentum und Christentum" zur Zeit der Shoah. In: Der Christlich-Jüdische Dialog. Hg. vom Haus der Geschichte Baden-Württemberg. Heidelberg 2010, 59–89.

–: Franz Rosenzweigs und Martin Bubers Kritik des protestantischen Neo-Marcionitismus im Kontext der Zeit. In: Micha Brumlik (Hg.): Luther, Rosenzweig und die Schrift. Ein deutsch-jüdischer Dialog. Hamburg 2017, 245–283.

–: Biblischer Humanismus in dunkler Zeit. Martin Bubers Kommentare im Kontext jüdischer Auseinandersetzungen mit Bibelkritik und Antisemitismus. In: Martin Buber. Schriften zur biblischen Religion. Hg. von Christian Wiese unter Mitarbeit von Heike Breitenbach, Teilband 2. (Martin Buber-Werkausgabe 13). Gütersloh 2019, 1207–1260.

Oliver Arnhold

„Im Kampf für die Entjudung des religiösen Lebens"[1]

Zur Ideologie des kirchlichen ‚Entjudungsinstituts'

Ich stehe hier im Wappensaal des Wartburghotels mit sehr gemischten Gefühlen, einerseits mit einem mulmigen Gefühl und andererseits mit Freude und Dankbarkeit. Mulmig deshalb, weil vor 80 Jahren genau an diesem Ort Walter Grundmann ebenfalls einen Vortrag gehalten hat mit dem Titel: „Die Entjudung des religiösen Lebens als Aufgabe von Theologie und Kirche"[2]. Und was sind schon 80 Jahre? Dieser historische Ort lässt mich nicht kalt; auf dem historischen Foto von der Institutseröffnung ist an dem Rundbogen hinten in diesem Saal eine Hakenkreuzfahne angebracht. Trotzdem erfüllt es mich aber auch mit Freude und Dankbarkeit, dass heute hier Gegenreden zu der unsäglichen Arbeit des kirchlichen ‚Entjudungsinstituts' gehalten werden.

Ich bin gebeten worden, etwas zur Ideologie des kirchlichen ‚Entjudungsinstituts' vorzutragen, was natürlich in diesem Zusammenhang nur sehr grob erfolgen kann. Meine Ausführungen gliedern sich in vier Teile. Zunächst werden ideologische Grundlagen des ‚Entjudungsinstituts' vorgestellt, wie sie sich aus der Vorgeschichte des Instituts und den Verbindungen zur Kirchenbewegung Deutsche Christen (DC) ergaben. Im zweiten Teil wird dargestellt, wie die Ideologie des Instituts die Forschungsarbeit in den Arbeitskreisen und in den Forschungsaufträgen bestimmte. Nach 1945 erfuhr die Ideologie eine Umdeutung, um eine Fortexistenz des Instituts zu gewährleisten und die Mitarbeiter zu entlasten. Darauf gehe ich im dritten Teil ein, bevor ich resümierend die entscheidenden Charakteristika der Institutsideologie zusammenfasse.

1. Ideologische Grundlagen

Die Geschichte und Ideologie des Instituts ist eng verknüpft mit der der Thüringer Kirchenbewegung DC, die durch die Pfarrer Julius Leutheuser und Siegfried Leffler 1928 im ostthüringischen Wieratal als kirchenpolitische Be-

---

1 Verbandsmitteilungen 1, 31.

2 Grundmann, Entjudung.

wegung gegründet wurde, nachdem sich ihre Mitglieder vorher in einem Nationalsozialistischen Pfarrer- und Lehrerkreis organisiert hatten[3].

Ab Juli 1932 gab die Kirchenbewegung DC eine Zeitung, die „Briefe an deutsche Christen" heraus. Im Kopf der Zeitung findet sich ein Symbol: ein Christenkreuz, das von einem Kreis von Hakenkreuzen umrandet wird.[4] Das Symbol ist Ausdruck einer angestrebten Synthese von Kirche und Nationalsozialismus. Wie Stacheldraht umschließen die Hakenkreuze das Christenkreuz und nehmen es gefangen. Die Assoziation des Hakenkreuzkreises mit einer Dornenkrone ist offenbar gewollt.

Das Symbol bringt gut zum Ausdruck, dass es nach dem Willen der Thüringer DC keinen Unterschied mehr geben sollte zwischen Christentum und Nationalsozialismus. Leutheuser drückte dies in einer volksmissionarischen Schrift mit dem Titel: „Die deutsche Christusgemeinde. Der Weg zur deutschen christlichen Nationalkirche" aus dem Jahr 1934 wie folgt aus:

> „Und es kam der Tag der Pfingsten auch für die deutsche Nation. Mögen wir nie die Märztage des Jahres 1933 vergessen! Da waren wir eine Gemeinschaft an Leib und Seele, ein Reich, eine Glaubens- und Schicksalsgemeinde, ein Volk. Der Gott der Liebe weilte als heiliger Geist mitten unter uns und schenkte uns die Kraft zum Glauben an die Freiheit und Ehre der deutschen Nation, die Bereitschaft zur Weltanschauung des Dienstes an Blut und Erde, den Willen zur Treue gegen die Idee des Dritten Reiches. Ja, es war so, wir sahen seine Herrlichkeit, die Herrlichkeit des Reiches Gottes unter den Deutschen."[5]

Euphorisch feiert Leutheuser hier sowohl die Machtergreifung der Nazis im Jahr 1933 als auch den Tag von Potsdam und deutet die Ereignisse theologisch

3 Vgl. dazu ARNHOLD, Entjudung (2010), Bd. I; DERS., Entjudung (2020), 15–59; BÖHM, Christen; KRAUSE, Glauben.

4 Symbol der „Kirchenbewegung Deutsche Christen" (LKA EISENACH, A-Akten, A 776-1, Deutsche Christen, 1930–1935, Bd. 1, Bl. 165).

5 LEUTHEUSER, Christusgemeinde, 7 f.

als Anbruch des Reich Gottes unter den Deutschen. Aufgabe der Kirche sei es nun, so Leutheuser, ihren Teil zur „Volkswerdung" der Deutschen beizutragen. Eine „Volksgemeinschaft der Deutschen", in der christliches Brauchtum und nationalsozialistische Gesinnung die geistige Grundlage bilden sollten, könne verwirklicht werden, wenn sich die Kirche treu zum nationalsozialistischen Staat und seiner Weltanschauung erweise.

Die Loyalität zur Obrigkeit wurde dabei mit Luthers Zwei-Regimenten-Lehre begründet, wie unter anderem aus der Veröffentlichung „Christus im Dritten Reich der Deutschen" aus dem Jahr 1935 hervorgeht, welche vom zweiten Gründer der Kirchenbewegung, Leffler, verfasst wurde. Dieser bekleidete seit 1933 als Oberregierungsrat das Amt des Verbindungsmannes zwischen Landesregierung und Kirche im Thüringischen Volksbildungsministerium und avancierte 1939 zum Leiter des ‚Entjudungsinstituts':

> „Wer die Kirche um der Kirche willen von ihrem starken Beschützer, der von Gott eingesetzten nationalsozialistischen Obrigkeit trennen will, versündigt sich an der Geschichte und dem, der sie lenkt. Die Aufgabengebiete liegen klar umgrenzt vor. Der Staat hält das Schwert in den Händen, das Symbol des Willens zur Macht, das Zeichen der obersten Gerichtsherrschaft. Dem Staat steht das Kommando, die Aufsicht über alle Ordnung zu. Die Kirche bleibt das Institut, bleibt der stille Boden derer, die die Reichgottesarbeit organisieren. [...] Sie schenkt dadurch Staat und Volk den stillen Willen zu einer Gemeinschaft auf Leben und Tod, zu einer Gemeinschaft, die ihre Aufgabe, ihren Kampf und ihre Sendung vor den Augen Gottes lebt."[6]

Kirche und Staat werden von Leffler als Einheit gesehen, eine Abkehr von der nationalsozialistischen Obrigkeit und ihrer Weltanschauung als Sünde gebrandmarkt. Umgekehrt mussten christliche Inhalte, die der nationalsozialistischen Weltanschauung widersprachen, weichen. Diese von der Kirchenbewegung vertretene Ideologie setzte vielfältige Reformen in Gang, die kirchliche Praxis, Liturgie, Kirchenraum, aber auch Konfirmanden- und Religionsunterricht betrafen. Die „Entjudung" von Kirche und Theologie spielte dabei schon weit vor Institutsgründung eine zentrale Rolle, stellte doch der Antisemitismus einen Eckpfeiler der nationalsozialistischen Rasse-Ideologie dar.

An dem Bezug zur Zwei-Regimenten-Lehre Luthers wird deutlich, dass Leffler durchaus darum bemüht war, theologisch zu argumentieren. Charakteristisch war bei den Thüringer DC das Ineinandergreifen von politischer Weltanschauung und Theologie. Zur Legitimation der eigenen antisemitischen Einstellung bezog man sich sowohl auf Motive des traditionellen christlichen Antijudaismus als auch auf den modernen rassisch begründeten Antisemitismus. Ihre Umsetzung fand die antisemitische Ideologie der Kirchenbewegung DC in kirchenpolitischen und kirchenrechtlichen Maßnah-

6 Leffler, Christus, 118.

men, nachdem diese im Jahr 1933 die Kirchenleitung in Thüringen übernommen hatten. Diese erfolgten zumeist als Reaktion auf die staatlich-antijüdische Gesetzgebung. So wurde im September 1933 der „Arierparagraph" in der Thüringer Kirche eingeführt, ab 1934 wurden Zeugnisse zum Nachweis der arischen Abstammung gebührenfrei ausgestellt und analog zu den Nürnberger Gesetzen wurde in der Thüringer Landeskirche die Ausgrenzung jüdischer Kirchenmitglieder vorangetrieben[7]. Als in der Nacht vom 9. auf den 10. November 1938 in Deutschland die Synagogen brannten, gab der Thüringer Landesbischof Martin Sasse dazu eine Stellungnahme ab. Diese sollte in den Thüringer evangelischen Kirchen am Buß- und Bettag 1938 verlesen werden:

> „Der feige Mord eines Juden an dem Gesandschaftsrat vom Rath in Paris hat unser gesamtes deutsches Volk aufs tiefste empört. Dieses Verbrechen erhellt schlaglichtartig, worum es heute im christlichen Abendlande geht. Es geht um den weltgeschichtlichen Kampf gegen den volkszersetzenden Geist des Judentums. Der Nationalsozialismus hat in unserer Zeit diese Gefahr am klarsten erkannt und in verantwortungsvollem Ringen um die deutsche Volksgemeinschaft der jüdisch-bolschewistischen Gottlosigkeit den schärfsten Kampf angesagt. Aufgabe der Kirche in Deutschland ist es, aus christlichem Gewissen und nationaler Verantwortung in diesem Kampfe treu an der Seite des Führers zu stehen. Die Leitung der Thüringer evangelischen Kirche ist in Erkenntnis dieser Aufgabe nicht müde geworden, auf den unüberwindlichen Gegensatz zwischen Christentum und Judentum hinzuweisen. Im Namen des christlichen Glaubens hat sie an ihrem Teile den Kampf gegen den zersetzenden Geist des Judentums geführt und jegliche Verherrlichung des jüdischen Volkes aufs schärfste bekämpft. Wer aus einem falschen Verständnis des Evangeliums heraus heute noch wähnt, die Verfälschung von deutscher christlicher Frömmigkeit durch den jüdischen Geist aufrecht erhalten zu müssen, den rufen wir gerade in diesem ereignisreichen Jahr 1938 erneut zu ernster Besinnung und Umkehr auf. Der Kampf gegen die jüdische Weltgefahr ist in ein entscheidendes Stadium getreten. Die Stunde gebietet, dem deutschen Volke die Quellen der ewigen Wahrheit neu und rein zu erschließen."[8]

Das Gebot der Stunde, wie es Sasse ausdrückte, erkannte auch ein junger, aufstrebender Akademiker: Der 1906 geborene Grundmann[9], der von 1930–1932 als Assistent von Gerhard Kittel[10] an der theologischen Fakultät Tübingen promovierte, war seit 1933 theologischer Mitarbeiter im Landes-

---

7 Meister-Karanikas, Kirche, 111–123.

8 Die Nationalkirche Nr. 48, 519. Der thüringische Landesbischof Sasse veröffentlichte zusätzlich am 23. 11. 1938 eine Schrift mit dem reißerischen Titel „Martin Luther über die Juden: ‚Weg mit ihnen!'", in der er wahllos aus dem Zusammenhang gerissene antijüdische Luther-Zitate aneinanderreihte (Sasse, Luther).

9 Zu Grundmann vgl. Osten-Sacken, Grundmann; Arnhold, Grundmann.

10 Zu Kittel vgl. Gailus / Vollnhals, Antisemitismus; Siegele-Wenschkewitz, Mitverantwortung.

kirchenamt der sächsischen Landeskirche. Des Weiteren leitete er den Nationalsozialistischen Pfarrerbund in Sachsen und veröffentlichte seit 1932 eine Reihe deutschchristlicher Publikationen. Nach der Entmachtung des sächsischen DC-Bischofs Friedrich Coch Anfang des Jahres 1936 durch den sächsischen Landeskirchenausschuss organisierte Grundmann die Eingliederung der sächsischen DC in die Thüringer Kirchenbewegung. Grundmann war seit 1930 Mitglied der NSDAP und seit 1934 förderndes Mitglied der SS. Nach seiner Freisetzung aus dem sächsischen Landeskirchenamt wurde er auf Betreiben Lefflers 1936 erst als kommissarischer Professor für Völkische Theologie und Neues Testament, 1938 dann zum ordentlichen Professor für Neues Testament in Jena berufen. Grundmann nutzte die antisemitische Stimmungslage nach dem Novemberpogrom am 9. November 1938 dafür, die Idee eines kirchlichen ‚Entjudungsinstituts' voranzutreiben. Er verfasste am 21. November 1938 ein Exposé, in dem er detailliert die Arbeitsstrukturen eines solchen Instituts entwarf. In dem Konzeptionspapier heißt es in der Vorbemerkung:

> „Die Judenfrage ist in ihr akutestes Stadium eingetreten. In den Kirchen muss die Entscheidung gegen das Judentum mit voller Klarheit vollzogen und aus dieser Entscheidung die Konsequenz für alle Gebiete des kirchlichen und religiösen Lebens gezogen werden. Damit wird ein wesentliches Vermächtnis des deutschen Reformators erfüllt. Dieser Aufgabe und ihrer systematischen Durchführung dient eine ‚Zentralabteilung zur Entjudung des religiösen und kirchlichen Lebens'“[11]

Grundmann leitete sein Konzeptionspapier an Leffler weiter. Die Kirchenbewegung DC hatte sich inzwischen über das gesamte Reich ausgebreitet und sehr an Einfluss gewonnen. Leffler warb erfolgreich bei anderen Landeskirchenleitern mit Grundmanns Konzeption, da auch dort die antisemitische Ideologie auf fruchtbaren Boden fiel, weil sie geeignet war, selbst kirchenpolitisch divergierende Kräfte zu einen. Seit Anfang 1939 versuchte Reichskirchenminister Hanns Kerrl verstärkt, die zerstrittenen kirchlichen Gruppierungen innerhalb der Evangelischen Kirche durch die Formulierung gemeinsamer Grundsätze zu befrieden. Tatsächlich gelang es den deutschchristlichen Kirchenleitungen breitere kirchliche Kreise von der Notwendigkeit eines kirchlichen ‚Entjudungsinstituts' zu überzeugen. Ausdruck dessen war die sogenannte Godesberger Erklärung vom März 1939:

> „Die Kernfragen der religiösen Auseinandersetzung sind:
>
> a) Wie verhalten sich Politik und Religion, wie verhalten sich nationalsozialistische Weltanschauung und christlicher Glaube zueinander?
> Auf diese Fragen antworten wir: Indem der Nationalsozialismus jeden politischen Machtanspruch der Kirchen bekämpft und die dem deutschen Volke

11 Grundmann, Planung (LKA Eisenach, DC 216).

artgemäße nationalsozialistische Weltanschauung für alle verbindlich macht, führt er das Werk Martin Luthers nach der weltanschaulich-politischen Seite fort und verhilft uns dadurch in religiöser Hinsicht wieder zu einem wahren Verständnis des christlichen Glaubens.

b) Wie ist das Verhältnis von Judentum und Christentum? Ist das Christentum aus dem Judentum hervorgegangen und also seine Weiterführung und Vollendung, oder steht das Christentum im Gegensatz zum Judentum?
Auf diese Fragen antworten wir:
Der christliche Glaube ist der unüberbrückbare Gegensatz zum Judentum.«[12]

Am 4. April 1939 fand in Berlin auf Einladung des Reichskirchenministeriums eine Landeskirchenleiterversammlung statt. Auf dieser Versammlung unterzeichneten elf Landeskirchenregierungen[13] in Anknüpfung an die Godesberger Erklärung eine Bekanntmachung, die umgehend im Gesetzblatt der Deutschen Evangelischen Kirche veröffentlicht und in der die „Gründung eines Instituts zur Erforschung und Beseitigung des jüdischen Einflusses auf das kirchliche Leben des deutschen Volkes" als Gemeinschaftsarbeit der beteiligten Landeskirchen beschlossen wurde[14]. Nun dauerte es nur noch einen Monat bis zur symbolträchtigen offiziellen Gründung des kirchlichen ‚Entjudungsinstituts' am 6. Mai 1939 im Wappensaal des Wartburghotels[15].

2. Umsetzung der antisemitischen Ideologie in der Institutsarbeit

In seiner Ansprache mit dem Titel „Die Entjudung des religiösen Lebens als Aufgabe von Theologie und Kirche" beim feierlichen Festakt zur Eröffnung des ‚Entjudungsinstituts' verglich Grundmann als designierter wissenschaftlicher Leiter die Umbrüche seiner Zeit mit den Veränderungen, die die Reformation bewirkt habe. Beide Umbrüche hätten nicht nur die „Erkenntnis grundlegender Wahrheiten", sondern auch die „Ablösung bisheriger Selbstverständlichkeiten" mit sich gebracht[16]. Als grundlegende Wahrheit bezeichnete Grundmann die durch den Nationalsozialismus wiedergewonnene Erkenntnis, „daß der Mensch Glied einer ihn tragenden und umfassenden Gemeinschaft" sei. Diese Gemeinschaft sei „das Volk, eine aus der Rasse entstehende, an den Boden gebundene, durch das geschichtliche Schicksal

12 Beckmann, Jahrbuch, 293.

13 Zu den Gründerkirchen des kirchlichen ‚Entjudungsinstituts' zählten folgende Landeskirchen: die Altpreußische Union, Sachsen, Nassau-Hessen, Schleswig-Holstein, Thüringen, Mecklenburg, Pfalz, Anhalt, Oldenburg, Lübeck und Österreich.

14 Beckmann, Jahrbuch, 294.

15 Vgl. dazu auch: Arnhold, Entjudung (2010), Bd. II, 476–489; ders., Entjudung (2020), 116–130.

16 Grundmann, Entjudung, 5.

Quelle: Institutseröffnung im Wappensaal des Wartburghotels, LKA Eisenach, DC Z 01, Die Nationalkirche. Briefe an Deutsche Christen, Nr. 22 vom 28. Mai 1939

bestimmte und geprägte organische Größe.“[17] Der Jenaer Neutestamentler knüpfte hier an die nationalprotestantische Volksnomostheologie an, welche die menschliche Rasse als gottgesetzte Größe deklarierte. „Die Entdeckung und Erweckung der völkischen Wahrheit“[18] sei dem Führer zu verdanken, so

17 Ebd., 8.
18 Ebd., 9.

Grundmann weiter, und habe sich „an einem ganz bestimmten Gegensatz vollzogen“[19]:

> „Der Nutznießer der französischen Revolution und der hervorragendste Träger ihrer Ideen war nämlich das Judentum geworden, dem die Ideen der französischen Revolution das Ghetto geöffnet hatten. Ihren die Welt erobernden, das Völkische auslöschenden und die Weltherrschaft des Judentums herbeiführenden Ausdruck hatten diese Ideen im Bolschewismus gefunden. Aus diesen Gründen ist der Gegensatz gegen das Judentum geradezu die Voraussetzung für die Erkenntnis und Verwirklichung des völkischen Gedankens und damit des Anbruches einer neuen Epoche innerhalb der Weltgeschichte. Deshalb ist dem deutschen Volk der Kampf gegen das Judentum unwiderrufbar aufgegeben.“[20]

Aus dem schöpfungstheologischen Konstrukt, die menschlichen Rassen seien bereits von Gott in der Schöpfung angelegt, also gottgewollt, entwickelte Grundmann eine unterschiedliche Wertigkeit der Rassen, wobei der deutschen der höherwertigste, der jüdischen Rasse der minderwertigste Status zukam, da sie das Völkische auszurotten suche. Als Beleg dafür führte der wissenschaftliche Institutsleiter altbekannte antisemitische Stereotype an: Juden strebten nach der Weltherrschaft, ständen sowohl hinter dem Liberalismus als auch Bolschewismus.

Daraus ergibt sich für Grundmann ein eindeutiger Auftrag für die Wissenschaft, insbesondere für die Theologie: Ausschaltung eines möglichen jüdischen Einflusses auf das deutsche Geistesleben, im Speziellen auf das religiöse und kirchliche Leben. Das Gebot der Stunde für die Kirche sei demnach die Reinigung und Ausschaltung jüdischen Geistes in Bräuchen, christlichen Überzeugungen sowie in religiösen „Ausdrucksformen in Kultus und Dogma“. Es sei auch „nicht zu leugnen“, so Grundmann in seiner Rede weiter, „daß die heiligen Schriften der christlichen Kirchen, die Bibel, Altes und Neues Testament, in weiten Teilen jüdischen Geist atmen“[21]. Dieser jüdische Geist versperre „unzählige[n] deutsche[n] Menschen den Zugang zur Bibel“[22]. Daher sei „die reformatorische Aufgabe des Protestantismus“ seiner Zeit, „den Unterschied zwischen der ewigen Wahrheit und der verschiedenen geschichtlichen Gestalt zu erkennen“[23]. Mit Mitteln der modernen Wissenschaft, der „historisch-kritische[n] Arbeit“[24] sieht er die Möglichkeit zur „Ablösung des heilsgeschichtlichen Zusammenhangs von Abraham auf Christus“[25], da es sich dabei nur um eine dogmatische Konstruktion der frühen Judenchristen gehandelt habe. Auch in der Loslösung vom „heilsge-

19 Ebd.
20 Ebd.
21 Ebd., 10.
22 Ebd., 11.
23 Ebd., 15.
24 Ebd., 11.
25 Ebd., 15.

schichtlichen Bezug auf die Geschichte des Alten Testamentes"[26] zugunsten der Besinnung auf die eigene „germanische Vorgeschichte"[27] sah der wissenschaftliche Institutsleiter einen Beitrag der Theologie zur Wiedergewinnung der völkischen Wahrheit.

In der Folgezeit sollte es vorrangige Aufgabe des Instituts sein, besagte völkische Weltanschauung des Nationalsozialismus theologisch zu legitimieren und durch die Beseitigung jüdischer Einflüsse eine „judenfreie" Theologie und Kirche zu schaffen, die den Ansprüchen der nationalsozialistischen Weltanschauung genügen sollte. Große Hoffnungen ruhten dabei auf der neutestamentlich-exegetischen Wissenschaft, mit deren Hilfe man eine Urfassung der Evangelien und der Geschichte des Urchristentums glaubte wiederherstellen zu können, die den genannten ideologischen Vorgaben genügte. Insbesondere bemühte man sich religionswissenschaftlich darum, den rassischen und religiösen Gegensatz Jesu zum Judentum zu belegen[28].

Da das Ergebnis der wissenschaftlichen Bemühungen bereits von vornherein feststand, war die Auswahl der Quellen und Auslegungen derart festgelegt, dass letztlich nur noch solche Darstellungen historische Authentizität für sich beanspruchen konnten, in denen die Vorgaben der nationalsozialistischen Weltanschauung erfüllt wurden. Grundmanns Sicht zum Judentum stützte sich auf rassebiologistische Theorien, wie sie beispielsweise von Arthur de Gobineau, Paul de Lagarde oder Houston Stewart Chamberlain entwickelt worden waren. So habe sich, laut Grundmann, das Jüdische in seiner unproduktiven Art wie ein Parasit in das kulturelle Geistesleben mit dem Ziel eingeschlichen, es auszuhöhlen und die jüdische Weltherrschaft zu begründen. So sei dem Christentum das Judentum durch den zersetzenden jüdischen Geist lediglich untergeschoben worden.

Hohe Bedeutung wurde den praktischen Aufgaben des Instituts beigemessen. Die herausgestellten Erkenntnisse sollten nicht nur die wissenschaftliche Forschung auf dem besagten Gebiet vorantreiben, sie sollten auch unmittelbar für die Kirche dienstbar gemacht werden. Dazu mussten zunächst verantwortliche Personen wie Pfarrer und Lehrer auf Lehrgängen mit der Ideologie des Instituts vertraut gemacht werden, um die Einsichten in volksmissionarischen Kursen weiterzugeben. Auch das Leben der Kirche, die Liturgie, das Kirchenlied und der Kultus sowie das Kirchenrecht waren dementsprechend vom jüdischen Einfluss zu befreien, um den „Forderungen der nationalsozialistischen Weltanschauung" nach „Säuberung allen deutschen Lebens von Judentum und jüdischem Geist" zu genügen[29]. Angeknüpft wurde dabei auf zahlreiche Vorarbeiten, die bereits vor 1939 in Arbeitsgruppen der

26 Ebd., 17.

27 Ebd., 15.

28 Zur Bedeutung der Religionswissenschaft für die Institutsarbeit vgl. auch Schuster, Lehre.

29 Die Nationalkirche Nr. 20, 224. Die Zitate sind einem Bericht der Zeitschrift „Die Nationalkirche" über die Institutseröffnung unter dem Titel „Die nationalsozialistische Weltanschauung erfordert neue Aufgaben" entnommen.

Kirchenbewegung DC geleistet worden waren. Anfang 1940 erschien ein vom Institut herausgegebenes „entjudetes“ Neues Testament unter dem Titel „Die Botschaft Gottes“[30]. Im Juni 1941 folgte das „entjudete“ Gesangbuch „Großer Gott wir loben dich“[31]. Darüber hinaus wurden weitere Veröffentlichungen zur Reform des Gottesdienstes erarbeitet, unter anderem auch der „entjudete“ Katechismus „Deutsche mit Gott“ und ein volksmissionarisches Lebensgeleitbuch, das allerdings aufgrund kriegsbedingter Druckbeschränkungen nicht mehr erscheinen konnte[32].

Tatsächlich wurden die Veröffentlichung des „entjudeten“ Gesangbuches und des „entjudeten“ Neuen Testaments für das Institut zu einem großen Erfolg. Kaum waren sie fertiggestellt und zum Druck freigegeben, da lag den Herausgebern schon eine Vielzahl an Vorbestellungen für die noch unveröffentlichten Werke aus dem gesamten Deutschen Reich vor. Bis zum Jahr 1941 beliefen sich die Vorbestellungen etwa für das Gesangbuch auf 40.000 Exemplare. Nicht nur Landeskirchen und Gemeinden befanden sich unter den Vorbestellern, sondern auch Privatpersonen, Bischöfe, Pfarrer, Lehrer, Diakonien, Buchhandlungen sowie das Deutsche Rote Kreuz. Sogar an die Front wurden die Gesangbücher verschickt. Am 8. August 1942 schrieb ein Pfarrer per Feldpost an das Institut:

> „Ich muß Ihnen doch noch einmal sagen, welch ganz große Freude Sie mir bereitet haben mit dem Gesangbuch. Ich muß gestehen, daß ich in meinem bisherigen Pfarrerleben in unserem Gesangbuch nicht mehr lesen konnte, wie einst unsere Väter darin lasen, wie in der Schrift. Meine Ravensberger Vorfahren lebten im Gesangbuch fast noch mehr als in der Bibel. Hier fanden Sie Freude, und Trost und Hilfe. Aber ich hab das nie gekonnt. Und es ist mir als Pfarrer nichts so schwer gefallen als Sonntag für Sonntag die Lieder auszusuchen, da man sie ja richtig suchen mußte. Nun aber lese ich unseres jeden Tag und lebe wirklich darin, und lerne manches auswendig, wie ein Konfirmand. Und wenn ich die Lieder lese oder wenn ich zum Sonntag Lieder aussuche, dann muß ich bremsen, denn man möchte sie alle mit einem mal singen lassen. Die Auswahl fällt auch jetzt schwer, aber in ganz anderem Sinn, weil eins schöner noch als das andere ist. Ich glaube: 1000 dieser Gesangbücher verschenkt und es werden 1000000 gekauft daraufhin. 1000000 dieses Buches im Volk – und wir brauchen für unsere Sache nicht mehr reden. Das Gesangbuch ist eine gewonnene Schlacht. Entschuldigen Sie diesen ganzen Rausch, aber ich habe eben mit meinem katholischen Kollegen daraus gesungen am Klavier. Manchen Vers habe ich meiner Frau geschrieben, die mit ihren sieben kleinen Kindern begreiflich oft in Sorge daheim sitzt.“[33]

---

30 Vgl. dazu Lorenz, Jesusbild; Jerke, Testament; Arnhold, Entjudung (2010), Bd. II, 649–682; ders., Entjudung (2020), 180–198.

31 Vgl. dazu: Gregor, Einfluss; Arnhold, Entjudung (2010), Bd. II, 682–703; ders., Entjudung (2020), 189–198.

32 Arnhold, Entjudung (2010), Bd. II, 703–715.

33 LKA Eisenach, C VI, 2d.

Die kriegsbedingten Druckbeschränkungen und die Papierknappheit führten dazu, dass die Nachfrage nicht vollständig befriedigt werden konnte, zumal auch noch andere Institutspublikationen veröffentlicht werden sollten. Rechnet man alle erschienenen und geplanten Institutsveröffentlichungen[34] zusammen, kommt man auf etwa 30 Publikationen, die zu einem günstigen Preis unter das Volk gebracht werden sollten. Die Projekte wurden zum größten Teil durch die beteiligten Landeskirchen finanziert. Auch erhielt das Institut für seine Arbeit immer wieder Zuwendungen des Evangelischen Oberkirchenrates aus Berlin. Darüber hinaus unterstützte ein Förderkreis, in dem nicht nur DC vertreten waren, die Arbeit des Instituts ideell und finanziell, so dass für dessen Tätigkeit trotz des Krieges ausreichend Mittel zur Verfügung standen. Erklärtes Ziel der wissenschaftlichen Leitung war es, sich als das führende Forschungsinstitut der Deutschen Evangelischen Kirche zu profilieren.

Den vielfältigen Aufgaben stellten sich bis 1941 ca. 180 Mitarbeiter[35], darunter 24 Universitätsprofessoren von 14 evangelisch-theologischen Fakultäten sowie kirchliche Würdenträger und aufstrebende Gelehrte, die unter der wissenschaftlichen Leitung Grundmanns in ehrenamtlicher Gemeinschaftsarbeit in Arbeitskreisen und Forschungsaufträgen[36] tätig waren. Insgesamt 46 Forschungsaufträge und Arbeitskreise zielten darauf ab, jüdische Elemente aus Theologie und Kirche in Deutschland zu entfernen, wobei der Gegensatz zwischen christlicher und jüdischer Religion sowie die Überlegenheit der arischen gegenüber der jüdischen Rasse betont wurde. Arbeitsschwerpunkte waren beispielsweise die Entwicklung einer „rassedifferenzierten" Religionstypologie, die Formulierung einer christlich-germanischen Religionsgeschichte, die an die Stelle des Alten Testaments treten sollte, sowie die Entwicklung einer „Völkischen Theologie", die Volkstum, Rasse, Blut und Boden als gottgegebene Schöpfungsvorgaben deklarierte und theologisch legitimierte.

Dies verdeutlicht nicht nur, wie breit die so genannte wissenschaftliche Forschung des Instituts angelegt war und wie attraktiv die Mitarbeit im Institut für manchen Theologen und Wissenschaftler gewesen sein muss, sondern auch dass die Theologie als geisteswissenschaftliche Disziplin besonders ideologieanfällig und instrumentalisierbar ist. Diesen Umstand illustriert auch ein anderes Beispiel aus der Institutsarbeit: Grundmann versuchte in seiner Institutsveröffentlichung „Jesus der Galiläer und das Judentum" eine nicht jüdische Herkunft Jesu nachzuweisen. Er argumentierte dabei wie folgt:

> „Die Unterwerfung der Galiläer unter die Juden erfolgte durch Zwangsbeschneidung und Zwangsannahme der jüdischen Religion. Wer sich weigerte, wurde von seinem Boden vertrieben.

34 Zu den Institutspublikationen vgl. ARNHOLD, Entjudung (2010), Bd. II, 644–649.
35 Vgl. dazu das Institutsmitarbeiterverzeichnis bei ARNHOLD, Entjudung (2010), Bd. II, 852–861.
36 Zur Arbeitsgliederung des Instituts vgl. EBD., 842–851; DERS., Entjudung (2020), 224–235.

> […] Wenn also die galiläische Herkunft Jesu unbezweifelbar ist, so folgt auf Grund der eben angestellten Erörterung daraus, daß er mit größter Wahrscheinlichkeit kein Jude gewesen ist, vielmehr völkisch einer der in Galiläa vorhandenen Strömungen angehört hat. Daß er wie die meisten Galiläer von seiner Familie her jüdischer Konfession gewesen ist, die er selber restlos durchstoßen hat, hatten wir bereits festgestellt."[37]

Die Ideologie des Instituts wurde in Form vermeintlicher wissenschaftlicher Erkenntnisse in vielfältigen Veröffentlichungen und auf Tagungen[38] einem breiten Kreis von theologisch und kirchlich Interessierten zugänglich gemacht. Darüber hinaus hatte sie auch direkte kirchenpolitische und kirchenrechtliche Konsequenzen, wie ein Gutachten belegt, das Heinz-Erich Eisenhuth im Rahmen seiner Institutstätigkeit erstellte. Eisenhuth war seit 1936 Professor für Systematische Theologie in Jena und ab 1943, als Grundmann zum Wehrdienst einberufen wurde, kommissarischer wissenschaftlicher Leiter des ‚Entjudungsinstituts'. In dem im Dezember 1941 erstellten Gutachten mit dem Titel „Zur Frage der Beteiligung der Judenchristen am christlichen Gottesdienst" hieß es:

> „Judenchristen sind und bleiben nach der Taufe Juden, so daß ihre religiöse Erlebnis- und Äußerungsart stets jüdischen Charakter an sich tragen wird. Die Kennzeichnung der Juden mit dem Judenstern soll das Bewußtsein für die unüberbrückbare Kluft und Trennung zwischen den Rassen wach erhalten. Das deutsche Volk darf nie mehr vergessen, daß es nicht nur in diesem Krieg bestes und edelstes Blut deutscher Menschen hat opfern müssen, weil es gegen die Weltmacht der Juden zu kämpfen gezwungen war. Erst die völlige Überwindung des Judentums auf allen Gebieten läßt den deutschen Menschen zu seinem eigenen, von Gott ihm geschaffenen Wesen zurückkommen"[39].

Deshalb schlug Eisenhuth in dem Gutachten folgende Maßnahmen vor:

> „1. Judenchristen sind als Feinde des Reiches von jeder Form der gottesdienstlichen Gemeinschaft auszuschließen.
>
> 2. Deutsche Pfarrer dürfen an Judenchristen keine Amtshandlungen vollziehen.
>
> 3. Von Judenchristen dürfen keine Kirchensteuern erhoben werden."[40]

Eisenhuths Gutachten folgend verfasste die Deutsche Evangelische Kirchenkanzlei am 22. Dezember 1941 ein Schreiben an die obersten Behörden der deutschen Evangelischen Landeskirchen mit der Bitte „geeignete Vorkehrungen zu treffen, daß die getauften Nichtarier dem kirchlichen Leben der deutschen Gemeinde fernbleiben" sollen. „Die getauften Nichtarier werden

37 Grundmann, Jesus, 169 f.
38 Vgl. Arnhold, Entjudung (2010), Bd. II, 593–644; ders., Entjudung (2020), 158–179.
39 Verbandsmitteilungen 5/6, 125–127.
40 Ebd.

selbst Mittel und Wege suchen müssen, sich Einrichtungen zu verschaffen, die ihrer gesonderten gottesdienstlichen und seelsorgerischen Betreuung dienen können.“[41] An Eisenhuths Gutachten wird deutlich, dass die vom Institut vertretene Ideologie direkte Auswirkungen auf das Leben von Menschen hatte, die im nationalsozialistischen Deutschland zunächst verfolgt und dann in den Vernichtungslagern ermordet wurden.

Die vom Institut vertretene Ideologie der Notwendigkeit der „Entjudung“ von Theologie und Kirche erfuhr allerdings nicht nur Zustimmung, sondern auch Kritik. Neben den kritischen Stimmen vonseiten der Bekennenden Kirche erfuhr das kirchliche ‚Entjudungsinstituts‘ auch Missbilligung von deutschgläubiger, neuheidnischer Seite. Im Jahr 1939 kommentierte die völkische Zeitschrift „Nordland“ beispielsweise die Gründung des Instituts folgendermaßen und verwies dabei auf ein ideologisches Kernproblem:

> „Wenn ihr das Christentum entjuden wollt, bleibt vom Christentum überhaupt nichts, aber auch gar nichts übrig! Zu dieser Erkenntnis hat sich deutsche Gläubigkeit bereits durchgerungen, und das Ergebnis eurer Arbeit in eurem Institut wird dieselbe Erkenntnis sein! Solltet ihr dann aber nicht konsequent sein und diese ganzen vorderasiatischen Legenden und Sagen endgültig beiseite legen? Solltet ihr etwa versuchen, aus dem jüdischen Christentum ein ‚arisches Christentum‘ herauszuklauben [...], dann laßt euch schon heute sagen, daß das ein Verrat an der germanischdeutschen Seele ist!“[42]

Auch von staatlichen Stellen wurden die vielfältigen Anstrengungen des kirchlichen ‚Entjudungsinstituts‘ immer stärker ignoriert, denn die christlichen Kirchen sollten nach Vorstellungen Hitlers und seiner Führungskreise im nationalsozialistischen Deutschland keine Zukunft haben, auch wenn es sich um eine deutsch-christlich „bereinigte“ und auf den Nationalsozialismus eingeschworene Nationalkirche handelte. Führende Protagonisten im polykratischen NS-System wie Himmler oder Rosenberg vertraten neuheidnische Positionen oder einflussreiche Nazigrößen wie beispielsweise Martin Bormann wollten den Nationalsozialismus selbst zur Religion erheben. Die fehlende Anerkennung der kirchlichen ‚Entjudungsanstrengungen‘ führte bei den Institutsmitarbeitern zwar zu Enttäuschungen, aber nicht zur Einsicht in die Aussichtslosigkeit der Bemühungen. Vielmehr kam es zu einer zunehmenden Radikalisierung der ideologischen Position, um sich gegenüber den Machthabern als die besseren Nationalsozialisten zu profilieren.

Diesen Umstand kann man an einem Gutachten Grundmanns aus dem Jahr 1942 gut verdeutlichen[43]. Dieses richtete sich gegen eine antichristliche Schrift: „Jesus der Nazoräer [sic], König der Juden“ des SS-Hauptsturmführers Friedrich Murawski. Grundmann überführte den SS-Mann des Plagiats,

41 Beckmann, Jahrbuch, 482.

42 Nordland 22/1939, zit. n. Prolingheuer, Weg, 65.

43 Vgl. dazu auch Arnhold, Entjudung (2010), Bd. II, 736–738; ders., Entjudung (2020), 199–201.

Murawski hatte ausgerechnet bei einem Juden namens Robert Eisler abgeschrieben. Grundmanns Gutachten führte zu einem Ausschluss Murawskis aus der SS und aus dem Reichssicherheitshauptamt. Entscheidend ist aber, dass Grundmann dahinter keinen Einzelfall vermutete, sondern ihn als exemplarisch für die jüdische Zersetzungsarbeit ansah, die auch in der antichristlichen Propaganda der Partei wirksam sei. So formulierte Grundmann 1942, zu einem Zeitpunkt als die Vernichtung jüdischer Menschen in den Vernichtungslagern in vollem Gange war, in der Institutsveröffentlichung „Die geistige und religiöse Art des Judentums" als eine Aufgabe deutscher Geisteswissenschaft:

> „Was politisch, wirtschaftlich und biologisch sich als eine Notwendigkeit herausgestellt hat, erweist sich bei näherer Beschäftigung mit dem Judentum und bei eindeutiger Profilierung seines geistigen und religiösen Gesichts ebenso als eine kulturelle, geistige und religiöse Notwendigkeit: Der Jude muß als feindlicher und schädlicher Fremder betrachtet werden und von jeder Einflußnahme ausgeschaltet werden."[44]

3. Ideologische Umdeutung der Institutsarbeit nach Kriegsende

Am 6. Mai 1945, drei Tage vor der bedingungslosen Kapitulation Deutschlands, unternahm Georg Bertram, Professor für Neues Testament in Gießen und nach der Einberufung von Grundmann und Eisenhuth stellvertretender wissenschaftlicher Leiter des kirchlichen ‚Entjudungsinstituts', einen Versuch zur Umwandlung der Einrichtung in ein theologisches Forschungsinstitut. Mit Berufung auf die „Erbverpflichtung" der thüringischen Landeskirche präsentierte er dem thüringischen Landeskirchenrat einen Entwurf in Form einer Denkschrift: „Aufgaben eines theologischen Forschungs-Instituts zu Eisenach"[45]. Darin wollte Bertram die Hauptaufgaben des neuen Instituts in der „begriffsgeschichtlichen Erforschung der Lutherbibel und ihrer Wirkung auf die deutsche Kultur und die protestantischen Völker", in „Aufgaben der

---

44 Grundmann, Art, 161. Die Thesen von Grundmann finden heute noch Verbreitung in rechtsextremen Kreisen. Eine Faksimile-Ausgabe dieser von Grundmann und Karl-Friedrich Euler herausgegebenen Schrift ist unter dem Titel „Das religiöse Gesicht des Judentums" 1997 im Verlag für ganzheitliche Forschung erschienen. Zu diesem Verlag merkt das Antifaschistische Pressearchiv und Bildungszentrum in Berlin an: „Der früher in Struckum ansässige Verlag gibt in seiner Buchreihe ‚Archiv-Edition' Faksimile-Ausgaben rechter und faschistischer Standardwerke der 20er und 30er Jahre heraus [...] Der Verlag für ganzheitliche Forschung und Kultur dient Roland Bohlinger der Verbreitung seiner politischen Ansichten, die der Ludendorffer-Bewegung entstammen und in hohem Maße weltverschwörerische und antisemitische Versatzstücke aufweisen." http://www.apabiz.de/archiv/material/Profile/VGFK.htm [11. 1. 2020].

45 Bertram, Denkschrift. Folgende Zitate ebd.

Frömmigkeitsgeschichte“, in der „Erforschung kirchlicher Lebensformen“, besonders der Liturgie, und der „Ausrichtung des evangelischen Religionsunterrichtes und der theologischen Ausbildung“ sehen. Bertram nahm nun wiederum die zunehmend distanziertere Haltung führender NS-Eliten zum Eisenacher Institut zum Anlass, um für die Fortsetzung der Institutsarbeit zu propagieren:

> „Im April 1939 wurde in Eisenach das Institut zur Erforschung des jüdischen Einflusses auf das deutsche kirchliche Leben gegründet. Es diente zunächst der Erforschung der religionsgeschichtlichen, geistesgeschichtlichen, politischen und allgemein kulturellen Zusammenhänge, Gegensätze und Auseinandersetzungen zwischen Judentum und Christentum. Damit hat es eine apologetische Aufgabe im Dienste der Kirchen und des deutschen Christentums in ihrem Abwehrkampf gegen die immer wieder auftretende und in der Gegenwart mit besonderer Energie und starkem propagandistischem Einsatz vertretene These übernommen, daß das Christentum dem Judentum gleichzusetzen und völlig von ihm abhängig sei. Diese These wurde neben anderen parteiamtlichen Instanzen besonders vom Amte Rosenberg vertreten. Das von Rosenberg begründete Frankfurter Institut zur Erforschung der Judenfrage hat den Versuch unternommen, die These auch wissenschaftlich zu begründen. Die Partei ist mit dieser ihrer Propaganda, ohne es sich einzugestehen, abhängig von immer wiederkehrenden jüdischen Behauptungen, daß das Christentum nichts anderes als ein Unternehmen jüdischer Propaganda im Abendland sei und daß damit letztlich die ganze abendländische Geistesgeschichte als unter jüdischem Einfluß und in Abhängigkeit vom Judentum stehend betrachtet werden müßte. Daneben allerdings hat die jüdische Wissenschaft auch den Nachweis versucht, daß Jesus als verbrecherischer messianischer Aufrührer, den die Obrigkeit mit Recht ans Messer geliefert habe, die abendländische Menschheit auf einen Irrweg geführt habe.
>
> Diesen parteiamtlichen und jüdischen Thesen gegenüber steht die Arbeit des Instituts in einem Zweifrontenkrieg. Es ergab sich dabei die Notwendigkeit, in neuem Ansatz das Bild Jesu und des Urchristentums zu zeichnen, da in der protestantischen Leben-Jesu-Forschung der Einfluß des Judentums sich seit Jahrzehnten geltend gemacht hatte und selbst Forscher wie Wellhausen und Harnack in ihrer religionsgeschichtlichen Einordnung Jesu als Bindeglied zwischen Judentum und Urchristentum und als Vollender des Judentums ihm unterlegen waren. Auch der Versuch von Strack-Billerbeck, das Neue Testament aus Talmud und Midrasch zu erklären, zeigt sich durch jüdischen Einfluß bestimmt. Der bewußte Gegensatz zum Judentum, von dem das Institut bei seinen Arbeiten ausging, war weder politisch bedingt, noch kam er politisch zum Ausdruck. Ihn zu betonen, war vielmehr zumal während des Krieges eine Notwendigkeit für das Institut, um überhaupt von den parteiamtlichen und staatlichen Stellen Duldung zu erlangen und Gehör auch außerhalb der kirchlichen Kreise zu finden. Sachlich begründet aber ist der Gegensatz unserer Arbeit zum Judentum in der Haltung Jesu selber, der den Kampf gegen das Judentum in aller Schärfe aufgenommen hat

und ihm zum Opfer gefallen ist, und in der Haltung unserer Kirche, die in der Nachfolge Jesu nicht vergessen konnte, daß es die Juden waren, die Jesus ans Kreuz brachten."

Der neu zusammengesetzte thüringische Landeskirchenrat lehnte den von Bertram in seiner Denkschrift formulierten Antrag zur Umwandlung des Instituts ab. Auch Bertrams Wunsch, in der thüringischen Landeskirche in Pfarrerschulungskursen weiterzuarbeiten, wurde mit dem Hinweis abgelehnt, dass Bertram wie alle anderen auswärtigen Pfarrer auch in seine Heimat zurückkehren solle. Daraufhin trat Bertram als stellvertretender wissenschaftlicher Leiter des Instituts am 8. Juni 1945 zurück. Als Grundmann Ende 1945 aus der Kriegsgefangenschaft zurückkehrte, war er auf Grund eines Erlasses der Alliierten aus seiner Professur in Jena mit Datum vom 13. September 1945 entlassen worden. Im Dezember 1945 versuchte er beim neuen thüringischen Landeskirchenrat mit Hilfe einer Denkschrift wie zuvor Bertram eine Umwandlung des ‚Entjudungsinstituts' in ein theologisches Forschungsinstitut zu erwirken, was ihm allerdings ebenso wenig gelang. In der Denkschrift wird auch das von Grundmann verfasste Gutachten gegen Murawski angeführt. Dieses sei Ausdruck seiner mutigen Stellungnahme gegen den kirchenfeindlichen Kurs der NS-Partei gewesen. Überhaupt habe sich das Institut als „Anwalt der Theologie"[46] verstanden und mutig gegen die Angriffe des Nationalsozialismus Stellung bezogen, um die christliche Kirche im nationalsozialistischen Deutschland zu verteidigen. Analog formulierte Grundmann in seiner Autobiographie aus dem Jahre 1969:

> „Wenn man uns, die wir die notvolle Situation der Christenheit in Deutschland nach der Kristallnacht 1938 zum Ausgangspunkt unserer Arbeit nahmen, wie Bilderstürmer ansieht und als Konformisten beurteilt, so wird uns Unrecht getan und der innerste Grund unseres Bemühens nicht gesehen."[47]

Susannah Heschel vertritt zu Recht die Auffassung, dass es sich bei der These, die Arbeit des Instituts sei in erster Linie eine apologetische gewesen, um einen „Mythos" handelt, der von führenden Institutsmitarbeitern selbst nach 1945 konstruiert wurde, um ihre eigene Entnazifizierung zu betreiben[48]. Diese Apologie, die auch Eingang in die bedeutende dreibändige Veröffentlichung „Der evangelische Kirchenkampf"[49] und das Standardwerk „Die Deutschen Christen"[50] von Kurt Meier gefunden hat, lässt sich tatsächlich angesichts des Ausmaßes an Antisemitismus und Anbiederung an den Nationalsozialismus in den Institutspublikationen und im Schriftverkehr des kirchlichen ‚Entjudungsinstituts' nicht halten. Umso befremdlicher erscheint, wie die Insti-

46 Grundmann, Arbeit, Kap. VIII.
47 Grundmann, Erkenntnis, 47.
48 Heschel, Theologen.
49 Meier, Kirchenkampf.
50 Meier, Christen.

tutsmitarbeiter nach 1945 anstelle des Eingeständnisses von Schuld sich selbst zu Widerstandskämpfern gegen den antichristlichen NS-Staat stilisierten. Und dies sogar mit großem Erfolg, denn mit diesen Selbstrechtfertigungen gelang es, die eigene Entnazifizierung in der Kirche voranzutreiben, die vermeintlich moralische Integrität zu wahren und ihre wissenschaftlichen Karrieren fortzusetzen. Somit entsprach die von den Institutsmitarbeitern betriebene ideologische Umdeutung der eigenen Schuld offensichtlich ebenfalls einem bestimmten Zeitgeist, nämlich dem in weiten Teilen der Nachkriegsgesellschaft geteilten Wunsch nach schneller Beendigung der Entnazifizierung und Absolution der Täter. Allen Apologien und Umdeutungsversuchen zum Trotz muss allerdings auf Grundlage der historischen Quellen diesen Versuchen eindeutig widersprochen werden: Die Institutsideologen halfen vielmehr einen barbarischen Unrechtsstaat zu legitimieren und zu stützen, dessen Unmenschlichkeit für alle, die es sehen wollten, auch sichtbar war. Ihnen kommt als Schreibtischtätern eine geistige und moralische Mitverantwortung an den barbarischen Verbrechen zu, die während der Zeit des Nationalsozialismus nicht nur, aber vor allem an jüdischen Menschen begangen wurden.

Seit 1949 war Grundmann wieder als Pfarrer in der thüringischen Landeskirche tätig. Mit der neuen Anstellung ebnete er auch wieder seinen Weg in die wissenschaftliche Theologie: Das Katechetische Oberseminar Naumburg (Saale) bestellte ihn zu regelmäßigen Vorlesungen und wollte ihn schon als Dozenten übernehmen, als ihn die thüringische Landeskirche zum Rektor des Katechetenseminars in Eisenach berief. Ab 1970 dozierte er zusätzlich im Theologischen Seminar der Vereinigten Evangelisch-Lutherischen Kirche in der DDR in Leipzig. Auch publizistisch war Grundmann weiter erfolgreich tätig: Er veröffentlichte unter anderem in der Evangelischen Verlagsanstalt Berlin wissenschaftlich anerkannte Kommentare zu den synoptischen Evangelien und zu neutestamentlichen Briefen sowie eine „Geschichte Jesu Christi“[51]. Seine Bücher wurden sowohl von der Evangelischen Kirche in der DDR als auch von bundesdeutschen Verlagen herausgegeben. Sie gehörten zur Standardliteratur in der Theologenausbildung sowohl in Ost- als auch in Westdeutschland. Darüber hinaus veröffentlichte er Aufsätze in theologischen Fachzeitschriften. In Anerkennung seiner Verdienste wurde er 1974 von der thüringischen Landeskirche zum Kirchenrat ernannt. Zu seinen Hauptwerken nach 1945 zählte auch eine dreibändige Arbeit zur „Umwelt des Urchristentums“, die Grundmann zusammen mit Johannes Leipoldt, auch einem Institutsmitarbeiter, publizierte. Kurz vor seinem Tod am 30. August 1976 in Eisenach arbeitete er noch an einem Paulusbuch, das er allerdings nicht mehr fertigstellen konnte. Dem DDR-Staat gegenüber zeigte er sich überaus loyal.

51 Grundmann gab in der Ev. Verlagsanstalt Kommentare zum Markus- (1959), Lukas- (1961) und Matthäusevangelium (1968) heraus. Die „Geschichte Jesu Christi“ erschien 1957, ferner veröffentlichte Grundmann 1961 eine Schrift zum Johannesevangelium und 1964 zum Römer- sowie 1974 zum Judas- und zweiten Petrusbrief.

Im Jahr 1956 wurde Grundmann erfolgreich von der Staatssicherheit angeworben. Aus den Stasiakten zu Grundmann geht hervor, dass als Motive für seine Mitarbeit sowohl die „Anerkennung der DDR als ‚Obrigkeit'“ als auch „die starke Aversion ‚Hass' Grundmanns gegen die führende Rolle ehemaliger Mitglieder der Bekennenden Kirche“[52] innerhalb der Kirche der DDR eine Rolle für seine Anwerbung gespielt haben. Lukas Bormann sieht in Grundmanns Stasitätigkeit auch einen Beleg für die Kontinuität seiner theologischen und ekklesiologischen Positionen nach 1945:

> „Theologie ist für ihn Mittel zur Akkulturation christlicher Überzeugungen und kirchlicher Strukturen an die sich wandelnde gesellschaftliche, politische und kulturelle Umwelt. Dabei habe sich die Kirche von ‚Selbstverständlichkeiten' zu verabschieden. [...] Der Staat als vorgegebene Machtkonstellation hat nach Grundmann das Recht, vom Volk und von der Kirche eine loyale Haltung, die Bereitschaft zum Dienen und sogar ein Bekenntnis einzufordern. Für sich selbst sieht Grundmann dabei seinen Platz im Kreis der gesellschaftlichen Elite, die an oberster Stelle Verantwortung übernehmen und führen sollte.“[53]

Da Walter Grundmann und die meisten Institutsmitarbeiter nach 1945 weiter wissenschaftlich tätig waren, blieb die Ideologie des Instituts auch nach 1945 weiter wirkungsmächtig. Zwar ist in Grundmanns Kommentaren der Bezug zur nationalsozialistischen Rasseideologie verschwunden, die judenfeindlichen Konzepte sind aber geblieben[54]. Weiterhin beschrieb Grundmann auch nach 1945 die Einzigartigkeit Jesu in seiner Gegensätzlichkeit zum Judentum. Das Judentum erscheint darin immer noch als Negativfolie, auf der das von ihm entworfene Jesusbild nur umso glänzender erstrahlt. Und Grundmanns Publikationen stehen nicht allein, so dass antijüdische Denkstrukturen bis heute in kirchlicher Predigt und theologischen Schriften nicht verschwunden sind.

Ideologie steht bildungssprachlich für Weltanschauung und meint im engeren Sinne auf Karl Marx zurückgehend das „falsche Bewusstsein“ einer Gesellschaft. Diese engere Bedeutung erscheint mir für die Ideologie des kirchlichen ‚Entjudungsinstituts' gleich doppelt passend. Ziel der Institutsarbeit war es, die jüdische Wurzel des Christentums zu negieren und ein antijüdisches Christentum zu etablieren, das unter den Bedingungen des totalitären nationalsozialistischen Systems weiterexistieren sollte. Man kann daher theologisch von einem „falschen Bewusstsein“ sprechen, da die jüdische Wurzel für das Christentum konstitutiv ist und demnach eine Weiterexistenz nach Kappung dieser Wurzel nicht mehr denkbar ist. Falsches Bewusstsein einer Gesellschaft ist aber auch soziologisch für die Zeit des Nationalsozialismus eine adäquate Aussage und gibt wieder, dass die Ideologie des kirch-

52 Bormann, Grundmann, 616.

53 Ebd., 628 f.

54 Vgl. Lattki, Bundesvolk.

lichen ‚Entjudungsinstituts' letztlich nur die menschenverachtende Weltanschauung des Nationalsozialismus widerspiegelte.

4. Resümee

Zusammenfassend lassen sich zur Ideologie des ‚Entjudungsinstituts' folgende Punkte feststellen:

1. Die Ideologie des Instituts war konform zur nationalsozialistischen Weltanschauung. Kirche und Theologie sollten eine Anpassungsleistung erbringen, damit sie völkisch kompatibel waren und den Anforderungen der Zeit entsprachen.
2. Die Institutsideologie war konform mit ideologischen Vorstellungen, die bereits vor 1939 von der Thüringer Kirchenbewegung DC vertreten wurden.
3. Politische Rahmenbedingungen führten zu einer Radikalisierung und zu einer noch stärkeren Anpassung an die NS-Rasselehre. Diese wurde schöpfungstheologisch und mithilfe antisemitischer Stereotype untermauert. Insbesondere die Idee der jüdischen Unterwanderung des deutschen und christlichen Geisteslebens spielte dabei eine zentrale Rolle. Selbst ideologische Konflikte mit Parteistellen und religiösen Konkurrenten wurden damit erklärt.
4. Die Institutsideologie bestimmte die wissenschaftlichen Ergebnisse der Institutsarbeit maßgeblich. So wurde theologische Wissenschaft instrumentalisiert und dienstbar gemacht, um gezielte Veränderungen an den Fundamenten der evangelischen Kirche und Theologie wie Schrift und Bekenntnis vorzunehmen.
5. Die Ideen fanden Zustimmung über das deutschchristliche Spektrum hinaus bei kirchlichen Funktionsträgern und an theologischen Fakultäten. Sie fanden Eingang in die theologische Wissenschaft und wurden wissenschaftlich ernstgenommen.
6. Die antisemitische Ideologie des Instituts war kirchenpolitisch wirksam und sie unterstützte staatliche Verfolgungsmaßnahmen gegen Juden.
7. Die Institutsideologie erwies sich nach Kriegsende als flexibel und umdeutbar, so dass den Ideologen Absolutionen von kirchlicher Seite zuteil wurden, ohne dass ein Schuldeingeständnis abverlangt worden wäre. Die wissenschaftlichen und kirchlichen Karrieren konnten weiter fortgesetzt werden, was zuträglich war für Kontinuitäten von antijüdischen Denkmustern in Kirche und Theologie.

Quellen- und Literaturverzeichnis

I. Unveröffentlichte Quellen und Darstellungen

Landeskirchenarchiv Eisenach (LKA)

Bestand: Generalakten, Teil 2, A 921–1, Entjudung der Kirche, 1939–1947.
GRUNDMANN, Walter: Die Arbeit des Instituts zur Erforschung des jüdischen Einflusses auf das deutsche kirchliche Leben 1939–1944.

Bestand: Nachlass Walter Grundmann, Nr. 92.
–: Erkenntnis und Wahrheit. Aus meinem Leben. 1969.

Bestand: Deutsche Christen, DC 216, 1938.
–: Planung für die Schaffung und Arbeit einer Zentralabteilung zur Entjudung des religiösen und kirchlichen Lebens.

II. Veröffentlichte Quellen und Darstellungen

ARNHOLD, Oliver: „Entjudung" – Kirche im Abgrund. Bd. 1: Die Thüringer Kirchenbewegung Deutsche Christen 1928–1939. Bd. 2: Das „Institut zur Erforschung und Beseitigung des jüdischen Einflusses auf das deutsche kirchliche Leben" 1939–1945 (SKI 25/1–2). Berlin 2010.
–: Walter Grundmann und das „Institut zur Erforschung und Beseitigung des jüdischen Einflusses auf das deutsche kirchliche Leben". In: Manfred Gailus / Clemens Vollnhals (Hg.): Für ein artgemäßes Christentum der Tat. Völkische Theologen im „Dritten Reich" (Hannah-Arendt-Institut. Berichte und Studien 71). Göttingen 2016, 203–217.
–: „Entjudung" von Theologie und Kirche. Das Eisenacher „Institut zur Erforschung und Beseitigung des jüdischen Einflusses auf das deutsche kirchliche Leben" 1939–1945 (CuZ 6). Leipzig 2020.
BECKMANN, Joachim: Kirchliches Jahrbuch 1933–1944. Gütersloh 1948.
BERTRAM, Georg: Denkschrift Aufgaben eines theologischen Forschungs-Instituts zu Eisenach. Eisenach, 6. 5. 1945. Zit. n.: Volker Lubinetzki: Von der Knechtsgestalt des Neuen Testaments. Beobachtungen zu seiner Verwendung und Auslegung in Deutschland vor dem sowie im Kontext des „Dritten Reichs". Wuppertal 2000, 415–422.
BÖHM, Susanne: Deutsche Christen in der Thüringer Evangelischen Kirche (1927–1945). Leipzig 2008.
BORMANN, Lukas: Walter Grundmann und das Ministerium für Staatssicherheit. Chronik einer Zusammenarbeit aus Überzeugung (1956–1969). In: KZG 22 (2009), 595–632.

GAILUS, Manfred / VOLLNHALS, Clemens (Hg.): Christlicher Antisemitismus im 20. Jahrhundert. Der Tübinger Theologe und „Judenforscher“ Gerhard Kittel (Hannah-Arendt-Institut. Berichte und Studien 79). Göttingen 2020.

GREGOR, Birgit: … von jüdischem Einfluß befreit: „Großer Gott wir loben dich“. Ein deutschchristliches Gesangbuch aus dem Jahre 1941. In: Seidel: Gratwanderungen, 124–142.

GRUNDMANN, Walter: Die Entjudung des religiösen Lebens als Aufgabe von Theologie und Kirche. Vortrag zur feierlichen Eröffnung des „Instituts zur Erforschung und Beseitigung des jüdischen Einflusses auf das deutsche kirchliche Leben“. Weimar 1939.

–: Jesus der Galiläer und das Judentum. Leipzig ²1941.

–: Die geistige und religiöse Art des Judentums. In: Walter Grundmann / Karl Friedrich Euler: Das religiöse Gesicht des Judentums. Entstehung und Art. Leipzig 1942, 51–162.

HESCHEL, Susannah: Theologen für Hitler. Walter Grundmann und das „Institut zur Erforschung und Beseitigung des jüdischen Einflusses auf das deutsche kirchliche Leben“. In: Siegele-Wenschkewitz: Antijudaismus, 125–170.

JERKE, Birgit: Wie wurde das Neue Testament „entjudet“? Aus der Arbeit des Eisenacher „Institutes zur Erforschung und Beseitigung des jüdischen Einflusses auf das deutsche kirchliche Leben“. In: Siegele-Wenschkewitz: Antijudaismus, 201–234.

KRAUSE, Joachim: Im Glauben an Gott und Hitler. Die „Deutschen Christen“ aus dem Wieratal und ihr Siegeszug ins Reich von 1928 bis 1945. Beucha 2018.

LATTKI, Torsten: „Das Bundesvolk kommt um im Gericht“. Der wenig verhüllte Antijudaismus Walter Grundmanns in der DDR. In: Hans-Joachim Döring / Michael Haspel (Hg.): Lothar Kreyssig und Walter Grundmann. Zwei kirchenpolitische Protagonisten des 20. Jahrhunderts in Mitteldeutschland (Schriftenreihe der Ev. Akademie Thüringen 4). Weimar 2014, 78–92.

LEFFLER, Siegfried: Christus im Dritten Reich der Deutschen. Weimar 1935.

LEUTHEUSER, Julius: Die deutsche Christusgemeinde. Der Weg zur deutschen christlichen Nationalkirche. Weimar ⁵1936.

LORENZ, Elisabeth: Ein Jesusbild im Horizont des Nationalsozialismus. Studien zum Neuen Testament des „Instituts zur Erforschung und Beseitigung des jüdischen Einflusses auf das deutsche kirchliche Leben“ (WUNT 2, 440). Tübingen 2017.

MEIER, Kurt: Die Deutschen Christen. Das Bild einer Bewegung im Kirchenkampf des Dritten Reiches. Halle (Saale) 1964.

–: Der evangelische Kirchenkampf. Gesamtdarstellung in drei Bänden. Bd. 1: Der Kampf um die Reichskirche. Göttingen 1976. Bd. 2: Gescheiterte Neuordnungsversuche im Zeichen staatlicher Rechtshilfe. Göttingen 1976. Bd. 3: Im Zeichen des zweiten Weltkrieges. Göttingen 1984.

MEISTER-KARANIKAS, Ralf: Die Thüringer evangelische Kirche und „die Judenfrage“. In: Seidel: Gratwanderungen, 111–123.

DIE NATIONALKIRCHE. Briefe an Deutsche Christen. Weimar. Nr. 48 vom 27. 11. 1938 und Nr. 20 vom 15. 5. 1939.

Nordland 22 (1939), zit. n. Prolingheuer, Hans: Der Lutherisch Deutsch-Christliche Weg. Am Beispiel des Eisenacher Entjudungsinstituts. In: Christian Staffa (Hg.): Vom Protestantischen Antijudaismus und seinen Lügen (Tagungstexte der Ev. Akademie Sachsen-Anhalt I). Magdeburg 1993, 57–92.

Osten-Sacken, Peter von der: Walter Grundmann – Nationalsozialist, Kirchenmann und Theologe. In: Peter von der Osten-Sacken (Hg.): Das mißbrauchte Evangelium. Studien zu Theologie und Praxis der Thüringer Deutschen Christen (SKI 20). Berlin 2002, 280–312.

Sasse, Martin: Martin Luther über die Juden: „Weg mit ihnen!". Freiburg im Breisgau 1938.

Schuster, Dirk: Die Lehre vom „arischen" Christentum. Das wissenschaftliche Selbstverständnis im Eisenacher „Entjudungsinstitut" (KKR 70). Göttingen 2017.

Siegele-Wenschkewitz, Leonore (Hg.): Christlicher Antijudaismus und Antisemitismus. Theologische und kirchliche Programme Deutscher Christen (ArTe 85). Frankfurt a. M. 1994.

–: Mitverantwortung und Schuld der Christen am Holocaust. In: Dies.: Antijudaismus, 1–23.

Seidel, Thomas A. (Hg.): Thüringer Gratwanderungen. Beiträge zur fünfundsiebzigjährigen Geschichte der evangelischen Landeskirche Thüringens (HerChr Sonderbd. 3). Leipzig 1998.

Verbandsmitteilungen des Instituts zur Erforschung des jüdischen Einflusses auf das deutsche kirchliche Leben. Eisenach. Nr. 1 vom 30. 12. 1939 und Nr. 5/6 vom 15. 12. 1941.

Matthias Morgenstern

Walter Grundmann als Schüler Gerhard Kittels

Variationen des „christlichen Antisemitismus" zwischen Tübingen und Eisenach

In seinem Kommentar zum Lukasevangelium aus dem Jahre 1961 zitiert Walter Grundmann häufig aus der rabbinischen Literatur. Zu Lk 13,1 („die Galiläer, deren Blut Pilatus mit ihren Opfern mischte") wird als Referenztext z. B. ein Midrasch aus dem 9. Jahrhundert (Pesikta Rabbati 26) angegeben[1]. Der Verweis macht auf den jüdisch-palästinischen Kontext des kommentierten Verses aufmerksam und ist frei von jeder Polemik. Belegstellen aus der rabbinischen Literatur, deren schriftliche Fassung teilweise Jahrhunderte jünger ist als die Evangelien, werden in heutigen Kommentaren aus methodischen Gründen nicht mehr angeführt, in der Exegese der 1950er und 1960er Jahre des 20. Jahrhunderts waren sie aber üblich[2]. In einer Zeit, in der moderne, auch zweisprachige Textausgaben und elektronische Suchinstrumente noch fehlten, fallen diese Zitate jedenfalls auf[3]. Ein wie guter Rabbinica-Kenner war Grundmann? Hat er Belege aus dem Sammelwerk von Strack / Billerbeck abgeschrieben[4]? Der Autor gibt die Fundorte und Editionen, aus denen er zitiert, nur sporadisch an; immerhin verweist er auf die Schriften seines Tübinger Lehrers Adolf Schlatter, denen er sein exegetisches Wissen verdankt. In dessen Lukaskommentar wird der oben genannte rabbinische Belegtext aufgeführt[5]. Die Abhängigkeit von Schlatter lässt sich auch an weiteren Stellen wahrscheinlich machen[6].

In seinen 1969 geschriebenen (unveröffentlichten) Erinnerungen „Erkenntnis und Wahrheit" stellt Grundmann seine Nachkriegskommentare biographisch-sachlich in einen Kontinuitätszusammenhang mit seiner Arbeit am Eisenacher „Institut zur Erforschung und Beseitigung des jüdischen Einflusses auf das deutsche kirchliche Leben"[7]. Was bedeutet für einen Autor,

1 Grundmann, Handkommentar, 275; vgl. Friedmann, Pesikta, 131a.
2 Vgl. Niebuhr, Vorlesung, 267.
3 Vgl. die moderne Edition von Braude, Pesikta; vgl. auch die elektronische Datenbank *Bar Ilan Responsa Project* (Version 17+, 2017). Zu Recherchemöglichkeiten in der DDR vgl. Niebuhr, Vorlesung, 247 („die äußeren Gegebenheiten des Publikationswesens in der DDR während der fünfziger Jahre in Rechnung stellen"); vgl. dazu auch Deines, Jesus, 90, der auf die Beschlagnahmung von Bibliotheksmaterial während der sowjetischen Besatzung hinweist.
4 So die Vermutung bei Niebuhr, Vorlesung, 250, 253.
5 Schlatter, Evangelium, 323. Der Beleg fehlt bei Strack / Billerbeck, Kommentar, Bd. 2, 192 f.
6 Vgl. z. B. zu Lk 4,39; 13,16; 22,4 mit Belegen unterschiedlicher Midrasch-Texte (Tanchuma).
7 „Im Ringen um die Frage nach dem Judentum Jesu habe ich in meinem Buch ‚Jesus der Galiläer

der wie Grundmann rabbinische Texte zitiert, aber „Entjudaisierung"? Wie sieht sein Judentumsbild aus? Welchen Einfluss hatte es auf seine theologische Konzeption?

Um das theologische Profil Grundmann nachzuzeichnen, soll dieser Frage in mehreren Schritten nachgegangen werden. Ausgangspunkt sind neuere Forschungen zur Geschichte der evangelisch-theologischen Fakultät in Tübingen, an der Grundmann 1930–1932 wissenschaftlicher Assistent war. Ziel ist es, sein Verhältnis zu seinem wichtigsten Tübinger Lehrer zu bestimmen, dessen Lebensarbeit in ähnlicher Weise um das Judentum kreiste: Gerhard Kittel, zweiter Nachfolger auf Schlatters neutestamentlichem Lehrstuhl sowie Herausgeber des „Theologischen Wörterbuchs zum Neuen Testament" (ThWNT).

Kittel war im Mai 1933 der NSDAP beigetreten und hatte sich danach in unterschiedlicher Weise kompromittiert: durch seine Mitarbeit am „Institut für Geschichte des neuen Deutschland", durch antisemitische Schriften und 1938 durch die Teilnahme als Ehrengast Adolf Hitlers auf dem Reichsparteitag in Nürnberg[8]. Im Mai 1945 von der französischen Besatzungsmacht in Tübingen inhaftiert und aus seinem universitären Amt entlassen, bemühte er sich anschließend um seine Rehabilitierung und verfasste dazu 1946 eine Rechtfertigungsschrift unter dem Titel „Meine Verteidigung". In diesem Text wird – ohne Namensnennung – zweimal auf Grundmann angespielt. Kittel, dem die Tatsache, dass dieser sein Schüler war, offensichtlich peinlich ist, erwähnt aber nur das „Eisenacher Institut"[9], von dem er sich scharf abgrenzen

---

und das Judentum' [erschienen in den „Veröffentlichungen des Instituts zur Erforschung des jüdischen Einflusses auf das deutsche kirchliche Leben", Leipzig 1940] zuerst eine Darstellung gewagt; alsdann habe ich sie in ‚Die Geschichte Jesu Christi' [Berlin 1956] neu aufgenommen und habe in meinen drei Synoptikerkommentaren zu Markus und Lukas und Matthäus [Berlin 1959, 1961, 1968] die Zeugnisse, die wir über Jesus haben, untersuchen und befragen können." Autobiographisches Manuskript Walter Grundmanns „Erkenntnis und Wahrheit", 1969 (LKA Eisenach, Bestand: Nachlass Walter Grundmann Nr. 92), 79; Die apologetisch gemeinte Darstellung will plausible Lebenslinien nachzeichnen und dabei verneinen, dass der Autor jemals eine Wende nötig gehabt habe. Dennoch ist die Aussage in gewisser Weise ernst zu nehmen. Grundmann hätte schließlich auch versuchen können, die spätere Arbeit als Korrektur oder Ausgleich früherer Bemühungen (die dann als einseitig geschildert worden wären) darzustellen. Zur Kontinuität theologischer Judenfeindschaft bei Grundmann vor und nach 1945 vgl. Niebuhr, Vorlesung, 272–274; Klein, Theologie, 18–20.

8 Junginger, Verwissenschaftlichung, 268; vgl. auch Gerdmar, Roots, 444.

9 Vgl. Morgenstern / Segev, Verteidigung, 69. Zu Beginn seiner Darstellung – Kittel nimmt für sich in Anspruch, ein „Gelehrter internationalen Ranges" und Vorstandsmitglied der „Studiorum Novi Testamenti Societas" zu sein (ebd., 16) – unterbleibt auch der Hinweis darauf, dass, vermittelt durch ihn, Grundmann 1939 ebenfalls SNTS-Mitglied wurde (Erkenntnis [wie Anm. 7], 85; Bormann, Mitglieder, 418). In seiner Verteidigungsschrift schreibt Kittel ferner, er habe 1939 die Vertretungsprofessur in Wien angenommen, um die „zunächst" geplante Berufung „eines führenden DC-Theologen" dorthin zu verhindern (Morgenstern / Segev, Verteidigung, 43). Dazu will nicht passen, dass der frühere Lehrstuhlinhaber Richard Adolf Hoffmann neben dem DC-nahen Neutestamentler Carl Schneider offenbar auch Grundmann als Nachfolger vor-

will. Er beansprucht ganz allgemein, sein „Gegensatz zu den DC [Deutschen Christen]" habe ihn bis zum Abbruch der persönlichen Beziehungen" geführt[10].

Gemeinsam mit Kittel treten zwei jüdische Gelehrte in das Blickfeld, die Grundmann in Tübingen im Umkreis seines Lehrers kennengelernt haben muss. Charles Horowitz, der von September 1930 bis März 1933 Kittels wissenschaftliche Hilfskraft war und in dieser Zeit mit der Übersetzung des Jerusalemer Talmuds ins Deutsche begann – ein Projekt, das bis in die Gegenwart in Tübingen fortgesetzt wird –, und Martin Buber. Buber stand in brieflichem und persönlichem Austausch mit Kittel und einem weiteren Tübinger Gelehrten der älteren Generation, der sowohl von Grundmann (in seinen Erinnerungen) als auch von Kittel (in seiner Verteidigungsschrift) erwähnt wird, dem Indologen und Religionswissenschaftler Jakob Wilhelm Hauer.

Für Hauers wie für Kittels apologetische Diskurse nach 1945 spielten jüdische Dialogpartner eine Rolle. Es wird zu fragen sein, warum dies für Grundmann *nicht* der Fall war. Kittel hatte sich durch die Herausgabe rabbinischer Texte in deutscher Übersetzung einen Namen gemacht und anfangs dabei die Zusammenarbeit mit jüdischen Gelehrten gesucht[11]. Nach 1933 radikalisierte er sich in seinen Äußerungen zum Judentum aber immer mehr und versuchte, einen eigenständigen „christlichen Antisemitismus" zu begründen[12]. Grundmann war bereits am 1. Dezember 1930 – nach einer gemeinsam mit Kittel besuchten Veranstaltung mit Adolf Hitler als Redner in der

---

geschlagen hatte – offensichtlich um die Verbindungen zum Eisenacher Institut zu vertiefen (mein Dank an Karl W. Schwarz, Wien für diese freundliche Auskunft).

10 Morgenstern / Segev, Verteidigung, 40. Abgesehen davon, dass Grundmann 22 Artikel für die Bände I–IV des ThWNT (1933–1942) schrieb, bezeugt schon die Tatsache, dass er Kittel noch 1937 zu einer Tagung einlud (Arnhold, Entjudung, 381), dass beide nach 1933 (entgegen dem Anschein, den Kittel erweckt) noch Kontakt hatten. In „Erkenntnis und Wahrheit" (22) berichtet Grundmann (obgleich vielleicht auch apologetisch motiviert, insofern er meinte, von der Nennung Kittels profitieren zu können) davon, dass er Kittel noch 1942 in Wien besucht und ihn dort ein letztes Mal gesehen habe. Zuvor hatte er ihn mehrfach in seinem Haus am Walchensee besucht. Wie das Verhältnis beider zueinander von Dritten eingeschätzt wurde, zeigt ein Brief des Erlanger Theologieprofessors Hermann Sasse an den bayrischen Landesbischof Meiser vom 28. 8. 1944, in dem er Kittel beschuldigt, „einer der gerissensten theologischen Geschäftsleute unserer Zeit" zu sein. Sein „Paktieren mit den DC aller Richtungen" sei „eine schwere Anfechtung"; „Herrn Grundmann", einen „der Totengräber unserer Kirche in Thüringen", habe er „niemals ausgebootet" (Röhm / Thierfelder, Juden, 353). – Eine ausführliche Untersuchung des Verhältnisses Grundmanns zu Kittel müsste starkes Gewicht auf die Generationengeschichte legen: vgl. dazu Krondorfer, Nationalsozialismus; Leppin, Gott, 216–218.

11 Der wichtigste jüdische Gesprächspartner Kittels war in den frühen Jahren Israel Issar Kahan, der seit 1908 als Lektor für „spätjüdische Wissenschaft" an der Universität Leipzig tätig war. Vgl. Morgenstern / Segev, Verteidigung, 128.

12 In seiner Verteidigungsschrift reklamiert Kittel für sich selbst einen „christlichen Antijudaismus" (Morgenstern / Segev, Verteidigung, 25). Zur Begriffsbildung „Christlicher Antisemitismus", mit der der Stuttgarter Oberkirchenrat (und frühere Tübinger Studentenpfarrer) Wilhelm Pressel auf Kittels Schrift „Die Judenfrage" (1933) reagierte, vgl. Junginger, Kittel, 85.

Stadthalle Stuttgart - in die Partei eingetreten[13] und übertraf seinen Lehrer schon bald an Radikalität. Hauer hatte sich nach seinem Studium der evangelischen Theologie und seiner Zeit als Vikar in der württembergischen Landeskirche zunehmend freireligiös orientiert und trat 1933 aus der Evangelischen Kirche aus. Da er deshalb Vorbehalte gegen das Parteiprogramm der NSDAP hatte[14], das ein „positives Christentum" für sich reklamierte, wurde er erst 1937 NSDAP-Mitglied[15]. In religiöser Hinsicht ging er andere Wege als Kittel und Grundmann. Am 29.–30. Juli 1933 gründete er gemeinsam mit Graf Ernst von Reventlow die „Deutsche Glaubensbewegung", deren Vorsitz er in den Jahren 1933 bis 1936 innehatte[16].

Da die „Deutsch-Gläubigen" sich den NS-Machthabern gegenüber als diejenigen darstellten, denen es gelingen würde, die religiöse Einheit des deutschen Volkes auf einer vom Christentum losgelösten Grundlage wiederherzustellen, erscheint der Weg Hauers in den meisten Darstellungen als „radikaler" als der Kittels und Grundmanns. Insinuiert wird auch mit Blick auf die „Judenfrage" eine fortschreitende Radikalisierung auf einem Mitte-Rechts-Spektrum, wobei es den weiter zur „Mitte" hinneigenden Akteuren darauf angekommen sei, die weiter rechts stehenden Gefahren zu bannen und „Schlimmeres" zu verhüten[17]. Grundmann erwähnt in seinen autobiographischen Aufzeichnungen, er habe sich mehrfach „in Versammlungen und im

13 Vgl. SCHÜFER, Programm, 222.; BORMANN, Grundmann, 599.

14 Zur Biographie Hauers vgl. die hochproblematische (weil apologetische) Darstellung von: DIERKS, Hauer; MEIER, Kreuz, 79–84. Hauer, in Ditzingen gebürtig, lebte und wirkte nach seiner Ausbildung am Basler Missionsseminar in den Jahren 1907 bis 1911 als Lehrer und Schulleiter in Indien (1907–1911). Anschließend studierte er in Oxford, wurde im September 1914 als „alien enemy" verhaftet und kam in ein Lager für deutsche Kriegsgefangene. 1915 nach Deutschland entlassen, diente er der württembergischen Landeskirche als Vikar zur Vertretung eines zum Kriegsdienst einberufenen Pfarrers in Heidenheim; später tat er Dienst als Stadtvikar an der Stuttgarter Stiftskirche und in Reutlingen. Zu seinen Aufgaben gehörte die Arbeit mit Mitgliedern der Schülerbibelkreise, die nach dem Ende des Weltkrieges aber „aus den dogmatischen und pfarrherrlich autoritären Bindungen hinaus in freiere Selbstverantwortung" strebten und „Verbindung mit den nichtkonfessionell gebundenen Gruppen der Jugendbewegung" suchten (DIERKS, Hauer, 65). In einer Atmosphäre der „Auflehnung gegen kirchliche Dogmatik, Bevormundung und vorgeschriebene Gemeinschaftsformen" (EBD.) entstand im Mai 1920 im Anklang an den Namen der Begegnungsstätte Köngen am Neckar der „Bund der Köngener", der zu seinem „Führer mit dem Titel ‚Kanzler' Jakob Wilhelm Hauer" wählte (EBD., 66). 1920 siedelte Hauer nach Tübingen über, wo er am 24. 2. 1921 die Lehrerlaubnis für das Fach allgemeine Religionsgeschichte erhielt. Im Auftrag der „Köngener" gab Hauer die Zeitschrift „Die kommende Gemeinde" heraus (EBD., 148). Zu den Köngenern: EBD., 130.

15 Vgl. DIERKS, Hauer, 340; JUNGINGER, Glaubensbewegung, 182. Ausschlaggebend für den späteren Parteieintritt war aber wohl hauptsächlich die zwischenzeitliche Aufnahmesperre.

16 JUNGINGER, Glaubensbewegung, 186. Reventlow, der sich später von der Deutschen Glaubensbewegung löste und seinen Kampf gegen das Alte Testament aufgab, wird von Kittel in seiner „Verteidigung" als Beispiel dafür genannt, dass seine (Kittels) Abwehrarbeit Früchte getragen habe: vgl. MORGENSTERN / SEGEV, Verteidigung, 85 f., 115.

17 Vgl. SCHUSTER, Kirchenbewegung, 247–278.

persönlichen Gespräch" kritisch mit Hauer auseinandergesetzt[18]. Für ihn war dieses Argument ebenso wichtig wie für Kittel, der seinerseits in Anspruch nahm, ein Bollwerk gegen die Machenschaften der „Eisenacher" aufgebaut zu haben. Beide Darstellungen folgen apologetischen Interessen. Das heißt aber nicht, dass die Orientierung an einem solchen Spektrum nicht doch einen gewissen Sinn hätte. Denn die von den jeweiligen Autoren unterstellte Dynamik von Abhängigkeiten, Empfindlichkeiten und Konkurrenzen gab es im NS-System durchaus. Das kleine Tübinger Universum, in dem Grundmann sich zu Beginn der 1930er Jahre bewegte, kann insofern die innere Pluralität des von den Zeitgenossen häufig als chaotisch empfunden NS-Systems abbilden[19].

1. Walter Grundmann und Charles Horowitz

Im Sommersemester 1927 und Wintersemester 1927/28 studierte Grundmann ein Jahr lang in Tübingen. In seinen Erinnerungen ist von Begegnungen mit Schlatter, Kittel, dem systematischen Theologen Karl Heim und dem praktischen Theologen Karl Fezer die Rede[20]. Diese erste Tübinger Zeit war für ihn so prägend, dass er in der Zeit vom Herbst 1930 bis Frühjahr 1932 an den Neckar zurückkehrte, um als Assistent bei Kittel zu arbeiten[21].

In dieser Zeit muss er den vierzehn Jahre älteren polnisch-jüdischen Mitarbeiter Kittels Charles (Chaim) Horowitz kennengelernt haben. Horowitz führte im Wintersemester 1930/31 eine „Arbeitsgemeinschaft" über rabbinische Texte durch und wurde aus Mitteln besoldet, die andernfalls Grundmann zugestanden hätten[22]. In dieser Zeit ging Horowitz auch bei Schlatter ein und aus, von dem auch Grundmann bezeugt, dass er ihn besonders geprägt habe[23]. Der Schlatter-Biograph Werner Neuer berichtet, dass Horowitz von Schlatter menschlich und theologisch so tief beeindruckt war, dass er „zum Glauben an Jesus fand", obwohl die Entscheidung zur Taufe ausblieb[24].

18 Erkenntnis (wie Anm. 7), 44.

19 JUNGINGER, Glaubensbewegung, 190, spricht von einer „neuheidnischen Drohkulisse", um die Kirchen „unter Druck zu setzen und von einer Kritik an den politischen Maßnahmen des Staates abzuhalten."

20 Vgl. Erkenntnis (wie Anm. 7), 17; SCHÜFER, Programm, 221.

21 Vgl. EBD., 221 f.; Erkenntnis (wie Anm. 7), 73 f.

22 UAT TÜBINGEN, 117/692 u. UAT TÜBINGEN, 187/Horowitz. Vgl. MORGENSTERN, Schlatter, 28.

23 Von Schlatter schreibt Grundmann, es gehöre „zu den großen Freuden" seines Lebens, „daß mir sein Sohn, Theodor Schlatter, erzählte, daß sein Vater große Stücke auf mich gehalten habe und für mich in der Zeit des Kirchenkampfes eingetreten sei, als ich vielfach angefeindet wurde" (Erkenntnis [wie Anm. 7], 21). Zu Grundmanns Verhältnis zu Schlatter vgl. auch HESCHEL, Karrieren, 172.

24 NEUER, Schlatter, 749. Vgl. MORGENSTERN, Schlatter, 26–32. In einem Brief Kittels an den Amsterdamer Neutestamentler Grosheide vom 31. 8. 1933 wird Horowitz als „lauterer Mensch" und „Freund" bezeichnet, der Christus ernstlich „suche" (mein Dank an Lukas Bormann für die

Noch nach der „Machtergreifung" der Nationalsozialisten waren Horowitz und Grundmann daran beteiligt, Korrekturarbeiten für den ersten Band des ThWNT zu leisten[25]. Man muss annehmen, dass sie sich dabei persönlich begegnet sind. Vielleicht nahm Grundmann selbst an der von Horowitz angebotenen Rabbinica-Übung teil. Oder ging Grundmann von vornherein Kontakten mit Juden aus dem Weg? Andererseits suchte er in Tübingen Anschluss an das theologische Milieu Kittels, in dem man rabbinische Literatur gemeinsam mit Juden las und untersuchte. In den 1920er Jahren und zu Beginn der 1930er Jahre war dies eine Tübinger Besonderheit. Noch nach dem Januar 1933 versuchte Kittel (mit welcher Intention und Intensität und in welcher Form auch immer) eine Zeitlang, diese Kooperationen – vor allem seine Herausgeberschaft der Reihe „Rabbinische Texte" mit dem Londoner Talmudgelehrten Arthur Marmorstein – aufrecht zu erhalten[26]. Daneben beschäftigte Kittel als Lehrstuhlinhaber weitere Juden und zog sie zur Mitarbeit an seinen Editionen heran[27]. In dieser Hinsicht konnte er zum damaligen Zeitpunkt als Vorreiter und Pionier gelten.

In seiner Verteidigungsschrift vom Dezember 1946 kommt Kittel auf Horowitz zu sprechen, ohne aber die frühere Zusammenarbeit zu erwähnen. Es heißt dort:

> „Der längere Zeit in Tübingen lebende Volljude Chaim Horovitz, der 1933 nach Holland auswanderte, dem Kittel einen Empfehlungsbrief an den Amsterdamer Theologieprofessor Grosheide mitgab, sagte beim Abschied zu Kittel: ‚Sie haben eine tiefere Liebe zu Israel und kennen das Wesen dieses Volkes besser als viele Namensjuden.'"[28]

---

freundliche Überlassung einer Teil-Abschrift dieses Briefes). Der Münchener katholische Theologe und Judaist Peter Kuhn, der Horowitz in den 1950er Jahren noch kennenlernte, als dieser Vorbeter der jüdischen Gemeinde in Bonn war – Kuhn studierte damals bei Josef Ratzinger in Bonn –, bestätigte dem Vf. im Oktober 2020 telefonisch und per E-Mail, dass Horowitz noch nach dem Krieg dem Christentum gegenüber positiv eingestellt war. Adolf Schlatter, so berichtete Horowitz Kuhn, habe ihm vorhergesagt, er werde den Krieg überleben und für die Versöhnung von Juden und Christen wirken. Informationen zur Biographie von Charles Horowitz finden sich auch in einem Band, der der Erinnerung an seinen Sohn, den französischen Atomphysiker Jules Horowitz, gewidmet ist: Arnaudet / Deloche / Procope, L'oeuvre. Vgl. auch Dautray, Mémoires, 105 f.

25 Kittel, Vorwort, VII; Erkenntnis (wie Anm. 7), 74. Während Kittel dort Grundmann wie Horowitz dankt, wird Horowitz bei Grundmann m. W. an keiner Stelle erwähnt.

26 Vgl. Morgenstern, Schlatter, 46–51.

27 Vgl. ebd., 26–28: Neben Horowitz war das u. a. der Talmudübersetzer Gerschenowitz und der litauisch-jüdische Rechtsgelehrte Gutel Tovia Leibowitz, der im Mai 1928 in Bern zum Dr. iur. promoviert und Kittel von dem an der Berliner Akademie für die Wissenschaft des Judentums lehrenden Ismar Elbogen (1874–1943) empfohlen worden war. Vom Wintersemester 1928/29 –Sommersemester 1929 war Leibowitz als Hörer der Universität Tübingen zugelassen.

28 Morgenstern / Segev, Verteidigung, 129. Kittel spricht von sich in der dritten Person. Zur Interpretation dieses Textes vgl. ebd., 155–200.

Diese Notiz erscheint in einem Kontext, in dem der Autor sich entlasten will – für das Schicksal des ehemaligen Untergebenen und seiner Familie bringt er hier kein Interesse auf. Umso mehr ist der Unterschied in der biographischen Entwicklung seiner ehemaligen Tübinger Mitarbeiter zu beachten. Während Grundmann – wie in anderer Weise der zweite berühmte Kittelschüler Karl Georg Kuhn, der wie sein Lehrer Mitarbeiter am Institut für Geschichte des neuen Deutschland war[29] – in der NS-Zeit das bei seinem Lehrer Gelernte radikalisierte und Karriere machte, musste Horowitz sich während des Krieges verstecken. Sein Vater, seine Mutter und drei seiner Geschwister kamen „durch Deportation ums Leben“[30]. Seine Frau Lea wurde am 25. August 1942 in Labégude durch die französische Gendarmerie verhaftet, am 26. August 1942 ins Lager Drancy verbracht und nach Auschwitz überstellt, wo sie ermordet wurde[31].

Anders als bei Kittel kommt Horowitz bei Grundmann in keiner Zeile vor[32]. Da Horowitz aus Teilen des eigentlich für Grundmann bestimmten Gehaltes bezahlt wurde, war Grundmann ihm vielleicht auch deshalb in Abneigung verbunden. Oder hängt die Nichtnennung damit zusammen, dass Grundmann aus der Mitarbeit Horowitz’ nicht nur Nachteile erwuchsen, sondern er von ihm auch profitierte – womöglich auf eine Weise, die ihm später peinlich war? Die zu Beginn dieses Beitrags angeführte rabbinische Literatur legt eine Fährte zu den Kommentaren Schlatters. Nach den uns vorliegenden Informationen war es nämlich Horowitz, der die rabbinischen Zitate in diesen Schlatter-Texten geprüft oder die Belege erst beigebracht hatte[33]. Im Stuttgarter Schlatter-Archiv sind handschriftliche Notizen mit hebräischen Texten in Quadrat- und Kursivschrift aufbewahrt, die offenbar auf verschiedene Hände zurückgehen. Die begrenzten Hebräisch- und Aramäischkenntnisse des greisen Tübinger Gelehrten lassen es wenig wahrscheinlich erscheinen, dass er vor allem die längeren kursivschriftlichen Exzerpte selbst zu Papier brachte. Die Vermutung liegt nahe, dass wir hier auf *manu proprio*-Zeugnisse Horowitz’ stoßen[34]. Sind die rabbinischen Zitate bei Grundmann späte indirekte

29 Zu Kuhn, der wie Grundmann in Kittels „Verteidigung“ unerwähnt bleibt, vgl. Weinreich, Professors, 41; Theissen, Wissenschaft; Schaller, Judentumsforschung. Kuhns Besuch im Warschauer Ghetto im Juni 1940, der offenbar mit einem Raub jüdischen Eigentums verbunden war (Morgenstern, Schlatter, 77–80), gilt als absoluter Tiefpunkt in der Geschichte der Tübinger akademischen „Judenforschung“.

30 LAV NRW Duisburg, BR 2182 Nr. 2H 10793.

31 Vgl. ITS Bad Arolsen, Dokument ID: 11181081 sowie Korrespondenzakte T/D 692 552.

32 Vgl. Erkenntnis (wie Anm. 7), 74: „Die Vorrede zum ersten Band erhält auch eine Erwähnung meiner Mitarbeit an der Gestaltung der Anfänge des großen Werkes. Diese Arbeit [...] machte zugleich meinen Namen in der wissenschaftlichen Welt bekannt.“

33 Vgl. Neuer, Schlatter, 749; Morgenstern, Schlatter, 29–32. Die Mitarbeit von Horowitz an Schlatters Kommentaren lässt sich auch für den Johanneskommentar (1931) und den Kommentar zum Jakobusbrief (1932) wahrscheinlich machen, da Horowitz in der fraglichen Zeit in Tübingen war.

34 Vgl. Morgenstern, Schlatter, 74.

Spuren des Wirkens seines früheren Tübinger Kollegen? „Entjudaisierung" hieße dann nicht, den jüdischen Hintergrund des Neuen Testaments zu beseitigen – die Quellen heben diesen ja gerade hervor! Es wäre vielmehr faktisch der ehemalige Kollege, der der *damnatio memoriae* anheimgegeben wird. Wir werden sehen, dass sich eine Strategie der Nicht-Nennung und Distanzierung bei Grundmann auch gegenüber Martin Buber nachweisen lässt.

2. Walter Grundmann und Gerhard Kittel

Grundmann schrieb seine Dissertation unter dem Titel „Der Begriff der Kraft in der neutestamentlichen Gedankenwelt" 1931 bei Kittel. In seiner zeitgleich geschriebenen Schrift – das Vorwort ist auf den 31. Januar 1931 datiert – „Gott und Nation. Ein evangelisches Wort zum Wollen des Nationalsozialismus und zu Rosenbergs Sinndeutung" legt er sein theologisches Verständnis des Judentums dar, wie es zu diesem Zeitpunkt noch den Grundlinien der Theologie seines Lehrers entspricht: Sichtbar wird eine Dialektik, die Jesus einerseits in einer besonderen Beziehung zum Judentum zeigt, andererseits in den Bahnen des klassischen kirchlichen Antijudaismus formuliert:

> „Jesus weiß sich als der Messias und lehnt das jüdische Messiasideal ab; Jesus bekennt sich zum Gott des Alten Testaments als zu seinem und der Seinen Vater und lehnt die Art, wie die Juden mit Gott verkehren, ab; Jesus weiß um die Besonderheit des israelitischen Volkes, wie sie im Gedanken der Auserwählung zum Ausdruck kommt, und lehnt die Art, wie die Juden diesen Gedanken auslegen, ab; Jesus weiß sich als der Erfüller der tiefsten und letzten Anliegen alttestamentlicher Frömmigkeit und wird dafür von den Juden ans Kreuz geschlagen"[35].

Ähnliche Formulierungen finden sich bei Kittel, der die besondere Rolle des Judentums biblisch begründet, vor allem mit Blick auf die Aussagen des Paulus in Röm 9–11. In einem Beitrag Kittels in der „Allgemeinen Evangelisch-Lutherischen Kirchenzeitung" unter dem Titel „Neutestamentliche Gedanken zur Judenfrage" – einem Zeitungstext, mit dem der Autor seine bekannteste judenfeindliche Schrift „Die Judenfrage" (Stuttgart 1933) kommentiert und für sie wirbt – heißt es 1933:

> „Wer sich anmaßt, im Namen der Bibel über Israel zu reden, der muss den Mut haben, von *beidem* zu reden. Wer auf die Bibel sich berufen will, darf *weder* allein von dem ‚verfluchten und verworfenen Volk' *noch* allein von dem ‚auserwählten

35 Grundmann, Gott, 109 (zitiert bei Deines, Jesus, 91). Grundmann vermeidet hier jede klare Aussage darüber, ob Jesus Jude war.

Volk‘ reden, sondern allein von dem Volk, das beides in seiner von Gott ihm verhängten Geschichte ist.“[36]

Kittels Theologie ist von dem neutestamentlichen Topos des Propheten- und Christusmordes aus konstruiert, der sich in seiner Optik (und auch noch der des frühen Grundmann) wie eine Art jüdischer Bürgerkrieg ausnimmt[37]. „Die Juden“ waren [sind] demnach wirklich Propheten- und Christusmörder, aber die von ihnen ermordeten Propheten und Jesus waren ebenfalls wirkliche *Juden.* Heil und Unheil sind auf zwei Seiten innerhalb eines Volkes verteilt. Auf Basis einer schöpfungstheologisch verstandenen Volkstumslehre konnten Kittel und sein früher Schüler in diesem Stadium noch eine heilsgeschichtliche Rolle der Juden anerkennen. In seinen Erwägungen zu den 28 Thesen der sächsischen Volkskirche hielt Grundmann 1934 sogar die Einrichtung einer jüdischen „Volkskirche“ noch prinzipiell für möglich[38]. Voraussetzung dafür war, dass „Artfremde“, also „Nicht-Arier“, nicht Mitglied einer evangelischen Kirche in Deutschland sein konnten oder zumindest nicht mehr als einen Gaststatus in ihr zu beanspruchen berechtigt waren.

Aus der eher traditionellen heilsgeschichtlichen Theologie Grundmanns wurde in den Folgejahren aber eine völkische Theologie, in der dem AT nur noch die Aufgabe zukam, „anhand der Geschichte des Judentums dessen Abfall und darin seine Sünde“ aufzuzeigen und „damit in besonderer Weise die Verbindung von Nation und Gott“ zu unterstreichen[39]. Nach Grundmann war der Terminus „Volkskirche“ nun nicht mehr nach lutherischem Vorbild vom *usus politicus legis* her zu verstehen. Indem er den von Hitler geschaffenen Staat geschichtstheologisch überhöhte, kam er zu einer heilsgeschichtlichen „Einordnung, nach der der Staat in seiner nationalsozialistischen Formierung nicht allein der Sünde wehrt, sondern geradezu auf das Evangelium hinführt.“[40] Deutschland bekam eine „heilsqualifizierende Bedeutung.“[41] Die Preisgabe der Dialektik führte dazu, dass jeder positive Bezug auf die „Auserwähltheit“ Israels verloren ging und nur noch die Feindschaft der als „Gegenvolk“ zum jüdischen Volk konstruierten Deutschen zu den Juden betont wurde. Wenn Kittel in Grundmanns Erinnerungen als „grundsätzlicher Judengegner“[42] bezeichnet wird, ist dies anerkennend und lobend gemeint.

Zugleich manövrierte sich Grundmann seit den späten 1930er Jahren aber

36 Kittel, Gedanken, 904. 1946 zitiert Kittel diesen Text, in seiner „Verteidigung“ (Morgenstern / Segev, Verteidigung, 61). Zu seiner Schrift „Die Judenfrage“ vgl. unten Anm. 73, 74, 82.

37 Zu diesem Topos: Jer 37–38; 1 Thess 2,15; Mt 5,12; 23,31.37–39; Lk 13,34 f.; Mk 12,2–5; Apg 7,52; Hebr 11,35–38. Zur Interpretation der Theologie Kittels vgl. jetzt auch Morgenstern, Erwägungen.

38 Grundmann, Thesen, 36; Leppin, Gott, 204.

39 Ebd., 199.

40 Ebd., 204.

41 Ebd., 203.

42 Erkenntnis (wie Anm. 7), 22.

in einen Gegensatz zu seinem Lehrer. Denn während letzterer sich gegen „die romantischen und unhistorischen Spekulationen über ein angebliches ‚Ariertum' Jesu", die „in das Gebiet der Phantasie gehörten"[43], wendet, präsentiert Grundmann in seinem Buch „Jesus der Galiläer" (1940, ^{2}1941) die Version eines „nichtjüdischen Jesus", der in dem fast judenfreien Gebiet einer Mischbevölkerung aufgetreten sei, unter der auch Arier gelebt hätten – sogar mit Germanen sei dort zu rechnen. Mit diesen Thesen, die er in seiner parallel publizierten Schrift „Wer ist Jesus von Nazareth" auch für die Öffentlichkeit popularisierte, wollte Grundmann die Jesusforschung für völkische Diskurse anschlussfähig machen. In „Erkenntnis und Wahrheit" heißt es, Grundmann habe sich mit dieser letzten Publikation, die eine Antwort auf die SS-Schmähschrift „Jesus Nazoräer" gewesen sei[44], der Partei gegenüber in Gefahr begeben. Die Folge sei seine Einberufung zur Wehrmacht und das einstweilige Ende seiner akademischen Tätigkeit gewesen[45].

3. Walter Grundmann, Jakob Wilhelm Hauer und Martin Buber

Diese apologetische Argumentation lenkt den Blick auf den angeblich „rechts" von ihm stehenden Gegner, gegen den Grundmann und seine Mitstreiter unter den Thüringer *Deutschen Christen* angeblich in Opposition standen. In seinen Erinnerungen erwähnt Grundmann Hauer, dessen „Deutsche Glaubensbewegung" eine Vorfeld- oder „Hilfsorganisation" für einen sich selbst als Religion installierenden Nationalsozialismus gewesen sei. Mit Hauer, dem Exponenten einer von Rosenberg ausgehenden Bewegung, die grundsätzlich

43 Morgenstern / Segev, Verteidigung, 82 f. Selbst Hauer (für Kittel der radikalste Vertreter der bekämpften NS-internen „Gegenseite") versieht das angebliche Ariertum Jesu mit einem Fragezeichen (zu Hauers Schrift des Jahres 1939 „Ein arischer Christus?" vgl. Dierks, Hauer, 308 f.). Zum Kontext der Diskussion um den „galiläischen Jesus": Deines, Jesus, 43–131.

44 Autor war der römisch-katholische Theologe und Nationalsozialist Friedrich Murawski, im Reichssicherheitshauptamt (RSHA) zeitweilig Leiter des Kirchenreferats. Grundmann (Erkenntnis, 48) warf dessen Schrift „Jesus der Nazaräer [!], König der Juden" (1943) vor, Plagiat einer Schrift des jüdischen Autors Robert Eisler zu sein – eine Anschuldigung, die offenbar als Vorwurf philosemitischer „Tendenzen" verstanden wurde (Zipfel, Kirchenkampf, 486). Es folgte ein Disziplinarverfahren gegen Murawski, das zu seinem Ausschluss aus der SS und seiner Entlassung aus dem RSHA führte. Vgl. auch Dierker, Glaubenskrieger, 93, 556; Da Murawski 1945 Selbstmord begangen hatte, konnte Grundmann sich später rückblickend gefahrlos von ihm distanzieren.

45 Vgl. Erkenntnis (wie Anm. 7), 48 f. Die Schrift, mit der Grundmann sich aus heutiger Sicht am meisten kompromittierte, wird hier apologetisch zum Kulminationspunkt des behaupteten Widerstandes gegen noch „radikalere" NS-Kräfte. Zu einer ähnlichen Strategie Kittels, der die Kooperation der von ihm betriebenen „Judenforschung" mit den „Rassenanthropologen" vom Berliner Kaiser Wilhelm-Institut für Anthropologie, menschliche Erblehre und Eugenik zu einem Akt des Widerstandes gegen „noch radikalere" NS-Kräfte erklärte, vgl. Morgenstern / Segev, Verteidigung, 86 f.

gegen das Christentum eingestellt gewesen sei, habe er sich mehrfach „in Versammlungen und persönlichem Gespräch" kritisch auseinandergesetzt[46].

Wie man bei Kittel sehen kann, der sich in seiner „Verteidigung" ähnlich auf Hauer bezieht, handelt es sich hier um die beliebte Strategie, eigenes Handeln als „Widerstand" zu stilisieren[47]. Bei Grundmann wie Kittel war mit dieser Argumentation die Möglichkeit verbunden, Teile der eigenen Arbeit aufgrund der Verhältnisse der NS-Zeit als im Verborgenen geschehen darzustellen - was den Vorteil hatte, dass man darauf verzichten konnte, diese angeblichen Aktivitäten *en détail* zu belegen[48].

Bei aller Kritik an seiner durchsichtigen Argumentation sollte man aber nicht übersehen, dass Grundmann und Kittel zeitweilig durchaus Gründe haben konnten, in Hauer einen Konkurrenten zu sehen. Nicht zufällig war die „Deutsche Glaubensbewegung" von Hauer 1933 im Eisenacher Hotel Wartburg, einem Ort mit hoher Symbolwirkung, gegründet worden[49]. Anfangs handelte es sich um eine Splittergruppe, deren Anliegen es war, staatliche Anerkennung als eine Art „dritter Konfession" zu erlangen. Fernziel war, freireligiöse Gemeinden, Jugendbewegte, „neugermanisch-nordische" Gemeinschaften sowie liberale Protestanten - letztere blieben der Bewegung aber fern - auf völkisch-religiöser Grundlage im Sinne einer „arischen Weltanschauung" zu vereinen[50]. Hauer sollte allerdings bald die Erfahrung machen, dass dieses Ziel nicht der Religionspolitik der NSDAP entsprach. Der Verband freireligiöser Gemeinschaften in Deutschland berichtete ab Mitte 1933 von Repressalien von Seiten der „Deutschen Christen", denen sie vor allem in Thüringen, aber auch in Hessen und Baden, ausgesetzt seien. Auch diese Gruppe sah sich in dieser Zeit in einem Abwehrkampf, der letztlich damit zu tun hatte, dass unterschiedliche Akteure das Ohr der Partei für sich gewinnen und die staatliche Religionspolitik beeinflussen wollten. Aus freireligiöser Sicht drohte ein von DC-Kräften dominiertes „Staatschristentum"[51].

Doch hatte zumindest Kittel mehr mit Hauer gemeinsam, als seine Polemik vermuten lässt. Die beiden etwa gleichaltrigen Kollegen teilten einen gewissen pietistischen Hintergrund, publizierten beide im Stuttgarter Kohlhammer-Verlag[52] und wurden am 3. Mai 1945 gemeinsam in Tübingen verhaftet[53]. Vor allem aber hatten sie in den frühen 1930er Jahren – unabhängig voneinander – Gesprächskontakte mit Buber gepflegt, die in unterschiedlichen Formen auch nach 1933 eine Zeitlang beibehalten wurden.

---

46 Erkenntnis (wie Anm. 7), 44. Zu Hauer auch JUNGINGER, Glaubensbewegung, 184–187.

47 Vgl. MORGENSTERN / SEGEV, Verteidigung, 13, 20, 33 f., 73, 85 f., 118.

48 Vgl. Erkenntnis (wie Anm. 7), 48; MORGENSTERN / SEGEV, Verteidigung, 94.

49 ARNHOLD, Entjudung, 105.

50 Die Mitgliedschaft in der *Glaubensbewegung* setzte den Kirchenaustritt voraus; paradoxerweise erfüllte gerade Hauer diese Bedingung anfangs nicht.

51 DIERKS, Hauer, 216.

52 Vgl. EBD., 70. Vgl. MORGENSTERN / SEGEV, Verteidigung, 60 (Anm. 134).

53 Vgl. EBD, 155 f.

Die Kontakte zwischen Hauer und Buber begannen um die Jahreswende 1928/29, als ein Podiumsgespräch im Stuttgarter Jüdischen Lehrhaus geplant wurde, zu dem Buber Hauer einlud. Hauer nahm diese Einladung nicht an – nicht weil etwa er den Kontakt mit dem jüdischen Intellektuellen scheute, sondern weil er „Bedenken" trug, „ein Gespräch über bewegende religiöse Fragen vor einer unbekannten Öffentlichkeit zu führen."[54] Dennoch kam es im Anschluss zu einem vielfältigen Austausch[55]. So nahm Buber an einer von Hauer mitorganisierten Arbeitswoche vom 1. bis 7. Januar 1931 auf der Comburg teil, die unter dem Motto stand „Der Mensch als Maßstab der Gesellschaftsordnung" und referierte über das Thema „Bemerkungen zur Gemeinschaftsidee" (so wurde sein Text zur Veröffentlichung freigegeben)[56].

Ein weiterer Bezugspunkt war eine religionsübergreifende Friedensinitiative. In der Überzeugung, „die religiösen Kräfte der Welt ‚würden heute, nach jahrhundertelanger, teilweise erbitterter Gegnerschaft' zueinander streben [...] um gemeinsam an den nicht zu zerstörenden Gegensätzen zu lernen [...] und auf Grund dieser Gemeinschaft ‚im Glauben' weltweite Arbeit zu leisten"[57], übernahm Hauer, nachdem er 1925 auf den Lehrstuhl für Indologie in Marburg / Lahn berufen worden war, zeitweise den Vorsitz des von Rudolf Otto begründeten „Religiösen Menschheitsbundes"[58]. In diesem Sinne beteiligte er sich auch an einer Tagung zur Vorbereitung einer religiösen Weltfriedenskonferenz, die im September 1928 in Genf stattfand[59]. Auch darüber stand er in Austausch mit Buber, der sich am 17. April 1929 brieflich ihm gegenüber über die seines Erachtens unzureichende jüdische Repräsentanz auf dieser Tagung beklagte[60]. Hinzu kamen Diskussionen über Fragen des Zionismus[61]. Es waren diese Gespräche, die Hauer offenbar veranlassten, sich im Kontext der Vorbereitung von Arbeitswochen der Köngener Bewegung erneut an Buber zu wenden[62].

Ende 1932 bat Hauer Buber, auf einer weiteren Köngener Arbeitswoche im Januar 1933 in Anwesenheit eines NSDAP-Vertreters, der offenbar seine Teilnahme zugesagt hatte, zum Thema „Die Judenfrage im Zusammenhang mit der völkischen Bewegung und dem völkisch-staatlichen Aufbau" zu sprechen[63]. Buber lehnte zunächst ab[64]. Am Ende stimmte er aber zu, „über die

---

54 Dierks, Hauer, 187; vgl. auch ebd., 173.

55 Vgl. auch Nanko, Glaubensbewegung, 58 f., 88 f., 139.

56 Dierks, Hauer, 186, 193, 196.

57 Ebd., 149.

58 Ebd., 123.

59 Vgl. ebd., 148.

60 Vgl. ebd., 160.

61 Vgl. ebd., 186–199. Als Grund der (tatsächlichen oder nur vorgeblichen) „Geistesverwandtschaft" Hauers und Bubers nennt Dierks (ebd., 190 f.) Parallelen in der Auffassung der Probleme des deutschen und jüdischen Volkstums.

62 Vgl. ebd., 173 f.

63 Ebd., 202. Nanko, Glaubensbewegung, 94; noch im Januar 1933 traten beide gemeinsam auf

Gemeinschaftsidee des Judentums oder auch über Israel und die Völker“ zu referieren[65]. Die Tagung fand vom 1. bis 7. Januar 1933 in Kassel unter dem Titel „Die religiösen und geistigen Grundlagen einer völkischen Bewegung“ statt[66]. 1934 wirkten Hauer und Buber noch gemeinsam als Referenten an der Eranos-Tagung in Ascona mit[67].

Nach 1945 waren diese Kontakte für Hauer unbezahlbar. In seinem Spruchkammerverfahren, in dem er letztlich als „Mitläufer“ eingestuft wurde[68], lag eine entlastende Stellungnahme Bubers vor, der sich brieflich aus Jerusalem vom 25. Februar 1949 so äußerte:

> „Hauer ist ein Mensch, der von einer ernsten und tiefen religiösen Grundanschauung aus lebt. Diese Anschauung hat ihn zu einem leidenschaftlichen Verlangen nach einer Erneuerung des deutschen Volkstums von seinem Wesensgrunde aus geführt. Als die nationalsozialistische Unternehmung vorgab, eben diesem Ziele zu dienen, ist Hauer, wie manche anderen Deutschen von geistiger und sittlicher Echtheit der Illusion erlegen, daß hier die geschichtliche Erfüllung seiner Ideen bevorstehe.“[69]

Weiter schreibt Buber, der Betroffene sei „bemüht gewesen [...], in der Judenfrage eine menschlich tragbare Lösung zu entwerfen und führende Stellen der NSDAP dafür zu gewinnen“ und habe „wiederholt bedrohten Juden geholfen.“[70] Wie stabil seine Beziehung zu Buber war, bringt die Tatsache zum Ausdruck, dass es 1953, anlässlich des ersten Nachkriegsbesuches Bubers in Tübingen, der von dem Neutestamentler Otto Michel, dem Nachfolger auf Kittels Lehrstuhl, vermittelt worden war, zu einer erneuten Begegnung mit Hauer kam, von der aber weitere Details nicht bekannt sind[71]. Die Biographie

---

einer Tagung zum Thema „Die religiösen und geistigen Grundlagen einer völkischen Bewegung“ auf.

64 Vgl. Dierks, Hauer, 202 f. Vgl. auch Nanko, Glaubensbewegung, 94 f.; Buber, Briefwechsel, 327, 448. Weitere Briefe Bubers an Hauer bei Dierks, Hauer, 207, 478. Die Vermutung der Hauer-Biographin (ebd., 187), „Absender und Empfänger“ hätten „in dauerndem Kontakt“ gestanden, ist aber sicherlich übertrieben (und wohl apologetisch motiviert).

65 Ebd., 203.

66 Vgl. ebd., 204.

67 Vgl. ebd., 244.

68 Vgl. Fassnacht, Universitäten, 130; Nanko, Hauer, 61–76. Das Urteil der Spruchkammer erging am 15. 6. 1949.

69 Dierks, Hauer, 193; vgl. auch ebd., 243 f., 344 f. Dass Dierks dreimal auf dieses Schreiben zu sprechen kommt, zeigt, wie wichtig ihr der Buber-Bezug ist. Hinzu kommt der Hinweis, dass Buber dem Brief, den er zur Entlastung Hauers schrieb, einen Begleitbrief an Hauer selbst beilegte (ebd., Anm. 69 mit Verweis auf das Bundesarchiv, Nachlass Hauer).

70 Ebd., 344 f.

71 Vgl. Dierks, Hauer, 244. Zu Bubers Tübinger Vortrag vgl. Morgenstern, Schlatter, 96 f.; ders., Buber, 368 f.; ders., Arbeitsgemeinschaft, 167 f. Als wie brisant die Beziehungen zu Buber auch noch später eingeschätzt wurden, zeigt ein Brief Michels an seinen Tübinger Dekan vom 2. 12. 1968, der ihm offenbar eine Anfrage des Kölner Martin-Buber-Instituts weitergeleitet hatte, das nach Belegen für briefliche Kontakte zwischen Buber und Gerhard Kittel suchte.

Hauers von Margarete Dierks wurde bei Lambert Schneider in Heidelberg veröffentlicht – in Bubers Hausverlag, der nach dem Krieg auch die mit Franz Rosenzweig erstellte „Verdeutschung“ der Hebräischen Bibel veröffentlichte.

Auch Kittel hatte 1930 in Stuttgart u. a. mit seinem Schüler Karl Heinrich Rengstorf und dem Leipziger Neutestamentler Johannes Leipoldt öffentlich an einem Dialog mit Buber teilgenommen – auf einer vom evangelisch-lutherischen „Zentralverein für Mission unter Israel“ organisierten Konferenz zur „Judenfrage“[72]. Ähnlich wie Hauer, freilich *nach* der „Machtergreifung“ der Nationalsozialisten, bat er Buber um eine Stellungnahme zur „Judenfrage“ und sandte ihm 1933 seine gleichnamige Schrift zu, in der Hoffnung, von ihm ein gewisses Verständnis erwarten zu können. Buber lehnte zwar ab[73], doch entwickelte sich daraus ein offener Briefwechsel zwischen beiden, der in den „Theologischen Blättern“ veröffentlicht wurde. 1946 machte Kittel geltend, er habe sich dabei darum bemüht, „dem Gegner mit Achtung zu begegnen.“[74]

Ob Kittel nach 1945 versuchte, mit Buber Kontakt aufzunehmen, ist nicht bekannt. Immerhin war der inzwischen in Münster lehrende Rengstorf der erste deutsche Theologe, der nach dem Krieg wieder einen Gesprächsfaden mit dem jüdischen Philosophen etablieren konnte[75]. 1946 lässt der um seine Rehabilitation bemühte ThWNT-Herausgeber in seiner Verteidigungsschrift aber nicht zufällig Bubers Namen fallen und erwähnt einige weitere (überwiegend getaufte) Juden, von denen er annimmt, dass sie für ihn aussagen würden. Bei ihm und Hauer kommen Juden immerhin namentlich vor – zumindest wenn es um die Hoffnung auf Unterstützung bei ihren Rehabilitationsbemühungen geht[76].

Auch für Grundmann lässt sich mit Oliver Arnhold ein Einfluss Bubers wahrscheinlich machen, und zwar ausgerechnet in dessen bereits erwähnter Schrift des Jahres 1933 „Gott und Nation“, deren Diktion teilweise an die Ich-und-Du-Philosophie Bubers erinnert[77]. Doch während der Kontakt mit dem

Michel ließ den Dekan lapidar wissen, er wolle „in diese Dinge“ nicht „hineingezogen“ werden (UAT Tübingen, 162/31, 5).

72 Vgl. Morgenstern, Schlatter, 32–39.

73 Kittel sandte ihm seine Schrift am 13. 6. 1933 mit Bitte um Zustimmung zu (Morgenstern, Schlatter, 57); vgl. auch Buber, Briefwechsel, 486.

74 Morgenstern / Segev, Verteidigung, 57. Vgl. die Neuabdrucke des Briefwechsels, in: Buber, Jude, 621–624; ders., Schriften, 169–172. Kittel macht auch geltend, er habe sich „in einem Privatbrief an den damaligen Referenten des Preußischen Kultusministeriums […] für die Erhaltung der Lehrtätigkeit Martin Bubers“ in Frankfurt a. M. eingesetzt, als dieser entlassen worden war (Morgenstern / Segev, Verteidigung, 133).

75 Vgl. Morgenstern, Arbeitsgemeinschaft, 176, Anm. 33 (Literatur).

76 Dass Kittel Horowitz rückblickend als Kronzeugen einer vorgeblichen „Liebe zu Israel“ anführt, muss nach Ende des Krieges freilich als zynisch erscheinen.

77 Wenn es bei Grundmann heißt: „Im Leben für das Du erhält auch die Lebenshingabe ihren Sinn“ (Grundmann, Gott, 85; zitiert in: Arnhold, Entjudung, 139), klingt dies ähnlich „buberianisch“ wie eine ähnliche Passage in „Erkenntnis und Wahrheit“ (Erkenntnis [wie Anm. 7], 18: „Erst in der Begegnungswahrheit erschließt sich der Sinn des Lebens“).

jüdischen Intellektuellen für Kittel und Hauer nach 1945 Anhalt für Hoffnung auf Rehabilitierung war, begegnen wir bei Grundmann nur Schweigen. „Erkenntnis und Wahrheit" unterlässt in dieser Hinsicht jeden Rekurs auf gemeinsame Interessen und biographische Bezüge – dabei hatte der von Grundmann immer wieder genannte Adolf Schlatter, dessen Kommentare ausdrücklich Bezug auf die Midrasch-Editionen von Bubers Großvater Salomon Buber nehmen[78], die spektakuläre Konferenz des Zentralvereins 1930 mit einem Eingangsreferat eröffnet und war dabei wohl auch dem jüdischen Gelehrten selbst begegnet. Auch die späteren Gesprächsversuche Kittels mit Buber können Grundmann nicht verborgen geblieben sein. In „Erkenntnis und Wahrheit" wird Buber nur einmal am Rande erwähnt; als Freund Paul Tillichs[79] und im Zusammenhang mit der Aufzählung von dessen Besuchen „in japanischen Buddhistenklöstern und indischen Ashrams" und seiner Freundschaft mit dem Hindu-Mystiker Aurobindo Ghose erscheint er in einem gewissermaßen „exotisierten" Kontext[80]. Noch in diesem späten Text steht Grundmann offenbar unter dem Bann jahrzehntelang zuvor getroffener Entscheidungen. Vor 1945 hat man den Eindruck, „dass ‚der Jude'" bei Grundmann „nie wirklich ein konkreter Mensch ist, sondern eine metaphysische ‚böse' Macht, die in England und Russland Triumphe feierte".[81] Nach 1945 schiebt er Juden möglichst weit weg und findet zugleich offenbar nichts dabei, ohne ihre Nennung (zumindest indirekt) von ihren Arbeiten zu profitieren.

In einem Brief Gershom Scholems vom 24. August 1933 an Buber, der ihm ein Exemplar der „Theologischen Blätter" mit dem Abdruck seines Offenen Briefes an Kittel zugesandt hatte, heißt es, Kittels Schrift zur „Judenfrage" sei „unter allen schmachvollen Dokumenten eines beflissenen Professorentums, die uns doch immer wieder überraschen, eines der schmachvollsten".[82] Das Beispiel Grundmanns zeigt, dass es – anders als Scholem es sich 1933 vorstellen konnte – offenbar noch schmachvoller ging. Daneben entlarvt der Vergleich der Akteure Kittel, Grundmann und Hauer in ihrem Verhältnis zu Buber die immer wieder anzutreffende Vorstellung einer antijüdischen Radikalisierung innerhalb des angenommenen Mitte-Rechts-Spektrums der NS-

---

78 Im Abkürzungsverzeichnis zu Schlatters Lukaskommentar ist Salomon Buber der einzige Herausgeber eines rabbinischen Textes, der namentlich genannt wird (SCHLATTER, Evangelium, 7).

79 Zur Buber-Rezeption Tillichs vgl. TILLICH, Offenbarung, 293–298 (ausführliches Referat von dessen existentialistischer Philosophie); DERS., Beitrag.

80 Erkenntnis (wie Anm. 7), 25. Vielleicht ist die Begegnung Tillichs mit einem Brahmanen gemeint, von der der protestantische Theologe berichtet (TILLICH, Frage, 151).

81 DEINES, Jesus, 127. SIEGELE-WENSCHKEWITZ (Verteidigung, 163) formuliert: Grundmann „hat nicht die Idee, daß es überhaupt noch einen Raum geben sollte, wo jüdische Menschen wirklich ihren Platz in Deutschland finden können."

82 BUBER, Briefwechsel, 502.

Zeit („je kirchenkritischer, desto judenfeindlicher“) als apologetische Konstruktion christlicher Theologen nach 1945.

Quellen- und Literaturverzeichnis

I. Unveröffentlichte Quellen und Darstellungen

International Tracing Service, Bad Arolsen – „Arolsen Archives“ (ITS)

Dokument ID: 11181081, Korrespondenzakte T/D 692 552.

Landesarchiv Nordrhein-Westfalen Abteilung Rheinland, Duisburg (LAV NRW)

Bestand: BR 2182 Nr. 2H 10793.

Landeskirchenarchiv Eisenach (LKA)

Bestand: Nachlass Walter Grundmann Nr. 92,
Autobiographisches Manuskript „Erkenntnis und Wahrheit“, 1969 [maschinenschriftlich].

Landeskirchliches Archiv Stuttgart (LKAS)

Bestand: Nachlass Adolf Schlatter.
Akte „Gerhard Kittel“.

Universitätsarchiv Tübingen (UAT)

Bestand: 162 Nr. 31,1.
Gerhard Kittel, Meine Verteidigung und Beilagen.

II. Veröffentlichte Quellen und Darstellungen

Arnaudet, Lucile / Deloche, Robert / Procope, Lucien (Hg.): L'oeuvre de Jules Horowitz. Bd. 1. Paris 1994.

Arnhold, Oliver: „Entjudung“ – Kirche im Abgrund. Bd. 1: Die Thüringer Kirchenbewegung Deutsche Christen 1928–1939. Bd. 2: Das „Institut zur Erforschung und Beseitigung des jüdischen Einflusses auf das deutsche kirchliche Leben" 1939–1945 (SKI 25/1–2). Berlin 2010.

Bormann, Lukas: Walter Grundmann und das Ministerium für Staatssicherheit. Chronik einer Zusammenarbeit aus Überzeugung (1956–1969). In: KZG 22 (2009), 595–632.

–: „Auch unter politischen Gesichtspunkten sehr sorgfältig ausgewählt". Die ersten deutschen Mitglieder der Studiorum Novi Testamenti Societas (SNTS) 1937–1946. In: NTS 58 (2012), 416–452.

Braude, William: Pesikta Rabbati. Discourses for Feasts, Fasts, and Special Sabbaths. New Haven 1968.

Buber, Martin: Der Jude und sein Judentum. Gesammelte Aufsätze und Reden. Köln 1963.

–: Briefwechsel aus sieben Jahrzehnten. Bd. 2, 1918–1938. Hg. und eingeleitet von Grete Schaeder. Heidelberg 1973.

–: Schriften zum Christentum. Hg., eingeleitet und kommentiert von Karl-Josef Kuschel. (Martin Buber Werkausgabe 9). Gütersloh 2011.

Dautray, Robert: Mémoires du vél d'hiv à la bombe H. Paris 2007.

Deines, Roland: Jesus der Galiläer. Traditionsgeschichte und Genese eines antisemitischen Konstrukts bei Walter Grundmann. In: Ders. / Leppin / Niebuhr: Grundmann, 43–131.

Deines, Roland / Volker Leppin / Karl-Wilhelm Niebuhr (Hg.): Walter Grundmann. Ein Neutestamentler im Dritten Reich (AKThG 21). Leipzig 2007.

Dierker, Wolfgang: Himmlers Glaubenskrieger. Der Sicherheitsdienst der SS und seine Religionspolitik 1933–1941 (VKZG B 92). Paderborn u. a. 2002.

Dierks, Margarete: Jakob Wilhelm Hauer 1881–1962. Leben – Werk – Wirkung. Mit einer Personalbibliographie. Heidelberg 1986.

Fassnacht, Wolfgang: Universitäten am Wendepunkt? Die Hochschulpolitik in der französischen Besatzungszone 1945–1949 (Forschungen zur oberrheinischen Landesgeschichte 43). Freiburg 2000.

Friedmann (Ish-Shalom), Meir: Pesikta Rabbati. Midrasch für den Fest-Cyklus und die ausgezeichneten Sabbathe kritisch bearbeitet, commentirt, durch neue handschriftliche Haggadas vermehrt, mit Bibel und Personen-Indices versehen. Wien 1880.

Gailus, Manfred (Hg.): Täter und Komplizen in Theologie und Kirchen 1933–1945. Göttingen 2015.

Gerdmar, Anders: Roots of Theological Anti-Semitism. German Biblical Interpretation and the Jews, from Herder and Semler to Kittel and Bultmann (Studies in Jewish History and Culture 20). Leiden-Boston 2009.

Grundmann, Walter: Der Begriff der Kraft in der neutestamentlichen Gedankenwelt. Stuttgart 1932.

–: Gott und Nation. Ein evangelisches Wort zum Wollen des Nationalsozialismus und zu Rosenbergs Sinndeutung. Berlin 1933.

–: Die 28 Thesen der sächsischen Volkskirche erläutert. Dresden o. J. [1934].

–: Handkommentar zum Evangelium des Lukas. Berlin 1961 ([9]1981).

Heschel, Susannah: Die zwei Karrieren des Theologen Walter Grundmann. Der Neutestamentler als Nazi-Propagandist und Stasi-Informant. In: Gailus: Täter, 171–196.

Junginger, Horst: Die Deutsche Glaubensbewegung und der Mythos einer „dritten Konfession". In: Manfred Gailus / Armin Nolzen (Hg.): Zerstrittene „Volksgemeinschaft". Glaube, Konfession und Religion im Nationalsozialismus. Göttingen 2011, 180–203.

–: Die „Verwissenschaftlichung der Judenfrage" im Nationalsozialismus (Veröffentlichungen der Forschungsstelle Ludwigsburg der Universität Stuttgart 19). Darmstadt 2011.

–: Gerhard Kittel – Tübinger Theologe und Spiritus rector der nationalsozialistischen „Judenforschung". In: Gailus: Täter, 81–112.

Kittel, Gerhard: Neutestamentliche Gedanken zur Judenfrage. In: AELKZ 66 (1933), Nr. 42 (29. 9.), 903–910.

–: Vorwort zu ThWNT I. Hg. von ders. u. a. Stuttgart 1933, V–VII.

Klein, Charlotte: Theologie und Anti-Judaismus. Eine Studie zur deutschen theologischen Literatur der Gegenwart. München 1975.

Krondorfer, Björn: Nationalsozialismus und Holocaust in Autobiographien protestantischer Theologen. In: Ders. / Katharina von Kellenbach / Norbert Reck (Hg.): Mit Blick auf die Täter. Fragen an die deutsche Theologie nach 1945. Gütersloh 2006, 23–225.

Leppin, Volker: Gott und Nation. Wandlungen der Verhältnisbestimmung bei Grundmanns Weg vom Oberkirchenrat in Sachsen zum Lehrbeauftragten für Völkische Theologie in Jena. In: Deines / Leppin / Niebuhr: Grundmann, 191–218.

Meier, Kurt: Kreuz und Hakenkreuz. Die evangelische Kirche im Dritten Reich. München 1992.

Morgenstern, Matthias: „Eine bleibende Arbeitsgemeinschaft zwischen mir und Jerusalem". Die Korrespondenz zwischen Otto Michel und Gershom Scholem. In: Gerold Necker / Elke Morlok / Matthias Morgenstern (Hg.): Gershom Scholem in Deutschland. Zwischen Seelenverwandtschaft und Sprachlosigkeit. Tübingen 2014, 167–200.

–: Von Adolf Schlatter zum Tübinger Institutum Judaicum. Gab es in Tübingen im 20. Jahrhundert eine Schlatter-Schule? Versuch einer Rekonstruktion. In: Ders. / Reinhold Rieger (Hg.): Das Tübinger Institutum Judaicum. Beiträge zu seiner Geschichte und Vorgeschichte seit Adolf Schlatter (Contubernium. Tübinger Beiträge zur Universitäts- und Wissenschaftsgeschichte 83). Stuttgart 2015, 11–147.

–: Erwägungen zur „Verteidigung" Gerhard Kittels vom Dezember 1945. In: ThBeitr 51 (2020), 260–271.

– / Segev, Alon: Gerhard Kittels Verteidigung. Die Rechtfertigungsschrift eines Tübinger Theologen und „Judentumsforschers" vom Dezember 1946. Berlin 2019.

Nanko, Ulrich: Die Deutsche Glaubensbewegung. Eine historische und soziologische Untersuchung. Marburg 1993.

-: Jakob Wilhelm Hauer (1881–1962). In: Rainer Lächele / Jörg Thierfelder (Hg.): Wir konnten uns nicht entziehen. 30 Porträts zu Kirche und Nationalsozialismus in Württemberg. Stuttgart 1998, 61–76.

NEUER, Werner: Adolf Schlatter. Ein Leben für Theologie und Kirche. Stuttgart 1996.

NIEBUHR, Karl-Wilhelm: Walter Grundmanns Vorlesung „NT.-Christologie" von 1937/38 und sein Buch „Die Geschichte Jesu Christi" von 1957. Vorläufige Beobachtungen. In: Deines / Leppin / Niebuhr: Grundmann, 239–274.

RÖHM, Eberhard / THIERFELDER, Jörg: Juden, Christen, Deutsche. 1933–1945, Bd. 4: 1941–1945. Teil 2. Stuttgart 2007.

SCHALLER, Berndt: Christlich-akademische Judentumsforschung im Dienst der NS-Rassenideologie und -Politik. Der Fall des Karl Georg Kuhn. Aus dem Nachlass hg. von Ulrich Kusche. Göttingen 2020.

SCHLATTER, Adolf: Das Evangelium nach Lukas aus seinen Quellen erklärt. Stuttgart ²1960.

SCHÜFER, Tobias: Walter Grundmanns Programm einer erneuerten Wissenschaft. Die „Völkische Theologie" von 1937 und ihre Ausgestaltung in der „Jenaer Studienreform". In: Deines / Leppin / Niebuhr: Grundmann, 219–237.

SCHUSTER, Dirk: Die Kirchenbewegung Deutsche Christen und die „Beseitigung des jüdischen Einflusses". Ein aktiver Prozess zur Gestaltung des „Dritten Reiches". In: Ulrich A. Wien (Hg.): Judentum und Antisemitismus in Europa. Tübingen 2017, 247–278.

SIEGELE-WENSCHKEWITZ, Leonore: „Meine Verteidigung" von Gerhard Kittel und eine Denkschrift von Walter Grundmann. In: Hermann Düringer / Karin Weintz (Hg.): Leonore Siegele-Wenschkewitz. Persönlichkeit und Wirksamkeit (ArTe 112). Frankfurt a. M. 2000, 135–183.

STRACK, Hermann L. / BILLERBECK, Paul: Kommentar zum Neuen Testament aus Talmud und Midrasch. II. Bd. München 1989.

THEISSEN, Gerd: Neutestamentliche Wissenschaft vor und nach 1945 (Schriften der Philosophisch-Historischen Klasse der Heidelberger Akademie der Wissenschaften 47). Heidelberg 2009.

TILLICH, Paul: Martin Bubers dreifacher Beitrag zum Protestantismus. In: Ders.: Der Protestantismus als Kritik und Gestaltung. Schriften zur Theologie I. Gesammelte Werke, Band VIII. Stuttgart 1962, 141–150.

-: Die Frage nach dem Unbedingten. Schriften zur Religionsphilosophie. Gesammelte Werke, Band V. Stuttgart 1964.

-: Offenbarung und Glaube. Schriften zur Theologie II. Gesammelte Werke, Band VIII. Stuttgart 1970.

WEINREICH, Max: Hitler's Professors. The Part of Scholarship in Germany's Crimes against the Jewish People. New York 1946.

ZIPFEL, Friedrich: Kirchenkampf in Deutschland 1933-1945. Religionsverfolgung und Selbstbehauptung der Kirchen in der nationalsozialistischen Zeit. Berlin 1965.

Siegfried Hermle

Das ‚Entjudungsinstitut' in der Wahrnehmung der Bekennenden Kirche

Vorgeschichte, Planungen und Gründung des Eisenacher ‚Instituts zur Erforschung und Beseitigung des jüdischen Einflusses auf das deutsche kirchliche Leben' hat Oliver Arnhold in seiner gründlichen, 2010 publizierten Studie umfassend dargelegt[1]. Allerdings zeigt schon ein kurzer Blick ins Personenverzeichnis des die Geschichte des Instituts bietenden 2. Bandes, dass eine Untersuchung der Haltung der nichtdeutschchristlichen Kirchen zum Eisenacher Institut ein Desiderat darstellt: Keiner der Bischöfe des lutherischen Flügels der Bekennenden Kirche – also weder August Marahrens, noch Hans Meiser, noch Theophil Wurm – wird aufgeführt[2]. Ebenso wie der Lutherrat blieb auch der ‚radikale' Flügel der Bekennenden Kirche, die sogenannten Dahlemiten, unbeachtet. Während Reaktionen von letzterem in Ermangelung aussagekräftiger Quellen nicht aufgezeigt werden können, sollen im Folgenden Stimmen aus dem lutherischen Flügel der Bekennenden Kirche vorgestellt werden. Zunächst wird die einzig öffentlich vernehmbare Stimme aus dem Umfeld der Bekennenden Kirche, die Zeitschrift „Junge Kirche", zu betrachten sein[3]. Sodann werden Stellungnahmen des Lutherrats untersucht und beispielhaft anhand von vier dem Lutherrat angeschlossener Landeskirche deren Haltung zum ‚Entjudungsinstitut' vorgestellt: Dabei soll neben den sogenannten intakten Kirchen Bayern und Württemberg auch die unter der Aufsicht einer Finanzabteilung stehenden Kirchen von Hannover und Baden näher betrachtet werden. In einem Exkurs werden Spuren zeitgenössischer Kritik vornehmlich aus deutschchristlichem Umfeld am Institut vorgeführt; ein Resümee beschließ die Ausführungen.

1 Vgl. ARNHOLD, „Entjudung", 458–476; hier auch die Nachweise der zahlreichen Beiträge von Susannah Heschel zum Thema (898 f.).

2 Vgl. EBD., 919–926.

3 Vgl. zu dieser Zeitschrift: RETTER, Protest. Retter zeigt auf, dass die Junge Kirche ab 1936 unter der alleinigen Herausgeberschaft von Fritz Söhlmann zunehmend ausschließlich Sprachrohr der ‚gemäßigten' Bekennenden Kirche wurde und durch ein ausgeklügeltes System der Selbstzensur eine weitgehend regimekonforme Haltung einnahm (EBD., 358–367).

1. Reaktionen zum Institut in der Zeitschrift „Junge Kirche"

Erstmals findet sich in der Märzausgabe 1939 die kurze Notiz, dass die Nationalkirchliche Einung Deutsche Christen „die Gründung eines Institutes zur Erforschung jüdischen Einflusses auf das deutsche religiöse Leben" beschlossen habe[4] und im Heft 8, auf dessen erster Seite groß die Überschrift „Zum 50. Geburtstag des Führers" prangte, waren sowohl die „Godesberger Erklärung" wie die im Gesetzblatt der Deutschen Evangelischen Kirche publizierte Bekanntmachung von elf – deutschchristlichen – Landeskirchenleitern abgedruckt[5]. Waren schon diese Mitteilungen als Übernahmen aus anderen Publikationsorganen gekennzeichnet, so wird auch über die Eröffnung des Instituts am 6. Mai mittels eines Zitates aus der von den Deutschen Christen [DC] herausgegebenen Zeitschrift „Positives Christentum" berichtet[6]. Diese zur Umgehung der Zensur entwickelte Technik findet sich auch in Heft 12: Dort wird ein äußerst negativer Bericht über das Institut aus dem von der deutschgläubigen Bewegung herausgegebenen „Nordland" übernommen. So wird es möglich, den Leserinnen und Lesern Kritik vorzuführen[7], die zwar nicht von ihren Prämissen her, wohl aber im Blick auf die zum Ausdruck gebracht Zurückweisung dieses Unternehmens von der Schriftleitung geteilt wurde. In diesem Text hieß es: „Wenn ihr das Christentum entjuden wollt, bleibt vom Christentum überhaupt nichts, aber auch gar nichts übrig!"[8] Sollte das Institut versuchen, „aus dem jüdischen Christentum ein ‚arisches Christentum' herauszuklauben", dann sei dies „ein Verrat an der germanisch-deutschen Seele". Nach dem gleichen Muster brachte die Ausgabe vom 1. Juli wiederum einen Beitrag aus dem „Nordland", in dem zunächst die Deutschen Christen allgemein kritisiert wurden[9]; dann wurde das Eisenacher Institut der „heillose[n] Verwirrung der Begriff" bezichtigt[10]. Das von diesem entwickelte „Zweckgebilde des arisch-germanischen, nordisch-heldischen Jesus" bezeichne gerade das „als spezifisch christlich [...], was ‚recht eigentlich die unchristliche Beimischung' des Christentums" sei. Zudem könne durch ein „bißchen Ablehnung des Alten Testamentes [...], ein bißchen arisches Heldentum für Christus" die heutigen „Situation nicht mehr gerettet werden". In einem Bericht über eine im Juli 1939 durchgeführte Tagung des Instituts

4 JK 7 (1939), 256.

5 Vgl. zu diesen Texten: Kirchliches Jahrbuch 1933–1944, 284–287.

6 Vgl. JK 7 (1939), 441 f.

7 Diese Technik, Beiträge aus Publikationsorganen aufzunehmen, um der eigenen Kritik Ausdruck zu verleihen, wird bei Retter, Protest, nicht speziell bedacht; so kann er das kritische Potential zahlreicher einschlägiger Beiträge nicht angemessen würdigen.

8 JK 7 (1939), 536.

9 Ihr „Anspruch, die einzig echte und rechte Synthese zwischen Deutschtum und Christentum geben zu können" wurde als unhaltbare „Kompromißstellung" charakterisiert (ebd., 595).

10 Ebd.

wurde ein Artikel aus dem „Deutsche[n] Christentum" aufgenommen. Ausführlich wird ein Vortrag von Prof. Heinz Eisenhuth, Jena, referiert, der die Bedeutung des Alten Testaments für die Kirche erörterte. Er habe herausgestellt, dass das „kanonische Bibelbuch als Ganzes [...] zum Glauben nicht notwendig" sei[11]. Das Alte Testament sei „Ausdruck einer fremden Rasseseele und damit auch einer fremden religiösen Haltung." Zwar enthalte es Spuren des Glaubens Christi, „der uns Gott als den Vater" zeige, und insoweit sei es für Christen gültig. Da diese Spuren aber „auch in den Urkunden der germanischen Religionsgeschichte" zu finden seien, müsse es „religiös und pädagogisch abgelöst werden durch das Gotteserlebnis germanisch-religiöser Art."

Eingehend wird in der Jungen Kirche das Anfang 1940 vom ‚Entjudungsinstitut' vorgelegte ‚Volkstestament' gewürdigt[12]. Dessen Problematik wird durch die Übernahme eines ursprünglich im „Deutschen Christentum" erschienene Text – „Hinaus mit dem jüdischen Beiwerk" – vor Augen gestellt[13]. Signifikant für das ‚Volkstestament' sei, dass beispielsweise in der Weihnachtsgeschichte „der Bezug auf das ‚jüdische Land' und ‚die Stadt Davids'" wegfalle, die Geburt werde im galiläischen Bethlehem verortet und auch die Antwort Jesu auf die Frage der Schriftgelehrten nach dem wichtigsten Gebot werde ohne den bei Matthäus zu findenden Verweis geboten, er sei gekommen, „um das Alte Testament so recht in jener Form zu bestätigen". Da sich dieser weder bei Lukas noch bei Markus finde erweise er sich als eine Hinzufügung des Matthäus, deshalb: „nichts als raus damit!" Dies sei geboten, da man „doch die Jesus-Geschichte [...] auf Grund bester Tradition für deutsche Menschen" schreiben wolle „und nicht wie Matthäus für Juden oder Judenchristen." Durch dieses Vorgehen habe man auch die „alten Erkenntnisse weniger Fachleute endlich einmal praktisch angewendet." Dass der in der „Jungen Kirche" der abgedruckte Text als Distanzierung zu lesen war, zeigt in diesem Fall eine abschließende Notiz des Herausgebers: Es erübrige sich, „auf Einzelheiten einzugehen". Aber „es sei kurz festgestellt, daß doch z. B. bei diesen letzten Ausführungen wirklich ganz erhebliche Irrtümer über den Inhalt der maßgeblichen Kommentare und über die wissenschaftliche Arbeit an der Bibel vorliegen."[14]

Die Bedeutung, die seitens der „Jungen Kirche" dem ‚Volkstestament' beigelegt wurde, zeigt sich auch daran, dass im März 1940 ein kleiner Aufsatz erschien, der – ohne Autorennennung – diese „Evangelien-Harmonie" kritisch würdigte[15]. Die Herausgeber wollten „inhaltlich etwas Neues geben", wollten „auf die älteste Überlieferung zurückgehen" und alle judenchristliche

11 Ebd., 690.
12 Vgl. Ankündigung des Erscheinens in JK 8 (1940), 59; vgl. zu diesem Gesangbuch: Arnhold, Entjudung, 649–882.
13 JK 8 (1940), 149.
14 Ebd., 150.
15 Vgl. ebd., 190–194.

und abergläubische Übermalung beseitigen[16]. Die „hundertjährige kritische Arbeit der deutschen Theologie“ auswertend sollte „der wirkliche, der geschichtliche Jesus zum Vorschein“ gebracht werden, damit dessen „Botschaft in die deutschen Herzen Einzug halten und alle ihre Sehnsucht stillen“ könne. Mit dem ‚Volkstestament‘ sei der alte Liberalismus wieder auferstanden; kennzeichnend hierfür sei, dass der ‚historische Jesus‘ „aufs neue proklamiert [werde] als der Retter aus Zweifeln und Ärgernissen.“[17] Das Vorhaben werde freilich nicht „mit der Bescheidenheit des Gelehrten, sondern mit vollendeter Selbstgewißheit“ durchgezogen und dabei scheiterten die Autoren bereits an der Weihnachtsgeschichte. Diese müsste nämlich nach ihren Kriterien – sie sei eine „dichterische Legende“ – getilgt werden, doch da sie „tief in das Volksbewußtsein eingedrungen“ sei, begnüge man sich damit, alles jüdische Klingende auszumerzen. Im Folgenden werden weitere Eingriffe in den Text vorgestellt, um dann drei Motive zu benennen, die für das ‚Volkstestament‘ kennzeichnend seien: zum einen der bereits erwähnte Liberalismus, zum anderen „das Denken vom Menschen her“ und „endlich die antijüdische Tendenz.“[18] Für jeden dieser Punkte werden sodann Beispiele angeführt und schließlich gefolgert, dass dem ‚Volkstestament‘ „die Ehrfurcht“ fehle, „Ehrfurcht vor dem lebendigen Christus“ aber eben auch davor, dass die Bibel „zwei Jahrtausende hindurch der Christenheit das rettende Wort ihres Gottes gewesen ist und noch heute ist.“ Für die Thüringer solle das Evangelium dazu dienen, „ihr eigenes Denken zu bestätigen, zu vertiefen und zu krönen.“[19] Die Autoren wüssten „sich nicht unter, sondern über oder wenigstens neben Jesus Christus und sein Evangelium gestellt[20]. Wenn in einem Nachwort dazu aufgefordert werde, „mit Jesus zusammen zu streben nach des Vaters ewigem Reich“, so könne man dies zwar respektieren, aber „Glaube im Sinn der Heiligen Schrift“ sei dies nicht.

Abschließend bleibt noch auf einen knappen Bericht zu Pfingsten 1940 zu verweisen, in dem in Aufnahme eines Textes aus dem „Deutschen Christentum“ herausgestellt wurde, dass der Wegfall der Osterberichte im ‚Volkstestament‘ „besonderes Aufsehen erregt“ habe[21]. Die Arbeitskommission habe mitgeteilt, dass die Jesusgeschichte aufgrund der Forschungen „nur mit den Galiläa-Erscheinungen schließen“ konnte; die Ostergeschichte gehöre „in die Anfänge der Jerusalemer Gemeinde“ und werde folglich im Zusammenhang der „Anfänge des jungen Christentums behandelt“.

Das Eisenacher Institut und dessen ‚Volkstestament‘ erfuhr durch die einzige öffentlich wahrnehmbare Stimme aus dem Umfeld der Bekennenden Kirche eine klare Zurückweisung. Die Distanzierung wurde zum einen durch

16 Ebd., 190.
17 Ebd., 191.
18 Ebd., 193.
19 Ebd., 193 f.
20 Ebd., 194.
21 Ebd., 261.

die Aufnahme von kritischen Berichten aus anderen Publikationsorganen zum Ausdruck gebracht, aber auch durch kurze Kommentierungen solcher Texte oder den vorgestellten Artikel, der das ‚Volkstestament' als einen mit den Traditionen der Kirche unvereinbaren Versuch brandmarkte – ohne dass dies jedoch detailliert entfaltet worden wäre. Geschuldet war die verklausulierte Berichterstattung der allenthalben präsenten Zensur; sie machte Flexibilität und Kreativität unabdingbar. Daher wurden zwar kritische Stimmen zu Gehör gebracht, doch Folgerungen hatten die Leserinnen und Leser selbst zu ziehen.

2. Die Haltung des Lutherrats zum ‚Entjudungsinstitut'

Nach der Spaltung der Bekennenden Kirche im März 1936 schlossen sich die drei ‚intakten' – lutherischen – Landeskirchen von Bayern, Hannover und Württemberg und Bruderräte deutschchristlich dominierter lutherischer Kirchen zum „Rat der Evangelisch-Lutherischen Kirche Deutschlands" – kurz „Lutherrat"[22] – zusammen. Am 30. März 1939 ließ das Berliner Büro des Lutherrats den „angeschlossenen und befreundeten Stellen" die „Godesberger Erklärung" zukommen[23]. Fünf Wochen später, am 5. Mai, übersandte Landesbischof Hans Meiser den angeschlossenen Stellen „eine von Sekretariat erarbeitete und von der Vollsitzung gutgeheißene Erklärung" zu der im Gesetzblatt veröffentlichten Bekanntmachung von elf deutschchristlichen Landeskirchenleitern[24]. Im Blick auf die angekündigte Gründung eines Instituts wurde festgehalten, dass dieses letztlich erst nach seinen „wissenschaftlichen Arbeitsmethoden und Ergebnissen zu beurteilen" sei, doch stehe zu befürchten, dass es „nur negative und darum letztlich unfruchtbare Arbeit" tun werde[25]. Wichtiger sei, eine Stelle zu schaffen, „die in ernst positiver wissenschaftlicher Arbeit herauszuarbeiten sucht, was das Christentum von den ersten Zeiten an bis heute der Seele unseres deutschen Volkes gegeben hat."

Eine Reaktion auf den Vorstoß der deutschchristlichen Kirchenleiter war auch ein Beschluss des Lutherischen Paktes vom 24. Mai 1939: Die Anwesenden – Landesbischof Marahrens, Oberkirchenrat Hans Greifenstein für die bayerische und Dekan Friedrich Keppler für die württembergische Landeskirche – stellten hinsichtlich „der sog. Judaismen [...] einmütig" fest, „dass man die Lösung dieser Frage nicht den Deutschen Christen überlassen

22 Vgl. Boberach / Nicolaisen / Pabst, Handbuch, Bd.1, 133 und 140–144.

23 Vgl. Schreiben Lutherrat an die den Rat angeschlossenen Stellen vom 30. 3. 1939 (LKA Hannover D 15 III Nr. 4).

24 Schreiben Lutherrat an die den Rat angeschlossenen Stellen vom 5. 5. 1939 (Ebd.; zur Bekanntmachung vgl. Kirchliches Jahrbuch, 285–287. Ergänzt sei, dass die „Godesberger Erklärung" auch eine einhellige Zurückweisung durch die Konferenz der Landesbruderräte, also die Stimme der ‚radikalen' BK, fand: Hermle / Thierfelder, Herausgefordert, 472–477.

25 Erklärung, in: LKA Hannover D 15 III Nr. 4.

dürfe“[26]. Es sei anzustreben, dass „eine positive Lösung der hier unfraglich vorhandenen Schwierigkeiten vom Standpunkt des Luthertums aus“ gefunden werden müsse, zumal „das Luthertum hier einen anderen Standpunkt vertreten kann als die reformierte Kirche.“

Das Erscheinen des ‚Volkstestaments‘ Anfang 1940 war Anlass für eine vom Lutherrat unter den angeschlossenen Landeskirchen und Bruderräten am 10. Juli 1940 durchgeführte Umfrage: Erhoben wurde, ob der gottesdienstliche Gebrauch des Volkstestaments „verordnet oder empfohlen“ wurde, ob „nichtamtliche Stellen“ dessen Einführung beförderten und wie weit es „tatsächlich bei kirchlichen Anlässen“ genutzt werde. Als vierte Frage war formuliert: „Welche offizielle Stellung nimmt die dortige Kirchenbehörde zu dem ‚Institut zur Erforschung des jüdischen Einflusses auf das deutsche kirchliche Leben‘ ein?“[27] Da keine Zusammenstellung der eingegangenen Antworten aufzufinden war, sollen die aufgefundenen drei Äußerungen im Rahmen der Ausführungen zu den einzelnen Landeskirchen vorgestellt werden.

Das ‚Volkstestament‘ beschäftigte den Lutherrat auch im Zusammenhang einer Anfrage des Braunschweiger Propstes Carl von Schwartz. In seiner Antwort wies Keppler am 9. November 1940 darauf hin, dass das „Thema ‚Volkstestament‘ […] ein heißes Eisen“ sei, zumal laut einer Geheimverfügung der Reichspressekammer „darüber in der Presse nicht geschrieben werden sollte“[28]. Für die Bewältigung der Anfrage sei „nur ein Wissenschaftler“ qualifiziert; das Büro des Lutherrates sei hierzu nicht in der Lage. Keppler verwies auf zwei bislang bereits erschienene kritische Auseinandersetzungen mit dem ‚Volkstestament‘: Sowohl der Dresdner Pfarrer Karl Fischer[29] als auch der Marburger Professor für Neues Testament Hans von Soden[30] hätten sich „ganz

26 Niederschrift über die Sitzung des Lutherischen Paktes am 24. 5. 1939 (LKA Stuttgart D1, 189); vgl. hierzu auch Lindemann, Stellung, 277.

27 Schreiben des Rates an die Landeskirchen vom 10. 7. 1940, u. a. (LKA Stuttgart A 126, 658 oder LKA Karlsruhe GA 4943).

28 Schreiben Keppler, Lutherrat, an Propst von Schwartz vom 9. 11. 1940 (LKA Hannover D 15 III Nr. 9).

29 Vgl. Fischer, Volkstestament. Das Fazit Fischers lautete: „Mögen die biblischen Bücher entstanden sein, wie sie wollen – wir lassen die Gelehrten gern ihre Arbeit tun –, für uns sind sie, so wie sie sind, das Werk des heiligen Geistes, der damit die Kirche Christi baut und erhält […]. Das Volkstestament ist eine neue Station auf dem großen Rückzug der Deutschen Christen aus der Welt der christlichen Gemeinde.“ (ebd., 16). Ich danke Herrn Arnhold, der mir freundlicherweise diesen Text zugänglich gemacht hat!

30 Vgl. Soden, Frage. Zwei Sätze aus den Schlussabschnitten dieser gründlichen Analyse des Volkstestaments mögen den Duktus der Ausführungen von Sodens deutlich machen. Er schrieb: „Wir müssen zur Bibel unserer Kirche und so auch zu dem Neuen Testament unserer Kirche Stellung nehmen; aber wir können keine neue Bibel schaffen; denn die Geschichte, die sie uns gab, ist geschehen. […] Die Herausgeber des VT [Volkstestaments] betonen noch besonders, daß sie in einer deutschen Verantwortung ihr Werk tun. Sollte diese eine andere sein können als die, daß das deutsche Volk kein anderes und ärmeres Neues Testament hat als die christliche Welt?“ (ebd., 51; vgl. zum Gutachten von Sodens auch Lippmann, Theologie, 333 f.) – Auch für die Überlassung dieses Textes danke ich Herrn Arnhold!

gründlich mit dem Volkstestament beschäftigt." Soden habe „die Überlegenheit des Kenners der verschiedenen neutestamentlichen Texte und kann mit einem Satz alle Konstruktionen dieser neuen Forscher [...] entkräften."

Zuletzt ist noch eine Äußerung aus dem Lutherrat zum von den nationalkirchlichen Deutschen Christen herausgegebenen Gesangbuch „Großer Gott, wir loben dich" zu betrachten[31]. Am 26. September 1941 wurde auf Wunsch des Lutherrates allen angeschlossen Stellen ein Referat zu diesem Gesangbuch übersandt. Nach einem Aufriss der Gliederung und statistischen Angaben zu Liedverfassern – mit einem besonderen Blick auf die „Gegenwartsdichter" – wird ausführlich die „inhaltliche Ausrichtung" vorgestellt[32]. Gleich eingangs wird deutlich gemacht, „daß das DC-Gesangbuch [...] sehr starke Veränderungen gegenüber den sonstigen kirchlichen Gesangbüchern" aufweise. So seien „alle Anklänge an die Sprache Kanaans ausgemerzt: Gott Jakobs, Zion, Israel, Hallelujah", zudem „biblische Anschauungsbilder" beseitigt: aus „Psalter und Harfe wacht auf" werde „Lieder der Freude klingt auf". Sodann seien Kernlieder gestrichen worden oder würden „heillos verstümmelt" und „ganze, für eine christliche Gemeinde unentbehrliche Abschnitte [seien] völlig weggefallen oder hoffnungslos zusammengeschrumpft" wie z. B. die Passions-, Abendmahls- oder Jesuslieder. Die Hintergründe dieser Eingriffe seien „dogmatischer Art". Es sei offenkundig, dass dieses Gesangbuch kein „Buch der christlichen Kirche" sein wolle, sondern „das religiöse Gedankengut der nationalkirchlichen DC" widerspiegele; letzteres zeige sich insbesondere durch die „Einfügung moderner Lieder", die jedoch „weitgehend des Verkündigungscharakters" entbehrten. Resümierend wurde festgehalten, dass im DC-Gesangbuch zum einen „alles beseitigt" sei, „was die Distanz zwischen Mensch und Gott und den daraus fließenden Glaubensinhalt (Sünde, Buße, Gnade, Kreuz) deutlich" mache und zum anderen, dass „die Distanz zwischen Gott und Mensch geleugnet oder verringert" werde. Diesem „Steckenbleiben im Subjektiv-Stimmungsmäßigen" korrespondiere „die starke Betonung des Volkslieds [...] und die Hervorkehrung der politischen und naturbetrachtenden Tendenz". Diese „Kennzeichen einer typischen Verweltlichung" zeigten sich auch im Gebetsteil, in dem „selbst bei den Lutherworten peinlich der Name Jesu vermieden" werde. Es werde „an Christus vorbeigebetet", so dass sich die gebotenen Texte als „die typischen Gebete des Gottgläubigen" erwiesen.

Die sicher nicht vollständig erhebbare Auseinandersetzung des organisierten Luthertums mit dem ‚Entjudungsinstitut‘ und dessen aufsehenerregendsten Publikationen zeigt, dass einerseits im Blick auf die generelle Aufgabenstellung des Instituts allenfalls eine vorsichtige Distanzierung erfolgte, während anderseits dessen konkrete Arbeitsergebnisse eine klare Zurück-

31 Vgl. zu diesem Gesangbuch: Arnhold, Entjudung, 682–703.

32 Anschreiben des Rates an die angeschlossenen Stellen vom 26. 9. 1941 mit Anlage „Das DC-Gesangbuch ‚Großer Gott, wir loben dich‘" (LKA Hannover D 15 III Nr. 4).

weisung erfuhren. Fast erwartungsgemäß wurde die Arbeit eines solchen Instituts nicht grundsätzlich hinterfragt, vielmehr wollte man Ergebnisse auf ihre Wissenschaftlichkeit hin überprüfen – wobei eine gewisse Skepsis gegenüber der avisierten Aufgabe jedoch deutlich wird, wenn der Befürchtung Ausdruck verliehen wurde, das Institut werde „nur negative und darum letztlich unfruchtbare Arbeit“ tun. In der Tat wurden dann auch die beiden Spitzenprodukte des Instituts unmissverständlich zurückgewiesen: Das Volkstestament wurde durch den Verweis auf zwei kritische Ausarbeitungen als inakzeptabel gekennzeichnet und auch das Gesangbuch als nicht für die Gemeinde geeignet charakterisiert. Die Äußerungen aus dem lutherischen Lager zeigen sich dem allenthalben präsenten Antijudaismus insoweit verhaftet, als dass hinsichtlich sogenannter Judaismen durchaus Handlungsbedarf anerkannt wurde. Betont wurde daher die Notwendigkeit, selbst aktiv zu werden und „die Lösung dieser Frage nicht den Deutschen Christen“ zu überlassen. Das Ziel müsse sein, eine „positive Lösung“ der „vorhandenen Schwierigkeiten“ zu finden – was dies konkret bedeutet, wird nicht ausgeführt.

3. Landeskirchen und ‚Entjudungsinstitut‘

3.1 Die Evangelisch-Lutherische Kirche in Bayern

Die bayerische Landeskirche wurde erstmals mit dem Eisenacher Institut konfrontiert, als dieses am 19. Dezember 1939 anlässlich einer geplanten Versendung von Verbandsmitteilungen darum bat, diese im „Interesse einer durch die Kriegswirtschaft erforderlichen Einsparung an Papier, Porto, Frankier- und Verpackungsarbeit“ durch die Dienstpost verteilen zu können[33]. Meiser gab am 2. Januar zur Antwort, „daß wir nicht in der Lage sind“, der Bitte zu entsprechen; die Geistlichen der Landeskirche würden die erarbeiteten „wissenschaftlichen Ergebnisse [...] auf dem gewöhnlichen literarischen Weg ebenso bekannt werden, wie die Arbeiten auf anderen Gebieten der Theologie und der Geisteswissenschaften.“[34]

Auf die erwähnte Umfrage des Lutherrats vom Juli 1940 antwortete der Landeskirchenrat [LKR] im Blick auf das ‚Volkstestament‘ durchgängig negativ, hinsichtlich der „offizielle[n] Stellung“[35] zum Institut hieß es:

> „Der LKR hat zu dem genannten Institut keinerlei Beziehungen. Da seine Gründung in Verbindung mit der Godesberger Erklärung steht, kommt eine Förderung

33 Schreiben des Instituts an Landesbischof Meiser vom 19. 12. 1939 (LAELKB Nürnberg 0.2.0003–6615).

34 Schreiben Meiser an Institut vom 2. 1. 1940 (Ebd.).

35 Vgl. oben 3.

nicht in Frage. Wir sahen uns daher nicht in der Lage, dem Wunsch des Instituts nach Vermittlung seiner Verbandsmitteilungen an unsere Pfarrer stattzugeben."[36]

Dieser Linie einer generellen Ablehnung des Instituts blieb die Landeskirche treu: Als dieses am 21. Dezember darum bat, im Amtsblatt einen Hinweis auf die zweite Arbeitstagung aufzunehmen, beschloss der LKR dies abzulehnen, „da das Institut auf einer ausgesprochen bekenntniswidrigen Grundlage steht."[37] Auch anlässlich der in Nürnberg vom 9. bis 11. Juni 1942 durchgeführten 3. Hauptarbeitstagung beließ es die Landeskirche bei einer stillen Beobachtung des Treffens[38]: Das Dekanat Nürnberg berichtetet dem Landeskirchenrat am 11. Juni, die „Nachmittagsversammlung mit Vortrag von Grundmann" sei „vielleicht von 150 Leuten besucht" gewesen; zur „Festfeier" am Abend mit einem Vortrag des Dichters Wilhelm Kotzde-Kottenrodt „im großen Saal des ‚Deutschen Hofes' [... kamen] 97 Gäste aus Nürnberg und Umgebung"[39].

Angefügt sei noch, dass der Vizepräsident des Münchner Landeskirchenamtes Hans Meinzolt in seiner Eigenschaft als Mitglied der Finanzabteilung bei der Deutschen Evangelischen Kirchenkanzlei eine Anfrage vom 27. Juni 1942 auf einen laufenden Zuschuss für das Institut negativ beschied[40]. Der als Major und Bataillons-Kommandeur im Feld stehende Meinzolt erklärte, seine Erfahrungen an der Front und der „Gedankenaustausch über kirchliche Fragen mit vielen Volksgenossen" hätten ihn zu der Überzeugung geführt, dass unserer „evangelischen Kirche heute [...] nicht so sehr wissenschaftliche Forschung als seelsorgerliche Haltung not" tue[41]. Da die Kirche ihre Kräfte „auf seelsorgerliche Arbeit ausrichten sollte", lehne er einen Zuschuss für das Institut ab.

Es ist deutlich: Die bayerische Landeskirche lehnte das Eisenacher Institut und jede Kooperation mit diesem strikt ab. Begründet wurde diese Haltung

36 Entwurf eines Antwortschreibens an den Lutherrat, Berlin, vom 18. 7. 1940 (LAELKB Nürnberg 0.2.0003–6615).

37 Protokollauszug der a. o. Vollsitzung vom 7. 1. 1941 (Ebd.).

38 Das Programm findet sich in: LAELKB Nürnberg Nachlass Auer, Wilhelm 1942. Interessanterweise waren neben Vorträgen von Walter Grundmann zu „Die religiöse und geistige Art des Judentums" oder von Georg Bertram zu „Paulus – Judensendling und Christusapostel" auch Beiträge zweier schwedischer Wissenschaftler angekündigt; Hugo Odeberg aus Lund wollte über „Die religiös-sittliche Eigenart der Kabbala" und Åke Ohlmars aus Malmö über „Die Quellen der Völuspa in literarischer und religionsgeschichtlicher Sicht" vortragen.

39 Schreiben Dekanat an Landeskirchenrat vom 11. 6. 1942 (LAELKB Nürnberg 0.2.0003–336).

40 Vgl. Schreiben Finanzabteilung an die „Herren Mitglieder der Finanzabteilung" vom 27. 6. 1942 (EZA Berlin 1/02834). Positiv hatten sich beispielsweise die Vertreter von Sachsen (vgl. Schreiben des Leiters der Finanzabteilung bei dem Ev.-luth. Landeskirchenamt Sachsen an den Vorsitzenden der Finanzabteilung der DEK, Fürle, vom 30. 6. 1942 [Ebd.]) und Hessen-Nassau (vgl. Schreiben des Präsidenten des Landeskirchenamts Ev. Landeskirche Nassau-Hessen an die Finanzabteilung bei der DEK vom 6. 7. 1942 [Ebd.]) geäußert, negativ der Stuttgarter Oberkirchenrat Hermann Müller (vgl. unten 3.3).

41 Schreiben Meinzolt an den Vorsitzenden der Finanzabteilung der DEK vom 19. 7. 1942 (EZA Berlin 1/02834).

mit der Entstehungsgeschichte des Instituts als einem ‚Kind' der nationalkirchlichen Godesberger Erklärung sowie damit, dass dieses „auf einer ausgesprochen bekenntniswidrigen Grundlage" stehe.

3.2 Die Evangelische Landeskirche in Württemberg

Wie die bayerische Landeskirche wurde auch die württembergische durch eine Anfrage des Eisenacher Instituts vom 19. Dezember 1939 an Landesbischof Theophil Wurm erstmals zu einer Positionierung im Blick auf die Arbeit dieser Einrichtung veranlasst. Auch an sie wurde die Bitte gerichtet, eine für Anfang 1940 geplante Versendung der Verbandsmitteilungen über die Dienstpost abwickeln zu können[42]. Im Entwurf eines von Wurm verfassten Antwortschreibens war ausgeführt, dass es der Landeskirche unmöglich sei „Ihr Unternehmen direkt oder indirekt zu unterstützen", da das Institut in der Godesberger Erklärung angekündigt sei, „die sich ausdrücklich gegen eine auf dem Boden des reformatorischen Bekenntnisses gerichtete Neuordnung der DEK richtete"[43]. Dem Institut wollte Wurm zudem empfehlen, die Zusammenhänge zu untersuchen, die „zwischen Spinoza und der in den deutschchristlichen Kreisen verwerteten liberalen Theologie" bestünden. Auch sollte der „von den Profeten bekämpften partikularistischen Gottesvorstellung der Israeliten und der nationalistischen Verengung des Gottesgedankens in der deutschgläubigen und deutschchristlichen Literatur" sowie „zwischen der jüdischen Gesetzlichkeit und dem seichten Moralismus gewisser deutschchristlicher Autoren" nachgegangen werden. Oberkirchenrat Wilhelm Pressel legte am 27. Dezember für den Anfang des Textes eine Erweiterung vor: Er wollte darauf hingewiesen sehen, dass die württembergische Landeskirche „von jüdischem Einfluss auf religiös-kirchlichem Gebiet frei gehalten" wurde und „sich gegen gewisse, das gesamte deutsche Geistesleben bedrohende philosophisch-religiöse, jüdische Strömungen [...] im Gehorsam gegen das die Kirche verpflichtende Wort Gottes" behauptet habe; unter rund 1.300 Pfarrern der Landeskirche befänden sich 1933 „keine nichtarische[n] Geistliche[n]"[44]. Die Landeskirche werde getreu „ihrer bisherigen Haltung [...] auch fernerhin allen Judaismus auf religiösem und geistigem Gebiet bekämpfen." Am 15. Januar 1940 wurde das Schreiben in der erweiterten Fassung, jedoch auf Einwendung des Direktors des Oberkirchenrats Hermann Müller ohne die im Entwurf von Wurm enthaltenen Empfehlungen für weitere Forschungsbereiche, an das Institut übersandt[45].

---

42 Vgl. Schreiben des Instituts an Landesbischof Wurm vom 19. 12. 1939 (LKA Stuttgart D1, 189).

43 Entwurf Antwortschreiben – Eingang Sekretariat 10. 1. 1940 – (Ebd.).

44 Pressel, Entwurf vom 27. 12. 1939 (Ebd.).

45 Vgl. Abschrift des Schreibens von Landesbischof Wurm an das Eisenacher Institut vom

Die württembergische Landeskirche hatte damit Ihre Position abgestimmt: Man war nicht bereit mit dem Institut zusammenzuarbeiten; es wurde als eine nationalkirchliche Einrichtung gesehen, die gegen das Bekenntnis der Landeskirche agierte. Der von Pressel unterbreitete Vorschlag, dem Wurm zu folgen bereit war, zeigt freilich nachdrücklich den Antijudaismus, der in der Landeskirche vorherrschte. Die führenden Funktionsträger der Landeskirche zeigten sich stolz, einem nicht weiter inhaltlich definierten Judaismus die Stirn geboten zu haben: Zu verdanken sei dies der „Tradition von den Vätern her" und „der gewissenhaften, dem Evangelium dienenden [...] Arbeit" der Tübinger theologischen Fakultät.

Ganz in diesem Sinne beantwortete der Oberkirchenrat am 15. Juli 1940 die oben erwähnte Umfrage des Lutherrats zum Volkstestament und dem Eisenacher Institut[46]. Die Fragen zum Volkstestament wurden negativ beschieden, im Blick auf die Stellungnahme der Landeskirche wurde eine Abschrift des Briefes an das Institut beigelegt.[47]

Als seitens des Instituts im Dezember 1940 die Ankündigung der 2. Tagung zum Anlass genommen wurde, um nicht nur um Werbung für diese zu bitten, sondern auch um einen Beitrag für die Vortragstätigkeit und Reisebeihilfen für die Teilnehmenden wandte sich Wurm am 21. Dezember an Marahrens als den Vorsitzenden der Kirchenführerkonferenz. Wurm verwahrte sich gegen ein ihm vom Institut zugeleitetes Schreiben von Kirchenminister Kerrl, der „die finanzielle Unterstützung des Institutum judaicum durch landeskirchliche Mittel" befürwortet hatte[48]. Dies sei erstaunlich, werde den Landeskirchen doch bislang die Unterstützung der kirchlichen Jugendarbeit oder des Lutherrats untersagt. Marahrens möge den Minister auf diesen, von evangelischen Volkskreisen als „skandalöse[n] Zustand" angesehen Sachverhalt ansprechen. Ganz in diesem Sinne bekräftigte Oberkirchenrat Müller gegenüber der Finanzabteilung bei der Deutschen Evangelischen Kirchenkanzlei im Juli 1942[49], dass er sich nicht in der Lage sehe, dem Institut einen Beitrag zu gewähren. Zwar könne er „die Bestrebungen zur Erforschung und Bekämpfung des jüdischen Einflusses auf das deutsche kirchliche Leben [...] nur begrüssen", doch da das Institut von einer „kirchenpolitischen Gruppe gegründet" worden sei, bestünden Bedenken, wenn die Kirchenkanzlei dieses Unternehmen unterstützen würde[50].

---

15. 1. 1940 (EAELKB Nürnberg 0.2.0003-6615); das Schreiben ging in Abschriften auch an den badischen Landesbischof Kühlewein sowie an das Sekretariat des Lutherrats in Berlin.

46 Vgl. oben 3.

47 Vgl. handschriftliche Notiz, B[üro], 15. 7. 40, An das Sekretariat des luth. Rats, Berlin (LKA Stuttgart D1, 189).

48 Wurm an Marahrens von 21. 12. 1940 (LKA Karlsruhe GA 4943); Entwurf in: LKA Stuttgart A 126, 658.

49 Vgl. hierzu unten 4.

50 Schreiben an die Finanzabteilung der DEKK vom 3. 7. 1942 – Abschrift an Vizepräsident Meinzoldt, München – (LKA Stuttgart A 126, 648).

Für Württemberg stand demnach nicht die inhaltliche Kritik an der Arbeit der Eisenacher im Fokus, da man deren Zielsetzung prinzipiell teilte. Man war jedoch der Ansicht, dass dessen Arbeit für Württemberg keine Relevanz habe, weil sich die Landeskirche von jüdischem Einfluss ferngehalten habe. Zudem wurde das Institut als kirchenpolitische Einrichtung angesehen. Da die Anliegen der nationalkirchlichen Bewegung, die man einer das Bekenntnis hintanstellende liberalen Theologie und einer ausgeprägten „Verengung des Gottesgedankens“ bezichtigte, zurückgewiesen wurden, stellte man sich auch gegen das Institut.

3.3 Die Evangelisch-lutherische Landeskirche Hannovers

Eine erste Resonanz auf die Gründung des Eisenacher Instituts findet sich im Bereich der hannoverschen Landeskirche im Wochenbrief des Landesbischofs vom 12. April 1939. August Marahrens richtete seit 1934 wöchentlich einen Brief an die Amtsbrüder, in dem er nicht nur eine Meditation des jeweiligen Sonntagsevangeliums bot, sondern auch Informationen zur kirchlichen Entwicklung und Kommentare zur aktuellen Lage[51]. Die Institutsgründung könne „ihren Wert haben“, doch müsse „deutlicher gesagt werden [...], was mit ‚jüdischem Einfluss auf das kirchliche Leben des deutschen Volkes‘ gemeint“ sei[52]. Neben anderen Fragen müsse auch geklärt werden, „ob an eine ‚Säuberung‘ des Gesangbuches“ oder „an die Geltung des Alten Testament gedacht“ sei – wobei Marahrens darauf verwies, dass jüdischer „Einfluß und Geltung des Alten Testaments [...] doch wohl verschiedene Dinge“ seien[53]. Im Wochenbrief vom 28. Juni nahm Marahrens das Thema nochmals auf, ohne jedoch das Institut ausdrücklich zu nennen. Er führte aus, dass wenn „die Bekämpfung des geistlichen Einflusses der jüdischen Rasse auf unser Volksleben gefordert“ werde, dann werde „verschiedentlich darunter auch der Kampf gegen wesentliche Stücke der Bibel verstanden“[54]. Die Kirche könne niemals zugeben, dass bei „aller klaren Unterscheidung zwischen Altem und Neuem Testament [...] die Bibel bei rechtem Gebrauch einen Einfluß jüdischen Geistes auf unser Volk“ bedeute. Würde man dies zugestehen, dann wären „viele der größten Männer der deutschen Geschichte, die bewußt in der Bibel lebten, geistig verjudet gewesen“.

Marahrens stand dem Institut „also bedingt skeptisch gegenüber“ – wie Gerhard Lindemann formulierte[55] – und kritisierte insbesondere die Haltung der Nationalkirchlicher im Blick auf die Heilige Schrift und das Gesangbuch,

51 Vgl. Kück, Lage; vgl. zu Funktion und Inhalt der Briefe insbesondere ebd., Bd.1, 55–60.

52 Ebd., Bd. 2, 1129; vgl. hierzu auch Lindemann, Stellung, 275.

53 Kück, Lage, Bd. 2, 1129 f.

54 Ebd., 1169.

55 Lindemann, Stellung, 275.

offenbarte in seiner Argumentation jedoch unverkennbar antijudaistische, ja antisemitische Überzeugungen.

Konfrontiert mit dem Institut wurde der Landeskirchenrat durch den Vorsitzenden des hannoverschen Finanzabteilung Georg Cölle[56]. Er äußerte den Wunsch, dass sich die hannoversche Landeskirche an dessen Finanzierung beteiligen solle; doch offensichtlich gab das Landeskirchenamt hierzu keine Zustimmung[57]. Einer Anfrage des Instituts, ob seine Vortragstätigkeit finanziell unterstützt werden könne, wich das Kollegium am 5. Dezember 1940 aus und bat die Kirchenregierung um Auskunft darüber, „welche positiven Gegenvorschläge etwa zu machen sind."[58] Der zuständige Landeskirchenrat Friedrich Barthels berichtete daraufhin dem Gesamt-Kolleg des Landeskirchenamtes am 9. Januar, dass man bei der Deutschen Evangelischen Kirche „die Bildung eines Arbeitskreises zur Erforschung der Beziehungen zwischen Christentum und Deutschtum dringend" anregen wolle, der dann „auch die Teilfrage des jüdischen Einflusses auf das deutsche kirchliche Leben zu untersuchen" habe[59]. Der Landesbischof wolle die Angelegenheit auch beim Geistlichen Vertrauensrat vortragen[60]. Zugleich wurde beschlossen, auf landeskirchlicher Ebene „einen Arbeitskreis [...] zur Frage der Zionismen zu bilden". Als Mitglieder wurden die Pastoren Hugo Duensing aus Goslar, Paul Graff aus Hannover und Georg Hoffmann aus Dransfeld sowie Prof. Joachim Jeremias aus Göttingen bestellt; da Jeremias jedoch wegen seiner Einberufung nicht mitwirken konnte, wurde Prof. Hermann Dörries in der folgenden Sitzung gebeten, dessen Platz einzunehmen[61]. Am 6. Februar 1941 beschloss das Kollegium schließlich, die Anfrage vom 5. Dezember negativ zu bescheiden, da „das Institut als kirchenpolitische Gründung anzusehen" sei und „nach seinen Veröffentlichungen [nicht] für eine kirchlich objektive Stelle [...] gehalten werden" könne[62].

Der im Januar 1941 eingesetzte Ausschuss wurde erst im Juni 1942 zu einer ersten Sitzung einberufen, wobei Oberlandeskirchenrat Christhard Mahren-

56 Vgl. zur Finanzabteilung und deren Leiter Cölle: Marahrens, Staatskirchenhoheit, bes. 183–294.

57 Vgl. ebd., 276.

58 Niederschrift über die in der Kollegsitzung am 5. 12. 1940 gefassten Beschlüsse (LKA Hannover B1 A Nr. 1921 – hier: Punkt 3).

59 Niederschrift über die in der Sitzung des Gesamt-Kollegs am 9. 1. 1941 gefassten Beschlüsse (LKA Hannover B1 A Nr. 1921 – hier: Punkt 6).

60 Der Geistliche Vertrauensrat [GVR] beschäftigte sich lediglich in seiner Sitzung am 6. 2. 1940 mit dem Institut. Landesbischof Walther Schultz hatte die Frage einer finanziellen Unterstützung eingebracht, da diese gegenwärtig allein „eine altpreußische Frage" sei. Man verständigte sich darauf, „in der „nächsten Sitzung zu dem ganzen Fragenkomplex Stellung [zu] nehmen". Dies freilich unterblieb; ein entsprechender Tagesordnungspunkt findet sich beim GVR ebenso wenig wie eine Diskussion, die den Impuls aus Hannover aufgegriffen hätte. Vgl. LKA Hannover S1 EII 129 A; sowie Lindemann, Stellung, 276.

61 Niederschrift über die in der Sitzung des Gesamtkollegs am 6. 2. 1941 gefassten Beschlüsse (LKA Hannover B1 A Nr. 1921 – hier: Punkt 16).

62 Ebd. – hier: Punkt 15.

holz bekanntgab, dass sich der Auftrag des „Ausschuß[es] betr. Zionismen im liturgischen Gebrauch“[63] „nicht nur auf Gesangbuch, Agende und Katechismus erstrecken, sondern allgemein die Frage grundsätzlich untersuchen und für das gesamte kirchliche Leben zum Austrag bringen“ solle[64]. Ergebnisse waren nicht erhebbar.

Als entschiedener Gegenpart zum Landeskirchenamt positioniert sich der Leiter der Finanzabteilung Cölle. Unter Verweis auf eine entsprechende Anordnung des Reichskirchenministers gab er unter am 6. Februar 1941 bekannt, dass Geistlichen die Teilnahme an Tagungen des Eisenacher Instituts – speziell genannt wurde die in Eisenach vom 3. bis 5. März durchgeführte Veranstaltung – als Dienstreisen abrechnen können[65]. Im Juni 1942 beschwerte er sich beim Reichskirchenminister darüber, dass er weiterhin dem Institut keine Unterstützung gewähren könne, da sich Landeskirchenamt und Kirchenregierung weigerten, dieses mitzufinanzieren, obwohl er im Haushaltsplan entsprechende Mittel eingestellt habe[66]. Diese Haltung belege, dass die Landeskirche „offenbar Sinn und Zweck“ des Instituts nicht verstanden habe, dass sie „auf dem Boden der Bekenntnisfront“ stehe und nicht willig sei, „die Judenfrage im Sinne des nationalsozialistischen völkischen Staates zu klären oder gar zu regeln.“[67]

Ende Juli 1942 besuchte der Mitarbeiter des Reichskirchenministerium Werner Haugg Hannover. Während Landeskirchenamt und Kirchenregierung weiterhin „weitgehende Bedenken gegen die Arbeit des Instituts“ geltend machten, sekundierte Haugg Cölle und machte deutlich, dass die Arbeit des Instituts „wünschenswert und als im wohlverstandenen Interesse der Kirche liegend“ einzuschätzen sei[68]. Trotz der unterschiedlichen Bewertungen kam man überein, dass aus dem im Haushaltsplan eingestellten „Posten für wissenschaftliche Zwecke“ Mittel „für einzelne wissenschaftliche Arbeiten des Instituts, die geeignet erscheinen, z. B. solche wie die Untersuchung über Begräbnisriten, gezahlt werden können.“ Aus diesem Fonds, der erhöht werden sollte, könnte auch „eine eigene landeskirchliche Entjudungsarbeit nach genauer näherer Nachprüfung unterstützt werden.“ Um abzuklären, welche Projekte – und gegebenenfalls in welcher Höhe, Cölle hatte 2.000 bis 3.000 RM vorgeschlagen – finanziert werden könnten, erbat Marahrens am 22. August 1942 von dem Mitglied des hannoverschen Ausschusses Duensing ein Gut-

63 Diese Konkretisierung der Arbeit des Ausschusses war dem Protokoll vom Januar 1941 nicht zu entnehmen.

64 Niederschrift über die in der Sitzung des Gesamtkollegs am 4. 6. 1942 gefassten Beschlüsse (LKA Hannover B1 A Nr. 1921 – hier: Punkt 9); vgl. auch Lindemann, Stellung, 277 f.

65 Vgl. Abschrift aus Amtsblatt (LKA Karlsruhe GA 7231).

66 Vgl. Lindemann, Stellung, 279.

67 Zit. in: Ebd., 278 f.

68 Zit. in: Ebd., 279.

achten[69]. Am 5. Januar 1943 wurde dieses persönlich an Marahrens übersandt. Duensing stellte gleich eingangs seines etwas über zweiseitigen Textes heraus, dass dieses Institut „nicht eine objektive, sondern eine zweckgebundene Wissenschaft" betreibe[70]. Diese „Tendenz-Wissenschaft" führe nicht allein zu einer Eliminierung des Alten Testaments – es sei „ein Buch aus der Geisteswelt des alten Orients" und daher nicht ein „Religionsbuch des deutschen Volkes" –, sondern auch zu Eingriffen in das Neue Testament. Die „Umdeutung des Stoffes [geschehe dabei] von Gesichtspunkten her, die nicht in der Sache liegen, sondern anderswoher kommen." So sei zu lesen, dass auf „keinen Fall [...] irgend einem deutschen Kind Jesus als Jude gezeichnet werden" dürfe. Duensing folgerte, dass eine Unterstützung dieser Arbeit bedeute, „sich unbesehens aller solcher Willkürlichkeiten mitschuldig [zu] machen." Da zudem die Mitarbeiter des Instituts „zu Bedenken Anlaß" gäben, dürfte es „zu bedenklichen Mißverständnissen führen, wenn eine Kirchenregierung die Arbeit von Leuten" fördere, die „im Widerspruch zum Gottesworte selbst" feststellten: „Die Bibel begründet nicht den Glauben." Allerdings verwies Duensing darauf, dass es „hin und wieder auch einmal förderliche Dinge" gebe, so wenn „der Gegensatz Jesu zum Judentum scharf herausgestellt" und betont werde, dass im Blick auf Jesus „jeder Analogieschluß" versage. Damit werde eine wichtige Position „gegenüber denen [... eingenommen], die zu allem jüdische Parallelen meinen anführen zu können". Denkbar sei, „daß von Fall zu Fall Mittel bewilligt werden, unter der Bedingung, daß Themata und Bearbeiter genannt werden". Ansonsten gelte es sich davor zu hüten „den Schein einer deutsch-christlichen Begünstigung" zu erwecken.

Marahrens bestätigte den Eingang des Gutachtens am 8. Januar und fügte hinzu: „Wir werden daraufhin, wie ich hoffe, ablehnen"[71].

Die hannoversche Landeskirche und insbesondere auch der Landesbischof waren nicht bereit, die von der Finanzabteilung geforderte finanzielle Unterstützung für das Institut zu leisten. Diese ablehnende Haltung hing aber vor allem an der kirchenpolitischen Prägung des Instituts und dessen tendenzwissenschaftlicher Arbeit wie es Duensing ausdrückte, die inhaltliche Zielsetzung vermochte man teilweise durchaus zu akzeptieren und wollte daher einen eigenen Ausschuss installieren, der den jüdischen Einflüssen auf das Christentum nachspüren sollte. Insbesondere im letzten Teil des Gutachtens wird die antijudaistische Prägung Duensings greifbar, die ihn trotz der klar aufgezeigten Problematik der Arbeit des Instituts doch zu einer partiell positiven Würdigung einzelner Aktivitäten führen konnte; eine Einstellung, die der des Landeskirchenrats durchaus entsprach.

69 Vgl. EBD., 279 f. sowie Schreiben von Karl Heinrich Rengstorf an das Evangelisch-lutherische Landeskirchenamt, Hannover, vom 7. 4. 1962 (LKA HANNOVER S1, H II 523).

70 Abschrift „Gutachten" vom 5. 1. 1943 (LKA HANNOVER S1, H II 523).

71 Nach: Schreiben von Karl Heinrich Rengstorf an das Evangelisch-lutherische Landeskirchenamt, Hannover, vom 7. 4. 1962 (LKA HANNOVER S1, H II 523).

3.4 Die Evangelische Landeskirche in Baden

Eine besonders brisante Lage ergab sich in der badischen Landeskirche. Diese hatte am 1. Juni 1933 das Führerprinzip eingeführt und war im Juli 1934 „in einem rechtlich höchst zweifelhaften Verfahren in die Reichskirche überführt“ worden[72]. Doch nach massiven Protesten seitens bekenntnistreuer Kreise in der Landeskirche und dem Zerfall der reichskirchlichen Bemühungen vermochte die Landeskirche bereits im November wieder ihre Unabhängigkeit zu erlangen. Landesbischof und Oberkirchenrat suchten im Folgenden Anschluss an die Bekennende Kirche und schlossen sich nach deren Spaltung 1936 dem „gemäßigten“ lutherischen Flügel an; die unierte badische Landeskirche gehörte als Gast dem Lutherrat an. Nicht verhindern konnte die Landeskirche die Einsetzung einer Finanzabteilung, die ab 1938 massiv Einfluss auf den Weg der Kirche zu nehmen suchte[73]. Zunächst stand die Finanzabteilung unter der Leitung des den Deutschen Christen zugehörigen Mosbacher Oberbürgermeisters Theophil Lang, ab 1941 stand Oberkirchenrat Emil Doerr an deren Spitze. Zwischen Landesbischof und Oberkirchenrat einerseits und der Finanzabteilung anderseits entspann sich ein andauerndes Tauziehen über die Haltung zum Eisenacher Institut.

Als dessen Kassenwart noch vor der offiziellen Gründung am 3. März 1939 bei der Finanzabteilung der badischen Landeskirche einen Zuschuss von 6.000 RM erbat, ersuchte dieser zunächst das Institut um Übersendung von Satzung und Haushaltsplan sowie um Mitteilung über dessen Entstehung und Zweck[74]. Die nach Eingang der Antwortschreiben am 5. Mai an den Landesbischof gerichtete Anfrage, ob der erbetene Zuschuss gewährt werden könne, beschied Landesbischof Julius Kühlewein am 3. Juni kompromisslos negativ: Die Gründung dieser Einrichtung sei „von den der ‚Nationalkirchlichen Einung Deutsche Christen‘ angehörigen Kirchenleitungen“ ausgegangen[75]. Da die auf dem Boden des Artikels 1 der Verfassung der DEK[76] stehenden Landeskirchen nicht beteiligt wurden und selbst die Altpreußische Union [ApU] keinen Beitrag bewillige[77], sei es „eigenartig, daß gerade die badische Finanzabteilung diese einseitig kirchenpolitisch nationalkirchliche Sache zu unterstützen“ beabsichtige, während Mittel für die Volksmission oder den

72 Kissener, Landeskirche, 438–440.

73 Vgl. Frisch, Einsetzung, 67–81; sowie Marahrens, Staatskirchenhoheit, 405–518.

74 Vgl. Schreiben des Instituts, Kassenwart, an die Finanzabteilung vom 11. 3. 1939; Schreiben der Finanzabteilung an das Institut vom 18. 4. 1939 und Antwort des Instituts zu dessen Aufgaben vom 29. 4. sowie Schreiben des Instituts vom 5. 6. 1939 mit Satzung und Haushaltsplan; alle in: LKA Karlsruhe GA 7231.

75 Schreiben des Landesbischofs an die Finanzabteilung vom 3. 6. 1939 (LKA Karlsruhe GA 7231).

76 Vgl. Hermle / Thierfelder, Herausgefordert, 104.

77 Vgl. unten 4.

Lutherrat verweigert würden. Es sei offensichtlich, dass die Finanzabteilung nicht bereit sei, „kirchliche Neutralität zu wahren".

Der März 1940 brachte die zweite Runde der Auseinandersetzung. Der Kassenwart des Instituts wandte sich erneut an die Finanzabteilung und erbat einen namhaften Zuschuss: Bislang vorhandene Vorbehalte des Reichskirchenministers seien nunmehr beseitigt[78]. Die am 9. April daraufhin an den Oberkirchenrat gerichtete Anfrage der Finanzabteilung wurde umgehend knapp und lapidar mit Verweis auf das Schreiben des Landesbischofs vom 3. Juni abgelehnt[79].

Als assoziiertes Mitglied im Lutherrat ging auch die Umfrage vom Juli 1940[80] an Landesbischof Kühlewein. Im Blick auf das ‚Volkstestament' wurde angeführt, dass nationalkirchlich gesinnte Pfarrer dieses bei den von ihnen „gehaltenen sogenannten Trauungen" anstelle der Bibel dem Brautpaar überreichten; zur Haltung der Landeskirche zum Eisenacher Institut wurde auf die Schreiben des Landesbischofs vom Juni 1939 und April 1940 verwiesen[81].

Allerdings war der Leiter der Finanzabteilung gewillt, die Arbeit des Instituts wo immer möglich zu unterstützen. Nachdem gewissermaßen als Einzelentscheidung bereits im Februar die Fahrt eines Gefängnispfarrers zur Tagung nach Eisenach als abrechnungsfähig anerkannt worden war, ließ er – wie die Behörde in Hannover[82] – im April 1941 im Gesetzes- und Verordnungsblatt eine „Bekanntmachung" publizieren, der zufolge Reisen zu Tagungen des Instituts als Dienstreisen abrechenbar seien[83]. Auch als das Institut zu einer Arbeitstagung nach Heidelberg einlud unterstützte die Finanzabteilung diese mit 3.000 RM und erstattete mindestens 17 Teilnehmern die Reisekosten[84].

Im Vorfeld einer durch das Institut im November 1941 in Freiburg geplanten Tagung, wurde die Finanzabteilung ersucht, auf diese Veranstaltung im Verordnungsblatt hinweisen zu lassen. Doch eine entsprechende Anfrage der Finanzabteilung beim Landesbischof erbrachte eine klare Absage. Der

---

78 Vgl. Schreiben des Instituts an die Finanzabteilung vom 24. 3. 1940 (Ebd.).

79 Schreiben der Finanzabteilung an den Oberkirchenrat vom 9. 4. 1940 und Antwort des Landesbischofs vom 17. 4. 1940 (Ebd.).

80 Vgl. oben 202.

81 Schreiben vom 20. 7. 1940 an den Rat der evangelisch-lutherischen Kirche (LKA Karlsruhe GA 4943).

82 Vgl. oben 210.

83 Vgl. Schreiben Bund Evang. Pfarrer im 3. Reich an Finanzabteilung vom 5. 2. 1941, Antwortschreiben der Finanzabteilung vom 11. 1. und Schreiben der Finanzabteilung vom 4. 3. 1941 wegen Bekanntmachung im Verordnungsblatt, alle in: LKA Karlsruhe GA 7231. Vgl. Gesetzes- und Verordnungsblatt der Evang. Landeskirche in Baden Nr. 4 vom 27. 3. 1941.

84 Vgl. Einladung des Instituts zur Arbeitstagung nach Heidelberg vom 27. 3. 1941; Schreiben Finanzabteilung an das Institut über die Gewährung einer Beihilfe vom 7. 4. 1941 und Dankesschreiben des Instituts vom 9. 4. 1941, alle in: Ebd. Vgl. zudem die Fahrtkostenabrechnungen (LKA Karlsruhe GA 7232).

Finanzabteilung sei die Haltung des Oberkirchenrats bekannt; zudem wurde kritisiert, dass ohne Wissen der Behörde im Gesetzes- und Verordnungsblatt Nr. 4 1941 die erwähnte „Bekanntmachung" eingerückt worden sei.

Eine dritte Runde der Auseinandersetzung fand im August 1942 statt. Das Institut hatte um einen ständigen jährlichen Beitrag von 5.000 RM gebeten, den die Finanzabteilung auch gewähren wollte. Doerr wandte sich daher erneut an den Landesbischof und bat darum, dass dieser seine Einstellung zum Institut überdenken solle. Die Arbeit des Instituts sei von „allgemeine[r] wissenschaftliche[r] Bedeutung" und habe allgemeine Anerkennung gefunden[85]. Kühlewein beharrte jedoch auf seiner ablehnenden Position. Am 17. September 1942 erklärte er gegenüber der Finanzabteilung, das Institut habe „ganz einseitig" im Sinne der nationalkirchlichen Seite gearbeitet[86]. Auch wenn „einzelne Mitarbeiter anderer Richtung herangezogen wurden" und „manch wertvolle wissenschaftliche Leistung vollbracht" wurde, sei davon die „Grundrichtung und die Tendenz des Instituts [...] unberührt". Er könne seinen Standpunkt nicht ändern, zumal „unmittelbar kirchliche Arbeit" durch Versagung von Mitteln abgedrosselt würde.

Nach dieser Äußerung musste Doerr einsehen, dass weitere Verhandlungen mit der Kirchenleitung „aussichtslos" seien[87]. Er verfiel im Folgenden darauf, anstelle der erbetenen dauerhaften Zuwendungen einmalige Zuschüsse an das Institut auszubezahlen; beispielsweise im Oktober 1942 3.000 RM für die Freiburger Tagung[88]. In einem Begleitbrief an das Institut war betont, da eine laufende Förderung abgelehnt worden sei, wolle man einen einmaligen Betrag beisteuern[89]. Gegenüber dem Landesbischof begründete Doerr sein Vorgehen mit der Einschätzung des Reichkirchenminister: Dieser habe die „wertvollen Ergebnisse, welche die Arbeit des Instituts bisher gezeitigt" habe, herausgestellt[90].

In der badischen Landeskirche entwickelte sich eine massive Auseinandersetzung um die angemessene Haltung gegenüber dem Eisenacher Institut: Während der Oberkirchenrat um Landesbischof Kühlewein diesem entschieden entgegentrat und jede Zusammenarbeit aber auch jede finanzielle Unterstützung verweigerte, suchten die Leiter der Finanzabteilung dessen Arbeit durch Finanzzuwendungen und durch Reisenkostenbeihilfen für Teilnehmer zu fördern. Kühlewein begründete seine Ablehnung durchgängig damit, dass das Institut durch eine kirchenpolitische Gruppe gegründet worden sei, die der in Art. 1 der Verfassung der DEK festgeschrieben Bekenntnisgrundlage widerspreche; weitere inhaltliche Kritik wurde nicht konkret ausgeführt. Dies ist bedauerlich, da die 1942 zum Ausdruck gebrachte

85 Schreiben vom 24. 8. 1942 (LKA Karlsruhe GA 7231).
86 Schreiben Kühlewein vom 17. 9. 1942 an die Finanzabteilung (Ebd.).
87 Schreiben Finanzabteilung an Leiter Finanzabteilung Bremen vom 17. 11. 1942 (Ebd.).
88 Vgl. Anweisung Finanzabteilung an Kasse vom 27. 10. 1942 (Ebd.).
89 Vgl. Schreiben Finanzabteilung an Institut vom 27. 10. 1942 (LKA Karlsruhe GA 4943).
90 Schreiben Finanzabteilung an Landesbischof vom 27. 10. 1942 (Ebd.).

Einschätzung, dass das Institut „manch wertvolle Leistung vollbracht" habe, eine gewisse Zustimmung zur Arbeit des Instituts signalisieren könnte. Allerdings wird diese durch die angefügte Distanzierung, dass davon die „Grundrichtung und die Tendenz des Instituts [...] unberührt" bleibe, relativiert, so dass offen bleiben muss, worauf sich die verhalten positive Wertung letztlich bezieht.

Exkurs: Spuren zeitgenössischer Kritik am Institut

Angefügt seien noch Einwände gegen das Institut von deutschchristlicher Seite. Diese vermögen einen Eindruck davon zu vermitteln, dass die Arbeit des Instituts selbst in diesen Kreisen schon zeitgenössisch problematisiert und hinterfragt wurde.

Ein erster Protest kam von einem Mitunterzeichner des Gründungsdokuments des Instituts. Der Oldenburgische Landesbischof Johannes Volkers wandte sich am 20. Mai 1939 an den Präsidenten des Oberkirchenrats der ApU und beklagte sich, dass für seine kleine Landeskirche ein Beitrag von 5.000 RM angesetzt sei: „Wenn schon auf das finanziell schwache Oldenburg eine so ungeheuerliche Summe entfällt, kommt für alle 11 Landeskirchen (inklusive Preußen) eine geradezu phantastische Gesamtsumme heraus."[91] Diesem Schreiben hatte Volkers einen Brief an das Institut beigelegt, in dem er deutlich machte, dass er bei seiner Zustimmung zur Gründung davon ausgegangen sei, dass „es sich selbstverständlich nur um ehrenamtliche Forscherarbeit handeln" könne, die nur geringe Ausgaben – wie Porto – benötige[92]. Er bedauere mitteilen zu müssen, dass seine zum Sparen gezwungene Landeskirche den gewünschten Beitrag nicht leisten könne. Am 1. Februar 1940 äußerte sich Volkers gegenüber der Arbeitsgemeinschaft der – deutschchristlichen – evangelischen Kirchenleiter noch skeptischer. Nach einer erneuten Kritik an den Kosten merkte Volkers an, dass es „zur Feststellung des jüdischen Einflusses und seiner Ausscheidung [...] nicht erst eines besonderen kostspieligen Instituts" bedürfe, da „die meisten Tatsachen" bekannt seien[93]. Es bedürfe daher lediglich „eines Willens, die gewonnenen Erkenntnisse in die Tat umzusetzen."

Überraschenderweise erklärte sogar der Präsident des Oberkirchenrats der ApU Friedrich Werner bereits am 19. September 1939 gegenüber dem Institut, dass er „das Verhältnis der altpr[eußischen] Landeskirche zu dem Institut als ruhend" ansehe[94]; die Zeitumstände erforderten „nicht allein äußerste Spar-

91 Schreiben Volkers an „Sehr geehrter Herr Präsident" vom 20. 5. 1939 (EZA Berlin 1/04166).
92 Schreiben Volkers an das Institut vom 3. 5. 1939 (Ebd.)
93 Schreiben Volkers an die Arbeitsgemeinschaft vom 1. 2. 1940 (EZA Berlin 1/02834).
94 Schreiben Werner an das Institut vom 27. 6. 1940 (EZA Berlin 1/04166).

samkeit“, sondern die „Vermeidung jeder Maßnahmen“, die „Unruhe bei den Pfarrern und Gemeinden“ hervorrufen. Da bei Letzteren oft noch immer der Eindruck vorherrsche, das Institut sei „eine kirchenpolitischer Propaganda dienende Einrichtung“, sehe er sich genötigt, darauf Rücksicht zu nehmen. Eine „offizielle Beteiligung der Kirche der altpr. Union“ könne daher „nicht in Aussicht“ gestellt werden, wohl aber könne er aus seinen Verfügungsmitteln für zunächst drei Jahre jeweils 5.000 RM zusagen[95]. Im Übrigen riet er dem Institut, seine „wertvoll[en] Forschungen“ von seiner praktisch-theologischen Tätigkeit wie beispielsweise der Erarbeitung eines Volkstestaments oder Volksgesangbuches organisatorisch zu trennen.

Weiter ist auf einen „Reisebericht“ zu verweisen, in dem ein Mitarbeiter des Oberkirchenrats – wohl Friedrich Buschtöns[96] – der ApU die 2. Tagung des Instituts kommentierte, die im März 1941 in Eisenach durchgeführt worden war. In diesem Bericht – so Oliver Arnhold –, bewerte ein grundsätzlicher Befürworter „der Notwendigkeit einer ‚Entjudung‘ des Christentums“ die Arbeit des Instituts als problematisch[97]. Zum einen verwies der Berichterstatter darauf, dass zwei Drittel der 600 Teilnehmenden aus Thüringen stammten und die hohe Besucherzahl wohl auf die gewährten Beihilfen zurückzuführen seien: Da „von den Teilnehmern in keiner Weise eine aktive Mitarbeit verlangt“ würde, seien „manche Pfarrer zu beobachten [...], die auf keiner Tagung mit Gratisreisekarten zu fehlen pflegen.“[98] Im Blick auf die Vorträge, die „offenbar alle theologischen Disziplinen berücksichtigen“ sollten, wurde deren in der Regel bescheidenes Niveau herausgestellt: Der lediglich verlesene Vortrag des Greifswalder Systematischen Theologen Wilhelm Koepp zeige, dass sich der Referent „erst seit kurzer Zeit mit der frühgermanischen Religion“ beschäftige und der Vortrag von Wolf Meyer-Erlach sei schlicht „[a]bwegig, [...] dilettantenhaft“ und „offenbar nur auf sekundäre Quellen“ gestützt gewesen. Eine „Gesamtbeurteilung der Vorträge“ ergebe, „dass sie eigentlich weder beachtliche neue Forschungsergebnisse zeitigten, noch von starken religiösen Impuls [sic!] getragen waren.“[99] Presseberichte überschätzen die Bedeutung des Instituts, da von diesem weder „in wissenschaftlicher noch in religiöser Beziehung [...] Erhebliches [...] zu erwarten“ sei. Nach Einschätzung des Referenten bilde das Institut eine Gefahr, weil es zwar in der Tradition „des guten alten Liberalismus“ stehe, aber weder dessen „strenge Wahrheitsliebe“ noch dessen „Betonung des ethischen Mo-

95 Johannes Wallmann weist zwar auf die Tatsache hin, dass Werner die Mitgliedschaft seiner Kirche im Institut ablehnte, aber nicht darauf, dass er dessen Arbeit eine ansehnliche Unterstützung zukommen ließ (vgl. Wallmann, Vermächtnis, 239 f.).

96 Vgl. Osten-Sacken, Lästerung, 331.

97 Arnhold, Entjudung, 606–617, hier: 612–614. Zitat: Ebd., 612; vgl. hierzu auch Osten-Sacken, Lästerung, 322, der diesen Bericht zwar erwähnt, ihn aber nicht weiter analysiert.

98 Reisebericht, Eingang Evang. Oberkirchenrat 23. 4. 1941 (EZA Berlin 1/04167; hier 2).

99 Ebd., 3.

ments" teile. Daher könne er „nur eine zurückhaltende, wenn nicht ablehnende" Haltung dem Institut gegenüber einnehmen. Angeregt wurde, dass die ApU selbst „ein kirchliches, aber streng wissenschaftliches Institut" einrichten solle: „Die Sache eilt, wenn nicht noch mehr versäumt werden soll."[100]

Protest gegen die Arbeit des Instituts enthielt auch ein Schreiben des Evangelischen Konsistoriums der Kirchenprovinz Schlesien an den Berliner Oberkirchenrat vom 8. Juni 1942[101]. Pfarrer Johannes Richter aus Pittag habe in einem Dankschreiben zur Geburt des achten Kindes angemerkt, dass es einen Schatten auf das Vertrauen zum Konsistorium werfe, wenn dieses keinen „Widerspruch [...] gegen die Haltung des Instituts" geltend mache, die sich beispielsweise in einem Glauben zeige, „in dem Wotan und Christus Brüder werden". Betrachte man dazu

> „die Bemühungen um einen neuen Katechismus, um ein neues Bekenntnis, um die neue Bibel, über die Stellung, die Christus noch eingeräumt wird, so sind dem gegenüber die Entgleisungen des Studienrat Krause bei der berüchtigten Sportpalastkundgebung [...] als harmlos zu bezeichnen".

Wenn „dieser Verkündigung Vorschub geleistet" und „ihr ein Heimatrecht in der Kirche zugestanden" werde, wenn der Präsident des Oberkirchenrats „Dr. Werner unter den Mitarbeitern" geführt und sogar Kirchensteuermittel für diese Arbeit bereitgestellt würden, dann sei es nicht verwunderlich, „wenn der Teil der Gemeinde, der am Evangelium festhält [...] in ihrem Vertrauen zu den kirchlichen Behörden erschüttert ist." Das Breslauer Konsistorium ersuchte den Oberkirchenrat zu diesen Bedenken, die „auch in weiten Pfarrerkreisen der Kirchenprovinz geteilt werden", Stellung zu beziehen und Informationen zu geben, um diesen entgegentreten zu können[102].

Die vorgestellten Einwände zeigen, dass zum einen aus finanziellen Gründen eine ablehnende Position gegenüber dem Institut eingenommen wurde. Sodann wird die Zurückhaltung damit begründet, dass Pfarrer – im Schreiben des schlesischen Konsistoriums ist von „weiten Pfarrerkreisen" die Rede, bei Werner davon, dass dieses Institut Unruhe unter der Pfarrerschaft hervorrufe – oder Gemeindeglieder Vorbehalte gegen das Institut hätten. Weiter wird eine unzureichende Wissenschaftlichkeit als Ursachen für eine Distanzierung genannt. Allerdings: Weder Volkers noch Werner oder der Berichterstatter machten theologische Gründe geltend – mit der generellen Zielsetzung der Arbeit sind sie durchaus einverstanden –, solche werden nur bei Pfarrer Richter greifbar, wenn er beispielsweise die neue Bibel oder die Stellung Christi problematisiert.

---

100 Ebd., 4.

101 Schreiben Konsistorium Schlesien an den Oberkirchenrat, Berlin (EZA Berlin 1/04167).

102 Vgl. hierzu Schreiben des Oberkirchenrats an alle Konsistorien vom 14. 8. 1942 (Ebd.). In diesem wird ausführlich das Schreiben Werners an das Institut vom 27. 6. 1940 zitiert (wie Anm. 94).

4. Resümee

Das organisierte Luthertum wurde in unterschiedlicher Weise mit dem Eisenacher Institut konfrontiert:

1. Zum einen gab es wiederholt Anfragen, Einladungen oder Informationen des Instituts zu verteilen; dies wurde in der Regel mit der Begründung versagt, dass das Institut die Gründung einer kirchenpolitischen Gruppierung sei und daher vonseiten der Landeskirchen nicht unterstützt werden könne.
2. Weiter hatten sich die Landeskirchen die Frage zu stellen, ob sie einzelne Veranstaltung oder das Institut insgesamt finanziell unterstützen wollten. Auch hierbei sperrten sich im Lutherrat organisierten Landeskirchen: Für sie kam eine finanzielle Unterstützung nicht in Frage. Zwar scheint die hannoversche Landeskirche gewisse Zugeständnisse in Aussicht gestellt zu haben, doch nach einem Gutachten wurden diese nicht weiter verfolgt; jedenfalls nicht durch die Kirchenleitung. Die Finanzabteilungen allerdings umgingen wie die Beispiele von Hannover und Karlsruhe zeigen die Vorgaben der Kirchenleitungen. Sowohl Cölle in Hannover als auch Doerr in Karlsruhe suchten Möglichkeiten, dem Institut finanzielle Zuwendungen zu gewähren, sei es durch die Unterstützung einzelner Veranstaltungen oder durch die Förderung von Teilnahmen an Tagungen des Instituts.
3. Hatte vor allem Bayern die Parole ausgegeben, das Institut sei an den Ergebnissen seiner Arbeit zu messen, so fiel diese Bewertung im Blick auf dessen „Hauptprodukte", das ‚Volkstestament' und das deutschchristliche Gesangbuch, eindeutig und unmissverständlich negativ aus; deren Benutzung wurde kategorisch abgelehnt[103]. Beide wurden als mit der Tradition und dem Bekenntnis der Kirche aber auch mit den Bedürfnissen der Gemeinde als unvereinbar gebrandmarkt. Ebenso unzweideutig wurde eine Beseitigung des Alten Testaments zurückgewiesen, wenngleich man hier die kritischen Potentiale der Propheten gegen eine jüdische Volksreligion meinte ins Feld führen zu müssen.
4. Die Landeskirchen kritisierten auch die inhaltliche Konzeption des Instituts, freilich auf ganz unterschiedliche Weise: Während sich die bayerische Landeskirche einmütig gegen das Institut stellte – es habe eine ‚ausgesprochen bekenntniswidrigen Grundlage' –, lehnten zwar die württembergische wie auch die hannoversche Kirche diese Einrichtung als eine Gründung der Nationalkirchler ab, doch waren beide davon überzeugt, dass es einer Bewahrung des Christentums vor jüdischen

103 Dies steht gegen die Behauptung Susannah Heschels, die Produkte des Instituts seien „bei Kirchen überall im Deutschen Reich" genutzt worden (Heschel, Karrieren, 177). Vgl. hierzu Wallmann, Vermächtnis, 245.

Einflüssen bedürfe. Erkennbar wird in den Voten, dass die lutherischen Landeskirchen die Einschätzung teilten, dass das Christentum in einem Gegensatz zum Judentum stehe. Während Württemberg nun meinte, sich von jüdischen Einflüssen durch eine konsequente Haltung frei gehalten zu haben, setzte die hannoversche Landeskirche einen Ausschuss ein, der auf landeskirchlicher Ebene letztlich jene Fragen aufnehmen sollte, die das Eisenacher Institut verfolgte. Wie im Lutherrat abgestimmt wurde zudem angeregt, dass durch die DEK ein einschlägiges Institut gegründet werden sollte.

5. Die Landeskirchen lehnten aus kirchenpolitischen Erwägungen heraus das Institut ab, betrachteten jedoch dessen inhaltliche Arbeit durchaus als akzeptabel, wenn nicht gar als nötig. Die Landeskirchen fanden nicht den antisemitischen Impetus des Instituts als skandalös; vielmehr kritisierte man das Institut, da es vom Geist der Aufklärung – herausgestellt wurde der jüdische Philosophen Baruch Spinosa – und der Liberalen Theologie geprägt sei. Die im liberalen Umfeld propagierte Relativierung der Bekenntnisgebundenheit war seitens der Bekennenden Kirche ebenso wenig akzeptabel, wie das dem Institut zugeschriebene Denken vom Menschen her oder die in diesem offenkundige „Tendenz-Wissenschaft".
6. Die aufgezeigten Vorbehalte gegen das Instituts aus lutherischer Warte und die sogar von grundsätzlichen Befürwortern von dessen Arbeit geltend gemachten signifikanten Qualitätsdefizite lassen nach der Wirksamkeit von dessen Arbeitsergebnissen fragen: Fanden die Spitzenprodukte des Instituts – Evangelienharmonie und Gesangbuch – innerkirchlich größere Verbreitung[104]? Erlangte das Institut über den nationalkirchlichen Kontext hinaus Beachtung? Zudem wäre zu klären, wie sich der Mitarbeiterkreis gestaltete: Aus welchen Universitäten kamen die 23 Universitätstheologen und welche Rolle spielten diese in den jeweiligen Fakultäten[105]? Wurden die Publikationen aus dem Umfeld des Instituts im wissenschaftlichen Kontext rezipiert; fanden sie bei vergleichbaren einschlägigen Einrichtungen Resonanz[106]?

---

104 Bislang wurde lediglich die Rezeption für vier norddeutsche Landeskirchen untersucht: Buss, Entjudung, 162–186, hier 175–181.

105 Vgl. Siegele-Wenschkewitz, Mitverantwortung, 171–190; hier 184. Siegele-Wenschkewitz führt die im Institut engagierten Professoren an; auffallender Weise fehlen z. B. Tübingen, Erlangen oder Marburg. Siehe zu den Mitarbeitern auch Heschel, Theologen, 140; und jetzt Wallmann, Vermächtnis, 241–245. Wallmann konstatiert: „Keiner der bedeutenden deutschen Theologen ist [in der Liste der Mitarbeiter] vertreten." (ebd., 242). Vgl. zudem Buss, Entjudung, zur Kieler Theologischen Fakultät, 181–184; und Lippmann, Theologie, 332–334 zur Marburger Fakultät.

106 Vgl. eine Liste der Veröffentlichungen bei Siegele-Wenschkewitz, Mitverantwortung, 184.

Quellen und Literaturverzeichnis

I. Unveröffentliche Quellen und Darstellungen

Evangelisches Zentralarchiv Berlin (EZA)

EZA Berlin 1/02834.
EZA Berlin 1/04166.
EZA Berlin 1/04167.

Landeskirchliches Archiv Hannover (LKA Hannover)

LKA Hannover B 1 A Nr. 1921.
LKA Hannover D 15 III Nr. 4.
LKA Hannover D 15 III Nr. 9.
LKA Hannover S1 EII 129 A.
LKA Hannover S1 H II 523.

Landeskirchliches Archiv Karlsruhe (LKA Karlsruhe)

LKA Karlsruhe GA 4943.
LKA Karlsruhe GA 7231.
LKA Karlsruhe GA 7232.

Landeskirchliches Archiv der Evangelisch-Lutherischen Kirche in Bayern (EAELKB)

EAELKB Nürnberg 0.2.0003–336.
EAELKB Nürnberg 0.2.0003–6615.
EAELKB Nürnberg Nachlass Auer, Wilhelm 1942.

Landeskirchliches Archiv Stuttgart (LKA Stuttgart)

LKA Stuttgart A 126, 658.
LKA Stuttgart D 1, 189.

II. Veröffentliche Quellen und Darstellungen

Arnhold, Oliver: „Entjudung" – Kirche im Abgrund. Bd. 1: Die Thüringer Kirchenbewegung Deutsche Christen 1928–1939. Bd. 2: Das „Institut zur Erforschung und Beseitigung des jüdischen Einflusses auf das deutsche kirchliche Leben" 1939–1945 (SKI 25/1–2). Berlin 2010.

Boberach, Heinz / Nicolaisen, Carsten / Pabst, Ruth (Bearb.): Handbuch der Deutschen Evangelischen Kirchen 1918 bis 1949. Organe – Ämter – Verbände – Personen. Bd.1: Überregionale Einrichtungen (AKIZ A 18). Göttingen 2010.

Buss, Hansjörg: „Entjudung der Kirche". Ein Kircheninstitut und die schleswigholsteinische Landeskirche. In: Annette Göhres / Stephan Link / Joachim Liß-Walther (Hg.): Als Jesus „arisch" wurde. Kirche, Christen, Juden in Nordelbien 1933–1945. Bremen 2003, 162–186.

Fischer, Karl: Das Volkstestament der Deutschen Christen (Schriftenreihe Um Evangelium und Kirche 18). Dresden 1940.

Frisch, Johannes: Einsetzung und Wirken der Finanzabteilung in Baden 1938–1945: In: Udo Wennemuth (Hg.): Unterdrückung – Anpassung – Bekenntnis. Die Evangelische Kirche in Baden im Dritten Reich und in der Nachkriegszeit (VVKGB 63). Karlsruhe 2009, 67–81.

Hermle, Siegfried / Thierfelder, Jörg (Hg.): Herausgefordert. Dokumente zur Geschichte der Evangelischen Kirche in der Zeit des Nationalsozialismus. Stuttgart 2008.

Heschel, Susannah: Theologen für Hitler. In: Leonore Siegele-Wenschkewitz (Hg.): Christlicher Antijudaismus und Antisemitismus. Theologische und kirchliche Programme Deutscher Christen (Arnoldshainer Texte 85). Frankfurt a. M. 1994, 125–170.

–: Die zwei Karrieren des Theologen Walter Grundmann. Der Neutestamentler als Nazi-Propagandist. In: Manfred Gailus (Hg.): Täter und Komplizen in Theologie und Kirchen 1933–1945. Göttingen 2015, 171–196.

Junge Kirche (JK) 7 f. (1939 f.).

Kirchliches Jahrbuch für die Evangelische Kirche in Deutschland. 1933–1944. 60–71. Jg. Hg. von Joachim Beckmann. Gütersloh [2]1976.

Kissener, Michael: Badische Landeskirche und nationalsozialistischer Staat im Zweiten Weltkrieg. In: Udo Wennemuth (Hg.): Unterdrückung – Anpassung – Bekenntnis. Die Evangelische Kirche in Baden im Dritten Reich und in der Nachkriegszeit (VVKGB 63). Karlsruhe 2009, 9–34.

Kück, Thomas Jan (Hg.): Zur Lage der Kirche. Die Wochenbriefe von Landesbischof D. August Marahrens 1934–1947. Bd. 1–3. Göttingen 2009.

Lindemann, Gerhard: „Typisch jüdisch". Die Stellung der Ev.-luth. Landeskirche Hannovers zu Antijudaismus, Judenfeindschaft und Antisemitismus 1919–1949 (Schriftenreihe der Gesellschaft für Deutschlandforschung 63). Berlin 1998.

Lippmann, Andreas: Marburger Theologie im Nationalsozialismus (Academia Marburgensis 9). München 2003.

Marahrens, Hauke: Praktizierte Staatskirchenhoheit im Nationalsozialismus. Die Finanzabteilungen in der nationalsozialistischen Kirchenpolitik und ihre Praxis in den Landeskirchen von Hannover, Braunschweig und Baden (AKIZ B 59). Göttingen 2014.

Meier, Kurt: Der Evangelische Kirchenkampf. Bd.1: Der Kampf um die „Reichskirche". Halle 1976.

Osten-Sacken, Peter von der: „Die große Lästerung". Beobachtungen zur Gründung des Eisenacher Instituts und zeitgenössische Dokumente zur kritischen Wertung seiner Arbeit sowie zur Beurteilung Walter Grundmanns. In: Ders. (Hg): Das mißbrauchte Evangelium. Studien zu Theologie und Praxis der Thüringer Deutschen Christen (SKI 20). Berlin 2002, 313–347.

Retter, Ralf: Zwischen Protest und Propaganda. Die Zeitschrift „Junge Kirche" im Dritten Reich. München 2009.

Siegele-Wenschkewitz, Leonore: Mitverantwortung und Schuld der Christen am Holocaust. In: EvTh 42 (1982), 171–190.

Soden, Hans Frhr. von: Die synoptische Frage und der geschichtliche Jesus. Essen 1941.

Wallmann, Johannes: Ein Vermächtnis Kaiser Wilhelms II. Was hat Walter Grundmanns Eisenacher „Entjudungsinstitut" mit Martin Luther zu tun? In: Ders.: Die Evangelische Gemeinde Theresienstadt. Zum Umgang der evangelischen Kirche mit ihrer Geschichte. Leipzig 2019, 211–256.

III. Fallstudien

Mirjam Loos

Die Figur einer „jüdisch bolschewistischen Weltgefahr“

Funktionen und Leerstellen im deutschsprachigen Protestantismus

Im vorliegenden Beitrag steht ein Teilaspekt aus der Gesamtstudie „Gefährliche Metaphern. Auseinandersetzungen Deutscher Protestanten mit Kommunismus und Bolschewismus (1919 bis 1955)“[1] im Mittelpunkt. Im Folgenden wird gefragt, inwiefern deutschsprachige Vertreterinnen und Vertreter des Protestantismus die Sprach- und Denkfigur des sogenannten „jüdischen Bolschewismus“[2] aufnahmen und weiterverbreiteten bzw. bei welchen Autorinnen und Autoren sich keine Verknüpfung antibolschewistischer und antijüdischer Einstellungen finden ließ.

1. Ausgangspunkt: „jüdischer Bolschewismus“ als nationalsozialistisches Dogma

„Im Bolschewismus haben wir den im 20. Jahrhundert unternommen Versuch des Judentums zu erblicken, sich die Weltherrschaft anzueignen.“[3] Dieses Hitler-Zitat war im Juli 1941 als sogenannter „Wochenspruch der NSDAP“ als kleinformatiges Plakat publiziert worden[4]. Von 1937 bis 1944 verbreitete die Partei insgesamt mehr als 1000 verschiedene Zitate als wöchentliche „Parolen“

1 Vgl. Loos, Metaphern; in der Gesamtstudie ist die Frage zentral, wie – unter unterschiedlichen politischen Vorzeichen – in den Jahren 1919 bis 1955 im evangelischen Milieu Einschätzungen und Positionierungen zu kommunistischen und bolschewistischen Ideen deutscher und sowjetrussischer Couleur ausfielen. Essentiell ist neben der inhaltlichen Untersuchung auch die sprachwissenschaftliche Perspektive, d. h. in welcher Art und Weise sprachen bzw. schrieben deutsche Protestantinnen und Protestanten über Kommunismus und Bolschewismus; in den allermeisten Fällen verwendeten sie entpersonalisierte Formen; der Buchtitel „Gefährliche Metaphern“ bringt dies auf den Punkt.

2 Die Frage nach der Gewichtung eines wahren Kerns des Motivs des „jüdischen Bolschewismus“ und einer reinen Konstruktion desselben, wurde kontrovers diskutiert: Johannes Rogalla von Bieberstein etwa konstatierte eine „materielle Voraussetzung“ (Ders., Bolschewismus, 127); hingegen vertrat Ulrich Herbeck die These einer Fiktion; die Untersuchung Rogallas von Bieberstein bewertete Herbeck in diesem Zusammenhang als „pseudowissenschaftlich“ (vgl. Herbeck, Feindbild, 23); eine sachliche Kritik an Rogalla von Biebersteins Studie fand sich bei Björn Laser (vgl. Laser, Kulturbolschewismus, 69 f.).

3 Reichspropagandaleitung, Wochenspruch.

4 Vgl. Sösemann, Wochensprüche.

in solcher Plakatform. Zunächst waren die Propagandaämter der verschiedenen Gaue zuständig. Ab 1939 wählte das Reichspropagandaamt die Zitate aus und sorgte für eine flächendeckende Verteilung der Druckgrafiken. Diese waren an zentralen Orten ausgehängt und beispielsweise in den Volkschulen war eine gründliche Besprechung vorgesehen[5].

Der zitierte Wochenspruch spiegelte einerseits die Furcht vor einer weltweiten Ausbreitung bolschewistischer Ideen und des dazugehörigen Systems: Dieses Schreckensszenario war auch unter deutschsprachigen Protestantinnen und Protestanten weit verbreitet. Gegner kommunistischer und bolschewistischer Ideen – unterschiedlicher politischer Lager – hielten dieses Szenario stets wach und erinnerten an die kurzen aber teilweise blutigen Revolutionsereignisse 1918 / 19 und an die bürgerkriegsähnlichen Zustände in deutschen und in baltischen Städten. Auch der erbitterte Guerillakrieg, den seit 1910 Katholiken und Regierungstruppen in Mexiko führten, war in den Argumentationen präsent[6]. Zudem war die Erinnerung an die Schrecken des spanischen Bürgerkrieges fester Bestandteil nationalsozialistischer Propaganda. Zwischen 1936 und 1939 hatten Republikaner und Nationalisten in Spanien gegeneinander gekämpft. Schreckensnachrichten darüber hatten sich im deutschsprachigen Raum verbreitet und auch in kirchlichen Texten fanden sich zahlreiche Bezugnahmen[7].

Andererseits verband das Hitler-Zitat antisemitische und antibolschewistische Überzeugungen. Diese Verknüpfung war unter Anhängerinnen und Anhängern des Nationalsozialismus gleichsam dogmatisch gesetzt.

Dass genau im Sommer 1941 ein Wochenspruch dieser Art Verbreitung fand, lässt sich erklären: Bis 1939 hatten die Nationalsozialisten ihre antibolschewistische Propaganda ausgebaut und mit modernsten Mitteln, etwa in

---

5 Vgl. Wiemann-Stöhr, Mobilmachung, 160 f.

6 Seit 1910 bekämpften sich in Mexiko verschiedene soziale und politische Gruppierungen gewaltsam. Der katholische Einfluss wurde dabei durch die 1917 in Kraft getretene Verfassung empfindlich beschnitten und seit 1926 ging die Regierung durch Verstaatlichung und Schließung kirchlicher Einrichtungen wie Klöster und Schulen aktiv gegen die katholische Kirche vor. Seitdem herrschte ein erbitterter Guerillakrieg zwischen Katholiken und Regierungstruppen, der auf beiden Seiten von Gewaltexzessen gekennzeichnet war. 1929 wurde zwar ein Waffenstillstand geschlossen, allerdings dauerten die Repressalien gegen die Kirche an und die Versuche der Regierung, kirchlichen Einfluss zurückzudrängen, gingen weiter (vgl. Tobler, Revolution, 396–402). 1936 forderten deshalb mexikanische Kirchenführer von Pius XI. einer Wiederaufnahme des bewaffneten Aufstandes zuzustimmen bzw. diesen zumindest zu tolerieren. Der Papst wies in der Enzyklika „Firmissimam constantiam" allerdings einen bewaffneten Kampf zurück und hob stattdessen die Bedeutung der „Katholischen Aktion", einer hierarchisch strukturierten und direkt von Rom beeinflussten Laienbewegung, hervor (vgl. Brechenmacher, Stuhl, 350–352).

7 Durch den Beginn des Spanischen Bürgerkrieges im Juli 1936 (vgl. Collado Seidel, Bürgerkrieg, v. a. 91–112; Bernecker, Geschichte, v. a. 135–176) erhielten die Ängste vor einer kommunistischen Weltrevolution eine neue Dimension. Von nationalsozialistischer Seite wurden diese propagandistisch genutzt und fungierten gleichsam als kleinster gemeinsamer Nenner über konfessionelle und weltanschauliche Grenzen hinweg (vgl. Loos, Metaphern, 176–179).

Form von Wanderausstellungen, im gesamten Deutschen Reich multipliziert. Nach dem Abschluss des „deutsch-sowjetischen Nichtangriffspaktes“, des sogenannten „Hitler-Stalin-Pakts“, im August 1939 war diese Propaganda komplett zurückgefahren worden. Die Propagandaämter verbreiteten die Anweisung, dass Bolschewismus und die sogenannte „Gottlosenbewegung“[8] in der Presse nicht mehr erwähnt werden dürften[9]. Dieses Verbot galt natürlich auch für kirchliche Publikationsorgane. Ende Juni 1941, im Zuge des Überfalls auf die Sowjetunion, lief die staatliche Propagandamaschinerie gegen Kommunismus und Bolschewismus wieder auf Hochtouren. Dabei war eine Funktionalisierung antibolschewistischer Motive zum Zweck der Kriegslegitimation zu beobachten.

Wie primitiv dabei Bezugnahmen waren, die die nationalsozialistische Propaganda bestimmten, verdeutlicht exemplarisch die Titelblattgestaltung einer bereits 1921 publizierten Schrift Alfred Rosenbergs mit dem Titel „Pest in Rußland. Der Bolschewismus, seine Häupter, Handlanger und Opfer“[10]. Die von Otto von Kursell, Maler und Kunstkritiker und später u. a. im Dienst des nationalsozialistischen Reichserziehungsministeriums, gestaltete Titelzeichnung zeigte einen finster dreinblickenden Mann mit Arbeitermütze, auf der ein Davidstern abgebildet war - nicht der fünfzackige Sowjetstern. Mit dieser Gestaltung wurde eine Deckungsgleichheit zwischen jüdischen Menschen und den „Häuptern und Handlangern“ des Bolschewismus suggeriert. Diese plumpe Gleichsetzung des Davidsterns mit dem Sowjetstern war fester Bestandteil nationalsozialistischer Propaganda, z. B. verwendete sie Hitler 1937 auch in der Abschlussrede des Reichsparteitags in Nürnberg[11].

Insgesamt war die Verknüpfung antisozialistischer oder antikommunistischer Muster mit antisemitischen weit verbreitet. Ein prominentes Beispiel aus dem evangelischen Lager ist Adolf Stoecker, dessen Positionierung im Beitrag von Uwe Puschner beleuchtet wird[12]. Und seit der Oktoberrevolution 1917 war diese Verquickung gesamtgesellschaftlich sowohl im deutschsprachigen Raum als auch darüber hinaus weit verbreitet. Angehörige der Gruppe der Deutschbalten, zu der sowohl Otto von Kursell als auch Alfred Rosenberg gehörten, vertraten und multiplizierten dabei nicht selten eine besonders hassererfüllte Variante des Motives.

---

8 Ursprünglich handelte es sich bei dem Begriff um die Übersetzung einer Selbstbezeichnung, 1929 war in der Sowjetunion der „Verband der kämpfenden Gottlosen“ gegründet worden; im deutschen evangelischen Kommunikationsraum wurden unter diesem Begriff aber verschiedene Gruppen, Strömungen und Initiativen subsumiert und er fand zum Teil synonym zur Bezeichnung „Freidenker“ Verwendung, ungeachtet deren jeweiliger politischer Prägung.

9 Vgl. Schreiben des Reichspropagandaamtes Franken an die fränkische Kirchenpresse vom 6. und 9. Oktober 1939 (LAELKB Nürnberg, KKE 9); Hagemann, Presselenkung, 132 f. 160–162.

10 Vgl. Rosenberg, Pest.

11 Vgl. Hitler, Adolf: Der Bolschewismus eine Weltfrage, die geklärt werden muß (Reichsparteitagsabschlussrede 1937), zitiert nach: Dube, Sprache, 261.

12 Vgl. dazu den Beitrag von Uwe Puschner in diesem Band.

2. Verbindung von Antibolschewismus und Antisemitismus im protestantischen Milieu?

Auch evangelische Autoren und Akteure aus unterschiedlichen kirchenpolitischen Lagern bemühten den sogenannten „jüdischen Bolschewismus"; besonders häufig fanden sich Bezugnahmen nach dem Ende der Räterepubliken 1919. Das verwundert, angesichts der gesamtgesellschaftlichen weiten Verbreitung dieser Denkfigur zu dieser Zeit, eigentlich nicht. Kontinuierlich nutzten zudem die Anhänger eines rassistisch-biologistischen Antisemitismus die Formel. Bemerkenswert ist dabei, wie die Figur Verwendung fand, d. h. welche Funktionen sie erfüllte. Zudem ist interessant, in welchen Zusammenhängen und bei welchen Autorinnen und Autoren sie nicht zu finden war, wo also Leerstellen auffallen.

2.1 Funktionen

Zunächst, anhand eines Beispiels, ein Blick auf die Funktionen: Walter Grundmann warnte in seiner Rede zur Eröffnung des „Instituts zur Erforschung und Beseitigung des jüdischen Einflusses auf das deutsche kirchliche Leben" im Mai 1939, dass es, von den Ideen der französischen Revolution herkommend, das Ziel von Juden gewesen sei, die Weltherrschaft zu erlangen. Grundmann schrieb (syntaktisch etwas umständlich formuliert):

> „Ihren die Welt erobernden, das Völkische auslöschenden und die Weltherrschaft des Judentums herbeiführenden Ausdruck hatten diese Ideen im Bolschewismus gefunden. Aus diesen Gründen ist der Gegensatz gegen das Judentum geradezu die Voraussetzung für die Erkenntnis und Verwirklichung des völkischen Gedankens und damit des Anbruches einer neuen Epoche innerhalb der Weltgeschichte. Deshalb ist dem deutschen Volk der Kampf gegen das Judentum unwiderrufbar aufgegeben."[13]

Es fällt auf, dass Grundmann die Warnung vor dem Bolschewismus gleichsam als eine rhetorische Figur nutzte. Es erfolgte keine argumentative Auseinandersetzung mit dahinterstehenden Ideen, sondern ein Aufblitzenlassen des Begriffs Bolschewismus – auf dem Grundmann dann weitere – durchaus schwerwiegende Folgerungen aufbaute.

Diese Art der Verwendung antibolschewistischer Warnungen, die z. T. verknüpft waren mit antijüdischen Sprachfiguren, war Ende der 1930er und Anfang der 1940er Jahre in Texten aus der Feder evangelischer Autoren und in offiziellen kirchlichen Verlautbarungen weit verbreitet. Warnungen und Be-

---

13 Vgl. GRUNDMANN, Entjudung, 9.

drohungsszenarien wurden wie beiläufig und am Rande aufgerufen und zur Untermauerung der je eigenen Position herangezogen – teilweise auch um Kritik an nationalsozialistischer Kirchenpolitik vorbringen zu können. Metaphern, deren Bildbereich sich aus der Gefahrenabwehr speiste, wie Warnungen vor Naturgewalten sowie vor Seuchen und vor Krankheiten, hatten dabei Hochkonjunktur[14].

2.2 Leerstellen

Umfassend und aufwändig setzten sich evangelische Autorinnen und Autoren und Institutionen bereits am Ende der Weimarer Republik mit Kommunismus und Bolschewismus auseinander. In Reiseberichten und Predigten, in Handbuchartikeln und in Laienschulungen erörterten und multiplizierten sie Warnungen vor kommunistischen Ideen und dem bolschewistischen Gesellschaftsmodell. Wobei die Einschätzungen und Bewertungen von begründeter Skepsis bis zu irrationalen, undifferenzierten und hasserfüllten Verleumdungen reichten. Je unsachlicher ein Text, desto dichter drängten sich dort die Metaphern.

An dieser Stelle nur ein Beispiel, das insofern exemplarisch ist, da sein Autor, Professor Iwan Iljin, der 1922 aus der Sowjetunion ausgewiesen worden war, im evangelischen Milieu als „erster Sachkenner“[15] hochgeschätzt wurde und exemplarisch auch deshalb, weil sich anhand von Archivfunden nachweisen lässt, dass seine Schriften sehr weit verbreitet waren – auch über Konfessionsgrenzen hinaus[16].

Der Titel „Gift – Geist und Wesen des Bolschewismus“ seiner 1932 publizierten Broschüre war Programm: Iljin erläuterte darin, weshalb aus seiner Sicht der Bolschewismus – ausgehend von der Sowjetunion – die restliche Welt angreife[17]. Er sparte dabei nicht mit Abwertungen der Befürworter und Vertreter des Bolschewismus: Er attestierte ihnen psychische Krankheiten und setzte bolschewistische Überzeugungen mit der Pest gleich. Krisenhafte Erscheinungen machte er dabei in allen Gesellschaftsbereichen aus. Ihren Ursprung verortete er in einer „religiösen Krise“[18]. Die Figur eines „jüdischen Bolschewismus“ findet sich bei Iwan Iljin allerdings nicht. Nicht in der „Gift“-

14 Vgl. Loos, Metaphern, 173–179, 187–191 und 194 f.

15 „Herausgegeben in Verbindung mit einer Reihe erster Sachkenner“ war der Zusatz, den alle Broschüren aus der sogenannten „Notreihe“ des Eckart-Verlags trugen, die nach eigenem Selbstverständnis eine „Fortlaufende Abhandlung über Wesen und Wirken des Bolschewismus“ darstellten und die weite Verbreitung fanden.

16 Vgl. Loos, Metaphern, 95–106.

17 Vgl. Iljin, Gift; ebenso in einer 1935 von Iljin unter dem Pseudonym Alfred Normann publizierten Schrift (vgl. Normann, Weltmachtpolitik).

18 Iljin, Gift, 35.

Schrift und auch nicht in seinen zahlreichen weiteren deutschsprachigen Publikationen.

Auffällig ist, dass die allermeisten Autoren[19], die sich aus evangelischer Sicht umfassend mit gesellschaftlichen und politischen Entwicklungen in der bolschewistisch regierten Sowjetunion und mit deren Auswirkungen auf Deutschland auseinandersetzten, Antibolschewismus und Antisemitismus nicht miteinander verknüpften. Solche interessanten Leerstellen fanden sich bei Oskar Schabert[20], Theophil Meyer[21], Karl Foertsch[22] sowie bei Carl Schweitzer[23], Dora Hasselblatt[24] und Walter Künneth[25]. Die drei letztgenannten waren für die „Apologetische Centrale" in Berlin tätig. Außerdem fanden sich Leerstellen bei Fritz Lieb[26], bei Rudolf Mirbt[27], bei Karl Nötzel[28] und bei dem erwähnten Iwan Iljin.

Eine mögliche Erklärung ist, dass alle diese Autoren – und die eine Autorin – bei gänzlich unterschiedlicher Sachlichkeit und Differenziertheit im Umgang mit Kommunismus und Bolschewismus – dass sie alle, antichristliche und grundsätzlich antireligiöse Einstellungen bolschewistischer Machthaber als die größte Gefahr ausmachten, die von solch einem System für die einzelnen Menschen ausginge. Diese Argumentationsweise wäre womöglich mit der Vorstellung eines jüdisch gesteuerten bolschewistischen Staatsapparates schwer in Einklang zu bringen gewesen. Dass Heribert Smolinsky für das katholische Milieu auf ein ähnliches Ergebnis stieß, erhärtet die These. Smolinsky hielt folgende Schlussfolgerung fest: „Insgesamt aber blieb die Rassenlehre dem katholischen Rußlandbild fern, das im Wesentlichen den Atheismus im Bolschewismus als Gefahr ansah."[29]

2.3 Bedingte Leerstellen und Funktionen

Diese Annahme, dass eine Gleichsetzung des Atheismus mit allen politisch linksorientierten Richtungen argumentativ nicht vereinbar war mit der Behauptung einer „jüdisch bolschewistischen Weltgefahr" bestätigt die Lektüre verschiedener Publikationen aus der Feder Kurt Huttens.

19 Eine Ausnahme im Kreis der evangelischen „Bolschewismuskenner" fand sich bei Adolf Ehrt, in seinen Beiträgen in einem Sammelband (vgl. EHRT / SCHWEICKERT, Entfesselung, 179 f., 181–205, 239 und 245).

20 Vgl. Loos, Metaphern, 93–95.

21 Vgl. EBD., 91 f.

22 Vgl. EBD., 144–146 und 152.

23 Vgl. EBD., 131–133.

24 Vgl. EBD., 77–79 und 133.

25 Vgl. EBD., 132.

26 Vgl. EBD., 88–91.

27 Vgl. EBD., 108–115.

28 Vgl. EBD., 145–147.

29 SMOLINSKY, Rußlandbild, 344.

In seinen Artikeln zu Kommunismus und zum sogenannten „Kulturbolschewismus“, die sich durch antikommunistische, antidemokratische und antisexuelle Behauptungen auszeichneten, fanden sich keine antijüdischen Argumente[30]. In seinen Publikationen zur sogenannten „Judenfrage“ allerdings zog Hutten eine Verbindungslinie zu Bolschewismus und Kommunismus. Es scheint als sollte so die Intensität der Warnungen erhöht und die Gefahren einer Machtübernahme durch Vertreter des Judentums beschworen werden[31].

Einen aktiven Widerspruch gegen eine Verknüpfung antisemitischer und antibolschewistischer Ansichten oder den Versuch einer Widerlegung der Formel, die fand sich jedoch in keiner der untersuchten evangelischen Publikation. Die kleine Minderheit derjenigen Protestanten, die versuchten die Ideen einer kommunistischen Gesellschaftsordnung mit christlichen Überzeugungen in Einklang zu bringen und die sich z. B. im „Bund der Religiösen Sozialisten Deutschlands“ sammelten, die konnten sich seit 1933 nicht mehr zu Wort melden[32].

3. Zusammenfassung

Zusammenfassend bleibt festzuhalten, dass seit der kurzen Episode der Räterepubliken 1918 / 19 die Denkfigur eines „jüdischen Bolschewismus“ auch im deutschen protestantischen Milieu viele Anhänger fand. Eine kontinuierliche Verwendung lässt sich bei Anhängern der Glaubensbewegung „Deutsche Christen“ und bei Vertretern eines rassistisch-biologistischen Antisemitismus beobachten. Auffallend aus gegenwärtiger Sicht ist eine phrasenhafte und teilweise unmotiviert anmutende Verwendung des Begriffspaares. Auf diese Weise war es möglich, ohne umfassende Bezugnahmen, an gemeinsame Haltungen zu erinnern, Grundängste wachzuhalten, Argumentationsgänge zu dramatisieren und Warnungen zu intensivieren. Bemerkenswert ist allerdings, dass sich bei verschiedenen Bolschewismuskritikern aus dem protestantischen Lager, die in ihren Texten zum Teil massiv Opposition gegen kommunistische und bolschewistische Ideen und Politik bezogen, die Sprach- und Denkfigur des „jüdischen Bolschewismus“ nicht findet. Ein Widerspruchsversuch oder der Versuch einer Widerlegung des Motivs findet sich allerdings auch in keinem der untersuchten Texte.

---

30 Vgl. Hutten, Kulturbolschewismus 1; vgl. ders., Kulturbolschewismus 2.

31 Vgl. ders., Judenfrage, 984.

32 Vgl. Heimann / Walter, Sozialisten.

Quellen- und Literaturverzeichnis

I. Unveröffentlichte Quellen und Darstellungen

Landeskirchliches Archiv der Evangelisch-Lutherischen Kirche in Bayern, Nürnberg (LAELKB)

LAELKB, KKE 9: Bestand Kirchenkampf Erlasse.

II. Veröffentlichte Quellen und Darstellungen

BERNECKER, Walther L.: Geschichte Spaniens im 20. Jahrhundert. München 2010.

BRECHENMACHER, Thomas: Der Heilige Stuhl und die totalitären Ideologien. Die März-Enzykliken von 1937 in ihrem inneren Zusammenhang, in: HJ 133 (2013), 342–364.

COLLADO SEIDEL, Carlos: Der Spanische Bürgerkrieg. Geschichte eines europäischen Konflikts. München [3]2016.

DUBE, Christian: Religiöse Sprache in Reden Adolf Hitlers. Analysiert an Hand ausgewählter Reden aus den Jahren 1935–1945. Norderstedt 2004.

EHRT, Adolf / SCHWEICKERT, Julius [= Pseud. Iwan Iljins]: Entfesselung der Unterwelt. Ein Querschnitt durch die Bolschewisierung Deutschlands. Berlin 1932.

GRUNDMANN, Walter: Die Entjudung des religiösen Lebens (Schriften zur Nationalkirche 11). Weimar 1939.

HAGEMANN, Jürgen: Die Presselenkung im Dritten Reich. Bonn 1970.

HEIMANN, Siegfried / WALTER, Franz: Religiöse Sozialisten und Freidenker in der Weimarer Republik (Solidargemeinschaft und Milieu: Sozialistische Kultur- und Freizeitorganisationen in der Weimarer Republik 4). Bonn 1993.

HERBECK, Ulrich: Das Feindbild vom „jüdischen Bolschewiken“. Zur Geschichte des russischen Antisemitismus vor und während der Russischen Revolution. Berlin 2009.

HUTTEN, Kurt: Kulturbolschewismus (Zeit- und Lebensfragen 18). Stuttgart 1931.

–: Kulturbolschewismus. Eine deutsche Schicksalsfrage. Stuttgart 1932.

–: Judenfrage I–III, in: Materialdienst 4 (1932), 137–144, 145–152 und 153–160.

–: Kommunismus I–II, in: Materialdienst 4 (1932), 169–176 und 177–184.

–: Art. Judenfrage, in: CKL 1 (1937), 980–986.

ILJIN, Iwan: Gift. Geist und Wesen des Bolschewismus (Die Notreihe 9). Berlin 1932.

LASER, Björn: Kulturbolschewismus! Zur Diskurssemantik der „totalen Krise“ 1929–1933 (Theorie und Vermittlung der Sprache 52). Frankfurt a. M. u. a. 2010.

LOOS, Mirjam: Gefährliche Metaphern. Auseinandersetzungen deutscher Protestanten mit Kommunismus und Bolschewismus (1919 bis 1955) (AKIZ B 74). Göttingen 2020.

NORMANN, Alfred [d. i. Iwan Iljin]: Bolschewistische Weltmachtpolitik. Die Pläne der 3. Internationale zur Revolutionierung der Welt auf Grund authentischer Quellen dargestellt. Bern 1935.

REICHSPROPAGANDALEITUNG, Zentralverlag der NSDAP, München (Hg.): Wochenspruch der NSDAP, Folge 30, 20.–26. Juli 1941, Faksimile online verfügbar unter: https://www.germanpostalhistory.com/php/viewitem.php?itemid=82251&germany%20cover=search&%23itempic0 [28.1.2020]

ROGALLA VON BIEBERSTEIN, Johannes: Jüdischer Bolschewismus. Mythos und Realität. Dresden 2002.

ROSENBERG, Alfred: Pest in Rußland. Der Bolschewismus, seine Häupter, Handlanger und Opfer, mit 75 Lichtbildern aus Sowjet-Rußland. München 1921.

SMOLINSKY, Heribert: Das katholische Rußlandbild in Deutschland nach dem Ersten Weltkrieg und im „Dritten Reich“, in: Hans-Erich Volkmann (Hg.): Das Rußlandbild im Dritten Reich. Köln u.a. 1994, 323–355.

SÖSEMANN, Bernd: Wochensprüche der NSDAP in ihren Reichs- und Gau-Ausgaben (1937–1945). Projektbeschreibung online verfügbar unter: http://web.fu-berlin.de/akip/5_projekte/wochensprueche.html [28.1.2020]

TOBLER, Hans Werner: Die mexikanische Revolution. Gesellschaftlicher Wandel und politischer Umbruch 1876–1940. Frankfurt a. M. [2]1995.

WIEMANN-STÖHR, Ingeborg: Die pädagogische Mobilmachung. Schule in Baden im Zeichen des Nationalsozialismus. Bad Heilbrunn 2018.

Dirk Schuster

Die Instrumentalisierung von Religionswissenschaft in den Arbeiten des Eisenacher ‚Entjudungsinstituts'

Schon im April 1939 forderte Siegfried Leffler, Mitbegründer und starker Mann der Thüringer Kirchenbewegung Deutsche Christen[1], das zu gründende Institut müsse in die Hände einer konfessionell unabhängigen Wissenschaft gelegt werden, um dem Verdacht kirchlich-theologischer Subjektivität zuvorzukommen[2].

Ein Jahr später stellte wiederum Heinz Hunger, zeitweiliger Geschäftsführer des Instituts zur Erforschung und Beseitigung des jüdischen Einflusses auf das deutsche kirchliche Leben, auf der ersten Arbeitstagung des ‚Entjudungsinstituts' in Wittenberg die Methode einer rassenkundlichen Religionsgeschichte vor, die künftig als Grundlage aller wissenschaftlichen Arbeiten des Instituts fungieren sollte.

Allein diese beiden Hinweise – es ließen sich noch eine Reihe weiterer hinzufügen – verdeutlichen, dass es den führenden Köpfen rund um das ‚Entjudungsinstitut' nicht um eine neue, rein theologische Lehrauslegung des protestantischen Christentums gegenüber dem Judentum ging. Aber es ging ihnen auch nicht um eine, wie auch immer geartete, Verteidigung des Christentums gegenüber einem religionsfeindlichen Nationalsozialismus – eine Interpretation, welche die apologetische Kirchengeschichtsschreibung in Teilen bis heute vertritt[3].

Die Idee der „Entjudung"[4] des Christentums, die den Protagonisten des Eisenacher Instituts vorschwebte, war keine Erfindung dieser, sondern seit spätestens den letzten Jahren des deutschen Kaiserreichs virulent im deutschen Protestantismus. Jenes spricht ebenso gegen die These einer Verteidigung des Christentums gegen einen kirchenfeindlichen Nationalsozialismus. Vielmehr, und dies lässt sich am Beispiel der Instrumentalisierung der Religionswissenschaft verdeutlichen, existierten die Ideen zur „Entjudung" des Christentums schon weit vor 1933, doch erst die gesellschaftlichen und poli-

1 Zur Kirchenbewegung Deutsche Christen vgl. Böhm, Christen.

2 Richtsätze des „Instituts zur Reinigung des kirchlichen Lebens von jüdischem Geist" von Siegfried Leffler an Dr. Werner, Präsident der Deutschen Evangelischen Kirche, vom 12. 4. 1939 (EZA Berlin, 7/4166).

3 Vgl. beispielhaft Wallmann, Vermächtnis. Zur Unhaltbarkeit des letztgenannten Punktes vgl. Schuster, Kirchenbewegung.

4 Zur Entwicklung des Begriffs „Entjudung" seit dem 18. Jahrhundert, der auch im innerjüdischen Kontext Verwendung fand, vgl. Schmidt / Schuster, Entjudung.

tischen Rahmenbedingungen des „Dritten Reiches“ erlaubten deren Umsetzung in die Praxis, wie im Eisenacher Institut geschehen.

Zum Anlass des 400-jährigen Reformationsjubiläums erschien 1917 das Traktat „Deutschchristentum auf rein-evangelischer Grundlage“, worin die Autoren – unter ihnen die bekannten christlich-völkischen Agitatoren Adolf Bartels[5] und Friedrich Andersen[6] – eine Verdeutschung des protestantischen Christentums forderten. In diesem Traktat ging es den Autoren nicht nur um eine sprachliche Eindeutschung des Bibeltextes: Andersen beispielsweise polemisierte gegen die Hebräische Bibel und behauptete das reine Evangelium gefunden zu haben, was frei sei von jüdischen Einflüssen. Aus diesem Grund habe der Protestantismus in Deutschland ein Evangelium nach deutscher Eigenart zu schaffen. In dem Traktat wird zudem die im Rassenverständnis nicht-jüdische Herkunft Jesu proklamiert, dieser habe vielmehr als Galiläer in einem direkten Gegensatz zum Judentum gestanden. Der sächsische Kirchenrat Ernst Katzer, ebenfalls Mitautor von „Deutschchristentum auf rein-evangelischer Grundlage“ behauptete darauf aufbauend, erst eine vergleichende Religionswissenschaft habe die methodischen Möglichkeiten, die Differenzen – was nichts anderes als rassenbedingte Gegensätze meint – zwischen Christentum und Judentum aufzuzeigen[7]. Aufgrund des möglichen „arischen“ Ursprung Jesu[8] sei „die Verbindung zwischen der christlichen und der alttestamentlich-jüdischen Religion sobald als möglich zu lösen und die christliche Religion allein auf sich selbst zu stellen.“[9]

Die antisemitische Grundintention hinter derartigen Forderungen ist offensichtlich: Nicht weniger als die „Entjudung“ des deutschen Christentums – also des Protestantismus – war das Ziel. Dieselbe Forderung stellte bereits 1911 der ebenfalls in völkisch-christlichen Kreisen bekannte Publizist und evangelische Theologe, Arthur Bonus, in seinem Buch „Zur Germanisierung des Christentums“ auf. Luther habe bereits mit einer nationalen Auslegung des Christentums – einer ihrem Charakter nach dem deutschen Volk eigentlich fremden Religion – begonnen und nunmehr müsse sich das Christentum einer abermaligen „Germanisierung“ unterziehen. Die etablierte Theologie, welche in den Augen Bonus’ bloßen Talmudismus betreibe, sei zu einer Wiedererlangung eines germanischen Christentums nicht mehr in der Lage[10]. Unter Einbeziehung der Rassenlehre zur „Entfernung jüdischer Fremdkörper“, wie er es nannte, forderte Bonus:

5 Zu Bartels vgl. GOSSENS, Bartels.

6 Zu Andersen vgl. BUSS, Andersen.

7 Vgl. zu dem gesamten Traktat NOWAK, Antisemitismus.

8 Zu den vielfältigen Versuchen seit Beginn des 20. Jahrhunderts, Jesus zu arisieren, vgl. LEUTSCH, Karrieren.

9 ANDERSEN u. a., Deutschchristentum, 16.

10 Vgl. BONUS, Germanisierung, 131.

> „Wollen wir nun – und müssen wir haben, um zu leben – eine deutsche Religion, so muß diese Form der religiösen Arbeit [der Theologie; D. S.] aufhören. Die Fremdelemente müssen aufgelöst werden. Wir müssen schärferer zersetzendere Säfte aufbringen. [...] Die Zersetzung der Fremdkörper im Leibe unserer Religion, das ist die Vorabreit, die uns unsere Religionswissenschaft zu leisten hat. Sie sieht negativ aus, ist aber so positiv [...]."[11]

Beiden Traktaten war neben dem Antisemitismus noch etwas gemein: Man ging von der rassisch bedingten Verschiedenheit von Juden und „Ariern" bzw. „Germanen" aus, was sich auch in der Religion widerspiegele – denn Religion war ein zentrales, verbindendes Element des heterogenen völkischen Spektrums[12]. Und um die rassenbedingten religiösen Unterschiede zwischen Juden und „Ariern" bzw. „Germanen" wissenschaftlich exakt aufzeigen zu können, bedürfe es einer neuen akademischen Vergleichsdisziplin – der Religionswissenschaft. Schon zur Zeit des Kaiserreichs sahen Vertreter der christlich-völkischen Bewegung die etablierte Theologie nicht dazu in der Lage, wahre Wissenschaft auf rassischer Grundlage betreiben zu können, weshalb es die Religionswissenschaft erfordere. Vertreter dieses völkischen Christentums verstanden sich als modern, sie wollten sich mit neuen methodischen Ansätzen in der akademischen Welt verankern sehen und neue Wege zur Erreichung des bereits feststehenden Zieles fokussieren – eines deutschen Christentums, dessen Abgrenzung vor allem gegenüber dem Judentum auf rassentheoretischen Grundlagen basierte.

Es ist bereits an dieser Stelle offensichtlich, dass die Programmatik des ‚Entjudungsinstituts' – hier am Beispiel der Religionswissenschaft – aufgezeigt, dass diese schon mindestens 30 Jahre Vorlaufzeit hatte, nur, dass es bis 1939 noch nicht zu einer Umsetzung kam. Antisemitismus, Rassentheorie, die religiös-kulturelle Überhöhung des deutschen Volkes sowie eine starke Jesus-Zentrierung gehörten zu den Kernelementen dieser christlich-deutschen Ideologie. Es ging nicht um eine neue religiöse Lehrauslegung, sondern um die Wiedererlangung einer vorgeblich wahren Urbotschaft Jesu, welche allein mit historischen und philologischen Methoden aufgedeckt werden sollte und nicht mit der klassischen Bibelexegese. Man war sich der scheinbaren Wahrheit bewusst, dass das Christentum aufgrund der rassischen Veranlagung der „Arier" der größte Gegensatz zum Judentum darstellt. Was letzten Endes fehlte, war eine vermeintlich objektive, wissenschaftliche Beweisführung, um jene „Wahrheit" zu legitimieren[13]. Aus diesem Grund forderten Vertreter jenes deutschen Christentums bereits im Kaiserreich, hierfür eine rassenkundliche Religionswissenschaft zu etablieren.

Mit Blick auf die wissenschaftlichen Arbeiten und methodischen Ausarbeitungen, welche im Zusammenhang mit dem Eisenacher ‚Entjudungsinsti-

11 Ebd., 132.

12 Vgl. Puschner, Völkisch, 65 f.; ders., Bewegung, 203–261.

13 Vgl. Junginger, Religionswissenschaft, 80.

tuts' entstanden, lässt sich genau jenes Schema abermals erkennen[14]: Der Versuch einer Beweisführung, dass das Judentum im direkten Gegensatz zum Christentum stehe. Jene Zielvorgabe wurde aber nicht mithilfe von Bibelauslegungen und neuen theologischen Erkenntnissen festgeschrieben, sondern aufgrund rassischer Bedingtheiten, deren Beweise man glaubte erbracht zu haben. Die Beweisführungen für jenen rassisch bedingten Gegensatz, wozu selbstredend auch das Wirken Jesu herangezogen wurde, basierten auf quellenbasierten, historischen und philologischen Ausarbeitungen. Beispielhaft hierfür ist im Vorwort der „entjudeten" Bibel „Die Botschaft Gottes"[15] zu lesen:

> „Auswahl und Gestaltung der einzelnen Abschnitte lassen erkennen, daß die reichen Erkenntnisse und Einsichten, die die deutsche theologische und religionswissenschaftliche Forschung in Entstehung und Inhalt des Neuen Testaments gewonnen hat, benutzt worden sind."[16]

Diese religionswissenschaftlichen Forschungen, die in der „Botschaft Gottes" genannt werden, bezeichnen vor allem jene Arbeiten zur Geschichte des Urchristentums, welche allen voran Jesus thematisierten. Die Stilisierung von Jesus zum „Arier", wie es vor allem der führende Kopf des Instituts und Jenaer Professor für Völkische Theologie und Neues Testament, Walter Grundmann[17], sowie der Leipziger Neutestamentler, Johannes Leipoldt[18], vollzogen haben, wäre mit einer bloßen exegetischen Herangehensweise unmöglich gewesen und hätte zusätzlich den Kern des ideologischen Anliegens verfehlt. Nicht nur musste die „arische" Herkunft Jesu – und damit die „arischen" Wurzeln des gesamten Christentums – bewiesen werden. Damit zusammenhängend musste gleichzeitig – vorangehend in größtmöglicher Kontrastierung gegenüber dem Christentum – die „Verderbtheit des Judentums" in Geschichte und Gegenwart seine Legitimation finden, damit eine „Entjudung" des Christentums durchgeführt werden konnte. Im letzten Schluss ging es um nicht weniger, als um die „Lösung der Judenfrage" im christlichen Kontext mithilfe wissenschaftlicher Nachweise[19].

Heinz Hunger, zeitweiliger Geschäftsführer des Eisenacher Instituts, hat es in seiner Konzeption für eine rassekundliche Religionsgeschichte bzw. Religionswissenschaft, welche als methodische Grundlage für zukünftige wissenschaftliche Arbeiten des Instituts gedacht war, auf den Punkt gebracht. So erläuterte er, dass er in einer solchen Wissenschaft über den Zusammenhang von Religion und Rasse „als Wissenschaftler einen Beitrag [leistet] für das

---

14 Vgl. hierzu ausführlich Schuster, Lehre.

15 Vgl. hierzu Lorenz, Jesusbild; Schuster, Botschaft.

16 Institut, Botschaft, VI.

17 Vgl. hierzu ausführlich Schuster, Lehre, 169–198.

18 Vgl. hierzu ausführlich ebd., 149–168; Schuster, Jesus.

19 Vgl. zur sogenannten Judenforschung im „Dritten Reich" Rupnow, Judenforschung; Junginger, Verwissenschaftlichung.

existenzielle Ringen unseres Volkes um einen arteigenen Glauben."[20] Jedoch stand nicht ausschließlich das „Arteigene" im Mittelpunkt der Untersuchung, sondern die Religionswissenschaft habe

> „nach dem religiösen Ideal als solchem zu fragen und dieses sicherzustellen, denn auch der Fremdeinfluß, gerade er, wird das Arteigene immer nur zu größerer Klärung und Herausarbeitung des Wesentlichen, eben des Typischen, veranlassen."[21]

Im Zuge der Ausführungen von Heinz Hunger über Wesen und Methode einer rassekundlichen Religionsgeschichte, lässt sich deutlich die Instrumentalisierung der Religionswissenschaft im Eisenacher Institut erkennen, mit deren Hilfe ein mutmaßlich objektiver wissenschaftlicher Nachweis für den Gegensatz zwischen Judentum und Christentum erbracht werden sollte. Es handelte sich dabei nicht um einen bloßen begrifflichen Austausch zur Vermeidung des Terminus Theologie, sondern es wurde, wie in den staatlichen sowie jenen unter NSDAP-Obhut agierenden Einrichtungen der „Judenforschung", mit methodischen Ansätzen aus unterschiedlichen wissenschaftlichen Disziplinen gearbeitet.

Religionsgeschichtliche Betrachtungsweisen verdrängten in den meisten Forschungsarbeiten des Eisenacher Instituts theologische Erklärungsansätze und nutzten „Volk" und „Rasse" als hermeneutische Werkzeuge in ihren Arbeiten. Erst diese Form der „Theologisch-Völkischen Religionswissenschaft"[22] ermöglichte es den Mitarbeitern des Eisenacher Instituts, den angeblichen Nachweis eines „nichtjüdischen" Jesu – was im allgemeinen Sprachgebrauch des „Dritten Reiches" nichts anderes als „arisch" meinte[23] – und darauf aufbauend, einen „arteigenen" christlichen Glauben für das deutsche Volk zu kreieren.

Mit Heinz Hungers Konzept einer vergleichenden Religionswissenschaft, unter Einbeziehung der Rassenkunde, erforschte ein Teil der Institutsmitarbeiter die religionsgeschichtlichen Verbindungen von Rasse und Religion[24]. Dies erfolgte hauptsächlich in Bezug auf Juden, Germanen und der Bevölkerung Palästinas zu Lebzeiten Jesu. Es handelte sich bei dieser Art von Wissenschaft um einen allgemeinen Trend in den deutschen Geisteswissenschaften, aus der geschichtlichen Entwicklung des Judentums mutmaßlich negative „jüdische Rasseneigenschaften" abzuleiten, in welchen man positive Eigenschaften von „Nichtjuden" gegenübergestellte. Derartige „wissenschaftliche Wahrheiten" dienten als Grundlage, jene religiösen Sphären der

20 Hunger, Wesen, 195 f.
21 Ebd., 216.
22 Vgl. hierzu ausführlich Schuster, Lehre, 135–148.
23 Von See, Arier-Mythos, 56.
24 Die als natürliche Einheit von Religion und Rasse verstandene „Tatsache" ist als ein klassisches Merkmal der völkischen Religionswissenschaft anzusehen. Vgl. Junginger, Völkische Religionswissenschaft, 1216.

Botschaft Jesu wiederzuentdecken, die angeblich durch eine fast zweitausendjährige „Verjudung“ des Christentums verdeckt worden seien.

Das argumentative Vorgehen für eine solche religionswissenschaftliche Beweisführung war relativ simple gedacht, wenn man die Struktur des Vorgehens systematisch analysiert. Das Ziel der Forschungen, vor allem bei Grundmann und Leipoldt, aber auch bei vielen weiteren aktiven Mitarbeitern des Eisenacher Instituts, stand von Anbeginn fest: Jesus durfte kein Jude im rassentheoretischen Verständnis gewesen sein. Dies meint, dass der Religionszugehörigkeit Jesu und dessen Eltern keinerlei Bedeutung beigemessen wurde, sondern es die genealogische Zugehörigkeit zu einer bestimmten Rasse zu erkunden galt. Dies geschah mithilfe von Stammbaumforschungen sowie vermeintlich rassenabhängigen Wesenseigenschaften. Die Forschenden suchten hierfür historische Quellen und wählten nur diejenigen für ihre Beweisführung aus, welche ein möglichst großes Kontrastbild zwischen Jesus und dem Judentum erzeugen. Quellen, die das vorgegebene Ziel in Frage stellen konnten, beispielsweise die im Lukas-Evangelium beschriebene Beschneidung Jesu, wurden als nachträgliche Verfälschung von Juden diskreditiert. Derartig vermeintlich jüdische Verfälschungen unterstrichen wiederum zusätzlich das zu zeichnende Negativbild des Judentums. Mit einer solchen Argumentationsweise konnte jede Quelle und neutestamentliche Überlieferung zugunsten der eigenen Zielvorgabe ausgelegt werden, notfalls, und das im umgekehrten Verständnis, dass es sich dementsprechend um absichtliche Falschaussagen bezüglich der Juden handelt. Die Argumente erhielten nochmals verstärkenden Charakter, indem der Vorwurf der „jüdischen Verfälschung“ die zeitgenössische antisemitische Propaganda der Nationalsozialisten bestätigte. Dies hat im Zuge dessen die religionshistorischen Forschungsergebnisse abermals argumentativ bestärkt.

Diese angeblich objektiv-wissenschaftliche Beweisführung des christlich-jüdischen Gegensatzes legitimierte wiederum die Umschreibung des Neuen Testamentes hin zu einem „judenfreien Volkstestament“, da die nunmehr wiedererkannte Urbotschaft Jesu auf den neuesten religionswissenschaftlichen Forschungen basierte, wie auch das Vorwort der „Botschaft Gottes“ suggeriert. Anschließend erhielten Pfarrer im kirchlichen Einflussbereich der Thüringer Deutschen Christen, in eigens dafür abgehaltenen Schulungen, genaue Erläuterungen, weshalb Änderungen in der „Botschaft Gottes“ gegenüber den klassischen neutestamentlichen Texten vorgenommen wurden.[25]

Zusammenfassend lässt sich festhalten, dass innerhalb der christlich-völkischen Kreise seit den letzten Jahren des deutschen Kaiserreichs, der Religionswissenschaft als vorgeblich objektivere Wissenschaft gegenüber der Theologie ein hoher Stellenwert zur Erlangung völkisch-indogermanischer Religionsvorstellungen zugesprochen wurde. Im nationalsozialistischen

25 Rundbrief der Deutsche Pfarrergemeinde vom 20. 2. 1940 (UA Leipzig, NA Wartenberg, Kurt, Ordner 47).

Deutschland lässt sich eine solche Instrumentalisierung ebenfalls feststellen, nicht nur im Eisenacher ‚Entjudungsinstituts'. Die Forschungen zu Genealogie und Volkstumsforschung im Ahnenerbe der SS basierten in weiten Teilen auf den Konzepten völkischer Religionswissenschaft. Die Hohe Schule der NSDAP, unter ideologischer Führung von Alfred Rosenberg, initiierte eine religionswissenschaftliche Abteilung, im Rahmen derer Wilhelm Brachmann 1942 gar eine ordentliche Professur an der Universität Halle/Saale erhielt[26].

Der Vorteil war, dass man der Religionswissenschaft aufgrund ihrer Methodenvielfalt und (suggerierten) konfessionellen Unabhängigkeit, eine gegenüber der Theologie größere wissenschaftliche Objektivität und Beweiskraft zugesprochen hat. Gepaart mit rassentheoretischen Annahmen, ließen sich scheinbar idealistische Urzustände von religiösen Kernaussagen konstruieren, die man für die Legitimation der eigenen Ziele in der Gegenwart benötigte. In Bezug auf das Eisenacher Institut meint dies, dass der eigene Antisemitismus seine Legitimation erhielt, weil „Arier" und Juden rassisch bedingt im größten Gegensatz zueinander stehen würden. Die Stilisierung von Jesus zum „Arier", vorgeblich wissenschaftlich bewiesen mithilfe von diffusen Quellenauslegungen, schafft die Legitimation zur Bekämpfung des Judentums in der Gegenwart – weil in dieser Auslegung schon Jesus als Antisemit das Judentum bekämpft habe. Die oftmals im Rahmen der Institutsaktivitäten entstandenen quellenbasierten Forschungsarbeiten, verfasst von renommierten Theologen und Geisteswissenschaftlern, besprochen in renommierten Wissenschaftsjournalen, erweckten den Anschein, die Ergebnisse entsprächen religionshistorischen Tatsachen. Was zugegebenermaßen banal klingen mag, entfaltete jedoch in den 1930er und 1940er Jahren eine fachübergreifende Wirkung und besaß darüber hinaus eine zunehmend tödliche Dynamik, was sich in dem massiven Ausbau der „Judenforschung" erkennen lässt, zu welcher der auch die Arbeiten des Eisenacher ‚Entjudungsinstituts' zu zählen sind.

Quellen- und Literaturverzeichnis

I. Unveröffentlichte Quellen und Darstellungen

Evangelisches Zentralarchiv Berlin (EZA)

Bestand 7/4166: Evangelischer Oberkirchenrat – Akten betreffend Institut zur Erforschung und Beseitigung des jüdischen Einflusses auf das deutsche kirchliche Leben, vom April 1939 bis März 1941.

26 Junginger, Völkische Religionswissenschaft, 1214.

Universitätsarchiv Leipzig (UA)

Bestand: Nachlass NA Wartenberg, Kurt: Ordner 47.

II. Veröffentliche Quellen und Darstellungen

Andersen, Friedrich u. a.: Deutschchristentum auf rein-evangelischer Grundlage. 95 Leitsätze zum Reformationsfest 1917. Leipzig 1917.

Böhm, Susanne: Deutsche Christen in der Thüringer evangelischen Kirche (1927–1945). Leipzig 2008.

Bonus, Arthur: Zur Germanisierung des Christentums. Jena 1911.

Buss, Hansjörg: Friedrich Andersen und der ‚Bund für Deutsche Kirche' in der schleswig-holsteinischen Landeskirche. In: Daniel Schmidt / Michael Sturm / Massimo Livi (Hg.): Wegbereiter des Nationalsozialismus. Personen, Organisationen und Netzwerke der extremen Rechten zwischen 1918 und 1933 (Schriftenreihe des Instituts für Stadtgeschichte Gelsenkirchen 18). Essen 2015, 179–191.

Gossens, Peter: Adolf Bartels. In: Benz, Wolfgang (Hg.): Handbuch des Antisemitismus. Judenfeindschaft in Geschichte und Gegenwart. Bd. 7: Literatur. Film, Theater und Kunst. Berlin / München / Boston 2014, 221–223.

Hunger, Heinz: Wesen und Methode einer rassekundlichen Religionsgeschichte, in: Walter Grundmann (Hg.): Christentum und Judentum. Studien zur Erforschung ihres gegenseitigen Verhältnisses. Bd. 1. Sitzungsberichte der ersten Arbeitstagung des Instituts zur Erforschung des jüdischen Einflusses auf das deutsche kirchliche Leben vom 1. bis 3. März 1940 in Wittenberg. Leipzig 1940, 193–233.

Institut zur Erforschung des jüdischen Einflusses auf das deutsche kirchliche Leben (Hg.): Die Botschaft Gottes. Weimar 1940.

Junginger, Horst: Religionswissenschaft. In: Jürgen Elvert / Jürgen Nielsen (Hg.): Kulturwissenschaften und Nationalsozialismus. Stuttgart 2008, 52–86.

–: Die Verwissenschaftlichung der „Judenfrage" im Nationalsozialismus. Darmstadt 2011.

–: Völkische Religionswissenschaft. In: Michael Fahlbusch / Ingo Haar / Alexander Pinwinkler (Hg.): Handbuch der völkischen Wissenschaften, Bd. 2, 2. grundlegend erweiterte und überarbeitete Aufl. Berlin / Boston 2017, 1207–1217.

Leutsch, Martin: Karrieren des arischen Jesus zwischen 1918 und 1945. In: Uwe Puschner / Clemens Vollnhals (Hg.): Die völkisch-religiöse Bewegung im Nationalsozialismus. Eine Beziehungs- und Konfliktgeschichte (Schriften des Hannah-Arendt-Instituts 47). Göttingen 2012, 195–217.

Lorenz, Elisabeth: Ein Jesusbild im Horizont des Nationalsozialismus. Studien zum Neuen Testament des „Instituts zur Erforschung und Beseitigung des jüdischen Einflusses auf das deutsche kirchliche Leben" (WUNT 2, 440). Tübingen 2017.

Nowak, Kurt: Protestantischer Antisemitismus. Ein deutsch-christliches Manifest aus dem Jahr 1917. In: HerChr 31 (2007), 75–89.

PUSCHNER, Uwe: Die völkische Bewegung im wilhelminischen Kaiserreich. Sprache – Rasse – Religion. Darmstadt 2001.

–: Völkisch. Plädoyer für einen ‚engen' Begriff. In: Paul Ciupke u. a. (Hg.): „Die Erziehung zum deutschen Menschen". Völkische und nationalkonservative Erwachsenenbildung in der Weimarer Republik (Geschichte und Erwachsenenbildung 23). Essen 2007, 53–66.

RUPNOW, Dirk: Judenforschung im Dritten Reich. Wissenschaft zwischen Politik, Propaganda und Ideologie (Historische Grundlagen der Moderne; Autoritäre Regime und Diktaturen 4). Baden-Baden 2011.

SCHMIDT, Daniela / SCHUSTER, Dirk: „Entjudung" – Wort, Phänomen, Programm. Zur Verwendungsgeschichte eines Begriffes. In: PaRDeS. Zeitschrift der Vereinigung für Jüdische Studien 22 (2016), 167–191.

SCHUSTER, Dirk: „Jesus ist von jüdischer Art weit entfernt." Die Konstruktion eines „arteigenen", nichtjüdischen Jesu bei Johannes Leipoldt. In: Manfred Gailus / Clemens Vollnhals (Hg.): Für ein artgemäßes Christentum der Tat. Völkische Theologen im „Dritten Reich" (Hannah-Arendt-Institut. Berichte und Studien 71). Göttingen 2016, 189–201.

–: Die Kirchenbewegung Deutsche Christen und die „Beseitigung des jüdischen Einflusses". Ein aktiver Prozess zur Gestaltung des „Dritten Reiches". In: Ulrich A. Wien (Hg.): Judentum und Antisemitismus in Europa. Tübingen 2017, 247–278.

–: Die Lehre vom „arischen" Christentum. Das wissenschaftliche Selbstverständnis im Eisenacher „Entjudungsinstitut" (KKR 70). Göttingen 2017.

–: Die Botschaft Gottes". Eine Bibelübersetzung im „Dritten Reich". In: Katharina Heyden / Andreas Müller (Hg.): Bibelübersetzungen in der Geschichte des Christentums (VWGTh 62). Leipzig 2020, 141–159.

SEE, Klaus von: Der Arier-Mythos. In: Nikolaus Buschmann / Dieter Langewiesche (Hg.): Der Krieg in den Gründungsmythen europäischer Nationen und der USA. Frankfurt a. M. / New York 2003, 56–96.

WALLMANN, Johannes: Ein Vermächtnis Kaiser Wilhelms II. Was hat Walter Grundmanns Eisenacher „Entjudungsinstitut" mit Martin Luther zu tun? In: ZThK 114 (2017), 289–314.

Elisabeth Lorenz

Zum Jesusbild der „Botschaft Gottes" – Bibelrezeption und Bibelredaktion im Neuen Testament des Eisenacher ‚Entjudungsinstituts' von 1940

Wie kann man diesen „Jesus" überhaupt noch vermitteln? Kann man ihn (noch) „Jesus Christus" nennen? Rabbi? Sohn Gottes? Heiland, Herr und Meister? König? Und auch: König der Juden? Der König Israels? Kann man ihn als Hohepriester und als Lamm bezeichnen – zwei Titel, die eng mit dem jüdischen Tempelopfer verbunden sind? Der Messias – immerhin ein hebräischer Begriff?

Und wie kann die Bibel, eine Textsammlung, die so eindeutig jüdisch geprägt ist, überhaupt noch eine Rolle spielen für „Deutsche Christen", also zumindest für jene Christen bzw. Deutsche, die das „Institut zur Erforschung und Beseitigung des jüdischen Einflusses auf das deutsche kirchliche Leben"[1] im Blick hat? Diese Fragen waren Ausgangspunkte der Arbeit dieses Eisenacher Instituts, das die Frage nach der „Entjudung des religiösen Lebens als Aufgabe deutscher Theologie und Kirche" ansah[2]. 1940 wurde von eben diesem Institut unter Leitung des Jenaer Neutestamentlers Walter Grundmann[3] eine dezidiert „entjudete" Bibelausgabe mit dem Titel „Die Botschaft Gottes" (im Folgenden: BG) herausgegeben. Dabei handelte es sich um eine stark bearbeitete und gekürzte Ausgabe von Teilen des Neuen Testaments[4]. In dieser Schrift ist die Frage nach Jesus Christus ein zentrales Thema.

Die Herausgeber, alle Institutsmitglieder, geben an, mit ihrer Bibelausgabe

1 Das Stichwort „Beseitigung" wurde zu Beginn der Tätigkeit im Titel geführt. So heißt es in der Publikation der Eröffnungsrede: GRUNDMANN, Entjudung: „Vortrag [...] bei der feierlichen Eröffnungssitzung des ‚Instituts zur *Erforschung und Beseitigung* des jüdischen Einflusses auf das deutsche kirchliche Leben'", im BG-Impressum (Gesamtausgabe) lediglich „Institut zur *Erforschung* des jüdischen Einflusses auf das deutsche kirchliche Leben" (BG IV).

2 Vgl. GRUNDMANN, Entjudung, Titel seines Vortrags zur Institutseröffnung.

3 Grundmann war der verantwortliche „führende Kopf dieses Unternehmens" (STEGMANN, Kirchenkampf, 78; ähnlich EBER, Volkstestament, 30; PROLINGHEUER, Weg, 73; SODEN, Urchristentum, 159; FISCHER, Volkstestament, 2). Der häufig identische Wortlaut zwischen Grundmanns Aussagen und den BG-Vor- und Nachworten macht es sinnvoll, Grundmanns Aussagen in seinen kommentierenden Schriften als Deutungshilfe zur BG zu verstehen. In der BG-Gesamtausgabe werden als weitere Beteiligte Erich Fromm, Heinz Hunger, Wilhelm Büchner und Heinrich Weinmann genannt (BG VIII).

4 Das Alte Testament wurde als „jüdische" Schrift weitgehend abgelehnt. Grundmann nennt die „israelitische Geschichte" „Umweg", das AT nicht heilsnotwendig (vgl. GRUNDMANN, Grundsätzliche Bemerkungen zum Volkstestament, 22; und DERS., Entjudung, 14–17). AT-Zitate innerhalb der BG sind daher häufig getilgt.

den „ewigen Gehalt des Evangeliums und seiner Zeitgebundenheit“[5] herausarbeiten zu wollen, also eine verständliche, neue Bibelübersetzung zu schaffen und berufen sich dabei mehrfach auf Luther[6]. Doch bereits ein Blick in das Vorwort verrät den eigentlichen Hintergrund: Man will „In der Zeit des deutschen Entscheidungskampfes einen Dienst an der Seele des deutschen Volkes leisten.“[7] Das Verständnis der eigenen redaktionellen Arbeit als „Dienst“ steht auch in den Arbeitsbestimmungen des Instituts im Vordergrund: Man wolle „nur eines: Dienst an der Erneuerung des frommen deutschen Lebens im Großdeutschen Reich des siegreichen Führers.“[8] Dieser kleine Einblick legt nahe: Die Bibelausgabe sollte dazu verwendet – missbraucht – werden, den deutschen Lesern zu einer staatskonformen Haltung zu verhelfen, also ihnen den Kampf gegen das Judentum zu erleichtern (und diesen zu begründen). Walter Grundmann selbst bezeichnete die Auswahlbibel einmal gar als „Stück Kriegseinsatz der deutschen Religionswissenschaft“[9]. Und dazu wurden höchst ideologisch und fatal neue Begrifflichkeiten eingefügt und insgesamt eine neue Schwerpunktsetzung geschaffen. Zur „Entjudung“ kommt also das Element der eigenständigen Gestaltung der Texte unter ideologischen Gesichtspunkten. Im Nachwort zur Teilausgabe der BG wird die „Gestaltung“ der Bibel wie eine Kunst dargestellt, die die Redaktoren der „Botschaft Gottes“ beherrschen und anwenden[10].

Für ein Verständnis der Vorgehensweise der Redaktion ist es allerdings hilfreich, die einfachen Mittel zu kennen, mit denen in die Texte eingegriffen wird. (1) So werden an vielen Stellen unerwünschte Inhalte getilgt, beispielsweise in der bearbeiteten lukanischen Weihnachtsgeschichte, u. a. Lk 2,4.

BG	*Lutherbibel 2017*
Auch Joseph aus Galiläa	Da machte sich auf auch Josef aus Galiläa,
von der Stadt Nazaret	aus der Stadt Nazareth,
	in das judäische Land zur Stadt Davids,
wanderte nach Bethle-	die da heißt Bethlehem,
hem.	*darum dass er von dem Hause und Geschlechte Davids war,*
	[…]

5 Grundmann, Arbeitsbericht, 36; ähnlich: Fromm, Volkstestament, 23; BG-Vorwort, Vf.

6 Die BG-Redaktion nennt ihre Aufgabe im Nachwort zur Teilausgabe „Fortsetzung des Werkes, das Luther einst begonnen“ (BG-Teilausgabe, Nachwort XI), obwohl die Redaktoren es zuvor die „falsche Fragestellung“ nennen, nur über Luthers Rolle nachzudenken (ebd. Nachwort X). Das Vorwort der Gesamtausgabe verweist auf „eine innere Verbindung mit Luthers Werk“ (BG VIII).

7 BG VII.

8 Grundmann, Arbeitsbericht, 37, ähnlich Ders., Entscheidungsstunden, 83.

9 Grundmann, Entscheidungsstunde, 84.

10 Vgl. BG-Teilausgabe, Nachwort XI.

(2) An anderen Stellen wird das Umfeld christianisiert, zum Teil in Anlehnung an die damals aktuelle Lutherübersetzung von 1912, wie bei der Bearbeitung von Lk 2,41:

BG	*NA / Lutherbibel 2017*
Jesu Eltern gingen alle Jahre nach Jerusalem *zum Osterfest.*	Καὶ ἐπορεύοντο οἱ γονεῖς αὐτοῦ κατ’ ἔτος εἰς Ἰερουσαλὴμ *τῇ ἑορτῇ τοῦ πάσχα* (zum Passafest (Lutherbibel 2017), aber Lutherbibel 1912: auf das Osterfest).

(3) Noch interessanter für die Analysen sind stark deutende Übersetzungen, die etwas über den Geist der Redaktoren verraten, wie im Beispiel der Bearbeitung von 1Kor 13,3 die bewusst deutende, den Leser lenkende Übersetzung. Hier wird ein dramatisches „Opfer“ in den Flammen als ideale Christusnachfolge dargestellt:

„Und wenn ich all meine Habe den Armen gäbe

BG	*NA*	*Luther 2017*	*Luther 1912*
und meinen Leib *im Flammentod opferte,*	καὶ ἐὰν *παραδῶ* τὸ σῶμά μου *ἵνα καυχήσωμαι,*	und meinen Leib *dahingäbe, mich zu rühmen,*	und *ließe* meinen Leib *brennen,*

und hätte der Liebe nicht, so wäre mir’s nichts nütze.“

(4) Gerade die Texte, die aus verschiedenen synoptischen Evangelien (oder verschiedenen paulinischen Briefen) neu zusammengestellt wurden und mit eigenen Überschriften und Seitenschriften betitelt wurden, verraten viel. Beispielsweise wurden verschiedene Verse mit Worten, die aus Jesu Diskussionen mit Pharisäern und Schriftgelehrten in den Evangelien überliefert sind, bearbeitet und zum Thema „Kampf“ zusammengefasst unter dem Titel „Die entscheidende Kampfansage“[11]. Außerdem sind die Auszüge aus den synoptischen Streitgesprächen mit dem Titel „Sein Kampf“[12] überschrieben und zum Thema der Nachfolge wählt man u. a. die Überschriften: „Hart und entschlossen“[13] und „Ohne Einsatz, Treue und Opfer kein Sieg und kein Leben“[14].

Ein Blick in die BG (hier die Gesamtausgabe von 1940) bestätigt den ersten Eindruck: In dem handlichen Büchlein, von Grundmann auch als „Feldbi-

11 BG 68, Die entscheidende Kampfansage (Lk 11,39–42ab; Mt 23,24; Lk 11,43; Mk 12,40; Lk 11,44–46; Mt 23,13; Lk 11,47–50.51c; 13,34–35a; 11,53–12,1).

12 Vgl. BG 63.

13 BG 51, Hart und entschlossen (Mk 9,43–47.50b).

14 BG 62 f., Ohne Einsatz, Treue und Opfer kein Sieg und kein Leben (Mk 8,34–37; Mt 10,32–33; 12,30).

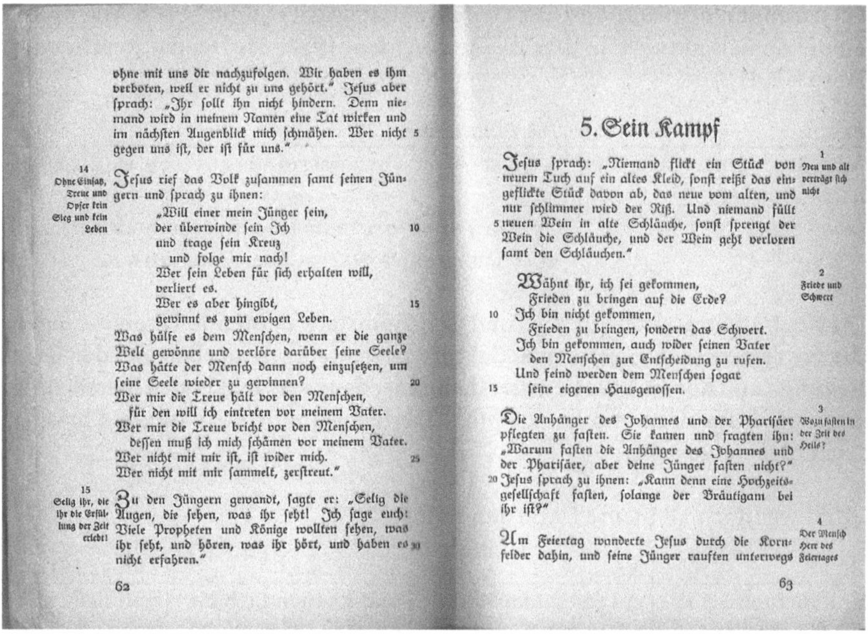
ohne mit uns dir nachzufolgen. Wir haben es ihm verboten, weil er nicht zu uns gehört." Jesus aber sprach: „Ihr sollt ihn nicht hindern. Denn niemand wird in meinem Namen eine Tat wirken und im nächsten Augenblick mich schmähen. Wer nicht gegen uns ist, der ist für uns."

14 Ohne Einsatz, Treue und Opfer kein Sieg und kein Leben

Jesus rief das Volk zusammen samt seinen Jüngern und sprach zu ihnen:

„Will einer mein Jünger sein,
der überwinde sein Ich
und trage sein Kreuz
und folge mir nach!
Wer sein Leben für sich erhalten will,
verliert es.
Wer es aber hingibt,
gewinnt es zum ewigen Leben.
Was hülfe es dem Menschen, wenn er die ganze Welt gewönne und verlöre darüber seine Seele?
Was hätte der Mensch dann noch einzusetzen, um seine Seele wieder zu gewinnen?
Wer mir die Treue hält vor den Menschen,
für den will ich eintreten vor meinem Vater.
Wer mir die Treue bricht vor den Menschen,
dessen muß ich mich schämen vor meinem Vater.
Wer nicht mit mir ist, ist wider mich.
Wer nicht mit mir sammelt, zerstreut."

15 Selig ihr, die ihr die Erfüllung der Zeit erlebt!

Zu den Jüngern gewandt, sagte er: „Selig die Augen, die sehen, was ihr seht! Ich sage euch: Viele Propheten und Könige wollten sehen, was ihr seht, und hören, was ihr hört, und haben es nicht erfahren."

62

5. Sein Kampf

1 Neu und alt verträgt sich nicht

Jesus sprach: „Niemand flickt ein Stück von neuem Tuch auf ein altes Kleid, sonst reißt das eingeflickte Stück davon ab, das neue vom alten, und nur schlimmer wird der Riß. Und niemand füllt neuen Wein in alte Schläuche, sonst sprengt der Wein die Schläuche, und der Wein geht verloren samt den Schläuchen."

2 Friede und Schwert

Wähnt ihr, ich sei gekommen,
Frieden zu bringen auf die Erde?
Ich bin nicht gekommen,
Frieden zu bringen, sondern das Schwert.
Ich bin gekommen, auch wider seinen Vater
den Menschen zur Entscheidung zu rufen.
Und feind werden dem Menschen sogar
seine eigenen Hausgenossen.

3 Wozu fasten in der Zeit des Heils?

Die Anhänger des Johannes und der Pharisäer pflegten zu fasten. Sie kamen und fragten ihn: „Warum fasten die Anhänger des Johannes und der Pharisäer, aber deine Jünger fasten nicht?" Jesus sprach zu ihnen: „Kann denn eine Hochzeitsgesellschaft fasten, solange der Bräutigam bei ihr ist?"

4 Der Mensch Herr des Feiertages

Am Feiertag wanderte Jesus durch die Kornfelder dahin, und seine Jünger rauften unterwegs

63

bel"[15] bezeichnet, da es an der Front verteilt wurde[16], dominieren Überschriften und Seitenschriften das Druckbild. Die Gesamtausgabe bestand aus vier Teilen: Einer Kompilation der synoptischen Evangelien (bzw. deren Überresten nach Streichungen, Kürzungen und Bearbeitungen) sowie eine Auswahl von Texten aus dem Johannesevangelium, aus der neutestamentlichen Briefliteratur und aus der Offenbarung des Johannes.

Um sich nun dem „Jesusbild" anzunähern, das die Redaktoren „gestaltet" haben, lohnt sich ein Überblick über die Übersetzungen christologischer Titel in den bearbeiteten Texten:

BG-Übersetzungen	*NA*	*Wörtl. ÜS*
Meister	ῥαββί	Rabbi
Sohn Gottes / Christus der Herr / König / Heiland	χριστὸς	Messias

15 Klemm, Fischer, 388, FN 403. Klemm zitiert die Akten des Landeskirchenamtes (LKA) Dresden, 710. Dies bezieht sich aller Wahrscheinlichkeit nach auf die Teilausgabe der BG.

16 Klemm zitiert die Akten des LKA Dresden und des LBR (Deponat des Landesbruderrats Dresden im Kirchenkampfarchiv des Landeskirchenamts): Der Verlag habe es allen Soldaten zugesandt (Martin Beier an alle Mitarbeiter A 2/40 vom 20. 2. 1940 [LKA Dresden, 110]) und es wurde an Konfirmanden verteilt (Prater an Marahrens vom 11. 4. 1940 [ebd., LBR 101414]), vgl. Klemm, Fischer, 388, FN 403.

(Fortsetzung)

BG-Übersetzungen	*NA*	*Wörtl. ÜS*
König des Lebens / der die Suchenden zum Leben führt	ὁ βασιλεὺς τοῦ Ἰσραήλ	König Israels
der erkorene Gottessohn	ὁ χριστὸς ὁ υἱὸς τοῦ θεοῦ	Christus / der Messias, der Sohn Gottes
der Erkorene Gottes / Herzog ihres Lebens / Heiland / eingeborner Sohn	ὁ ἀμνός / τὸ ἀρνίον	das Lamm
Heiland	ἀρχιερεύς	Hohepriester

An diesen Übersetzungsbeispielen lässt sich klar die Heraushebung Jesu aus seiner jüdischen Umwelt erkennen: Die Bezeichnung „Rabbi“ wurde ebenso wie die „Hohepriester“ und „Lamm“ getilgt. Laut der BG habe sich Jesus mit der Feststellung des Endes von Gesetz, Tempelopfer und Schriftgelehrsamkeit vollständig vom Judentum losgesagt.[17] Dazu kommt, dass die Rede vom passiven leidenden Lamm „ganz und gar nicht deutsch-christlichen‘ Idealen von Kraft, Kampf und Sieg“ entsprochen habe[18]. Beim Messiasbegriff wurde ähnlich vorgegangen: Er erscheint zwar in der BG als unzureichende Wiedergabe jüdischer Vorstellungen[19], nicht aber als treffende Aussage über Jesus[20]. Auch die häufige Verwendung des Titels „Heiland“ kann unter dem Blick der „Entjudung“ gesehen werden: Der Begriff scheint in der BG als Platzhalter zu fungieren, der deutschchristliche Vorstellungen transportiert. Als typisch deutsche Christustitulatur[21] führt Grundmann schon 1933 den Begriff des „Heilands“ als den „Namen, den deutsche Frömmigkeit ihm gegeben hat“[22], an und bezeichnet ihn 1940 als „Heiland der Deutschen“[23]: Die Heilandsvorstellung nennt er dezidiert „griechisch“ und dadurch im

17 Vgl. BG 104 f., Das Weinwunder: Ende des Gesetzesdienstes (Joh 2,1–11); BG 105, Die Tempelreinigung: Ende des Opferdienstes (Joh 2,12–16.18–20.22ab); BG 106–108, Das Gespräch mit Nikodemus: Ende der Schriftgelehrsamkeit vor dem Lebensgeheimnis des Gottessohnes (Joh 2,23–24; 3,1–10.12–13.16–21.31–36); Erwähnung von Tempel, Tempelopfer und Beschneidung in Bezug auf Jesus vermieden (BG 4 f., Das Kind – das Heil der Erde (Lk 2,25ab.26.27b–35)); Frage nach dem Götzenopferfleisch als bewusste Ablösung vom jüdischen Erbe konstruiert (BG 249–255, Die Auseinandersetzung des Paulus mit der Jerusalemer Gemeinde).

18 Vgl. Nicklas, Apokalypse, 357.

19 Z. B. BG 74 f., Nicht der Menschen Erwartung, sondern Gottes Gedanken! (Mk 8,27–31a; Lk 17,25; Mt 16,22; Mk 8,33), Mk 8,29: Der Messiasbegriff wird in der Aussage des Petrus verwendet.

20 Z. B. BG 88, Das Verhör vorm Hohenpriester (Mk 14,53–61; Lk 22,67b–70; Mk 14,63–65; Lk 22,64c), Mk 14,61 und Lk 22,67: Das Verhör vor dem Hohenpriester: Die BG übersetzt ‚Sohn Gottes‘ statt ‚Messias‘.

21 Vgl. Heliand. Ab dem altsächsischen mittelalterlichen Epos „Heliand“ findet sich der Begriff „Heiland“ in der dt. Literatur, seither allg. christl. Bezeichnung z. B. in Liedern wie „Mein Heiland, Herr und Meister“ (aus Schuberts „Deutscher Messe“ von 1826).

22 Grundmann, Rasse, 17.

23 Ders., Nazareth, Kapitelüberschrift, 49.

Gegensatz zur jüdischen „Messiaserwartung" stehend[24]. Die bearbeiteten Texte der „Botschaft Gottes" stehen also, wie schon an diesen wenigen Beispielen sichtbar wird, ganz in einer Linie mit Grundmanns Behauptung, Jesu Verkündigung habe ihn „in einen durchgängigen und bis zu den Wurzeln reichenden Gegensatz zum Judentum" geführt[25].

Nach der Feststellung dieser offensichtliche „Entjudung" der Texte ist es nötig, die neuen Bezeichnungen zu analysieren, die an Stelle der tatsächlichen christologischen Titel eingetragen wurden. Diese kreieren – jeweils im Kontext gelesen – ein neues Bild von Jesus. Grundmann selbst beschreibt diesen Prozess als Freilegung der „Persönlichkeit" Jesu, die sonst durch „jüdische Übermalung" überdeckt sei[26]. In seiner Vorstellung gehe aus der „Ablösung" Jesu vom Judentum die Entwicklung einer „neuen Position"[27] Jesu hervor, seine „Eigenart"[28], die ihn einen „eigenen" Weg[29] gehen ließen. Man kann daher weiter fragen: Wie wird die „Eigenart" bzw. Persönlichkeit Jesu in der BG gezeichnet? Wie lässt sich diese Neugestaltung mit der Zielangabe der Redaktoren, den Deutschen einen „Dienst" zu erweisen, in Verbindung bringen? Welche Facetten Jesu werden verstärkt durch Text- bzw. Versauswahl oder den Texten neu hinzugefügt? Diese lassen sich aus den Schwerpunkten, die die Redaktoren durch ihre Begriffe, die sie in die Texte direkt eintragen, aber ebenfalls durch die Wahl von Über- und Seitenüberschriften setzen, ableiten. Einige Linien lassen sich ausloten:

(1) Jesus ist nicht der jüdische Messias, sondern der „Leidende", mit dem wir mitleiden solle
(2) Jesus ist „Kämpfer" gegen das Judentum, daher werden seine Nachfolger zu (Mit)kämpfern und Jesus ist daher nicht „König Israels", sondern „König des Lebens
(3) Jesus ist nicht das Lamm, sondern der tapfere „Lebensspender", der sich opfert, und zur Tapferkeit ruft: Das Verständnis vom Opfertod Christi wird heroisiert

Zu 1.: Als Gegenentwurf zu „dem" von den Redaktoren vorausgesetzten jüdischen Messiasverständnis wählt die „Botschaft Gottes" die Darstellung eines gehorsam Leidenden. Dieses Leiden ist aber kein schwächliches und

---

24 Vgl. DERS., Wahrheit, 253. Für die Deutung bietet sich der Heiland-Begriff an, da σωτήρ in der griechischem Mythologie häufig als *Epitheton ornans* für Götter und Göttinnen gebraucht wurde (vgl. HAHN, Hoheitstitel, 278).

25 Vgl. GRUNDMANN, Gotteskindschaft, 117.

26 DERS., Arbeitsbericht, 35.

27 DERS., Galiläer, 206.

28 Vgl. Kapitelüberschrift der Jesus-Monographie: „Die Eigenart Jesu" (GRUNDMANN, Galiläer, 91–138).

29 Vgl. BG 15, *Jesu eigener Weg:* nicht Drohprediger, sondern Freudenbote (Mt 11,2–3; Lk 7,22–26a.28–35; Mt 14,3a.10b) u. ä. BG 121, Des Sohnes *eigenes Zeugnis* (8,13–19; 12,44–45; 8,20).

passives Leiden, wie es für die Redakteure mit dem Begriff des „Lammes“ assoziiert ist, sondern ein kämpferisches und aktives Leiden. Und auch in Bezug auf die, die in Christi Nachfolge stehen, ist „Leiden“ in der BG ein zentraler Begriff, wie die Überschriften zu ausgewählten Versen aus dem ersten Petrusbrief exemplarisch zeigen: „In Jesu Spur wird Leiden zum Quell des Lebens“[30] und „Freude im Leid“[31]. Grundmann hebt ebenfalls das Leiden als ein wesentliches Moment des Lebens Jesu hervor, das „schicksalhafte Bedeutung“ habe und seine „der Welt geltende Sendung“ anzeige[32]. Das so verstandene, kämpferische Leiden Jesu, das nicht mit der Messiaserwartung vereinbar sei, erscheint in der BG als ein Grund für Jesu unwiderrufliche Heraushebung aus dem Judentum.

Zu 2.: Die Verwendung „kämpferischer“ Terminologie tritt in der BG sowohl in Bezug auf Jesus als auch auf seine Nachfolger häufig auf. Die Gemeinde bekommt den Auftrag zu kämpfen, wie die Überschriften „Die Gemeinde als Kampfgemeinschaft in Jesu Christi Art“[33] und „Legt die Waffenrüstung Gottes an zum Kampf gegen den Satan“[34] exemplarisch belegen. Leiden und Sterben sind für die BG-Redaktion aktive und heldenhafte Prozesse: Grundmann spricht in Anlehnung an Nietzsche von „herrischer Überlegenheit“ und dem „Dienstwillen“ Jesu, der ihn vom Judentum abhebt[35]. Jesus wird also als vorbildhafter Kämpfer gegen das Judentum präsentiert, der unerbittlich gegen seine jüdischen Gegner vorgeht. Wesentlich bestimmt wird der Kampf durch das damit einhergehende Leiden Christi, das dieser in treuem Gehorsam zu seinem lieben Vater aktiv auf sich nimmt.

Zu 3.: Eine dritte wichtige Deutungslinie ist die Frage nach der Deutung des Todes. Der Tod wird als „Lebensspende“ aufgefasst. Dieser Begriff ist zentral für die Bearbeitungen des Johannesevangeliums:

(a) BG 135, Die Erweckung des Lazarus: Das *Sinnbild der Lebensspende* (Joh 10,40–11,1; 11,3–12.14–21.23–41.43–44)
(b) BG 138: Der Todesbeschluß aus *Anlaß der Lebensspende* (Joh 11,45–51a.53–57),
(c) BG 139: Die Todessalbung: *Dank für die Lebensspende* (Joh 12,1–5.7.9–11)

Außerdem wird der Tod mit dem Begriff des „Opfers“ verknüpft. Während die ganze Dimension des *einmaligen* Selbstopfers des Hohepriesters Jesus, ebenso wie der Verweis auf die Betonung des *Lebens* vor Gott gestrichen wird, benutzt die Redaktion diese Leerstelle bei der Deutung des Todes Jesu dazu, den Wert des Selbstopfers Christi übersteigert darzustellen. Hier zeigt sich wieder die

30 BG 202, In Jesu Spur wird Leiden zum Quell des Lebens (1 Petr 2,19–25; 3,9.15–16).
31 BG 203, Freude im Leid (1 Petr 4,12–13; 5,6–11).
32 Vgl. Grundmann, Galiläer, 163.
33 BG 196 f., Die Gemeinde als Kampfgemeinschaft in Jesu Christi Art (Phil 1,27ac–29).
34 BG 198 f., Legt die Waffenrüstung Gottes an zum Kampf gegen den Satan (Eph 6,10–18a).
35 Vgl. ders., Antike Religion, 84.

enge Verknüpfung zwischen den Wesenszügen einer christlichen Lebensweise und der Christologie, die zweifellos Wesensmerkmal des christlichen Glaubens ist[36], aber hier missbraucht wird: Nicht nur wird Jesu Tod als tapfere „Lebensspende" bezeichnet, seine Todesstunde[37] vollzieht endgültig die Ablösung vom Judentum und führt die Heilszeit herauf."[38] Der BG-Jesus fordert dementsprechend dazu auf, man müsse als „Gefolgsmann" ebenfalls sein Leben „einsetzen"[39]. Auch kündigt der BG-Jesus den Jüngern an, sie müssten den „Leidenskelch" trinken und die „Todesweihe empfangen", wie es Jesus getan habe[40]. Und die „Brüder" sollen sich selbst „zum lebendigen Opfer" „weihen"[41]. Am deutlichsten wird diese Aussageabsicht der Redaktoren in der Passage BG 140 f., Dem Opfer entkeimt das Leben (Joh 12,24b–32.37a), Joh 12,24b–28:

BG	*NA / Lutherbibel 2017*
Wer sein Leben *für sich erhalten will*, verliert es. Wer aber sein Leben in dieser Welt *einsetzt, gewinnt ewiges Leben.*	*ὁ φιλῶν τὴν ψυχὴν αὐτοῦ* (*wer sein Leben liebt / daran hängt*) ἀπολλύει αὐτήν, καὶ *ὁ μισῶν* (*wer gering achtet / hasst*) τὴν ψυχὴν αὐτοῦ ἐν τῷ κόσμῳ τούτῳ εἰς ζωὴν αἰώνιον φυλάξει (*bewahren / erhalten zum ewigen Leben*) αὐτήν.
Will einer *in meinen Dienst treten*, der folge mir, und wo ich bin, dort soll auch *mein Gefolgsmann sein*, und mein Vater wird ihn ehren. […]	ἐὰν ἐμοί τις διακονῇ (*dienen*), ἐμοὶ ἀκολουθείτω, καὶ ὅπου εἰμὶ ἐγὼ ἐκεῖ καὶ ὁ διάκονος ὁ ἐμὸς (*mein Diener*) ἔσται· ἐάν τις ἐμοὶ διακονῇ τιμήσει αὐτὸν ὁ πατήρ. […]
Vater, bringe deinen Sohn zu Ehren!' Da kam eine Stimme vom Himmel herab: ‚Ich habe ihn *zu Ehren gebracht* und will es aufs neue tun.'	πάτερ, δόξασόν σου τὸ ὄνομα (*verherrliche deinen Namen*). ἦλθεν οὖν φωνὴ ἐκ τοῦ οὐρανοῦ· καὶ ἐδόξασα καὶ πάλιν δοξάσω.

Der Einsatz des eigenen Lebens wird hier als „Opfer" verstanden. Der Begriff des Opfers findet sich in der Überschrift zu dieser Passage, die inhaltliche Füllung bietet der bearbeitete Text.

---

36 Vgl. Röm 8,29: Glaube ist Ähnlichwerden zu Christus bzw. eine Teilhabe an Christus.

37 Grundmann versteht das „Weinwunder" als „vollendeten neuen Gottesdienst" der Heilszeit, die in Verbindung mit Jesu Tod stehe, „denn die ‚Stunde', die noch nicht gekommen ist, ist die Todesstunde" (GRUNDMANN, Galiläer, 226).

38 EBD. 226 f.

39 BG 140 f., *Dem Opfer entkeimt das Leben* (Joh 12,24b–32.37a), Joh 12,25), ähnlich BG 198, Der entscheidende Kampf – das Gesicht eines Sehers (Offb 11,15b; 12,7–12), Offb 12,11: die Sieger haben ihr Leben „eingesetzt"; vgl. auch BG 62, *Ohne Einsatz, Treue und Opfer kein Sieg und kein Leben* (Mk 8,34–37; Mt 10,32–33; 12,30), Mk 8,35: das Leben soll „hingegeben" werden, um das ewige Leben zu „gewinnen".

40 BG 75, Mitleiden ist Voraussetzung der Herrlichkeit (Mk 10,35–40).

41 Vgl. BG 186, Gottesdienst der *Tat* (Röm 12,1–2), Röm 12,1.

Die Eintragung eines solchen heroischen Opferbegriffs, der eng mit der Deutung des Todes Jesu verbunden ist und sowohl sein Leiden als auch seine kämpferische Tatkräftigkeit und Tapferkeit betont, ist „in der Zeit des Entscheidungskampfes“[42] und in der „Feldbibel“[43] besonders fatal. Die Textbearbeitungen der BG zeigen eine bewusste Verengung der Darstellung des Todes Jesu: Die BG wählt vorrangig die Darstellungen des Todes Jesu aus, die seinen Vorbildcharakter in Tod und Leid betonen[44] und spitzt diese noch zusätzlich zu. So wird den Lesern der Eindruck vermittelt, dass dies „das“ biblische Verständnis des Todes Jesu sei. Der Hintergrund für diese „paränetischen“ Aussagen dürfte aber keine Anleitung zum *Sterben* mit Christus gewesen sein, vielmehr wurde er „als ethisches Vorbild“ gebraucht[45]. Die vielfältigen Kreuzestheologi*en* des Neuen Testaments werden so reduziert und jeglichen Hinweises auf den kultischen „bildspendenden“ Bereich des Opferbegriffs beraubt. Einhergehend mit Tilgung jüdisch-kultischer Opferterminologie in Bezug auf Jesu Leiden, Sterben und Auferstehen, wurden auch die Aussagen über die Herkunft Jesu bearbeitet, sodass aus den Texten nicht mehr die jüdische Abstammung[46] und Selbstidentifikation Jesu hervorgeht.

Die Eingriffe in die neutestamentlichen Texte durch die BG-Redaktoren sind so stark, dass nicht mehr klar ist, dass in den biblischen Texten die Nachfolge Christi im ganzen *Leben* gefragt ist. Vielmehr scheinen die *BG-Redaktoren* die Nachfolge Christi *im Opfertod* (für das Deutsche Reich) zu fordern. So bringt sich die BG in gefährliche Nähe zum Missbrauch des Opfergedanken durch Nationalismen und Terrorsysteme, denn spätestens beim Ausbruch des ersten Weltkriegs im Klima des ‚ersatzreligiöse‘ Nationalismus des 19. Jahrhunderts, der „den Heldentod als heiligen Opfertod“ feierte[47], wirkte auch „die Suggestion, dank der Opfer auf dem Altar des Vaterlandes ein neues Zeitalter zu errichten.“[48] Der Missbrauch der Opferbereitschaft machte es möglich, dass „die modernen Nationalismen und noch mehr die Terrorsysteme […] dank einer todesbereiten Einsatzwilligkeit ihrer Gefolgsleute so viel Unheil anrichten“ konnten[49]. Die Rede vom Opfer muss sich aber stets daran messen lassen, *wer* ein Opfer *wofür* fordert. Die Tatsache, dass hier nicht

---

42 Grundmann, Arbeitsbericht, 37.

43 Vgl. Klemm, Fischer, 388.

44 Der Tod wird lediglich als „Exemplum“ gedeutet, als „Modell göttlichen und menschlichen Verhaltens“, nicht aber als „Sacramentum“, durch das Unheil überwunden wird. Zur dieser Unterscheidung vgl. Theissen, Religion, 202. V. a. Passagen, die Wolter zu den „paränetischen Gebrauchsweisen“ der Rede vom Heilstod Jesu zählt, die den Heilstod Jesu als „Vorbild“ funktionalisieren, sind in der BG aufgenommen, z. B. 1 Petr 2,21; 1 Tim 2,1–6; Joh 15,12–13 (vgl. Wolter, Heilstod, 306–308).

45 Ebd., 307.

46 U. a. durch die Tilgung der Rede von der Davidssohnschaft und der Geburt in Judäa (s. v.).

47 Angenendt, Revolution, 125.

48 Ebd., 126. Als weitere Wirkkomponenten nennt er die Verschränkung von Apokalyptik, Gewaltbereitschaft und Männerbündlertum.

49 Ebd., 124.

vor der Vermischung des biblischen Vorzugs des *Lebens* mit dem nationalsozialistischen und für den Machterhalt nötigen Ideal des *Sterbens für die Gemeinschaft* zurückgeschreckt wurde, macht die fatalen Auswirkungen einer Vermischung von Exegese und Politik überdeutlich – gerade weil eine Bearbeitung biblischer Texte, die nicht als Kommentar kenntlich gemacht wird, den Lesern als authentisches Bibelwort, also *Gottes*wort im Menschenwort, erscheint, und dadurch einen unzulässigen Autoritätsanspruch einfordert.

Die Textbearbeitungen der BG sollten durch ihre Verschränkung antijüdischer Klischees mit politisch-ideologischen Zielen als warnendes Beispiel dafür dienen, die Aufgabe der heutigen Exegese weiterhin ernst zu nehmen, „Grundzüge eines Verständnisses Jesu Christi zu erarbeiten, das nicht per se antijüdisch strukturiert ist, vielmehr unter der Voraussetzung der theologisch begründeten Bejahung Israels als Volk Gottes gewonnen wird."[50] Dafür ist es unerlässlich, weiter daran zu arbeiten, antijüdische Tendenzen der Exegese in Tradition und Gegenwart aufzuspüren und aufzuklären.

Quellen- und Literaturverzeichnis

ANGENENDT, Arnold: Die Revolution des geistigen Opfers. Blut – Sündenbock – Eucharistie. Freiburg 2011.

DIE BOTSCHAFT GOTTES, hg. vom Institut zur Erforschung des jüdischen Einflusses auf das deutsche kirchliche Leben. Weimar 1940; bzw. DIE BOTSCHAFT GOTTES, hg. vom Institut zur Erforschung des jüdischen Einflusses auf das deutsche kirchliche Leben. Leipzig 1940.

DIE BOTSCHAFT GOTTES. JESUS DER HEILAND. DIE JESUS-ÜBERLIEFERUNGEN DER ERSTEN DREI EVANGELIEN, hg. vom Institut zur Erforschung des jüdischen Einflusses auf das deutsche kirchliche Leben. Leipzig [Georg Wigand Kommissionsverlag] 1940.

EBER, Jochen: Das „Volkstestament der Deutschen": „Die Botschaft Gottes" – ein deutsch-christliches Neues Testament im Dritten Reich. In: EJT 18 (2009), 29–46.

FENSKE, Wolfgang: Wie Jesus zum ‚Arier' wurde. Auswirkungen der Entjudaisierung Christi im 19. und zum Beginn des 20. Jahrhunderts. Darmstadt 2005.

FISCHER, Karl: Das Volkstestament der Deutschen Christen. Dresden 1940.

FROMM, Erich: Das Volkstestament der Deutschen. Ein Geleitwort zu der vom Institut zur Erforschung des jüdischen Einflusses auf das deutsche kirchliche Leben herausgegebenen Botschaft Gottes. Weimar 1940.

GRUNDMANN, Walter: Religion und Rasse. Ein Beitrag zur Frage nationaler Aufbruch und lebendiger Christusglaube (Veröffentlichungen der Arbeitsgemeinschaft nationalsozialistischer Pfarrer und Lehrer 3). Werdau 1933.

50 FENSKE, Arier, 36.

–: Die Gotteskindschaft in der Geschichte Jesu und ihre religionsgeschichtlichen Voraussetzungen (Studien zu Deutscher Theologie und Frömmigkeit 1). Weimar 1938.

–: Unsere Arbeit am Neuen Testament. Grundsätzliche Bemerkungen zu dem von ‚Institut zur Erforschung des jüdischen Einflusses auf das deutsche kirchliche Leben‘ herausgegebenen Volkstestament. In: Institut zur Erforschung des Jüdischen Einflusses auf das Deutsche Kirchliche Leben (Hg.): Verbandsmitteilungen 1. Leipzig 1939, 6–22.

–: Die Entjudung des religiösen Lebens als Aufgabe deutscher Theologie und Kirche. Vortrag von Prof. Dr. W. G.[rundmann], Jena, gehalten bei der feierlichen Eröffnungssitzung des „Instituts zur Erforschung und Beseitigung des jüdischen Einflusses auf das deutsche kirchliche Leben“ in Eisenach (Schriften zur Nationalkirche 11). Weimar 1939.

–: Arbeitsbericht, in: Institut zur Erforschung des Jüdischen Einflußes auf das Deutsche Kirchliche Leben (Hg.): Verbandsmitteilungen 2, Leipzig 1940, 34–37.

–: Wer ist Jesus von Nazareth? Weimar 1940.

–: Jesus der Galiläer und das Judentum. Leipzig 1940.

–: In den Entscheidungsstunden des deutschen Schicksals. In: Institut zur Erforschung des Jüdischen Einflußes auf das Deutsche Kirchliche Leben (Hg.): Verbandsmitteilungen 4. Leipzig 1941, 83 f.

–: Die ewige Wahrheit des Evangeliums und seine Zeitgebundenheit. In: Heinz Erich Eisenhuth (Hg.): Die Bedeutung der Bibel für den Glauben, Leipzig 1941, 191–261.

–: Die antike Religion im Licht der Rassenkunde. In: Ders / Hugo Odeberg / Wolf Meyer-Erlach Hugo (Hg.): Die völkische Gestalt des Glaubens (Beiheft zur Reihe Germanentum, Christentum und Judentum). Leipzig 1943, 23–100.

Hahn, Ferdinand: Christologische Hoheitstitel. Ihre Geschichte im frühen Christentum (UTB 1873). Göttingen 5., erw. Aufl. 1995.

Heliand. Das deutsche Heldenlied vom Heiland, hg. von Benedikt Welser / Karl Simrock. Aschaffenburg 1939.

Kampmann, Jürgen: ‚Kann die Gotteserfahrung klarer, gebietender, unumstösslicher ins Licht des menschlichen Bewusstseins treten als hier im Kriege?‘ Nationalistisch-bellizistische und pazifistische Theologie im deutschen Protestantismus zwischen 1918 und 1945. In: Andreas Holzem (Hg.): Krieg und Christentum. Religiöse Gewalttheorien in der Kriegserfahrung des Westens (Krieg in der Geschichte 50). Paderborn 2009, 752–776.

Klemm, Hermann: Im Dienst der Bekennenden Kirche. Das Leben des sächsischen Pfarrers Karl Fischer 1896–1941 (AGK.E14). Göttingen 1986.

Nicklas, Tobias: Apokalypse und Antisemitismus: Die Offenbarung des Johannes bei Auslegern im Umfeld des Nationalsozialismus. In: Michael Labahn / Martin Karrer (Hg.): Die Johannesoffenbarung: Ihr Text und ihre Auslegung (ABIG 38). Leipzig 2012, 347–370.

Prolingheuer, Hans: Der Lutherisch Deutsch-Christliche Weg. Am Beispiel des Eisenacher Entjudungsinstituts. In: Christian Staffa (Hg.): Vom protestantischen Antijudaismus und seinen Lügen. Versuche einer Standort- und Gehwegbestimmung des christlich-jüdischen Gesprächs (Tagungstexte der Evangelischen Akademie Sachsen-Anhalt, Bd. 1). Wittenberg 3. verb. Aufl. 1997, 57–92.

SODEN, Hans von: Urchristentum und Geschichte. Gesammelte Aufsätze und Vorträge. Bd. 2: Kirchengeschichte und Gegenwart. Hg. von Hans von Campenhausen. Tübingen 1956.

STEGMANN, Erich: Der Kirchenkampf in der Thüringer evangelischen Kirche 1933–1945. Ein Kapitel Thüringer Kirchengeschichte. Berlin 1984.

THEISSEN, Gerd: Die Religion der ersten Christen. Eine Theorie des Urchristentums. Gütersloh 2000.

WOLTER, Michael: Der Heilstod Jesu als theologisches Argument. In: Jörg Frey / Jens Schröter (Hg.): Deutungen des Todes Jesu im Neuen Testament (WUNT 181). Tübingen 2005, 297–313.

Rebecca Scherf

Auf der Suche nach Erich B.

Spuren eines Geistlichen in der Geschichte der evangelischen Kirche und Konzentrationslager zwischen 1933 und 1945

Die Geschichte klingt abenteuerlich: Pfarrer Erich Brieger, 1921 als Auslandspfarrer nach Brasilien entsandt, fuhr 1936 von dort mit dem Schiff nach Rotterdam. Sein Ziel war Deutschland, wo er an einer Besprechung über Deutschtum und Rassefragen teilnehmen wollte. Das Propagandaministerium hatte ihn dazu eingeladen. Nachdem er seine Bedenken zerstreut hatte, folgte er der Einladung. Doch zu der Besprechung sollte er nie kommen. In Rotterdam bestieg er ein weiteres Schiff, auf dem ihn einige Männer der NSDAP-Auslandsorganisation begrüßten und mit ihm einen Kaffee tranken. Das war am 22. Mai 1936. Zwei Tage später, am 24. Mai, erwachte Brieger im Hamburger KZ der Gestapo. Offenbar – so die Vermutung – wurde ihm Betäubungsmittel in den Kaffee getan. Von Hamburg aus wurde er in das KZ Sachsenhausen-Oranienburg verschleppt, 1940 ins KZ Dachau, wo er im „Pfarrerblock" lebte. Am 27. April 1945 wurde er auf den sogenannten Todesmärschen befreit und fand anschließend Unterkunft in Unterhaching.

Dekan Oscar Daumiller, damaliger Kreisdekan des südbayerischen Kirchenkreises[1], war irritiert, als eben dieser Pfarrer Erich Brieger im September 1945 zu ihm kam, um Anstellung in der bayerischen Landeskirche bat und von jener außerordentlichen Begebenheit berichtete. Irritiert vor allem deshalb, weil ihm Erich Brieger vollkommen unbekannt war. Da er mit allen evangelischen Geistlichen im KZ Dachau in Kontakt gestanden war, konnte sich Daumiller diesen Umstand kaum erklären. Daumiller erkundigte sich dann zunächst bei Karl-Adolf Groß, also bei demjenigen ehemaligen Häftling, der wohl am meisten Ahnung hatte, wer im Block 27, dem Pfarrerblock, gelebt hatte und was dort geschehen war. Doch auch Karl-Adolf Groß kannte keinen Erich Brieger. Irgendetwas war seltsam an der Sache. Zwar wurde Brieger „in der Kleidung eines Dachauer KZ-Häftlings mit der eingenähten Nummer" gesehen, doch, so schrieb Daumiller an den bayerischen Landeskirchenrat: „Daß Herr Brieger Häftlingsuniform anhatte, beweist noch nichts. Sie waren damals gegen Geld zu haben."[2] Also versuchte Daumiller über das kirchliche Außenamt der DEK und Bischof Theodor Heckel Information zu Brieger zu erhalten. Doch auch dieser konnte Brieger nicht zuordnen, vor allem nicht als

1 Vgl. SCHERF, Kirche, 259.

2 Brief Daumiller an Landeskirchenrat, 20. 5. 1946 (LAELKB, KDM 2.2.0004–550).

deutscher Pfarrer in Brasilien, was er als Leiter des Außenamtes eigentlich hätte können müssen.

Der Brief, den Daumiller über Erich Brieger an den Landeskirchenrat schrieb, war eines der ersten Dokumente, die bei der Recherche zum Verhältnis von evangelischer Kirche zum KZ-System in den Aktenbeständen des Archives der bayerischen Landeskirche, oben auflagen. Die Neugier war geweckt – ließen sich Spuren des geheimnisvollen Pfarrer Briegers im weiteren Verlauf der Forschungen ausfindig machen?!

Am Gipfel der Aktenberge sollten 71 evangelische Geistliche namentlich gefunden werden, die zwischen 1933 und 1945 in Schutzhaft genommen und in Konzentrationslagern inhaftiert wurden. Zwei Pfarrer wurden jeweils noch ein weiteres Mal in Haft genommen, so dass 73 Inhaftierungen belegt werden können.

Wurden Geistliche in Schutzhaft genommen, fielen sie im Wesentlichen unter dieselben gesetzlichen Bestimmungen wie alle anderen Schutzhäftlinge. Erstmals im April 1934 erließ das Reichsministerium des Innern eine einheitliche Bestimmung zur Schutzhaft. Danach waren nur staatliche Polizeistellen für die Verhängung der Schutzhaft zuständig. Sie war zulässig „zum eigenen Schutz des Häftlings“ und „wenn der Häftling durch sein Verhalten, insbesondere durch staatsfeindliche Betätigung, die öffentliche Sicherheit und Ordnung unmittelbar gefährdet.“[3]

Im bayerischen Landeskirchenarchiv ist ein Exemplar zur Schutzhaftregelung vom April 1934 verwahrt, das vom bayerischen Staatsinnenministerium am 8. Mai an den Politischen Polizeikommandeur Bayerns (Heinrich Himmler), die Regierung, Kammer des Innern, die Polizeidirektionen und Staatspolizeiämter, die Bezirksämter und an die Sonderbevollmächtigten und Sonderbeauftragten der Obersten SA-Führung in Bayern ausgegeben wurde und den Reichserlass speziell auf Bayern bezog. Darin findet sich ein Abschnitt zum Verfahren der Schutzhaft gegen Geistliche:

> „Geistliche dürfen grundsätzlich nur dann in Schutzhaft genommen werden, wenn es zur Sicherung der eigenen Person unbedingt erforderlich erscheint *und* eine andere Massnahme zu dem erstrebten Ziele voraussichtlich nicht führt.“[4]

Im Januar 1938 wurde die Schutzhaft durch Reichsinnenminister Wilhelm Frick neu geordnet und Veränderungen vor allem in der Zulässigkeit, der Zuständigkeit und der Vollstreckung vorgenommen. Die Schutzhaft wurde nun als „Zwangsmaßnahme der Geheimen Staatspolizei der Abwehr aller volks- und staatsfeindlichen Bestrebungen gegen Personen“ verstanden, „die durch ihr Verhalten den Bestand und die Sicherheit des Volkes und des Staates gefährden.“[5] Für den Erlass der Schutzhaft war ausschließlich die Gestapo

3 Abschrift der Schutzhaftregelung vom 8. 5. 1934 (LAELKB, Best. LKR 0.2.0003, Nr. 1758, o. Bl.).
4 Ebd., H. i. O.
5 Schutzhafterlass vom 25. 1. 1938, zitiert nach: Broszat, Konzentrationslager, 74.

zuständig und sie musste „grundsätzlich in staatlichen Konzentrationslagern"[6] vollzogen werden. Über die Dauer der Schutzhaft sind in Fricks Befehl keine Angaben vorhanden, was wiederum bedeutet, dass die Schutzhaft zeitlich nicht begrenzt war. Am 27. August 1941 erließ Heinrich Himmler eine geheime, „grundsätzliche" Entscheidung zur Inhaftierung „staatsfeindlicher Elemente"[7]. Himmler habe laut dem offiziellen Anordnungsschreiben beschlossen, dass „sämtliche hetzerischen Pfaffen, deutschfeindliche Tschechen und Polen, sowie Kommunisten und ähnliches Gesindel grundsätzlich auf längere Zeit einem Konzentrationslager zugeführt werden sollen."[8] War es zuvor noch üblich, dass Schutzhaftanträge an die jeweils zuständigen Stellen gestellt wurden, so konnten jetzt Personen schon vor Einreichung von Anträgen in Schutzhaft genommen werden. Mit diesem Beschluss war die Schutzhaft an keinerlei rechtliche Form mehr gebunden und konnte willkürlich gegen Personen eingesetzt werden, die das NS-Regime als feindlich betrachtete, wozu immer wieder auch evangelische Geistliche gehörten.

Mit 26 Gefangenen war die Landeskirche Sachsen am stärksten betroffen. Ihr folgten die Kirchenprovinz Rheinland (neun), die Landeskirche Nassau-Hessen (acht) und weitere zur APU gehörenden Provinzen Brandenburg-Berlin (sechs), Westfalen (fünf) und Sachsen (vier). Auf die übrigen betroffenen Landeskirchen kamen jeweils ein bis zwei inhaftierte Geistliche. Die meisten von ihnen waren Angehörige der Bekennenden Kirche. Der Großteil der 71 Inhaftierten wurde im Verlauf der NS-Herrschaft im KZ Dachau untergebracht. Über ein Drittel musste seine Haft im KZ Sachsenburg verbringen, das bis Juli 1937 bestand. Das KZ Sachsenhausen nutzen die Nationalsozialisten ab 1936 als weiteren Inhaftierungsort auch für Geistliche. Vereinzelt schickte die Inspektion für Konzentrationslager die Gefangenen auch nach Neustadt, Ravensbrück, Flossenbürg und Buchenwald[9]. Betrachtet man die Dauer der jeweiligen KZ-Aufenthalte über die Jahre, so wird ersichtlich, dass die KZ-Haft der Geistlichen immer länger andauert, von nur wenigen Wochen zu Beginn der NS-Herrschaft bis über mehrere Jahre ab 1941.

Mit Blick auf die Begründungen der KZ-Inhaftierungen ließ sich folgendes feststellen: Während es 1933 ein – unter nationalsozialistischen Vorzeichen – politischer Grund war, den in diesem Jahr inhaftierten links orientierten Pfarrer in KZ-Haft zu nehmen, war es ab 1934, vor allem aber ab 1935 ein kirchenpolitischer Kontext, in dem die Geistlichen wohl auch wissentlich gegen staatlich geltendes Recht verstießen. So beispielsweise die beiden sächsischen Geistlichen Vikar Adam Wolf und der Pfarrverwalter Hermann Hickel. Beide waren vom Landesbruderrat jeweils einer Gemeinde zugeteilt, da die dortigen Gemeindemitglieder die vom Landesbischof eingesetzten

6 Ebd., 75.
7 EZA, 50/11, Bl. 107.
8 Ebd.
9 Vgl. Scherf, Kirche, 291 f.

Geistlichen nicht anerkennen wollten. Weder Wolf noch Hickel war es erlaubt, die eigentlichen Kirchengebäude zu nutzen, so dass sie für Gottesdienste und Bibelstunden in Notkirchen, Gast- und Privathäuser auswichen. Damit verstießen sie gegen einen Erlass des Reichsinnenministeriums, wonach konfessionelle Veranstaltungen in außerkirchlichen Räumen verboten waren[10]. Adam Wolf wurde daraufhin unter Hausarrest gestellt, anschließend am 11. März in ein Gefängnis nach Mainz und schließlich zum 1. April nach Dachau überführt[11]. Auch der fünf Tage später verhaftete Hermann Hickel kam zunächst am 16. März in ein Polizeigefängnis nach Worms, zum 1. April nach Dachau[12]. Damit konnten sie zwar der jeweiligen Landeskirchenregierung die Stirn bieten, dieses Verhalten brachte sie aber zur Verbüßung der Schutzhaft in ein Konzentrationslager.

Mit Kriegsbeginn 1939 wurde von vielen evangelischen Geistlichen Kritik am NS-Staat selbst und seinen Praktiken laut, was wiederum zur KZ-Haft führte. Hier zeichnete sich rückblickend eine Entwicklung ab: die stärker werdende kritische Haltung evangelischer Geistlicher gegenüber dem NS-Regime und die zunehmend rigoroser werdende Bestrafung dieser durch KZ-Haft. Dazwischen kam es immer wieder zu Inhaftierungen aus Gründen, mit denen die Nationalsozialisten eine ihrer Ideologie entsprechende Gesellschaft generieren wollten, so zum Beispiel die Haftnahmen der als „nichtarisch" geltenden Geistlichen im Zuge der Reichspogrome 1938. Quantitativ lassen sich ebenfalls mehrere Phasen beschreiben. Eine erste Phase ist 1933/1934 anzusetzen, als pro Jahr nur jeweils ein evangelischer Geistlicher in KZ-Haft genommen wurde. Das Jahr 1935 beschreibt mit 26 Inhaftierungen eine zweite, der abrupte Abfall auf null Geistliche, die sich 1936 in einem KZ befanden, eine dritte Phase. Die vierte Phase erstreckt sich über mehrere Jahre von 1937 bis 1940 mit in etwa gleichbleibenden Zahlen an Inhaftnahmen in den jeweiligen Jahren (1937: 2, 1938: 4, 1939: 4, 1940: 3). 1941 und 1942 werden dann insgesamt 23 Geistliche inhaftiert (1941: 13; 1942: 10), so dass diese beiden Jahre eine eigene, fünfte Phase beschreiben. Die letzte Phase zeichnen die Jahre 1943 bis 1945 mit insgesamt neun KZ-Inhaftierungen (1943: 4, 1944: 4, 1945: 1). Insgesamt gab es zwei Inhaftierungswellen 1935 und 1941/1942, sowie eine Gegenwelle im Jahr 1936. Die KZ-Inhaftierungen 1935 von Geistlichen der nassau-hessischen und sächsischen Landeskirchen lassen sich im kirchenpolitischen Kontext der jeweiligen Landeskirchen verorten. Dass sich im Jahr 1936 kein einziger Geistlicher in einem KZ befand, wirkt zunächst überraschend, ist aber mit außenpolitischen Absichten erklärbar. Datiert auf den 9. April 1936 sandte Hanns Kerrl, Reichsminister für die kirchlichen Angelegenheiten, einen Schnellbrief an die Kirchenkanzlei der DEK und an die obersten Behörden der Landeskirchen. Darin wurde mitgeteilt:

---

10 Vgl. Hofmann, Dokumentation 3, 468.

11 Vgl. ebd.

12 Vgl. ebd., 466.

> „Unter dem Eindruck der überwältigenden Vertrauenskundgebungen des deutschen Volkes am 29. März 1936 bitte ich [...] sämtliche staatspolizeilichen Massnahmen, sowie es sich um Aufenthalts- und Redeverbot handelt und diese vor dem 29. März 1936 ausgesprochen sind, für evangelische und katholische Geistliche ausnahmslos mit sofortiger Wirkung aufzuheben. Soweit noch Inschutzhaftnahmen aufrechterhalten sind, bitte ich um sofortigen Bericht, ob auch hier eine Aufhebung angebracht ist."[13]

Hintergrund war der Sieg des NSDAP bei der Reichstagswahl am 29. März 1936. Nach der Rekonstruktion aller KZ-Inhaftierungen war zum Zeitpunkt des Erlasses kein evangelischer Geistlicher mehr in einem KZ, was eine Aufhebung durch Kerrl nötig gemacht hätte. Dass aber im gesamten Jahr kein Geistlicher mehr in Schutzhaft genommen wurde, kann mit diesem Erlass zu begründen sein. Eine mögliche Erklärung dieser Aufhebung aller staatlichen Maßnahmen gegen Geistliche im Zuge der Reichstagswahlen könnten die außenpolitische negative Wirkung der KZ-Inhaftierungen von Geistlichen sein. Bereits die Entlassungen der 1935 inhaftierten Geistlichen aus Nassau-Hessen und Sachsen waren auf außenpolitischen Druck hin geschehen. So war gerade in den Monaten zwischen März und Juni 1935 für Hitler die Verständigung mit England zu einem relevanten militärpolitischen Thema geworden. Bereits im März war ein deutsch-britisches Flottenabkommen, das die Seerüstung regeln sollte, ins Auge gefasst worden. Die Verhandlungen begannen am 4. Juni 1935 in London und wurden am 18. Juni vertraglich besiegelt[14]. Genau in dieser Zeit kritisierte der anglikanische Bischof von Chichester, George Bell, in einem offenen Brief vom 30. Mai 1935 den Umgang des Hitler-Regimes mit der Kirche:

> „Was ist das für ein Deutschland, mit dem wir Freundschaft schließen sollen? Ist es das Deutschland, in dem nationalsozialistische Führer über christliche Pfarrer und andere Christen die grausame Bestrafung mit Konzentrationslager verhängen und die Freiheit der christlichen Kirche in jeder nur erdenklichen Weise beschränken? [...] Das britische Volk liebt die Freiheit und verabscheut religiöse Verfolgung."[15]

Diese Bedenken fanden auch an anderen kirchlichen Leitungsstellen Englands öffentliche Unterstützung, so dass die Frage der deutsch-englischen Verständigung eine Frage der innerdeutschen Kirchenpolitik wurde[16]. Am 8. Juni telegraphierte das Auswärtige Amt an die deutsche Botschaft in London, dass alle im KZ Dachau und im KZ Sachsenburg inhaftierten Geistlichen wieder frei seien[17]. Bereits am 3. Juni, also einen Tag vor Beginn der Verhandlungen mit

13 Schnellbrief an die DEK vom 9. bzw. 20. 3. 1936 (ELAB, 14/2346, o. Bl.).

14 Vgl. Drobisch, Anklagen, 74 f.; vgl. Meier, Kirchenkampf, 35.

15 Zitiert nach ebd., 34 f.

16 Vgl. ebd., 35.

17 Vgl. Hofmann, Dokumentation 3, 494.

England, hatte Reichsinnenminister Frick die sofortige Entlassung angeordnet: „*Ersuche, die noch in Schutzhaft befindlichen Pfarrer heute bedingungslos zu entlassen* unbeschadet Strafverfolgung bei vorliegendem strafrechtlichem Tatbestand.“[18]

Ein ähnliches Schema ist auch für das Jahr 1936 anzunehmen: Die im Sommer stattfindenden olympischen Sommerspiele in Berlin sollten ein positives Bild von NS-Deutschland nach außen vermitteln und nicht mit in KZs gesperrten Pfarrern auf sich aufmerksam machen.

Die zweite Welle 1941/1942 gründete vor allem auf innenpolitische Ruhigstellungsmaßnahmen, während sich das NS-Regime der Außenpolitik und dem Kriegsgeschehen zuwandte. Kritische Stimmen, die innenpolitisch für Unruhe sorgen konnten, wurden durch KZ-Inhaftierungen zum Schweigen gebracht. Im August 1941 kam es zu der bereits genannten entsprechenden Schutzhaftanordnung Himmlers, wonach Geistliche langfristig in KZ-Haft verwahrt bleiben sollten[19].

Eingeordnet in den historischen Kontext ergaben sich für die KZ-Inhaftierungen weitere Beobachtungen: In den Jahren 1933 und 1934 war die Etablierung der nationalsozialistischen Machtstrukturen eine positive Haltung zur Kirche bestimmend, es kam in dieser Zeit nur zu einzelnen Inhaftierungen. Ab 1935 standen die innenpolitische Ausrichtung des Volkes und die Machtfestigung im Vordergrund der NS-Bestrebungen, die Einstellung des Regimes zur Kirche änderte sich ins Negative. Ab diesem Zeitpunkt ist ein dramatischer Anstieg von KZ-Inhaftierungen von evangelischen Geistlichen zu verzeichnen, auch die Begründungen befinden sich im kirchenpolitischen Kontext. Als sich 1939 die Hauptperspektive der Hitler-Regierung der Außenpolitik zuwandte, änderte sich an den Inhaftierungszahlen zunächst kaum etwas, die Inhaftierungsgründe entfernten sich aber vom kirchenpolitischen Kontext hin zur Kritik am NS-Staat.

Ein Erich Brieger konnte in den Untersuchungen nicht ausfindig gemacht werden. Dass Dekan Daumiller verwundert war, über Brieger nichts zu wissen, wird mit Blick auf die Zeit ab 1941 klar: Seit diesem Jahr, als alle Geistlichen im KZ Dachau zusammengelegt worden waren, sah sich die bayerische Landeskirche in besonderer Weise um die dortigen evangelischen Pfarrer verpflichtet. So organisierte sie vor allem während der Post- und Paketsperren ins Dachauer Lager Lebensmittel- und Medikamentenzustellungen, hielt Kontakt zu den Geistlichen und vermittelte zu den jeweiligen Familien. Alles unter der Federführung Oscar Daumillers. Dieser hatte am 29. Mai 1945, als die Quarantänephase vorbei war, persönlich alle restlichen Geistlichen aus dem Dachauer Lager geholt, ihnen einen Empfang bereitet und sie anschließend medizinisch versorgen lassen. Ein Erich Brieger tauchte dort nicht auf – und

18 Ebd., H. i. O.
19 Vgl. EZA, 50/11, Bl. 107.

auch in keinem der Briefe und Dokumente, die aus dem Lager an Daumiller gingen oder in die umgekehrte Richtung[20].

Da Brieger ja behauptet hatte, dass er im Pfarrerblock untergebracht worden sei, waren also weitere Quellen heranzuziehen. Allen voran drei Bücher, die der bereits genannte Karl-Adolf Groß 1946 veröffentlicht hatte: „Zweitausend Tage Dachau. Erlebnisse eines Christenmenschen unter Herrenmenschen und Herdenmenschen. Berichte und Tagebücher des Häftlings Nr. 16921", „Fünf Minuten vor zwölf. Des ersten Jahrtausends letzte Tage unter Herrenmenschen und Herdenmenschen. Dachauer Tagebücher des Häftlings Nr. 16921" und „Das aufgebrochene Tor. Predigten und Andachten gefangener Pfarrer im Konzentrationslager Dachau". Karl-Adolf Groß war studierter Theologe und späterer Verleger. Weil es ihm ein Bedürfnis war, an den Andachten und Gottesdiensten im Pfarrerblock teilzunehmen, war er einer der wenigen Häftlinge, die sich unter Lebensgefahr in den Pfarrerblock und die dortige Kapelle schlichen. In den genannten Büchern beschreibt er einerseits als Tagebucheinträge das evangelische Leben im Pfarrerblock, wer dort lebte, wie sie lebten, mit welchen täglichen Herausforderungen er und die Geistlichen kämpfen mussten. In dem Buch „das aufgebrochene Tor" veröffentlichte er nach der Befreiung ausgewählte Predigten, die die Pfarrer während ihrer KZ-Haft in Dachau hielten. Sie zeigen, wie sehr ihr Glaube in der Leidesnachfolge Christi sie durch die Haft trug[21]. Und auch in diesen umfangreichen Werken über die evangelischen Geistlichen im KZ Dachau findet sich der Name „Erich Brieger" an keiner Stelle.

Weitere mögliche Quellen sind autobiographische Berichte. Wenige der 71 ehemals inhaftierten Geistlichen hielten ihre erlebte KZ-Haft nach ihrer Entlassung schriftlich in einem autobiographischen Bericht fest. Insgesamt sind zehn Aufzeichnungen überliefert. Alle Zeugnisse stammen von Geistlichen, die entweder im KZ Sachsenburg oder in Dachau inhaftiert waren. Ein Bericht beschreibt die Haft im KZ Sachsenhausen. Alle wurden auf unterschiedliche Weise zu verschiedenen Zeiten niedergeschrieben, aufbewahrt und veröffentlicht. Die Berichte spannen sich über einen Zeitraum von 1935 bis 1987, sind also Zeugnisse autobiographischer Erinnerung von der Zeit des Nationalsozialismus bis hinein in die 1980er Jahre der BRD und der DDR. Bei der Untersuchung der sechs Berichte, welche die Haft im Dachauer Lager beinhalten, taucht Brieger ebenso wenig auf[22].

Wie ist diese „Sache Erich Brieger" nun zu werten? Möglichkeit 1: Brieger sagt die Wahrheit: Er war im KZ Dachau, ebenso im Pfarrerblock und taucht in den Dokumenten einfach nicht auf. Dies wäre durchaus möglich, überlegt man

20 Vgl. EBD., 163–167 („Betreuung der evangelischen Geistlichen durch die ELKB").

21 Vgl. EBD., 154–162 („Kirchliches Leben und Handeln evangelischer Geistlicher unter Lagerbedingungen"), 169–188 („Theologische Deutungen der Lagerzeit anhand von in Dachau gehaltenen Predigten").

22 Vgl. EBD., 193–226 („Autobiographische Aufzeichnungen ehemals inhaftierter Geistlicher").

sich, dass dort bis zur Befreiung ca. 2.800 Geistliche inhaftiert waren. Die größte Gruppe aus Polen, gefolgt von „reichsdeutschen", tschechischen und französischen Geistlichen. 2.568 gehörten der katholischen, 113 der evangelischen Kirche an[23].

Möglichkeit 2: Brieger sagt nicht die Wahrheit: Er war nie in einem Konzentrationslager. Dafür würde vor allem seine Reaktion auf das Gespräch mit Daumiller sprechen. Brieger hatte sich vom Bürgermeister aus Waakirchen, wo der Elendszug aus Dachau sich auflöste, eine Bestätigung geben lassen, dass er in diesem Zug gewesen sei. Daumiller erklärte Brieger dann, dass jene Bestätigung keine volle Gewähr biete und legte ihm nahe, sich direkt aus Dachau einen ausgefüllten Entlassungsschein geben zu lassen. Dies tat Brieger aber nicht. Daumiller schreibt: „Das hat er nun nicht getan, sondern hat [mich] wissen lassen, daß er wieder nach Brasilien zurückgehe."[24] Anzunehmen wäre natürlich auch, dass Brieger einfach nicht mehr freiwillig nach Dachau zurückgehen wollte – nicht mal mehr um einen offiziellen Entlassungsschein zu holen.

Möglichkeit 3: Brieger sagt zum Teil die Wahrheit: Er war im KZ Dachau, aber nicht im Pfarrerblock. Davon ging auch Daumiller aus. In seinem Brief an den Landeskirchenrat schreibt er:

> „Aus dem Gespräch, das ich mit Brieger geführt habe, möchte ich aber doch annehmen, daß er im KZ-Dachau gewesen ist, freilich nicht als Pfarrer. Nachdem sogar polnische Geistliche mit unseren reichsdeutschen evangelischen Pfarrern Verbindung gesucht haben, ist es umso unbegreiflicher, wenn es Brieger nicht getan hat."[25]

Es sprachen also wohl Briegers interne Kenntnisse über die Vorgänge im KZ Dachau dafür, dass er tatsächlich dort als Häftling inhaftiert war. Vertraut man nun Daumillers Aussagen über sein Gespräch mit Brieger, so ist eher davon auszugehen, dass er zumindest hinsichtlich seiner Unterbringung im Pfarrerblock gelogen hat, über seine KZ-Haft aber die Wahrheit sagte[26]. Der Grund für Briegers Besuch bei Daumiller war seine Bitte um Anstellung in die bayerische Landeskirche. In diesem Zusammenhang standen dann auch seine Ausführungen zu seiner KZ-Haft. Vergegenwärtigt man sich diesen Umstand, so schwingt hier etwas zwischen den Zeilen mit, was sich vor allem dann in den folgenden Jahren und Jahrzehnten beobachten lässt: Die KZ-Haft wird zum

23 Vgl. Gerhardus / Mensing, Namen, 13.

24 Brief Daumiller an Landeskirchenrat, 20. 5. 1946 (LAELKB, KDM 2.2.0004–550).

25 Ebd.

26 Eine neue Spur ergab sich auf der Tagung nach einem Hinweis von Dr. Stephan Linck: Erich J. Brieger wurde im KZ Fuhlsbüttel am 1. September 1936 registriert, wo er bis zum 17. September inhaftiert blieb. Vgl. STA Hamburg, 218–8, Nr. 973. Dies bietet erste Anhaltspunkte für den Wahrheitsgehalt von Briegers Aussagen. Weitere Hinweise bietet die Haftkartei für Männer der Untersuchungshaftanstalt Hamburg-Stadt, die Brieger als Erich Johannes Brieger, geboren am 25. Mai 1886 in Goldberg/Schlesien führt. Vgl. STA Hamburg, 242–1, II 12095.

Aushängeschild. Diese Einstellung vollzog sich in der evangelischen Kirche, genauer in der Bekennenden Kirche, bereits 1935: Als erstmalig eine große Anzahl evangelischer Geistlicher ins KZ gebracht wurden, war man schockiert und fühlte sich unrechtmäßig behandelt. Doch sowohl die inhaftierten Geistlichen als auch die Bekennende Kirche „außerhalb" des KZs ließ das enger zusammenrücken. Theologisch sah man die KZ-Haft als ein Akt der Kreuzes- und Leidensnachfolge Jesu Christi. Die evangelischen Geistlichen standen in einer Linie mit den Verfolgten und Märtyrern der Alten Kirche, des Mittelalters, der Reformationszeit und darüber hinaus. Diese Sukzession betraf aber nicht nur den einzelnen Geistlichen, sondern die gesamte BK, für die die Häftlinge stellvertretend im KZ litten. Es entstand mit den KZ-Inhaftierungen der Geistlichen das Bild der BK als der Kirche der unrechtmäßig vom NS-Staat Verfolgten und des Widerstands. Dass der Staat ihre Vertreter in Schutzhaft nahm und ins KZ schickte, wurde als schlechthinniger Beweis dafür gesehen, dass die BK Widerstand geleistet hat. Dieses Bild wurde über 1945 hinaus weitergegeben und erhalten, wie die bereits erwähnten Bücher von Karl-Adolf Gross zeigen, aber auch die Autobiographien der ehemals inhaftierten Geistlichen belegen. Erst die wissenschaftliche Forschung und Debatte konnte dieses sehr eingefahrenes Bild auflösen[27]. Blickt man auf den „Fall Brieger" so stellt sich tatsächlich die Frage, ob die KZ-Haft schon so kurz nach Kriegsende genutzt wurde, um an Stellen innerhalb der Kirche zu gelangen und inwieweit sie als Eintrittskarte galt.

Quellen- und Literaturverzeichnis

I. Unveröffentlichte Quellen und Darstellungen

Evangelisches Zentralarchiv Berlin (EZA)

Bestand 50: Archiv für die Geschichte des Kirchenkampfes 1933.01.01.1945.12.31 Nr. 11: Geistliche und KZ (Erlasse).

Evangelisches Landeskirchliches Archiv Berlin (ELAB)

Bestand 14: Kirchenprovinz Bandenburg (1541–1997) Nr. 2346: Evangelisches Konsistorium der Mark Brandenburg. Akten betr. Inhaftierung von Geistlichen, Band II, von 1935 bis 1937.

27 Vgl. Scherf, Kirche, 230–241.

Landeskirchliches Archiv der Evangelisch-Lutherischen Kirche in Bayern Nürnberg (LAELKB)

Bestand: LKR 0.2.0002: Landeskirchenrat München Nr. 1758: Korrespondenz;
Bestand: KDM: Kreisdekanat München Nr. 550: Korrespondenz.

Staatsarchiv Hamburg (STA)

Bestand: 218–8
Bestand: 242–1-II: Gefängnisverwaltung II: 1891–2014.

II. Veröffentlichte Quellen und Darstellungen

BROSZAT, Martin: Nationalsozialistische Konzentrationslager 1933–1945. In: Ders. u. a. (Hg.): Anatomie des Staates. Bd. 2. München (1967) ^{5}1989, 323–448.

DROBISCH, Klaus: Anklagen aus der Bekennenden Kirche Sachsens gegen die Konzentrationslager. In: Standpunkt 13 (1986). Heft 3, 74–77.

GERHARDUS, Sabine / MENSING, Björn: Namen statt Nummern. Dachauer Lebensbilder und Erinnerungsarbeit. Leipzig ^{2}2009.

HOFMANN, Martin (Hg.): Dokumentation zum Kirchenkampf in Hessen und Nassau. Band 3: Die Evangelische Landeskirche Nassau-Hessen von der Dahlemer Bekenntnissynode Oktober 1934 bis zu den Vorgängen um die Abkündigungen gegen das Neuheidentum, Verhaftungen und Einlieferungen on das Konzentrationslager Dachau. Darmstadt 1981.

MEIER, Kurt: Der evangelische Kirchenkampf. Band 2: Gescheiterte Neuordnungsversuche im Zeichen staatlicher „Rechtshilfe“. Göttingen ^{2}1984.

SCHERF, Rebecca: Evangelische Kirche und Konzentrationslager (AKIZ B 71). Göttingen 2019.

IV. Wirkungen und Aufarbeitung

Michael Weise

„Entjudung" zur Rettung von Christentum und Kirche

Stellungnahmen und Rechtfertigungsversuche ehemaliger Mitarbeiter des ‚Entjudungsinstituts' in der SBZ[1]

1. Einleitung

Was motivierte über 200 Menschen, die sich selbst als überzeugte Christen und seriöse Wissenschaftler verstanden, dazu, freiwillig und ganz überwiegend ehrenamtlich in einem „Institut zur Erforschung und Beseitigung des jüdischen Einflusses auf das deutsche kirchliche Leben" mitzuarbeiten? Nur sehr wenige der ehemaligen Institutsmitarbeiter beschäftigten sich selbst mit dieser Frage – zumindest in einer heute noch rekonstruierbaren, d. h. aktenkundig oder öffentlich gewordenen Form. Am bekanntesten sind in diesem Zusammenhang die Zeugnisse der beiden Leitungsfiguren des ‚Entjudungsinstituts': das Schuldeingeständnis von Siegfried Leffler und die einschlägigen Passagen aus Walter Grundmanns privater Autobiographie „Erkenntnis und Wahrheit"[2]. Ebenfalls dokumentiert sind Aussagen bzw. Ausführungen von Hans-Joachim Thilo und Martin Redeker hinsichtlich ihrer Mitarbeit in dieser kirchlichen Forschungseinrichtung[3].

Eine absolute Leerstelle bilden bislang frühe Äußerungen von ehemaligen Institutsmitarbeitern aus der Zeit bzw. dem Gebiet der Sowjetischen Besatzungszone (SBZ). Die folgende Untersuchung möchte dieses Desiderat mit ersten Quellenanalysen wenigstens teilweise schließen. Als zentrales Aktenmaterial hierfür dienen die Stellungnahmen von mehreren Theologen (Hans Ermisch, Heinz Dungs, Arthur von Ungern-Sternberg, Heinz-Erich Eisenhuth) aus dem Bereich der damaligen Thüringer evangelischen Kirche. Ergänzt wird dieses Korpus durch Akten aus der Entnazifizierungskommission der Evangelisch-Lutherischen Landeskirche Sachsens (Willy Kretzschmar).

1 Bei diesem Beitrag handelt es sich um die überarbeitete und erweiterte Fassung des ersten Teils des Vortrags „Stellungnahmen und Rechtfertigungsversuche ehemaliger Mitarbeiter des ‚Entjudungsinstituts' in der SBZ und DDR", den ich gemeinsam mit Jochen Birkenmeier am 20. 9. 2019 im Rahmen der Tagung hielt.

2 Vgl. Brief von Siegfried Leffler an Oberkirchenrat Dr. Kurt Hutten, 24. 9. 1947 (LKA Eisenach, Personalakte Siegfried Leffler G1228). In Auszügen abgedruckt und kommentiert bei: Birkenmeier / Weise, Erforschung, 102; Arnhold / Lenhard, Kirche, 54 f.; Grundmann, Erkenntnis und Wahrheit. 1969 für die Familienangehörigen geschrieben, 47–49 (LKA Eisenach, Nachlass Walter Grundmann: Nr. 92).

3 Vgl. Arnhold, Entjudung 2, 765–767; Redeker, Gegendarstellung, 7 f. Zu den Auseinandersetzungen um Martin Redeker an der Kieler Universität bzgl. seiner NS-Vergangenheit vgl. Buss, Redeker, 35–45.

Ziel des Beitrags ist es, narrative und argumentative Rechtfertigungsstrategien der ausgewählten Akteure hinsichtlich ihrer Mitarbeit im ‚Entjudungsinstitut' herauszuarbeiten und gleichzeitig zu analysieren, in welchen Deutungshorizont das Institut dabei eingebettet wurde. Dazu wird auf ein analytisches Konzept des Germanisten Roman B. Kremer zurückgegriffen, das dieser in seiner 2017 erschienenen Dissertation angewandt hat, um die „Rhetorik der Rechtfertigung" in den Lebenserinnerungen von Baldur von Schirach, Albert Speer, Karl Dönitz und Erich Raeder zu untersuchen[4]. Diese Rhetorik lässt sich nach Kremer in zwei Kategorien einteilen: die Kontinuitäts- und die Konversionserzählung.

2. Die Grundlagen der kirchlichen Entnazifizierung

Dass die Kirchen die Entnazifizierung ihrer Pfarrerschaft und Verwaltung in Eigenregie durchführen durften, darf durchaus als Privileg und Zeichen der bleibenden Wertschätzung durch die alliierten Besatzungsmächte apostrophiert werden. Die rechtliche Grundlage für die sogenannte Selbstreinigung der ev. Kirche in Thüringen bildete das „Gesetz zur Ueberprüfung der Pfarrerschaft und der Verwaltung der Thüringer evangelischen Kirche" kurz „Reinigungsgesetz" genannt, das am 12. Dezember 1945 vom Landeskirchenrat verabschiedet wurde. Als ausführendes Organ wurde eine Spruchstelle eingerichtet, deren Mitglieder der Landeskirchenrat berief. Einem Spruchkammerverfahren zu unterziehen hatte sich, wer unter § 1 des „Reinigungsgesetzes" fiel, wer also vor dem 1. April 1933 der NSDAP oder den Deutschen Christen (DC) beigetreten war, aber auch, wer sich für deren Ziele nachdrücklich eingesetzt hatte, ohne selbst Mitglied zu sein. Ebenso zu verantworten hatten sich diejenigen, die der NSDAP oder den DC nach dem 1. April 1933 beigetreten waren und innerhalb dieser Organisationen (oder anderen NS-Organisationen wie z. B. der SS oder der SA) einen gewissen Rang eingenommen hatten[5]. Insgesamt durchliefen in der Thüringer ev. Kirche zwischen dem 12. Dezember 1945 und dem 11. Februar 1948[6] 315 von insgesamt 1202 Pfarrern (einschließlich der Pfarrer im Ruhestand) ein Verfahren nach dem „Reinigungsgesetz", 202 wurden schließlich verurteilt[7].

Die Evangelisch-Lutherische Landeskirche Sachsens übernahm die

4 Vgl. Kremer, Autobiographie.

5 Vgl. § 1 des Gesetz zur Überprüfung, 29.

6 Der Abschlussbericht zur kirchlichen ‚Selbstreinigung' datiert vom 12. 2. 1948, vgl. Weispfenning, Entnazifizierung, 27. Offiziell wurde die Arbeit der Spruchstelle allerdings erst mit ihrer Aufhebung am 26. 5 1948 beendet, vgl. Seidel, Übergang, 278.

7 Die Zahlen hat Walter Weispfenning zusammengetragen, vgl. Weispfenning, Entnazifizierung, 55–62. Zur statistischen Auswertung und graphischen Aufbereitung dieser Zahlen vgl. Birkenmeier / Weise, Erforschung, 100.

Grundsätze ihrer „innere[n] Reinigung“ in ihrem 5. Runderlass vom 30. Juni 1945 zunächst wortwörtlich von denen der Dresdner Stadtverwaltung[8]. Mit dem Runderlass Nr. 20 zur „Beseitigung von Resten nationalsozialistischer Weltanschauung“[9] vom 1. Oktober 1945 wurde dann jeder „geistliche Amtsträger“ dazu verpflichtet, „eine ausführliche Erklärung [...] über seine Stellung zur nationalsozialistischen Bewegung“[10] abzugeben. Damit stellte das sächsische Landeskirchenamt eine einheitliche Arbeitsgrundlage für das kirchliche „Reinigungswerk“ her, nach dem sogenannte geistliche Vertrauenskreise – bestehend aus vier bis fünf Pfarrern – die Überprüfung der Geistlichen in den einzelnen Superintendenturen übernehmen sollten. Die Vorsitzenden wurden vom Landeskirchenamt berufen, in der Regel handelte es sich dabei um den jeweiligen Superintendenten[11]. Von 1161 Pfarrern wurde nur einer dienstentlassen, 17 dienstenthoben[12], 139 wurden als „nur noch vikarisch weiterverwendbar“[13] eingestuft. Von 31 Ephoren mussten 21 ihr Amt verlassen[14].

Während die Mitgliedschaft im „Institut zur Erforschung und Beseitigung des jüdischen Einflusses auf das deutsche kirchliche Leben“ im Spruchkammerverfahren der Ev.-Luth. Landeskirche Sachsens explizit abgefragt wurde (wie übrigens auch in der Evangelisch-Lutherischen Kirche Lübecks)[15], fand sie im Thüringer Gesetzestext keine explizite Erwähnung als belastendes Kriterium und spielte in den dortigen Verfahren keine „irgendwie erkennbare Rolle“[16], womit auch das Thema Antisemitismus und Judenvernichtung insgesamt weitgehend ausgeklammert wurde[17]. Dieser Umstand erklärt zumindest teilweise, warum sich in den Stellungnahmen vieler ehemaliger Thüringer Institutsmitarbeiter keinerlei direkte Hinweise auf ihr dortiges Engagement finden. Einzelne haben ihre Beteiligung an den Projekten des ‚Entjudungsinstituts‘ jedoch offenbar als erklärungsbedürftig empfunden und sich dazu geäußert. Eine Auswahl dieser Selbstaussagen wird im Folgenden auf ihre narrative und argumentative Entlastungsstruktur hin untersucht.

8 Vgl. Hein, Landeskirche, 129.

9 Abgedruckt bei Seidel, Wiederaufbau, 464–466.

10 Ebd., 465.

11 Ebd.

12 In einer von Markus Hein erstellten Liste der am 16. 11. 1945 amtsenthobenen Pfarrer finden sich dagegen 53 Personen, vgl. Hein, Landeskirche, 295–297.

13 Weispfenning, Entnazifizierung, 66.

14 Vgl. ebd., 66 f. Zu den amtsentlassenen Ephoren gehörte auch Oberkirchenrat Andreas Fröhlich, der ebenfalls im ‚Entjudungsinstitut‘ mitgearbeitet hatte, vgl. Arnhold, Entjudung 2, 854; Hein, Landeskirche, 167, 227 f.

15 Im Fragebogen der Ev.-Luth. Landeskirche Sachsens wurde das ‚Entjudungsinstitut‘ als „NSDAP-Hilfsorganisation“ rubriziert, vgl. (LKA Dresden, Bestand 2 Nr. 1818, Bl. 27 f.; Ebd., Bestand 2 Nr. 2088, Bl. 24); (LKA Kiel, Bestand 42.07 Nr. 43 Bl. 100 f.). Zur Entnazifizierung der Lübecker Landeskirche vgl. Buss, Kirche, 353–468.

16 Seidel, Übergang, 272.

17 Seidel, Entnazifizierungs-Akte, 366.

3. Quellenanalyse

3.1 Hans Ermisch (1907–1981)

Der aus dem Saalekreis stammende Pfarrer Hans Ermisch hatte nach seinem Theologiestudium in Jena zunächst als Studieninspektor im Eisenacher Predigerseminar gearbeitet, war kurze Zeit als Hilfspfarrer in Neuenhof und Eisenach beschäftigt, wechselte dann zur Pressestelle der Thüringer ev. Kirche und war seit 1941 als Pfarrer für gesamtkirchliche Aufgaben angestellt. In dieser Funktion übernahm er ab dem Frühjahr 1943 die Geschäftsführung des ‚Entjudungsinstituts' von Hugo Pich und leitete zudem auch den Institutsförderkreis (ebenfalls in der Nachfolge von Pich). Darüber hinaus hielt er im Auftrag des Instituts mehrere Vorträge und gründete den Arbeitskreis „Archiv deutscher Frömmigkeit". Schon vor seiner Anstellung in hauptamtlicher Funktion hatte er im Geschäftszimmer des Instituts mitgearbeitet[18].

Unmittelbar nach Kriegsende wandte sich Hans Ermisch mit der Bitte um die Übertragung eines Gemeindepfarramts an den Thüringer Landeskirchenrat. In seinem Gesuch zählte er die Stationen seiner bisherigen Laufbahn auf, wobei er seine Anstellung und Mitarbeit beim ‚Entjudungsinstitut' mit keinem Wort erwähnte, stattdessen sprach er verklausuliert von „Bibliotheksverwaltung" und „wissenschaftlicher Forschungsarbeit"[19]. Letztere hoffte er übrigens auch künftig fortsetzen zu können. Anfang des Jahres 1946 erhielt Ermisch vom Landeskirchenrat die Mitteilung, dass er unter § 1 des Reinigungsgesetzes falle und noch im selben Monat wurde er aus dem Dienst der Thüringer ev. Kirche entlassen. In der Begründung der Entlassung wird Ermischs Tätigkeit als Geschäftsführer des ‚Entjudungsinstituts' ausdrücklich als ein Beleg dafür angeführt, dass Ermisch Verantwortung für den „falschen Kurs"[20] der Thüringer Kirche in der NS-Zeit trage. Der entlassene Pfarrer reagierte darauf mit einem mehrseitigen Schreiben, in dem er einerseits argumentierte, seine eigene Forschung habe nur dem Verhältnis von Christentum und Germanentum gegolten, mit der Frage „Christentum und Judentum" habe er sich persönlich nicht beschäftigt. Zudem sei diese Frage auch im Institut selbst mit der Zeit immer mehr in den Hintergrund gerückt. Aus diesem Grund hätten mehrere Mitarbeiter immer wieder darauf gedrungen, den Institutsnamen zu ändern, was jedoch aus taktischen Gründen nicht erfolgt wäre. Andererseits wertete Ermisch die Institutsarbeit als Teil des

18 Vgl. Personalakte Hans Ermisch (LKA Eisenach, G1667 Bd. 2, Bl. 31, 72); Arnhold, Entjudung 2, 519–523, 796, 854.

19 Beide Zitate: Ermisch an den Landeskirchenrat der Thüringer ev. Kirche, 19. 5. 1945 (LKA Eisenach, G1667 Bd. 2, Bl. 81).

20 Landeskirchenrat der Thüringer ev. Kirche an Ermisch, 1. 2. 1946 (Entwurf) (Ebd., Bl. 104).

„Existenzkampf[es] des Christentums in Deutschland“ gegen die „böswillige Propagandahetze“[21] antikirchlicher Akteure.

In der Stellungnahme des ehemaligen Institutsgeschäftsführers lässt sich eine rhetorische Doppelstrategie erkennen: Auf der einen Seite versucht er, seine eigene Forschungsarbeit auf wissenschaftlich unverdächtigem Terrain zu verorten, auf der anderen Seite führt er eine apologetische Bewertung des ‚Entjudungsinstituts‘ ins Feld, die auch von vielen anderen ehemaligen Mitarbeitern verwendet wurde und die man daher geradezu klassisch nennen könnte. Demnach habe die ganze Institutsarbeit nur dem Erhalt des Christentums gegolten, dessen Existenz durch den NS-Staat massiv bedroht gewesen sei. Die antikirchlichen Tendenzen und Strömungen innerhalb der NS-Bewegung sind hinlänglich bekannt und sollen hier selbstredend keineswegs negiert werden. Doch folgte daraus eben keine automatische Opposition zum oder gar Abkehr vom Nationalsozialismus seitens der kirchlichen Akteure. Im Gegenteil: Gerade die Mitarbeiter des ‚Entjudungsinstituts‘ versuchten nachdrücklich zu beweisen, dass sie die „besseren Nationalsozialisten“[22] waren.

Trotz seiner Entlassung nach dem „Reinigungsgesetz“ wurde Ermisch in Frankenroda / Werra kommissarisch als Pfarrer weiterbeschäftigt; ab dem 1. November 1947 war er in der Thüringer ev. Kirche wieder festangestellt und wurde 1966 zum Oberpfarrer in der Superintendentur Arnstadt ernannt[23]. Nachdem er 1974 in den Ruhestand getreten war, verfasste er zwei Jahre später[24] seine privaten „Lebenserinnerungen“, die an seine Geschwister und Kinder gerichtet waren[25]. In diesem autobiographischen Text sah Ermisch sich selbst genötigt, seine Mitarbeit im ‚Entjudungsinstitut‘ zu erläutern. Wie bereits in seiner Stellungnahme von 1946 beharrte er auch hier zum einen darauf, dass die Mitarbeiter des Instituts „nicht das alte Evangelium durch ein neues [...] ersetzen, sondern apologetische Hilfen gegen die antichristliche Kampagne der Zeit bereit[...]stellen [wollten].“[26] Dabei verharmloste er die eigene Arbeit in drastischer Weise:

> „Wir, die wir immer weniger Handelnde als Übel Behandelte waren, gleichsam Zuschauer eines Gaukelspiels, die mit großen werbenden Worten in eine Schau-

21 Beide Zitate: Ermisch an den Landeskirchenrat der Thüringer ev. Kirche, 12. 3. 1946 (Ebd., Bl. 105).

22 Arnhold, Entjudung 1, 11 f.

23 Arnhold, Entjudung 2, 796; Seidel, Übergang, 336 f.

24 Arnhold gibt davon abweichend das Jahr 1977 als Entstehungsdatum der „Lebenserinnerungen“ an, vgl. Arnhold, Entjudung 2, 527.

25 Dr. Herbert von Hintzenstern, selbst ehemaliger Mitarbeiter des ‚Entjudungsinstituts‘, hatte sich Ermischs „Lebenserinnerungen“ nach dessen Tod 1981 von der Witwe ausgeliehen und Auszüge daraus kopiert. Diese befinden sich im Nachlass Herbert von Hintzenstern (LKA Eisenach, NL Herbert von Hintzenstern: Nr. 26).

26 Ermisch, Lebenserinnerungen, 64 (Ebd.).

bude hereingebeten mehr und mehr mitzuspielen sich genötigt sahen, mußten teuer bezahlen am Ausgang [...]“[27].

Zum anderen betonte er erneut den reinen Forschungscharakter des kirchlichen Instituts und schlug dabei eine bemerkenswerte Brücke in die Gegenwart. In der damaligen Diskussion um die eigenständige Formulierung einer afrikanischen Theologie[28] sah Ermisch das Äquivalent zur Arbeit bzw. den Fragestellungen des ‚Entjudungsinstituts‘:

> „Unsere Frage nach dem Verhältnis von Germanentum und Christentum war 1943 genau diese, wie die Grundlagen der christlichen Lehre durch germanische Sprachmittel, Symbole und Bilder und von einem germanischen Weltverständnis her hatten formuliert werden können.“[29]

Spuren des Bedauerns oder gar eine – auch nur minimale – Einsicht in Bezug auf seine Tätigkeiten und Überzeugungen während der NS-Zeit finden sich in seinen „Lebenserinnerungen“ nicht, vielmehr stehen diese in einer Kontinuitätslinie zu seiner Exkulpationsstrategie von 1945/46.

3.2 Heinz Dungs (1898–1947/49)

Eine ähnliche Rechtfertigungsstrategie wie Ermisch wählte auch der „wichtigste deutsch-christliche Pressemann“[30], Heinrich – genannt Heinz – Dungs, der in der NS-Zeit u. a. als Pressepfarrer der Thüringer ev. Kirche und Leiter des Werberats des ‚Entjudungsinstituts‘ gewirkt hatte. Der rheinländische Pfarrer behauptete sogar, dass Alfred Rosenberg und Martin Bormann in den Deutschen Christen die „allergefährlichsten Gegner“[31] der NSDAP gesehen hätten. Als „klarste[n] Beweis“ für den „Abwehrkampf gegen den antichristlichen Kurs“[32] der Partei führt Dungs, der übrigens selbst NSDAP-Mitglied gewesen war, die Veröffentlichungen der Deutschen Christen und des ‚Entjudungsinstituts‘ an, bei denen stets Christus im Mittelpunkt gestanden habe[33]. Dass es sich bei diesem Christus jedoch um einen dezidiert nichtjüdischen, vielmehr antisemitisch umgedeuteten Heiland handelte, wird von ihm unterschlagen. Am perfidesten mutet jedoch folgendes Argument an:

> „Daß wir zur Frage des Konzentrationslager [sic!] nicht öffentlich Stellung genommen haben, erklärt sich abgesehen davon, daß wir diese ungeheuerlichen und

27 Ebd., 65.
28 Vgl. dazu ZdZ 30 (1976) H. 11, 406 f.
29 Ermisch, Lebenserinnerungen, 62 (LKA Eisenach, NL Herbert von Hintzenstern: Nr. 26).
30 Weitenhagen, Evangelisch, 26.
31 Dungs, Meine Stellung zur NSDAP und zu den Deutschen Christen, 10. 8. 1945 (LKA Eisenach, Personalakte Heinrich Dungs: G1897 Bd. 1, Bl. 74–86, hier: Bl. 81).
32 Beide Zitate: Ebd., Bl. 76.
33 Ebd., Bl. 76 f.

> aufs schärfste zu verurteilenden Vorkommnisse nicht wußten, daraus, daß eine Möglichkeit dazu nicht bestand. Ich kann nur feststellen, dass es sich bei den für die Konzentrationslager-Greuel Verantwortlichen um dieselben Kreise handelt, die auch alles Kirchliche und insbesondere uns Deutsche Christen wie auch meine Arbeit und mich persönlich Jahre hindurch bekämpft und verfolgt haben.“[34]

Hier wird nicht nur jegliches Wissen um den Holocaust verneint, sondern darüber hinaus stellt Dungs sich selbst und die Deutschen Christen rhetorisch auf eine Stufe mit den jüdischen Opfern, die als solche jedoch nicht einmal explizit benannt werden. Diese Selbst-Viktimisierung führt er gegen Ende seiner Stellungnahme fort:

> „Und das zweite und letzte, eine Frage: Ist es richtig, Männer, die bester Meinung und reinsten Wollens waren, heute und künftig weiter zu prügeln im Grunde doch nur für die Schuld derjenigen, die Jahre hindurch schon ihrerseits ebendiese Männer nur deswegen geprügelt haben, weil sie diese wegen ihrer bewusst-christlichen Haltung als Beunruhigung und lästige Störung ihres eigenen Gewissens auf ihrem falschen Weg empfinden mussten.“[35]

Auf narrativer Ebene verfolgt Dungs hier eine Kontinuitätserzählung in Reinform: Er stand stets auf der richtigen Seite, war immer Opfer, nie Täter und hat sich demzufolge nichts vorzuwerfen. Die Spruchstelle konnte er mit seiner Argumentation indes nicht überzeugen; er wurde aus dem Dienst der Thüringer ev. Kirche entlassen und der Titel „Kirchenrat“ wurde ihm aberkannt. Ende Juni 1946 wurde Dungs vom sowjetischen Geheimdienst NKWD festgenommen und am 28. Oktober aufgrund von Art. 58–10 (antisowjetische Propaganda) des Strafgesetzbuches der Russischen Sozialistischen Föderativen Sowjetrepublik (RSFSR) vom Sowjetischen Militärtribunal Thüringen zum Tode durch Erschießen verurteilt[36]. Ob er noch im selben Jahr in einem Verhörkeller in Weimar starb, am 8. Januar 1947 hingerichtet wurde oder 1949 in einem russischen Arbeitslager umkam, ist bis heute ungeklärt[37].

3.3 Arthur von Ungern-Sternberg (1885–1949)

Eine etwas andere Form der Kontinuitätserzählung lässt sich in der Stellungnahme des ehemaligen Ronneburger Superintendenten Dr. Arthur von

34 Ebd., Bl. 80.

35 Ebd., Bl. 85.

36 Vgl. Weigelt, Fallgruppenübersicht, 410; ders., Kurzbiographien, 110.

37 Vgl. Personalakte Heinrich Dungs (LKA Eisenach, G1897 Bd. 2, Bl. 166–168); Weitenhagen, Evangelisch, 416 f.; Arnhold, Entjudung 2, 794; Weigelt, Kurzbiographien, 110. Am 29. 8. 2003 rehabilitierte die Hauptmilitärstaatsanwaltschaft der Russischen Föderation (GWP) Dungs, vgl. Rehabilitierungsbescheid für Heinz Dungs (StSG Dresden). In der Kurzbiographie zu Dungs von Weigelt ist das Rehabilitierungsdatum versehentlich mit dem 29. 8. 2002 angegeben, vgl. Weigelt, Kurzbiographien, 110.

Ungern-Sternberg ausmachen. Der aus dem Baltikum stammende Pfarrer beharrte in seinem Schreiben an die Spruchstelle anlässlich seiner Amtsentlassung darauf, dass es nach wie vor die (selbstverständliche) Aufgabe deutscher Theologen sei, „ein deutsches Verständnis des Christentums herauszuarbeiten."[38] Auch die „religiöse Abstufung des A.T. zum N.T." beurteilte Ungern-Sternberg weiterhin als theologisch begründbar, er hielt es sogar für „pädagogisch und religiös vertretbar", dass „anstelle alttestamentlicher Anschauungsbilder geschichtlicher Offenbarungen Bilder aus germanischer und deutscher Vorzeit und Geschichte angezeigt werden können."[39] Die Idee eines genuin „germanischen" Christentums hatte für Ungern-Sternberg offenbar unabhängig vom Untergang des NS-Staats nichts von seiner Überzeugungskraft eingebüßt. Diese erstaunliche Offenheit bezüglich seines theologischen Verständnisses wird allerdings durch die Schilderung seiner Mitarbeit im Arbeitskreis „Spinoza und jüdische Philosophie" des ‚Entjudungsinstituts' konterkariert. Denn hier gab der promovierte Pfarrer an, die Mitglieder hätten ihre Forschungen „in wissenschaftlicher Würdigung der Persönlichkeit Spinozas und seines Einflusses innerhalb der deutschen Geistesgeschichte"[40] angestellt. Das genaue Gegenteil war jedoch der Fall, schließlich hatte der genannte Arbeitskreis die Absicht, die angeblich negativen Einflüsse von Baruch de Spinoza – dem „Philosoph des ‚Weltjudentums'"[41] – auf die deutsche Philosophie zu identifizieren, um sie anschließend zu eliminieren[42]. Der Einspruch Ungern-Sternbergs wurde am 23. Juli 1946 abgewiesen, dennoch wurde er zunächst kommissarisch im Pfarrdienst weiterbeschäftigt. Ab dem 1. Dezember 1947 war er wieder offiziell als Pfarrer angestellt[43].

3.4 Heinz-Erich Eisenhuth (1903–1983)

Recht ausführlich äußerte sich der Jenaer Theologieprofessor Dr. Heinz-Erich Eisenhuth zu seiner Mitarbeit im ‚Entjudungsinstitut', das er 1943 für knapp drei Monate auch kommissarisch geleitet hatte, nachdem Walter Grundmann eingezogen worden war. Schon zuvor hatte er zu den aktivsten Institutsmitarbeitern gehört: Er beteiligte sich an vier Arbeitskreisen, von denen er zwei auch leitete, er saß im wissenschaftlichen Institutsbeirat, hielt u. a. bei der ersten Jahrestagung 1940 in Wittenberg einen Vortrag und entfaltete zudem

38 Ungern-Sternberg an die Spruchstelle der Thüringer ev. Kirche, 22. 2. 1946 (LKA Eisenach, Personalakte Arthur von Ungern-Sternberg: G1130, Bl. 117).

39 Alle Zitate: Ebd., Bl. 117.

40 Ebd., Bl. 117 f.

41 Tilitzki, Universitätsphilosophie, 1059.

42 Vgl. dazu Pich, Bericht, 794 f.; Arnhold, Entjudung 2, 559.

43 Vgl. Personalakte Arthur von Ungern-Sternberg (LKA Eisenach, G1130, Bl. 152 f.).

eine rege publizistische Tätigkeit im Rahmen seiner Institutsarbeit[44]. Am 28. Juni 1943 hatte sich Eisenhuth dann freiwillig zur Wehrmacht gemeldet und die Institutsleitung an den Gießener Neutestamentler Prof. Dr. Georg Bertram übergeben[45].

Eisenhuths Stellungnahme entstand nicht im Zusammenhang mit einem Spruchkammerverfahren, denn er fiel als Universitätsbediensteter nicht in den Jurisdiktionsbereich der (Thüringer) Kirche. Er hatte sich gegenüber seiner Hochschule zu seinem Wirken zwischen 1933 und 1945 zu erklären und tat das wie folgt:

> „Als sich die Abkehr unseres Volkes vom Christentum immer stärker unter dem Vorwand, dieses sei nichts anderes als Judentum vollzog, galt es dieser Behauptung auch von Seiten der Wissenschaft entgegenzu treten [sic!]. [...] Von verschiedenen Seiten her habe ich versucht, gegründet auf die paulinische Unterscheidung von Judenchristentum und Heidenchristentum, für unser Volk die germanisch-christliche Frömmigkeitslinie herauszuarbeiten. Gerade in dieser positiven Zielsetzung bestand auch die Hauptarbeit des von der Kirche auf der Wartburg begründeten ‚Institutes zur Erforschung des jüdischen Einflusses auf das deutsche kirchliche Leben‘. Um dieser positiven Aufbauarbeit willen ist auch dieses Institut von der Partei abgelehnt worden.“[46]

Hier wird also zunächst das „klassische“ Argument der Verteidigung des Christentums gegen kirchenfeindliche Diffamierungen vorgebracht. Überraschender mutet da schon die Berufung auf Paulus bzw. dessen Unterscheidung von Juden- und Heidenchristentum an, denn zumindest ein Teil der Mitarbeiter des ‚Entjudungsinstituts‘ machte den Apostel selbst für die „Verjudung“ des Christentums verantwortlich[47]. Auffällig an der Aussage Eisenhuths zur Gründung des Instituts ist die Formulierung „des von der Kirche begründeten Institutes“, denn hier wird der Eindruck erweckt, als habe es sich dabei tatsächlich um eine gesamtkirchliche Einrichtung gehandelt, was eine erhebliche argumentative Zunahme an Legitimation und Reputation bedeutete. Den Kernauftrag des nicht ohne Grund so bezeichneten ‚Entjudungsinstituts‘ verdreht Eisenhuth subtil, wenn er semantisch geschickt die vermeintlich „positive Aufbauarbeit“ in den Mittelpunkt rückt. Von einer einhelligen Ablehnung seitens der Partei kann übrigens nicht die Rede sein. Zwar äußerte sich etwa Martin Bormann durchaus kritisch zum ‚Entjudungsinstitut‘, der Stürmer-Herausgeber und Gauleiter von (Mittel-)Franken Julius Streicher hingegen hatte aber z. B. zur Gründung telegraphisch gratuliert[48].

---

44 Vgl. Arnhold, Entjudung 2, 558, 601 f., 853 f.; Birkenmeier / Weise, Erforschung, 63; Schuster, Lehre, 88.

45 Vgl. Arnhold, Entjudung 2, 587 f., 743, 794 f.; Richter / Kraus, Institut, 298, 302.

46 Eisenhuth an den Rektor der Universität Jena, 15. 6. 1945 (LKA Eisenach, NL Eisenhuth Nr. 65).

47 Vgl. Heschel, Faszination,129; Dies., Jesus, 92.

48 Vgl. Schreiben des Leiters der Parteikanzlei an Reichsleiter Rosenberg, Führerhauptquartier,

Im weiteren Verlauf der Stellungnahme kommt Eisenhuth auch auf sein Gutachten „Zur Frage der Beteiligung der Judenchristen am christlichen Gottesdienst" aus dem Jahre 1941 zu sprechen. Dieses hatte der Systematiker im Auftrag des Instituts angefertigt und darin konkrete Handlungsvorschläge für den kirchlichen Umgang mit getauften Juden unterbreitet. Seiner Ansicht nach blieben „Judenchristen" trotz ihrer Taufe Juden, für die er keinen Platz in der „deutschen" Kirche sah, denn diese bestehe aus „Menschen, die aus deutschen Familien stammen". Er forderte, dass auch getaufte Juden den Judenstern tragen sollten und empfahl, dass „deutsche Pfarrer" an „Judenchristen" keine Amtshandlungen mehr vollziehen sollten, da „rassejüdische" Christen als Feinde des Deutschen Reichs anzusehen seien. Als historischen Gewährsmann für seine Argumentation führte Eisenhuth Martin Luther bzw. dessen doppelten Kirchenbegriff ins Feld. Nach dieser äußerst eigenwilligen Interpretation von Luthers Lehre entschied einzig die rassische Herkunft über die Aufnahme in die Kirche und folglich über den Zugang zur „Gemeinschaft der Heiligen"[49]. Auf Grundlage dieses Gutachtens veröffentlichten die Kirchenführer von Sachsen, Nassau-Hessen, Mecklenburg, Schleswig-Holstein, Anhalt, Lübeck und Thüringen am 17. Dezember 1941 eine Bekanntmachung, mit der sie in ihrer jeweiligen Landeskirche jegliche Gemeinschaft mit „Judenchristen" aufhoben[50]. Dieser „Höhepunkt kirchlicher Ausgrenzung" ist, so der Kirchenhistoriker Hansjörg Buss, direkt auf die Vorarbeiten des ‚Entjudungsinstituts' zurückzuführen. Eisenhuth hatte für die „Kappung der letzten Verbindung zwischen der Kirche und den Christen jüdischer Herkunft"[51] die theologische Legitimationsarbeit geleistet. Zugleich „veranschaulicht [dieses Gutachten] die Radikalität des Denkens der Mitarbeiter und zeigt […] die entschiedene Konsequenz, die eigene Ideologie in die Tat umsetzen zu wollen."[52]

Eisenhuths Rechtfertigung für dieses folgenschwere Gutachten fällt äußerst knapp aus. Es stehe im Blick auf seine Gesamtarbeit „sehr vereinzelt da", er selbst habe keinerlei Interesse daran gehabt, „öffentlich hervorzutreten", doch sein Fachgebiet die systematische Theologie habe es eben erfordert, sich mehr mit weltanschaulichen Fragen zu beschäftigen als das bei anderen Fachdisziplinen der Fall gewesen sei[53]. Mit keinem Wort deutet Eisenhuth an, dass er den Inhalt seines Gutachtens problematisch oder wenigstens korrekturbe-

---

1. 6. 1942. In: Dokumente V, 404 f.; Schreiben des Leiters der Parteikanzlei an Staatssekretär Muhs, Führerhauptquartier, 25. 9. 1942. In: ebd., 405 f.; Das Telegramm Streichers wurde abgedruckt in: Die Nationalkirche. Briefe an Deutsche Christen, Nr. 20, 15. 5. 1939, 225.

49 Alle Zitate: Eisenhuth, Frage, 125–127. Zur argumentativen Analyse des Gutachtens vgl. Schuster, Lehre, 89–92.

50 DC-Kirchenleitungen heben durch eine Bekanntmachung Gemeinschaft mit Judenchristen auf (17. 12. 1941). In: Hermle / Thierfelder (Hg.), Herausgefordert, 651 f.

51 Beide Zitate: Buss, Kirche, 326.

52 Schuster, Lehre, 90.

53 NL Eisenhuth Nr. 65 (LKA Eisenach).

dürftig findet. Die Konsequenzen, die die genannten Kirchenleiter aus seiner Schrift zogen, blendet er vollständig aus. Stattdessen führt er mehrere Punkte an, in denen seine konträre Meinung zu den „Parteidoktrinen“ zum Ausdruck gekommen sei. Von einem Widerspruch gegen irgendeine Form des nationalsozialistischen Antisemitismus und seiner genozidalen Praxis ist hier nichts zu lesen.

Trotz mehrerer Entlastungszeugnisse zu Eisenhuths Gunsten, die u. a. von den ehemaligen Institutskolleginnen und -kollegen Wolf Meyer-Erlach, Fritz Schmidt-Clausing und Sieglinde Liebsch sowie Pfarrer Gastrow verfasst wurden[54], musste Eisenhuth aus dem Universitätsdienst ausscheiden. Doch fand er bereits 1946 Aufnahme in der Thüringer ev. Kirche; zunächst als kommissarisch angestellter, ab 1948 dann als festangestellter Pfarrer in Jena-Zwätzen. 1952 wurde er dann zum Superintendenten in Eisenach ernannt. Zudem erhielt er mehrere Lehraufträge am Theologischen Seminar in Leipzig, bevor er seine Arbeit 1967 aus gesundheitlichen Gründen aufgeben musste und 1969 schließlich in den Ruhestand ging[55].

3.5 Willy Kretzschmar (1890–1962)

Mit dem Dresdner Oberlandeskirchenrat Willy Kretzschmar rückt ein Bürokrat des ‚Entjudungsinstituts‘ in den Fokus dieser Analyse. Der gelernte Bankkaufmann saß im Verwaltungsrat des Instituts und leitete dessen Finanzausschuss. Zudem gehörte er dem „Verwaltungsausschuß des neuen Gesangbuchs“ an, der wirtschaftliche und rechtliche Fragen bezüglich der Publikation des ‚entjudeten‘ Gesangbuchs „Großer Gott wir loben dich“ klären sollte[56]. Im Zuge der Entnazifizierung der Ev.-Luth. Landeskirche Sachsens gab Kretzschmar im entsprechenden Fragebogen in der Rubrik C „Tätigkeiten in NSDAP-Hilfsorganisationen“ an, Mitglied im ‚Entjudungsinstitut‘ gewesen zu sein. Allerdings wies er jegliche diesbezügliche Eigeninitiative von sich, wenn er erklärend vermerkte: „Auf Veranlassung von Dr. [Julius] Stahn und Dr. [Hermann] Muß [korrekt: Muhs, MW] (RKM) [Reichskirchenministerium, MW] zur Prüfung der Rechnung bestellt.“[57] Mit dieser knappen Bemer-

54 Vgl. EBD. Meyer-Erlach und Schmidt-Clausing verfassten daneben ebenfalls „Persilscheine“ für Walter Grundmann, vgl. ARNHOLD, Entjudung 2, 756.

55 SCHÜFER, Religionsphilosophie, 7; ARNHOLD, Entjudung 2, 759, 794 f.; RICHTER / KRAUS, Institut, 302; SEIDEL, Übergang, 335 f. Zwar sammelte das Ministerium für Staatssicherheit zu seiner Person ebenso Belastungsmaterial wie auch zu anderen ehemaligen Institutsmitarbeitern wie Prof. Dr. Wilhelm Koepp oder Prof. Dr. Johannes Leipoldt, jedoch ohne deren frühere antisemitischen Schriften gegen sie zu verwenden, vgl. SCHUSTER, Lehre, 259.

56 Vgl. ARNHOLD, Entjudung 2, 504 f., 508; BIRKENMEIER / WEISE, Erforschung, 62 f.; GREGOR, Einfluß, 129.

57 Fragebogen des Ev.-Luth. Landeskirchenamts Sachsens, ausgefüllt von Willy Kretzschmar am 28. 2. 1947 (LKA DRESDEN, Bestand 2 Nr. 2088 Bl. 24).

kung rückte sich Kretzschmar selbst in die Position eines bloßen Rechnungsprüfers und spielt den Umfang seiner Institutsmitarbeit damit extrem herunter. Sowohl in seinem Lebenslauf, den er nach Aufforderung durch das sächsische Landeskirchenamt am 30. Oktober 1945 verfasste, als auch in seinem Rehabilitierungsantrag vom 20. April 1946 stellte sich der Kirchenbeamte als Verführten der NSDAP dar, der sich zunächst von Artikel 24 des Parteiprogramms – dem Bekenntnis zum „Standpunkt eines positiven Christentums“[58] – habe täuschen lassen, sich dann aber spätestens seit 1939 zum aktiven Gegner des NS-Regimes gewandelt habe[59]. Der damalige Präsident des Ev.-Luth. Landeskonsistoriums Sachsen, Johannes Klotsche, habe ihn aufgrund seines „antinationalsozialistischen Verhaltens, [der] Bekämpfung der Parteigrundsätze, parteischädliche[n] Verhalten[s] usw.“ sogar als „Staatsfeind Nr. 1“[60] bezeichnet. Tatsächlich verbot Klotsche Kretzschmar 1944 das Betreten des Landeskirchenamts und auch der sächsische Reichsstatthalter Martin Mutschmann intrigierte u. a. beim Reichskirchenministerium gegen ihn. Doch im Gegensatz zu Klotsche, der seinen Sitz im Verwaltungsrat des ‚Entjudungsinstituts‘ 1942 aufgab, verblieb Kretzschmar bis 1945 in seinen dortigen Ämtern und Gremien[61].

Auf den ersten Blick scheint sich in dieser Selbstdarstellung tatsächlich ein Moment der Konversionserzählung erkennen zu lassen, wenn Kretzschmar seinen Parteieintritt[62] als Folge eines Trugschlusses in Bezug auf die Kirchenpolitik der NSDAP einordnet. Bei genauerem Hinsehen offenbart sich jedoch, dass auch Kretzschmar im Grunde einer Kontinuitätserzählung verhaftet bleibt, denn er habe sich bei all seinen Entscheidungen „nur von [s]einem Gott leiten“ lassen und verfüge „bis heute“ über einen „vielleicht kindlichen Glauben“[63], den ihm niemand habe rauben können. Auch hier taucht wieder – ähnlich wie bei der Erläuterung zu seiner Tätigkeit im ‚Entjudungsinstitut‘ – ein argumentatives Muster auf, das man als eine rhetorische Diminutivtaktik bezeichnen könnte: Kretzschmar beschreibt sich als einen

58 Das Parteiprogramm der NSDAP. In: Hermle / Thierfelder, Herausgefordert, 31.

59 Vgl. Lebenslauf, verfasst von W. Kretzschmar, 30. 8. 1945 (LKA Dresden, Bestand 2 Nr. 2088 Bl. 3–9); Antrag des Oberlandeskirchenrats Willy Kretzschmar auf Rehabilitierung, 20. 4. 1946 (ebd., Bl. 26–28).

60 Alle Zitate: Personalakte Willy Kretzschmar (LKA Dresden, Bestand 2 Nr. 2088 Bl. 7 f.).

61 Klotsche hatte sein Amt aufgrund der Zusammenarbeit des ‚Entjudungsinstituts‘ mit schwedischen Forschern in der Arbeitsgemeinschaft „Germanentum und Christentum“, der er ablehnend gegenüberstand, niedergelegt, vgl. Arnhold, Entjudung 2, 508.

62 Kretzschmars am 1. 5. 1933 erfolgte Aufnahme in die NSDAP wurde bereits im Jahr darauf für nichtig erklärt, da er Mitglied einer Freimaurerloge war. Das Parteiabzeichen habe er fortan „ohne Berechtigung und ohne jeden Ausweis getragen, um mir die dauernden Anfeindungen zu ersparen und um bei den zahlreichen Verhandlungen mit den Staats- und Parteistellen in finanziellen Angelegenheiten für die kirchlichen Belange energischer eintreten zu können.“ (LKA Dresden, Bestand 2 Nr. 2088 Bl. 7). 1937 habe Klotsche eine Wiederaufnahme Kretzschmars in die NSDAP forciert, was Mutschmann jedoch mit dem Ausspruch abgelehnt habe: „Jude bleibt Jude und Freimaurer bleibt Freimaurer“ (ebd.).

63 Alle Zitate: Ebd., Bl. 6 f.

naiven, unpolitischen Christen, der seine „positive Stellung zu Christus“ nie geändert habe und früher wie heute glaube, immer „richtig zu handeln, wenn ich allen helfe, die Gott mir in den Weg stellt.“[64]

Am 20. November 1945 beschloss das Ev.-Luth. Landeskirchenamt Sachsen, den Oberlandeskirchenrat Kretzschmar zunächst vorläufig weiter zu beschäftigen, da seine Parteimitgliedschaft für nichtig erklärt worden sei, er in „zunehmender Gegnerschaft zum Kirchenregiment Klotsche gestanden habe“ und auch „Anfeindungen durch den Reichsstatthalter Mutschmann ausgesetzt“[65] gewesen sei. In der Sitzung der Entnazifizierungskommission vom 11. März 1947 wurde schließlich entschieden, dass Kretzschmar „als Hilfssachbearbeiter für Finanzfragen unter Aberkennung des Titels und der Rechte eines Oberlandeskirchenrats“ weiterbeschäftigt werden sollte, da er „aufgrund seiner Sach- und Fachkenntnisse [...] derzeit unentbehrlich“[66] sei. Gegen diese Degradierung protestierte Kretzschmar und beteuerte, stets ein treuer Diener der Kirche gewesen zu sein. Im März 1949 hob der Landeskirchenausschuss sämtliche Beschränkungen der Entnazifizierungskommission auf, zwei Jahre später wurde Kretzschmar zum ordentlichen Mitglied des sächsischen Landeskirchenamts gewählt[67].

4. Zusammenführung und Fazit

Bei der Analyse der hier vorgestellten Stellungnahmen fallen einige rhetorische und argumentative Gemeinsamkeiten auf. So wird als leitendes „Entschuldungsnarrativ“[68] bezüglich der Institutsgründung bzw. -mitarbeit durchgehend auf das apologetische Argument zurückgegriffen, man habe lediglich das Christentum retten wollen. Damit einher geht die Selbstbeschreibung als Opfer und Verfolgte des NS-Regimes, gegen das alle fünf nach

64 Alle Zitate: Ebd., Bl. 6.

65 Beschluß des Ev.-Luth. Landeskirchenamts Sachsen, 20. 11. 1945 (LKA Dresden, Bestand 2 Nr. 2088 Bl. 15).

66 Protokoll der Sitzung der Entnazifizierungskommission, 11. 3. 1947 (Auszug) (LKA Dresden, Bestand 2 Nr. 2088 Bl. 44).

67 Vgl. ebd., Bl. 46, 48, 67 f.

68 Unter diesem Oberbegriff untersuchen mehrere Fallstudien die Exkulpationspraxis ehemaliger SS-Männer nach dem Zweiten Weltkrieg, vgl. dazu: Schulte / Wildt, SS. Die dort vorgestellten Entschuldungsnarrative bilden eine instruktive Vergleichsfolie zur Apologetik kirchlicher Akteure, da sich damit zwei Personengruppen gegenüberstehen, die in der unmittelbaren Nachkriegszeit zunächst sehr gegensätzlichen Positionen zugeordnet wurden. Während die Kirche lange Zeit als Hort des Widerstands gegen das NS-Regime galt, bildete die SS das „Alibi einer Nation“ als Allein- bzw. Hauptverantwortliche für die NS-Verbrechen. Dennoch gelang es den verschiedenen Veteranenverbänden der ehemaligen SS, „ihre Opfernarrative in die gesamtgesellschaftliche Viktimisierungsgeschichte“ einzupassen, womit sie nachgerade bei den Kirchen auf Zustimmung stießen, vgl. ebd., 13 f.

eigener Aussage zumindest teilweise in Opposition gestanden hätten. In keinem Fall wird eine empathische Anteilnahme am Schicksal der jüdischen Opfer artikuliert, zu deren Ausgrenzung und Verfolgung das ‚Entjudungsinstitut' wissenschaftlich-theologische Legitimationsarbeit leistete. Die dezidiert antisemitische Ausrichtung des Instituts bildet ebenso eine Leerstelle in den Rechtfertigungen wie die jeweilige persönliche Haltung gegenüber dem Judentum.

Hinsichtlich der Deutung des NS-Staats lässt sich bei den ehemaligen Institutsmitarbeitern schon zu diesem frühen Zeitpunkt ein Narrativ erkennen, das sich über Jahrzehnte hinweg als überaus wirkmächtig erweisen sollte: Der NS-Staat als monolithischer Block, der konsequent nach *einer* ideologischen Handlungsmaxime agiert hätte[69]. Diese Handlungsmaxime erwies sich indes als überaus deutungsvariabel, so dass sie der jeweilige Interpret so auslegen konnte, dass sie im Gegensatz zum eigenen Handeln und Denken stand. Diese Interpretationsleistung erlaubte wiederum eine „autobiographische Selbstinszenierung" in Form einer „Kontinuitätserzählung", die sich in allen fünf untersuchten Fallbeispielen nachweisen lässt[70]. Damit lagen sie – notabene – auf einer Linie mit ihrem vormaligen Kollegen Walter Grundmann. Der ehemalige Leiter des ‚Entjudungsinstituts' fragte sich schon im Dezember 1945 in einem Schreiben an den sächsischen Landessuperintendenten Franz Lau, „was [habe] ich eigentlich verschuldet?"[71], nachdem sein Gesuch um eine Anstellung in der Ev.-Luth. Landeskirche Sachsens abschlägig beschieden worden war[72]. Umso mehr sticht im Vergleich dazu das Schuldeingeständnis von Siegfried Leffler heraus[73], in dem der Mitbegründer der Deutschen Christen und des ‚Entjudungsinstituts' eigene Verfehlungen und Irrtümer, allerdings mit einigen Einschränkungen, zugegeben hatte: Die angestrebte Synthese zwischen Nationalsozialismus und Christentum wird als verhängnisvoller Irrweg benannt, die „Sache des deutschen Christentums" entwickelte sich, so Leffler, in „vieler Hinsicht zu Irrlehre", gegenüber dem jüdischen Volk habe er

69 Zur monokratischen Deutung des NS-Staats bzw. zum „Hitler-Zentrismus" vgl. Kershaw, NS-Staat, 112–123.

70 In den von Roman B. Kremer untersuchten Fallbeispielen ließ sich dagegen in zwei von vier Fällen (bei von Schirach und mit Abstrichen bei Speer) die Form der Konversionserzählung nachweisen, vgl. Kremer, Autobiographie, 355–359.

71 Grundmann an Lau, 12. 12. 1945 (UA Leipzig, NL Lau 112c, Bl. 43).

72 Dieselbe rhetorische Frage richtete Grundmann auch einen Tag später an den Thüringer Landeskirchenrat, vgl. Grundmann an den Landeskirchenrat der Thüringer ev. Kirche, 13. 12. 1945 (LKA Eisenach, G2402/1, Bl. 5). Diesem Kontinuitätsmuster folgt auch Grundmanns 1969 für die Familie verfasste Autobiographie „Erkenntnis und Wahrheit", vgl. Grundmann, Erkenntnis und Wahrheit, 47–49 (LKA Eisenach, NLWalter Grundmann Nr. 92). Zur Entnazifizierung Grundmanns vgl. Seidel, Entnazifizierungs-Akte, 349–369.

73 Vgl. Leffler an Hutten, 24. 9. 1947 (LKA Eisenach, G1228). Es gilt allerdings zu beachten, dass Leffler dieses persönliche Schuldbekenntnis später im Zuge seiner Abschiedspredigt in Hengersberg 1971 erheblich relativierte und „verwässert[e]", so Rinnen, Kirchenmann, 199–201.

„schwere Schuld“ auf sich geladen, ohne dass er jedoch je „persönlich hasste oder hetzte“[74].

Von dieser immerhin partiellen Einsicht in die deutschchristlichen Abwege findet sich in den untersuchten Stellungnahmen keine Spur. Ein Grund hierfür könnte geographisch-politischer Natur sein: Leffler saß, als er das Schuldgeständnis im September 1947 verfasste, in einem Internierungslager in Ludwigsburg, also in der amerikanischen Besatzungszone, während die anderen Stellungnahmen auf dem Gebiet der SBZ erfolgten, wodurch sich unterschiedliche politische und damit einhergehend auch strafrechtliche Rahmenbedingungen ergaben. Als alleiniges Argument für die rein apologetische Haltung der fünf ehemaligen Institutsmitarbeiter trägt dieser Umstand m. E. allerdings nicht, zumal diese Rechtfertigungen alle im nicht-öffentlichen Rahmen entstanden, wodurch der Rezipientenkreis (offiziell) auf die Mitglieder der kirchlichen Spruchstelle begrenzt blieb, die die Entnazifizierung weitgehend unabhängig von der Sowjetischen Militäradministration in Deutschland vollzogen[75].

Im Einzelfall wurde sogar offen für die Weiterführung nationaler Exegesen und Ausprägungen des Christentums plädiert (Ungern-Sternberg) bzw. die Berechtigung der damaligen Forschung unter Rückgriff auf rezente wissenschaftliche Diskussionen weiterbehauptet (Ermisch). Als einziger gab Eisenhuth immerhin zu, dass seine wissenschaftliche Arbeit nicht frei von weltanschaulichen Einflüssen gewesen sei, obschon er sich hierfür selbst von der Verantwortung exkulpiert und auf den Zwang seiner Profession verweist. Obwohl die vier Thüringer Theologen zunächst alle aus dem Kirchen- bzw. Universitätsdienst entlassen wurden, fanden sie – abgesehen von Heinz Dungs – nach einer kurzen Karenzzeit wieder eine Anstellung als Pfarrer in der Kirche, die nun ihren eigenen „Thüringer Weg“ in der bald gegründeten DDR einschlug, wobei sich die nicht gründlich durchgeführte Selbstreinigung schon bald als Einfallstor für eine neue politische Abhängigkeit der Kirche erwies[76].

---

74 Alle Zitate: (LKA Eisenach, G1228). Grundmann distanzierte sich von Lefflers Schuldeingeständnis übrigens ausdrücklich, vgl. Seidel, Entnazifizierungs-Akte, 358–361.

75 Vgl. Weispfenning, Entnazifizierung, 24 f.

76 Zur Entstehung und zu den Besonderheiten des „Thüringer Wegs“ vgl. Koch-Hallas, Evangelisch-Lutherische Kirche; Seidel, Thüringer Weg; Albrecht-Birkner, Freiheit, 97–100. Das Spruchstellenmitglied Johannes Hertel hatte vor ebendieser neuen politischen Abhängigkeit bereits im November 1946 in einem Brief an seinen Spruchstellenkollegen Paul Dahinten gewarnt, vgl. Seidel, Übergang, 278.

Quellen- und Literaturverzeichnis

I. Unveröffentlichte Quellen und Darstellungen

Landeskirchenarchiv Dresden (LKA)

Bestand: 2 Nr. 1818: Personalakte Wilhelm Engel.
Bestand: 2 Nr. 2088: Personalakte Willy Kretzschmar.

Landeskirchenarchiv Eisenach (LKA)

Bestand: Nachlass Heinz-Erich Eisenhuth: Nr. 65.
Bestand: Nachlass Walter Grundmann: Nr. 92.
Bestand: Nachlass Herbert von Hintzenstern: Nr. 26.
Bestand: Personalakte Heinrich Dungs: G1897 Bd. 1.
Bestand: Personalakte Heinrich Dungs: G1897 Bd. 2.
Bestand: Personalakte Hans Ermisch: G1667 Bd. 2.
Bestand: Personalakte Walter Grundmann: G2402/1.
Bestand: Personalakte Siegfried Leffler: G1228.
Bestand: Personalakte Arthur von Ungern-Sternberg: G1130.

Landeskirchenarchiv Kiel (LKA)

Bestand: 42.07 Nr. 43.

Stiftung Sächsische Gedenkstätten, Dokumentationsstelle Dresden (StSG)

Rehabilitierungsbescheinigung für Heinz Dungs.

Universitätsarchiv Leipzig (UA)

Bestand: Nachlass Lau: 112c.

II. Veröffentlichte Quellen und Darstellungen

Albrecht-Birkner, Veronika: Freiheit in Grenzen. Protestantismus in der DDR (CuZ 2). Leipzig 2018.

Arnhold, Oliver: „Entjudung" – Kirche im Abgrund, Bd. 1: Die Thüringer Kirchenbewegung Deutsche Christen 1928–1939. Bd. 2: Das „Institut zur Erforschung und Beseitigung des Jüdischen Einflusses auf das deutsche kirchliche Leben" 1939–1945 (SKI 25/1–2). Berlin 2010.

– / Lenhard, Hartmut: Kirche ohne Juden. Christlicher Antisemitismus 1933–1945. Göttingen 2015.

Birkenmeier, Jochen / Weise, Michael: Erforschung und Beseitigung. Das kirchliche „Entjudungsinstitut“ 1939–1945 (Veröffentlichungen der Stiftung Lutherhaus Eisenach 4). 2., durchges. u. erw. Aufl. Eisenach 2020.

Buss, Hansjörg: Prof. Dr. Martin Redeker. Ein Kieler Theologe und Mitglied des Landtags. In: Präsident des Schleswig-Holsteinischen Landtages (Hg.): Kirche, Christen, Juden in Nordelbien 1933–1945. Die Ausstellung im Landeshaus (Schriftenreihe des Schleswig-Holsteinischen Landtages 7). Kiel 2006, 35–45.

–: „Entjudete“ Kirche. Die Lübecker Landeskirche zwischen christlichem Antijudaismus und völkischem Antisemitismus (1918–1950). Paderborn u. a. 2011.

Dokumente zur Kirchenpolitik des Dritten Reiches, Bd. V: 1939–1945. Die Zeit des Zweiten Weltkriegs (September 1939–Mai 1945). Bearb. v. Gertraud Grünzinger / Carsten Nicolaisen. Hg. im Auftrage der Evangelischen Arbeitsgemeinschaft für Kirchliche Zeitgeschichte. München / Gütersloh 2008.

Eisenhuth, Heinz-Erich: Zur Frage der Beteiligung der Judenchristen am christlichen Gottesdienst. In: Verbandsmitteilungen 5/6 (1941), 125–127.

Gesetz zur Ueberprüfung der Pfarrerschaft und der Verwaltung der Thüringer evangelischen Kirche, in: Thüringer Kirchenblatt und Kirchlicher Anzeiger A 3 (1945), 29.

Gregor, Birgit: … von jüdischem Einfluß befreit: „Großer Gott wir loben dich“. Ein deutsch-christliches Gesangbuch aus dem Jahre 1941. In: Thomas A. Seidel (Hg.): Thüringer Gratwanderungen. Beiträge zur 75jährigen Geschichte der evangelischen Landeskirche Thüringens (HerChr, Sonderbd. 3). Leipzig 1998, 124–142.

Hein, Markus: Die sächsische Landeskirche nach dem Ende des Zweiten Weltkrieges (1945–1948). Neubildung der Kirchenleitung und Selbstreinigung der Pfarrerschaft (HerChr, Sonderbd. 6). Leipzig 2002.

Hermle, Siegfried / Thierfelder, Jörg (Hg.): Herausgefordert. Dokumente zur Geschichte der Evangelischen Kirche in der Zeit des Nationalsozialismus. Stuttgart 2008.

Heschel, Susannah: Die Faszination der Theologie für die Rassentheorie: Wie Jesus im deutschen Protestantismus zum Nazi wurde. In: KuI 22 (2007) H. 2, 120–131.

–: The Aryan Jesus. Christian Theologians and the Bible in Nazi Germany. Princeton / Oxford 2008.

Kershaw, Ian: Der NS-Staat. Geschichtsinterpretationen und Kontroversen im Überblick. Reinbek bei Hamburg [3]2002.

Koch-Hallas, Christine: Die Evangelisch-Lutherische Kirche in Thüringen in der SBZ und Frühzeit der DDR (1945–1961). Eine Untersuchung über Kontinuitäten und Diskontinuitäten einer landeskirchlichen Identität (AKThG 25). Leipzig 2009.

Kremer, Roman B.: Autobiographie als Apologie. Rhetorik der Rechtfertigung bei Baldur von Schirach, Albert Speer, Karl Dönitz und Erich Raeder (Formen der Erinnerung 65). Göttingen 2017.

Pich, Hugo: Bericht über die Tagung der landeskirchlichen Referenten zum Institut zur Erforschung und Beseitigung des jüdischen Einflusses auf das deutsche kirchliche Leben in Eisenach am 6. und 7. 7 .1939 (Dok. 307). In: Die Verfolgung und Ermordung der europäischen Juden durch das nationalsozialistische

Deutschland 1933–1945, Bd. 2: Deutsches Reich, 1938–August 1939. Bearb. v. Susanne Heim. München 2009, 792–796.

Redeker, Martin: Gegendarstellung. In: res nostra. Studentenzeitung an der Universität Kiel 24 (1968), Februar, 7 f.

Richter, Nadine / Kraus, Wolfgang: Institut zur Erforschung des jüdischen Einflußes auf das deutsche kirchliche Leben in Eisenach. In: Ingo Haar / Michael Fahlbusch (Hg.): Handbuch der völkischen Wissenschaften. Personen – Institutionen – Forschungsprogramme – Stiftungen. München 2008, 296–303.

Rinnen, Anja: Kirchenmann und Nationalsozialist. Siegfried Lefflers ideelle Verschmelzung von Kirche und Drittem Reich (FPDR 9). Weinheim 1995.

Schüfer, Tobias: Zwischen Religionsphilosophie und Superintendentur: Zum 100. Geburtstag von Heinz-Erich Eisenhuth. In: Glaube und Heimat. Ausgabe Thüringen 19 (2003), 7.

Schulte, Jan Erik / Wildt, Michael (Hg.): Die SS nach 1945. Entschuldungsnarrative, populäre Mythen, europäische Erinnerungsdiskurse. Göttingen 2018.

–: Die zweite Geschichte der SS – Einleitung. In: Dies.: SS nach 1945, 9–26.

Schuster, Dirk: Die Lehre vom „arischen“ Christentum. Das wissenschaftliche Selbstverständnis im Eisenacher „Entjudungsinstitut“ (KKR 70). Göttingen 2017.

Seidel, J. Jürgen: Aus den Trümmern 1945. Personeller Wiederaufbau und Entnazifizierung in der Sowjetischen Besatzungszone Deutschlands. Göttingen 1996.

Seidel, Thomas A.: „Thüringer Weg“ und „Thüringer Initiative“. Eine Regionalgruppe des Arbeitskreises Solidarische Kirche am Ende der DDR. In: Ders. (Hg.): Gottlose Jahre? Rückblicke auf die Kirche im Sozialismus der DDR (HerChr, Sonderbd. 7). Leipzig 2002, 85–100.

–: Im Übergang der Diktaturen. Eine Untersuchung der kirchlichen Neuordnung in Thüringen 1945–1951 (KoGe 29). Stuttgart 2003.

–: Die „Entnazifizierungs-Akte Grundmann“. Anmerkungen zur Karriere eines vormals führenden DC-Theologen. In: Roland Deines / Volker Leppin / Karl-Wilhelm Niebuhr (Hg.): Walter Grundmann. Ein Neutestamentler im Dritten Reich (AKThG 21). Leipzig 2007, 349–369.

Tilitzki, Christian: Die deutsche Universitätsphilosophie in der Weimarer Republik und im Dritten Reich, Teil 2. Berlin 2002.

Weigelt, Andreas u.a. (Hg.): Todesurteile sowjetischer Militärtribunale gegen Deutsche (1944–1947). Eine historisch-biographische Studie (Schriften des Hannah-Arendt-Instituts 56). Göttingen 2015.

Weigelt, Andreas: Anlage: Kurzbiographien [auf CD-ROM]. In: Ders. u. a.: Todesurteile.

–: Fallgruppenübersicht und Erschließungsregister – Leitfaden für die biographische Dokumentation. In: Ders. u. a.: Todesurteile, 159–416.

Weispfenning, Walter: Die Entnazifizierung der Thüringer Ev. Pfarrerschaft nach 1945 gemäß dem Reinigungsgesetz (Schriften des Thüringer Pfarrvereins 1/2018). Quedlinburg 2018.

Weitenhagen, Holger: Evangelisch und deutsch. Heinz Dungs und die Pressepolitik der Deutschen Christen (SVRKG 146). Köln / Bonn 2001.

Jochen Birkenmeier

Zwischen Aufklärung und Verschleierung

Herbert von Hintzenstern, die Rechtfertigung des ‚Entjudungsinstituts' und die Dichterinnen der „Botschaft Gottes"[1]

Während sich in der unmittelbaren Nachkriegszeit einige Mitarbeiter des ‚Entjudungsinstituts' im Rahmen der Entnazifizierungsverfahren für ihre Tätigkeit rechtfertigen mussten[2], sind für die Zeit nach Gründung der DDR zunächst keine öffentlichen Stellungnahmen oder Rechtfertigungsversuche ehemals Verantwortlicher mehr bekannt. Ausnahmen sind die Ausführungen von Dr. Walter Grundmann in seiner Autobiographie „Erkenntnis und Wahrheit" und von Hans Ermisch in dessen „Lebenserinnerungen", die jedoch beide nur für die Familienangehörigen verfasst worden waren und erst im Laufe der 1990er Jahre wissenschaftlich wahrgenommen wurden[3]. Auf dem Gebiet der DDR setzten Auseinandersetzungen mit dem ‚Entjudungsinstitut' erst in den 1980er Jahren wieder ein, als die wissenschaftliche Aufarbeitung des Kirchenkampfes in der Thüringer Evangelischen Kirche[4] und das öffentliche Gedenken anlässlich des 50. Jahrestages der Novemberpogrome von 1938 das ‚Entjudungsinstitut' erneut zur Sprache brachten[5]. In dieser Spätphase der DDR brach mit Dr. Herbert von Hintzenstern ein ehemaliger Mitarbeiter des Instituts das Schweigen und stellte sich zwischen 1988 und 1995 der Forschung als Gesprächs- und Korrespondenzpartner zur Aufarbeitung der Institutsgeschichte zur Verfügung.

Hintzenstern, der Doktorand bei Grundmann gewesen war und im Auftrag des Instituts sowohl den Nachlass des antisemitischen Theologen Arthur Bonus[6], als auch mit großer Wahrscheinlichkeit den Forschungsauftrag „Die Stellung des Bayreuther Kreises zu den Fragen von Religion, Christentum und

1 Dieser Beitrag beruht auf dem zweiten Teil des Vortrags „Stellungnahmen und Rechtfertigungsversuche ehemaliger Mitarbeiter des ‚Entjudungsinstituts' in der SBZ und DDR", den ich gemeinsam mit Michael Weise am 20. 9. 2019 im Rahmen der Tagung hielt. Er wurde für den vorliegenden Band überarbeitet und erweitert.

2 Vgl. dazu den Beitrag von Michael Weise in diesem Band.

3 Vgl. Auszug Erkenntnis und Wahrheit (LKA Eisenach, NL Grundmann Nr. 92, Bl. 47–49); Auszug Lebenserinnerungen (ebd., NL Hintzenstern Nr. 26, Bl. 50–69).

4 Vgl. Stegmann, Kirchenkampf; dort allerdings ohne Erwähnung Hintzensterns, s. dazu Schenk, Jesus, 267, Anm. 463.

5 So etwa durch Zeitzeugeninterviews, z. B. mit Miroslav Novák, dem Patriarchen der Tschechoslowakischen Hussitischen Kirche in der Sendereihe „Stimme der DDR aktuell" (5. 11. 1988).

6 Vgl. Scholz, Vorwort.

Judentum" bearbeitet hatte[7], befand sich zu diesem Zeitpunkt im Ruhestand, nachdem er in der Evangelisch-Lutherischen Kirche in Thüringen lange Jahre in einflussreichen Positionen tätig gewesen war. Anlass für Hintzensterns Öffnung war der Kontakt zum Kölner Publizisten Hans Prolingheuer, der bereits seit 1981 zu ‚entjudeter' evangelischer Kirchenmusik publiziert hatte[8] und an vertiefenden Informationen zum ‚Entjudungsinstitut' interessiert war. Prolingheuer lud Hintzenstern nach Köln ein und konnte ihn auch davon überzeugen, 1989 am kirchenhistorischen Seminar „Entjudung von Theologie und Kirche"[9] als Zeitzeuge teilzunehmen und Auskunft zu geben. Hintzenstern gehörte damit zu den wenigen ehemaligen Mitarbeitern des ‚Entjudungsinstituts', die sich freiwillig und ausführlich zu ihrer Vergangenheit befragen ließen.

Seine Motivation zur Aufarbeitung erläuterte Hintzenstern nicht näher. Ein wichtiger Beweggrund dürfte die seit 1988 zunehmende Thematisierung des ‚Entjudungsinstituts' gewesen sein, wobei er möglichen Nachfragen offenbar durch die Darstellung seiner Sicht der Dinge offensiv begegnen wollte. Ende der 1980er Jahre war nur noch wenigen bekannt, dass die sowjetische Militäradministration in Deutschland (SMAD) seine Dissertation auf die Liste des auszusondernden nationalsozialistischen Schrifttums gesetzt hatte[10] und Hintzenstern der bundesrepublikanischen Leserschaft durch die 1959 erschienene Quellensammlung „Das Dritte Reich und seine Denker" als geradezu mustergültiger Repräsentant der NS-Theologie bekannt geworden war[11]. Hintzenstern musste befürchten, dass seine NS-Vergangenheit wieder thematisiert werden würde, und schien deshalb entschieden zu haben, den Diskurs mitzubestimmen. Es liegt zudem nahe, bei ihm ein Gefühl der Schuld anzunehmen, aber es bleibt festzuhalten, dass Hintzenstern bei allen Erklärungsversuchen nicht nur jedes Schuldeingeständnis vermied, sondern auch die Übernahme persönlicher Verantwortung durch Hinweise auf äußere Umstände ablehnte. Die psychologischen Mechanismen, die den Hintergrund von Hintzensterns Einlassungen bildeten, können an dieser Stelle nicht untersucht werden, aber man wird nicht völlig fehlgehen, wenn man von einer ausgeprägten kognitiven Dissonanz ausgeht, die Hintzenstern durch Rationalisierung seines früheren Verhaltens zu lindern suchte. Darauf deuten zumindest die heftigen Reaktionen auf jede Andeutung hin, dass das Wirken des ‚Entjudungsinstituts' und der Holocaust miteinander in Verbindung stehen könnten. Hintzenstern sah sich geradezu einer Kampagne ausgesetzt, die angeblich die Tendenz hätte „zu zeigen: die Christen sind schuld am Holo-

---

7 Vgl. Arnhold, Entjudung 2, 849, Nr. 15 u. Anm. 22; Birkenmeier / Weise, Erforschung, 66, Nr. 33.

8 Vgl. Prolingheuer, Kirchenmusik.

9 Seminar der Ev. Studentengemeinden und der Ev. Akademikerschaft, Kassel, 27. – 28. 5. 1989.

10 Vgl. Liste des auszusondernden Schriftguts, Nr. 4964.

11 Vgl. Poliakov / Wulf, Reich, 83 f.; vgl. auch den Anhang zum ‚Entjudungsinstitut', ebd., 228–234; zum Ganzen vgl. „Nordische Entkümmerer", in: Der Spiegel 19 (1960), 55 f.

caust“[12], wobei er mit „Christen“ offenbar vor allem die „Deutschen Christen“ (DC) meinte, deren Gründer, Julius Leutheuser und Siegfried Leffler, er als Verteidiger der Kirche zeichnete[13]. Ein Gefühl von Schuld im Zusammenhang mit der Ermordung der europäischen Juden könnte auch ein Grund dafür gewesen sein, dass Hintzenstern zwar mit Wissenschaftlerinnen und Wissenschaftlern über seine Tätigkeit im ‚Entjudungsinstitut‘ sprach, nicht aber mit seinen Söhnen[14]. Es bildete wohl auch den Hintergrund für einen bezeichnenden ‚Freudschen Verschreiber‘, bei dem Hintzenstern die Begriffe „Reichskristallnacht“ und „Holocaust“ verwechselte: „[…] das Institut wurde 1939 – nach dem Holocaust – gegründet, um einem ähnlichen Vernichtungsvorgang gegen das Christentum vorzubeugen.“[15]

Hintzenstern hatte immer geleugnet, dass die Tätigkeit des ‚Entjudungsinstituts‘, dessen Gründung von der Reichspogromnacht 1938 maßgeblich befördert wurde, in Beziehung zum Holocaust stehe. Die Verwechslung der Begriffe, insbesondere in Zusammenhang mit dem Wort „Vernichtungsvorgang“, lassen es wahrscheinlich erscheinen, dass Hintzenstern sich dieser Verbindung sehr wohl bewusst war, auch wenn er ein damit verbundenes Schuldgefühl offenbar nur unterbewusst ausdrücken konnte. Allerdings ist bezeichnend, dass sich bei ihm das früher noch geäußerte Mitgefühl gegenüber den Opfern der Pogrome[16] zugunsten der von der Entnazifizierung nach 1945 Betroffenen verschob: So äußerte Hintzenstern mehr Empathie für DC-Gründer Leffler und seine Familie als für die aus dem KZ Buchenwald entlassenen und von den Alliierten u. a. in Lefflers Weimarer Wohnung einquartierten Häftlinge, die Hintzenstern lapidar als „Buchenwäldler“ bezeichnete[17].

Hintzensterns Bereitschaft zur Aufarbeitung der Institutsgeschichte sollte dennoch nicht grundsätzlich in Abrede gestellt werden. Sein Bedürfnis nach Entlastung scheint aufrichtig gewesen zu sein und durchzieht als unterschwelliges Leitmotiv sämtliche seiner Stellungsnahmen zum Thema ‚Entjudungsinstitut‘. Dabei gilt es jedoch zu berücksichtigen, dass Hintzenstern, der als Chefredakteur der Kirchenzeitung „Glaube und Heimat“ unter den kirchenfeindlichen Bedingungen der DDR reiche Erfahrung in der Anwendung sprachlicher Ambiguität gesammelt hatte, eine Definition von „Aufarbeitung“ verwendete, die sich von der seiner Zuhörer und Korrespondenzpartner fundamental unterschied. Anders lässt sich nicht erklären, dass er mit Überzeugung behaupten konnte, sich schon lange mit der Aufarbeitung der

12 H. an Rainer Stahl vom 28. 8. 1993 (LKA Eisenach, NL Hintzenstern Nr. 170 Bl. 9).

13 Vgl. Entwurf des Briefes an Dieter Georgi (1995), 5 (LKA Eisenach, NL Hintzenstern Nr. 170).

14 Vgl. Auskunft von Matthias von Hintzenstern, Eisenach, 2. 5. 2019, vgl. Der Mantel des Schweigens, in: Glaube und Heimat (2019) H. 41, 3.

15 H. an Günther Reese vom 19. 5. 1995 (LKA Eisenach, NL Hintzenstern Nr. 196) H. i. O.

16 Etwa in H.s Brief an Günther Reese vom 23. 4. 1994 (LKA Eisenach, NL Hintzenstern Nr. 196).

17 Notiz (zum Brief an Dieter Georgi?), 1995 (LKA Eisenach, NL Hintzenstern Nr. 170).

Institutsgeschichte befasst zu haben: „Jedenfalls habe ich Jahrzehnte vor 1994 mich den Fragen gestellt und weitergearbeitet.“[18]

Diese überraschende Einschätzung erklärt sich durch einen Aufarbeitungsbegriff, den Hintzenstern offenbar von Walter Grundmann übernommen hatte. Angesichts der von der historischen Forschung geäußerten Aufforderung zur Aufarbeitung, wie sie etwa Leonore Siegele-Wenschkewitz vorgebracht hatte, erklärte Hintzenstern die Grundmann'sche Auffassung von Aufarbeitung so: „Grundmann hat die von ihr geforderte ‚Aufarbeitung‘ anders vorgenommen, als sie es sich denkt: durch Weiterarbeit im Gespräch mit bedeutenden Theologen.“[19]

Der Begriff „Weiterarbeit“, den Hintzenstern verwendet, geht wiederum zurück bis in seine Zeit beim ‚Entjudungsinstitut‘. So erklärte er in seiner Dissertation von 1941 zu den Ideen von Houston Stewart Chamberlain: „Chamberlains Anregungen drängen vorwärts und rufen zur Weiterarbeit auf!“[20] „Weiterarbeit“ meint in Hintzensterns Sprachgebrauch also „Weiterentwicklung“, wobei diese Entwicklung auch Korrekturen beinhalten konnte, wie er in Hinblick auf die Institutswissenschaftler Walter Grundmann und Heinz-Erich Eisenhuth erläuterte: „Daß beide weiterarbeiteten und frühere Äußerungen korrigierten, haben beide gezeigt in ihren Büchern [...].“[21]

„Aufarbeitung“ bedeutete für Hintzenstern also nicht die öffentliche Auseinandersetzung mit der Vergangenheit, die auch ein öffentliches Eingeständnis von Verfehlungen einschließt, sondern vielmehr eine stillschweigende „Weiterarbeit“ im Sinne einer Weiterentwicklung der eigenen Thesen im geschützten Raum der Wissenschaft, die aber nicht so sehr als Ergebnis wissenschaftlicher Diskussionen, sondern eher als Selbstreflexion vor dem Hintergrund fachlicher Gespräche verstanden werden muss. Der Verzicht auf gewisse Positionen und Formulierungen ist in diesem Sinne bereits eine „Aufarbeitung“, weil er die Erkenntnis der eigenen Fehler schon impliziert. Hintzenstern unterschied dabei allerdings nicht zwischen einer Überzeugung und der Äußerung dieser Überzeugung, was es ihm erlaubte, den Verzicht auf die Äußerung bereits als „Weiterarbeit“ und damit als „Aufarbeitung“ zu verstehen, auch wenn die ursprüngliche Überzeugung beibehalten wurde. Korrekturbedürftig war insofern nicht unbedingt die Überzeugung selbst, sondern die Äußerung dieser Überzeugung oder lediglich die Form, in der sie artikuliert wurde. Hintzensterns Erklärungs- und Rechtfertigungsversuche sollten vor diesem Hintergrund stets mit der nötigen Vorsicht betrachtet werden.

---

18 H. an Günther Reese vom 14. 5. 1994 (LKA Eisenach, NL Hintzenstern Nr. 196).

19 H. an Rainer Stahl vom 28. 8. 1993, 9 (LKA Eisenach, NL Hintzenstern Nr. 170).

20 Hintzenstern, Chamberlain, 112.

21 H. an Rainer Stahl vom 28. 8. 1993, 3 (LKA Eisenach, NL Hintzenstern Nr. 170).

1. Hintzensterns biographische Selbstdeutung

Hintzenstern äußerte sich im Regelfall nicht grundsätzlich zu den ideologischen Grundlagen und Zielen des ‚Entjudungsinstituts' und seiner eigenen Tätigkeit bis 1945, sondern meist in Form autobiographischer Anekdoten, die die Zeitumstände und persönlichen Konfliktsituationen exemplarisch illustrieren sollten. Ihnen ist gemein, dass Hintzenstern seine politische Haltung während der NS-Zeit und seine eigenen Beiträge zur Institutsarbeit weitgehend ausblendete und auch darauf verzichtete, seinen politisch-ideologischen Werdegang näher zu erläutern. Inwieweit sein Elternhaus ihn politisch geprägt hatte, welche Rolle Nationalsozialismus und Antisemitismus für ihn spielten und warum sein Weg ihn in deutschchristlich geprägte Kreise und schließlich zum ‚Entjudungsinstitut' geführt hatte, blieb daher undeutlich. Dass der Zusammenbruch des Regimes und seiner Ideologie ein einschneidendes, womöglich traumatisches Erlebnis für den damals 29-Jährigen gewesen sein muss, findet in seinen Darstellungen keinen erkennbaren Widerhall. Der Verzicht auf eine Darstellung seiner persönlichen Entwicklung vor 1945 bot für Hintzenstern aber den Vorteil, auch über seine Entwicklung nach 1945 keine Rechenschaft ablegen zu müssen. Ob und in welcher Form er einen Bruch mit seiner NS-Vergangenheit vollzogen hatte, blieb dadurch weitgehend unklar. Die Fülle der Auskünfte, die er seinen Gesprächs- und Korrespondenzpartnern anbot, verdeckten bei aller vorgeblichen Gesprächsbereitschaft zudem, dass Hintzenstern ein Meister der Auslassung war, der das Fehlen klarer Bekenntnisse im Rauschen nebensächlicher, unvollständiger und irreführender Informationen verbarg.

Bislang wenig beachtete Zeugnisse aus dem Jahr 1995 gewähren jedoch einige Einblicke in Hintzensterns Bildungsgeschichte, darunter ein Interview mit Teilnehmern des Seminars „Erinnerte Bildungswege – Biographische Arbeit mit Zeitzeugen zur Geschichte von Bildung und Sozialisation in Thüringen", das im Sommersemester 1995 vom Lehrstuhl für Allgemeine Pädagogik und Theorie der Sozialpädagogik an der Universität Jena angeboten wurde. Das Interview ist insofern erhellend, als Hintzenstern seine Erzählung völlig frei gestaltete und nur zu seinem Wirken in der DDR auf – allerdings unkritische – Nachfragen stieß. Das bedeutete, dass er selbst entschied, was er für erzählenswert erachtete – und das ist, in Hinblick auf seine spätere Institutstätigkeit, insbesondere für seine Schul- und Studienzeit aufschlussreich: Nach eigenen Angaben stammte Hintzenstern aus einem Umfeld, das Juden ablehnte und als Gegensatz zu nicht-jüdischen Deutschen empfand:

> „In der Grundschule hatte (...) der Sohn eines jüdischen Kapellmeisters gesessen. Unser Klassenlehrer hatte uns voller Bosheit nebeneinander gesetzt. Sohn eines jüdischen Intellektuellen neben einem Schüler aus einem deutsch-adligen Hause.

> Was politisch natürlich eine schlimme Gegenüberstellung war. Aber wir haben uns angefreundet."[22]

Trotz des angeblichen Gegensatzes durfte Hintzenstern dennoch bei der Familie des jüdischen Kapellmeisters – bei dem es sich vermutlich um Jean-Siegfried Blumann handelte[23] – ein- und ausgehen und mit ihr auch die Synagoge in Magdeburg besuchen[24], was dafür spricht, dass die angebliche Unvereinbarkeit zwischen Juden und Deutschen von seinen Eltern nicht so empfunden wurde, sondern offenbar erst auf der Grundlage seiner ideologischen Entwicklung ab 1938 von Hintzenstern selbst als solche interpretiert wurde. Am Gymnasium hegte er offenbar noch keine Judenfeindschaft, denn er legte dort das Hebraicum ab, was ihn befähigte, an der Universität Halle (Saale) gleich nach dem Abitur an einem Proseminar „über prophetische Schriften und die Psalmen im Alten Testament" teilzunehmen[25]. Er pflegte in Halle einen freundschaftlichen Kontakt zum Altphilologen Walther Kranz, der mit einer Jüdin verheiratet war und seinen Direktorenposten in Schulpforta aufgrund der Nürnberger Rassegesetze aufgeben musste. Hintzenstern sei durch diese persönliche Begegnung mit dem Ehepaar Kranz angeblich „zum ersten Mal aufgegangen, welche Schicksale Juden im Dritten Reich" gehabt hätten[26], wobei unklar bleibt, welche Folgerungen er daraus zog. Im Seminar von Kranz habe man auch hebräische Grabsteine auf dem jüdischen Friedhof in Halle entziffert[27], und Hintzenstern gibt an, dass er während seines Studiums in Halle noch viel über jüdische Kultur erfahren habe, „bevor, ähm, in der Kristallnacht alle jüdischen Synagogen in Deutschland angesteckt, vernichtet, zerstört worden [sind], wo die Deportation jüdischer Intellektueller begann."[28]

Die Erfahrungen in Halle schienen keine bleibende Wirkung zu entfalten. Denn die wegen eines Sportunfalls nachgeholte Arbeitsdienstpflicht, die Hintzenstern zum Jahreswechsel 1937/38 zur Unterbrechung des Studiums zwang, markierte vielmehr seine Hinwendung zum Antisemitismus, die durch den Wechsel an die Universität Jena im Jahr 1938 begünstigt wurde. In Jena nahm er aus eigenem Antrieb Kontakt zur Dichterin Luise („Lulu") von Strauß und Torney auf, der Witwe des 1930 verstorbenen völkischen Verlegers Eugen Diederichs, die ihn auch veranlasste, seinen Studienaufenthalt in Jena zu verlängern. Hintzenstern und seine Kommilitonen nahmen fortan monatlich an einem von Strauß und Torney geleiteten literarischen Kreis teil. Dort

---

22 Bildungswege, 4.

23 Vgl. H. an Dieter Georgi vom 27. 9. 1995 (LKA Eisenach, NL Hintzenstern Nr. 170).

24 Vgl. Bildungswege, 4.

25 Ebd.

26 Ebd.

27 An anderer Stelle gibt Hintzenstern allerdings an, den Friedhof mit „Prof. Galling" (wohl Kurt Galling) besucht zu haben; H. an Dieter Georgi vom 27. 9. 1995, 8 (LKA Eisenach, NL Hintzenstern Nr. 170).

28 Bildungswege, 5.

machte sie die Studenten mit den Werken des Diederichs-Verlags, insbesondere mit jenen ihrer Schriftstellerkolleginnen Ina Seidel und Agnes Miegel vertraut[29], die – wie Strauß und Torney – 1933 das „Gelöbnis treuester Gefolgschaft" auf Adolf Hitler abgelegt hatten und dem NS-Regime ideologisch nahestanden. In dieser Zeit trat Hintzenstern in die antisemitische „Hochschulkameradschaft Jena der deutsch-christlichen nationalkirchlichen Einung"[30] und, am 1. Juli 1938, mit der Mitgliedsnummer 6.042.098 auch in die NSDAP ein[31].

Als neues Parteimitglied sah sich Hintzenstern zunehmend der Aufforderung ausgesetzt, das Theologiestudium zu beenden und sich vom Christentum zu distanzieren. Die Verbindung von Judentum und Christentum machte ihm dabei besonders zu schaffen, weil er sich als Nationalsozialist inzwischen auch als Judengegner verstand: „Da war es für mich eine Existenzfrage: Ist Jesus wirklich solch ein Jude, wie ihn seine NS-Gegner darstellen?"[32]

Hintzenstern, der nach eigenem Bekunden bereits seit 1934 mit Eva Chamberlain, der Tochter Richard Wagners und Witwe Houston Stewart Chamberlains, in Kontakt stand, beschäftigte sich in dieser Zeit intensiv mit den Spätschriften Richard Wagners und dem Werk Chamberlains, der sich für ein ‚artgemäßes' Christentum eingesetzt hatte[33]. In der universitären Auseinandersetzung zwischen dem deutschchristlichen und dem atheistischen Flügel der NSDAP fand Hintzenstern schließlich in Walter Grundmann, dem Lehrstuhlinhaber für „völkische Theologie", ein intellektuelles Vorbild, dessen wissenschaftlicher Ansatz es ihm erlaubte, seinen christlichen Glauben in der Tradition Chamberlains mit der nationalsozialistischen Ideologie zu verbinden und eine Lösung für die ihn quälende Frage nach dem Judentum Jesu zu finden: „Langsam begriff ich, daß es unter den Neutestamentlern noch eine andere Meinung gibt, die fragte, wie sich Jesus von der Gesetzesreligion des zeitgenössischen Judentums *unterscheidet*"[34].

Grundmanns völkisch-antisemitische Theologie bot ihm nun die Möglichkeit, dem von den atheistischen und neuheidnischen Kreisen der Partei vorgebrachten Behauptung, dass Christentum lediglich ‚Judentum für Arier' sei, mit (pseudo-)wissenschaftlichen Argumenten entgegenzutreten, die – wie das Präsens nahelegt – für Hintzenstern auch 1995 noch überzeugend zu sein schienen:

> „Was die Propagandisten als gefährlichen Feind aus dem Alten Testament, aus dem Talmud und einigen Stellen aus dem Neuen Testament anprangerten, ist nicht

29 Vgl. Bildungswege, 5 f.

30 Schenk, Jesus, 268.

31 Für diese Auskunft danke ich Herrn Matthias v. Hintzenstern, Eisenach, 2. 5. 2019.

32 H. an Birgit Jerke vom 26. 5. 1994 (LKA Eisenach, NL Hintzenstern Nr. 196).

33 Vgl. Bildungswege, 7. Über Eva Chamberlain hatte Hintzenstern auch Kontakt zu Winifred Wagner, s. ebd., 8.

34 H. an Birgit Jerke vom 26. 5. 1994 (LKA Eisenach, NL Hintzenstern Nr. 196) H. i. O.

> das Wesen des Christentums, dieses lebt aus dem Evangelium Jesu von Gottes Reich und der Gotteskindschaft. Grundmann fragte nicht nach ‚Herleitungen' aus jüdischen Schriften wie Strack-Billerbeck, sondern nach der eigenen Position des Jesus von Nazareth."[35]

Hintzensterns eigener wissenschaftlicher Ansatz bestand in der Folge darin, die in der Partei unangefochtenen ‚Klassiker' des Antisemitismus wie Richard Wagner, Houston Stewart Chamberlain, Ernst von Wolzogen, Arthur Bonus und Alfred Rosenberg, die sich für ein ‚entjudetes' Christentum eingesetzt hatten, gegen die antichristlichen und kirchenfeindlichen Kräfte der NSDAP argumentativ in Stellung zu bringen. Daraus resultierte der Streit um eine universitäre Preisarbeit zum Werk Chamberlains, bei dem der von Hintzenstern aus eigenem Antrieb eingereichte Beitrag gewann. Die Weigerung des Jenaer Rektors Karl Astel, den Preis einem Theologen zuzuerkennen, hat Hintzenstern später als Akt des Widerstands gegen das NS-Regime gedeutet. Tatsächlich handelte es sich um eine Auseinandersetzung rivalisierender Fraktionen innerhalb der NS-Bewegung; Hintzensterns Preisarbeit wurde nach flüchtiger Überarbeitung als theologische Dissertation akzeptiert und gedruckt, auch wenn es dem kirchenfeindlichen Flügel gelang, die Verbreitung des Werks wegen eines ideologisch nicht mehr ‚zeitgemäßen' Rosenberg-Zitats einzuschränken[36]. Astels Intervention richtete sich dabei nicht gegen Hintzenstern, sondern gegen die theologische Fakultät, was daran ersichtlich ist, dass der junge Theologe das Angebot erhielt, als freier Redner der NSDAP zum Themenfeld „Kirche und Christentum" oder in der Ukraine als Referent für „Kirchen- und Judenfragen" für das Amt Rosenberg tätig zu werden, das einen qualifizierten Kandidaten mit Kenntnis der Kirchengeschichte und des Hebräischen suchte[37]. Ob er tatsächlich wegen seiner Ablehnung dieser Funktionen 1943 zum Wehrdienst eingezogen wurde, ist fraglich; die Angabe ist vermutlich Teil des Widerstandsnarrativs, denn es gab keinen ersichtlichen Grund, weshalb Hintzenstern als unabkömmlich hätte gelten können. Anders als seine Äußerungen vermuten lassen, hinderte ihn der Sanitätsdienst in der Wehrmacht jedenfalls nicht daran, weiterhin für das ‚Entjudungsinstitut' tätig zu sein[38].

Hintzenstern äußerte sich ausführlich über die Entstehung seiner Dissertation[39], sah aber keine Veranlassung, sich gegenüber seinen Zuhörern von Chamberlains antisemitischen Positionen zu distanzieren, die er seinerzeit mit Nachdruck vertreten hatte:

---

35 H. an Dieter Georgi vom 27. 9. 1995, 5 (LKA Eisenach, NL Hintzenstern Nr. 170).

36 Vgl. Marwinski, Hintzenstern, 96, Nr. 6. Diese Auskunft beruht allerdings lediglich auf einer Angabe Hintzensterns; Exemplare der Dissertation sind in mehreren Bibliotheken vorhanden.

37 Vgl. Bildungswege, 8.

38 Vgl. H. an Hugo Pich vom 31. 7. 1944 (LKA Eisenach, DC 217, Bl. 264).

39 Vgl. Bildungswege, 8–9.

> „Chamberlain hat die Rassenlehren vom Grafen Gobineau aufgegriffen und zum Maßstab gemacht seiner Kultur- und Religionsgeschichte. Und von jenem Chamberlain stammt eine Hypothese: Jesus war ein Galiläer und als solcher kein gebürtiger Jude - ich deute das nur an. Das spielte in der Auseinandersetzung zwischen Christentum und Judentum eine enorme Rolle."[40]

Hintzenstern war 1995 noch immer so stolz darauf, in seiner Dissertation prochristliche Positionen Chamberlains und Rosenbergs[41] untergebracht zu haben, dass ihm offenbar vollkommen entging, dass es nach 1945 nicht mehr als positiv wahrgenommen werden konnte, sich in einer antisemitischen Arbeit auf zwei berüchtigte Antisemiten berufen zu haben, von denen einer wegen Verbrechens gegen die Menschlichkeit hingerichtet worden war. Ein Bewusstsein dafür, dass Antisemitismus nicht mehr salonfähig war, ließ Hintzenstern allenfalls dadurch erkennen, dass er den Begriff so weit wie möglich mied - ebenso wie den Begriff „nationalsozialistisch", den er in Bezug auf sich und andere Mitglieder des Instituts lieber durch „national" oder „nationalbewußt" ersetzte[42]. Da er sich offenbar nicht von den damaligen Positionen distanzieren wollte, betonte er stattdessen, dass es sich bei der Judenfeindschaft des Instituts „nicht um einen vulgären Antisemitismus" gehandelt habe[43] und die „Botschaft Gottes", das ‚entjudete' Neue Testament, überhaupt keine „antijudaistischen Tendenzen" besitze[44]. Sich selbst sprach Hintzenstern vom Antisemitismus frei, habe er sich doch lediglich mit der „Problematik" des jüdisch-christlichen Verhältnisses auseinandergesetzt, was sich für ihn auch langfristig positiv ausgewirkt habe: „Und in Grundmanns Vorlesungen wurde ich kein Antisemit, sondern lernte die Unterschiede und die gesamte Problematik kennen, was mir half, 55 Jahre im Pfarramt zu wirken."[45]

Inwiefern ihm Grundmanns antisemitische Theologie in seinem weiteren Berufsleben ‚half', ließ Hintzenstern offen. Um Fragen nach seiner nationalsozialistischen Prägung auszuweichen, bot Hintzenstern eine antibolschewistische Deutung seiner Biographie an, von der er annahm, dass sie nach dem Zusammenbruch der DDR 1989/90 auf Verständnis stoßen würde. Nach dieser Deutung war die Gründung der „Deutschen Christen" eine Reaktion auf die atheistische Propaganda der KPD unter Willi Barth, die dieser ab 1954 als Abteilungsleiter für Kirchenfragen beim Zentralkomitee der SED nahtlos weitergeführt habe[46]. Hintzenstern deutete seinen Lebensweg auf diese Weise

40 Ebd., 7.

41 Vgl. ebd., 8.

42 H. an Ralf Meister-Karanikas vom 7. 7. 1995 (LKA Eisenach, NL Hintzenstern, Nr. 294); Entwurf des Briefes an Dieter Georgi (1995) (Ebd.).

43 H. an Ralf Meister-Karanikas vom 7. 7. 1995.

44 H. an Ulrike Greim (Redaktion der „Thüringer Allgemeine") vom 10. 7. 1995 (NL Hintzenstern Nr. 170).

45 H. an Dieter Georgi vom 27. 9. 1995, 8 (LKA Eisenach, NL Hintzenstern Nr. 170).

46 Vgl. ebd., 5 (LKA Eisenach, NL Hintzenstern Nr. 170). Einige Jahre zuvor hatte er angegeben,

als beständigen Kampf gegen antikirchliche Kräfte und als Mittelweg zwischen extremen Positionen. Dass er sich mit solchen Aussagen in die Tradition der „Deutschen Christen“ stellte und sich damit zugleich indirekt zu einer Kontinuität nationalsozialistischer und deutschchristlicher Denkmuster bekannte, gehört zu den erstaunlichsten, aber bislang auch nur wenig bekannten Seiten von Hintzensterns Selbstdarstellungen.

2. Hintzensterns Rechtfertigungsstrategien

Hintzenstern verfolgte keine konsistente Rechtfertigungsstrategie. Seine Gesprächspartner in den 1990er Jahren berichten übereinstimmend, dass Hintzenstern den Eindruck vermittelte, sich erklären zu wollen, ohne eine klare Vorstellung davon zu besitzen, welches Bild er von sich und seiner Beteiligung an der Institutsarbeit zeichnen sollte[47]. Hintzensterns Dilemma bestand darin, dass er sich der naheliegenden Lösung verschloss, seine Biographie als Konversionserzählung anzulegen, wie es etwa Max-Adolf Wagenführer getan hatte, indem er seine Tätigkeit für das Institut in aller Kürze als „Jugendsünde“ und seine früheren deutschchristlich-antisemitischen Überzeugungen als „Irrlehre“ charakterisierte[48]. Hintzenstern hätte sich ohne größere Schwierigkeiten als verführter junger Mann inszenieren können, dessen schrittweise Erkenntnis des verbrecherischen und kämpferisch-atheistischen Charakters des NS-Regimes zum Bruch mit der antisemitischen und antikirchlichen Ideologie des Nationalsozialismus geführt habe. Dass er diesen Weg nicht beschritt, sondern sogar ausdrücklich ablehnte[49], dürfte damit zusammenhängen, dass er nicht bereit war, sich von seinem akademischen Lehrer Walter Grundmann und – wie noch zu zeigen sein wird – von gemeinsamen Überzeugungen zu distanzieren. Hintzenstern versuchte deshalb zunächst, zwei einander widersprechende Positionen zu vereinen: die Bereitschaft zur Zeitzeugenschaft und die Vertuschung persönlicher Beteiligung. Dieser ersten Phase seiner mündlichen und schriftlichen Stellungnahmen, die vor allem der Relativierung seines persönlichen Wirkens galt (1988–1994), folgte nach dem Bruch mit Hans Prolingheuer im Jahr 1994[50] eine Phase

dass die ihm damals vertraute atheistische Propaganda in der „Arbeiter-Illustrierte-Zeitung“ dazu beitrug, „den Deutschen Christen beizutreten, bis man das Doppelgesicht der Nazis erkannte“ (H. an Hans Prolingheuer vom 22. 11. 1991, 1 verso (SLE, Archiv, Sammlung Prolingheuer, J/2)).

47 Vgl. Gespräch des Vf.s mit Susannah Heschel und Ulrike Greim, Eisenach, 22. 9. 2019.

48 Hans Prolingheuer an Max-Adolf Wagenführer vom 6. 12. 1981 (SLE, Archiv, Sammlung Prolingheuer, J/2).

49 Vgl. H.s Protest gegen die epd-Meldung vom 15. 5. 1994 im Schreiben an Barbara Burghardt, undat. [Mai 1994] (NL Hintzenstern Nr. 196).

50 Vgl. H. an Hans Prolingheuer vom 28. 4. 1994 (LKA Eisenach, NL Hintzenstern Nr. 170).

zunehmend trotziger Rechtfertigungen (1994–1995), in denen Hintzenstern seine Positionen etwas offener darlegte (s. u., Punkt 3).

In der ersten Phase verfolgte Hintzenstern einer Reihe taktischer Ansätze, die sich teilweise widersprachen, aber insofern erfolgreich waren, als sie seine akademischen Gesprächspartner von kritischen Nachfragen zu seiner Biographie abhielten. Hier wäre zunächst die *Lenkung der Rezeption* zu nennen, die durch den Umstand erleichtert wurde, dass Hintzenstern meist der einzige Ansprechpartner und Lieferant schwer zugänglichen Quellenmaterials war. Durch selektive Auswahl von Informationen und die thematische Lenkung des Gesprächsprozesses war er so in der Lage, den Fokus seiner Gesprächspartner auf Themenbereiche zu richten, die er als entlastend betrachtete. Dies ermöglichte es ihm auch, durch *Verschweigen und Relativieren* ein für ihn günstiges Bild zu zeichnen, das vor allem durch die *Einnahme der Opferrolle* gekennzeichnet war: So stilisierte Hintzenstern seine Auseinandersetzungen mit Karl Astel nicht nur zum Abwehrkampf des ‚Entjudungsinstituts' gegen den Rassenwahn des NS-Staats, sondern auch zur persönlichen Bewährungsprobe eines gläubigen Christen gegen die Lockungen und Drohungen eines atheistisch-neuheidnischen Regimes. Die Nutzung selektiver Fakten und die geschickte Lenkung der Aufmerksamkeit konnten dabei leicht übersehen lassen, dass Hintzensterns Anekdoten eine ganz andere Deutung zuließen: Die Aufforderung Astels, das Theologiestudium aufzugeben und stattdessen als Redner der NSDAP ideologische Aufbauarbeit zu leisten, war ja ein Hinweis darauf, dass Astel in Hintzenstern einen überzeugten Nationalsozialisten sah, dem eine Parteikarriere bevorstand und den es zu rekrutieren lohnte. Auch Hintzensterns wiederholter Hinweis, dass Astel seiner späteren Dissertation über Chamberlain einen Universitätspreis vorenthalten habe, verliert an Überzeugungskraft, wenn man bedenkt, dass diese Arbeit ein antisemitisches Werk über einen antisemitischen Autor war und Hintzenstern darin „gerade die rassentheoretischen und judenfeindlichen Ansichten Chamberlains" besonders betonte[51]. Dass Hintzensterns Ablenkungsmanöver dennoch erfolgreich gewesen zu sein scheinen, lässt sich daran erkennen, dass – soweit sich das aus der erhaltenen Korrespondenz ersehen lässt – keiner seiner Korrespondenzpartner Hintzenstern mit diesen Ambiguitäten konfrontiert hat. Dieser fehlende Widerspruch trug auch dazu bei, den Mythos des ‚widerständigen' Hintzenstern noch bis 2001 zu erhalten[52].

Neben solchen Formen der *Ablenkung* setzte Hintzenstern vor allem auf die *Abwälzung von Schuld*, indem er auf andere Beteiligte verwies und seine eigene Beteiligung verschwieg oder relativierte. Eines der hervorstechenden Beispiele ist die „Botschaft Gottes" („Volkstestament"), bei der er seine Mit-

51 Liedtke, Denken, 218.

52 Vgl. Marwinski, Hintzenstern, wo das Institut keine Erwähnung findet, während die Einstampfung von H.s Dissertation hervorgehoben wird, vgl. ebd., 96, Nr. 6.

arbeit[53] verschwieg, während er zugleich die Aufmerksamkeit auf Strauß und Torney lenkte und eine falsche Fährte legte, indem er die Existenz einer zweiten Dichterin behauptete, die er aber „auf gar keinen Fall" nennen dürfe[54]. Hintzenstern konnte davon ausgehen, dass jede Suche nach dieser zweiten Dichterpersönlichkeit schnell auf die Spur einer Frau führen würde, die einerseits als Gegnerin des NS-Regimes und prominente Kritikerin des Antisemitismus hohe moralische und literarische Autorität genoss, andererseits aber eine langjährige Verbindung zu Eugen Diederichs und seinem völkisch-konservativen Verlag in Jena hatte, den Ideen der „Konservativen Revolution" der 1920er Jahre nahestand[55] und mit Suzanne Diederichs freundschaftlich verkehrte, deren Ehemann Peter Diederichs Stiefsohn von Strauß und Torney war[56]: die Schriftstellerin Ricarda Huch. Tatsächlich aber handelte es sich um ein gezielte Falschinformation Hintzensterns, denn die Akten des Instituts nennen mit Strauß und Torney nur eine einzige „beratende Dichterin"[57], deren Mitarbeit durch die Übersendung eines Belegexemplars auch zusätzlich gesichert ist[58].

3. Hintzensterns Rechtfertigung des ‚Entjudungsinstituts'

Hintzenstern ging 1995 dazu über, sich grundsätzlich zum Thema der „Entjudung" zu äußern. Er tat dies in einer Reihe von Schreiben an wissenschaftliche Korrespondenzpartner und in Leserbriefen, denen im Regelfall mehrere Textentwürfe vorausgingen. Der scheinbar spontane und assoziative Aufbau dieser Beiträge bestand in Wirklichkeit aus einer Komposition sorgfältig recherchierter argumentativer „Bausteine", deren Reihenfolge, Ausführlichkeit und sprachliche Fassung an die Rezipienten der jeweiligen Beiträge angepasst wurden.

All diesen Stellungnahmen ist gemeinsam, dass Hintzenstern sich nicht von der Arbeit des Instituts und seiner Zielsetzung distanzierte. Ihm war es im Verlaufe seiner Korrespondenzen zunehmend wichtig herauszustellen, dass die Arbeit des Instituts nicht nur legitim, sondern auch sachlich begründet und theologisch notwendig gewesen sei. Dabei versuchte er zunächst zu erklären, was mit dem ‚jüdischen Einfluss' gemeint sei, der für das Institut namensgebend gewesen war:

53 Vgl. Heinz Hunger an H. vom 22. 11. 1939 (LKA Eisenach, DC 220 Bl. 110–2) u. H. an Walter Grundmann vom 23. 12. 1939 (Ebd., Bl. 154).

54 Prolingheuer, Entjudungsinstitut, 16, Anm. 35.

55 Vgl. Bruns, Huch.

56 Vgl. Lemke, Unangepasst.

57 Heinz Dungs an Friedrich Bodenreuth vom 8. 4. 1940; Walter Grundmann an LB Walther Schultz vom 7. 7. 1940 (LKA Eisenach, DC 224).

58 Heinz Hunger an Lulu Diederichs vom 22. 11. 1939 (LKA Eisenach, DC 220 Bl. 110).

„Seit dem Urchristentum existiert der ‚Dauerbrenner' Kirche und Judentum, immer wieder entzündet an der Frage, ob und wieweit die Bestimmungen der mosaischen Religion mit dem Evangelium Jesu in Verbindung gebracht werden dürften. Das ist der ‚jüdische Einfluß auf das deutsche kirchliche Leben', der immer wieder erforscht werden muß."[59]

Dieser problematische und offenbar immer noch vorhandene ‚jüdische Einfluss' resultierte laut Hintzenstern aus dem Festhalten der christlichen Kirchen am Alten Testament:

„Sie wissen, was alles aus dem Alten Testament herausgeholt wurde, seitdem dieses insgesamt in den Kanon der heiligen Schriften aufgenommen wurde, da steht vieles drin, was überhaupt nicht mit der ‚Heilsgeschichte' zusammenhängt (z. B. im Buch Esther, von dem Luther sagte, es ‚judenze' ihm zu sehr)."[60]

Der Hinweis auf das Buch Ester ist insofern interessant, als es in der antisemitischen Propaganda der NS-Zeit einen breiten Raum einnahm. So wurde im berüchtigten Pseudo-Dokumentarfilm „Der ewige Jude" von 1940 die im Buch Ester geschilderte Tötung von 75.000 Nicht-Juden (Est 9) als Beleg für das angebliche Streben des Judentums nach Vernichtung der ‚arischen' Rasse und als Ausweis jüdischer ‚Rachsucht' gewertet[61]. Diese antisemitische Interpretation des Purimfestes als „jüdisches Rachefest" in der NS-Propaganda schien für Hintzenstern auch Jahrzehnte nach Ende des NS-Regimes seine Wirkung nicht verloren zu haben, bekannte er doch, dass er seine Abneigung gegen das Buch Ester der antisemitischen Broschüre „Luther über die Juden – Weg mit ihnen!" zu verdanken habe, in der der Thüringer Landesbischof Martin Sasse kurz nach den Novemberpogromen 1938 judenfeindliche Textauszüge aus den Schriften Martin Luthers veröffentlicht hatte:[62]

„Als ich jetzt wieder die entsetzliche Schrift von Landesbischof Martin Sasse in die Hand nahm, [...] da fiel mir auf, daß er sich zu Beginn von [sic!] Luthers Schrift von 1543 bezieht, daß die Juden ‚einmal mit uns umgehen möchten, wie sie zur Zeit Luthers in Persien mit den Heiden umgingen'. Jene Äußerung erschreckte mich im Jahr 1938, weil ich im Studium nie etwas über Luthers Judenschriften gehört hatte. Seitdem ich das Buch Esther las, habe ich eine Abneigung über den Vornamen, wenn ich ihn höre."[63]

Obwohl er Sasses Schrift als „entsetzlich" bezeichnete, ist hier bemerkenswert, dass Hintzensterns ‚Erschrecken' nicht der antisemitischen Stoßrichtung der Broschüre oder der Rechtfertigung der Novemberpogrome galt, sondern

59 Entwurf des Briefes an Dieter Georgi (1995) (LKA Eisenach, NL Hintzenstern Nr. 170).

60 Ebd.

61 Vgl. Der ewige Jude (1940), Sequenz 33 (E. 536–543); dazu Hornshøj-Møller, Jude, bes. 275–277.

62 Vgl. Sasse, Luther.

63 H. an Günther Reese vom 19. 5. 1995 (LKA Eisenach, NL Hintzenstern Nr. 196).

vielmehr der Warnung Luthers vor einem erneuten Massaker. Dass Hintzenstern 50 Jahre nach Ende des NS-Regimes deshalb noch immer eine „Abneigung“ gegen den Namen Est(h)er hegte, kann als Beleg dafür gelten, wie stark antisemitische Rezeptions- und Argumentationsmuster bei ihm offenbar noch fortwirkten. Die Abwertung der Sasse-Broschüre als ‚entsetzlich‘ stellt dabei keinen Widerspruch dar, weil diese Kennzeichnung, wie andere Äußerungen Hintzensterns zeigen, der von Sasse vorgenommenen unwissenschaftlichen Präsentation historischer Texte und ihrer unreflektierten Aktualisierung galt[64].

Der problematische ‚jüdische Einfluss‘, der sich für Hintzenstern gerade beim Buch Ester zeigte, rechtfertigte seiner Meinung nach auch nachträglich die Arbeit des Instituts an der „Botschaft Gottes“. Der Kritik, dass die Entfernung aller jüdischen Bezüge einen massiven Bruch mit kirchlicher Lehre und Tradition bedeutet habe, begegnete Hintzenstern mit einem verblüffenden Argument:

> „Wenn wir die ‚irdenen Gefäße‘, in denen uns der Schatz des Evangeliums Jesu überliefert ist (2. Korintherbrief 4,7) mehr beachten als ‚Die Botschaft Gottes‘ (so heißt die Buchausgabe des ‚Volkstestaments‘), dann erwecken wir bei den Gegnern der Kirche den Eindruck, Christentum sei tatsächlich Judentum, das für Nichtjuden zurecht gemacht wurde, wie nationalistische Kritiker des Christentums behaupten.“[65]

In dieser Äußerung fällt vor allem der Wechsel ins Präsens auf, der angesichts der sorgfältigen Vorbereitungen seiner Stellungnahmen kein Versehen sein dürfte, sondern offenbar auf die Gültigkeit der getroffenen Aussage verweisen soll. Auffallend ist auch das Bild der ‚Gefäße‘, mit dem Hintzenstern auf seine Dissertation von 1941 zurückgreift. Dort hatte er mit diesem Bild für die Zerschlagung bestehender kirchlicher Strukturen und Traditionen geworben, um das von Chamberlain erstrebte ‚artgemäße‘ Christentum durchzusetzen:

> „Chamberlains Bemühen war es, daß die echten religiösen Werte des Christentums in die Zukunft hineingetragen werden, während ringsum die alten Gefäße und Hüllen der ewigen Wahrheit zerbrechen. In einer vorwärtsdringenden Zeit geht es um die Entscheidungsfrage: entweder geht die alte Religion an der Bewegung der Zeit zu Grunde – oder wir tragen sie in uns über die alten Grenzen in einen neuen Morgen hinein! Im letzteren Falle werfen wir sie mit in die strömende Bewegung der Zeit und verzichten auf ihre ‚Sicherung‘ in alten Formen und Formeln.“[66]

---

64 Vgl. H. an Dieter Georgi vom 27. 9. 1995, 8 (LKA Eisenach, NL Hintzenstern Nr. 170).

65 „Eine Leserzuschrift zu dem Artikel Wie Jesus Arier werden sollte“ (1995), 3 (LKA Eisenach, NL Hintzenstern Nr. 170).

66 Hintzenstern, Chamberlain, 111.

Der Bezug zu seiner Dissertation war für Hintzenstern auch der Anlass, sich 1995 der These vom ‚verjudeten' englischen Protestantismus wieder zuzuwenden, die von allen Institutsmitarbeitern vor allem Wolf Meyer-Erlach am prominentesten vertreten hatte, von dem Hintzenstern 1940 unter anderem über die „Rassenfrage bei Chamberlain" geprüft worden war[67]. Diese Beschäftigung führte Hintzenstern im Mai 1995 zu einer Zusammenfassung bereits vorgetragener Argumente, die er für die dauerhafte Berechtigung einer „Entjudung" der Kirche ins Felde führen konnte – nun aber erweitert um eine antizionistische Stoßrichtung:

> „In der Revidierten Bibel von 1965 steht das Buch Esther unkommentiert abgedruckt. Hier rühren wir an einen Vorgang aus dem Urchristentum, von dem im Galaterbrief 2,11–14 berichtet wird: der Jude Paulus tritt dem Apostel Petrus entgegen, weil dieser plötzlich jüdische Sitte für Heidenchristen übernehmen will – da steht in der Vulgata „judaizare", gr. ioudaisein. Seitdem ist das Problem Judentum und Kirche ein Dauerbrenner, schon bevor das 4. Evangelium in den Kanon aufgenommen wurde. Seitdem gibt es immer wieder Bewegungen, die sich gegen eine [gesetzliche][68] jüdische Beeinflussung des kirchlichen Lebens wenden. Die Juden lehnen nach wie vor die These ab, daß Jesus der verheißene Messias sei, welche die Jerusalemer Judenchristen vertraten. Schlimm wurde es, als die sogenannte Rassenkunde seit dem vergangenen Jahrhundert mit den Problemen der geistigen Auseinandersetzung über Judentum und Christentum in Verbindung gebracht wurden und als im 20. Jahrhundert bei der Gründung des Staates Israel die Stadt Jerusalem (mit ihrer arabisch-moslemischen Bevölkerung) in den Mittelpunkt gestellt wurde – auch von solchen Juden, die keineswegs als „Glaubensjuden" bezeichnet werden können (um einen Begriff aus der DDR-Zeit aufzugreifen). Mich hat erschreckt, was die Engländer alles aus dem Alten Testament herausgelesen haben, als sie ihr Empire ausbreiteten."[69]

Diese auf den ersten Blick wirr anmutenden Argumentation enthüllt bei näherer Betrachtung das Geschichtsbild Hintzensterns, das noch fest in der Ideologie des ‚Entjudungsinstituts' verankert war: Der erste Abschnitt, der sich auf das Buch Ester und die Notwendigkeit der „Entjudung" der Kirche bezieht, wird im folgenden Abschnitt mit dem klassisch antijudaistischen Topos verknüpft, dass die Juden schon deshalb abzulehnen seien, weil sie Jesus nicht als Messias anerkennen. Der dritte Abschnitt bezieht sich auf die Kritik des ‚Entjudungsinstituts' an einem rein rassebiologischen Verständnis der Religion – hier nun aber nicht mehr bezogen auf eine biologistische Fraktion der NSDAP, sondern überraschenderweise auf die Vertreter des Zionismus,

67 Mündliche Prüfung des Promotionsverfahrens im Nebenfach „Praktische Theologie" (ThULB Jena, Universitätsarchiv, J [Theologische Fakultät], Nr. 90; Kopie in LKA Eisenach, NL Hintzenstern Nr. 170).

68 Den Zusatz „gesetzliche" fügte H. nachträglich per Hand ein.

69 H. an Günther Reese vom 19. 5. 1995 (LKA Eisenach, NL Hintzenstern Nr. 196).

denen Hintzenstern hier indirekt vorwirft, das Judentum nicht geistig-religiös, sondern rassebiologisch zu verstehen. Mit dieser perfiden Volte unterstellte er dem Staat Israel letztlich, nach den gleichen ideologischen Prinzipien zu agieren wie der NS-Staat, womit Hintzenstern zugleich suggerierte, dass sich Juden moralisch nicht über die ehemaligen Mitarbeiter des ‚Entjudungsinstituts' erheben könnten. Der vierte und recht kryptisch anmutende Abschnitt bezieht sich auf ein altes Motiv des ‚Entjudungsinstituts', nämlich die Selbstidentifikation des englischen Protestantismus mit dem Volk Israel seit dem 17. Jahrhundert („Anglo-Israelismus"), die die anglikanische Kirche in den Augen des Instituts zum Musterbeispiel eines ‚verjudeten' Christentums machte. Hintzenstern beschrieb in seiner Dissertation diese ‚Verjudung' als den Ausgangspunkt für die Tätigkeit des ‚Entjudungsinstituts':

> „Ob das Christentum nur eine Fortführung jüdischer Gedanken ist, beschäftigt viele gerade im gegenwärtigen Kriege, da England vorgibt, im Namen Christi zu kämpfen. Wir erkennen wie einst Chamberlain in steigendem Maße, daß sich in England der vernichtende Geist eines verjudeten Christentums verhängnisvoll auswirkt. Weil wir, wie Chamberlain, ähnliche Auswirkungen eines verjudeten Christentums in Deutschland für alle Zeiten ausschalten wollen, fragen wir danach, was eigentlich der Kern des Christentums ist und ob dieser jüdisch ist oder nicht."[70]

Hintzenstern war also offenbar auch 1995 noch „erschreckt" über den Einfluss des Alten Testaments auf die anglikanische Kirche und legte nahe, dass die Förderung des Zionismus und die Gründung des Staates Israel im ehemaligen britischen Mandatsgebiet letztlich Resultat eines verderblichen ‚jüdischen Einflusses' gewesen sei, den er schon 1940 erkannt zu haben glaubte.

Das Fortwirken dieser antisemitischen Verschwörungstheorien wird schließlich in Hintzensterns Beurteilung jener Wissenschaftlerinnen deutlich, die sich in der ersten Hälfte des 1990er Jahre um die Aufarbeitung des ‚Entjudungsinstituts' verdient gemacht hatten. So warf er Leonore Siegele-Wenschkewitz, Birgit Jerke und Susannah Heschel nicht nur vor, die Verantwortung für den Holocaust den Christen zuschieben zu wollen, sondern verdächtigte sie auch, auf ein Christentum hinzuarbeiten, das seiner Wahrnehmung des ‚verjudeten' englischen Protestantismus entsprach: „Mir scheint, es schwebt ihnen eine Neuauflage eines fundamentalistischen Judenchristentums vor."[71]

Vor diesem Hintergrund wird verständlich, dass Hintzenstern die wissenschaftliche Aufarbeitung der Institutsgeschichte als „Kampagne" verstand, deren Urheber so offensichtlich war, dass er nicht mehr ausgesprochen werden musste. Es bleibt daher festzuhalten, dass trotz aller Entwicklungen, die Hintzenstern nach 1945 durchlaufen hat, die klare Trennung von Judentum

70 Hintzenstern, Chamberlain, 108.

71 H. an Dieter Georgi vom 27. 9. 1995 (LKA Eisenach, NL Hintzenstern Nr. 170).

und Christentum ein Lebensthema blieb und sich die Denk- und Argumentationsmuster des ‚Entjudungsinstituts' bei ihm auch 50 Jahre nach dessen Gründung noch immer nachweisen lassen. Im Unterschied zu seinen Äußerungen vor 1945 verzichtete Hintzenstern jedoch auf offen rasseantisemitische Argumente, sondern konzentrierte sich auf traditionelle antijudaistische Topoi, die er mit antizionistischen Ressentiments verband.

Quellen- und Literaturverzeichnis

I. Unveröffentlichte Quellen und Darstellungen

a) archivalische Quellen

Landeskirchenarchiv Eisenach (LKA)

Bestand: DC 217, K. 55: Akte von Prof. Dr. Grundmann, Jena.
Bestand: DC 220, K. 56: Akte von Prof. Dr. Grundmann, Jena.
Bestand: DC 224, K. 57: Akte von Prof. Dr. Grundmann, Jena.
Bestand: Nachlass Walter Grundmann, Nr. 92.
Bestand: Nachlass Herbert von Hintzenstern, Nr. 26, 170, 196 und 294.

Stiftung Lutherhaus Eisenach, Archiv (SLE)

„Erinnerte Bildungswege (21.04.95, Dr. H. v. Hintzenstern)" [Typoskript mit handschriftlichen Korrekturen Herbert v. Hintzensterns].

Sammlung Prolingheuer, J/2.

b) mündliche und schriftliche Auskünfte

Gespräch mit Ulrike Greim und Prof. Dr. Susannah Heschel, Festzelt auf dem Lutherplatz, Eisenach, 22. September 2019.
Gespräch mit Matthias von Hintzenstern, Lutherhaus Eisenach, 2. Mai 2019.

II. Veröffentlichte Quellen und Darstellungen

Arnhold, Oliver: „Entjudung" – Kirche im Abgrund. Bd. 1: Die Thüringer Kirchenbewegung Deutsche Christen 1928–1939. Bd. 2: Das „Institut zur Erforschung und Beseitigung des jüdischen Einflusses auf das deutsche kirchliche Leben" 1939–1945 (SKI 25/1–2). Berlin 2010.

BIRKENMEIER, Jochen / WEISE, Michael: Erforschung und Beseitigung. Das kirchliche „Entjudungsinstitut" 1939–1945 (Veröffentlichungen der Stiftung Lutherhaus Eisenach 4). 2., durchges. u. erw. Aufl. Eisenach 2020.

BRUNS, Claudia: Ricarda Huch und die Konservative Revolution. In: Werkstatt*Geschichte* 25 (2000), 5–33.

HINTZENSTERN, Herbert von: H. St. Chamberlains Darstellung des Urchristentums (SDThF 6). Weimar 1941.

HORNSHØJ-MØLLER, Stig: „Der ewige Jude". Quellenkritische Analyse eines antisemitischen Films (Beiträge zu zeitgeschichtlichen Filmquellen 2). Göttingen 1995.

LEMKE, Katrin: Unangepasst: Die Jenaer Jahre der Ricarda Huch. 1: Vom Wohnhaus in die Innenstadt – der Philosophenweg. In: http://www.literaturland-thueringen.de/artikel/unangepasst-die-jenaer-jahre-der-ricarda-huch/ [19.12.2019].

LIEDTKE, Barbara: Völkisches Denken und Verkündung des Evangeliums. Die Rezeption Houston Stewart Chamberlains in evangelischer Theologie und Kirche in der Zeit des „Dritten Reichs" (AKTHG 37). Leipzig 2012.

LISTE DER AUSZUSONDERNDEN LITERATUR, hg.v. der Deutschen Verwaltung für Volksbildung in der sowjetischen Besatzungszone. Vorläufige Ausgabe nach dem Stand vom 1. April 1946. Berlin (Ost) 1946.

MARWINSKI, Konrad: Herbert von Hintzenstern (1916–1996). Personalbibliographie. In: HerChr 25 (2001), 93–138.

POLIAKOV, Léon / WULF, Josef: Das Dritte Reich und seine Denker. Dokumente. Berlin (West) 1959 (ND München u.a. 1978).

PROLINGHEUER, Hans: Die „judenreine" deutsche evangelische Kirchenmusik. Dargestellt am Schicksal des Kölner Musikdirektors Julio Goslar im Dritten Reich. In: JK 1981, H. 11 [Begleitheft].

–: Das kirchliche „Entjudungsinstitut" 1939 bis 1945 in der Lutherstadt Eisenach (überarb. Fassung 2009). In: http://www.kirchengeschichten-im-ns.de/Das%20_Entjudungsinstitut_.pdf [19.12.2019].

SASSE, Martin: Luther über die Juden – Weg mit ihnen! Freiburg i. Br. 1938.

SCHENK, Wolfgang: Der Jenaer Jesus. In: Peter von der Osten-Sacken (Hg.): Das mißbrauchte Evangelium. Studien zu Theologie und Praxis der Thüringer Deutschen Christen (SKI 20). Berlin 2002, 167–279.

SCHOLZ, Johannes-Michael: Vorwort zum Nachlass von Arthur Bonus (LKA Eisenach, Persönliche Bestände, 31), 2013. In: http://www.archive-in-thueringen.de/de/findbuch/view/bestand/28082/vorwort/1 [19.12.2019].

STEGMANN, Erich: Der Kirchenkampf in der Thüringer evangelischen Kirche 1933–1945. Ein Kapitel Thüringer Kirchengeschichte. Berlin (Ost) 1984.

Stephan Linck

Verweigerung und Dialog

Wie die lutherischen Kirchen Norddeutschlands mit NS-Vergangenheit und Antisemitismus umgingen.

1. Einleitung

Die Aufarbeitung der nationalsozialistischen Verbrechen und die Abkehr vom Antisemitismus sind eng miteinander verknüpft. Solange sich die Gesellschaft nicht die Tragweite des Geschehenen bewusst machte, war eine Hinterfragung von antisemitischen Denkmustern nicht zwingend. Umgekehrt nötigten antisemitische Denkmuster zur Relativierung der Shoah.

Angesichts der Dimensionen und der Ungeheuerlichkeit des planmäßigen Völkermordes war es kaum möglich, sich dem Geschehenen zu stellen.

Ein wesentlicher Schlüssel sowohl für die Verweigerung von Reflexion als auch für die Veränderung war die Empathie. Diese wird wesentlich über persönliche Beziehungen, Kontakte, hergestellt. Und diese waren bei der Mehrheitsgesellschaft klar bei den Tätern. Damit ergaben sich nach 1945 Ungleichzeitigkeiten in der Aufarbeitung, die sich anschaulich am Gegensatz der Großstadt Hamburg und dem provinziell geprägten Schleswig-Holstein aufzeigen lassen. In Hamburg wirkten zahlreiche ehemals politisch Verfolgte am Neuaufbau mit. Zudem gab es eine neu gegründete Jüdische Gemeinde und eine Zahl kirchlich und gesellschaftlich aktiver Christinnen und Christen jüdischer Herkunft. In Schleswig-Holstein hingegen hatten ehemals Verfolgte nur in den ersten vier Nachkriegsjahren einen stärkeren Einfluss in der Landespolitik und danach nicht mehr. Von den jüdischen Gemeinden des Landes war einzig die in Lübeck neu gegründet worden. Sie blieb allerdings klein und überaltert[1].

Ich möchte im Folgenden erst einen Überblick über die kirchliche Entnazifizierung der vier Vorgängerlandeskirchen der späteren Nordelbischen ev.-luth. Kirche geben und den Umgang mit NS-belasteten Theologen darstellen. In einem zweiten Teil werden exemplarisch landeskirchliche Debatten um Antisemitismus in den ersten beiden Nachkriegsjahrzehnten untersucht und die Kirchen der beiden Hansestädte mit den ländlichen Kirchen Schleswig-Holsteins verglichen[2].

---

1 Der vorliegende Aufsatz basiert auf der Darstellung Linck, Neue Anfänge.

2 Im Gebiet von Schleswig-Holstein existierten drei Landeskirchen: Die Landeskirche Schleswig-Holstein, die Landeskirche Eutin, deren Größe vergleichbar mit einer Propstei war und die Landeskirche Lübeck. Nach dem Großhamburg-Gesetz waren in Hamburg drei Landeskirchen

Die Neuordnung der Landeskirchen 1945 war ebenso unterschiedlich, wie ihre kirchenpolitischen Positionierungen während der NS-Zeit gewesen waren, auch wenn alle Kirchen „zerstört“ worden waren.

2. Hamburg

In der Hamburgischen Landeskirche wurde die Nazifizierung der Kirche mit dem Theologen Franz Tügel[3] identifiziert, der 1934 ins Bischofsamt gelangt war. In dieser Deutung konnte der 1933 ins neu geschaffene Bischofsamt gelangte Simon Schöffel[4] wieder sein Amt einfordern. Im Folgenden wurden die wenigen nationalkirchlichen Pastoren der Landeskirche in den Ruhestand geschickt (zumindest vorerst)[5]. Von den 72 Geistlichen, die 1934 bei den DC waren, wurden bis zum Frühjahr 1948 17 in den Ruhestand geschickt[6]. Die meisten wurden allerdings in den folgenden Jahren stillschweigend wieder eingestellt, sofern sie nicht verstarben oder in eine andere Landeskirche wechselten[7].

Zwei Ausnahmen gab es: Zum einen wurde Karl Friedrich Boll, der als Oberkirchenrat wesentlichen Anteil an der Radikalisierung der Auseinandersetzung 1935 hatte, dauerhaft aus dem Dienst entfernt. Boll war der vermutete Urheber von Denunziationen gewesen, die sich konkret gegen den späteren Bischof Witte gerichtet hatten, und blieb insofern zeitlebens eine Persona non grata[8]. Im Falle Bolls waren vielfältige, nicht kirchenpolitisch motivierte Gründe möglich, die die Landeskirche an seiner Wiedereinstellung hinderten.

Der zweite Fall war der des Pastor Robert Stuewer. Der 1892 geborene Stuewer war seit 1925 Pastor an St. Jacobi gewesen und Ende der 1930er als radikalisierter DC Mitglied der Nationalkirchlichen Einung geworden, deren „Gaugemeinde Hamburg“ er schließlich geleitet hatte[9]. Seine Aktivitäten

ansässig: Die Hamburgische Landeskirche, die Landeskirche Schleswig-Holstein am Stadtrand und die Landeskirche Hannover, zu der die Superintendantur Harburg gehörte, die ich im Folgenden nicht berücksichtige. Vgl. Lange, Nordelbische Kirche; Mehnert, Kirche in Schleswig-Holstein.

3 Vgl. Hering, Tügel.

4 Vgl. Hering, Schöffel.

5 Zur Landeskirche in der Nachkriegszeit vgl. Büttner, Orientierungssuche; Strübel, Continuity and Change; Hering, Bischofskirche.

6 Vgl. Büttner, Orientierungssuche, 90.

7 Auswertung der Personalakten im LKA Kiel, 32.03.01. Im Einzelnen wurden die belastetsten DC wie folgt wieder eingestellt: Carl Roth August 1951 DA, Rudolf Kohlenberger, 1953 DA, Jürgen Wehrmann 1951 DA, Johannes Vorrath 1951 wieder eingestellt, Georg Gerdts, DA 1949, Ernst Smechula, wieder eingestellt 1950. Zu Vorrath vgl. Hering, Landesjugendpastor Vorrath.

8 Vgl. PA Boll (LKA Kiel, 12.03 Nr. 1882–1884); Graf, Friedrich Boll.

9 Vgl. Linck, Neue Anfänge 1, 96–97; Schade, Pastor Robert Stuewer.

hatten wiederholt zu Auseinandersetzungen mit Landesbischof Tügel geführt und hatten ja auch an exponierter Stelle – der ehrwürdigen Hauptkirche im Zentrum Hamburgs – stattgefunden[10].

Am 25. Oktober 1945 beantragte Stuewer auf Anraten der Landeskirche seine Versetzung in den Ruhestand, um so das Entnazifizierungsverfahren zu vermeiden. 1948 erfolgte von ihm ein Antrag auf Reaktivierung, der nach mehrjährigem Tauziehen im November 1951 zu einem Dienstauftrag in St. Stephanus, Eimsbüttel, führte.

Hier kam es nach kurzer Zeit zu einer scharfen Auseinandersetzung mit dem amtierenden Pastor Paul-Gerhard Müller, die bald vor den Kirchenrat gelangte. Am 13. März 1952 wurde hier die „Angelegenheit des Pastor Stuewer“[11] verhandelt. In dieser Angelegenheit ging es um den Vorwurf Müllers, dass Stuewer in einer Predigt das Bild des „dicken, fetten Juden“ und des „vollgefressenen Juden“ verwendet habe. Ein Disziplinarverfahren wurde nicht eingeleitet, da er diese Worte wohl nicht gebraucht habe, allerdings – so das Protokoll der Kirchenratssitzung – sei „die theologische Anschauung“, die Stuewer vom Alten Testament habe „erschütternd“. Man wusste, dass macht das Protokoll deutlich, tatsächlich nicht, wen man da vor sich hatte.

Erst in diesem Zusammenhang tauchte ein Flugblatt aus der NS-Zeit auf, das Stuewers Propaganda für die Nationalkirchliche Einung belegte und die Dimension von deren antisemitischer Propaganda und Bekenntniswidrigkeit deutlich machte[12].

Das Protokoll der 197. Sitzung des Kirchenrats vom 18. September 1952 gibt wieder, wie Stuewer daraufhin zu Rede gestellt worden war. Darin heißt es: „Die Aussprache mit Pastor Stuewer war schwierig [...].“ Stuewer verwies darauf, dass das Flugblatt nicht von ihm verfasst worden sei und er für den Inhalt nicht verantwortlich gemacht werden könne. Sein Name und seine Telefonnummer sei nur angegeben worden, weil die Geschäftsstelle in seinem Hause gewesen war.

> „Zum Schluss fragte der Landesbischof Pastor Stuewer, ob es wahr sei, dass er im Gottesdienst weder das ‚Halleluja‘ habe singen lassen, noch geduldet habe, daß das Lied ‚Tochter Zion, freue dich‘, oder ‚Jehova, Jehova‘ gesungen wurde. Pastor Stuewer gab das zu, indem er seinerseits ergänzte, auch das „Amen“ habe er weggelassen aus linguistischen Gründen, um alle Fremdwörter auszumerzen.“[13]

---

10 Vgl. (LKA Kiel, 32.10 Nr. 1858; 2439). Sein Pastorat hatte Stuewer mit einem Schild als Geschäftsstelle der Nationalkirche kenntlich gemacht, auch wenn dies selbst das Reichskirchenministerium für unzulässig gehalten hatte. Vgl. Vermerk über die Dienstreise nach Hamburg am 15. 11. 1940 von Ministerialdirigent Stahn [Leiter der Ev. Abteilung im RKM. S. L.] (BA Berlin, R 5101 RMK Nr. 3950); Dokumentation von Gottesdiensten und Amtshandlungen von Pastor Robert Stuewer. (KKA HH-Ost, Nr. 1037).

11 Vgl. PA Stuewer (LKA Kiel, 32.03.01).

12 Vgl. ebd.

13 Vgl. ebd.

Da man zwischenzeitlich Stuewer seit dem 1. September 1952 wieder zum Pastor eingesetzt hatte, wurde ihm einfach kein Amt mehr übertragen, während er volle Bezüge erhielt. Da Stuewer frei von Schuldgefühlen und ohne zu widerrufen seine nationalkirchliche Lehre vertrat, war er als Theologe für die Landeskirche nicht tragbar. Auch wenn man hier beamtenrechtlich begründet finanzielle Zugeständnisse machte, wollte man ihn klar nicht mehr auf einer Kanzel sehen. Stuewer starb 1957.

Diese Episode wirft die Frage auf, wie es möglich war, dass der von Schöffel geführte Landeskirchenrat, der sich weitgehend aus Beteiligten der kirchenpolitischen Auseinandersetzungen der NS-Zeit zusammensetzte, die Dimension der Bekenntniswidrigkeit der radikalisierten DC nicht kannte oder verdrängt hatte. Umgekehrt muss hier konstatiert werden, dass in diesem Fall allein aus theologischen Gründen die Wieder- bzw. Weiterbeschäftigung verwehrt wurde.

3. Lübeck

Das Vorgehen der Lübecker Landeskirche nach Kriegsende steht im Gegensatz zu den anderen Landeskirchen. Hier wurde die Landeskirche von den Pastoren der Bekennenden Kirche neu aufgebaut[14]. Nach Ansicht der BK-Theologen, die nun das Kirchenregiment übernahmen, war die Kirche durch die DC-Mehrheit „zerstört" worden[15]. Diese klare Sicht erforderte weitreichende Konsequenzen: Wollte man die Kirche neu aufbauen, so durfte man die Verkündung denjenigen, die die Zerstörung der Kirche betrieben hatten, nicht weiter gestatten.

Damit führte kein Weg an der Entlassung der alten Kirchenleitung und der DC-Pastoren vorbei. Grundlage hierfür wurden die Bestimmungen des Gesetzes zur Überprüfung der Haltung der Pfarrerschaft im nationalsozialistischen Staate vom 24. Mai 1946, in dem sowohl die Einrichtung einer kirchlichen Spruchkammer als auch die zu verhängenden Sanktionen definiert wurden[16]. Das Spruchkammerverfahren wurde bis zum 21. August 1946 abgeschlossen. Dem eigentlichen Spruchkammerverfahren gingen allerdings andere Schritte des neuen Lübecker Kirchenrates voraus. Zum einen war die

14 Vgl. Linck, Zwei Wege; Buss, Entjudete Kirche.

15 Die Begriffe der „Mitschuld an der Zerstörung der Kirche" und „das Stützen der kirchenzerstörerischen Mächte" waren als festgestellte Tatbestände Teil der Urteilsbegründungen gegen die DC-Pastoren vor der Spruchkammer der Landeskirche. Vgl. Abschlussbericht der Spruchkammer an den Kirchenrat vom 21. 8. 1946 über Propst i. R. Wagner, Oberkirchenrat i. R. Sievers, die Pastoren i. R. Beckemeier und Carstensen und die Pastoren Denker, Fischer-Hübner, Hützen und Ziesenitz (LKA Kiel, 40.02 Nr. 200).

16 Vgl. Akte Spruchkammer der ev.-luth. Landeskirche Lübeck (LKA Kiel, 40.01, Nr. 200).

Mehrzahl der DC-Pastoren bereits im Sommer 1945 dazu gedrängt worden, selbst um die Versetzung in den Ruhestand zu bitten[17].

Den radikalsten Antisemiten, Pastor Gerhard K. Schmidt, unterzog man aber nicht einem Spruchkammerverfahren, sondern verhandelte seinen Fall vor der Disziplinarkammer der Landeskirche, da man ihm enge Gestapo-Kontakte und Denunziationen vorwarf[18].

Das Lübecker Spruchkammerverfahren, das im Sommer 1946 durchgeführt wurde, war bemerkenswert. Hier hatte das Eisenacher Institut und die theologische Ausrichtung der NDC eine große Bedeutung. Den Theologen der NDC wurde vor dem Verfahren ein dezidierter Fragenkatalog zur schriftlichen Beantwortung vorgelegt, der sowohl die Tätigkeit bzw. Stellung im Eisenacher Institut und konkret die Zustimmung zum „Judengesetz"[19] abfragte als auch nach der Verwendung der „Botschaft Gottes" und des Eisenacher Gesangbuchs im Konfirmandenunterricht fragte[20]. Zusätzlich sollten die Pastoren beantworten, ob sie bereit seien, vor ihrer Gemeinde ihre theologischen Verfehlungen einzugestehen[21]. Als die NDC-Theologen komplett leugneten und sich damit auch die Brücke des öffentlichen Widerrufs versperrten, wurde Ihnen nur noch die Wahl gelassen, selbst die Versetzung in den Ruhestand zu beantragen[22].

Am Ende des Verfahrens standen bei den Geistlichen fünf Versetzungen in den Ruhestand[23] und zwei vorläufige Dienstentlassungen, die nach erfolgter Buße und einem öffentlichen Widerruf vor der Gemeinde in Strafversetzungen umgewandelt wurden[24]. Gegen Pastor G. Schmidt war bereits durch die Disziplinarkammer die Entfernung aus dem Dienst verfügt worden. Damit be-

17 Dabei wurden die Pastoren darauf hingewiesen, dass ein solcher Schritt ihnen finanzielle Sicherheit geben würde. Schreiben P[autkes] vom 20. 6. 1945 in Lübeck an Carstensen. Vgl. PA G. A. Carstensen (LKA Kiel, 42.07 Nr. 77).

18 Am 8. 10. 1945 wurde das förmliche Disziplinarverfahren gegen Schmidt eröffnet. Vgl. PA G. K. Schmidt (LKA Kiel, 42.07 Nr. 358). Das weitere Verfahren ist in der Akte Nr. 359 dokumentiert.

19 Welches der insgesamt 12 Gesetze, die von den Nürnberger Gesetzen betroffene Christen ausgrenzten, gemeint war, ließ sich nicht ermitteln. Genauso wenig ist klar, ob den Fragestellern bekannt war, dass nicht eines, sondern mehrere Gesetze in Frage kamen.

20 Die Fragebögen samt Antworten liegen jeweils in den Personalakten der Beschuldigten vor. Auswertung der Personalakten der Landeskirche Lübeck (LKA Kiel, 42.07).

21 So das Schreiben der Spruchkammer der Evangelisch-Lutherischen Kirche in Lübeck vom 24. 5. 1946 an Pastor Ziesenitz Lübeck-Kücknitz. Vgl. PA K. Ziesenitz (LKA Kiel, 42.07 Nr. 431).

22 Dieses Verfahren war im Gesetz zur Überprüfung der Haltung der Pfarrerschaft im nationalsozialistischen Staate vom 24. 5. 1946 festgelegt worden. Vgl. Akte Spruchkammer (LKA Kiel, 40.01 Nr. 200).

23 Hierbei wurden dem Propst Wagner und Bischof Balzer lediglich Ruhestandsbezüge von einfachen Pastoren zugebilligt. Die Spruchkammer verfügte überdies bei drei Theologen, dass die Vollziehung von Amtshandlungen künftig unerwünscht sei – vgl. ebd. Ähnliche Regelungen wurden bei Bischof Balzer und Gerhard Schmidt verfügt. Vgl. PA (LKA Kiel, 42.07 Nr. 358 f.; Nr. 23–33).

24 Vgl. Abschlussbericht an die Kanzlei der EKiD vom 7. 1. 1947 (LKA Kiel, 40.01 Nr. 200). Ein weiteres Verfahren wurde eingestellt, da der Beschuldigte die Altersgrenze überschritten hatte. Vgl. PA Denker (LKA Kiel, 42.07 Nr. 83).

endeten sieben der 28 Geistlichen dauerhaft den Dienst der Landeskirche, also ein Viertel der Geistlichkeit. Von fünf Kirchenbeamten wurde einer aus dem Dienst entfernt.

Der Neuaufbau der Landeskirche bedeutete auch eine neue Verfassung, die von einem im Februar 1946 gebildeten Verfassungsausschuss am 31. März 1948 dem vorläufigen Kirchentag vorgelegt und am 22. April 1948 verabschiedet wurde[25]. Als Lehre aus der NS-Zeit ist insbesondere Art. 1, Abs. 2 zu sehen: „Die Festlegung der Kirche auf ihre formulierten Bekenntnisse kann nur dann recht sein, wenn sie bereit ist, ihren Bekenntnisstand jederzeit an der Heiligen Schrift neu zu prüfen.“[26] In diesem Zusammenhang ist auch die der Verfassungsgebung folgende Visitationsordnung für die Landeskirche zu sehen, die unter direkter Bezugnahme auf den Kirchenkampf entstand. Dies ist insofern bemerkenswert, als die Kirchenvisitationen für die ev.-luth. Kirche Lübecks ein absolutes Novum darstellten[27]. Als Relikt der Verfassung von 1934 blieb lediglich das Bischofsamt erhalten, das nun aber in ein gleichberechtigtes Nebeneinander mit der Synode und der Kirchenleitung eingebettet wurde[28]. Bei der Bischofswahl, die am Ende des Neuordnungsprozesses stand, wurde am 14. Mai 1948 der 1888 geborene Johannes Pautke gewählt[29]. Pautke war bereits seit Mai 1945 Propst und kommissarischer Stellvertreter des Bischofs und seit dem Juni 1945 Vorsitzender des Kirchenrats. Pautke – seit 1914 Pastor an St. Marien – war insgesamt als Erster der BK-Pastoren anerkannt. Seine nationalprotestantische Haltung entsprach der vorherrschenden Meinung. Als Pautke 1955 verstarb, wurde der amtierende Hanseatische Missionsdirektor Heinrich Meyer zum Bischof gewählt[30]. Die Wahl eines Missionars, der 20 Jahre seines Lebens in Indien gelebt hatte, stellte einen Bruch mit der nationalprotestantischen Haltung dar.

4. Eutin

Die Enthaltsamkeit im Kirchenkampf wiederum war die wohl wichtigste Voraussetzung, dass 1945 die britische Besatzungsmacht keine Veranlassung sah, personelle Veränderungen bzw. eine „Selbstreinigung“ wie andernorts zu fordern. Gleichzeitig verwies Landespropst Wilhelm Kieckbusch darauf, bereits seit 1930 sein Amt zu versehen. Die Tatsache, dass er bereits 1930 den

25 Vgl. hierzu Lange, Nordelbische Kirche, 102 f.

26 Ebd., 102.

27 Vgl. Richtlinien für die Durchführung von Kirchenvisitationen, am 2. 9. 1949 vom Kirchenrat erlassen. Akte Kirchenvisitationen (LKA Kiel, 40.01 Nr. 101).

28 Vgl. (LKA Kiel, 40.01 Nr. 100).

29 Zu Pautke vgl. ausführlich Buss, Nationalprotestantische Erblasten. Vgl. PA Pautke (LKA Kiel, 42.07 Nr. 302–304; LKA Kiel, 40.01 Nr. 100).

30 Vgl. Stenzel, Heinrich Johann August Meyer.

Gliederungen der NSDAP mit ihren Fahnen die Kirchen geöffnet hatte, spielte in dieser Logik keine Rolle[31].

Die Eutiner Landeskirche hatte nach 1945 eine gewisse Bekanntheit, weil nach 1945 mehr Nationalsozialisten ins Pfarramt gelangten als vor 1945. Die herausragendsten Fälle sind der einstige Reichsleiter der DC Joachim Hossenfelder[32] und der Thüringer Landesbischof Hugo Rönck[33].

Der Thüringer „Bischof a. D.“ Hugo Rönck war exponierter Vertreter der nationalkirchlichen Thüringer Deutschen Christen. 1939 eingezogen, wurde Rönck 1942 nach Verwundung kriegsversehrt aus der Wehrmacht entlassen. 1943 wurde er Landeskirchenrat und Präsident des Thüringischen Landeskirchenamtes. Nach seiner Ernennung telegrafierte er am 1. April 1943 an Adolf Hitler:

> „Vor allem steht zunächst der Kampf gegen heuchlerische Weltpriester. Für die seelische Widerstandskraft der Nation ein Reich, ein Volk, ein Führer, ein Gott, ein Glaube, ein Befehl.
>
> Gehorsamst! Roenck“[34]

Gemäß dieser Rangfolge – Gott an vierter Stelle – führte Rönck die Thüringische Landeskirche. Eine Vielzahl von Erlassen und Verordnungen, die den rassistischen Antisemitismus vor das evangelische Bekenntnis stellten, prägte seine Amtstätigkeit. Herausragend ist hier die Thüringer Kirchenordnung von 1944. Rönck setzte durch, dass weder Taufe, noch Konfirmation und noch nicht einmal der erklärte Wille eine christliche Ehe zu führen, Voraussetzung zur Eheschließung durch einen Pastor waren[35]. Dieser Ansatz der Nationalkirchler unter Rönck, Evangelische Kirche und nationalsozialistische Weltanschauung in eins zu setzen, beinhaltete die Selbstaufgabe christlicher Lehre[36].

Der Kirchenhistoriker Kurt Meier, schrieb über die weitere Entwicklung:

> „Die zahlreichen Anhänger der Nationalkirchlichen Einung DC,[...] deren prominente Führungskräfte [...] meist Thüringen verließen, konnten durch eine umsichtig durchgeführte innerkirchliche Entnazifizierung und kirchliche Neuorientierung nach notwendigen, individuell unterschiedlichen Bewährungspro-

31 Vgl. LINCK, Zwei Wege; BUSS, Ära Kieckbusch, 9.

32 Vgl. VEHSE, Joachim Hossenfelder; BUSS, Ära Kieckbusch, 11–12.

33 Vgl. SEIDEL, Wechsel der Systeme; ARNHOLD, Kirche im Abgrund, 761 f. und 826.

34 Reichskirchenministerium, Akten betr. Thüringen (BA BERLIN, R 5101 RMK Nr. 23776).

35 Vgl. Thüringer Kirchenordnung vom 15. 7. 1944. In: Thüringer Kirchenblatt und Kirchlicher Anzeiger. Gesetz- und Nachrichtenblatt der Thüringer evangelischen Kirche, Nr. 4 / 1944 (LKA KIEL, 52.01 Nr. 151).

36 Rönck ernannte sich noch kurz vor Kriegsende zum Bischof, um nach dem Einmarsch der Amerikaner verhaftet und von der Landeskirche entlassen zu werden.

zessen dem Dienst der Kirche erhalten und in den kirchlichen Neuaufbau integriert werden.“[37]

Dieses Fazit Meiers, so belegt gerade der Fall Rönck, bringt die Nachkriegsverhältnisse in zu beschönigendes Licht. 1947 wurde Rönck in Eutin als Flüchtling aus der SBZ kommissarisch und 1952 schließlich fest in den Dienst der Landeskirche übernommen.

Zur Voraussetzung der Festanstellung wurde die Einsichtnahme in Röncks Personalakte, die schließlich durch einen Vertreter der Eutiner Kirche im Juni 1952 in Berlin erfolgte. Die Einsichtnahme, deren Ergebnisse dem Eutiner Synodalausschuss vorgetragen wurden, ließ an Röncks kirchenzerstörerischem Verhalten und seiner antichristlichen Kirchenpolitik keinen Zweifel. Auf dieser Kenntnisgrundlage beschloss der Synodalausschuss Röncks Festanstellung und – den Verschluss der Akte[38].

Irgendeine glaubwürdige Distanzierung von seiner Vergangenheit nahm Rönck nicht vor, selbst als 1963 der „Spiegel“ seine Vergangenheit aufgriff und die Dimension von Röncks kirchenzerstörerischem Verhalten thematisierte und auch andere Medien den Fall aufgriffen[39].

Dennoch übernahm Kieckbusch 1958 als bereits zwischen ihnen Konflikte schwelten, einen mit Rönck befreundeten Thüringer Pastor, der ebenfalls den Nationalkirchlichen Einigung Deutsche Christen (NDC) angehört hatte. Dies bestätigt die Annahme einer demonstrativen (kirchen-)politisch motivierten Einstellungspolitik Kieckbuschs[40]. Eine kritische Reflexion mit der NS-Vergangenheit fand hier ebenso wenig statt, wie jegliche Auseinandersetzung mit Röncks Antisemitismus.

5. Schleswig-Holstein

In der Schleswig-Holsteinischen Landeskirche wurde das Amt des Landesbischofs wieder durch zwei Bischofsämter besetzt, in die die gemäßigten BK-Theologen Wilhelm Halfmann und Reinhard Wester gewählt wurden[41]. Zu

---

37 Meier, Kirchenkampf, Bd. 3, 493 f.

38 Der Beauftragte der Kirchenleitung, Ministerialrat Bake sah im Juni 1952 die Personalakten Röncks in Berlin ein. Seine umfangreichen handschriftlichen Notizen belegen eindeutig das Engagement Rönck vor 1945. Auf der Sitzung des Synodalausschusses am 29. 10. 1952 trug Bake seine Recherchen vor. Daraufhin wurde die Einstellung Röncks beschlossen. Seine endgültige Berufung erfolgte mit Wirkung vom 1. 11. 1952 PA Rönck (LKA Kiel, 52.01 Nr. 150).

39 NN, Mit der NSDAP gerauft, in: Der SPIEGEL 17 (1963), H. 13 vom 27. 3. 1963. Der daraus resultierende Schriftwechsel umfasst zwei Akten bei Röncks Personalakten (LKA Kiel, 52.01 Nr. 151; 152).

40 Gemeint ist der ehemalige Landesjugendpfarrer von Thüringen, Hans Gerber, der 1958 in Eutin aufgenommen wurde und dessen Tätigkeit auch zu zahlreichen Spannungen in Gemeinde und Landeskirche führt. Vgl. PA Hans Gerber (LKA Kiel, 52.01 Nr. 43–67).

41 Vgl. Reumann, Kirchenkampf als Ringen.

Jahresende 1945 erfolgte eine Präzisierung, der zufolge Mitglieder der NDC – also der sogenannten Thüringer DC – oder diejenigen NSDAP-Mitglieder betroffen waren, die die NS-Weltanschauung über das kirchliche Bekenntnis gestellt hatten[42]. Parallel begannen die Briten die Theologenschaft zu überprüfen, wobei die VKL mit einer Entlassungsquote von 40 % rechnete, man wusste also um die hohe formale NS-Belastung. Tatsächlich meldeten die Briten bei 100 Pastoren Bedenken an[43]. Nach einigen Verhandlungen verblieben 28 Fälle, also 4 %, und dann nur noch 16, bei denen die Briten auf Entlassung bestanden. Insgesamt 21 Verfahren wurden noch weitergeführt, endeten aber bis auf eines mit der Rehabilitation.

Diese eine Ausnahme betraf Propst Gustav Dührkop, der zudem Mitarbeiter des Eisenacher Instituts gewesen war[44]. Nachdem die Theologische Konferenz der Landeskirche im Juli 1942 in einer Stellungnahme das Eisenacher Institut als bekenntniswidrig verurteilt hatte, und offen den Landeskirchenamtspräsidenten Christian Kinder und Landesbischof Adalbert Paulsen aufgefordert hatten, ihre Mitgliedschaft im Institut zu überprüfen[45], hatte Dührkop die Agitation für das Institut verstärkt. Er ließ das Eisenacher Gesangbuch „Großer Gott wir loben dich“ für die Propstei anschaffen und lud den Leiter des Eisenacher Instituts, Walter Grundmann, zum Vortrag auf einem Pastorenkonvent am 22. Januar 1943 ein, wobei zwei Drittel der Pastoren aus Protest gegen die kirchenpolitische Ausrichtung dem Konvent ferngeblieben waren[46]. Dennoch war seine Mitarbeit im Eisenacher Institut nicht Bestandteil der Entlassungsbegründung[47].

6. Theologische Fakultät der Christan-Albrechts-Universität Kiel

Ein anderes Feld war die Theologische Fakultät der Kieler Christian-Albrechts-Universität. Diese war 1936 im nationalsozialistischen Sinn neu geordnet worden. Dennoch fand 1945 keine Rückkehr der vertriebenen Professoren statt, was vor allem der mangelnden Entnazifizierung der Fakultät geschuldet war. Dies ist wesentlich mit der Person Martin Redekers verbunden.

Der 1900 geborene Martin Redeker war im Mai 1933 der NSDAP beigetreten und hatte sich seitdem engagiert an die Seite der Nationalsozialisten gestellt.

42 Vgl. Jurkschat, ‚Selbstreinigung‘.

43 Vgl. VKL-Sitzung vom 8. 3. 1946 (LKA Kiel, 20.01 Nr. 131).

44 Ab wann Dührkop aktiv beim Institut mitarbeitete, ließ sich nicht feststellen. Belegt ist seine Teilnahme an der Gesamtmitarbeitersitzung am 6. Juni 1942. Vgl. PA Dührkop (LKA Kiel, 12.03 Nr. 212 Bl. 176); Linck, Stormarner Propst.

45 Vgl. Buss, Kircheninstitut, 179.

46 Vgl. (KKA HH-Ost, 03.01 Nr. 1403); Buss, Kircheninstitut, 181.

47 Vgl. PA Dührkop (LKA Kiel, 12.03 Nr. 212).

Im Zusammenhang mit der nationalsozialistischen Neuordnung der Kieler Theologischen Fakultät erfolgte seine Berufung als Systematischer Theologe nach Kiel[48].

Seinen Antisemitismus entwickelte er ab 1939 als Mitarbeiter des Eisenacher Instituts weiter, dem er zusammen mit dem Dekan der Theologischen Fakultät, dem Alttestamentler Hartmut Schmökel, angehörte. Hier übernahm er die wissenschaftliche Leitung des Arbeitskreises „Spinoza und die jüdische Philosophie". Auch nachdem er als Marinepfarrer eingezogen worden war, blieb er „seiner politischen Linie treu"[49].

Vonseiten der Vorläufigen Kirchenleitung hatte es schon im Sommer 1945 Widerspruch gegen eine Weiterbeschäftigung Redekers gegeben[50]. Formal hätte eine Entlassung vonseiten der Militärregierung erfolgen müssen, der man aber keine Informationen über Redekers NS-Belastung gab; der andere Weg wäre über die Universität gegangen, und hier verweigerte sich der Dekan und spätere Rektor Heinrich Rendtorff einer Entlassung Redekers[51]. Im Herbst war Rendtorff Mitglied der Vorläufigen Kirchenleitung geworden und hatte den Lehrstuhl für Praktische Theologie und das Amts als Dekan der Theologischen Fakultät übernommen[52].

Bemühungen insbesondere des Bruderrates der BK, dem BK-Theologen Volkmar Herntrich nach 1945 eine Professur in Kiel zu verschaffen, waren an der Theologischen Fakultät gescheitert. Dies gilt auch für die Rückkehr anderer aus der Theologischen Fakultät vertriebener Professoren[53]. Als 1947 der Landesbruderrat der schleswig-holsteinischen BK die Entlassung Redekers forderte, schrieb er zugleich die aus Kiel während der NS-Zeit vertriebenen

48 Vgl. Alwast, Theologische Fakultät; Buss, Kieler Theologische Fakultät im NS-Staat.

49 Buss, Leben, 107.

50 Schreiben Halfmanns an den Rektor der Uni Kiel, Prof. Dr. Creutzfeldt vom 26. 8. 1945 (LKA Kiel, Dok 94 Redeker Nr. 20).

51 Rendtorff war von 1926 bis 1930 Lehrstuhlinhaber für Praktische Theologie gewesen, danach Landesbischof in Mecklenburg geworden, bis er 1934 durch den radikalen DC Walter Schultz abgelöst worden war. Rendtorff stand kirchenpolitisch rechts und hatte auch 1933 seine Aufnahme in die NSDAP beantragt, nach seiner Absetzung war er Pfarrer in Stettin geworden und Mitglied im Bruderrat der pommerschen BK. Zu Kriegsende war er nach Schleswig-Holstein geflüchtet und mit seiner Familie in Neustadt untergekommen, wo er im Mai 1945 auf Martin Redeker traf, der dort als Marinepfarrer tätig war. Redeker organisierte Rendtorff und seiner Familie ein Quartier und versprach ihm dort – also bevor die Universität an eine Wiederaufnahme des Lehrbetriebs denken konnte – einen Lehrstuhl in Kiel, daraus resultierte eine Freundschaft Rendtorffs zu Redeker. Vgl. Toaspern, Als Hochschullehrer, 71–75; Hertzberg, Kollege, 91–95.

52 Vgl. Alwast, Theologische Fakultät, 224. Als 1946 das Bischofsamt wiederhergestellt werden sollte, kandidierte er vergeblich gegen Halfmann für das Amt des Bischofs für Holstein. Vgl. Reumann, Kirchenkampf, 438.

53 Vgl. Linck, Neue Anfänge 2, 126–129.

Professoren Herntrich und K.D. Schmidt an[54], die aber beide die Rückkehr mit bezeichnenden Begründungen ablehnten:

K. D. Schmidt belegte die Mitarbeit Redekers in der bekenntniswidrigen „Kommenden Kirche" des Bremer Bischofs Weidemann und im „berüchtigten Jenaer Institut zur Erforschung des Judentums" und erklärte ihn als „kirchlich untragbar". „Ich habe deshalb", so Schmidt weiter, „vom ersten Tage an, da die Frage meiner Rückkehr nach Kiel auftauchte, erklärt, dass ich mit Prof. Redeker nicht in einer Fakultät zusammen sein wolle, und sehe bisher keine Möglichkeit, diese Stellungnahme zu ändern."[55] Der ebenfalls angeschriebene Herntrich verwies auf fehlende Worte des Bedauerns über das an ihm geschehene Unrecht des Entzugs der Lehrbefugnis 1935 und kommentierte lakonisch: „Es gibt eine Grenze, die man nicht überschreiten soll und an der man auch auf seine eigene Würde achten soll."[56]

Im November 1947 schrieb der Landesbruderrat einen letzten Appell an die Kirchenleitung, Redeker stehe „durch seine Vergangenheit nicht auf der Bekenntnisgrundlage unserer Kirche." Als theologischer Prüfer sei er „untragbar in einer Kirche, die auf dem Grunde der Heiligen Schrift Alten und Neuen Testaments steht."[57]

Bischof Halfmann antwortete im Namen der Kirchenleitung, man habe sich um die Ablösung Redekers bemüht, es seien aber nicht ausreichend Belege für Redekers Bekenntniswidrigkeit vorgelegt worden. Jetzt bleibe nur noch der Weg der „politischen Denunziation. Diesen Weg können wir nicht gehen."[58] Die Kieler Kirchenleitung fand sich in folgenden Jahren mit dem Status quo der Kieler Fakultät ab, nicht zuletzt auch, weil man von der Kooperation mit dem Politiker Redeker profitierte[59].

An der Universität war Redeker 1950 Dekan der Theologischen Fakultät geworden und bemühte sich danach um das Rektorenamt der Universität[60]. 1955 wurde Redeker schließlich gewählt, antisemitische Äußerungen, die er bei einem England-Aufenthalt getätigt hatte, machten ihn aber untragbar für das Amt, so dass er nach seiner Amtseinführung zurücktreten musste[61].

Politisch gelang es Redeker zwar, von 1954 bis 1967 als Vertreter des Evangelischen Arbeitskreises (EAK) ein Landtagsmandat für die CDU zu er-

---

54 Vgl. Schreiben des Landesbruderrates, Pastor Thedens, an die schleswig-holsteinische Kirchenleitung vom 17. 6. 1947 (LKA Kiel, 98.040 Nr. 364).

55 Schreiben K. D. Schmidt an Pastor Thedens vom 18. 7. 1947, ebd.

56 Herntrich an Pastor Thedens vom 6. 9. 1947, ebd.

57 Schreiben des Landesbruderrats vom 10. 11. 1947, ebd.

58 Schreiben Halfmann an den Landesbruderrat vom 10. 12. 1947, ebd.

59 Die Kooperation ging so weit, dass Bischof Halfmann und Kirchenamtspräsident Epha 1958 offiziell Ministerpräsident von Hassel aufforderten, Redeker auf der Landesliste der CDU gut abzusichern. Vgl. Linck, Neue Anfänge 1, 290.

60 Vgl. Akte Theologische Fakultät der Universität Kiel (LKA Kiel, 22.02 Nr. 333).

61 1959 war er zwar wieder im Gespräch für das Rektorenamt, die Thematisierung seiner NS-Vergangenheit durch den Journalisten und SPD-Abgeordneten Jochen Steffen verhinderte dies aber. Vgl. Buss, Leben, 113 f.

halten, das von ihm angestrebte Amt des Kultusministers erhielt er aber 1954 nicht[62].

Als 1968 Redekers Emeritierung anstand, initiierte er die Gründung einer von ihm zu leitenden Schleiermacher-Forschungsstelle. Hiermit sicherte sich Redeker über seine Emeritierung hinaus Büro und Einfluss an der Theologischen Fakultät. Dies nahm der Doktorand des Historikers Karl Dietrich Erdmann, Hans-Peter Mensing, zum Anlass, die NS-Vergangenheit Redekers in der Studentenzeitschrift „res nostra"[63] zu thematisieren[64]. Mensing dokumentierte etliche Zitate aus Redekers Veröffentlichungen, die Bekenntnisse zum Nationalsozialismus, völkischen Rassismus und Antisemitismus enthielten. Er verband dies mit Fragen an die Universität, die Theologische Fakultät, das Landeskirchenamt und die CDU, wie es möglich sei, dass Redeker trotz seiner Bekenntniswidrigkeit und seines Antisemitismus sich niemals für seine NS-Vergangenheit verantworten musste, sondern stattdessen eine derart herausragende Rolle als Theologe, Professor und Politiker innehatte.

In der folgenden Kontroverse, die schließlich zur Emeritierung Redekers führte, ging es vor allem um Umgangsformen und Führungsstil Redekers. So schrieb der spätere Ratsvorsitzende der EKD, Eduard Lohse, der von 1956 bis 1964 in Kiel gelehrt hatte, über Redeker:

> „Er hat durch 30 Jahre hindurch für die Kieler Fakultät eine nicht tragbare Belastung bedeutet und sich seinerseits niemals an die Regeln und ungeschriebenen Gesetze gehalten, die ein faires kollegiales Zusammenarbeiten ermöglichen. [...] Ich bin überzeugt, dass die Kieler Theologische Fakultät erst dann gedeihen kann, wenn Prof. Redeker keinerlei Einfluss in ihr ausüben kann."[65]

Mehr als 30 Jahre hatte Redeker prägenden Einfluss auf die Theologische Fakultät in Kiel. Er trat nicht durch herausragende wissenschaftliche Leistungen hervor, sondern vielmehr durch ein ausgesprochenes Machtbewusstsein. Die Art und Weise, wie sich die Landeskirche mit den Verhältnissen an der Theologischen Fakultät arrangierte, ist insofern befremdend, als hier der eigene theologische Nachwuchs ausgebildet wurde.

Als 1967/68 die NS-Vergangenheit Redekers von studentischer Seite thematisiert wurde, geschah dies explizit nicht mit dem Ziel der Aufarbeitung der Theologie der NS-Zeit. Es ging klar darum, den Professoren und Machtpolitiker Redeker anzugreifen. In der Summe lässt sich feststellen: Die Empathie

---

62 Vgl. Linck, Neue Anfänge 1, 286.

63 „Res nostra" existierte von 1964 bis 1969 und wurde von verschiedenen Hochschulgruppen, darunter der Sozialistische Deutsche Studentenbund und der Ring Christlich-Demokratischer Studenten, gemeinsam herausgeben. Vgl. Lehmann, res nostra.

64 Vgl. Mensing, Bewältigung. Mensing thematisierte ebenfalls die Ernennung von Enno Freerksen zum Professor für Experimentelle Medizin. Der SS-Hauptsturmführer Freerksen war 1932 in die NSDAP eingetreten, war Gaudozentenführer Schleswig-Holstein und wurde dennoch 1945 Ordinarius. Vgl. Klee, Personenlexikon, 163.

65 Eduard Lohse an Jens Pörksen, abgedruckt in: Pörksen, res nostra agitur, 17 f.

gehörte den Tätern. Das Leid der Opfer des Nationalsozialismus und insbesondere der jüdischen Bevölkerung wurde nicht wahrgenommen.

7. Dialog und Antisemitismus

7.1 Das Gegenüber

Hier stellt sich die Frage nach dem Gegenüber. Jüdische Gemeinden hatten sich nach 1945 nur in den beiden städtischen Landeskirchen neu gegründet. Die Lübecker Gemeinde, 1946 mit 240 Mitgliedern gegründet, hatte allerdings 1952 nur noch 30 Mitglieder. Das gesellschaftliche Klima und insbesondere die Schändung des jüdischen Friedhofs ein Jahr nach der Neugründung der Gemeinde hatten Wirkung gezeitigt. 1959 lebten in ganz Schleswig-Holstein nur 115 Juden[66].

Die Situation in Hamburg unterschied sich insofern grundlegend, als vor Kriegsende noch 647 Juden (in der NS-Definition) in Hamburg lebten. Die meisten von ihnen waren mit „Ariern" verheiratet. Die Deportationen dieser Gruppe hatten erst im Herbst 1944 eingesetzt[67]. Bei der ersten Gemeinderatswahl am 24. April 1946 machten von den inzwischen 1.287 Mitgliedern der Gemeinde 833 von ihrem Wahlrecht Gebrauch. Nach einer Stabilisierungsphase sank die Zahl der Mitglieder durch Emigration auf 1.044 im Jahr 1952. Dies war aber der absolute Tiefpunkt, in den folgenden Jahren stieg die Zahl auf über 1.300 Mitglieder, auch wenn hier durchgängig eine leichte Überalterung der Gemeinde konstatiert werden muss. Im Gegensatz zu Schleswig-Holstein konnte sich in Hamburg aber eine Gemeinde etablieren, deren Existenz durch Emigration niemals gefährdet wurde. Der hohe Anteil an jüdisch-christlichen Mischehen mag hierzu beigetragen haben[68].

Daneben nahm die judenchristlich geprägte Jerusalemgemeinde ihre – judenmissionarische – Arbeit wieder auf[69]. Die Jerusalemgemeinde gehörte zur Irisch-Presbyterianischen Kirche und war bis zu seiner Zwangsemigration vom 1859 geborenen Arnold Frank geleitet worden. In den ersten Nachkriegsjahren war die Jerusalemgemeinde Empfänger sowohl von materieller Unterstützung von internationalen Judenmissionsvereinigungen, als sie auch deren Werbematerial verbreitete[70]. Die Jerusalemgemeinde und das dazuge-

66 Vgl. Goldberg, Abseits, 698 f.

67 Die Zahl stammt von einer Aufstellung der Gestapo vom 30. 4. 1945. Lorenz, Gehen oder bleiben, 10. Untergetauchte sind hier also nicht berücksichtigt.

68 Vgl. Lorenz, Gehen oder bleiben; dies., Jüdische Gemeinde (1945–1989).

69 Vgl. hierzu Linck, Ausstellungstexte, 70 f.; Jenner, 150 Jahre.

70 Vgl. abweichend Strübel, Continuity, 67–71.

hörende Diakoniewerk kehrten nicht mehr zur Judenmission, wie sie vor der NS-Zeit betrieben worden war, zurück[71].

Als dritter Akteur schälte sich die Notgemeinschaft der von den Nürnberger Gesetzen Betroffenen als Vertretung hauptsächlich evangelischer Christen jüdischer Herkunft und ihrer Angehörigen heraus[72]. In einem Bericht der Notgemeinschaft vom April 1947 wurde die Größenordnung der Betreuung deutlich[73]. Danach lebten - nach NS-Definition - in Hamburg 550 „Volljuden", die nicht der jüdischen Gemeinde angehörten, davon 330 Evangelische, 35 Katholiken und 185 mit nicht bekannter Konfession. Von den von der Notgemeinschaft betreuten erklärten Christen waren 205 „Sternträger"[74]. Von den betreuten „Volljuden" waren 133 in einem KZ gewesen. Die Notgemeinschaft betreute zusätzlich rund 4.000 „Mischlinge I. Grades", davon 2.225 Evangelische, 165 Katholiken und 1.610 unbekannter Konfession. Insgesamt waren bei der Notgemeinschaft rund 7.350 Erwachsene und rund 1.830 Kinder registriert, also insgesamt 9.160 Personen. Zum Vergleich: Nach Schätzungen der britischen Besatzungsmacht lebten 1947 in Hamburg und Schleswig-Holstein 12.000 Christinnen und Christen jüdischer Herkunft[75]. Sowohl die überlebenden Juden als auch die Christen jüdischer Herkunft waren in der Hamburger Gesellschaft stärker vernetzt. Für die Schleswig-Holsteinische Landeskirche lassen sich nur zwei Pastoren jüdischer Herkunft nennen, die sich um den Austausch und Dialog bemühten: Walter Auerbach, 1935 als „Volljude" in den Ruhestand versetzt und ab 1942–1945 informell ab 1946 offiziell mit der Betreuung der in der NS-Zeit aus der Landeskirche ausgeschlossenen „nichtarischen Christen" tätig gewesen[76], und Pastor Johann Haar, der 1945 aus Pommern in seine Heimat zurückkehrte[77]. Dies führte diesbezüglich zu einer gegensätzlichen Entwicklung, die ich in zwei Feldern illustrieren möchte.

7.2 Tagungen und Kontroversen

1948 wurde der „Deutsche Evangelische Ausschuss für Dienst an Israel" als deutscher Zweig des „International Commitee on the Christian Approach to the Jews" auf Initiative des künftigen Vorsitzenden Karl Heinrich Rengstorf

---

71 Vgl. hierzu auch Jenner, 150 Jahre, 147–158, insb. 157 f.

72 Vgl. Harald Schmid, Notgemeinschaft; Hermle, Kirche und Judentum, 182–186.

73 Schreiben der Notgemeinschaft vom 28. 4. 1947 an P. Weber (Archiv der Jerusalemgemeinde Hamburg, Akte Korrespondenz P. Weber Nr. 1 A I).

74 Die in „privilegierter Mischehe" lebenden jüdischen Ehepartner waren von der Pflicht zum Tragen eines Judensterns befreit.

75 Schreiben der Militärregierung an die Landeskirche Hamburg vom 7. 3. 1947 (LKA Kiel, 32.01 Nr. 2098 Bl. 66).

76 Vgl. Linck, Neue Anfänge 1, 202--211.

77 Vgl. Linck, Johann Haar.

aus Münster gegründet und begann Studientagungen zu veranstalten, die zu beeindruckenden Foren des christlich-jüdischen Dialogs der Nachkriegszeit wurden[78].

Als Pastor Walter Auerbach zur ersten Tagung nach Darmstadt reiste, übernahm die schleswig-holsteinische Landeskirche ein Drittel der Kosten, wenn die Hamburgische und Lübecker Landeskirche den Rest anteilig übernähmen, was auch geschah[79]. Bei der zweiten Tagung 1950 lehnte Schleswig-Holstein eine Beteiligung ab, weshalb auch Lübeck nichts bezahlte. Die Hamburgische Landeskirche bezahlte dennoch einen Zuschuss von 50,– DM, weitere 50,– erhielt Auerbach vom Ausschuss, nachdem dieser von der Finanznot Auerbachs erfuhr. Bei der 3. Tagung in Düsseldorf 1951 übernahm die schleswig-holsteinische Landeskirche aufgrund der peinlichen Situation im Vorjahr 75,– und Lübeck bezuschusste mit 50,–. Die Hamburgische Landeskirche beteiligte sich nicht mehr an den Kosten für Auerbachs Fahrt, da die Landeskirche inzwischen die Tagungen so wichtig ansah, dass sie führende Geistliche entsandte. Bei der vierten Tagung 1952 in Ansbach lehnte die schleswig-holsteinische Landeskirche wieder einen Zuschuss ab. Nachdem Lübeck und der Ausschuss anteilig 50,– der Kosten übernahmen, bewilligte man schließlich 25,–. Als Auerbach 1953 an der fünften Tagung wegen Krankheit nicht teilnehmen konnte, wurde kein anderer Vertreter benannt. Zur sechsten Tagung 1954 bezuschusste die Lübecker Landeskirche die Reise zusammen mit dem Ausschuss, der es nun ablehnte, Auerbach als Vertreter der schleswig-holsteinischen Landeskirche anzusehen. Daraufhin bat Auerbach, Pastor Venghaus als Vertreter der Landeskirche zu entsenden, was die Landeskirche ablehnte, woraufhin Venghaus auf eigene Kosten zur Tagung reiste. Auerbach starb vor der siebten Tagung 1955. Durch seinen Tod war sein Reisekostenetat nicht ausgeschöpft worden. Daher wurde erstmals eine volle Tagungsteilnahme von der Landeskirche für Pastor Venghaus finanziert. In Schleswig-Holstein wurde der Bericht von Venghaus ohne weitere Kenntnisnahme (also ungelesen) mit der Kostenabrechnung weggeheftet.

Die Entwicklung in Hamburg gestaltete sich deutlich anders. Als Anfang Juli 1951 die Jüdische Gemeinde auf dem Jüdischen Friedhof in Hamburg-Ohlsdorf ein Mahnmal ihrer Toten errichtete, schrieb Schöffel auf die Einladung hin ein Grußwort. Darin hieß es:

> „Ich verstehe, dass die Jüdische Gemeinde in Trauer und Treue ihren 7000 Toten ein Ehrenmal setzt und ihrer in feierlicher Stunde vor Gott gedenkt, der in Frieden und in Erlösung und in Seligkeit enden lassen kann, was Menschen mit nicht zu schildernder Rohheit und Grausamkeit getan haben. Ich bin mit meiner innigen Teilnahme bei Ihrer Feier."[80]

---

78 Zu Karl Heinrich Rengstorf vgl. BACHMANN, Rengstorf. Zur Gründung HERMLE, Kirche und Judentum, 205–211, zu den Studientagungen EBD., 213–247.

79 Ausführlich hierzu LINCK, Neue Anfänge 1, 207–212.

80 Der Hamburger Landesbischof grüßt die Jüdische Gemeinde. Heimat 14 (2. Juli-Ausgabe 1951).

Schöffel erkannte hier also den Mord als wahr an und ließ sein Schreiben in der Kirchenzeitung veröffentlichen. Dennoch liegt auch in diesem Vorgang eine gewisse Ambivalenz, da Schöffel nicht persönlich erschien. Hier liegt ein wesentlicher Unterschied zwischen Schöffel und Theodor Knolle. Letzterer hatte bei der Gedenkfeier drei Jahre zuvor persönlich teilgenommen. Und Knolle war es auch, der sich der Kommunikation stellte[81]. Gerade diese Begegnungen führten in den folgenden Jahren zu einem starken Wandel, dem sich auch Schöffel stellen musste. So ließ er am 11. März 1952 den Evangelischen Pressedienst mitteilen, dass er den Aufruf zu Ölbaumspende mitunterzeichnet habe und die Unterstützung der Landeskirche für die Aktion „Friede mit Israel“ zugesichert habe[82].

Theodor Knolle beteiligte sich 1953 nicht nur als Referent an der Studientagung des Ausschusses für Dienst an Israel, er übernahm auch den Vorsitz des Ausschusses, als ihm Rengstorf diesen antrug und hatte ihn bis zu seinem Tod 1955 inne – in diesem Kontext stand das Gespräch mit dem Oberrabbiner Nordwestdeutschlands, Paul Holzer aus Dortmund, zu dem er in sein Haus geladen hatte und über das der EPD am 2. Dezember 1954 berichtete: „D. Knolle würdigte die geschichtliche Bedeutung dieses Gesprächs mit dem Oberrabbiner im Hause eines hamburgischen Hauptpastors, wie es in dieser Form seit den Tagen Lessings nicht stattgefunden habe.“[83]

Als die Gesellschaft für christlich-jüdische Zusammenarbeit ihrem Vorstandsmitglied in ihrem Mitteilungsblatt zum 70. Geburtstag gratulierte, hob sie hervor, „dass er auch in seiner Antrittspredigt als Landesbischof der Verpflichtung aller Christen, unser Versagen den jüdischen Brüdern gegenüber wiedergutzumachen, beschwörend gedachte.“[84] Exemplarisch für diese Wandlung Knolles sei aus seiner Predigt zitiert, die er 1955 zur Eröffnung der Studientagung zum Thema „Der Nächste in christlicher und jüdischer Sicht“ in Hildesheim hielt:

> „Aber es sind vor allem auch die Juden, die als volksfremd und artfremd verfolgt, enteignet, ausgewiesen, gefangen gesetzt und zu Tode gehetzt sind in einem furchtbaren millionenfachen Leiden und Sterben. Es sind die Glieder des Volkes Israel, die unser Volk verklagen wegen dieser Blutschuld, und deren verbliebener kleiner Rest in von uns verschuldeter Entfremdung unter uns leben, wieder als Fremde, die ausgeschlossen sind, wieder in einem unsichtbaren Ghetto. Wehe uns, wenn sie nicht aus diesen Fremden zu den ”Nächsten” würden, denen unsere

81 Vgl. LINCK, Judenhass, 398 f.

82 Zitiert nach LÜTH, Friedensbitte, 140.

83 Meldung des Evangelischen Pressedienstes vom 2.12.1954. Vgl. Jüdische Gemeinde und Gesellschaft für christlich-jüdische Zusammenarbeit e. V. in Hamburg (LKA KIEL, 32.01 Nr. 4622). Zu diesem Zeitpunkt war Theodor Knolle bereits zum Nachfolger Simon Schöffels als Hamburgischer Landesbischof gewählt.

84 Gratulation an Knolle zum 70. in Friede mit Israel, Mitteilungsblatt der GfCJZ 22/23 (Juni/Juli 1955), 12 (LKA Kiel 13.48, Nr. 5).

> unaufdringliche, aber gottverwurzelte Liebe gehört, jene Liebe, die nicht aus dem Besitzerstolz eines sich überlegen dünkenden Glaubens stammt, sondern aus der Demut der Schuld, die wir vor Gott haben, und aus der Kraft der Buße, die eine neue Weite christlicher Verantwortung in uns wirkt."[85]

Der von Knolle begonnene Diskurs brach mit seinem Tod im Dezember 1955 ab. Doch auch bei seinem Nachfolger Volkmar Herntrich lässt sich schon frühzeitig eine stärkere Sensibilität wahrnehmen. Dies zeigt sein Umgang mit Hans-Ludwig Wagner, einem getauften Juden aus Hamburg, der in der NS-Zeit Theologie studiert hatte[86].

Die ablehnende Haltung der schleswig-holsteinischen Landeskirche korrespondierte mit der Verweigerung zum direkten christlich-jüdischen Gespräch. Im Mai 1952 wurde in Hamburg die Gesellschaft für Christlich-Jüdische Zusammenarbeit gegründet. In Schleswig-Holstein scheiterte eine entsprechende Initiative und erst zehn Jahre später wurde eine Gründung vollzogen. Einem intensiven Austausch zwischen Juden und Christen in Hamburg – die Hamburger Gesellschaft zählte 1958 800 Mitglieder stand eine Null-Kommunikation in Schleswig-Holstein gegenüber[87].

Pastor Johann Haar, der nicht nur jüdischer Herkunft war, sondern auch einer von drei religiösen Sozialisten in der Theologenschaft, warf der Landeskirche 1958 öffentlich vor, die Woche der Brüderlichkeit komplett zu verschweigen. Bischof Halfmann hatte ihm zuvor bereits vorgehalten, Vertreter einer „politischen Theologie" zu sein. Ein Vorwurf, den Haar direkt an Halfmann zurückgegeben hatte,

> „als Bischof D. Halfmann selbst ja mit seinen Darlegungen eine eindeutige politische Position bezog, die mit einem Schlagwort als der Versuch einer Stärkung aller ‚restaurativen' Kräfte bezeichnet werden kann. Dass diesen die ‚Woche der Brüderlichkeit' eine unangenehme Einrichtung ist, kann nicht in Frage gezogen werden. [...] Es gibt auch in Schleswig-Holstein evangelische Christen, die sich schwere Sorgen darüber machen, dass die evangelische Kirche, und leider (!) gerade die lutherische, aufs Neue in eine tiefe Schuldverstrickung gerät bzw. schon geraten ist".[88]

Diese Schuldverstrickung zeigte sich ein Jahr später, als Haar am 9. November in seinem Pellwormer Pastoratsgarten einen Zettel mit der Aufschrift „Jud raus" entdeckte, zuvor waren bereits Hakenkreuze an die Fenster geschmiert

85 Predigt zum Festgottesdienst der 7. Studientagung des Ausschusses für Dienst an Israel am 11. 3. 1955 in der Hildesheimer Michaeliskirche. Nachlass Knolle (LKA Kiel, 98.011 Nr. 76).

86 Vgl. Linck, Neue Anfänge 1, 235–237; sowie Mensing: Als bewahrter Betroffener.

87 Zur Entwicklung der Gesellschaften in Hamburg Linck, Neue Anfänge? 1, 198–202, in Schleswig-Holstein Linck, Neue Anfänge 2, 178–183.

88 Johann Haar: Fragen an die Kirche. Zur ‚Woche der Brüderlichkeit' und zur Wiederaufrüstung, in: Schleswig-Holsteinische Volkszeitung vom 23. 3. 1957 (LKA Kiel, 12.03 Nr. 370). Zur Woche der Brüderlichkeit 1957 war in der Kirche der Heimat 6 (2. März-Ausgabe), eine Ankündigung erschienen und ein Bericht „Das Vermächtnis der Anne Frank" von Pastor Dr. H. Thyen.

worden. Unterstützung erhielt Haar nicht von der Landeskirche, sondern der SPD. So wandte sich die Kieler Landtagsabgeordnete Anna Brodersen an die Leiterin der landeskirchlichen Frauenarbeit, Vikarin Annemarie Grosch, sie möge sich um Unterstützung der Landeskirche gegen die antisemitischen Angriffe auf Haar bemühen[89]. Grosch beschrieb dem von ihr daraufhin angeschriebenen Bischof Wester die Vorkommnisse als „diese antisemitische Welle“[90]. Eine Woche später erlebte die gesamte Bundesrepublik eine Welle antisemitischer Schmierereien in einer Größenordnung, die einen internationalen Skandal auslöste[91].

Die Unfähigkeit der Landeskirche, sich hier gegen den Antisemitismus zu positionieren, korrespondierte mit einer Unfähigkeit, sich klar von NS-Tätern und ihren Verbrechen zu distanzieren. Schleswig-Holstein hatte zu dem Zeitpunkt bereits eine Kette von Skandalen um den Schutz von NS-Verbrechern hinter sich. Der Antisemitismus der Professoren Redeker und Beyer ließ bereits ein unangenehmes Licht auf die Landeskirche fallen und im November 1959 war gerade erst der in Schleswig-Holstein untergetauchte Hauptverantwortliche des Euthanasie-Programms Werner Heyde aufgeflogen. Das Land stand erst am Beginn der Aufklärung des Skandals, von dem zu diesem Zeitpunkt nur klar war, dass der Hauptförderer und Unterstützer des untergetauchten Verbrechers der Synodenpräsident Generalstaatsanwalt Adolf Voß war.

Das Schweigen der Landeskirche in Sachen Haar war der Auslöser für den Skandal um Wilhelm Halfmanns 1936 verfasste Schrift „Die Kirche und der Jude“. Angesichts der Nichtreaktion zu den Hakenkreuzen im Pellwormer Pastorat fragte der SPD-Abgeordnete Wilhelm Siegel Halfmann, wie er heute zu seiner Schrift von 1936 stehe, in der er sich klar antisemitisch geäußert hatte. Halfmanns Antwort war nicht unbedingt förderlich:

> „Wie damals von mir der „Stürmer“ abgelehnt wurde, so heute die Hakenkreuzschmierer. Ich zitiere aus der Schrift: „Hier läuft alles auf einen naiven Pharisäismus hinaus, der die Juden moralisch denunziert. Mit Denunziation (oder wie man's auch nennt: ‚Aufklärung‘) hat christlich erzogener Geist nicht gern zu tun. [...] Für die Kirche ist die rassische Begründung nicht ausreichend, die religiöse Haltung unerträglich“. Das gleiche Urteil über die Denunzianten, Entlarver, Enthüller habe ich heute noch, auch wenn sie aus anderen Löchern herauskriechen. Mit freundlicher Begrüßung“[92]

Auch wenn der Ton dieses Schreibens vor dem Hintergrund der Skandale verständlicher erscheint, so macht doch gerade dieser Hintergrund Halfmanns Wortwahl umso zweifelhafter. Rechtsstaatliche Verbrechensverfolgung

89 Schreiben Annemarie Grosch vom 19.12.1959 an Bischof Wester. (LKA KIEL, 11.01 Nr. 285).
90 EBD.
91 Vgl. u. a. BROCHHAGEN, Nach Nürnberg, 276–297.
92 Schreiben Halfmanns an Wilhelm Siegel vom 26. 1. 1960 (LKA KIEL, 11.01 Nr. 285).

wurde von ihm auf eine Ebene mit dem Denunziantentum des NS-Staates gestellt.

Inhaltlich hatte Siegel u. a. darum gebeten, die Landessynode möge sich mit der Thematik beschäftigen. Hier wurde aber klar auf Verdrängung gesetzt. Genauso wie der Heyde-Sawade-Skandal und die Mitwirkung von Synodenpräsident Voß war die gesamte Thematik auf der folgenden Synodentagung tabu. Einzig der Synodale Studienrat Hans Brodersen wies in seinen Anmerkungen zum Bericht der Kirchenleitung auf die Gefahr hin „von diesen Dingen zu wenig zu reden."[93] – Auf diese Kritik wurde nicht reagiert, im Gegenteil: Synodenpräsident Voß, Symbolfigur für die Unterstützer des Euthanasie-Verbrechers, wurde einstimmig wiedergewählt.

Auch in den folgenden Monaten schwieg Halfmann zu den öffentlichen Vorwürfen seine Schrift betreffend. Unter den zahlreichen Unterstützungsschreiben, die er erhielt war auch eines seines Hamburger Kollegen Karl Witte, der ihm wünschte, dass „bald wieder Ruhe eintritt."[94] In seiner Antwort schrieb Halfmann:

> „Haben Sie herzlichen Dank für Ihre freundlichen Zeilen vom 2. März über meine Sache mit den Juden. [...] Meine Schrift von 1936 war in den historischen Bemerkungen über die Geschichte der Juden (obwohl sie sachlich richtig sind) ungerecht, weil einseitig ausgewählt, und es hat mir schon bald, etwa 1938 leid getan, dass ich sie geschrieben hatte. Heute gar, nach allem was geschehen ist, wäre solche Schrift unmöglich. Trotzdem kann ich heute noch nicht anders, als den theologischen Ansatz für richtig zu halten. Aber über die Judenfrage zu diskutieren so, dass auch das theologische Nein zum Judaismus, nicht nur zum „Antisemitismus" durchgehalten wird, ist fast unmöglich. Ich kann die christlich-jüdische Verbrüderung auf humanitärer Basis, unter Eliminierung der Theologie, nicht mitmachen."[95]

Zur Haltung des Hamburger Bischofs Witte passte, dass dieser auf eine Aufforderung zu einem öffentlichen Wort angesichts der antisemitischen Schmierwelle im Januar 1960 nicht reagierte.

Mit dieser Haltung war Witte aber inzwischen in einer Minderheit in der Landeskirche. Im Gegensatz zur schleswig-holsteinischen „Kirche der Heimat" berichtete die „Kirche in Hamburg" ausführlich zu den antisemitischen Übergriffen und teilte die Reserve gegenüber der Gesellschaft für christlich-jüdische Zusammenarbeit nicht: Am 31. Januar 1960 brachte die Kirche in Hamburg ein ausführliches Interview mit dem Vorsitzenden der Gesellschaft, dem – evangelischen – Theologieprofessor Hans-Joachim Kraus über eine Sonderberatung des Aktionsausschusses der 27 Gesellschaften für christlich-

93 Brodersen bezog sich auf den Antisemitismus allgemein und die Pellwormer Vorfälle am Pastorat Johann Haars konkret. Vgl. BERICHT ÜBER DIE VERHANDLUNGEN, 11.

94 Schreiben Bischof Witte an Bischof Halfmann vom 2. 3. 1960. (LKA KIEL 20.01, Nr. 660).

95 Schreiben Halfmann an Bischof Witte vom 5. 3. 1960 (EBD.).

jüdische Zusammenarbeit, bei der u. a. ein Verbot neonazistischer Parteien und eine aktive Bekämpfung des Antisemitismus sowie eine offene selbstkritische Aufarbeitung der NS-Verbrechen gefordert worden war. Vor allem aber forderten die Gesellschaften, die Ängste der jüdischen Minderheit ernst zu nehmen[96]. Eine Ausgabe später folgte unter der Überschrift „Ein Volk muss nachsitzen" ein Artikel über die Notwendigkeit zur Aufarbeitung der NS-Vergangenheit[97]. Dieser wurde ergänzt mit einer Fotoreportage über eine Kundgebung „gegen die antisemitischen Ausschreitungen und Neofaschismus" des Hamburger Jugendrings vor dem Ehrenmal für die Opfer des Nationalsozialismus in Ohlsdorf, an der 8.000 Jugendliche teilgenommen hatten.

8. Ausblick

In der Aufarbeitung ihrer NS-Vergangenheit unterschieden sich die vier untersuchten lutherischen Landeskirchen deutlich. Erkennbar ist, dass in der schleswig-holsteinischen ebenso wie in der hamburgischen Landeskirche die Entnazifizierung im Kern unterlaufen wurde und sich dauerhafte Maßnahmen nur gegen jeweils einen Akteur richteten, der sich auch und gerade persönlich als untragbar erwiesen hatte. Eine klare und glaubwürdige Position hatte hier lediglich die Lübecker Landeskirche, die tatsächlich einen Neuaufbau der als zerstört befundenen Kirche vornahm.

Dennoch gab es zwischen den Landeskirchen keine tiefgreifenden Differenzen, in allen war eine nationalprotestantische Mentalität bestimmend, die eine weitergehende Aufarbeitung deutschchristlicher Theologie mied. Diese Beschreibung gilt grundsätzlich für die ersten beiden Nachkriegsjahrzehnte, in denen die Akteure der innerkirchlichen Kontroversen leitend tätig waren; in Lübeck begann der Wandel etwas früher, in der Eutiner Landeskirche bis zu ihrer Auflösung in der Nordelbische Kirche 1976 nicht[98].

Die Gemeinsamkeit der dargestellten Landeskirchen liegt in der Nähe zur CDU. Aber hier zeigt sich zugleich das Trennende: Während die schleswig-holsteinische CDU von ehemaligen Nationalsozialisten geprägt wurde und damit zahlreiche Skandale provozierte, hatten Christen jüdischer Herkunft in der Hamburger CDU maßgeblichen Einfluss[99]. Der langjährige Vorsitzende

96 Kirche in Hamburg 5 (31. 1. 1960). Interview und Bericht standen unter der Überschrift: „Müssen sie wieder wandern?".

97 Kirche in Hamburg 6 (7. 2. 1960), 10. Bischof Halfmann aus Schleswig-Holstein tadelte umgehend mit Schreiben vom 5. 2. 1960 die „politische Entgleisung und Beleidigung hoher Amtsträger der Bundesrepublik und machte hiervon Bundesminister Oberländer am selben Tag Mitteilung." (LKA Kiel, 20.01 Nr. 660).

98 Vgl. Linck, Neue Anfänge 2, 55–79.

99 Vgl. Linck, Neue Anfänge 1, 279–292.

Erik Blumenfeld war der einzige Auschwitz-Überlebende, der in den Deutschen Bundestag gelangt ist[100].

Und hier ist auch der unterschiedliche Umgang mit kirchlichem Antisemitismus begründet. Während in Hamburg eine kleine jüdische Gemeinde neu entstand und auch und gerade durch Christinnen und Christen jüdischer Herkunft ein Dialog eingefordert wurde, dauerte es Jahrzehnte bis in der schleswig-holsteinischen Landeskirche ein Wandlungsprozess einsetzte.

Quellen- und Literaturverzeichnis

I. Unveröffentlichte Quellen

Archiv der Jerusalemgemeinde Hamburg

Nr. 1 AI: Korrespondenz P. Weber.

Bundesarchiv Berlin (BAB)

Bestand R 5101 RMK: Reichskirchenministerium: Nr. 3950: Akten betreff Hamburg; Nr. 23776: Akten betr. Thüringen.

Kirchenkreisarchiv Hamburg-Ost (KKA HH-Ost)

Bestand Archiv der Kirchengemeinde der Hauptkirche St. Jacobi: Nr. 1037: Dokumentation von Gottesdiensten und Amtshandlungen von Pastor Robert Stuewer.
Bestand Kirchenkreisverwaltung Stormarn: Nr. 1403: Schriftverkehr und Grußschreiben der Pröpste (Alte Signatur KKA Stormarn, Nr. 421).

Landeskirchliches Archiv Kiel (LKA)

Bestand 11.01: Bischof für Schleswig und Holstein: Nr. 285: Korrespondenz mit und über Pastoren der Landeskirche.
Bestand 12.03: Personalakten der Nordelbischen Kirche: Nr. 212: PA Dührkop, Gustav; Nr. 370 PA Haar, Johann; Nr. 1882–1884: PA Boll, Karl Friedrich.
Bestand 13.48: Evangelische Akademie: Nr. 5: Gesellschaft für christlich-jüdische Zusammenarbeit in Hamburg.

100 Vgl. Bajohr, Erik Blumenfeld.

Bestand 20.01: Kirchenleitung der Landeskirche Schleswig-Holstein: Nr. 131: Sitzungen der Kirchenleitung; Nr. 660: Kirche und Judentum

Bestand 22.02: Landeskirchenamt der Landeskirche Schleswig-Holstein: Nr. 333: Theologische Fakultät der Universität Kiel.

Bestand 32.01: Landeskirchenamt -Kanzlei der Landeskirche Hamburg: Nr. 2098: Schriftwechsel mit der Militärregierung; Nr. 4622: Jüdische Gemeinde und Gesellschaft für christlich-jüdische Zusammenarbeit e.V. in Hamburg.

Bestand 32.03.01: Personalakten der Pastoren der Landeskirche Hamburg: PA Pastor Friedrich Stuewer.

Bestand Grundstücksabteilung der Landeskirche Hamburg: 32.10, Nr. 1858 und 2439.

Bestand 40.01: Kirchenrat/Kirchenleitung der Landeskirche Lübeck: Nr. 101: Kirchenvisitationen; Nr. 200: Spruchkammer der Landeskirche; Nr. 100: Der Bischof.

Bestand 42.07: Personalakten Pastoren der Landeskirche Lübeck: Nr. 23–33: PA E. Balzer; Nr. 83: PA Denker; Nr. 77: PA G.A. Carstensen; Nr. 358–359: PA G.K. Schmidt; Nr. 302–304: PA Pautke; Nr. 431: PA K. Ziesenitz.

Bestand 52.01: Personalakten Pastoren der Landeskirche Eutin: Nr. 43–67: PA H. Gerber; Nr. 150–152: PA H. Rönck.

Bestand 98.011: Nachlass Knolle: Nr. 76: Evangelisch-lutherischer Zentralverein für Mission unter Israel.

Bestand 98.040: Nachlass Wester, Reinhard: Nr. 364: Theologische Fakultät der Christian-Albrechts-Universität zu Kiel.

Bestand Dokumentation 94, Redeker Nr. 20.

II. Veröffentlichte Quellen und Darstellungen

Alwast, Jendris: Geschichte der Theologischen Fakultät. Vom Beginn der preußischen Zeit bis zu Gegenwart. Kiel 1988.

–: Die Theologische Fakultät unter der Herrschaft des Nationalsozialismus. In: Hans-Werner Prahl (Hg.): Uni-Formierung des Geistes. Universität Kiel im Nationalsozialismus, Bd. 1. Kiel 1995, 87–137.

Arnhold, Oliver: „Entjudung" – Kirche im Abgrund. Bd. 1: Die Thüringer Kirchenbewegung Deutsche Christen 1928–1939. Bd. 2: Das „Institut zur Erforschung und Beseitigung des jüdischen Einflusses auf das deutsche kirchliche Leben" 1939–1945 (SKI 25/1–2). Berlin 2010.

Bachmann, Michael: Rengstorf, Karl Heinrich. In: BBKL, Band XXV, 1126–1158.

Bajohr, Frank: Hanseat und Grenzgänger. Erik Blumenfeld – eine politische Biographie. Göttingen 2009.

Berichte über die Verhandlungen der 21. ordentlichen Landessynode der Evangelisch-Lutherischen Landeskirche Schleswig-Holsteins. hg. v. Landeskirchenamt Kiel. Kiel 1960.

BROCHHAGEN, Ulrich: Nach Nürnberg. Vergangenheitsbewältigung und Westintegration in der Ära Adenauer. Hamburg 1994.

BÜTTNER, Ursula: Orientierungssuche in heilloser Zeit. Der Beitrag der evangelischen Kirche. In: Ursula Büttner / Bernd Nellesen (Hg.): Die zweite Chance. Der Übergang von der Diktatur zur Demokratie in Hamburg 1945–1949 (PKAH 16). Hamburg 1997, 85–107.

BUSS, Hansjörg: Die Kieler Theologische Fakultät im NS-Staat. In: Christoph Cornelißen / Carsten Mish (Hg.): Wissenschaft an der Grenze. Die Universität Kiel im Nationalsozialismus. Essen 2009, 99–117.

–: „Entjudung der Kirche". Ein Kircheninstitut und die schleswig-holsteinische Landeskirche. In: Göhres / Linck / Liß-Walter, Jesus, 162–186.

–: „Entjudete" Kirche. Die Lübecker Landeskirche zwischen christlichem Antijudaismus und völkischem Antisemitismus (1918–1950), Paderborn 2011.

–: Nationalprotestantische Erblasten. Eine doppelbiographische Skizze zu den Lübecker Pastoren Johannes Pautke (1888–1955) und Wilhelm Jannasch (1888–1966). In: Zeitschrift für Lübeckische Geschichte 90 (2010), 229–271.

–: Die „Ära Kieckbusch" (1930–1976) Die Landeskirche Eutin und die Deutschen Christen, in: Informationen zur Schleswig-Holsteinischen Zeitgeschichte 44 (2004), 4–29.

–: „Ein Leben zwischen Christen-, Haken- und Verdienstkreuz" Der Kieler Theologe Martin Redeker. In: Hans-Werner Prahl / Hans-Christian Petersen / Sönke Zankel (Hg.): Uni-Formierung des Geistes. Universität Kiel und der Nationalsozialismus Bd. 2, Kiel 2007, 99–132.

GAILUS, Manfred / KROGEL, Wolfgang (Hg.): Von der babylonischen Gefangenschaft der Kirche im Nationalen. Regionalstudien zu Protestantismus, Nationalsozialismus und Nachkriegsgeschichte 1930 bis 2000. Berlin 2006.

GÖHRES, Annette / LINCK, Stephan / LISS-WALTER, Joachim (Hg.): Als Jesus „arisch" wurde. Kirche, Christen, Juden in Nordelbien 1933–1945. Die Ausstellung in Kiel. Bremen 2003.

GOLDBERG, Bettina: Abseits der Metropolen. Die jüdische Minderheit in Schleswig-Holstein 1918–1945. Neumünster 2011.

GRAF, Mathias: Dr. phil. Karl Wilhelm Friedrich Boll, Ein „Deutscher Christ" in Hamburg. Examensarbeit. Hamburg 2002.

DIE HEIMAT. EVANGELISCH-LUTHERISCHES GEMEINDEBLATT IN HAMBURG.

HERING, Rainer: Bischofskirche zwischen „Führerprinzip" und Luthertum. Die Evangelisch-lutherische Kirche im Hamburgischen Staate und das „Dritte Reich". In: Ders. / Inge Mager (Hg.): Kirchliche Zeitgeschichte (20. Jahrhundert). Hamburgische Kirchengeschichte in Aufsätzen, Teil 5. Hamburg 2008, 155–200.

–: Schöffel, Johann Simon. In: BBKL Band IX (1995), 597–618.

–: Tügel, Franz Eduard Alexander. In: BBKL Band XII (1997), 687–711.

–: „Feststellen möchte ich aber, daß ich als Nationalsozialist unter keinen Umständen meine Tochter von einer jüdischen Lehrerin unterrichten lassen kann und werde". Landesjugendpastor Johannes Vorrath und sein Kampf um die ‚rassische Sauberkeit' in der ‚deutschen Volksschule' 1935. In: ZVHaG 85 (1999), 143–164.

–: Die Evangelisch-lutherische Kirche im Hamburgischen Staate und das „Dritte Reich". In: Gailus / Krogel, Gefangenschaft, 79–112.

Hermle, Siegfried: Evangelische Kirche und Judentum – Stationen nach 1945. Göttingen 1990.

Hertzberg, Hans Wilhelm: Kollege, Dekan und Rektor. In: Paul Toaspern (Hg.): Arbeiter in Gottes Ernte. Heinrich Rendtorff Leben und Werk. Berlin 1963, 91–100.

Jenner, Harald: 150 Jahre Jerusalem-Arbeit in Hamburg. Jerusalem-Gemeinde. Diakoniewerk Jerusalem. Hamburg 2003.

Jurkschat, Doris: ‚Selbstreinigung' in der Evangelisch-Lutherischen Landeskirche Schleswig-Holsteins (1945–1951). Magisterarbeit. Kiel 2003.

Kirche der Heimat. Evangelisch-Lutherisches Gemeindeblatt in Schleswig-Holstein. Kiel, Rendsburg 1949.

Kirche in Hamburg, Hamburg 1943.

Klee, Ernst: Das Personenlexikon zum Dritten Reich. Wer war was vor und nach 1945. Frankfurt a. M. 2003.

Lange, Hartmut: Die Nordelbische Evangelisch-Lutherische Kirche. Vorgeschichte und rechtliche Gliederungsprobleme. Dissertation. Kiel 1972.

Lehmann, Sebastian: res nostra. Schlaglichter aus der Kieler Studentenbewegung in Titelbildern. Demokratische Geschichte 19 (2008), 235–254.

Linck, Stephan: Die Ausstellungstexte. In: Göhres / Linck / Liß-Walter, Jesus, 26–79.

–: Zwei Wege. Aspekte der Entwicklung der Landeskirchen Eutin und Lübeck im Nationalsozialismus und in der Nachkriegszeit. In: Gailus / Krogel, Gefangenschaft, 61–76.

–: „...wird die Judenfrage praktisch gelöst". Wie der Stormarner Propst seinen Pastor aus dem Amt trieb. In: Informationen zur Schleswig-Holsteinischen Zeitgeschichte 48 (2007), 86–107.

–: Pastor Johann Haar und die Vorgeschichte des christlich-jüdischen Dialogs in der schleswig-holsteinischen Landeskirche. In: Bernd Gaertner / Joachim Liß-Walther (Hg.): Aufbrüche. Christlich-Jüdische Zusammenarbeit in Schleswig-Holstein nach 1945. Kiel 2012, 190–197.

–: Neue Anfänge? Der Umgang der evangelischen Kirche mit der NS-Vergangenheit und ihr Verhältnis zum Judentum. Die Landeskirchen in Nordelbien. Bd. 1: 1945–1965. Kiel 2013. Bd. 2: 1965–1985. Kiel 2016.

–: Judenhass und Judenmission. Das Verhältnis der Hamburger Evangelisch-Lutherischen Landeskirche zum Judentum. In: Aschkenas 30 (2020), H. 2, 373–400.

Lorenz, Ina: Gehen oder bleiben. Neuanfang der jüdischen Gemeinde in Hamburg nach 1945. Hamburg 2002.

–: Jüdische Gemeinde (1945–1989). In: Institut für die Geschichte der deutschen Juden (Hg.): Das jüdische Hamburg. http://www.dasjuedischehamburg.de/inhalt/juedische-gemeinde-1945-1989 [15. 12. 2019].

Lüth, Erich: Die Friedensbitte an Israel 1951. Eine Hamburger Initiative. Hamburg 1976.

MEHNERT, Gottfried: Die Kirche in Schleswig-Holstein. Eine Kirchengeschichte im Abriss. Kiel 1960.

MEIER, Kurt: Der Evangelische Kirchenkampf, Gesamtdarstellung in drei Bänden. Halle/Göttingen 1976–1984.

MENSING, Hans-Peter: Die sogenannte Bewältigung. Ein Leben zwischen Christen-, Haken- und Verdienstkreuz. In: res nostra 23 (Dezember 1967), 5–12.

–: Als ‚bewahrter Betroffener' in der KZ-Gedenkstätte Dachau. Vor 30 Jahren kam Pfarrer Hans-Ludwig Wagner an die Versöhnungskirche. In: NELKB 65 (November 2010), S. 350–353.

NN: Mit der NSDAP gerauft, in: Der SPIEGEL 17 (1963), H. 13 vom 27. 3. 1963. In: http://www.spiegel.de/spiegel/print/d-45142853.html [15.12.2019].

PÖRKSEN, Jens: „res nostra" agitur. Redekers letztes Gefecht. In: ZdZ 8 (März 1968), 9–23.

REUMANN, Klauspeter: Der Kirchenkampf in Schleswig-Holstein 1933 bis 1945. In: Verein für Schleswig-Holsteinische Kirchengeschichte (Hg.): Schleswig-Holsteinische Kirchengeschichte: Bd. 6.1 Kirche zwischen Selbstbehauptung und Fremdbestimmung (SVSHKG 31). Neumünster 1998, 111–473.

–: Kirchenkampf als Ringen um die „Mitte" – Die Evangelisch-Lutherische Landeskirche Schleswig-Holsteins. In: Gailus / Krogel, Gefangenschaft, 29–58.

SCHADE, Herwarth von: „Volkskulturarbeit" Pastor Robert Stuewer und das Deutschchristentum in Hamburg (Veröffentlichungen des Archivs des Kirchenkreises Hamburg-Ost 8). Hamburg 2010.

SCHMID, Harald: „Wiedergutmachung" und Erinnerung. Die Notgemeinschaft der von den Nürnberger Gesetzen Betroffenen. In: Katharina Stengel / Werner Konitzer (Hg.): Opfer als Akteure. Interventionen ehemaliger NS-Verfolgter in der Nachkriegszeit (Jahrbuch 2008 zur Geschichte und Wirkung des Holocaust). Frankfurt a. M. / New York 2008, 27–47.

SEIDEL, Thomas A.: Im Wechsel der Systeme. Anmerkungen zur evangelischen Landeskirche Thüringens 1919 bis 1989. In: Gailus / Krogel (Hg.): Gefangenschaft, 331–359.

STENZEL, Ulrich: Heinrich Johann August Meyer. In: Annette Göhres / Ulrich Stenzel / Peter Unruh (Hg.): Bischöfinnen und Bischöfe in Nordelbien 1924–2008. Kiel 2008, 76 f.

STRÜBEL, Lisa: Continuity and Change in City Protestantism. The Lutheran Church in Hamburg 1945–1965 (AKGH 23). Hamburg 2005.

TOASPERN, Paul: Als Hochschullehrer (1945–1960). In: Paul Toaspern (Hg.): Arbeiter in Gottes Ernte. Heinrich Rendtorff Leben und Werk. Berlin 1963, 71–90.

VEHSE, Joachim G.: Leben und Wirken des ersten Reichsleiters der Deutschen Christen Joachim Hossenfelder. Eine Untersuchung zum Kirchenkampf im Dritten Reich (SVSHKG 38). Neumünster 1982, 73–123.

Susannah Heschel

Die Historiographie des Instituts zur Erforschung und Beseitigung des jüdischen Einflusses auf das deutsche kirchliche Leben[1]

1. Einführung: Antisemitismus und Christentum

Im Jahr 1939 reiste eine Gruppe von sechzig Theologiestudenten der Universitäten Erlangen, Göttingen, Leipzig, Marburg, Tübingen und der Theologischen Schule Bethel durch Niedertrebra im ländlichen Thüringen. Sie berichteten, dass sie den christlichen Glauben nur bei älteren Leute finden konnten.

> „Sonst aber war die Stumpfheit gross. Einige Male begegneten wir offener Ablehnung: Die Bibel sei ein Judenbuch, *Mein Kampf* sei die heutige Bibel. [...] In einem Haus, in dem wir glaubten, auf Verständnis zu stossen, erzählte man uns von einer neuen Bibel, die jetzt erschienen sei, in der alles Jüdische ausgemerzt sei, denn anders sei die Bibel nicht mehr zu gebrauchen."[2]

Diese „neue Bibel", aus der alles Jüdische entfernt wurde, könnte „Die Botschaft Gottes" gewesen sein, herausgegeben vom „Institut zur Erforschung und Beseitigung des jüdischen Einflusses auf das deutsche kirchliche Leben" mit Sitz in Eisenach.

Es ist viel über das Eisenach-Institut geschrieben worden, über seine Mitglieder, seine Ziele, seine Veröffentlichungen, seine Finanzen und über einzelne Personen aus Kirche und Universität, welche die Idee zur Gründung des Instituts hatten und sie verwirklichten. Was wir noch nicht wissen, ist das Ausmaß seines Einflusses auf die Akzeptanz der „neuen Bibel". Wie viele Christen in Deutschland waren davon überzeugt, dass die Bibel ein „Judenbuch" ist und verworfen werden sollte? Diese Frage muss untersucht werden, um die Rolle des Christentums in der antisemitischen Propaganda des Dritten Reiches zu verstehen. Zu klären sind die Auswirkungen der Negation des Judentums in der Geschichte der deutschen protestantischen Theologie und

---

1 Der Beitrag wurde dankenswerterweise übersetzt von Siegfried Virgils und Alice Wang. – I would also like to express my gratitude to my colleague, Professor Konrad Kenkel, who reviewed and corrected my grammar; Susan Hatterman, who helped me formulate some paragraphs; Professor Christina von Braun, who supplied just the right German words at crucial moments; and my good friend Pastor Siegfried Virgils (Bonn) for patiently translating but more importantly for inspiring me with his theological wisdom.

2 (LKA Kiel, Repertorium des Archivs der Bekennenden Kirche Schleswig-Holstein Alte Signatur 32; neue Nummer 184).

das Verständnis des Faschismus als „religiöse" Bewegung. Die Bedeutung des Instituts zu erkennen, ist auch deshalb notwendig, um die Entwicklungen innerhalb der Kirche während des Zweiten Weltkriegs bewerten zu können. Offensichtlich trug das Institut zum Antisemitismus des Dritten Reiches bei, indem es lehrte, dass die Bibel von Juden gefälscht worden sei und dass das Christentum nun eine gründliche Beseitigung aller jüdischen Elemente (aus dem Neuen Testament) vornehmen müsse, wie Walter Grundmann, der Wissenschaftliche Leiter des Instituts, am 6. Mai 1939 bei dessen Eröffnung im Hotel auf der Wartburg verkündete.

Der Erste Weltkrieg hat deutsche Protestanten zur Formulierung einer „Kriegstheologie" inspiriert, mit der sie die deutschen Kriegsanstrengungen mit Zitaten aus der Bibel, in denen von Krieg und Gewalt berichtet wird, zu unterstützen suchten[3]. Der Zweite Weltkrieg brachte eine andere Art der Herausforderung mit sich: Die Unterstützung des Reichs machte die Unterstützung seines Rassismus erforderlich, der zuerst zur Ausgrenzung und Vertreibung der deutschen Juden, und dann zur Ermordung der Juden Europas führte.

Wie haben die Kirchen und die Theologie darauf reagiert? Angesichts der bedeutenden Rolle des Judentums in der christlichen Theologie, wurde der Antisemitismus zum entscheidenden Element derjenigen christlichen Theologen, die ihre Unterstützung des „Dritten Reiches" deutlich machen wollten. Ein Ziel der sogenannten Deutschen Christen (DC), welche die nationalsozialistische Ideologie und das Christentum verbinden wollten, war es, alles „Jüdische" in Kirche und Christentum auszulöschen. Wie wirkten sich theologische Stellungnahmen zur nationalsozialistischen Judenpolitik auf die allgemeine deutsche Bevölkerung aus?

In den ersten Jahrzehnten nach dem Krieg konzentrierte sich die Forschung, die sich mit den deutschen Kirchen während des Dritten Reiches beschäftigte, auf den Kirchenkampf, einen Kampf innerhalb der evangelischen Kirche zwischen zwei Fraktionen, der DC und der Bekennenden Kirche (BK). Beide Gruppen unterstützten das NS-Regime mehr oder weniger, aber die DC wollten, dass die Kirche die NS-Gesetze übernahm und die christliche Lehre im Einklang mit der NS-Ideologie veränderte, während die BK, die theologisch konservativer war, es vorzog, ihre theologische Unabhängigkeit zu bewahren. Leider erweckten viele Wissenschaftler in den Nachkriegsjahrzehnten den falschen Eindruck, dass die BK heldenhaften Widerstand gegen die Nazis geleistet habe, wobei sie die massive Macht und den Einfluss der DC fast ignorierten. Immerhin war es das Ziel der DC gewesen, alles „Jüdische" in Kirche und Christentum auszulöschen.

Schon unmittelbar nach der Machtergreifung Hitlers wurde die Frage laut, wie eine vereinigte Kirche in einem vereinigten, totalitären Reich zu schaffen

3 Vgl. Graf, Zeitgeist; Heschel, Ecstasy, 187–206; Hoover, God.

sei. „Ein Volk, ein Reich, eine Kirche" war der Schlachtruf der DC. Im sogenannten Kirchenkampf, soweit es sich um einen innerkirchlichen Konflikt handelte, ging es nicht primär um die Frage, ob das NS-Regime unterstützt werden sollte, sondern vielmehr darum, ob und wie das Christentum selbst in Einklang mit der NS-Ideologie zu bringen sei. Das Anwachsen des Antisemitismus seit September 1935 und besonders nach der Reichspogromnacht im November 1938, der sogenannten Reichskristallnacht, ermutigte signifikante Teile der Kirche, den eigenen Antijudaismus zu verstärken.

Die größten Anstrengungen, eine antisemitische Theologie für das „Dritte Reich" zu formulieren, unternahm eine Gruppe von Theologen unterschiedlicher akademischer Qualifikationen und Interessen, die mit dem Ziel zusammenarbeiteten, ein „entjudetes" Christentum zu schaffen, das seine antisemitischen Vorstellungen im Auftrag von Kirche und Staat verbreiten sollte. Die Kirchen wurden zwar nicht „gleichgeschaltet", dennoch versuchten die DC sich mit Hilfe der Nationalsozialisten zu konsolidieren. Im Juli 1937 formulierte die „Nationalkirchliche Bewegung DC" ihre Zielvorstellungen in einem Grundsatzpapier mit den Statements: „Ein Volk – ein Glaube!" „Deutschland ist unsere Aufgabe, Christus ist unsere Kraft!" „Dienst am Volk ist Gottesdienst!". Punkt 4 lautete:

> „Die nationalkirchliche Bewegung „Deutsche Christen" setzt sich ein für die Überwindung und Beseitigung alles jüdischen und fremdvölkischen Geistes in den kirchlichen Lehr- und Lebensformen und bekennt sich zum Deutschen Christentum als der artgemäßen Religion des deutschen Volkes. Christus ist nicht Sproß und Vollender des Judentums, sondern sein Todfeind und Überwinder."[4]

Seit Mai 1939 erfuhren die DC die vorbehaltlose Unterstützung durch die Errichtung des „Instituts zur Erforschung und Beseitigung des jüdischen Einflusses auf das deutsche kirchliche Leben", das sich als eines der aktivsten Pseudo-Forschungsinstitute des „Dritten Reiches" erwies[5], und zu dem Theologieprofessoren, Bischöfe und Pfarrer gehörten, welche die „Forschungsergebnisse" von Professoren, Dozenten und Studenten veröffentlichten; eine revidierte „entjudete" Version des Neuen Testamentes, ein „entjudetes" Gesangbuch und ein DC-Katechismus wurden ebenfalls herausgegeben. Durch Vorlesungen und Konferenzen, die von verschiedenen Landeskirchen finanziert wurden, konnte die Arbeit des Instituts in den evangelischen Landeskirchen und theologischen Fakultäten bekannt gemacht werden. Die Gründung des Instituts fand in Zeitungen in Deutschland und außerhalb Deutschlands Resonanz. Die renommierte *The Washington Post* berichtete am 2. Juli 1939, dass das Institut versuche, „die Bibel zu nazifizieren" und dass „Reichstheologen die Bibel von allen jüdischen Elementen

4 Deutsche Christen (Nationalkirchliche Bewegung) vom 14. Juli 1937. In: Deutscher Sonntag 5 (25. Juli 1937) H. 29, 1. Der Aufruf war von Siegfried Leffler unterschrieben.

5 Vgl. Rupnow, Judenforschung.

[reinigen wollten].“[6] Mit Beginn des Krieges ein halbes Jahr später, erklärte Walter Grundmann, der Krieg sei ein deutscher „Kampf bis zum Tod, ein Kampf gegen das Weltjudentum und gegen alle subversiven und nihilistischen Kräfte.“[7]

Der in der Weimarer Republik bereits weit verbreitete Antisemitismus verhalf Hitler an die Macht, und sobald Hitler und seine Nationalsozialistische Partei an den Hebeln der Macht saßen, drang ein nun staatlicher Antisemitismus in alle Bereiche der deutschen Gesellschaft ein. Durch Gesetze wurden die Juden aus Universitäten, Schulen, Verwaltungen, aus Presseredaktionen und Rundfunkanstalten und schließlich aus allen Institutionen herausgedrängt, vom öffentlichen Leben ausschlossen und von der übrigen deutschen Gesellschaft isoliert. Durch Gesetze wurde ihnen die Staatsbürgerschaft aberkannt, das Recht auf Bildung, Arbeit und Beruf genommen, Berufsverbote erteilt, sie wurden zur Auswanderung gedrängt, aber ohne ihren Besitz und ihre Ersparnisse, sondern im Gegenteil mit einer Reichssteuer belegt. Das alles setzte innerhalb weniger Wochen nach Hitlers Machtergreifung ein und hatte zunehmend verheerende Auswirkungen auf die deutschen Juden.

Der institutionelle juristische Antisemitismus wurde durch eine massive antisemitische Propaganda ergänzt, die die Juden als tödliche Bedrohung für die Deutschen darstellte – in den Städten des Deutschen Reiches hingen quer über die Straße gespannten Tücher mit der Aufschrift: Die Juden sind unser Untergang. Juden wurden für die Niederlage im Ersten Weltkrieg, für die Bedingungen des Versailler Vertrags, für den Kommunismus und für den Kapitalismus verantwortlich gemacht. Juden wurden als Vergewaltiger abgestempelt, als Verschwörer, die die Weltwirtschaft kontrollieren wollten. Juden wurden mit Ratten und Ungeziefer verglichen und würden wie diese Krankheiten verbreiten. Juden wurden auf der Straße in aller Öffentlichkeit verprügelt, in ihren Geschäften angegriffen, an ihren Arbeitsplätzen gedemütigt; ein jüdischer Richter wurde, während er in seinem Gerichtssaal den Vorsitz führte, angegriffen. Solche staatlichen Aktionen gegen die Juden verstärkte den Antisemitismus: Statt den NS-Staat wegen seiner Judenverfolgung zu beschuldigen, wurden umgekehrt die Juden beschuldigt und „verdienten“ wegen ihrer gefährlichen Eigenschaften diese Behandlung.

Die NS-Propaganda war allgegenwärtig, ebenso die Gewalt, die mit der Reichspogromnacht vom 9. November 1938 explodierte und alle noch verbliebenen Möglichkeiten jüdischen Lebens in Deutschland vernichtete. Im Herbst 1941 begannen Deportation und Ermordung.

Das Institut reagierte entsprechend den staatlichen Aktionen. Wenn die Juden aus der deutschen Gesellschaft entfernt werden, müssen sie auch aus

---

6 Lochner, The Washington Post, 2. Juli 1939.

7 Grundmann, Bericht über das Institut vom 16. September 1941 (LKA Eisenach, DC 217, Akte von Prof. Dr. Grundmann, Jena, Institut zur Erforschung und Beseitigung des jüdischen Einflusses auf das deutsche kirchliche Leben, 1938–1945, Bl. 118 ff.).

den Kirchen entfernt werden. Wenn die Wehrmacht für das NS-Reich auf dem militärischen Schlachtfeld kämpfte, kämpften die Kirchen für das NS-Reich auf dem, was sie das „geistige Schlachtfeld“ nannten.

Der nationalsozialistische Antisemitismus baute auf dem christlichen Antijudaismus auf und verstärkte ihn. Das heißt, der nationalsozialistische Antisemitismus schöpfte aus den hasserfüllten Lehren und Bildern von Juden, die durch die Jahrhunderte von christlicher Theologie und Predigt verbreitet worden waren. Die Juden seien, so hieß es, von Natur aus für die überlegene arische Rasse gefährlich. Christliche Theologie hatte gelehrt, dass Juden verblendet seien, weil sie Jesus nicht als ihren Messias anerkannt hatten; die Nationalsozialisten lehrten, dass Juden unmoralisch und verschlagen seien und sich verschworen hätten, die Welt zu kontrollieren. In den Evangelien heißt es, dass Judas Jesus gegen Geld an die Römer verriet, woraus christliche Theologie das Bild vom geldgierigen Juden konstruierte; die Nationalsozialisten behaupteten, Juden würden Deutschland mit Kapitalismus und Kommunismus verraten. Antisemitische Bilder, wie in dem Propagandafilm „Der ewige Jude“, lieferten die Begründung für den Mord der Juden: „Der Antisemitismus des schlechten Gewissens, sollte dazu herhalten, die Beteiligung an Gräueltaten zu rechtfertigen, ohne deren Art und Ausmaß zuzugeben.“[8]

Der nationalsozialistische Antisemitismus ließ Juden keine Möglichkeit sich durch Taufe, vorbildliches staatsbürgerliches Verhalten, gute Bildung oder berufliche Leistung zu retten. Alle Juden wurden gleichermaßen als gefährlich betrachtet und ihre Gefährlichkeit stecke in ihrem Körper und ihrem Blut. Das ist rassistischer Antisemitismus; Rassismus wird hier verstanden als eine Vorstellung, die dem Individuum und der Gruppe wesentliche, unveränderliche und angeborene Attribute zuschreibt, die dazu dienen, hierarchische soziale Strukturen, Kolonialismus, Krieg und sogar Genozid zu rechtfertigen.

Der Antisemitismus ist zum bleibenden Erbe der Nationalsozialisten geworden, das bis heute nachwirkt. Nach dem Krieg wurde der Antisemitismus als Rechtfertigung der Mörder verwendet: Wenn die Juden so viel gelitten haben, müssten sie es verdient, verursacht oder davon profitiert haben. Theologische Literatur der Nachkriegszeit hat das Judentum weiterhin als gefährliche Religion des blinden Gehorsams verunglimpft, welche die Forderung der Nationalsozialisten nach blindem Gehorsam hervorbracht habe. So konnte das Judentum von den Nationalsozialisten als Gefahr für die Deutschen dargestellt werden – und nach dem Krieg war das Judentum daran schuld, die Nationalsozialisten hervorgebracht zu haben[9].

Ohne den Antisemitismus der Nationalsozialisten hätte es das Institut niemals gegeben. Dennoch diente die Agenda der Entjudung auch den internen Problemen evangelischer Theologie. Das Judentum oder „der Jude“

---

8 Bergen, Antisemitism.

9 Vgl. Mulack, Jesus, 155 f.

mussten als Sündenböcke für die Probleme herhalten, mit denen sich die protestantischen Christen konfrontiert sahen: dem Säkularismus und dem Katholizismus. In einer der Veröffentlichungen des Instituts heißt es, dass die Entstehung des Säkularismus die Schuld der Juden sei; „Juda hat die Welt entgottet. Es konnte den hohen Gedanken des Nordens, dass die Welt Gottes voll ist, nicht fassen."[10]

Was Institutsmitglieder in ihren Vorträgen und Schriften proklamierten, wiederholten sie in ihren privaten Briefen. Im November 1942 schrieb Grundmann an Hermann Schmidt zur Nedden, Oberkirchenrat und Gauleiter der NSDAP in Mecklenburg: „Es ist die größte Lüge, die die Juden in die Welt gebracht haben, dass Jesus Jude sei."[11] Weiterhin konstatiert Grundmann: „Der Kirchenkampf [sei] Schuld der Juden, und der Krieg ebenfalls."[12] Nach Grundmann sei der römische Katholizismus eine jüdische Bewegung und Jesus sei kein Jude gewesen. Das Alte Testament sei ein jüdisches Buch, das in der christlichen Bibel keinen Platz habe. Das Neue Testament sei, Grundmann zufolge, von den Juden verfälscht worden und müsse in seinem originalen ursprünglichen judenfreien Zustand wiederhergestellt werden. Das war das theologische Problem, das durch die Diskreditierung der jüdischen Anteile des Christentums oder durch den Vorwurf „gelöst" werden sollte, die Juden würden den Säkularismus fördern und die Religiosität der Christen aushöhlen. Grundmann schrieb weiter: „Die Schwierigkeiten der religiösen Lage im deutschen Volk sind eine Folge dieser zersetzenden jüdischen Tätigkeit."[13]

Mit dem Motiv vom „zersetzenden Einfluss des Judentums" fährt Grundmann in seinem Brief fort:

> „[...] der Jude [hatte] stets das grösste Interesse an der religiösen Zersplitterung [...]. Während Leibniz um der Widerstandskraft des Reiches willen Wege zu einer Einheit der Konfessionen suchte, forderte der Jude Moses Mendelssohn, der die religiöse Vielfalt als Wille der Vorsehung erklärte, die religiöse Verschiedenheit und erklärte jeden Versuch zur Einheit als Vergewaltigung."[14]

10 Kotdze-Kottenrodt, Eine Deutsche Gottes- und Lebenskunde. Vortrag gehalten auf der Instituts-Tagung vom 19. Juli 1941, 6 (LKA Eisenach, NL Walter Grundmann, Nr. 87, Dichterarbeitsgemeinschaft des Instituts für Erforschung des jüdischen Einflusses, 1940–1944, Bl. 97).

11 Gruber, Wilhelm, Rufe an den jungen Morgen: Ein deutscher Katechismus (1940), 5 (LKA Eisenach, DC 222, Akte von Prof. Dr. Grundmann, Jena, Volkskatechismus, 1940–1941).

12 Brief von Grundmann an Schmidt zur Nedden vom 17. 11. 1942 (LKA Eisenach, DC 213, Akte von Prof. Dr. Grundmann, Jena, Hochschulangelegenheiten, 1937–1943).

13 Ebd, beil. Denkschrift, 9.

14 Ebd.

2. Die Anfänge – eine kirchenhistoriographische Problemanzeige

In den ersten Jahrzehnten nach dem Krieg in den 1950er, 60er und 70er Jahren haben viele Kirchenhistoriker, die über die NS-Zeit schrieben, die DC kaum erwähnt. Zum Beispiel beschränkt sich das Buch von Wilhelm Niemöller „Die Evangelische Kirche im Dritten Reich“ das 1956 erschien, auf die Untersuchung der Bekennenden Kirche. Doch Niemöller war nicht nur Mitglied der BK, sondern auch Mitglied der NSDAP und hat Hitler 1933 zugejubelt[15].

Während dieser ersten Jahrzehnte nach dem Krieg haben nur wenige christliche Theologen in Deutschland die *Shoah* zur Kenntnis genommen und darauf reagiert. Als Eberhard Bethge seine umfangreiche Bonhoeffer Biografie 1970 publizierte, fand sich darin nichts über den Holocaust. Erst als Bethge 1975 zu Vorlesungen in die Vereinigten Staaten kam, so sagte er später selbst, wurde er zum ersten Mal nach Bonhoeffers Ansichten über Juden und Antisemitismus gefragt – und jetzt erst begann Bethge zu realisieren, dass die Gretchenfrage für die christliche Theologie nicht die Herausforderung durch Säkularismus oder Liberalismus gewesen sei, sondern die Ermordung von sechs Millionen Juden durch Christen in Europa. Wolfgang Gerlach untersuchte, wie die Bekennende Kirche auf die immer heftiger werdenden Verfolgungen der Juden reagierte. Gerlach zeigte, dass Bonhoeffer fast allein stand in seiner Sorge um das Schicksal der Juden[16]. Weiter betonte Gerlach, dass das Besondere an Bonhoeffer war, dass dieser erkannt hatte, dass der Nationalsozialismus eine Herausforderung für den christlichen Glauben darstellte und nicht allein eine Bedrohung kirchlicher Institutionen. Leider konnte Gerlach seine Dissertation „Als die Zeugen schwiegen“, geschrieben in den 1960er Jahren, erst 1987 veröffentlichen.

Kurz nach dem Krieg war Max Weinreich der erste, der Walter Grundmann und das Institut in seinem 1946 erschienenen Buch „Hitler's Professors“ untersuchte[17]. Seine Forschung beruht auf Archivdokumenten aus dem Propagandaministerium, die Soldaten der amerikanischen Armee nach New York mitgenommen und dem YIVO Institute übergeben hatten. Weinreichs kurze Darstellung der Aktivitäten und Ideologie des Instituts war bemerkenswert gründlich. Bedauerlicherweise ist Weinreichs Buch in Deutschland bis heute weitgehend unbekannt. Stattdessen setzte die deutsche Forschungsarbeit über den Kirchenkampf mit Wilhelm Niemöller ein, einem ehemaligen Mitglied der NSDAP. Nach dem Krieg gründete Niemöller ein Archiv in Bielefeld und veröffentlichte umfangreiche Studien, in denen er die BK als eine Kirche, die

15 Vgl. Ericksen, Church, 43–55; Ericksen, Complicity, 186; Ericksen / Heschel, Theologians, 296–318; Ericksen, Ordinary, 43–55.

16 Vgl. Gerlach, Zeugen.

17 Vgl. Weinreich, Professors.

gegen das NS-Regime kämpfte, und er beschrieb die DC als „Häretiker“[18]. Die Begeisterung der Deutschen für Hitler wird verschwiegen und den Holocaust erwähnt er nur am Rand.

Der kanadische Historiker John Conway hat 1968 sein Buch „The Nazi Persecution of the Churches“ veröffentlicht[19]. Er brach mit der Nachkriegstradition, die BK in den höchsten Tönen zu loben, und zeigte das an Beispielen von Kollaboration und Opposition verschiedener Kirchenleitern. Conway kritisierte die Evangelische und die Katholische Kirche, sich dem NS-Regime angepasst zu haben, glaubt aber auch zeigen zu können, dass die deutschen Kirchen in der ernstzunehmenden Gefahr einer „Auflösung“ gestanden haben. Zehn Jahre später veröffentlichte Klaus Scholder eine nicht abgeschlossene Studie über das erste Jahr des „Dritten Reichs“[20]. Er sagt nur sehr wenig über eine theologische Unterstützung des nationalsozialistischen Antisemitismus und folgte Karl Barth in dessen Verurteilung der politischen Theologie, mit der sich Protestanten dem NS-Regime anpassen wollten. Beide Wissenschaftler schenkten der DC kaum Beachtung und interpretierten das kirchliche Verhalten mehr als Reaktion auf die Nationalsozialisten und weniger als aktive Unterstützung der NS-Ideologie und des NS-Regimes. John Conway schrieb von der „Verfolgung der Kirchen“ durch die Nationalsozialisten; Klaus Scholder schrieb von der NS-„Endlösung“ der Kirchen[21].

Früher als Conway und Scholder warnte der Kirchenhistoriker Kurt Meier, der 1964 eine Studie über die DC veröffentlichte[22], vor einer moralischen Verurteilung der Christen und behauptete, dass Juden und Kirchen gleichermaßen Opfer der Nationalsozialisten gewesen seien[23]. Wie so viele andere hielt er allein schon die Tatsache der fortdauernden Existenz der Kirchen für eine Form des Widerstandes. Sein Buch beschränkt sich auf den Zeitraum 1933–1939, schreibt nichts über den Antisemitismus und erwähnt das Institut nur nebenbei in einer Fußnote. Meier argumentiert auf der Linie der DC, die seit Mitte der 1930er Jahre verlauten ließen, Kirche und Christentum gegenüber den ‚christentumsfeindlichen‘ Nationalsozialisten verteidigen zu wollen. Auf diese Weise hat Grundmann selbst 1969 in einer unveröffentlichten Selbstrechtfertigung geschrieben, er habe die Kirche gegen den Nationalsozialismus verteidigt. Nirgendwo in seinen nach 1945 veröffentlichten Werken spricht Grundmann vom Antisemitismus als Antrieb für seine Aktivitäten in der NS-Zeit; einzig gesteht er den „Irrtum“ seines frühen Parteieintritts 1930 ein, den er mit seiner Hoffnung begründet, dass die Nationalsozialisten eine Erneuerung der Christenheit zustande bringen würden.

Waren die Kirchen Opfer der Nationalsozialisten? Lassen wir die Sprache

18 Vgl. Niemöller, Evangelische Kirche.
19 Vgl. Conway, Persecution.
20 Vgl. Scholder, Kirchen.
21 Scholder, Churches II, 112, 116.
22 Vgl. Meier, Kirchenkampf.
23 Vgl. ebd., 225–236; Meier, Kreuz.

von Grundmann auf uns wirken, derer er sich bediente, als er 1939 Hitler dankte, indem er Hitler als einen von Gott gesandten Propheten stilisiert:

> „Die Schärfung des Blickes für das jüdische Problem verdanken wir Adolf Hitler und seiner Bewegung. Durch die deutsche Revolution ist der jüdische Einfluß aufgedeckt und beseitigt worden an Stellen des deutschen Lebens, wo ihn überhaupt keiner vermutet hatte."[24]

Dem entsprechen retrospektive Darstellungen ehemaliger Institutsmitglieder strukturell. So veröffentlichte Heiner Faulenbach 1992 eine Biografie über Bischof Heinrich Oberheid, Mitglied der Thüringischen DC und die treibende Kraft hinter der Bad Godesberger Erklärung von 1939, die die Einrichtung des Instituts ankündigte[25]. Nach Faulenbach ist der Liberalismus verantwortlich für den angeblichen Verfall religiöser Werte und dafür, dass Oberheid Nationalsozialist geworden sei. Anja Rinnen veröffentlichte 1995 eine Biografie über Pfarrer Siegfried Leffler, einem der Leiter der Thüringischen DC und Gauleiter der NSDAP im Werratal[26]. Bei Leffler ist es nach den Untersuchungen von Rinnen, der Nationalismus, der Leffler zum Nationalsozialisten machte. Darauf folgte Cornelia Webers 2000 erschienene Biografie über Johannes Hempel, Professor für Altes Testament an der Universität Berlin und aktives Mitglied des Instituts. Für Weber ist Hempel eine passive Person, die lediglich irrte[27].

Die Theologische Fakultät der Universität Jena veranstaltete eine Vortragsreihe über Walter Grundmann[28]. Der Band, der 2007 veröffentlicht wurde, enthält keine Untersuchung des Instituts. Grundmanns arischer Jesus wird in einem Artikel von Roland Deines als Dublette eines deutsch-jüdischen Historikers des neunzehnten Jahrhunderts, Heinrich Graetz, dargestellt, der Jesus als Galiläer beschrieb[29]. Graetz hat jedoch nie bestritten, dass Jesus ein Jude gewesen sei, sondern dass er gerade bei den galiläischen Juden Gehör gefunden habe. Nach Grundmann war die Bevölkerung Galiläas rassisch zwangsweise konvertiert. Für Grundmann war die Behauptung, dass Jesus kein Jude sei, während des Dritten Reichs eine politische Position mit antisemitischen Implikationen.

2018 beschrieb Elisabeth Lorenz in ihrer Studie „Die Botschaft Gottes" Grundmann als jemanden, der die Konsequenzen seiner Arbeit nicht begriffen habe, und „oftmals bestimmt ohne Bewusstsein für die Folgen dieses Tuns"[30] gewesen sei. Sie gibt zu, dass Grundmann ein Antisemit war, nimmt ihn aber aus dem größeren NS-Kontext heraus. Peter von der Osten-Sacken hält das

24 Grundmann, Wir fragen, 1.
25 Vgl. Faulenbach, Weg.
26 Vgl. Rinnen, Kirchenmann.
27 Vgl. Weber, Testament.
28 Vgl. Deines / Leppin / Niebuhr, Grundmann.
29 Vgl. Deines, Galiläer.
30 Lorenz, Jesusbild, 492.

Institut für ein Produkt allein der Thüringischen DC und beschreibt dessen Arbeit als nicht antisemitisch, sondern nur als einen „Missbrauch des Evangeliums“[31]. Er grenzt die Wirksamkeit des Instituts ein und verharmlost es auf diese Weise.

In ihren Untersuchungen zu Grundmann und zum Institut haben diese Theologen und Kirchenhistoriker nicht danach gefragt, ob die Akteure Mitglieder der NSDAP, der SA oder anderer NS-Organisationen waren. Grundmann war ein „alter Kämpfer“, der bereits 1930 als Student von Gerhard Kittel und Adolf Schlatter in Tübingen in die NSDAP eintrat und sich danach sehnte, zur nationalsozialistischen Elite zu gehören. Er war Fördermitglied der SS und trug das SS-Abzeichen an seinem Jackett. Viele seiner Kollegen an der Universität Jena und am Institut waren ebenfalls schon früh in die Partei eingetreten: Wolf Meyer-Erlach (1. Mai 1933), Siegfried Leffler (1. Juni 1929), Heinz Eisenhuth (1. August 1933), Georg Bertram (1. Dezember 1933) und Johannes Leipoldt (8. Juni 1934). Gerhard von Rad, Professor für Altes Testament an der Universität Jena, war nie Mitglied des Instituts, aber von 1933 bis 1936 Mitglied der SA[32].

Zusammengefasst lautet die Liste der Gründe, die diese Theologen zu Nationalsozialisten gemacht hätten – wenn wir ihren Schilderungen nach dem Krieg glauben wollen – folgendermaßen: Schuld seien der Liberalismus, der Nationalismus, die opportunistische Fehlinterpretation eines jüdischen Historikers, ein fataler Irrtum oder schlicht Naivität. Doch Grundmann hat Hitler nicht nur gelobt und bewundert, sondern er hat sich die Sprache der Nationalsozialisten angeeignet und benutzt. Hitler warnte vor der „Versyphilisierung des Volkskörpers“ der Deutschen und „Verjudung“ und „Vergiftung der Seele“ durch die Juden[33]. Grundmann seinerseits warnte vor der „Syphilisierung unseres Volkes durch sexuelle Beziehungen, Rassenmischung und Hybridisierung der Rassen“, die die kulturbildenden Fähigkeiten der Deutschen zerstörten. Hitler warnte vor „giftigem“ jüdischen Blut als einer großen Gefahr für das deutsche Volk. Grundmann lobte Hitlers Verbot der sogenannten „Rassenmischung“, worin er eine „Sünde gegen die natürliche Ordnung“ und ein Unrecht gegen die „Schöpfung und den göttlichen Willen“ sah[34]. Bei einer DC-Versammlung 1936 erklärte Grundmann, „das deutsche Volk [ist] das Gegenvolk der Juden!“[35] Die rassistische Behauptung klingt wie eine traditionelle christlich-theologische Formulierung, das Christentum sei der Gegensatz zum Judentum.

Es ist die Sprache des rassistischen Antisemitismus, die Gehassten als Triebtäter zu beschreiben. Wolf Meyer-Erlach, Professor für Praktische

31 Osten-Sacken, Evangelium.

32 Vgl. Rad, Questionnaire (LATh – HStA Weimar, Land Thüringen – Ministerium für Volksbildung Nr. 3426, Bl. 23v).

33 Hitler, Kampf, 272.

34 Grundmann, Gott, 83.

35 Grundmann, Religion, 8.

Theologie an der Universität Jena, Kollege Grundmanns in Jena und Mitglied des Instituts, erklärte 1940 das Ziel des Instituts so:

> „[Wir arbeiten] unentwegt daran, die tödliche Kruste, die die Konfessionskirchen um das religiöse Leben unseres Volkes legten, zu zersprengen. Bei dieser Arbeit wissen wir uns nur an eines als Grundlage und Richtschnur gebunden: an das Werk des Führers [...]. Wir sind als Nationalsozialisten aus der bedingungslos treuen Gefolgschaft zum Führer überzeugt, dass die Kirchen und alles, was mit ihrer Sterilität und Enge, ihrer jüdischen Verkrampfung zusammenhängt, zum Untergang verurteilt ist.“[36]

Grundmann und Meyer-Erlach waren Nationalsozialisten aus Überzeugung. Diese überwältigende Realität einschließlich ihrer Verwurzelung im tief sitzenden Antisemitismus ist in vielen deutschen Beiträgen zu Grundmann und dem Institut einfach nicht zu finden.

3. Alternative kritische Historiographie

Ein kritischerer Ansatz ist bei Historikern außerhalb Deutschlands - in den USA, in Skandinavien und in Kanada zu finden. Ich erwähne hier Robert Ericksen 1985[37], Doris Bergen 1996[38], meinen eigenen Artikel aus dem Jahr 1994[39], meinen Buch 2008[40] und auch eine jüngere Generation in Deutschland: Thomas Seidel, Lukas Bormann, Tobias Schüfer, Dirk Schuster, Birgit Jerke und Susanne Böhm[41].

Das von Ericksen 1985 veröffentlichte Buch mit dem Titel „Theologians under Hitler“ war die erste Untersuchung, in der es um die Sympathien und Aktivitäten für die Nationalsozialisten bei drei der prominentesten protestantischen Theologen in Deutschland während des „Dritten Reiches“ ging: Gerhard Kittel, Emmanuel Hirsch und Paul Althaus[42]. Ericksens Buch ist nicht nur eine Anklageschrift gegen die drei Männer, sondern auch ein wichtiger Beweis dafür, dass die „radikalen“ Ideen der DC keine Kopfgeburten von Fanatikern waren, sondern im Mainstream des deutschen Protestantismus verankert waren und an den Universitäten unter hochangesehenen und einflussreichen Theologen auf fruchtbaren Boden fielen. Die kanadische Historikerin Doris Bergen erweitert den Forschungsbereich mit ihrer Studie zu den

36 Wolf Meyer-Erlach an Herrn Staatssekretär Zinztsch, Reichsministerium für Wissenschaft, Erziehung und Volksbildung vom 1. 1. 1940 (BArch [BDC], Meyer-Erlach Akten).

37 Ericksen, Theologians.

38 Bergen, Cross.

39 Heschel Theologen.

40 Heschel, Theologians.

41 Vgl. Böhm, Christen.

42 Vgl. Ericksen, Theologians.

DC unter dem Titel „Twisted Cross“ (Verdrehtes Kreuz), die 1996 erschien[43]. Sie hat im DC-Archiv in Minden[44] gearbeitet und die Entwicklung der DC Theologie von 1932 bis 1945 beschrieben. Sie zeigte, dass die DC drei zentrale Veränderungen der Kirche durchsetzen wollten: eine männliche Kirche, eine antisemitische Kirche und eine anti-doktrinäre Kirche. All das war schon in den evangelischen theologischen Diskussionen der 1920er Jahre vorhanden. Bergen machte deutlich, dass die DC-Bewegung, wie auch der Nationalsozialismus selbst, als eine organische Folge der deutschen Kultur der Zeit nach dem Ersten Weltkrieg zu betrachten seien.

Ein Durchbruch in der deutschen Wissenschaft kam mit dem 2001 erschienenen Buch von Manfred Gailus über die evangelischen Kirchen in Berlin. Gailus wies schlüssig und mit quantitativen Daten das Ausmaß der Unterstützung des NS-Regimes durch die evangelischen Kirchen in den ersten Jahren nach 1933 nach[45]. Die Fahnen der Deutschen Christen, mit einem Hakenkreuz neben einem Kreuz, hingen selbst in Berlin an den Kirchen, einer Stadt, die als liberal und sogar antinazistisch angesehen wurde, der Hauptstadt Deutschlands und dem Sitz der zentralen Autorität der evangelischen Kirche. Der Einfluss der Deutschen Christen ist deutlich: Es handelte sich nicht um eine Randerscheinung. Darüber hinaus hat Manfred Gailus das überzeugende Argument vorgetragen, indem er darauf verwies, dass die Historiker der frühen Nachkriegszeit falsch lagen, wenn sie behaupteten, dass die Religion im Dritten Reich keine Rolle gespielte habe; im Gegenteil so Gailus: „Viele Deutsche erfuhren das Wendejahr [1933] zugleich als ein intensives religiöses Erlebnis.“[46]

An dieser Stelle möchte ich gerne die Arbeit von Hans Prolingheuer erwähnen, der, wie ich glaube, der erste war, der über das Institut veröffentlicht hat. Er hat auch beschrieben, wie Kirchenmusiker und Pfarrer, die getaufte Juden und also nach den NS-Rassegesetzen keine sogenannten Arier waren, von ihren Kirchen entlassen wurden. Einige wurden schließlich in Konzentrationslagern ermordet – in Thüringen z. B. Werner Sylten[47].

Mein Buch „The Aryan Jesus“, erschienen 2008 und herausgegeben von Princeton University Press, stellte die Geschichte des Instituts, seine Konferenzen, Publikationen, Mitgliedschaft und Finanzierung dar, einschließlich einer Biographie von Grundmann und ein Kapitel über die theologische Fakultät in Jena, an der Grundmann lehrte[48]. Ich schrieb auch ein Kapitel über die Geschichte der Argumente, dass Jesus ein Arier sei, beginnend im 19. Jahrhundert. Zwei Jahre später veröffentlichte Oliver Arnhold ein Buch auf

43 Vgl. Bergen, Cross.

44 Heute befindet sich die vom DC-Pfarrer Karl Wentz aufgebaute Sammlung als Depositum im Archiv des Kreises Minden-Lübbecke.

45 Vgl. Gailus, Protestantismus.

46 Gailus, Nationalsozialismus, 443.

47 Vgl. Prolingheuer, Irre.

48 Vgl. Heschel, Theologians.

Deutsch über das Institut, in dem er auf mein Buch nicht hinreichend einging[49]. Es ist bedauerlich, dass eine Reihe deutscher Publikationen über das Institut die englischsprachige Forschungsliteratur nicht zitieren. Infolgedessen waren ihm einige der von mir präsentierten Beweise unbekannt, einschließlich der Frage nach dem Namen des Instituts, auf die ich weiter unten eingehen werde. Einige Jahre später erschien meine Geschichte der theologischen Fakultät Jenas während des Dritten Reiches in zwei Sammelbänden, die vom Rektor der Friedrich-Schiller-Universität Jena in Auftrag gegeben worden waren[50]. Zu den Mitgliedern der Jenaer Fakultät gehörten in der NS-Zeit u. a. der wissenschaftliche Direktor des ‚Entjudungsinstituts', Walter Grundmann, und die Professoren Heinz Eisenhuth und Wolf Meyer-Erlach, die ebenfalls im Institut tätig waren.

Die Dichotomie von „Kreuz und Hakenkreuz", die in der früheren Forschung so üblich war, wird heutzutage weder von den Zeugnissen noch von der politischen Theorie unterstützt. Christentum und Nationalsozialismus sind besser als eine „Gemengelage" von beidem zu verstehen, wie Olaf Blaschke und Thomas Großbölting in ihrem kürzlich erschienenen Buch „Was glaubten die Deutschen?" es ausdrücken. Die Hunderte von Bücher, die in den Jahrzehnten nach 1945 über den „Kirchenkampf" veröffentlicht wurden, konzentrierten sich auf die Kämpfe zwischen den DC und der BK um die Kontrolle der institutionellen Strukturen und lenkten die Aufmerksamkeit von der Verstrickung jeder Fraktion in die ideologischen Komponenten des Nationalsozialismus ab, insbesondere von deren Antisemitismus, der in den wissenschaftlichen Untersuchungen über den Kirchenkampf kaum erwähnt wird.

Der neuere Ansatz wird durch Dirk Schusters Buch veranschaulicht. In jüngster Zeit veröffentlichte Schuster seine Studie „Die Lehre vom ‚arischen' Christentum: Das wissenschaftliche Selbstverständnis im Eisenacher ‚Entjudungsinstitut.'" Er beschreibt die Entstehung des Instituts als eine begeisterte Antwort auf den Novemberpogrom von 1938 und als eine „direkte Reaktion auf die antisemitischen Gewaltmaßnahmen des NS-Staates"[51]. Wie Ericksen, Bergen, Gailus und ich geht auch Schuster davon aus, dass sich eine nationalistische, rassistische christliche Theologie im neunzehnten Jahrhundert zu entwickeln begann und nicht erst 1933 als Erwiderung auf Hitler oder zur Verteidigung der Kirche gegen den Nationalsozialismus. Neueste Publikationen auf Deutsch sowie auf Englisch haben den Blickwinkel der Wissenschaft geweitet; zum Beispiel die Analyse des deutschen Pfarrdienstes von Kyle Jantzen[52], die Studie über die Kirchenarchitektur im „Dritten Reich" von

49 Vgl. Arnhold, Entjudung.
50 Vgl. Heschel, Theologische Fakultät.
51 Schuster, Lehre, 74.
52 Vgl. Jantzen, Faith.

Charlotte Methuen[53], die Arbeit von Thomas A. Seidel über die Thüringische Kirche[54], die Studie über Grundmanns Nachkriegskarriere von Lukas Bormann[55], die Studie über deutsche biblische Interpretationen von Anders Gerdmar[56], die zahlreichen Artikel von Samuel Koehne über Aspekte des deutschen Protestantismus[57], die Studie über die Nachkriegszeit von Matthew Hockenos[58], über die Rumänische Orthodoxe Kirche in der Ukraine von Ionut Biliuta[59] und Arbeiten von Gerhard Besier, Clemens Vollnhals, Stephan Linck, Rainer Hering, Rainer Lächele, Andrea Strübind sowie unzählige theoretische Analysen von Religion und Rasse und den Nachkriegsfolgen dieser rassistischen Theologie. In seinem Buch, „Hitler's Priests: Catholic Clergy and National Socialism" (2008), hat Kevin Spicer 150 katholische Priester identifiziert, die den Nationalsozialismus öffentlich unterstützten und sich mit ihm verbündeten; einige wurden Mitglieder des Instituts.[60] Lucia Scherzberg hat in ihrem Buch „Zwischen Partei und Kirche" (2020) kürzlich detaillierte Analysen mehrerer einzelner Priester vorgelegt, die mit Grundmann am Institut zusammengearbeitet haben und versuchten, die katholische Liturgie in ähnlicher Weise zu überarbeiten.

4. Persönliche Forschungserfahrungen

Ich bin keine christliche Theologin, sondern eine Religionswissenschaftlerin und Theologin, die über jüdische Theologie und über die Geschichte von Rassismus und Antisemitismus forscht. Das erlaubt mir eine andere Perspektive, die es mir ermöglicht, das Institut in dem größeren Kontext des Antisemitismus zu verstehen.

Noch als Doktorandin habe ich 1987 als erste die Existenz des „Instituts zur Erforschung und Beseitigung des jüdischen Einflusses auf das deutsche kirchliche Leben" entdeckt und wieder öffentlich gemacht, als ich die Bibliothek des ‚Zentrums für Antisemitismusforschung' an der Technischen Universität Berlin besuchte. Ich fand dort drei Bände mit Aufsätzen, die von Theologen des Instituts während des Zweiten Weltkrieges geschrieben und publiziert worden waren. Einige Artikel stammten von prominenten Autoren und alle enthielten die übelsten antisemitischen Anschuldigungen, zur selben Zeit, als Juden und Jüdinnen in Deutschland und Europa ermordet wurden.

53 Vgl. Methuen, Architecture, 340–371.
54 Vgl. Seidel, Gradwanderungen.
55 Vgl. Bormann, Grundmann, 596–633.
56 Vgl. Gerdmar, Roots.
57 Vgl. Koehne, National, 760–790.
58 Vgl. Hockenos, Church.
59 Vgl. Biliuta, Servants; ders., Transnistria.
60 Vgl. Spicer, Priests.

1990 veranstaltete Leonore Siegele-Wenschkewitz eine Tagung in der evangelischen Akademie Arnoldshain über die theologischen Fakultäten während des „Dritten Reiches", an der ich teilnahm[61]. Dort habe ich Kurt Meier und Kurt Nowak nach dem Institut gefragt und beide berichteten mir, dass dieses Institut ein „unbedeutendes Phänomen" sei, einer Untersuchung nicht wert, außerdem sei dessen Archiv verloren gegangen. Das sagte mir auch John Conway. Trotzdem habe ich in verschiedenen Archiven intensiv geforscht, um Informationen über das Institut herauszufinden.

Ein Jahr später, 1991, fand ich im Zentralarchiv der Evangelischen Kirche in Berlin einige Dokumente, die sich auf das Institut beziehen. Daraufhin nahm ich Kontakt zum Landeskirchenarchiv Eisenach auf und fuhr im August desselben Jahres dorthin. Als ich ankam, berichteten mir Pfarrer Heinz Koch, Leiter des Archivs, und seine Assistentin Frau Uta Lampe, dass ich die erste Amerikanerin, die erste Jüdin und mein Laptop der erste Laptop seien, die sie jemals gesehen hätten. Pfarrer Koch, der bei Walter Grundmann studiert hatte, erklärte mir, dass es hier nur einige wenige Dokumente gäbe, allen anderen Dokumenten seien verloren. Zum ersten Mal diese Dokumente in Händen zu haben und zu lesen, war eine mich zutiefst aufwühlende bestürzende Erfahrung. Während der 1990er Jahre führte ich zudem sehr hilfreiche Interviews mit Frau Grundmann, und mit drei ehemaligen Studenten von Grundmann, Herbert von Hintzenstern, Hans Joachim Thilo und Adolf Wagenführer, und auch mit Pfarrern, die Grundmann nach dem Krieg kennengelernt und mit ihm zusammengearbeitet haben.

Ich bin seit 1989 Professorin in den Vereinigten Staaten und musste immer wieder finanzielle Zuschüsse für Reisen nach Deutschland erhalten, um für wenige Tage in Archiven arbeiten zu können. Jedes Mal, wenn ich zurück in das Eisenacher Archiv kam, zeigte mir Pfarrer Koch mehr Dokumente, die bisher noch nicht katalogisiert worden waren. Ich recherchierte auch in den Archiven des Auswärtigen Amts, im Bundesarchiv und in den Universitätsarchiven von Jena, Heidelberg, Wien, Bonn und Gießen. Ich bin in kirchlichen, städtischen und Staatsarchiven in Berlin, Kiel, Oldenburg, Koblenz, Wien, Weimar, Potsdam, Lübeck und Lund (Schweden) gewesen. Ich habe Mitgliedskarten der NSDAP im damaligen Berliner Dokumentationszentrum gefunden und eindeutiges Belegmaterial im Forschungszentrum des United States Holocaust Memorial Museum in Washington DC entdeckt – ebendort auch einen Mikrofilm mit Informationen über das Institut aus einem Sowjetischen Archiv. Überall gab es Belege, Informationen und Texte über die Arbeit und die Mitarbeiter des Instituts.

Meine ersten Artikel über das Institut erschien im November 1994 zuerst in deutscher, im Dezember desselben Jahres dann auch in englischer Sprache. Die Reaktionen waren seltsam. Einige beharrten darauf, der Begriff „Beseitigung" sei nicht Teil des Namens des Instituts gewesen. In Archiven der So-

61 Vgl. Siegele-Wenschkewitz, Theologische Fakultäten.

wjetunion, die im Forschungszentrum des United States Holocaust Memorial Museum aufbewahrt werden, entdeckte ich Dokumente, die das Institut betreffen. Bei einem Treffen der Institutsleiter in Jena am 24. April 1940 verlangte Grundmann, dass das Wort „Beseitigung" aus der Satzung gestrichen werde. Er sagte, er wolle nicht den Eindruck erwecken, die Ergebnisse der wissenschaftlichen Untersuchungen des Instituts vorwegzunehmen, indem er andeutete, dass die „Beseitigung" sein Ausgangspunkt sei; er argumentierte auch, dass die tatsächliche Beseitigung des jüdischen Einflusses auf das Christentum eine Aufgabe sei, die von der Kirche und nicht vom Institut ausgeführt werden sollte. Stattdessen wollte er, dass das Institut ein offenes und unabhängiges Vehikel für die deutsche protestantische Gelehrsamkeit sein sollte, um jüdische Einflüsse auf die Kirche zu untersuchen. Die beiden Beispiele, die er nannte, seien die Bestimmung des Einflusses eines Juden, Friedrich Julius Stahl, bei der Gestaltung der Verfassung der preußischen Kirche und die Bestimmung, welche Elemente in den Schriften des Paulus jüdisch seien und welche durch nichtjüdische Einflüsse in sein Werk eingegangen seien[62]. In diesen Aussagen zeigt Grundmann klar die rassistische Ideologie, die sein Werk durchzieht.

5. Rassismus, Antisemitismus und Theologie

Vielleicht sollte eine Bewertung von Grundmann und den Mitgliedern des Instituts am besten dadurch geschehen, dass wir auf sie selbst hören, wenn sie ihre Ziele beschreiben. Zum Beispiel schrieb Grundmann zu Kriegsbeginn an den Reichsminister für kirchliche Angelegenheiten Hanns Kerrl:

> „In einem Augenblick, in dem das Weltjudentum in seinem Hass gegen das deutsche Volk zu einem entscheidenden Schlag ausgeholt hat und das deutsch Volk in den Kampf um sein Recht und sein Leben gestellt ist, wende ich mich als Leiter der wissenschaftlichen Arbeit des Entjudungsinstitutes, das von einer Reihe von Landeskirchen mit Ihrer Zustimmung geschaffen worden ist, an Sie [...]. Wir sind an die Arbeit dieses Institutes in der Überzeugung herangegangen, dass der jüdische Einfluss auf allen Gebieten des deutschen Lebens entlarvt und gebrochen werden muss, also auch auf dem religiös-kirchlichen."[63]

Grundmanns Ansichten änderten sich nicht. In einem Vortrag, den er 1941 in der größten Aula der Universität Wien hielt, erklärte er:

> „Dann gibt aber unser Volk, das im Kampf gegen die satanischen Mächte des Weltjudentums um Ordnung und Leben dieser Welt überhaupt steht, ihm (Jesus)

62 Heschel, Jesus, 92. (USHMM archive, RG-11.001M reel 80, microfilm of Osobyi Archive [Moscow] records, 1932–45; 1993.A.0085 UC).

63 Brief von Grundmann an Reichsminister Kerrl vom 8. 9. 1939. (EZA Berlin, Bestand: 7/4166).

> mit Recht den Abschied, denn es kann nicht gegen den Juden kämpfen und dem König der Juden sein Herz erschließen."[64]

In seiner letzten Veröffentlichung, die er 1944 als Soldat an der Ostfront für die „Schriftenreihe zur Truppenbetreuung" schrieb, heißt es, „der Jude" sei „der Antichrist, der dabei ist, seine Fesseln abzustreifen und über das Reich herzufallen."[65] Grundmann blieb ein antisemitischer Propagandist bis zum Ende.

Der Rassismus war auch in die alttestamentliche Wissenschaft eingedrungen. Johannes Hempel, Professor für Altes Testament an der Universität Berlin, half seinem Freund Grundmann 1939, die Unterstützung des Reichministeriums für kirchliche Angelegenheiten für die Gründung des Instituts zu sichern. Hempel, der aktives Mitglied des Instituts und auch Herausgeber der „Zeitschrift für Alttestamentliche Wissenschaft" (ZAW) war, veröffentlichte 1943 folgende Erklärung:

> „Je stärker das rassische und völkische Erwachen sich durchsetzt und je energischer in der politischen Lage der Gegensatz zwischen dem Dritten Reich und dem Judentum als ein Kampf auf Leben und Tod hervortritt, desto schärfer wird auch der Blick für den politischen Gehalt der Religion des AT, insbesondere seiner Zukunftserwartung."[66]

Von Anfang an begrüßte Grundmann das „Führerprinzip" und erklärte Hitler zum „Prophet" der von Gott geschickt worden war[67]. 1933 schrieb er, Jesus „ist in dem Sinne art- und rassefremd, in dem alles, was jenseits menschlicher Grenzen und menschlicher Gegebenheiten ist, andersartig ist."[68] Nur die liberalen Theologen kümmern sich um die Rasse Jesu, weil sie nicht verstehen, dass er eine „Wunderneuschöpfung Gottes" ist[69]. Als der Rassismus der Nazis immer stärker wurde, änderte Grundmann seine Theologie. 1937 erklärte Grundmann, Jesus sei „die Überwindung und Beseitigung alles jüdischen und fremdvölkischen Geistes in den kirchlichen Lehr- und Lebensformen."[70]

Immer häufiger sprach Grundmann nun von der Notwendigkeit, die Rassentheorie in der Theologie anzuwenden. Das Thema einer Institutstagung im Juli 1939 hieß „Untersuchung der Entstehungsverhältnisse des Christentums

---

64 Grundmann, Messiasproblem, 381.

65 Grundmann, Reich, 4.

66 Hempel, Chronik, 212. Ich möchte noch darauf hinweisen, dass nach dem Krieg Theologen außerhalb Deutschlands sich weigerten, in der ZAW zu publizieren, solange Hempel der Herausgeber war; schließlich gründeten sie eine neue Zeitschrift, Vetus Testamentum. Vgl. Smend, Fifty Years.

67 Vgl. Grundmann, Totale, 71.

68 Ebd., 29.

69 Ebd., 28.

70 Richtlinien von 14. Juli 1937 Nationalkirchliche Einung Deutsche Christen; Hermelink, Kirche, 648 f.

unter neuen völkisch rassischen Gesichtspunkten."[71] Das war nicht nur eine politische Anpassung oder ein Versuch, die Kirchen gegen die Nationalsozialisten zu verteidigen; das war vielmehr eine Theologie, die rassistische Prinzipien benutzte, um zu zeigen, dass das Christentum im Einklang mit der Ideologie des „Dritten Reiches" steht. Meyer-Erlach schrieb 1937: „In der Art, in der sich der Nationalsozialismus gegen die Juden wendet und wie er sie behandelt, gehen – nach Jahrhunderten – Luthers Absichten in Erfüllung."[72]

Missverständnisse darüber, was im „Dritten Reich" geschah, verbunden mit apologetischen Erklärungen führten zu Fehleinschätzungen über die Rolle des Instituts. Nach Kurt Meier trug die Arbeit des Instituts „eine unverkennbar apologetische Note gegenüber den völkisch-antichristlichen Angriffen" der Nazis.[73] Grundmann, schreibt Meier, versuchte „der diffamierenden Propagandathese entgegenzutreten, Christentum sei Judentum für Nichtjuden."[74] Das Projekt „Entjudung" des Instituts, schreibt Meier, habe das Ziel gehabt, den feindlichen Absichten Rosenbergs gegenüber den Kirchen die Wirkung zu entziehen. War Rosenberg also ein Gegner Grundmanns und des Instituts? Max Weinreich hat Akten gefunden, die zeigen, dass Rosenberg, als er im Februar 1944 mit Zustimmung Hitlers eine internationale Konferenz für den Juli 1944 in Krakau organisierte, auch Mitglieder des Instituts einlud, darunter Karl Euler, Georg Bertram und Gerhard Kittel, Grundmanns Doktorvater[75]. Grundmann selbst hat nicht teilgenommen, weil er zu dem Zeitpunkt bei der Wehrmacht war. Für Rosenberg und die antisemitische Propaganda gehörten die Theologen wie selbstverständlich auf diese Konferenz. Rosenbergs Kampf gegen das Christentum war vielleicht nicht ganz ernst gemeint und blieb theoretisch. Vielleicht funktioniert der Antisemitismus wie eine ideologische Brücke zwischen Rosenberg und der Theologie.

Welchen Beitrag leistete diese Theologie zum „Dritten Reich"? Obwohl die Kirche nicht Teil der NS-Gleichschaltung war und deshalb nicht dem Arierparagraph unterlag, wendeten die DC-Theologen freiwillig die NS-Rassengesetze auf die Kirche an. In Anlehnung an das NS-Programm konstatierten sie, dass die NS-Ideologie nicht nur einfach eine Reihe von politischen Meinungen war, sondern eine Kulturrevolution. Der Historiker Amit Varshitzky stellt das fest, wenn er schreibt, dass

> „die Rassenlehre kein abgeschlossenes ‚wissenschaftliches' Konzept gewesen sei, sondern eher eine weitgefasste kulturelle und epistemologische Kategorie, die eine

71 Bericht der Tagung der Arbeitsgemeinschaft des Instituts im Juli 1939 (LKA Eisenach. Generalakten, Teil 2, A 921–2, Entjudung der Kirche, 1939–1947, Bl. 20 ff.).

72 Meyer-Erlach, Juden, 60.

73 Meier, Kreuz, 166.

74 Ebd., 167.

75 Vgl. Weinreich, Professors.

> zentrale Rolle in der Neubestimmung der sozialen und politischen Probleme dieser Zeit spielte.“[76]

Die Theologen des Instituts verhielten sich in vergleichbarer Weise. Sie wollten nicht nur ein neues, rassistisches Verständnis der Entstehungen des Christentums schaffen und Jesus „entjuden“, sondern auch eine neue Art Gottesdienst konstruieren, ohne Lesungen aus dem Alten Testament, mit einem Katechismus, der Arier ansprechen würde, mit Gesangbuchliedern, aus denen hebräischen Wörter und jüdischen Autoren getilgt worden waren. In den DC-Landeskirchen wurden christliche Pastoren, Musiker und Lehrer entlassen, die selbst vom Judentum konvertiert oder deren Vorfahren Juden waren; seit Februar 1939 haben die Landeskirchen Thüringen, Sachsen, Mecklenburg und Anhalt die Kirchenzugehörigkeit von „nicht-arischen“ Christen verboten. Mit Bildern von bewaffneten Soldaten präsentierte das Gesangbuch des Instituts das Christentum als männliche Religion. Die Universität Jena wurde zur Hochburg des Nationalsozialismus und die theologische Fakultät zur Hochburg der DC. Drei der fünf Professoren waren Mitglieder der NSDAP (Grundmann, Eisenhuth, Meyer-Erlach), einer war bis 1936 Mitglied der SA gewesen (von Rad), und einer, Karl Heussi, pendelte während des Dritten Reiches zwischen der DC-Fraktion innerhalb der Theologischen Fakultät und von Rad, der bei der BK stand[77]. Das Hebräisch Studium wurde fakultativ, es wurde den Studenten verboten, jüdischen Autoren zu zitieren, und die Rassenideologie sollte die Basis aller Doktorarbeiten sein[78]. Theologiestudenten wurden belobigt, wenn sie die Rassentheorie in ihren Doktorarbeiten benutzen; zugleich wurde es verboten jüdischen Autoren zu zitieren. Mit der Rassentheorie wurde nicht nur ein neuer Lehrplan, sondern auch eine neue Art über das Christentum zu denken eingeführt. Professoren und Studenten scheinen diese Arbeit für einen aufregend avantgardistischen Weg zu halten, der eine neue Form des Denkens und der Wissenschaft aufzeigte.

Auf diese Weise erläuterte diese Theologie, was die Historiker Wolfgang Bialas und Anson Rabinbach den Kern des Nationalsozialismus nannten: „ein Ethos oder eine Gesinnung“[79].

---

76 Varshitzky, Metaphysics, 252–288, hier 261.

77 Vgl. Heschel, Jesus, 201–241.

78 Vgl. Das Reichministerium für Wissenschaft, Erziehung und Volksbildung, 15. März 1938 (UA Jena J 288).

79 Bialas, / Rabinbach, Humanities.

6. Ausblick und aktueller Transfer

Das „Dritte Reich“ war eine Epoche von Kämpfen um das Christentum: Einige NS-Ideologen wollten die Kirchen beseitigen, während andere Nationalsozialisten christliche Symbole und Ideen für ihre eigenen Zwecke verwenden wollten. Auch christliche Theologen waren an diesem Kampf beteiligt; ihre Frage war, wieweit sie das Christentum umgestalten sollten, um es entweder vor dem Zugriff des Nationalsozialismus zu schützen oder ein Bündnis mit dem Nationalsozialismus zu schließen.

Heute befinden sich auch Theologen und Historiker in einem „Kampf.“ War das Institut ein ernsthafter Versuch, die Kirche vor den Nationalsozialisten zu retten, wie einige Historiker und die Leiter des Instituts nach dem Krieg behaupteten? Oder waren Grundmann und seine Kollegen begeisterte Nationalsozialisten, die eine Synthese aus Christentum und Nationalsozialismus zum Ziel hatten?

Zu oft stellen Historiker einseitig nur die Nationalsozialisten als aktive Täter dar, auf die die Kirchen lediglich mit Widerstand, mit Schutz und Verteidigungsmaßnahmen reagierten. Das Institut war jedoch ein anderes Phänomen: Dies waren Theologen, die aktiv eine rassistische Interpretation des Christentums und einen christlichen, rassistischen Antisemitismus produzierten und förderten.

Inzwischen ist die Geschichte des Instituts bekannt. Forschungsbeiträge sind sowohl auf Englisch als auch auf Deutsch veröffentlicht. Die bleibenden Fragen erfordern eine intersektionale Geschichtsschreibung, die anerkennt, dass das Institut gleichzeitig in mehreren Zusammenhängen existierte – Kirchenpolitik, die DC, protestantischer theologischer Antijudaismus, deutscher Antisemitismus, nationalsozialistische Weltanschauung, der Krieg und die Verfolgung und der Völkermord an den Juden. Wie hat jeder einzelne Zusammenhang die Aktivitäten, die Ideologie und die Sprache des Instituts geprägt? Was hat das Institut jeweils dazu beigetragen?

Erstens sollte das Ausmaß des Einflusses des Instituts untersucht werden; er ist zweifellos weiter verbreitet, als uns bewusst ist. Die sechs Theologiestudenten, die 1939 das ländliche Thüringen durchkämmten, bieten ein Bild von protestantischen Laien, die in einer ländlichen Gegend leben und „wissen“, dass die Bibel ein „Judenbuch“ ist. In Norddeutschland unterstützte die Landeskirche von Eutin das Institut und untersuchte den rassischen Hintergrund ihrer Kirchenmitglieder.

Zweitens: Während die frühen Jahre des sogenannten Kirchenkampfes ausgiebig untersucht worden sind, sollte den späteren Jahren mehr Aufmerksamkeit geschenkt werden. Offensichtlich brach die DC nicht 1934 zusammen, wie einst angenommen wurde; vielmehr erreichte sie ihren Gipfel mit der Gründung des Instituts. Was predigten die Pastoren? Was schrieben die Kirchenzeitungen? Wie reagierten die Pastoren, als deutsche Soldaten von der Ostfront mit Fotos von jüdischen Ghettos, Todeslagern und erschossenen Juden zurückkehrten? Briefe, die Grundmann von Soldaten an der Ostfront erhielt, dankten ihm für die Arbeit des Instituts[80]. Gibt es zusätzliche Hinweise darauf, dass das Institut das Gewissen der Deutschen, die Juden ermordeten, entlastet haben könnte?

Drittens sollten die Theologie- und Kirchenhistoriker diesen Themen ihre Aufmerksamkeit schenken – keine Sozialgeschichte des Dritten Reiches ist vollständig ohne die Beachtung dessen, was in den Kirchen gepredigt, den Kindern beigebracht und an den theologischen Fakultäten gelehrt wurde. Zugleich können Kirchenhistoriker die historische Analyse nicht mit der Ausrede ignorieren, sie seien Theologen. Was innerhalb der Kirche geschieht, findet innerhalb einer größeren übergeordneten Gesellschaft statt und ist nicht immun gegen deren Einflüsse: Der Kontext ist wichtig. Dieser Kontext befindet sich an der Schnittstelle zwischen Christentum und Nationalsozialismus, an der sich kirchlicher Antijudaismus und rassistischer Antisemitismus kreuzen.

Viertens haben Rassismus- und Kolonialismusforscher neue Fragestellungen und Methoden für ihre Arbeit entwickelt, die ein theologisches Verständnis des Instituts und der von ihm seinerzeit ausgehenden Attraktivität plausibel machen können. Emotionsforschung und Affekttheorie haben den Fokus auf die vom Faschismus ausgehende Dynamik gerichtet. Von dieser Dynamik bewegt, hielten DC-Bischöfe und Pastoren Kundgebungen ab, adaptierten die Sprache der Nationalsozialisten und verletzten die Lehrdisziplin. Wenn der Faschismus das Bemühen ist, Angst auszulöschen, dann beseitigt die Entjudung die christliche Angst und Scham darüber, dass sie aus dem Judentum stammen, aus der Religion, die sie lange verunglimpft haben, indem sie diese „Mutter"-Religion zerstörten.

Die Mitglieder des Instituts wollten eine völlige Umgestaltung der Kirche und der Theologie; für Grundmann ging es um alles oder nichts: Entweder die Kirche würde sich ändern, oder er würde gehen, schrieb er an seinen Schüler Hans-Joachim Thilo[81]. Was Grundmann wollte, war Macht und Anerkennung; er wollte ein Bonze sein. Es ist bekannt, wie enttäuscht DC-Führer waren, als das Interesse der Nationalsozialisten an ihren Aktivitäten nachließ – nicht die Unterstützung der Rechten, sondern deren Interesse. Bei der Beerdigung 1942 von Sasse beklagte Reichbischof Müller in seiner Trauerrede:

> „Als vor acht Jahren der Landesbischof Sasse hier in dieser Kirche in sein hohes Amt feierlich von mir eingeführt wurde, beteiligten sich daran mit absoluter Selbstverständlichkeit die höchsten Vertreter der Partei und des Staates. Heute ist kaum ein Braunhemd in der Kirche zu sehen."[82]

---

80 Heschel, Jesus, 151, 162.

81 Ebd., 151.

82 Heschel, Church Protests, 377.

Der Wunsch, wichtig zu sein, als Theologen in der ersten Reihe der NS-Paraden zu marschieren, an der NS-Propaganda beteiligt zu sein, von der Reichsleitung anerkannt oder von Hitler selbst empfangen zu werden (was nie geschah), war der Motor, der die Institutsleiter antrieb. Dass sie kollaborierten und auf diese Weise letztlich den Holocaust unterstützten, lag nicht auf ihrem moralischen Kompass.

Im Prinzip ist der Rassismus das Gegenteil aller Religionen, die behaupten, Gott habe die Menschen gleich geschaffen. Rassismus ist jedoch strukturell der Religion ähnlich und befasst sich sowohl mit der Seele als auch mit dem Körper. Die Mediävistin M. Lindsay Kaplan schreibt: „Sowohl somatische als auch religiöse Vorstellungen haben Rasse hervorgebracht."[83] Der moderne Rassismus behauptet unter Berufung auf Wissenschaft und Religion, die Menschheit in eine Hierarchie menschlicher Gruppen einteilen zu können, die auf kulturellen Unterschieden basiere und sich in körperlichen Formen ausdrücke. Als Grundmann vor der Bedrohung einer „Syphilisierung" Deutschlands durch die Juden warnte, verwies er damit auf eine medizinische und eine moralische Bedrohung. Mit dieser Warnung übernahmen Theologen, die im Namen des Christentums und im Namen Deutschlands zu sprechen vorgaben sowie als Mitglieder des Instituts den Deutschen eine bestimmte Form der nationalsozialistischen Ideologie vermittelten, die Autorität religiöser Führer, die im Namen der Bibel und damit vielleicht sogar im Namen Gottes sprechen.

Wenn die politische Theologie von der prophetischen Tradition der Gerechtigkeit, der Menschenwürde und der Menschenrechte getrennt wird, sind die Gefahren schwerwiegend[84]. Die Lehren, die aus den Untersuchungen der Arbeit des Instituts gezogen werden können, sind für religiöse Menschen in einer Zeit zunehmenden Antisemitismus, Rassismus und Totalitarismus auf der ganzen Welt von enormer Bedeutung. Es gibt Christen, Juden, Muslime, Hindus und Buddhisten, die verfolgt, aber auch von Führern geleitet werden, die Religion als Mittel aggressiver Machtpolitik missbrauchen. Wenn die wissenschaftliche Arbeit über das Institut einen Sinn hat, dann ist es der: zu warnen vor einer möglichen Rechtfertigung von Rassismus, Verfolgung, jedweder Grausamkeit, Folter und Genozid im Namen einer Religion. Nicht die Ablehnung der Religion, sondern die Perversion der Religion wurde von den Propheten Israels angeprangert.

83 Kaplan, Racism, XI.

84 Der Alttestamentler Frank Crüsemann schreibt: „Das Versagen von Christen und Kirchen angesichts der Entrechtung und Vernichtung des europäischen Judentums hängt zutiefst mit einem Verständnis des Evangeliums zusammen, das es von der ethischen Tradition des Alten Testamentes, also von der Tora, losgelöst hat. Deshalb führt die Frage nach den ethischen Konsequenzen des Holocaust zu zentralen biblischen und vor allem alttestamentlichen Grundthemen zurück, die in unserer Tradition lange Zeit und vielfach bis heute beiseitegeschoben, verdrängt tabuisiert und diffamiert wurden." – Ders., Maßstab, 11.

Quellen- und Literaturverzeichnis

I. Unveröffentlichte Quellen und Darstellungen

Bundesarchiv (BArch [vormals Berlin Document Center, BDC])

Meyer-Erlach Akten.

Evangelisches Zentralarchiv Berlin (EZA)

Bestand 7/4166: Institut zur Erforschung und Beseitigung des jüdischen Einflusses auf das kirchliche Leben.

Landesarchiv Thüringen - Hauptstaatsarchiv Weimar (LATh - HStA)

Land Thüringen - Ministerium für Volksbildung Nr. 3426.

Landeskirchenarchiv Eisenach (LKA Eisenach)

Generalakten, Teil 2, A 921–2, Entjudung der Kirche, 1939–1947.

Bestand DC 213 Akte von Prof. Dr. Grundmann, Jena, Hochschulangelegenheiten, 1937–1943.

Bestand DC 222 Akte von Prof. Dr. Grundmann, Jena, Volkskatechismus, 1937–1941.

Bestand DC 217 Akte von Prof. Dr. Grundmann, Jena, Institut zur Erforschung und Beseitigung des jüdischen Einflusses auf das deutsche kirchliche Leben, 1938–1945.

Bestand Nachlass Walter Grundmann, Nr. 87, Dichterarbeitsgemeinschaft des Institutss für Erforschung des jüdischen Einflusses, 1940–1944.

Landeskirchliches Archiv in Kiel (LKA Kiel)

Repertorium des Archivs der Bekennenden Kirche Schleswig-Holstein, Alte Signatur 32; neue Nr. 184.

United States Holocaust Memorial Museum (USHMM archive)

RG-11.001M reel 80, microfilm of Osobyi Archive [Moscow] records, 1932–45.

Universitätsarchiv Jena (UA)

Bestand J 288: Sammelakte zu Promotionen und Promotionsbestimmungen der Theologischen Fakultät (Laufzeit 1925–1943).

II. Veröffentlichte Quellen und Darstellungen

Arnhold, Oliver: „Entjudung" – Kirche im Abgrund. Bd. 1: Die Thüringer Kirchenbewegung Deutsche Christen 1928–1939. Bd. 2: Das „Institut zur Erforschung und Beseitigung des jüdischen Einflusses auf das deutsche kirchliche Leben" 1939–1945 (SKI 25/1–2). Berlin 2010.

Bergen, Doris L.: Twisted Cross: The German Christian Movement in the Third Reich. Chapel Hill 1996.

–: Antisemitism in the Nazi Era. In: Richard S. Levy / Albert S. Lindeman: Antisemitism. A History. Oxford 2010, 196–211.

Besier, Gerhard: Die Kirchen und das Dritte Reich. Spaltungen und Abwehrkämpfe 1934–1937. Berlin / München 2001.

Bethge, Eberhard: Dietrich Bonhoeffer. Eine Biographie. München 1970.

Bialas, Wolfgang / Rabinbach, Anson: Nazi Germany and the Humanities. Oxford 2007.

Biliuta, Ionut: The Archangel's Consecrated Servants. An Inquiry into the Relationship between the Romanian Orthodox Church and the Iron Guard (1930–1941). PhD theses. Budapest 2013.

–: Christianizing' Transnistria: Romanian orthodox clergy as beneficiaries, perpetrators, and rescuers during the Holocaust. In: Holocaust and Genocide Studies 34 (2020), 18–44.

Böhm, Susanne: Deutsche Christen in der Thüringer evangelischen Kirche (1927–1945). Leipzig 2008.

Bormann, Lukas: Walter Grundmann und das Ministerium für Staatssicherheit. Chronik einer Zusammenarbeit aus Überzeugung (1956–1969). In: KZG 22 (2009), 596–632.

Braun, Christina von: Blutsbände. Berlin 2018.

– / Heid, Ludger (Hg.): Der ewige Judenhass. Christlicher Antijudaismus, deutschnationale Judenfeindlichkeit, rassistischer Antisemitismus (StGG 12). Berlin / Wien ^{2}2000.

Conway, John: The Nazi Persecution of the Churches, 1933–45. New York 1968.

–: Die nationalsozialistische Kirchenpolitik 1933–1945. Ihre Ziele, Widersprüche und Fehlschläge. Übersetzt von Carsten Nicolaisen. München 1969.

Crüsemann, Frank: Maßstab Tora. Israels Weisung für christliche Ethik. Gütersloh 2003.

Deines, Roland / Leppin, Volker / Niebuhr, Karl-Wilhelm (Hg.): Walter Grundmann. Ein Neutestamentler im Dritten Reich (AKThG 21). Leipzig 2007.

Deines, Roland: Jesus der Galiläer. Traditionsgeschichte und Genese eines antisemitischen Konstrukts bei Walter Grundmann. In: Ders. / Leppin / Niebuhr: Grundmann, 43–131.

Deutsche Christen (Nationalkirchliche Bewegung) vom 14. Juli 1937. In: Deutscher Sonntag 5 (25. Juli 1937), H. 29, 1.

Ericksen, Robert / Heschel, Susannah: The German churches and the Holocaust. In: Historiography of the Holocaust, ed. by Dan Stone. London 2004, 296–319.

Ericksen, Robert: Theologians Under Hitler. Gerhard Kittel, Paul Althaus, and Emanuel Hirsch. New Haven 1987.

–: Complicity in the Holocaust: Churches and Universities in Nazi Germany. Cambridge 2012.

–: Church Historians, Profane Historians, and our Odyssey since Wilhelm Niemöller. In: KZG 27 (2014), 43–55.

–: ‚Ordinary Christians' in Nazi Germany. In: Thomas Pegelow / Jürgen Matthäus / Mark W. Hornburg (Ed.): Beyond „Ordinary Men". Christopher Browning and Holocaust Historiography. Leiden u. a. 2019.

Faulenbach, Heiner: Ein Weg durch die Kirche. Heinrich Josef Oberheid. Köln 1992.

Gailus, Manfred: Protestantismus und Nationalsozialismus. Studien zur nationalsozialistischen Durchdringung des protestantischen Sozialmilieus in Berlin. Köln / Weimar / Wien 2001.

–: Nationalsozialismus und Religion. Überlegungen zu einer Gessamtschau. In: Olaf Blaschke / Thomas Großbölting (Hg.): Was glaubten die Deutschen zwischen 1933 und 1945? Religion und Politik im Nationalsozialismus (Religion und Moderne 18). Frankfurt a. M. / New York 2020, 443–467.

Gerdmar, Anders: Roots of Theological Antisemitism. German Biblical Interpretation and the Jews from Herder and Semler to Kittel and Bultmann. Leiden / Boston 2009.

Gerlach, Wolfgang: Als die Zeugen schwiegen. Bekennende Kirche und die Juden. Berlin 1987.

–: And the Witnesses were silent. The Confessing Church and the Persecution of the Jews, trans. Victoria J. Barnett, Lincoln 2000.

Graf, Friedrich Wilhelm: Der heilige Zeitgeist. Studien zur Ideengeschichte der protestantischen Theologie in der Weimarer Republik. Tübingen 2011.

Grundmann, Walter: Gott und Nation. Ein evangelisches Wort zum Wollen des Nationalsozialismus und zu Rosenbergs Sinndeutung. Stimmen aus der Deutschen Christlichen Studentenbewegung, Berlin 1933.

–: Religion und Rasse. Ein Beitrag zur Frage ‚Nationaler Aufbruch' und ‚Lebendiger Christusglaube'. Werdau 1933.

–: Totale Kirche im totalen Staat: Kirche im Dritten Reich. Dresden 1934.

–: Wir fragen die „Sigrune". Zum Echo des Instituts zur Erforschung und Beseitigung des jüdischen Einflusses auf das deutsche kirchliche Leben. In: Deutsches Christentum. Wochenzeitung der Nationalkirchlichen Einung Deutsche Christen 4. (9. Juli 1939), H. 28, 1 f.

–: Das Messiasproblem. In: Germanentum, Christentum und Judentum. Studien zur Erforschung ihres gegenseitigen Verhältnisses. Bd. 2: Sitzungsberichte der zweiten Arbeitstagung des Instituts zur Erforschung des Jüdischen Einflusses auf das deutsche kirchliche Leben vom 3. bis 5. März 1941 in Eisenach. Leipzig 1942, 381–412.

–: Das Reich der Deutschen. In: Schriftenreihe der Truppenbetreuung 52 (1944), 4.

Hempel, Johannes: Chronik. Vom Herausgeber. In: ZAW 59 (1942/43), 209–215.

Hermelink, Heinrich (Hg.): Kirche im Kampf. Dokumente des Widerstands und des Aufbaus in der evangelischen Kirche Deutschlands von 1933 bis 1945. Tübingen / Stuttgart 1950.

Heschel, Susannah: Theologen für Hitler. Walter Grundmann und das „Institut zur Erforschung und Beseitigung des jüdischen Einflusses auf das deutsche kirchliche Leben". In: Leonore Siegele-Wenschkewitz (Hg.): Christlicher Antijudaismus und Antisemitismus. Theologische und kirchliche Programme Deutscher Christen (ArTe 85). Frankfurt a. M. 1994. 125–170.

–: Church Protests during the Third Reich. A Report on Two Cases. In: KZG 10 (1997), 377–388.

–: Die Theologische Fakultät der Universität Jena als „Bastion des Nationalsozialismus". In: Uwe Hoßfeld u. a. (Hg.): „Im Dienst an Volk und Vaterland. Die Jenaer Universität in der NS-Zeit. Köln / Weimar / Wien 2005, 165–190.

–: The Aryan Jesus. Christian Theologians and the Bible in Nazi Germany. Princeton / Oxford 2008.

–: Ecstasy versus Ethics: The Impact of World War I on German Biblical Scholarship on the Hebrew Prophets. In: Andrew Mein / Nathan MacDonald / Matthew A. Collins (Ed.): The First World War and the Mobilization of Biblical Scholarship. London 2019, 187–206.

Hockenos, Matthew D.: A Church Divided. German Protestants Confront the Nazi Past. Bloomington 2004.

Hitler, Adolf: Mein Kampf, München [28]1933.

Hoover, A. J.: God, Germany, and Britain in the Great War. A Study in Clerical Nationalism. New York 1989.

Jantzen, Kyle: Faith and Fatherland. Parish Politics in Hitler's Germany. Minneapolis 2008.

Kaplan, M. Lindsay: Figuring Racism in Medieval Christianity. Oxford / New York 2019.

Koehne, Samuel: Were the National Socialists a Völkisch Party? Paganism, Christianity and the Nazi Christmas. In: Central European History 47 (2014), 760–790.

Lochner, Louis: The Washington Post, 2. Juli 1939.

Lorenz, Elisabeth: Ein Jesusbild im Horizont des Nationalsozialismus. Studien zum Neuen Testament des „Instituts zur Erforschung und Beseitigung des jüdischen Einflusses auf das deutsche kirchliche Leben" (WUNT 2, 440). Tübingen 2017.

Meier, Kurt: Die Deutsche Christen. Das Bild einer Bewegung im Kirchenkampf des Dritten Reiches. Göttingen 1964.

–: Kreuz und Hakenkreuz. Die evangelische Kirche im Dritten Reich. München 1992.

Methuen, Charlotte: The Architecture of Faith under National Socialism. Lutheran Church Buildings in Braunschweig, 1933–1945. In: JEH 66 (2015), 340–371.

Mulack, Christa: Jesus – der Gesalbte der Frauen. Weiblichkeit als Grundlage der christlichen Ethik. Stuttgart 1987.

Niemöller, Wilhelm: Die evangelische Kirche im Dritten Reich. Handbuch des Kirchenkampfes. Bielefeld 1956.

Osten-Sacken, Peter von der (Hg.): Das mißbrauchte Evangelium. Studien zu Theologie und Praxis der Thüringer Deutschen Christen (SKI 20). Berlin 2002.

Probst, Christopher J.: Demonizing the Jews. Luther and the Protestant Church in Nazi Germany. Bloomington 2012.

Prolingheuer, Hans: Wir sind in die Irre gegangen. Die Schuld der Kirchen unterm Hakenkreuz. Köln 1987.

Rinnen, Anja: Kirchenmann und Nationalsozialist. Siegfried Lefflers ideelle Verschmelzung von Kirche und Drittem Reich. Weinheim 1995.

Ruff, Mark Edward: The Critical Reception of John Conway's „The Nazi Persecution of the Churches, 1933–1945." In: KZG 27 (2014), 31–42.

Rupnow, Dirk: Judenforschung im Dritten Reich. Wissenschaft zwischen Politik, Propaganda, und Ideologie. Historische Grundlagen der Moderne. Baden-Baden 2011.

Scherzberg, Lucia: Zwischen Partei und Kirche. Frankfurt a. M. 2020.

Scholder, Klaus: Die Kirchen und das Dritte Reich, 2 Bde. Frankfurt u. a. 1977–1984.

–: The Churches and the Third Reich. Bd. 1: Preliminary History and the Time of Illusions, 1918–1934. London 1987. Bd. 2: The Year of Disillusionment 1934. Barmen and Rome, ed. by Gerhard Besier / Dieter Kleinmann / Jörg Thierfelder. London 1988.

Schuster, Dirk: Die Lehre vom „arischen" Christentum. Das wissenschaftliche Selbstverständnis im Eisenacher „Entjudungsinstitut" (KKR 70). Göttingen 2017.

Seidel, Thomas (Hg.): Thüringer Gratwanderungen. Beiträge zur fünfundsiebzigjährigen Geschichte der evangelischen Landeskirche Thüringens (HerChr Sonderbd. 3). Leipzig 1998.

Siegele-Wenschkewitz, Leonore / Nicolaisen, Carsten (Hg.): Theologische Fakultäten im Nationalsozialismus (AKIZ B 18). Göttingen 1993.

Smend, Rudolf: Fifty Years International Organization for the Study of the Old Testament and Vetus Testamentum. In: VT 50 (2000), 14–26.

Spicer, Kevin P.: Hitler's Priests. Catholic Clergy and National Socialism. DeKalb 2008.

Varshitzky, Amit: The Metaphysics of Race. Revisiting Nazism and Religion. In: Central European History 52 (2019), 252–288.

Weber, Cornelia: Altes Testament und Völkische Frage. Der biblische Volksbegriff in der alttestamentlichen Wissenschaft der nationalsozialistischen Zeit. Tübingen 2000.

Weinreich, Max: Hitler's Professors. New York 1946.

Veronika Albrecht-Birkner

Zum Verhältnis von Christentum und Judentum in DDR und BRD – eine Annäherung

1. Narrative des Verhältnisses von Christentum und Judentum im geteilten Deutschland

Eine Annäherung an das Verhältnis von Christentum und Judentum in der Zeit der deutsch-deutschen Teilung ist bekanntlich nicht in dem Sinne nötig, dass es dazu noch keine Forschungen gäbe. Die zahlreichen vorhandenen Untersuchungen thematisieren aber zumeist einzelne Trägerinstitutionen und Schlüsseltexte oder Schlüsselgestalten der christlich-jüdischen Arbeit in der DDR oder der BRD – nur selten wird der Versuch unternommen, zu einer die beiden deutschen Staaten übergreifenden Sicht zu gelangen[1]. Für die DDR liegt mit der Monographie von Irena Ostmeyer eine Darstellung vor, die die verschiedenen Institutionen und Facetten christlich-jüdischer Arbeit im Osten insgesamt in den Blick nimmt[2]. Eine vergleichbare Überblicksdarstellung zur christlich-jüdischen Arbeit in der Bundesrepublik existiert bislang nicht.

Ein gängiges Narrativ des Verhältnisses von EKD und Judentum nach 1945 nennt drei Phasen: eine zwischen Verdrängung und Bekenntnis changierende Entwicklung zum Eingeständnis der Schuld als Phase eins (1945–1961), auf dem Schuldbekenntnis basierende theologische Neuansätze als Phase zwei (1961–1980) und die landeskirchliche Rezeption derselben als Phase drei (seit 1980)[3]. Diese Phaseneinteilung, deren in gewisser Weise teleologischer Duktus im Blick auf eine Verbesserung des Verhältnisses von evangelischer Kirche und Judentum teils dadurch gebrochen bleibt, dass auf die noch ausstehende Einbeziehung der Gemeinden in das christlich-jüdische Gespräch verwiesen wird[4], orientiert sich an Ereignissen, die als in besonderer Weise weichenstellend in der Entwicklung des deutschen Nach-Shoah-Protestantismus in seinem Verhältnis zum Judentum wahrgenommen werden: die Gründung der Arbeitsgruppe „Juden und Christen“ auf dem Westberliner Kirchentag von 1961 bzw. die von dieser vorgelegte Erklärung[5] und der Beschluss der Rhei-

1 Ausnahmen sind Legerer, Tatort; Töllner, Barbarei.
2 Vgl. Ostmeyer, Schuld.
3 Vgl. z. B. Oelke, Schuld; Schneider-Ludorff, Verdrängen.
4 Vgl. Oelke, Schuld, 22 f.
5 Vgl. zur Geschichte dieser Arbeitsgruppe Kammerer, Haare; Stöhr, Arbeitsgemeinschaft;

nischen Synode „Zur Erneuerung des Verhältnisses von Christen und Juden" von 1980[6].

Dieses Narrativ folgt insofern einem Von-oben-nach-unten-Duktus, als der Kirchentagsimpuls von 1961 zwar als „Aufbruch" in die Phase der theologischen Neuansätze eingeordnet wird, als eigentliches Movens derselben aber die Abfassung des 1975 vorgelegten ersten Teils der Studie „Christen und Juden" durch die 1967 eingesetzte entsprechende Studienkommission der EKD[7] verstanden wird, die in der dritten Phase dann wiederum auf die nächstuntergeordnete Ebene der Landeskirchen eingewirkt habe[8]. Die katholische Geschichtsschreibung des christlich-jüdischen Verhältnisses wird in diesen Duktus insofern integriert, als die Erklärung „Nostra aetate" des Zweiten Vatikanischen Konzils von 1965 auch für die evangelische Kirche als „eigentliche Initialzündung zu einer grundlegenden Neubeschäftigung mit dem christlich-jüdischen Verhältnis in den 1960er Jahren"[9] eingeordnet wird. Faktisch ist aber auch die Erzähl*struktur* hier eine parallele zu jener der katholischen Kirche[10].

Ein anderes, stärker ökumenisch ausgerichtetes Narrativ des Verhältnisses von Christentum und Judentum in Deutschland nach 1945 definiert als erste Phase die Zeit von 1945 bis 1950, die von verschiedenartigen Schulderklärungen geprägt gewesen sei[11]. Die Zäsur im Jahr 1950 orientiert sich v. a. an dem von der Synode der EKD zu diesem Zeitpunkt verabschiedeten „Wort zur Judenfrage"[12], das als vorläufiger Abschluss des Schuldanerkenntnisses auf evangelischer Seite eingeordnet wird. Gemäß diesem Narrativ schloss sich von 1950 bis 1975 „eine lange Phase des Schweigens" offizieller Gremien der EKD an, die „allerdings begleitet" gewesen sei „von einer intensiven dialogischen Arbeit im Stillen, die immer weitere Kreise zog" und nicht nur die evangelische Kirche betraf[13]. Dem sei ab 1975 – dem Jahr des Erscheinens des ersten Teils der EKD-Studie „Christen und Juden" – eine „Phase des öffentlichen Redens und Bekennens" gefolgt[14]. Im Gegensatz zum ersten Modell werden

---

Zander, Philosemitismus, 271–298. Die Erklärung der Arbeitsgruppe von 1961 ist abgedruckt in Rendtorff / Henrix, Kirchen, 553 f.

6 Abgedruckt in Rendtorff / Henrix, Kirchen, 593–595.

7 Vgl. Christen und Juden I–III.

8 Vgl. Oelke, Schuld, 16–21.

9 Ebd., 17. Die Erklärung ist abgedruckt in Rendtorff / Henrix, Kirchen, 39–44.

10 In der katholischen Wahrnehmung des christlich-jüdischen Verhältnisses stellt die Erklärung „Nostra Aetate" den absoluten Höhe- und Wendepunkt dar (vgl. Koschel, Kirche). Überwiegend der Geschichte des Verhältnisses der deutschen katholischen Kirche zum Judentum bis 1982 gewidmet ist Richter, Kirche (Edition mit Aufsätzen; Teilnachdruck „für den innerkirchlichen Dienstgebrauch" in der DDR als Richter / Särchen, Kirche).

11 Vgl. Jung, Christen, 250–252.

12 Abgedruckt in Rendtorff / Henrix, Kirchen, 548 f. Vgl. zu dieser Erklärung Hermle, Kirche, 348–365.

13 Jung, Christen, 252.

14 Ebd.

hier also von unten nach oben gerichtete Impulse als maßgeblich für eine letztliche Sprachfindung des deutschen Protestantismus gegenüber dem Judentum geltend gemacht. Um eine solche These zu verifizieren, wäre außer der Geschichte der schon erwähnten Kirchentags-Arbeitsgruppe „Juden und Christen" insbesondere die bislang nicht bzw. nur in Ansätzen geschriebene, höchst vielfältige Geschichte der landeskirchlichen Arbeitskreise, die sich 1978 in der EKD zur „Konferenz Landeskirchlicher Arbeitskreise Christen und Juden" (KLAK) zusammenschlossen, von Interesse[15]. Auf der katholischen Seite beträfe dies u. a. die Geschichte des 1971 vom Zentralkomitee der deutschen Katholiken eingesetzten Gesprächskreises „Juden und Christen"[16].

Einen für das Verhältnis von Christentum und Judentum in der BRD ebenfalls bedeutenden Faktor, der in die vorliegenden Phasenmodelle zu integrieren ist, stellte die sich verändernde Wahrnehmung des Staates Israel dar. Wie der Kirchenhistoriker Gerhard Gronauer nachgewiesen hat, lässt sich diesbezüglich eine erste Phase von 1948 bis 1957 ausmachen, in der der Staat Israel „als Störfaktor der Mission" wahrgenommen wurde[17]. Dem sei von 1958 bis 1967 eine Phase gefolgt, in der er „als ‚Motor' der christlich-jüdischen Annäherung"[18] fungiert habe, wogegen ab diesem Zeitpunkt - der Sechstagekrieg markierte die Zäsur - der Staat Israel ein „Politikum"[19] und faktisch erneut einen Störfaktor der christlich-jüdischen Annäherung dargestellt habe. Auf das Verhältnis von Christentum und Judentum in der BRD gibt es zudem nichtkirchliche Erzählperspektiven, so diejenige des Deutschen Koordinierungsrates der seit 1948 entstandenen „Gesellschaften für christlich-jüdische Zusammenarbeit" (GCJZ)[20]. In der Eigengeschichtsschreibung definiert der Koordinierungsrat in seiner Arbeit vier Phasen: In Phase eins von 1948 bis 1957 sei es um „Bewältigung der Vergangenheit" und „Kollektivschuld" gegangen, in Phase zwei von 1958 bis 1965 schwerpunktmäßig um Erziehung, Theologie und Politik und in Phase drei von 1965 bis 1974 um die Auseinandersetzung mit dem kirchlichen Antijudaismus, wogegen Phase vier seit 1975 von der Auseinandersetzung mit Rechts- und Linksextremismus, dem Nahostkonflikt und dem Verhältnis BRD - Israel geprägt sei[21].

---

15 Vgl. zum Arbeitskreis Juden und Christen in der EKiBB Osten-Sacken, Institut; zum Ausschuss Christen und Juden in der EKiR und dessen Vorgeschichte vgl. Zander, Philosemitismus, 135–157; zum Ausschuss Christen und Juden in der EKvW und dessen Vorgeschichte ebd., 200, 210 f., 215–224.

16 Henrix, Arbeitsgemeinschaft, betont die enorme Bedeutung des Gesprächskreises. Heinz, Gottes, bietet nur eine an den Verlautbarungen des Gesprächskreises orientierte, keine eigentlich historische Darstellung.

17 Gronauer, Staat, 53.

18 Ebd., 126.

19 Ebd., 194.

20 Vgl. Bilanz und Perspektiven; Münz / Sirsch, Bedeutung. Zu den GCJZ und der von diesen veranstalteten „Woche der Brüderlichkeit" vgl. Münz, Jahre; Zander, Philosemitismus, 241–270.

21 Ebd., 97 f., hier 97.

Aufgrund der gänzlich anderen Rahmenbedingungen lässt sich keines der für die BRD existierenden Phasenmodelle der Beschreibung des christlich-jüdischen Verhältnisses unmittelbar auf die DDR übertragen. Auf der Basis der Untersuchung von Ostmeyer kann man hier seit den 1960er Jahren für Berlin und Leipzig von Einzelinitiativen zur Entstehung eines christlich-jüdischen Gesprächs vor Ort von Pfarrern und jüdischen Gemeindevorstehern sprechen[22]. Parallel lässt sich anhand der theologischen Presse von 1945 bis 1960 eine Phase ausmachen, in der der Bußgedanke im Vordergrund stand, wogegen die 1960er Jahre bis 1967 von einem Prozess theologischen Umdenkens hinsichtlich antijudaistischer Israelbilder geprägt gewesen sei[23]. Auffällig ist das politisch zu erklärende Schweigen in der kirchlichen Presse der DDR zum Thema Juden und Christen nach dem Sechstagekrieg, dem sich ab 1975 eine Phase weitergehender Auseinandersetzung mit dem christlich-jüdischen Verhältnis anschloss[24]. Diese Zäsur hatte nichts mit der EKD-Studie „Christen und Juden" zu tun, sondern mit der „Erklärung der leitenden Geistlichen der Evangelischen Kirchen in der DDR" (unter Beteiligung der Methodistischen Kirche und des Bundes evangelisch-freikirchlicher Gemeinden) von 1975, die eine einhellige Ablehnung der Zionismus-Resolution der UNO beinhaltete[25]. Es ist selbsterklärend, dass dieses Statement, das nur auf dem innerkirchlichen Dienstweg verbreitet werden konnte, im dezidiert antizionistisch ausgerichteten SED-Staat von erheblicher politischer Brisanz war. Es markierte den Eintritt der ostdeutschen Kirchenleitungen in die Wahrnehmung von Verantwortung für das christlich-jüdische Verhältnis.

Durch das Pogromnachtgedenken von 1978, zu dem die „Konferenz der Evangelischen Kirchenleitungen in der DDR" (KKL) ein „Wort an die Gemeinden" erließ[26], intensivierte sich das kirchliche Interesse am Judentum in den Kirchen der DDR auf allen Ebenen so stark, dass Ostmeyer dieses Jahr als „Wendepunkt" in der „Entwicklung der christlich-jüdischen Beziehungen" in der DDR bezeichnet[27]. Dieses Interesse stabilisierte sich in den 1980er Jahren und erreichte zum Pogromnachtgedenken 1988, zu dem der BEK und die EKD ein gemeinsames Wort erließen[28], einen erneuten Höhepunkt[29]. Seit 1980

22 Das betraf zunächst die Sächsische Kirche (Leipzig), seit den 1970er Jahren zudem Berlin und die EKKPS (Magdeburg und Erfurt) (vgl. Ostmeyer, Schuld, 242–263, 266–269). Auch in der Mecklenburgischen (Rostock) und der Pommerschen Kirche (Greifswald) existierten zu diesem Zeitpunkt schon jüdisch-christliche Initiativen, die mangels Juden aber kaum auf dialogische Arbeitsformen setzen konnten (vgl. ebd., 271–277). In den 1980er Jahren kamen Gründungen in Dresden, Thüringen (Eisenach), Karl-Marx-Stadt / Chemnitz und Görlitz hinzu, die sich teils als nichtkirchlich verstanden (vgl. ebd., 175 f., 269–271, 277–279).

23 Vgl. ebd., 103–109 (zur Zeitschrift „Zeichen der Zeit").

24 Vgl. ebd.

25 Vgl. hierzu ebd., 69. Die Erklärung ist abgedruckt in Rendtorff / Henrix, Kirchen, 580.

26 Abgedruckt in Rendtorff / Henrix, Kirchen, 588–590.

27 Ostmeyer, Schuld, 181; zur Relevanz der Pogromnachtgedenken in der DDR ab 1978 vgl. ebd., 167–181.

28 Abgedruckt in Henrix / Kraus, Kirchen, 562–564; vgl. ebd., 557–586 Worte von Landeskir-

bestand eine beim BEK angesiedelte Koordinierungsstelle für christlich-jüdische Fragen, der es jedoch lange nicht gelang, einen wissenschaftlichen Arbeitskreis zu etablieren, weil die Kirchenleitungen der Landeskirchen dies aus Ressourcengründen ablehnten[30]. Der wissenschaftliche Arbeitskreis tagte erstmals schließlich 1989 – dem Jahr, in dem auch das erste offizielle Gespräch zwischen Vertretern des BEK und des Verbandes jüdischer Gemeinden in der DDR stattfand[31]. Zu landeskirchlichen Erklärungen im Sinne einer theologischen Neuorientierung zum Thema Christen und Juden ist es bis zum Ende der 1980er Jahre im Osten nicht gekommen. Erst im Frühjahr 1990 verabschiedete die Berlin-Brandenburgische Synode den Beschluss „Zur Erneuerung unseres Verhältnisses zum Judentum", der eine klare Absage an den theologischen Antijudaismus enthielt[32].

Die Phasen des christlich-jüdischen Verhältnisses in der DDR können nicht getrennt von der sich verändernden Politik des SED-Staates gegenüber den Juden und deren Auswirkungen betrachtet werden, wozu auch die im Kontrast zur Situation in der BRD extreme Ausdünnung der jüdischen Gemeinden zu zählen ist[33]. Mit dem Historiker Lothar Mertens lassen sich vier Phasen unterscheiden: Phase eins bis 1953, in der die anfangs wohlwollende Haltung gegenüber den Juden ab 1950 durch die auch in der DDR wirksame antisemitische Interimsperiode im Ostblock abgelöst worden war; Phase zwei von der Mitte der 1950er bis zur Mitte der 1960er Jahre, die von politischer Indifferenz des Staates gegenüber den Juden und Distanz der jüdischen Gemeinden zum DDR-Staat gekennzeichnet war; Phase drei von 1967 bis Anfang der 1980er Jahre, in der eine massive Instrumentalisierung der Juden „als Alibi für die antizionistische Politik des Staates" einsetzte, die sich in Phase vier in

---

chen zu diesem Anlass. Zum gemeinsamen Wort von BEK und EKD als „Kompromissformel" vgl. Ostmeyer, Schuld, 53 f., 178; Töllner, Barbarei, 226.

29 Entsprechend lassen sich für die in den evangelischen Kirchen in der DDR breit rezipierte Zeitschrift „Die Christenlehre" (nach kürzeren Interessenphasen in den frühen 1950er und der ersten Hälfte der 1960er Jahre) die gesamten 1980er Jahre als Phase einer intensiveren Auseinandersetzung mit dem Judentum ausmachen (vgl. Becker, Thema, 128 f.).

30 Vgl. Ostmeyer, Schuld, 282–287. Bei der Koordinierungsstelle handelte es sich um den um die nichtlutherischen Landeskirchen erweiterten Arbeitskreis „Kirche und Judentum" der VELKD in der DDR.

31 Vgl. ebd., 287–289; Arndt, Shoah, 62.

32 Vgl. Ostmeyer, Schuld, 58–64.

33 In der SBZ lebten nach dem Kriegsende noch ca. 3.500 Juden; am Ende der DDR-Zeit waren es weniger als 300 Mitglieder jüdischer Gemeinden (vgl. Maser, Juden, 397; Mertens, Kinder, 288; detailliertere Angaben in ders., Jugend, 195 f., 198 f.). In der BRD lebten 1955, nachdem sich die Lager der *Displaced persons* mit ca. 200.000 Juden ab 1948 durch Massenauswanderungen v. a. nach Israel geleert hatten, noch ca. 16.000 Juden; durch Remigration stieg die Zahl bis zum Ende der deutschen Teilung auf ca. 29.000 (vgl. Benz, Status; FOWID Mitglieder). Zur Situation von Juden und jüdischen Gemeinden in der DDR vgl. Arndt, Gespräch; Benz, Antisemitismus; Hartewig, Geschichte; Maser, Juden; Mertens, Kinder; Niether, Juden; Ostmeyer, Schuld, 216–227; aus jüdischer Perspektive Helbig, Geschichte; Kirchner, Minorität. Zur Instrumentalisierung des Pogromnachtgedenkens vgl. Schmid, Antifaschismus.

den 1980er Jahren auch außenpolitisch weiter intensivierte – bis dahin, dass das Pogromnachtgedenken 1988 als eine Art Staatsakt begangen wurde[34]. Die sich seit den 1970er Jahren intensivierenden christlich-jüdischen Kontakte stellten einen Störfaktor in der Instrumentalisierungspolitik des SED-Staates gegenüber den Juden und insofern per se ein Politikum dar – auch dann, wenn es nicht explizit um die antizionistische Außenpolitik der DDR ging.

2. Methodische Annäherung an ein deutsch-deutsches Narrativ des Verhältnisses von Christentum und Judentum

Die dargestellten Phasenmodelle bieten mehrere Anhaltspunkte für eine methodische Annäherung an ein deutsch-deutsches Narrativ des Verhältnisses von Christentum und Judentum. Hierzu gehört zunächst die Beobachtung, dass in allen Fällen von einer neuen und sich dann immer weiter verbessernden Qualität des christlich-jüdischen Verhältnisses seit der Mitte, spätestens dem Ende der 1970er Jahre ausgegangen wird. Unterschiedlich beschrieben wird die Genese dieser neuen Qualität. Während für die DDR offensichtlich eindeutig zu sagen ist, dass es sich dabei um das Ergebnis von Impulsen handelte, die von Einzelinitiativen in einigen Landeskirchen ausgingen, changieren die Darstellungen für die BRD zwischen einem ebenfalls Basisinitiativen als treibende Kräfte betonenden und einem stärker die Leitungsebene der EKD als eigentliche Triebkraft fokussierenden Ansatz, weil im Gegensatz zur DDR auch letzterer hier deutlich greifbar ist. Die Beschreibungen der Phase der neuen Qualität der Beziehungen ab um 1980 fokussieren in der BRD die Ebene landeskirchlicher Leitungsgremien, die für die DDR ebenso wie die BEK-Leitungsebene neben den weitergehenden Basisinitiativen nur wenig in den Blick kommt – einfach deshalb nicht, weil es für diese Ebenen hier deutlich weniger zu sagen gibt, als das in der BRD der Fall ist. Für die BRD impliziert die andere Sachlage hinsichtlich des Engagements von Kirchenleitungen zugleich, dass die Geschichtsschreibung von Basisinitiativen bislang vernachlässigt wurde, weil offensichtlich der Eindruck dominiert, dass programmatische Äußerungen von Kirchenleitungen das Eigentliche des jüdisch-christlichen Verhältnisses beschreiben. Gleichwohl kommen die Gemeinden vor Ort dann letztlich als weißer Fleck im jüdisch-christlichen Gespräch in den Blick. Ob die Narrative des christlich-jüdischen Verhältnisses in der BRD, die in hohem Maße auf die theologische Aufarbeitung der Schuldproblematik fokussiert sind, bereits hinreichend mit den politischen Implikationen durch den Blick auf den Staat Israel v. a. seit 1967 zusammengedacht wurden, ist m. E. mindestens fraglich.

34 Goschler, DDR, 5; vgl. auch Hildebrandt, Gespräch, 144.

Vor dem Hintergrund der unterschiedlichen historischen Entwicklungen und der existierenden Narrative der jüdisch-christlichen Beziehungen in Ost und West sehe ich folgende Optionen für eine Öffnung in Richtung eines deutsch-deutschen Narrativs:

1) den Zugang über Landeskirchen und konfessionelle Profile
Quer zu den greifbaren deutsch-deutschen Unterschieden scheint zu stehen, dass bestimmte Landeskirchen in unterschiedlicher Weise Vorreiter der jüdisch-christlichen Arbeit gewesen sind. Es kann für Ost und West nach den dahinterstehenden Akteuren und Prozessen sowie der Relevanz des jeweiligen konfessionellen Profils gefragt und nach Gemeinsamkeiten und Unterschieden gesucht werden.
2) den Zugang über deutsch-deutsche Impulse und Rezeptionen sowie Vergleiche zwischen parallelen Äußerungen
Es gibt mehrere Hinweise auf deutsch-deutsche Impulse und Rezeptionen im Bereich jüdisch-christlicher Arbeit auf verschiedenen Ebenen. Diesen gilt es nachzugehen und sie im Blick auf darin zum Ausdruck kommende unterschiedliche Profile wie auch mögliche Synergien zu systematisieren. Aufschluss ist zudem zu erwarten von einem Vergleich paralleler Äußerungen ost- und westdeutscher kirchlicher Gremien zu denselben Anlässen.
3) den Zugang über den Aspekt evangelisch-katholischer Kooperationen
Auch jenseits der erwähnten Relevanz der Erklärung „Nostra aetate" des Zweiten Vatikanischen Konzils hat es in Ost und West Wechselbeziehungen und Synergien zwischen evangelischen und katholischen Bemühungen um ein christlich-jüdisches Gespräch gegeben. Auch hier kann ebenso nach in Ost und West jeweils spezifischen Profilen wie nach Gemeinsamkeiten gesucht werden.
4) den Zugang über den Aspekt einer Öffnung für den Dialog mit Juden
Es ist offensichtlich, dass der theologische Diskurs über christliche Antijudaismen, der sich ab den 1960er Jahren an die reine Fokussierung auf das Schuldeingeständnis anschloss bzw. dieses begleitete und im Kern die Akzeptanz der bleibenden Erwählung Israels respektive den Abschied von der Judenmission betraf[35], früher oder später den Übergang vom Gespräch über Juden zum dialogischen Gespräch mit Juden implizieren musste. Dieser in Ost und West zu unterschiedlichen Zeiten und auf unterschiedlichen Ebenen zu beobachtende Übergang kann insofern als Symptom für einen parallel vollzogenen Paradigmenwechsel im christlich-jüdischen Verhältnis gewertet werden, auch wenn dies nicht in allen Fällen gleichermaßen intensiv theologisch reflektiert wurde.
5) den Zugang über die Adressatenorientierung Gemeinde und Schule
Von der Selbstverständigung auf kirchlichen Leitungsebenen und der

35 Vgl. zu den Kernpunkten der theologischen Diskussion ab den 1960er Jahren im Überblick Oelke, Schuld, 13–18. Jung macht auf die weitergehende Relevanz des Anliegens der Judenmission in evangelikalen Kreisen aufmerksam (vgl. Jung, Christen, 255 f.).

Öffnung für den Dialog mit Juden ist als eigener Zugang die Orientierung christlich-jüdischer Arbeit auf Gemeinden sowie SchülerInnen als Adressaten zu unterscheiden. Es kann gefragt werden, wann und in welcher Weise in Ost und West diese Adressatenorientierung, insbesondere die Vermittlung von Bildung zum Judentum, in den Blick gekommen ist und welche deutsch-deutschen Impulse dabei möglicherweise eine Rolle spielten.

6) den Zugang über Akteure auf christlicher und jüdischer Seite und deren biographische Bezüge
Es ist offensichtlich, dass die Etablierung einer jüdisch-christlichen Arbeit in hohem Maße zunächst einmal das Ergebnis der Initiative Einzelner auf christlicher und jüdischer Seite war. Entsprechend wären biographische Zugänge über diese Akteure, auch im Ost-West-Vergleich, von Interesse für die Eruierung von Motivlagen und Konstellationen der christlich-jüdischen Arbeit, insbesondere unter Einbeziehung langfristiger Perspektiven.

7) den Zugang über die Relevanz politischer Rahmenbedingungen und politischer Implikationen
Sowohl in Ost- als auch in Westdeutschland hatten – wenn auch unter entgegengesetzten Vorzeichen des Kalten Krieges – außen- und innenpolitische Rahmenbedingungen einen erheblichen Einfluss auf das christlich-jüdische Verhältnis, so dass sich auch über diesen Zugriff ein deutsch-deutsches Narrativ ergeben kann. Der Umgang mit den Juden war in beiden Nach-Shoah-Deutschlands der Lackmustest für die Abkehr vom Nationalsozialismus, den zu verfehlen sich auf je ihre Weise keine Seite leisten konnte und wollte. Darüber hinaus forderte die Entwicklung des Staates Israel ständig neue Positionierungen, die mit den theologischen Aufbrüchen in Sachen christlicher Antijudaismus abzugleichen waren. Für die DDR ist evident, dass der christlich-jüdische Dialog ein Politikum darstellte. Von Interesse wäre, inwiefern das parallel auch für die BRD gesagt werden kann.

8) den Zugang über die Relevanz weitergehender antisemitischer Positionen
Ein weiterer sowohl in der DDR als auch in der BRD relevanter Aspekt ist die Kontinuität antisemitischer Positionen und Handlungen nicht nur der ersten Generation nach dem Ende der NS-Zeit, sondern auf Dauer. Für Ost und West kann gefragt werden, inwieweit christlich-jüdische Arbeit nicht nur eine Reaktion auf die Shoah, sondern kurz- und/oder langfristig auch auf den weitergehenden Antisemitismus darstellte.

Freilich sind diese Zugänge nicht in dem Sinne zu unterscheiden, dass bestimmte konkrete Ereignisse und Entwicklungen ausschließlich einem Zugang zuordenbar wären, sondern dass diese grundsätzlich über verschiedene Zugänge in den Blick genommen werden können.

3. Materiale Annäherung an ein deutsch-deutsches Narrativ des Verhältnisses von Christentum und Judentum

In diesem Abschnitt sollen die soeben vorgestellten methodischen Überlegungen schwerpunktmäßig am Beispiel der konfessionellen Profile der Landeskirchen (1 und 2), Beobachtungen zur Öffnung für den Dialog mit Juden (3) und zur Relevanz politischer Rahmenbedingungen bzw. politischer Implikationen sowie antisemitischer Haltungen und Handlungen (4), verbunden mit Einzelbeispielen für andere Zugänge, exemplarisch erprobt werden.

3.1 Lutherische Landeskirchen

Einzusetzen ist, geht man chronologisch vor, bei den lutherischen Landeskirchen, in denen 1945 eine Anknüpfung an den 1935 verbotenen Leipziger „Evangelisch-Lutherischen Zentralverein für Mission unter Israel"[36] eine Rolle spielte. Im Westen konstituierte sich der Verein unter Federführung des Neutestamentlers Karl Heinrich Rengstorf bereits im Oktober 1945 neu, wobei er vorübergehend auf den Missionsschwerpunkt verzichtete[37]. Die Fortführung des Leipziger Erbes konzentrierte sich seit 1948 in Gestalt des wiedergegründeten „Institutum Judaicum Delitzschianum" in Münster und somit in der Westfälischen Kirche. Es darf allerdings nicht übersehen werden, dass es mit dem „Landeskirchlichen Ausschuss für Mission unter Israel" bereits seit 1946 auch einen östlichen Zweig der Wiederanknüpfung an die Leipziger israelmissionarische Tradition gegeben hat, der faktisch die Keimzelle christlich-jüdischer Arbeit in der DDR darstellte[38]. Federführend war hier der Neutestamentler Albrecht Oepke, der auch die „Erklärung zur Schuld am jüdischen Volk" der Sächsischen Synode vom 17./18. April 1948 anregte. Ähnlich dem „Wort zur Judenfrage" des Bruderrates vom 8. April 1948, an dem sie sich orientierte, hielt diese Erklärung an der Judenmission fest und sprach nur im Blick auf den Ausschluss von Judenchristen aus der Kirche von einer Schuld an den Juden – als landeskirchliche Erklärung mit einer klaren Benennung deutscher Schuld an der Shoah war sie in Deutschland zu dieser Zeit dennoch einzigartig[39].

Interessant ist die weitere Entwicklung der Geschwisterinitiativen in Ost

36 Vgl. zur Geschichte dieses Vereins Baumann, Wege; Küttler, Judenmission.

37 Vgl. Hermle, Kirche, 285–291.

38 Der sächsische Ausschuss verstand sich als zum Zentralverein gehörig (vgl. Küttler, Judenmission, 279).

39 Das Wort der Sächsischen Synode ist abgedruckt in Rendtorff / Henrix, Kirchen, 544 f.; das Wort des Bruderrates ebd., 540–545. Vgl. zu diesen Erklärungen Hermle, Kirche, 315–339; zur Entwicklung der christlich-jüdischen Arbeit in Sachsen Lindemann / Arndt, Geschichte; Niether, Juden, 239–250.

und West hinsichtlich ihrer Namensänderungen und der sich darin ausdrückenden konzeptionellen Revisionen des eigenen Programms. Die unter dem Namen „Evangelisch-Lutherischer Zentralverein für Mission unter Israel" im Westen weitergeführte Nachfolgeinstitution der Leipziger Arbeitsgemeinschaft wurde 1985 umbenannt in „Evangelisch-lutherischer Zentralverein für Zeugnis und Dienst unter Juden und Christen" und ließ damit eine allmähliche Abkehr vom Anliegen der Judenmission erkennen[40]. Hier spielte möglicherweise die programmatische Erklärung „Luther, das Luthertum und die Juden" des Lutherischen Weltbundes von 1984 eine Rolle, die als „Wendepunkt im jüdisch-lutherischen Gespräch auf globaler Ebene"[41] eingeordnet wird. Der 1966 konstituierte Unterausschuss „Judenmission" der VELKD und des Deutschen Nationalkomitees des LWB war allerdings schon kurz nach seiner Gründung umbenannt worden in Arbeitskreis „Kirche und Judentum"[42]. Dieser Ausschuss unterhielt enge Kontakte in die DDR, die mindestens für die christlich-jüdische Arbeit in der Mecklenburgischen und der Pommerschen Kirche essentiell waren[43].

Der sächsische „Ausschuss für Mission unter Israel" als Schwesterinstitution im Osten, die sich praktisch als Organ für die christlich-jüdische Arbeit in den drei lutherischen Landeskirchen im Osten verstand und seit 1950 in Leipzig jährlich Arbeitstagungen zu Kirche und Judentum organisierte, nannte sich 1968 in Arbeitsgemeinschaft „Kirche und Judentum" um und avancierte ab den 1970er Jahren unter Federführung des Pfarrers Siegfried Theodor Arndt und des Vorsitzenden der Leipziger jüdischen Gemeinde Eugen Gollomb zu einer koordinierenden Institution für die protestantisch-jüdische Arbeit in der DDR, die Vortragsreihen zum Verstehen des Judentums veranstaltete und Arbeitsmaterialien für Gemeinden herausgab[44]. Die 1988 am Theologischen Seminar (ehem. Missionshaus) Leipzig gegründete „Forschungsstelle Judentum" knüpfte an die judaistische Forschungstradition des „Institutum Judaicum Delitzschianum" an.

---

40 Vgl. Jung, Christen, 255. Die „Erklärung zur Namensänderung" ist abgedruckt in Rendtorff / Henrix, Kirchen, 620 f. 2001 erfolgte eine erneute Umbenennung in „Evangelisch-lutherischer Zentralverein für Begegnung von Christen und Juden". Mitglieder sind Zweigvereine in Bayern, Niedersachsen und Nordelbien, die Selbständige Evangelisch-Lutherische Kirche und die Leipziger Jüdisch-christliche Arbeitsgemeinschaft.

41 Greive, Wendepunkte, 11. Die Erklärung ist abgedruckt in Rendtorff / Henrix, Kirchen, 437–440.

42 Vgl. Ostmeyer, Schuld, 281.

43 Vgl. ebd., 272–275. In Mecklenburg lag die Federführung in der christlich-jüdischen Arbeit seit den 1970er Jahren bei der Katechetin Christiane Niemann.

44 Vgl. zur Geschichte der Leipziger Arbeitsgemeinschaft, die sich seit 1990 „Jüdisch-christliche Arbeitsgemeinschaft" nennt, Ostmeyer, Schuld, 121 f., 242–247. Die Sächsische Kirche bemühte sich vergleichsweise intensiv auch um eine Breitenwirksamkeit der christlich-jüdischen Arbeit, z. B. durch die Benennung hierfür verantwortlicher Pfarrer in allen Kirchenkreisen, durch Artikel zum Judentum in der kirchlichen Presse und bereits seit 1946 angebotene Pastoralkollegs zum Thema „Kirche und Synagoge" sowie Weiterbildungen und Materialien für Katecheten (vgl. ebd., 78 f., 94–98, 123, 243).

3.2 Unierte Landeskirchen

Die frühesten Entwicklungen in Richtung einer christlich-jüdischen Arbeit in den unierten Kirchen im Westen gingen institutionell teils aus dem ebenfalls von Rengstorf angeregten und 1948 als deutscher Zweig des „International Committee on the Christian Approach to the Jews" gegründeten „Deutschen Evangelischen Ausschuss für Dienst an Israel" hervor, dem Rengstorf bis zu dessen Auflösung 1982 auch vorstand[45]. Es war das direkte Gespräch mit Juden, das v. a. die ersten vier Tagungen dieses Arbeitskreises in den Jahren 1948 bis 1952 zu einem Impulsgeber für die Weiterentwicklung des christlich-jüdischen Verhältnisses machte. Diese Impulse wurden in regionalen Arbeitskreisen aufgegriffen und selbstständig fortgeführt.

Zu erwähnen ist an dieser Stelle zunächst der 1952/53 unter Federführung des Pfarrers Adolf Freudenberg gegründete „Evangelische Arbeitskreis für Dienst an Israel in Hessen und Nassau". Es wäre allerdings nicht sachgerecht, Freudenberg lediglich als Empfänger von Impulsen des „Ausschusses für Dienst an Israel" darzustellen. Freudenberg war u. a. 1947 in die Abfassung der „Seelisberger Thesen" des soeben gegründeten „Internationalen Rates der Juden und Christen" als erstem gemeinsamen Statement von Juden und Christen mit programmatischen Aussagen über einen angemessenen Umgang mit dem Thema Juden in Predigt und Katechese[46] involviert, er regte das „Wort zur Judenfrage" des Bruderrates von 1948 an, er war seit 1949 die treibende Kraft bei dem Bemühen, das Thema Christen und Juden auf der Agenda der Kirchentage unterzubringen, und er gehörte zu den Anregern und Mitverfassern des „Wortes zur Judenfrage" des Rates der EKD von 1950[47]. Vor diesem Hintergrund hat der Kirchenhistoriker Siegfried Hermle Freudenberg als „Schlüsselfigur für die Beschäftigung der Kirchen mit ihrem Verhältnis zum Judentum" nach 1945 eingeordnet und im Blick auf Deutschland geurteilt, dass ohne Freudenberg „die ‚Judenfrage' in der deutschen evangelischen Kirche nicht […] in dem Maß zum Thema geworden wäre, wie es tatsächlich geschah"[48]. Ein wichtiger Vertreter der zweiten Generation der christlich-jüdischen Arbeit in Hessen von ebenfalls deutlich über die Landeskirche hinausreichender Bedeutung war der Theologe Martin Stöhr. Der hessische „Arbeitskreis für Dienst an Israel", der sich 1964 in „Evangelischer Arbeitskreis Kirche und Israel" umbenannte, avancierte zu einer maßgeblichen

45 Vgl. zu diesem Ausschuss und dessen ersten vier Arbeitstagungen GRONAUER, Staat, 97–107; HERMLE, Kirche, 195–250.

46 Abgedruckt in RENDTORFF / HENRIX, Kirchen, 646 f.

47 Vgl. HERMLE, Kirche, 251–260 (mit Anm. 145), 369 f. (Hermle benennt weitere zentrale Verdienste Freudenbergs um die jüdisch-christliche Arbeit); STÖHR, Arbeitsgemeinschaft, 33 f.; DERS., Notwendigkeiten, 54–67, 83.

48 HERMLE, Kirche, 369; ausführlicher zur Bedeutung Freudenbergs vgl. DERS., Bruder; STÖHR, Juden.

Plattform für die Formierung der „Arbeitsgemeinschaft Juden und Christen beim Deutschen evangelischen Kirchentag“[49].

In besonderer Weise war der 1958 in Berlin (West) von der Landeskirche autorisierte Ausschuss „Dienst an Israel“ – seit 1966 „Berliner Arbeitsgemeinschaft Christen und Juden“ – konstitutiv für die Etablierung der Kirchentagsarbeitsgemeinschaft[50]. Zur Berliner christlich-jüdischen Arbeit ist aber zugleich zu bemerken, dass sich hier unter Federführung des Neutestamentlers Günther Harder bereits 1951/52 ein Arbeitskreis konstituiert hatte, der sich um die Verbreitung der „Schwalbacher Thesen“ bemühte[51] – jener Thesen also, die 1950 in Anknüpfung an die bereits erwähnten „Seelisberger Thesen“ von katholischen und evangelischen Theologen und Pädagogen im Sinne einer Selbstverpflichtung zur Bekämpfung von Antijudaismus in allen Bereichen der Gesellschaft formuliert worden waren[52]. Es handelte sich um eine Initiative mehrerer GCJZ, die auf Einladung von Adolf Freudenberg in Bad Schwalbach zusammengekommen waren. Diese Wurzel der Berliner christlich-jüdischen Initiative wirft ein Schlaglicht auf den Beginn dessen, was der katholische Theologe Hans Hermann Henrix die „unterirdische Arbeitsgemeinschaft“ evangelischer und katholischer Basisinitiativen zum christlich-jüdischen Verhältnis[53] genannt hat, wie sie sich 1971 im Kontext des „Augsburger Pfingsttreffens“ – des ersten ökumenischen Kirchentags – im Gegenüber von Gesprächskreis „Juden und Christen beim Zentralkomitee der deutschen Katholiken“ und „Arbeitsgemeinschaft Juden und Christen beim Deutschen evangelischen Kirchentag“ dann institutionalisierte[54]. Der Anfang dieser Kooperation ist nicht getrennt denkbar vom Katholikentag in Mainz 1948 und der mit diesem einsetzenden Publikation der „Freiburger Rundbriefe“ durch die Volkswirtin und Pazifistin Gertrud Luckner[55].

Die dritte unierte Kirche, die für die Gründung der Arbeitsgemeinschaft beim Kirchentag personell maßgeblich war, war die Rheinische Kirche. Unter konfessionellen Gesichtspunkten ist die Rheinische Kirche deshalb interessant, weil es hier Impulse aus den niederländischen reformierten Kirchen waren, die zur Aufnahme einer christlich-jüdischen Arbeit führten[56]. Der

49 Seit 2009 „ImDialog“.

50 Auf die Initiative des Berliner Ausschusses „Dienst an Israel“ ging auch die 1960 erfolgte Gründung des Berliner „Instituts Kirche und Judentum“ zurück, dessen Leiter von 1974 bis 2007 Peter von der Osten-Sacken war (vgl. Osten-Sacken, Institut).

51 Vgl. Osten-Sacken, Institut, 8.

52 Abgedruckt in Rendtorff / Henrix, Kirchen, 547–650. Vgl. hierzu Stöhr, Notwendigkeiten, 63–65.

53 Henrix, Arbeitsgemeinschaft.

54 Vgl. hierzu Heinz, Gottes, 14.; Kammerer, Haare, 74 f.; Stöhr, Notwendigkeiten, 105 f.

55 Vgl. hierzu ebd., 173 f.; Jung, Christen, 234 f., 243; Richter, Kirche, 12; Stöhr, Notwendigkeiten, 66 f.

56 Vgl. Zander, Philosemitismus, 135, 137, 239. Heinz Kremers, maßgeblicher Nestor der christlich-jüdischen Arbeit im Rheinland, nennt als wichtige Impulse die Kirchenordnung der niederländischen Reformierten Kirche von 1951 und die 1959 in den Niederlanden und 1961 in

theologische Ausschuss der Rheinischen Landessynode sah sich für die christlich-jüdische Arbeit verantwortlich und veranlasste die Landessynode 1965 dazu, die EKD um die Einsetzung einer Studienkommission zu bitten, „die das Verhältnis der Kirche zum Judentum theologisch klären soll“[57]. Diese Genese der dann tatsächlich eingesetzten Studienkommission und der Studie „Christen und Juden“ der EKD von 1975 gibt Aufschluss über die Hintergründe der Tatsache, dass es sich hier nur um ein langwierig auszuhandelndes Kompromisspapier handeln konnte – denn die EKD musste in die Studienkommission außer Mitgliedern der Arbeitsgemeinschaft des Kirchentags, die weitgehend uniert waren, auch Vertreter der Judenmission, die dem lutherischen Lager zugehörten, berufen[58]. Der Impuls für die Entstehung des Rheinischen Synodalbeschlusses von 1980 war die Absicht, eine klarere Stellungnahme zum christlich-jüdischen Verhältnis zu verfassen, als sie mit der EKD-Studie vorlag[59].

Die aus heutiger Perspektive zukunftsweisende Erklärung der Rheinischen Synode von 1980, der sich im Rheinland 1983 und 1988 weitere Synodalerklärungen und 1987 auch eine Änderung der Kirchenordnung anschlossen, hat mit ihrem konsequent dialogischen Ansatz zeitgenössisch sehr kontroverse Reaktionen ausgelöst[60]. Es waren bekanntlich nicht nur evangelikale Kreise, die ablehnend reagierten[61], sondern auch akademische Theologen. Eine Rezeption des Rheinischen Beschlusses durch andere Landeskirchen erfolgte nur zögerlich: 1984 durch die Badische Synode und die Synode der Brandenburgischen Kirche (West) sowie – wenig verwunderlich – durch den Landeskirchenrat der Reformierten Kirche[62]. Von 1984 bis 1990 dauerte der

---

Zürich in deutscher Übersetzung erschienene Publikation „Israel und die Kirche“ (vgl. Kremers, Eigenart, 13 f.). Zur Vorreiterrolle der reformierten Kirchen im christlich-jüdischen Dialog vgl. Jung, Christen, 254.

57 Zander, Philosemitismus, 135 f., hier 136.

58 Der theologische Ausschuss der Rheinischen Kirche hatte ursprünglich vorgeschlagen, die AG Kirchentag mit der Ausarbeitung der Studie zu betrauen. Vgl. zur Studie der EKD als Kompromisspapier Gronauer, Staat, 368, 379; Hinz, Entdeckung, Teil I, 183; Jung, Christen, 252; Kammerer, Haare, 102 f.; Kremers, Eigenart, 16 f. Die Synode der EKD hat erst 2016 einen Beschluss gegen die Judenmission gefasst.

59 Vgl. Zander, Philosemitismus, 144.

60 Zur Erklärung der Rheinischen Synode von 1980 siehe oben Anm. 6; zum dialogischen Ansatz siehe unten Abschnitt 3.3; zur kontroversen Rezeption vgl. Kriener / Schmidt, Christen; Kremers, Eigenart, 14 f.; Oelke, Schuld, 19; Zander, Philosemitismus, 149–171; aus der Perspektive der östlichen Landeskirchen Hinz, Entdeckung, Teil I, 184–195 u. Teil II, 2–18. Die Erklärungen von 1983, 1987 und 1988 sind abgedruckt in Rendtorff / Henrix, Kirchen, 605 f.; Henrix / Kraus, Kirchen, 556–561.

61 Vgl. zum missionarischen Philosemitismus in Pietismus und Evangelikalismus und dessen bis in die Gegenwart wachsender Bedeutung u. a. Jung, Christen, 255 f.; Zander, Philosemitismus, 299–308.

62 Vgl. Rendtorff / Henrix, Kirchen, 609–616. In der Badischen Landeskirche war die Verpflichtung zur „Begegnung mit der Judenheit“ bereits 1972 in die Grundordnung aufgenommen worden (vgl. Barkenings, Neupositionierung, 53 f., hier 53). Schlüsselfigur der Etablierung des

sich anschließende Diskussionsprozess mit jüdischer Beteiligung über Leitsätze zum Thema „Wir und die Juden – Israel und die Kirche" im Reformierten Bund, die die theologischen Aussagen des Rheinischen Synodalbeschlusses theologisch weiterführten[63]. Lutherische Landeskirchen rezipierten den Rheinischen Synodalbeschluss erst seit den 1990er Jahren. Für die ostdeutsche Seite stellte der Magdeburger Theologe und maßgebliche Beförderer der christlich-jüdischen Arbeit in der DDR Christoph Hinz 1988 enttäuscht fest: „Noch keine DDR-Kirche hat das Thema der Rheinischen Synode 1980 aufgenommen."[64] Angesichts dieser Befunde für West und Ost ist es nicht verwunderlich, dass Protagonisten des jüdisch-christlichen Gesprächs noch in den späten 1980er Jahren skeptisch waren, ob „der neue christlich-jüdische Dialog in der evangelischen Theologie in Deutschland" nicht „eine vorübergehende Erscheinung sein wird"[65].

In der DDR hatten sich seit den 1970er Jahren noch zwei Zentren des jüdisch-christlichen Dialogs in unierten Kirchen etabliert, und zwar in Magdeburg (EKKPS) und in Berlin (EKiBB Ost). Die Kirchenprovinz Sachsen ist hier zunächst im Blick auf den von dem Konsistorialpräsidenten und Präses der Synode Lothar Kreyssig auf der Synode der EKD 1958 eingebrachten Aufruf zur Gründung von „Aktion Sühnezeichen" als, wie er es verstand, „Verkörperung gelebten Tatchristentums" zu erwähnen[66]. Die Liste der EKD-Synodalen, die den Aufruf unterzeichnet haben, weist aus, dass die Initiative in überproportional hohem Maße von Delegierten aus den DDR-Kirchen getragen worden war[67], so dass die Aktion-Sühnezeichen-Gründung insgesamt durchaus als ein deutsch-deutscher Impuls von Ost nach West einzuordnen ist. Die unterschiedlichen Entwicklungen von „Aktion Sühnezeichen" in Ost und West sind in Anton Legerers Untersuchung nachzulesen. Für den östlichen Zweig sind die enge Kooperation mit dem Leiter der Arbeitsstelle für

---

christlich-jüdischen Dialogs auf evangelischer Seite war hier der Pfarrer Hermann Maas (vgl. JUNG, Christen, 238; KELLER, Leben). Zum Rezeptionsprozess des Rheinischen Synodalbeschlusses im Überblick vgl. BARKENINGS, Neupositionierung; KRAUS, Synodalbeschluss. Hiervon zu unterscheiden sind die Äußerungen etlicher Landeskirchen zum 50. Gedenken an die Pogromnacht 1988 (siehe oben Anm. 28).

63 Abgedruckt in EBD., 616–620; HENRIX / KRAUS, Kirchen, 603–612. Vgl. hierzu JUNG, Christen, 254; ZANDER, Philosemitismus, 308–313. 1988 erfolgte eine Änderung der Kirchenverfassung der Ev.-Reformierten Kirchen in Bayern und Nordwestdeutschland (abgedruckt in HENRIX / KRAUS, Kirchen, 566–568; vgl. hierzu BARKENINGS, Neupositionierung, 48 f.). Die hierbei relevante Israellehre Karl Barths (vgl. hierzu JUNG, Christen, 256–258) spielte teils auch auf katholischer und jüdischer Seite für die theologische Neubestimmung des Verhältnisses von Christentum und Judentum eine zentrale Rolle (vgl. EBD., 237; RICHTER, Kirche, 25).

64 HINZ, Entdeckung, Teil II, 27.

65 KREMERS, Eigenart, 15; zum größeren Kontext sich verschlechternder Beziehungen zu Israel und neuer antisemitischer Ressentiments in Deutschland in den 1980er Jahren vgl. KAMMERER, Haare, 111–122.

66 Vgl. zur „Aktion Sühnezeichen" in Ost und West LEGERER, Tatort, hier 47. Der Text des Aufrufs EBD., 483–485.

67 Vgl. EBD., 32–46, 485–487.

pastorale Hilfsmittel im bischöflichen Amt Magdeburg Günter Särchen seit den 1960er Jahren, die erhebliche politische Relevanz und das hohe Engagement für die Vermittlung von Basiswissen über das Judentum und jüdisch-christliche Themen zu betonen[68]. Singulär in der DDR entstand 1976 in der Kirchenprovinz Sachsen ein stark gemeindeorientierter Arbeitskreis „Kirche und Judentum" in kirchenleitender Verantwortung und mit jüdischer sowie katholischer Beteiligung[69]. Auf einem von diesem Arbeitskreis entworfenen „Wort an die Gemeinden" zum 40-jährigen Gedenken an die Pogromnacht basierte das in seinen Aussagen dahinter aber zurückbleibende Wort des BEK zu diesem Anlass; beide wurden vom Wort der EKD rezipiert[70]. Die in der DDR verfassten Erklärungen standen im Widerspruch zur Geschichtsideologie und zur antizionistischen Politik des SED-Staates. Ebenfalls zum Pogromnachtgedenken von 1978 erschienen in Magdeburg zwei Hefte für die Gemeindearbeit, die nicht nur in der DDR weit verbreitet waren, sondern auch in der BRD nachgedruckt wurden und in ihrer Art einzigartig waren[71].

Die sich seit der Mitte der 1970er Jahre in Ost-Berlin etablierende christlich-jüdische Arbeit war schon deshalb von besonderer Relevanz, weil die Ost-Berliner jüdische Gemeinde die größte unter den acht jüdischen Gemeinden in der DDR war und aufgrund der finanziellen Unterstützung durch den Berliner Magistrat zudem über deutlich bessere Ressourcen und Möglichkeiten als die übrigen Gemeinden verfügte[72]. Strukturell singulär war bei der 1975 zunächst als Freundeskreis entstandenen Berliner Arbeitsgemeinschaft „Judentum und Christentum" zum einen, dass sie von Anfang an eben diese Reihenfolge – zuerst Judentum, dann Christentum – in ihrem Namen wählte, und zum anderen, dass ihre Gründung eine Reaktion auf die bereits erwähnte UNO-Resolution vom November 1975 war, sie mit anderen Worten eindeutig „politische Motive"[73] hatte. Die federführenden Akteure waren hier auf jüdischer Seite der Gemeindeleiter und Arzt Peter Kirchner und auf christlicher Seite der Pfarrer Johannes Hildebrandt. Ab 1980 unter landeskirchlichem Dach

---

68 Vgl. beispielhaft Särchen, Volk, das u. a. Auszüge aus dem 1983 in der BRD erschienenen Buch „Was jeder vom Judentum wissen muss" enthielt, sowie Richter / Särchen, Kirche.

69 Vgl. Ostmeyer, Schuld, 257–263. Zentrale Rollen spielten hier auf evangelischer Seite neben Christoph Hinz, OKR Christfried Berger und auf jüdischer Seite Gunther Helbig sowie Hans-Joachim Levy.

70 Diese drei Verlautbarungen sind abgedruckt in Rendtorff / Henrix, Kirchen, 587–592. Zu den inhaltlichen Schwerpunkten vgl. Arndt, Shoah, 61; Ostmeyer, Schuld, 51–53; Töllner, Barbarei, 221–223.

71 Vgl. Ostmeyer, Schuld, 168–170, 175, 258 f.; Töllner, Barbarei, 221. Die Kirchenleitung der EKKPS initiierte 1979 zudem eine Arbeitsgruppe „Spurensuche", die 1982 eine Wanderausstellung über jüdisches Leben präsentierte und ihre Arbeit 1984 als „Ökumenische Kommission für jüdische Regionalgeschichte im Gebiet des ehemaligen Sachsen-Anhalt" fortsetzte (vgl. Ostmeyer, Schuld, 187 f., 260 f.).

72 Vgl. Kirchner, Minorität, 33 f.

73 Hildebrandt, Gespräch, 140. Vgl. zur Berliner Arbeitsgemeinschaft auch Ostmeyer, Schuld, 151–161, 248–256, 237–240.

agierend, blieben politische Anliegen für die Berliner Arbeitsgemeinschaft zwar stets im Blick, rückte der Einsatz für einen Abbau antijudaistischer Positionen in der Kirche mit Weiterbildungsangeboten über das Judentum jedoch in den Vordergrund. Mitte der 1980er Jahre regte die Arbeitsgemeinschaft die Synode der EKiBB Ost zur Erarbeitung der eingangs erwähnten Richtlinien „Zur Erneuerung des Verhältnisses zum Judentum“ an, die 1990 verabschiedet wurden und eine klare Absage an theologischen Antijudaismus enthielten, was ein Novum in Ostdeutschland darstellte[74]. Daneben kennzeichneten die Tätigkeit der Arbeitsgemeinschaft praktische Aktionen wie die Organisation landeskirchlicher Geldsammlungen u. a. für den jüdischen Friedhof in Berlin-Weißensee und für die Bibliothek der jüdischen Gemeinde oder der erfolgreiche Kampf gegen den Plan des SED-Staates, über den Weißenseer Friedhof, der bekanntlich der größte jüdische Friedhof in Europa ist, eine Autobahn zu führen.

3.3 Öffnung für den Dialog mit Juden

Inhaltlich entscheidend war, dass die Erklärung der Rheinischen Synode von dem 1976 im Rheinland[75] eingesetzten Ausschuss „Christen und Juden“ verfasst wurde, dem auch Juden angehörten. Hinsichtlich des Anliegens einer unmittelbaren, dialogischen Begegnung mit Juden handelte es sich bei der Erklärung der Rheinischen Synode um eine Fortschreibung des entsprechenden Impulses der Kirchentags-Arbeitsgemeinschaft, was schon deshalb nicht verwunderlich war, weil es zwischen dieser und dem Rheinischen Ausschuss „Christen und Juden“ deutliche personelle Überschneidungen gab[76]. Die institutionellen Allianzen, in denen sich die Kirchentags-Arbeitsgemeinschaft hinsichtlich des Bemühens um „Begegnung von Juden und Christen“ von Anfang an sah, gehen hervor aus der entsprechenden Auflistung in der 1962 erschienenen, von Helmut Gollwitzer als federführendem Theologen des christlich-jüdischen Dialogs nach Freudenberg herausgegebenen Dokumentation der Kirchentagsarbeit[77]. Neben den GCJZ sind hier u. a. auch die Ausschüsse für „Dienst an Israel“ gelistet. Mit dem Titel „Der ungekün-

74 Vgl. hierzu Hildebrandt, Gespräch, 141 u. oben Anm. 32. Auf einer Tagung der Evangelischen Akademie Ost-Berlin war bereits 1961 eine Absage an die Judenmission formuliert worden (vgl. Ostmeyer, Schuld, 206).

75 Siehe oben Anm. 6 u. Abschnitt 3.2.

76 Vgl. u. a. Kammerer, Haare, 100 f., 104.

77 Vgl. Goldschmidt / Kraus, Bund, 305–307, hier 305. Hinweise auf Wegbereiter des christlich-jüdischen Dialogs im Überblick bieten Hinz, Entdeckung, Teil I, 179; Jung, Christen, 237–239; Zander, Philosemitismus, 315–367. Auf jüdischer Seite sind nach Martin Buber und Leo Baeck v. a. Ernst Ludwig Ehrlich, Robert Raphael Geis, Eva Reichmann, Schalom Ben-Chorin und Nathan Peter Levinson zu nennen.

digte Bund" weist die Publikation auf die zentrale theologische Denkfigur des Dialogs hin.

Unter den in der Publikation gelisteten Mitgliedern kommen nur Personen aus der BRD vor – faktisch hat es ursprünglich aber auch einzelne Teilnehmer aus der DDR und Impulse der Kirchentags-Arbeitsgemeinschaft in die DDR gegeben. Eine entscheidende Brückenfigur nach Sachsen und ursprünglich Mitglied der Kirchentagsarbeitsgemeinschaft war z. B. der Dresdner Pfarrer Fritz Schultz, der die frühen Entwicklungen in Sachsen in Richtung einer Orientierung der christlich-jüdischen Arbeit auf „Begegnung statt Bekehrung"[78] zweifellos befördert hat. In Pommern gab der Kirchentag überhaupt den Anstoß für eine christlich-jüdische Arbeit[79]. Strukturell basierten alle christlich-jüdischen Arbeitsgemeinschaften in ostdeutschen Landeskirchen auf dem Begegnungsprinzip, insofern sie sich – wie bereits erwähnt – als Einzelinitiativen von Pfarrern und jüdischen Gemeindeleitern vor Ort etablierten[80]. Unter diesen stellte der 1981 gegründete Dresdner Arbeitskreis „Begegnung mit dem Judentum" insofern eine Besonderheit dar, als es sich – wie der Name bereits verdeutlicht – um eine dezidiert nichtkirchliche Gründung, also sozusagen um eine in Eigeninitiative entstandene GCJZ, handelte[81]. Auf jüdischer Seite war hier der Historiker Helmut Eschwege federführend, der 1984 zusammen mit dem Leipziger kirchlichen Nestor der christlich-jüdischen Arbeit Siegfried Theodor Arndt die Buber-Rosenzweig-Medaille erhielt[82]. Das spricht dafür, dass die christlich-jüdische Arbeit in Sachsen in der BRD mit besonderer Aufmerksamkeit verfolgt wurde.

3.4 Relevanz politischer Rahmenbedingungen und Implikationen sowie antisemitischer Haltungen und Handlungen

Im Kontext politischen Engagements christlich-jüdischer Arbeit in der DDR ist auch die kritische Benennung der antizionistischen und damit latent antisemitischen Propaganda des SED-Staates zu erwähnen, z. B. in einem Beschluss der Greifswalder Synode von 1985[83]. Sie weist in den weiten Kontext politischer Implikationen christlich-jüdischer Arbeit in der DDR angesichts der massiven Instrumentalisierungspolitik des SED-Staates gegenüber den

78 Lindemann / Arndt, Geschichte, B 37. Dies war der Titel eines 1964 von Oepkes Nachfolger Gerhard Küttler in Leipzig gehaltenen Vortrags.

79 Vgl. Ostmeyer, Schuld, 275.

80 Der erste jüdisch-christliche Gottesdienst in der DDR fand 1978 in Leipzig statt, in der BRD bereits 1967 in Berlin als Spontanreaktion auf den Ausbruch des Sechstagekrieges (vgl. ebd., 169–171, 245; sowie Kammerer, Haare, 80).

81 Vgl. ebd., 185 f., 188 f., 263–266; Stellmacher, Woche.

82 Vgl. Lindemann / Arndt, Geschichte, B 38; zur politischen Relevanz dieses Aktes Niether, Juden, 247.

83 Abgedruckt in Henrix / Kraus, Kirchen, 550 f. Vgl. hierzu Ostmeyer, Schuld, 71.

Juden, von der eingangs die Rede war. Dabei darf nicht übersehen werden, dass auf jüdischer Seite offenbar der Eindruck dominierte, dass im Osten „wirklich eine neue Gesellschaftsordnung ihren Einzug halten sollte“[84], die DDR m. a. W. hinsichtlich ihrer antifaschistischen Doktrin tatsächlich die „(bessere) Alternative zur Bundesrepublik“[85] war – entsprechend dem seit 1968 virulenten Motto des SED-Staates, dass die DDR im Gegensatz zur BRD und zu Israel die „wahre Heimstatt der Bürger jüdischen Glaubens“[86] sei. Dies schloss eine Verdrängung antisemitischer Haltungen und Handlungen in der DDR auch auf Seiten der jüdischen Gemeinden[87] und eine gezielte Instrumentalisierung derselben zur Anprangerung von Antisemitismus in der BRD ein[88].

Die vielfach anzutreffende politische Loyalität von jüdischen Gemeinden in der DDR nährte der SED-Staat durch gezielte Zuwendungen über die Etikettierung von Juden als „Opfer des Faschismus“, wobei Judentum ausschließlich religiös definiert wurde, während bei der Ausformulierung der antizionistischen Politik des SED-Staates Parteifunktionäre jüdischer Herkunft federführend waren[89]. Spätestens seit dem Sechstagekrieg fühlten sich die jüdischen Gemeinden „zu einer Ergebenheitsadresse an den Staat verpflichtet“[90]. Dies stellte nicht nur ein Problem für den Kontakt mit christlichen Gemeinden in der DDR, die die Antifaschismusdoktrin des SED-Staates in der Regel kritischer bewerteten, dar, sondern führte auch zu erheblichen Vorbehalten der westlichen gegenüber den östlichen jüdischen Gemeinden. Bereits in den frühen 1960er Jahren kam es sogar zum Abbruch der Beziehungen zwischen

84 Kirchner, Minorität, 29.

85 Niether, Juden, 196.

86 Zitiert nach Hartewig, Geschichte, 5.

87 Hinweise auf Antisemitismus in der DDR-Bevölkerung finden sich allenthalben, vgl. u. a. Kirchner, Minorität, 33; Noll, Früchte; Ostmeyer, Schuld, 167 f.; Mertens, Jugend, 203–206; Niether, Juden, 258–263; Schmidt, Antisemitismus.

88 Ein extremes Beispiel hierfür stellt die angeblich vom Verband jüdischer Gemeinden in der DDR veröffentlichte Publikation „Antisemitismus in Westdeutschland“ dar. Es ist sowohl formal als auch inhaltlich mehr als unwahrscheinlich, dass diese „Dokumentation“ tatsächlich von den jüdischen Gemeinden der DDR vorbereitet und herausgegeben worden ist. Dass es sich um eine SED-Propagandaschrift handelte, ist auch deshalb evident, weil die Publikation zudem in englischer, französischer, spanischer und russischer Sprache erschienen ist. Ostmeyer weist darauf hin, dass die antisemitischen Ausschreitungen in der BRD 1960 vom MfS der DDR organisiert worden sind (vgl. Ostmeyer, Schuld, 50, Anm. 64).

89 Vgl. hierzu u. a. Benz, Antisemitismus; Hartewig, Geschichte; Kirchner, Minorität, 31 f.; Maser, Juden, 425 f.; Mertens, Jugend, 194–197; Ders., Kinder, 286; Niether, Juden, 183–218; Ostmeyer, Schuld, 111 f. Zu den Parteifunktionären jüdischer Herkunft, die sich dezidiert von den jüdischen Gemeinden abwandten, gehörten z. B. Albert Norden, der Sohn eines Rabbiners war, Hermann Axen, Jürgen Kuczynski und Klaus Gysi.

90 Hartewig, Geschichte, 5.

dem Verband jüdischer Gemeinden in der DDR und dem Zentralrat der Juden in Deutschland[91].

Bei Lichte besehen kann nicht davon die Rede sein, dass die jüdischen Gemeinden und Gemeindevorsteher in der DDR alle und zu jeder Zeit eine rein systemloyale Haltung eingenommen haben. So verweigerte der jüdische Gemeindeverband trotz erheblichen politischen Drucks 1967 z. B. die Unterschrift unter einen von Albert Norden formulierten Protest gegen den Sechstagekrieg, wobei der Leipziger Gemeindeleiter Eugen Gollomb offenbar eine wichtige Rolle spielte. Auch auf Dauer galten er und die Leipziger jüdische Gemeinde wegen ihrer israelfreundlichen Haltung als ein Politikum[92]. Die jüdischen Gemeinden veröffentlichten ein „Nachrichtenblatt" mit einem „gesellschaftlichen Vorwort", in dem auch politisch abgrenzende Äußerungen vorkamen[93]. Gerade der Eintritt jüdischer Gemeindevorsteher und Gemeinden in der DDR in einen Dialog mit christlichen Gemeinden seit den 1970er Jahren bedeutete regelmäßig einen Eintritt in Gesprächskontexte, in denen eine kritische Auseinandersetzung mit dem SED-Staat an der Tagesordnung war, was namentlich die Entlarvung der antifaschistischen Doktrin als Ideologem einschloss. Christlich-jüdische Kontakte an der Basis wurden vom SED-Staat deshalb mit größtem Misstrauen beobachtet[94].

Zweifellos kann man sowohl für den Osten als auch für den Westen sagen, dass der politische Kurs des Staates Israel seit 1967 eine dauerhafte Herausforderung für die christlich-jüdische Arbeit in Deutschland darstellte, im Zuge derer die Relevanz politischer gegenüber theologischen Prämissen ständig wuchs[95]. Auf beiden Seiten der Mauer kam ab diesem Zeitpunkt der Topos vom Vergleich der Politik des Staates Israel mit dem Nationalsozialismus in Deutschland auf[96]. Der Rabbiner und Pionier des jüdisch-christlichen Dialogs Nathan Peter Levinson konstatierte 1969 vor dem Hintergrund einer aus seiner Sicht wachsenden Verschiebung des Fokus von theologischen auf politische Aspekte: „Im Gegensatz zu landläufigen Überzeugungen waren die Spannungen zwischen Juden und Christen, bzw. Israel und den christlichen Kirchen noch nie so ernst."[97] Angesichts sich weiter verschlechternder Beziehungen zum Staat Israel und damit auch zwischen Christentum und Judentum in Deutschland sprach er in den frühen 1980er Jahren von einer „Schönwetterfreundschaft" in den vorangegangenen Jahren[98].

Antisemitische Haltungen und vor allem Handlungen wie Schändungen

91 Vgl. hierzu u. a. Arndt, Shoa, 62; Kirchner, Minorität, 30 f.; Niether, Juden, 189–191; Ostmeyer, Schuld, 199.

92 Vgl. hierzu Niether, Juden, 187 f.

93 Vgl. Hildebrandt, Gespräch, 143 f.

94 Vgl. hierzu zusammenfassend Maser, Juden, 423 f.; Niether, Juden, 249 f.

95 Für den Westen vgl. hierzu im Überblick Gronauer, Staat.

96 Vgl. ebd., 385, 397; Kammerer, Haare, 116 f.; Niether, Juden, 186.

97 Levinson, Jahre, 153.

98 Kammerer, Haare, 116.

jüdischer Friedhöfe hingegen veranlassten Christen in Ost und West mittel- und unmittelbar zu Erklärungen, die vor dem Hintergrund der in der NS-Zeit auf sich geladenen Schuld vor derartigen Entwicklungen warnten, Zusammenhänge mit christlichem Antijudaismus thematisierten und zum Dialog mit Juden aufforderten. Nur beispielhaft seien hierfür die Erklärung gegen Antisemitismus der Provinzialsynode der EKiBB aus dem Jahr 1960 sowie deren Diskussion und Empfehlung durch die Synode der EKD genannt[99].

4. Beobachtungen zur Thüringer Landeskirche

Da hier in besonderer Weise die Thüringer Landeskirche im Blickpunkt des Interesses steht, seien hier einige Beobachtungen zur Entwicklung des christlich-jüdischen Verhältnisses in dieser Landeskirche gesondert erwähnt. Zunächst ist festzustellen, dass in Thüringen erst spät, nämlich 1987, und zwar in Erfurt, das zur EKKPS gehörte, eine Arbeitsgemeinschaft „Kirche und Judentum" gegründet wurde[100]. Anlass für diese Gründung war der Besuch von Schalom Ben-Chorin in Eisenach, dessen Frau Avital (geb. Erika Fackenheim) aus Eisenach stammte, im Jahr 1986. Vorrangiges Ziel der Gründung, für die Raphael Scharf-Katz – seit 1985 Vorsitzender der Jüdischen Landesgemeinde Thüringen – ein wichtiger Impulsgeber war, war die Vorbereitung des 50-jährigen Pogromnachtgedenkens. In Erfurt hatte es bereits seit den späten 1970er Jahren Initiativen einzelner Pfarrer, v. a. Jugend- und Studentenpfarrer, für eine christlich-jüdische Arbeit gegeben, aber dabei handelte es sich faktisch um provinzsächsische Aktivitäten. In der Thüringer Landeskirche existierten seit den 1960er Jahren nur Einzelinitiativen zu einer christlich-jüdischen Arbeit von Pfarrern, die bei der Kirchenleitung keine Beachtung oder Unterstützung fanden.

Man kann also ohne Übertreibung von einer auffälligen Abstinenz der Thüringer Kirche in Sachen christlich-jüdische Arbeit sprechen, für die es zahlreiche weitere Symptome gab. Hierzu gehörten ein Thüringer Sonderweg im Blick auf den Lehrplan für die kirchliche Unterweisung und das Fehlen von Artikeln zum Thema Judentum in der Kirchenzeitung – die auch nicht über den Besuch Ben-Chorins 1986 in Eisenach berichtete – sowie im Amtsblatt.

---

99 Die Erklärung der Synode der EKiBB ist abgedruckt in RENDTORFF / HENRIX, Kirchen, 551 f. Vgl. hierzu OSTMEYER, Schuld, 50 f., 56 f. Zu antisemitischen Kontinuitäten in der BRD vgl. u. a. HERMLE, Kirche, 57–63; KOCK, Annäherung, 47, 56; LEVINSON, Jahre, 157 f.; SIRSCH, Vergessen, 116–119. Zu Antisemitismus in der DDR siehe oben Anm. 87.

100 Vgl. hierzu und zum Folgenden OSTMEYER, Schuld, 172, 266–271. Dieser Arbeitskreis wird heute unter den GCJZs geführt, firmiert aber unter einer KLAK-Mailadresse. Die Angabe in MÜNZ / SIRSCH, Bedeutung, 263, dass der Arbeitskreis 1983 gegründet worden sei, lässt sich nicht verifizieren.

Die Rundbriefe des Landesbischofs griffen das Thema Judentum nicht auf[101]. Die Artikel, die in der Thüringer Kirchenzeitung anlässlich der Pogromnachtgedenken 1978 und 1988 erschienen, wiesen eine auffällige Tendenz zu einer systemkonformen Sicht auf das Judentum auf. Anlässlich des Pogromnachtgedenkens von 1988 verabschiedete die Thüringer Synode in Anknüpfung an das gemeinsame Wort vom BEK und der EKD erstmalig eine Erklärung im Blick auf die eigenen, historischen Verstrickungen in die Schuld an den Juden, die es aufzuarbeiten gelte[102]. Theologische Überlegungen implizierte dies nicht, wohl aber eine Aufforderung zur Erneuerung des Verhältnisses „zu Volk und Staat Israel" und eine „Absage an jede Form von Feindbildern und neofaschistischen Erscheinungen"[103]. Ein in diesem Kontext im Amtsblatt erschienener Artikel plädierte für Judenmission als entscheidendes Mittel gegen Judenhass[104].

Es liegt nahe, dass diese Entwicklungen langfristige Folgen früher Weichenstellungen in Thüringen waren, die vermutlich mehr oder weniger direkt mit weitergehenden Einflüssen Walter Grundmanns und anderer ehemaliger Mitarbeiter des ‚Entjudungsinstituts' zu tun hatten[105]. Für die Frühzeit fällt mindestens auf, dass die Thüringer Kirche sich bei ihren Entnazifizierungsmaßnahmen dezidiert an der Landesgesetzgebung orientierte, zugleich aber das in Deutschland hier singuläre Gesetz zur Entschädigung „rassisch, religiös wie politisch Verfolgter" außen vor ließ, und dass der Landeskirchenrat die Weißenseer Erklärung von 1950 ohne die Absage an den Antisemitismus drucken ließ[106].

5. Schlussbemerkung

Im Blick auf die katholische Kirche scheint klar zu sein, dass die Etablierung eines christlich-jüdischen Gesprächs auch in Deutschland ein Ergebnis der Erklärung „Nostra aetate" des Zweiten Vatikanischen Konzils von 1965 gewesen ist. Der jüdische Schweizer Judaist Ernst Ludwig Ehrlich meinte 1982 vor diesem Hintergrund: „Die katholische Kirche ist eine hierarchisch strukturierte Institution. In diesem konkreten Fall ist das durchaus segens-

101 Vgl. zu diesen Beobachtungen und zum Folgenden Ostmeyer, Schuld, 100–103, 124 f.; Seidel, Übergang, 275.

102 Vgl. hierzu Ostmeyer, Schuld, 57 f.; Seidel, Übergang, 276.

103 Vgl. den Abdruck in Ostmeyer, Schuld, 329 f., hier 330.

104 Vgl. Ostmeyer, Schuld, 80, 212.

105 Vgl. zu diesem Aspekt v. a. Bormann, Grundmann; Osten-Sacken, Lästerung, 339–347; Schenk, Jesus, 240–279; Schuster, Lehre, 253–277; Seidel, Entnazifizierungsakte; ders., Übergang, 266–276. Grundmann war von 1954 bis 1974 Leiter des Katechetenseminars auf dem Hainstein in Eisenach.

106 Vgl. Seidel, Übergang, 273, 275.

reich."[107] Der Generalsekretär des ÖRK Willem Adolf Visser 't Hooft soll unmittelbar nach der Erklärung des Konzils über diese gestaunt und geäußert haben:

> „Sie ist theologisch revolutionär und bewundernswert. Für eine solche oder ähnliche positive Verhältnisbestimmung der Kirche zum jüdischen Volk würde ich leider heute auf einer Vollversammlung der Ökumene keine Mehrheit bekommen."[108]

Die protestantisch-jüdische Arbeit im geteilten Deutschland wird, wie wir gesehen haben, jedenfalls in der EKD teils aber durchaus als maßgeblich von kirchenleitender Seite eingebrachte Initiative dargestellt. Daneben finden sich für die DDR generell, aber auch für die BRD deutliche Hinweise auf Initiativen von unten, die letztlich ausschlaggebend für kirchenleitendes Handeln waren[109]. Bei Lichte besehen finden sich Hinweise auf solche Initiativen auch im deutschen Katholizismus.

So oder so müssen sich beide Kirchen fragen, inwieweit der theologische Paradigmenwechsel im christlich-jüdischen Verhältnis nicht nach wie vor lediglich eine Sache von Minderheiten ist. Inwieweit kann die 1982 von Ehrlich geäußerte Hoffnung, „daß der Begriff ‚Judenfeindschaft' oder des ‚Antisemitismus' ein Fremdwort wenigstens im Bereiche der christlichen Kirchen wird"[110], inzwischen tatsächlich als erfüllt gelten? Die jüdisch-orthodoxe Judaistin Chana Safrai meinte 2005:

> „In einer Zeit, in der vermehrt Anschläge auf Juden und jüdische Einrichtungen in Europa zu beklagen sind", sei es „schwer", „sich jetzt an den erzielten Fortschritten [im christlich-jüdischen Verhältnis, d. Vf.in] zu berauschen. Dies ist eher die Zeit, äußerst kritisch zu überprüfen, wo diese Bemühungen am Beginn des 21. Jahrhunderts tatsächlich stehen."[111]

Diese Einschätzung hat an Aktualität nichts eingebüßt.

---

107 Ehrlich, Katholiken, 61 f.

108 Zitiert nach Kremers, Eigenart, 14.

109 Vgl. summarisch u. a. Gronauer, Staat, 401; Stöhr, Notwendigkeiten, 32 f.; für die DDR Niether, Juden, 239.

110 Ehrlich, Katholiken, 63.

111 Safrai, Synodalbeschluss, 68.

Literatur- und Quellenverzeichnis

I. Veröffentlichte Quellen und Darstellungen

ANTISEMITISMUS IN WESTDEUTSCHLAND. Judenfeinde und Judenmörder im Herrschaftsapparat der Bundesrepublik. Eine Dokumentation des Verbandes der Jüdischen Gemeinden in der DDR. Berlin 1967.

ARNDT, Siegfried Theodor: Das christlich-jüdische Gespräch in der Deutschen Demokratischen Republik. In: Ders. u. a. (Hg.): Juden in der DDR. Geschichte – Probleme – Perspektiven (Arbeitsmaterialien zur Geistesgeschichte 4). Köln 1988, 11–62.

–: Nach der Shoah. DDR-Kirche und ihre Verantwortung angesichts des Antijudaismus. In: ZdZ 49 (1995), 58–64.

BARKENINGS, Hans-Joachim: Zur christlichen Neupositionierung im Verhältnis und im Verhalten der Christen zu den Juden in Kirchenordnungen und Kirchenverfassungen nach 1980, in: Bilanz und Perspektiven des christlich-jüdischen Dialogs. EpdD 9/10 (2005), 45–60.

BAUMANN, Arnulf H. (Hg.): Auf dem Wege zum christlich-jüdischen Gespräch. 125 Jahre Evangelisch-lutherischer Zentralverein für Zeugnis und Dienst unter Juden und Christen (MJSt 1). Münster 1998.

BECKER, Thorsten: „Das ist doch ein sehr westliches Thema." Antijudaismus in der Christenlehre in der DDR. In: Knospen und Früchtchen. Ein studentischer Geburtstagsstrauß für Friedrich-Wilhelm Marquardt. Berlin 1998, 125–139.

BENZ, Wolfgang: Zwischen Antisemitismus und Philosemitismus. Juden in der Bundesrepublik. Berlin 1991.

–: Der schwierige Status der jüdischen Minderheit in Deutschland nach 1945. In: Ders.: Philosemitismus, 9–21.

– (Hg.): Antisemitismus in der DDR. Manifestationen und Folgen des Feindbildes Israel. Berlin 2018.

BILANZ UND PERSPEKTIVEN des christlich-jüdischen Dialogs. epd-Dokumentation 9/10 (2005).

BORMANN, Lukas: Walter Grundmann und das Ministerium für Staatssicherheit. Chronik einer Zusammenarbeit aus Überzeugung (1956–1969). In: KZG 22 (2009), 595–632.

CHRISTEN UND JUDEN I–III. Die Studien der Evangelischen Kirche in Deutschland 1975–2000. Hg. i. A. des Rates der Evangelischen Kirche in Deutschland vom Kirchenamt der EKD. Gütersloh 2002.

EHRLICH, Ernst Ludwig: Katholiken im Gespräch mit Juden. In: Klemens Richter (Hg.): Die Katholische Kirche und das Judentum. Dokumente von 1945–1982. Mit Kommentaren von Ernst Ludwig Ehrlich u. Erich Zenger. Freiburg 1982, 41–62.

GOLDSCHMIDT, Dietrich / KRAUS, Hans-Joachim (Hg.): Der ungekündigte Bund. Neue Begegnung von Juden und christlicher Gemeinde. Im Auftrag der Arbeitsgemeinschaft Juden und Christen beim Dt. Evangelischen Kirchentag. Stuttgart 1962.

Greive, Wolfgang: Wendepunkte auf einem langen Weg. In: Ders. im Auftrag des LWB (Hg.): Jüdisch-lutherische Beziehungen im Wandel? Ein lutherischer Beitrag zum christlich-jüdischen Dialog unter besonderer Berücksichtigung des Antisemitismus und Antijudaismus (LWB.D 48). Stuttgart 2003, 11–16.

Gronauer, Gerhard: Der Staat Israel im westdeutschen Protestantismus. Wahrnehmungen in Kirche und Publizistik von 1948 bis 1972 (AKIZ B 57). Göttingen 2013.

Hartewig, Karin: Zurückgekehrt. Die Geschichte der jüdischen Kommunisten in der DDR. Köln u. a. 2000.

Heinz, Hanspeter (Hg.): Um Gottes willen miteinander verbunden. Der Gesprächskreis „Juden und Christen" beim Zentralkomitee der deutschen Katholiken (Forum Christen und Juden 1). Münster 2004.

Helbig, Gunther: Zur Geschichte der jüdisch-christlichen Beziehungen nach 1945 in der DDR. In: Christian Staffa (Hg.): Vom Protestantischen Antijudaismus und seinen Lügen. Versuche einer Standort- und Gehwegbestimmung des christlich-jüdischen Gesprächs (Tagungstexte der Evangelischen Akademie Sachsen-Anhalt 1). 2. verb. Aufl. Magdeburg 1994, 93–108.

Henrix, Hans Hermann: Eine „unterirdische Arbeitsgemeinschaft": Deutscher KoordinierungsRat und Deutsche Katholikentage. In: Münz / Sirsch: Bedeutung, 173–188.

– / Kraus, Wolfgang (Hg.): Die Kirchen und das Judentum. Bd. 2: Dokumente von 1986 bis 2000. Gemeinsame Veröffentlichung der Studienkommission Kirche und Judentum der Evangelischen Kirche in Deutschland und der Arbeitsgruppe für Fragen des Judentums der Ökumene-Kommission der Deutschen Bischofskonferenz. Paderborn 2001.

Hermle, Siegfried: „Wo ist dein Bruder Israel?" Die Impulse Adolf Freudenbergs zur Neubestimmung des christlich-jüdischen Verhältnisses nach 1945. In: KuI 4 (1989), 42–59.

–: Evangelische Kirche und Judentum – Stationen nach 1945 (AKIZ B 16). Göttingen 1990.

Hildebrandt, Johannes: Christlich-jüdisches Gespräch in der ehemaligen DDR. In: Münz: Jahre, 135–146.

Hinz, Christoph: Entdeckung der Juden als Brüder und Zeugen. Stationen und Fragestellungen im christlich-jüdischen Dialog seit 1945. In: BThZ 4 (1987), 170–196 (Teil I) und 5 (1988), 2–27 (Teil II).

Jung, Martin: Christen und Juden. Die Geschichte ihrer Beziehungen. Darmstadt 2008.

Kammerer, Gabriele: In die Haare, in die Arme. 40 Jahre Arbeitsgemeinschaft „Juden und Christen" beim Deutschen Evangelischen Kirchentag. Gütersloh 2001.

Keller, Werner (Hg.): Leben für Versöhnung. Hermann Maas, Wegbereiter des christlich-jüdischen Dialoges. Bearb. von Matthias Riemenschneider. Mit einem Vorw. von Klaus Engelhardt. 2. neubearb. und erw. Aufl. Karlsruhe 1997.

KIRCHNER, Peter: Die jüdische Minorität in der ehemaligen DDR. In: Benz: Philosemitismus, 29–38.

KOCK, Manfred: Annäherung durch Wandel. Zur kirchlich politischen Auswirkung des Rheinischen Synodalbeschlusses von 1980. In: Kriener / Schmidt: Christen, 47–57.

KOSCHEL, Ansgar (Hg.): Katholische Kirche und Judentum im 20. Jahrhundert (RGGe 26). Münster [u. a.] 2002.

KRAUS, Wolfgang: Der rheinische Synodalbeschluss und seine Auswirkungen innerhalb der Gliedkirchen der EKD. In: Kriener / Schmidt: Christen, 12–25.

KREMERS, Heinz: Eigenart und Bedeutung des jüdisch-christlichen Dialogs der Gegenwart vor seinem historischen Horizont. In: Ders. / Julius Schoeps (Hg.): Das jüdisch-christliche Religionsgespräch (StGG 9). Stuttgart / Bonn 1988, 9–20.

KRIENER, Katja / SCHMIDT, Johann Michael (Hg.): „... um Seines NAMENs willen". Christen und Juden vor dem einen Gott Israels. 25 Jahre Synodalbeschluss der Evangelischen Kirche im Rheinland „Zur Erneuerung des Verhältnisses von Christen und Juden". Neukirchen-Vluyn 2005.

KÜTTLER, Thomas: Umstrittene Judenmission. Der Leipziger Zentralverein für Mission unter Israel von Franz Delitzsch bis Otto von Harling. Leipzig 2009.

LEVINSON, Nathan Peter: 20 Jahre Gesellschaften für Christlich-Jüdische Zusammenarbeit – Rückblick und Vorschau. In: Münz / Sirsch: Bedeutung, 151–160.

LINDEMANN, Gerhard / ARNDT, Timotheus: Zur Geschichte des christlich-jüdischen Dialogs in der Evangelisch-Lutherischen Landeskirche Sachsens. In: Amtsblatt der Evangelisch-Lutherischen Landeskirche Sachsens Jg. 2016, Nr. 20/21, B 37–B 45.

MASER, Peter: Juden und Jüdische Gemeinden in der DDR bis in das Jahr 1988. In: TAJDG 20 (1991), 393–426.

MERTENS, Lothar: Die Kinder Mose im Staate Marx. Die jüdischen Gemeinden in der ehemaligen DDR. In: Andreas Nachama / Julius H. Schoeps (Hg.): Aufbau nach dem Untergang. Deutsch-jüdische Geschichte nach 1945. In memoriam Heinz Galinski. Berlin 1992, 285–298.

–: Jugend und Jugendarbeit in den jüdischen Gemeinden der DDR. In: Horst Dähn / Helga Gotschlich (Hg.): Und führe uns nicht in Versuchung. Jugend im Spannungsfeld von Staat und Kirche in der SBZ/DDR 1945 bis 1989 (Die Freie Deutsche Jugend 4). Berlin 1998, 193–207.

MÜNZ, Christoph (Hg.): „... damit es anders anfängt zwischen uns allen". 60 Jahre Woche der Brüderlichkeit (Forum Christen und Juden 8). Berlin / Münster 2012.

– / SIRSCH, Rudolf W. (Hg.): „Wenn nicht ich, wer? Wenn nicht jetzt, wann?" Zur gesellschaftspolitischen Bedeutung des Deutschen Koordinierungsrates der Gesellschaften für Christlich-Jüdische Zusammenarbeit (DKR) (Forum Christen und Juden 5). Münster u. a. 2004.

NOLL, Hans (Chaim): Früchte des Schweigens. Jüdische Selbstverleugnung und Antisemitismus in der DDR. In: Deutschland Archiv 22 (1989), 769–778.

OELKE, Harry: Zwischen Schuld und Sühne. Evangelische Kirche und Judentum nach 1945. In: PTh 95 (2006), 2–23.

Osten-Sacken, Peter von der (Hg.): Das mißbrauchte Evangelium. Studien zu Theorie und Praxis der Thüringer Deutschen Christen (SKI 20). Berlin 2002.

–: „Die grosse Lästerung". Beobachtungen zur Gründung des Eisenacher Instituts und zeitgenössische Dokumente zur kritischen Wertung seiner Arbeit sowie zur Beurteilung Walter Grundmanns. In: Ders.: Evangelium, 313–347.

–: Institut Kirche und Judentum (1960–2005) – Geschichte, Ziele, Perspektiven. In: Bilanz und Perspektiven des christlich-jüdischen Dialogs. EpdD 9/10 (2005), 7–16.

Ostmeyer, Irena: Zwischen Schuld und Sühne. Evangelische Kirche und Juden in SBZ und DDR 1945–1990 (SKI 21). Berlin 2002.

Rendtorff, Rolf / Henrix, Hans Hermann (Hg.): Die Kirchen und das Judentum. Bd. 1: Dokumente von 1945 bis 1985. Gemeinsame Veröffentlichung der Studienkommission Kirche und Judentum der Evangelischen Kirche in Deutschland und der Arbeitsgruppe für Fragen des Judentums der Ökumene-Kommission der Deutschen Bischofskonferenz. Paderborn ^{2}1989.

Richter, Klemens (Hg.): Die Katholische Kirche und das Judentum. Dokumente von 1945–1982. Mit Kommentaren von Ernst Ludwig Ehrlich u. Erich Zenger. Freiburg 1982.

– / Särchen, Günter (Hg.): Die Katholische Kirche und das Judentum. Dokumente von 1945 bis 1986. Jahreshandreichung 1986 des Anna-Morawska-Seminars Magdeburg der Aktion Sühnezeichen in der DDR. Magdeburg 1986.

Safrai, Chana: 25 Jahre Synodalbeschluss der Evangelischen Kirche im Rheinland in jüdisch-orthodoxer Sicht. In: Kriener / Schmidt: Christen, 58–68.

Särchen, Günter (Hg.): Volk Gottes im Bund Gottes. Informationen, Meditationstexte, Dokumente der Evangelischen Kirche in Deutschland. Jahreshandreichung 1987 des Anna-Morawska-Seminars Magdeburg der Aktion Sühnezeichen in der DDR. Magdeburg 1988.

Schenk, Wolfgang: Der Jenaer Jesus. Zu Werk und Wirken des völkischen Theologen Walter Grundmann und seiner Kollegen. In: Osten-Sacken: Evangelium, 167–279.

Schmid, Harald: Antifaschismus und Judenverfolgung. Die „Reichskristallnacht" als politischer Gedenktag in der DDR (Hannah-Arendt-Institut. Berichte und Studien 43). Göttingen 2004.

Schmidt, Monika: Antisemitismus durch Friedhofsschändungen. In: Benz: Antisemitismus, 232–262.

Schneider-Ludorff, Gury: Verdrängen und Bekennen. Vom schwierigen Umgang der ev. Kirche mit der „Schuld" nach 1945. In: Thomas Brechenmacher / Harry Oelke (Hg.): Die Kirchen und die Verbrechen im nationalsozialistischen Staat (Dachauer Symposien zur Zeitgeschichte 11). Göttingen 2011, 274–282.

Schuster, Dirk: Die Lehre vom „arischen" Christentum. Das wissenschaftliche Selbstverständnis im Eisenacher „Entjudungsinstitut" (Kirche – Konfession – Religion 70). Göttingen 2017.

Seidel, Thomas A.: Im Übergang der Diktaturen. Eine Untersuchung zur kirchlichen Neuordnung in Thüringen 1945–1951 (KoGe 29). Stuttgart 2003.

–: Die „Entnazifizierungs-Akte Grundmann". Anmerkungen zur Karriere eines vormals führenden DC-Theologen. In: Roland Deines / Volker Leppin / Karl-

Wilhelm Niebuhr (Hg.): Walter Grundmann. Ein Neutestamentler im Dritten Reich (AKThG 21). Leipzig 2007, 349–369.

Sirsch, Rudolf W.: Gegen das Vergessen – Der Beitrag des Erzieherausschusses im Deutschen KoordinierungsRat zur Aufarbeitung der Vergangenheit. In: Münz / Sirsch: Bedeutung, 115–150.

Stellmacher, Hildegard: Woche der Brüderlichkeit: Dresden. In: Münz: Jahre, 233–245.

Stöhr, Martin (Hg.): Juden, Christen und die Ökumene. Adolf Freudenberg 1894–1994. Ein bemerkenswertes Leben. Frankfurt a. M. 1994.

–: Notwendigkeiten und Schwierigkeiten einer Christlich-Jüdischen Zusammenarbeit – Einige Rückblicke. In: Münz / Sirsch: Bedeutung, 30–106.

–: Die Arbeitsgemeinschaft Juden und Christen beim Deutschen Evangelischen Kirchentag, in: Bilanz und Perspektiven des christlich-jüdischen Dialogs. EpdD 9/10 (2005), 29–45.

Töllner, Axel: Erinnern an die Barbarei. Die Novemberpogrome im Gedenken der evangelischen Kirchen in Deutschland seit 1945. In: Siegfried Hermle / Dagmar Pöpping (Hg.): Zwischen Verklärung und Verurteilung. Phasen der Rezeption des evangelischen Widerstandes gegen den Nationalsozialismus nach 1945 (AKIZ B 67). Göttingen 2017, 213–233.

Zander, Ulrike: Philosemitismus im deutschen Protestantismus nach dem Zweiten Weltkrieg. Begriffliche Dilemmata und auszuhaltende Diskurse am Beispiel der Evangelischen Kirche im Rheinland und in Westfalen (Historia profana et ecclesiastica 16). Berlin / Münster 2007.

II. Internetquellen

Goschler, Constantin: Die DDR und die Juden, Neue Literatur und Perspektiven (1. 1. 1999). In: https://www.hsozkult.de/publicationreview/id/rezbuecher-5122 [23.6.2019].

Forschungsgruppe Weltanschauungen in Deutschland (FOWID): Mitglieder jüdischer Gemeinden in Deutschland 1955–2016 (26. 4. 2017). In: https://fowid.de/meldung/mitglieder-juedischer-gemeinden-deutschland-1955-2016 [15.8.2019].

Autorinnen und Autoren

Dr. Veronika Albrecht-Birkner, Professorin für Kirchen- und Theologiegeschichte, Universität Siegen.

Dr. Oliver Arnhold, Studiendirektor am Zentrum für schulpraktische Lehrer*innenausbildung in Detmold und Lehrbeauftragter an der Universität Paderborn.

Dr. Wolfgang Benz, Prof. em. und Leiter des Zentrums für Antisemitismusforschung (1990–2011), Technische Universität Berlin.

Dr. Jochen Birkenmeier, Wissenschaftlicher Leiter und Kurator, Stiftung Lutherhaus Eisenach, Kurator der Sonderausstellung „Erforschung und Beseitigung. Das kirchliche ‚Entjudungsinstitut' 1939–1945".

Dr. Siegfried Hermle, 2001 bis 2021 Professor für Evangelische Theologie und ihre Didaktik / Historische Theologie am Institut für Evangelische Theologie an der Universität zu Köln und Stellv. Vorsitzender der Evangelischen Arbeitsgemeinschaft für Kirchliche Zeitgeschichte.

Dr. Susannah Heschel, Eli M. Black Distinguished Professor of Jewish Studies, Dartmouth College, USA.

Dr. Stephan Linck, Studienleiter für Erinnerungskultur und Gedenkstättenarbeit, Evangelische Akademie der Nordkirche.

Dr. Mirjam Loos, Leiterin Fachstelle Religionsunterricht, Evangelische Landeskirche des Kantons Thurgau, Schweiz.

Dr. Elisabeth Lorenz, Studienrätin, Oskar-von-Miller-Gymnasium München.

Dr. Matthias Morgenstern, apl. Professor am Institutum Judaicum der Eberhard Karls-Universität Tübingen.

Dr. Harry Oelke, Professor für Kirchengeschichte, Evangelisch-Theologische Fakultät der Ludwig-Maximilians-Universität München und Vorsitzender der Evangelischen Arbeitsgemeinschaft für Kirchliche Zeitgeschichte.

Dr. Uwe Puschner, Professor für neuere Geschichte, Freie Universität Berlin.

Dr. Dirk Rupnow, Professor am Institut für Zeitgeschichte, Universität Innsbruck und derzeit Dekan der Philosophisch-Historischen Fakultät.

Dr. Rebecca Scherf, Vikarin der ELKB, Sulzbach-Rosenberg.

Dr. Thomas Martin Schneider, apl. Prof. für Kirchengeschichte und Geschäftsführender Leiter des Instituts für Evangelische Theologie, Universität in Koblenz.

Dr. Dirk Schuster, wissenschaftlicher Mitarbeiter, Donau-Universität Krems / Universität Wien.

Dr. Christopher Spehr, Professor für Kirchengeschichte, Theologische Fakultät der Friedrich-Schiller-Universität Jena und derzeit Dekan der Theologischen Fakultät.

Michael Weise, M.A., Wissenschaftlicher Mitarbeiter der Stiftung Lutherhaus Eisenach und Co-Kurator der Sonderausstellung „Erforschung und Beseitigung. Das kirchliche ‚Entjudungsinstitut' 1939–1945".

Dr. Christian Wiese, Professor für jüdische Religionsphilosophie und Direktor des Buber-Rosenzweig-Instituts für jüdische Geistes- und Kulturgeschichte der Moderne und Gegenwart an der Goethe-Universität Frankfurt am Main.

Personenregister